學校輔導與諮商方案的設計、實施與評鑑

Norman C. Gysbers & Patricia Henderson 著

許維素、杜淑芬、王櫻芬、羅家玲

陳珍德、林繼偉、楊淑娥、吳芝儀 譯

Developing & Managing

Your School Guidance & Counseling Program

Fifth Edition

by

Norman C. Gysbers

Patricia Henderson

目次
C O N T E N T S

作者簡介

Norman C. Gysbers 是密蘇里大學哥倫比亞校區教育、學校與諮商心理學系最高學術榮譽教授（Curators' Professor）。Gysbers 博士於 1954 年在密西根州荷蘭區霍普學院取得學士學位，於 1954 至 1956 年在密斯基根高地密西根學區擔任教師，於 1956 至 1958 年服務於美國陸軍砲兵部隊。Gysbers 博士在密西根大學取得碩士（1959 年）與博士學位（1963 年）。1963 年，他以助理教授的身分，加入密蘇里大學教育學院的教職員團隊。除了擔負助理教授的職責之外，直到 1970 年，Gysbers 博士也於大學附屬實驗中學擔任具有證照的學校諮商師。

Gysbers 博士曾獲比利時布魯塞爾之布魯塞爾自由大學的法蘭克教授身分（Franqui Professorship），於 1984 年 2 月在該地進行講學。Gysbers 博士於 2000 年、2002 年以及 2004 年 5 月於香港大學，2001 年 1 月於香港中文大學擔任訪問學者；於 2000 年 7 月到 8 月，在英屬哥倫比亞大學擔任駐地學者；且於 2011 年 1 月，在台灣的國立臺灣師範大學擔任訪問學者。

Gysbers 博士的研究與教學興趣，集中於生涯發展、生涯諮商，以及學校輔導與諮商方案發展、管理與評鑑。他著有九十篇文章、四十篇書籍篇章、十五篇專題論文以及二十二本書，其中一本書已翻譯為義大利文、韓文、日文與中文版本。

Gysbers 博士曾獲得許多獎項，特別是 1989 年美國全國生涯發展學會的最高成就獎（Eminent Career Award）、2004 年美國學校諮商師協會的瑪莉蓋克終身成就獎（Mary Gehrke Lifetime Achievement Award）。因著教學卓越事蹟，於 2002 年獲威廉坎普爾獎（William T. Kemper Award）、2004 年獲主席獎（Governor's Award）、1997 年獲密蘇里大學教職員／校友獎（Faculty/Alumni Award），以及獲得密蘇里大學 2008 年卓越教職員獎（Distinguished Faculty Award）。

Gysbers博士之重要經歷包括：1962至1970年擔任《生涯發展季刊》（*The Career Development Quarterly*）的主編；1972至1973擔任全國生涯發展學會會長；1977至1978年為美國諮商學會會長；1979年到1982年為生涯與科技教育學會副會長；以及1978至2006年為《生涯發展期刊》（*The Journal of Career Development*）主編。

自1967年以來，他一直位居全美諸多職業發展和職業輔導項目以及學校輔導方案的制定、實施和評鑑的重要領導人物。

Patricia Henderson 是德州聖安東尼奧市諾斯賽德獨立學區前任輔導部門主任。她於1962在曼荷蓮學院取得英文學士學位，1967年從加州州立大學聖荷西校區取得輔導碩士學位，以及1986年從諾瓦大學取得教育領導博士學位。Henderson 領有加州與德州專業學校諮商師及中層管理行政人員之合格證書，並曾於公立學校擔任教師、諮商師與行政人員。Henderson一直於加州州立大學福樂頓校區、加州州立大學長堤校區、聖母湖大學聖安東尼奧校區、德州大學聖安東尼奧校區，以及近來於德州農工大學聖安東尼奧校區，擔任兼任教授的職務。

Henderson常擔任許多學區的諮詢顧問，並於眾多專業會議中帶領工作坊。她的專業興趣在於：學校輔導與諮商；方案發展、管理、實施、評鑑與促進；透過督導、工作人員領導，以有意義的學校諮商師表現評鑑，來提升學校諮商師的角色；透過合作性的方案發展，創造系統性的改變；以及諮商師督導。她與Gysbers合著《領導與管理你的學校輔導方案人員》（*Leading and Managing Your School Guidance Program Staff*）（1998）、《有效的全方位輔導方案 II》（*Comprehensive Guidance Programs That Work—II*）（1997），以及《實施全方位學校輔導方案：重要的議題與成功的回應》（*Implementing Comprehensive School Guidance Programs: Critical Issues and Successful Responses*）（2002）。她著有〈ASCA全國模式背後的理論〉（The Theory Behind the ASCA National Model），收錄於《ASCA 全國模式》（*The ASCA National Model*）（第二版）。她與Larry Golden 合著《學校諮商案例研究》（*Case Studies in School Counseling*）（2007）；也著有《諮商行政督導的新手冊》（*The New Handbook of Administrative Supervision in Counseling*）（2009），並撰寫或與人合著三十

篇文章或專書篇章。Henderson 還在德州教育機構與德州諮商學會的贊助下，撰寫了《德州公立學校全方位輔導方案：幼兒園前至十二年級之方案發展指引》（*The Comprehensive Guidance Program for Texas Public Schools: A Guide for Program Development, Pre-K-12th Grade*）（1990, 2004, in press），以及與 D. Hays 和 L. Steinberg 合著《於加州公立學校發展全方位輔導方案之指導方針》（*Guidelines for Developing Comprehensive Guidance Programs in California Public Schools*）（1981）。

　　Henderson 因其著作、研究以及對專業發展的貢獻，獲得許多專業學會的獎項，並被公認為各州與國家層級的傑出督導。她獲得的重要獎項包括：1990 年德州諮商與發展學會會長獎（Presidential Award）、1978 年加州家長教師協會服務榮譽獎（Honorary Service Award）、1999 年德州家長教師協會終身會員、2005 年德州諮商學會威廉特魯阿克斯獎（William Truax Award）、2006 年美國學校諮商師協會瑪莉蓋克終身成就獎，以及 2010 年諮商師教育與督導學會終身成就獎（Lifetime Achievement Award）。

　　Henderson 曾擔任許多委員會的成員或主席，並曾於加州諮商學會、德州諮商學會、美國學校諮商師協會、諮商師教育與督導學會以及美國諮商學會擔任領導職位。她亦曾任德州諮商學會（1992-1993）、德州諮商師教育與督導學會（1988-1989）與德州生涯發展學會（1995-1996）之會長。

譯者簡介

 許維素 （正文前、附錄）

學歷：國立臺灣師範大學教育心理與輔導學系博士

現任：國立臺灣師範大學教育心理與輔導學系教授

 杜淑芬 （第 1、2 章）

學歷：國立臺灣師範大學教育心理與輔導學系博士

現任：中原大學教育研究所助理教授

 王櫻芬 （第 3、9 章）

學歷：美國伊利諾大學香檳校區教育心理系諮商心理組哲學博士

現任：國立臺中教育大學諮商與應用心理學系副教授

 羅家玲 （第 4 章）

學歷：國立彰化師範大學輔導與諮商學系博士

現任：國立彰化師範大學輔導與諮商學系副教授

 陳珍德 （第 5 章）

學歷：美國南卡羅萊納大學諮商教育博士

　　　美國南卡羅萊納大學精神復健諮商研究文憑

現任：國立彰化師範大學校長機要秘書

 **林繼偉** （第 6、8 章）

學歷：美國堪薩斯州立大學諮商與教育心理學系哲學博士

現任：國立東華大學諮商與臨床心理學系副教授

楊淑娥 （第 7 章）

學歷：國立彰化師範大學輔導與諮商學系博士

現任：南臺科技大學幼兒保育系助理教授

吳芝儀 （第 10、11 章）

學歷：英國雷汀大學社區研究博士

現任：國立嘉義大學輔導與諮商學系教授

序

任何一個社會最為基本的責任，就是使其青少年與年輕人有所準備，而能在成人時期過著具生產力、繁榮富足的生活。亦即，為使所有青少年於未來能成為可承擔責任的公民，並能持續其生涯發展及終身學習，社會需要培養所有青少年能擁有夠堅實的讀寫能力、計算能力以及思考技能等基礎智能（Harvard Graduate School of Education, 2011, p. 1）。

當我們進入 21 世紀第二個十年時，美國在職業、社會與經濟結構上，繼續面臨到巨大的改變。職業與產業的專門化，亦持續顯著增加。工作的規模與複雜度的增加，是一種常態而非例外，而此時常創造出工作的隱形化（invisibility）；這也使得人們從學校到工作、從工作到更進一步的教育，然後再次回到工作等轉換歷程，都變得更加錯綜複雜與困難。

社會的結構以及社會與個人的價值觀亦持續改變，並且變得更為多樣化。新興的社會團體開始挑戰既得利益的團體，並要求平等。人們也在移動，從鄉村地區到都市地區，並再次回到鄉村；或者從國家的一個區域到另一個區域，以尋求經濟、社會與心理的保障。我們的人口環境變得愈來愈多樣化。

這些改變全都會對我們的兒童和青少年產生大量的挑戰，所以，一個快速改變的工作世界與勞動力；家庭、學校與社區中的暴力；離婚；青少年期自殺；物質濫用與性體驗，都只是其中的少數例子。這些挑戰並不是抽象理論中的失常現象。這些挑戰是真實的，對我們的兒童和青少年之個人／社會、生涯與學業發展，正有著且將會有重大的影響。

回應挑戰

為回應這些與其他持續在發生的社會和個人之需求與挑戰，教育領導者與

教育政策決策者正在進行整個教育事業的改革行動（National Association of Secondary School Principals, 2004; No Child Left Behind Act of 2001; Race to the Top, 2011; Zhao, 2009）。學校中的輔導與諮商也持續經歷改革，從職位—服務（position-services）模式，改變為堅持以人類成長與發展原則為基礎的全方位輔導方案。這個改變使得聚焦在學生的學業、生涯與個人／社會發展之學校輔導與諮商工作，成為教育不可或缺的一部分，也成為整體教學方案的同等夥伴。

　　然而，傳統上，輔導與諮商工作並不是以這樣的方式被概念化並加以實施的，因為正如 Aubrey（1973）所言，輔導與諮商工作被視為一項支持性的服務，欠缺自己的內容基礎。Sprinthall（1971）也表示了同樣的意見，認為輔導與諮商實務僅有極少的內容，且輔導與諮商教科書時常避免呈現以輔導與諮商方案科目內容為基礎的相關討論。

　　若要使輔導與諮商成為教育中的同等夥伴，並滿足日漸錯綜複雜的個人與社會需求，我們認為：輔導與諮商必須在概念上與組織上成為一種方案，並且擁有自己的內容基礎與架構。這並不是一項新的呼籲。早年很多的開拓者也已提出相同的呼籲；但是這個呼籲在早期並不夠響亮，而且在當時，輔導與諮商只是一個職位，接著變成一項強調責任、過程與技術的服務。然而，這個需求與呼籲之後仍持續地間或浮現；不過，直到 1960 年代晚期與 1970 年代早期，發展性全方位方案形式出現之後，這個需求與呼籲才又再度出現，並引人注目。

　　這不表示發展性輔導與諮商在 1960 年代晚期之前不存在；而是說，在 1960 年代晚期，需要關注的是人類發展層面，而非是「考量不同年齡層精熟學習題材的認知層面」（Cottingham, 1973, p. 341）。此關注焦點轉變的需求，於 1960 年代晚期，再次變為顯著議題。如同 Cottingham（1973）論述著人類發展的其他層面為「個人適切的學習」（p. 342），Kehas（1973）也指出同樣的需求：個人應擁有機會「去發展對其自我的知識理解——他（或她）私人的、獨特的、殊異的、個別的自我」（p. 110）。

● 輔導與諮商的再概念化

　　輔導與諮商革新發展的下一步，即是將輔導與諮商建構為一個全方位方案

——教育中不可或缺的核心方案之一，乃具有著自己的內容基礎與組織架構。為回應這個需求，Gysbers 與 Moore（1981）出版了一本書：《促進輔導方案》（*Improving Guidance Programs*）。該書呈現了一個內容本位的、幼兒園到十二年級的全方位輔導與諮商方案模式，並描述了實施該模式的步驟。本書即以此模式為建構基礎；本書原文之第一、二、三、四版，呈現了《促進輔導方案》書中所述之模式及其實施步驟，並大量加以擴展與延伸之。於第五版中，分享了自 2006 年以來，各州與地方上採行和調整此一模式的學習心得，並據此更進一步地擴展與延伸此模式及其實施步驟。

● 本書的組織

我們以施行全方位輔導與諮商方案的五個階段，作為本書的架構。這五個階段分別為：計畫（第 1 章到第 4 章）、設計（第 5 章和第 6 章）、實施（第 7 章到第 9 章）、評鑑（第 10 章）與提升（第 11 章）。在特定幾個章節中，我們強調如何致力於處理學校人口多樣性逐漸增加的現象，以及學區與學校層級之輔導與諮商領導者的角色及職責。本書附錄則提供了各州與學區實施全方位輔導與諮商方案所使用的表格與程序。美國學校諮商師協會（American School Counselor Association, ASCA）的倫理標準以及多元文化諮商與發展學會（Association for Multicultural Counseling and Development）的多元文化諮商能力（Arredondo et al., 1996; Sue, Arredondo, & McDavis, 1992），亦包含於本書的附錄中。

▌第一部分：計畫

第 1 章追溯了從 20 世紀初至今，輔導與諮商於學校場域的發展。我們詳細描述與討論了從那時到現在不斷在改變的重點、結構與影響力。關於全方位輔導與諮商方案的誕生，我們也予以特別說明。能夠瞭解輔導與諮商於學校的發展，以及發展性全方位方案如何出現，乃是促進學校輔導與諮商方案學習的第一步。第 2 章則基於這個理解，聚焦於計畫與組織「輔導與諮商方案」促進的各項議題與關注。第 3 章接著呈現一個示範性的、基於終生生涯發展概念所形

成的輔導與諮商方案；此方案是圍繞著四個基本構成要素組織而成的。第 4 章是計畫階段的最後一章，對於如何發現目前的方案何以有效及何處需改進，討論了相關步驟。

第二部分：設計

第 5 章開始了方案促進過程的設計階段，並聚焦於設計你所選擇的方案。對於如何為你想要的全方位方案選擇理想的方案架構，本章提出了相關議題與步驟。第 6 章則描述，當學校有意轉換為實施全方位輔導與諮商方案時，所需要的相關作業。

第三部分：實施

第 7 章呈現了如何於學校或學區開始一個新方案的細節。第 8 章強調了管理與維持方案的細節。對於如何確保學校諮商師具有發展、管理與實施全方位輔導與諮商方案所需的能力，第 9 章做了初步的檢視，也同時強調了諮商師督導程序的重要性。

第四部分：評鑑

我們於第 10 章中，詳細討論了全方位輔導與諮商方案的評鑑。我們特別介紹方案評鑑、人員評鑑與成果評鑑，並強調了每項評鑑的程序。

第五部分：提升

第 11 章聚焦於如何運用從方案、人員與成果評鑑以及需求評估中所蒐集的資料，再次設計與提升已行之有年的全方位輔導與諮商方案。這一章實際運用從學區蒐集的資料，並詳細說明此學區使用了自 1980 年代早期基於輔導與諮商方案基礎，所建立之各項更新和提升方案的方法，以能符合持續改變中之學生、學區與社區的需求。

● 誰應閱讀本書

　　本書的一個目標，是告知並納入幼兒園到十二年級的所有輔導與諮商工作人員，以便進行全方位輔導與諮商方案的發展與管理。雖然本書某些特定部分是為了輔導與諮商方案領導者（中央層級或學校層級的主任、督導、協調者、輔導部門主任）與學校行政人員而特別加以強調的，但所提供的相關資訊，對於所有工作人員都很重要，也都應讓所有人知道並能夠加以運用。尤其，本書乃是設計給已經在工作的實務工作者、接受職前教育的諮商師以及受訓中的行政人員參考。故本書乃適合且應該於職前教育以及在職教育中予以使用。

● 第五版：什麼是新的？

　　第五版的每一章皆已重新組織和更新，以反映新近的理論與實務。本書為全方位輔導與諮商方案提供了一個更加完整的理論基礎，同時，配合全方位輔導與諮商方案的四個組成要素，呈現了從許多州立模式與 ASCA（2005）全國模式而來的最新內容範例。本書亦加入了新的資訊以及實際的想法與做法，以協助學校諮商師及其領導者更加理解關於如何發展與管理全方位輔導與諮商方案的相關議題。

　　第五版對於「多元化」此一重要主題也更加關注，並加以擴展討論，包括：學校諮商師的案主是誰，及案主所呈現的議題範疇。同時，本書也更為強調如何幫助學校諮商師及其領導者能有效說明其所執行的工作、評鑑與報告方案活動與服務，對學生於學業、生涯以及個人與社會發展各層面的影響。此外，本書更是關懷全方位輔導與諮商方案領導者於日漸錯綜複雜的教育環境中所面臨的各項議題與挑戰。

　　最後，於各章的結尾，可以發現一個新的小節：「你的進度檢核」。這個段落希望幫助你確認你於歷經計畫、設計、實施、評鑑與提升階段的各種改變時，自己正在達成的進展。

● 總結的想法

　　有些讀者可能認為，促進輔導與諮商方案是一項簡單的任務，僅需要很少的工作人員與資源；然而，這不是真的。或許大量的工作可以在頭幾年完成，但是，即使在可以取得必需的資源並確保順利實施的情況下，通常至少也需費時四到五年。欲推進提升方案的階段，可能需要另外的五年時間。因而，我們建議方案促進過程應為一個持續不斷的歷程。

　　同時，本書的章節組織可能會讓一些讀者認為，輔導與諮商方案的促進活動是以直線的方式，一個接著一個出現，而且，第 2 章到第 10 章所描述的活動，又涉及一個進展的連續過程；然而，實際上，這其中的一些活動，可能是同時在實施與完成的。第 10 章所描述的評鑑程序尤其如此；方案促進過程中的一些活動，從一開始到整個方案歷經的各個階段，都是一直在進行的。方案提升過程乃隨著評鑑工作而進行，並連接回一開始的階段，但是，是回到更高的層級，並突顯於再次進行方案設計之時。因此，此過程是螺旋狀的，不是循環狀的。每一次展開再次設計的過程，一個新的且更加有效的輔導與諮商方案，就會自然顯現。

　　最後，很重要的是，要瞭解本書各章所描述的全方位輔導與諮商方案，乃為方案要素提供了共通用語，好讓學區中的學生、家長、教師、行政人員、學校委員會成員與學校諮商師，在描述方案為何時，能夠以共通用語來進行對話。大家全都能看到相同的事情，並運用相同的語言來描述方案的架構。這是共通用語的力量，不論該方案是實施於一個小的或大的鄉村、一個都市或郊區的學區。不過，在各地學區層級的基本架構裡，學生要學習的輔導知識與技能（知能）、學校要提供的活動與服務，以及學校諮商師時間的分配，都要因著學生、學校與社區需求和當地資源，而予以量身特製。此乃使得每個學區中的工作人員，在發展與實施對其學區有意義的全方位輔導與諮商方案時，擁有發揮創造力的彈性與機會。我們堅信，若沒有方案要素的共通用語，或者失去配合當地學區調整方案的義務，輔導與諮商以及學校諮商師的工作，將會迷失於整體教育系統之中，並且會持續被邊緣化，而只被視為一個「雖不錯但非必要」的補

充性活動罷了。

American School Counselor Association. (2005). *The ASCA National Model: A framework for school counseling programs* (2nd ed.). Alexandria, VA: Author.

Arredondo, P., Toporek, R., Brown, S., Jones, J., Locke, D. C., Sanchez, J., & Stadler, H. (1996). Operationalization of the multicultural counseling competencies. *Journal of Multicultural Counseling and Development, 24,* 42–78.

Aubrey, R. F. (1973). Organizational victimization of school counselors. *The School Counselor, 20,* 346–354.

Cottingham, H. F. (1973). Psychological education, the guidance function, and the school counselor. *The School Counselor, 20,* 340–345.

Gysbers, N. C., & Moore, E. J. (1981). *Improving guidance programs.* Englewood Cliffs, NJ: Prentice-Hall.

Harvard Graduate School of Education. (2011). *Pathways to prosperity: Meeting the challenge of preparing young Americans for the 21st century.* Cambridge, MA: Author.

Kehas, C. D. (1973). Guidance and the process of schooling: Curriculum and career education. *The School Counselor, 20,* 109–115.

National Association of Secondary School Principals. (2004). *Breaking ranks II: Strategies for leading high school reform.* Reston, VA: Author.

No Child Left Behind Act of 2001, Pub. L. No. 107-110, 115 Stat. 1425 (2002).

Race to the Top. (2011). In *Wikipedia*. Retrieved from http://en.wikipedia.org/wiki/Race_to_the_Top

Sprinthall, N. A. (1971). *Guidance for human growth.* New York, NY: Van Nostrand Reinhold.

Sue, D. W., Arredondo, P., & McDavis, R. J. (1992). Multicultural counseling competencies and standards: A call to the profession. *Journal of Counseling & Development, 70,* 477–486.

Zhao, Y. (2009). *Catching up or leading the way.* Alexandria, VA: Association for Supervision and Curriculum Development.

致謝

於本書（第五版）中，我們對於在全美各地與兒童、青少年、家長、教師、行政人員與社區成員工作的學校諮商師，其在工作中重要豐富的貢獻，誠摯地表示感謝。本書是獻給學校諮商師及其領導者的。同時，對於幫助我們而讓本書能出版的人，也表示萬分的感謝。很遺憾，我們無法將所有人名全部列出，但是請瞭解我們十分感激他們的支持與鼓勵。我們特別感謝德州聖安東尼奧市諾斯賽德獨立學區之諮商師、主任諮商師以及行政人員的付出；我們還感謝學區願意招待參訪者，前來觀摩全方位輔導與諮商方案的進行。也謝謝 Linda Coats 為好幾章修訂的章節負責打字輸入工作，以及幫忙將修訂的章節彙編成最後的書籍格式。最後，謝謝美國諮商學會出版部門主任 Carolyn Baker 所有的協助。

陳序

　　很高興得知《學校輔導與諮商方案的設計、實施與評鑑》一書的中文翻譯本，在臺灣師範大學心輔系許維素教授的策畫與多位國內學校輔導學者專家合力下完成了。該書原作者為 Norman Gysbers 與 Patricia Henderson 兩位博士，他們是美國學校輔導領域頂尖資深學者，長期致力於發展全方位輔導與諮商方案的理論與實務，現已獲得美國四十多州的認可與採納，為美國的學校輔導帶來深遠的影響。如今有幸在國內學者的努力下將之翻譯成中文，為國內學校輔導領域的教學者與學習者帶來新知，乃是國內學校輔導界的重要之舉。

　　本書所倡議的學校輔導與諮商方案稱之為「全方位學校輔導與諮商方案」，於 1970 年間誕生，到了 2000 年間，這方案在美國學校諮商學會認可下，發展成為美國全國性的模式。這個模式在範圍上是綜合的，設計上是預防性的，本質上是發展性的。它有五個基本假設：輔導與諮商是一個整合性方案、是發展與全方位取向；協助學生學業、生涯與個人／社會發展；是團隊導向；是經由計畫、設計、實施、評鑑與提升的系統化歷程；以及建立輔導與諮商的領導機制，確保方案執行的品質。強調系統化、學生全人發展的導向、團隊合作、績效評鑑，是當前學校輔導方案推展的重要原則，該方案即立基於此。

　　「全方位學校輔導與諮商方案」有四個要素：方案內容、組織架構、資源，及發展、管理與績效責任。方案內容在找出學生應該要精熟的能力；組織架構包含定義、假定、理論基礎三個成分，以及輔導課程、個別學生規畫、回應式服務、系統支持四個成分；資源指的是實施方案所需要的人力、財務和政策資源；發展、管理與績效責任指的是在計畫、設計、實施、評鑑及提升方案時必需的活動。這些是實施「學校全方位輔導與諮商方案」的重要理論基礎，值得讀者們精讀。

　　本書由五個部分組成，分別為計畫、設計、實施、評鑑與提升。「計畫」

涉及全方位輔導與諮商方案的誕生與理論基礎;「設計」涉及如何設計出合乎
學校全方位輔導方案的架構與步驟;「實施」涉及如何開始、管理、維持所設
計出的方案;「評鑑」涉及對全方位學校輔導方案的評鑑;「提升」涉及如何
運用方案評鑑資料提升所實施的方案。每一個部分,作者都詳加敘述理念與實
施的步驟,可以作為各學校輔導人員與所在學校在設計方案時必要的指引。

　　當前國內師資培育主修綜合活動領域的輔導教師之專業學分,包括學校輔
導工作與學校輔導方案與評鑑,本書為學校輔導方案與評鑑課程提供了重要的
理論基礎,可以作為擔任此課程教師使用的教科書,作為主要或參考教材,再
對照國內所實施的學校輔導工作之實務,必能夠借他山之石,對國內學校輔導
工作的推進有新的省思。

國立臺灣師範大學教育心理與輔導學系

陳秉華

徐序

　　台灣地區諮商輔導工作的發展，從 1950 年代推動僑生輔導工作、引進現代輔導學理及成立中國輔導學會（今更名為台灣輔導與諮商學會），1960 年代指定學校辦理輔導工作實驗研究、實施九年國民義務教育指導活動課程並聘任相關教師，1970 年代推展高中職輔導工作、國民小學輔導活動及其輔導室人力配置、設置大專院校學生輔導中心或心理健康中心，1980 年代成立北中南三區大專輔導工作諮詢中心、國民中學指導活動課程改稱輔導活動，及舉辦國民小學輔導主任的甄選與培訓等；而後，1990 年代，教育部函頒輔導工作六年計畫與青少年輔導計畫，建立全面輔導體制、統整規畫輔導工作並推動學生輔導新體制方案等，政府相關部門與專業團體循序漸進、逐步落實並積極發展學校諮商輔導工作。

　　2000 年代以後，因「心理師法」頒布施行、「國民教育法」第十條的修訂實施及「學生輔導法」研議立法，我國各級學校輔導工作之組織運作與員額編制的法制化更加完備，有助於校園三級輔導工作的落實、學生問題行為的處理、學校教育功能的發揮，以及促進學生身心健康與生活適應。今日，諮商輔導工作的推動與落實，除有賴於法制完備、組織健全、人力充裕與人員優質之外，還需培育更多諮商輔導方案設計與評鑑的人才，以精進專業發展與學術研究。近年來，國內許多學者專家積極致力於諮商心理與學校輔導工作等領域的著作、編譯及研究，且將之應用於教學、督導、研究與實務工作上，其貢獻與辛勞，在在令人敬佩。今個人有機會閱讀《學校輔導與諮商方案的設計、實施與評鑑》（*Developing & Managing Your School Guidance & Counseling Program*）一書，並獲邀為本書中文版寫推薦序，深感榮幸。

　　本書原作者為 Norman C. Gysbers 和 Patricia Henderson。Gysbers 博士為美國密蘇里大學哥倫比亞校區教育、學校與諮商心理學系榮譽教授；Henderson 博

士為美國德州農工大學聖安東尼奧校區兼任教授。Gysbers 博士和 Henderson 博士的專長及研究在學校輔導、生涯諮商，及輔導方案的發展、管理與評鑑等領域。二人著作甚豐、獲獎無數且歷任學術要職，Gysbers 博士曾任美國全國生涯發展學會會長（1972-1973）及美國諮商學會會長（1977-1978），Henderson 博士曾任德州諮商學會會長（1992-1993）及德州諮商師教育與督導學會會長（1988-1989）。二人合著《領導與管理你的學校輔導方案人員》（1998）、《有效的全方位輔導方案 II》（1997）及《實施全方位學校輔導方案：重要的議題與成功的回應》（2002）等書，皆具學理與實務內涵，且深受好評。

本書原文書最新版（第五版）於 2012 年出書。2012 年 10 月，許維素教授獲悉我在國立高雄師範大學諮商心理與復健諮商研究所碩博士班任教「輔導方案發展與評鑑研究」課程，維素老師極力向我推薦本書並告知擬找人一起翻譯；2013 年，心理出版社取得版權後，由許維素老師邀請杜淑芬老師、王櫻芬老師、羅家玲老師、陳珍德、林繼偉老師、楊淑娥老師和吳芝儀老師等人共同翻譯。八位譯者皆為國內諮商心理與輔導學界重要學者，專業素養與實務經驗豐富。八位老師中，有與我相識多年者，有同在專業團體共事者，有同為學校輔導工作評鑑者，有共同擔任學位論文口試者；他們都是我欣賞與敬佩的同業。個人雖因公忙無法與之共同翻譯本書，但我非常高興能成為本書中文版的第一位讀者並為之寫序。

本書計十一章，含五部分：第 1 章至第 4 章為計畫部分，第 5 章至第 6 章為設計部分，第 7 章至第 9 章為實施部分，第 10 章為評鑑部分，第 11 章為提升部分。本書有助於諮商輔導工作人員瞭解全方位輔導與諮商方案（comprehensive school counseling program），進一步探討方案的理論基礎、組織架構，認識方案的衡鑑、轉換、管理與評鑑，發展學校諮商輔導人員方案設計與評鑑的專業能力，以及強化和重新設計全方位的輔導與諮商方案。本書另有十六個附錄，含美國學校諮商師協會《學校諮商師的倫理標準》、方案實施年度「時間—任務」分析的指導方針與範例格式、輔導方案評鑑調查、轉介政策及學生輔導與諮商方案範本、職務說明範本、多元文化諮商與發展學會的多元文化諮商能力，以及美國各州與學區實施全方位輔導與諮商方案所使用的表格與程序等等。

誠如原作者所言：「輔導與諮商革新發展的下一步，即是將輔導與諮商建

構為一個全方位方案——教育中不可或缺的核心方案，乃具有著自己的內容基礎與組織架構。」國內諮商心理師或學校輔導工作者的養成教育中，除了諮商理論與技術、心理測驗與衡鑑、諮商倫理與法規等專業知能的訓練之外，亦須強化諮商輔導方案設計、實施、管理與評鑑的能力，方能提升諮商輔導工作的共識化、本土化、優質化與績效化，這也是國內現階段諮商輔導專業發展的革新方向與重要目標。個人閱讀本書時，腦海浮現許多過去三十年來諮商輔導工作的點點滴滴，書中的專業理念與實作實務一一躍然於眼前，內心有許多的觸動與契合。本書適用於諮商心理與輔導專業領域之教學、研究與實務工作等，可作為學校輔導教師、諮商心理師、相關系所師生及諮商輔導單位行政人員之學習、進修、應用與精熟專業的參考，值得閱讀。

中華民國諮商心理師公會全國聯合會理事長
國立高雄師範大學諮商心理與復健諮商研究所教授兼所長

徐西森 謹識

譯者序

　　之所以會推動本書的翻譯工作，得追溯 2012 年 8 月到 2013 年 7 月，因幸運獲得美國傅爾布萊特計畫獎助，有機會成為美國密蘇里大學哥倫比亞校區教育、學校與諮商心理學系一年的訪問學者，並在此期間結識了本書的作者之一，美國學校輔導界重量級人物——Norman Gysbers 博士，並且接受他密集的督導。

　　非常佩服 Norman Gysbers 博士將學校輔導視為一份終身投入的志業。82 歲的他，幾乎每日到大學上班，並且仍積極參與及推動密蘇里州各項學校輔導專業發展活動。在我與 Norman Gysbers 博士每一、兩週的會面中，他都會認真地詢問我關於台灣的情況與我個人的經驗；他也會主動聯繫多個單位，讓我可以參加不少密蘇里州的學校輔導各項工作會議，或訪問中小學校，並再逐一與我討論這些參與的經驗。當我們在進行討論時，Norman Gysbers 博士常提供給我一些相關的學校輔導文獻資料，而本書，簡直成為最重要的指導手冊，一一回應了我對學校輔導工作推行的諸多疑問。

　　由 Norman Gysbers 博士與他的同僚一起發展的學校全方位輔導與諮商方案（comprehensive school counseling program）模式，除了使他居住的密蘇里州學校輔導成為各州示範之外，這個模式也已成為美國多州主動認可的學校輔導工作模式；連鄰近台灣的香港也直接採用這個模式，並持續爭取 Norman Gysbers 博士的督導。透過許多研究，已多方證實這個全方位輔導與諮商方案對於學生各層面的有效影響；甚至，「應該盡力落實全方位輔導與諮商方案」的這份期許，也直接出現於美國學校諮商師協會（ASCA）學校輔導教師倫理標準的要求中。所以，如何計畫、設計、實施、評鑑、提升學校全方位輔導與諮商方案，乃是學校輔導工作的核心主軸。

　　因著 Norman Gysbers 博士的指導而更加認識學校輔導的獨特性以及全方位輔導與諮商方案模式的重要性，在心理出版社林敬堯總編的支持下，我們邀請

了國內一些關心與投入於學校輔導工作的專家學者，一同完成翻譯此書的重責大任，在此非常感謝這幾位教授的大力協助：杜淑芬老師、王櫻芬老師、羅家玲老師、陳珍德、林繼偉老師、楊淑娥老師、吳芝儀老師，而使這本鉅作得以完成。此外，也特別感謝以下工作人員的參與協助：臺灣師大教育心理與輔導學系陳宣融同學；彰化師大輔導與諮商研究所謝秋芳、曾昭兒同學以及吳宜文小姐；東華大學諮商與臨床心理學系吳詩雅和李佳勳同學，協助其中部分翻譯與校對的工作。

從閱讀到翻譯本書，讓我深刻的體會到，要做好學校輔導工作，需要用學校輔導工作的思維與架構來進行職前教育訓練以及在職工作與評鑑，因為學校輔導工作真的是一門獨特的專業。每次在聽到已成為美國學校輔導示範代表的密蘇里州，如何推動學校輔導工作或目睹其成果時，我總是既佩服又感慨。然而，Norman Gysbers 博士總會再三提醒我：「這是大家歷經四、五十年持續的努力，不是一人、一日可以快速而成。」當提及台灣輔導目前所面臨的一些困境時，Norman Gysbers 博士也不斷複述：「你們的掙扎，我們也曾經有過，甚至連現在都一直在面對。希望我們的經驗，可以使你們縮短一些猶疑的路程。」所以，希望這本書在國內的出版，能使已有諸多豐富成果的台灣學校輔導，形塑出更為清楚一致的學校輔導工作架構及輔導教師角色任務，並能有層次地形成足以反映學校輔導工作執行系統的構成要素及其工作時間比例，甚至還可再更進一步依據這學校輔導工作實務運作的架構，對應發展出學校輔導工作評鑑模式，以及學校輔導教師職前教育專業標準、相關考照系統、在職訓練的方向。亦即，期許本書能激發國內學校輔導工作「共通用語」的共識架構，而使台灣學校輔導專業大步躍進、發揮更高的效能，而嘉惠台灣的莘莘學子！

國立臺灣師範大學教育心理與輔導學系教授

許維素

Part **1** 計畫

Chapter 1 全方位輔導與諮商方案的演變：從職位到服務到方案

杜淑芬　譯

　　20世紀初始，美國深受工業革命的影響。那是個工業快速成長，社會運動、社會改革和烏托邦理想主義均同時進行的時代。在進步運動的旗幟下，社會運動和社會革新沸沸揚揚，以尋求改變工業革命所帶來的負面社會影響。

　　　　這些影響是工業成長未曾預期的效應，包括城市開始出現貧民窟和移民聚集地、道德的淪喪、個人被組織所侵略、腐敗的政黨政治，以及職業學習的師徒制不復存在。（Stephens, 1970, pp. 148-149）

輔導與諮商專業就是在這種動盪的時期中誕生，當時，職業輔導於進步運動的高峰期被催生出來，是「在整個進步運動中，這個國家在 19 世紀末和 20 世紀初出現的一種運動」（Stephens, 1970, p. 5）。職業輔導的開始可以追溯到幾位

先驅和組織的工作。先驅者像是 Charles Merrill、Frank Parsons、Meyer Bloom-field、Jessie B. Davis、Anna Reed、E. W. Weaver 和 David Hill，透過以下組織和運動的推動，例如安居運動、國家工業教育促進協會（National Society for the Promotion of Industrial Education），以及在舊金山、波士頓、底特律、激流市、西雅圖、紐約、紐奧良等城市的學校，對於早期輔導與諮商概念的形成和導入均有所幫助。

Brewer（1942）表示有四種狀況同時發生，帶動了職業輔導的發展，包括勞動力的分配、科技的進步、職業教育的延長，以及現代民主的擴展。他認為任何一種狀況都無法單獨造就這個趨勢，這四種成因在當時都是職業輔導興起的必要條件。此外，J. B. Davis（1956）加入了另一個因素——商業化課程的引進，中等學校註冊率的增加導致某些課程的導入，包括實用藝術、手工訓練，以及家庭經濟和童工問題。

本章追蹤從 20 世紀開始到 21 世紀最初十年的學校輔導與諮商的歷史。在 1900 年到 1920 年間輔導與諮商的起步，重點放在 Frank Parsons 和 Jessie Davis 的工作，包括輔導與諮商早期的目標、派任教師成為職業諮商師、行政人員的輔導諮商工作、輔導諮商的擴展，以及早期對於職業諮商師效能的關注等等。接著會繼續討論 1920 年代和 1930 年代輔導與諮商的挑戰，包括輔導與諮商目標的改變以及服務模式的產生。之後，本章將會呈現和描述 1940 年代和 1950 年代兩項重要的聯邦法案。接踵而來的 1960 年代，是新的挑戰和改變的時代，當時的學生事務處（pupil personnel services）為輔導諮商提供一個主要的組織架構。它同時是初級輔導與諮商出現的時代，也是需要改變輔導與諮商組織架構的呼聲被聽到的時代。

本章接下來的重點在於 1960 年代美國誕生了全方位輔導與諮商方案及其在 1980 年代、1990 年代和 21 世紀最初十年的實踐，其焦點在於關心聯邦和各州立法的重要性。緊接著強調 21 世紀的展望：全方位輔導與諮商方案在美國各地的全面實施。我們將描述美國學校諮商師協會（American School Counselor Association, ASCA）的全國模式，以及相關的州法和聯邦法。最後，我們將以呈現全方位輔導與諮商方案的五個主軸作為本章的結束。

輔導與諮商在學校的開始：1900 年代最初二十年

Frank Parsons 的工作

在美國，第一個導入輔導與諮商系統概念的是麻州波士頓的公民服務中心（Civic Service House），當時波士頓職業局（Boston Vocation Bureau）於 1908 年 1 月由 Quincy Agassiz Shaw 女士所成立，係以美國教育家和改革者 Frank Parsons 所擘畫的藍圖為基礎。職業局的成立是 Parsons 和公民服務中心員工共同努力的成果。Parsons 在 1908 年 5 月 1 日發行他在職業局的第一本報告，根據 H. V. Davis（1969, p. 113）所言：「這是一本重要的報告，因為職業輔導一詞顯然是第一次出現在印刷品中，並作為一種機構服務的命名。」此外，這份報告的重要性是因為它強調職業輔導應該由受過訓練的專家所提供，且成為公立學校系統的一部分。

Parsons 的輔導概念重視以科學化的取向來選擇職業，其著作《選擇一項職業》（*Choosing a Vocation*）的第一段說明了他的想法：

> 除了選擇丈夫或妻子，人生沒有任何一步比選擇一項職業更為重要。對年輕人和社會大眾而言，聰明地選擇即將投注生命所在的事業、專業、交易或職業，並且在所選擇的領域中發揮完全的效能是最該在乎的事情。這些重要的問題應該以審慎、科學的方法來加以解決，並考慮每個人的性向、能力、企圖心、資源和限制，以及這些因素在不同企業中與獲致成功的關係。（Parsons, 1909, p. 3）

Jessie B. Davis 的工作

當 Jessie B. Davis 於 1907 年從密西根底特律遷居到激流市，重新接任中央高級中學（Central High School）的校長時，他開始「組織一所有系統性輔導的

學校」計畫（J. B. Davis, 1956, p. 176）。他運用以年級為層級的原則，每 300 位學生有一位諮商師。有趣的是，他並不認為職業輔導是個新的專業。依據 Krug（1964）所言，他將之視為校長的工作。

Davis 的一部分計畫是提供有系統的輔導課程給所有學生，他說服英文老師將星期五的英文課改為會話課或作文課，作為一種傳遞職業輔導的途徑。這個計畫在其《職業和道德輔導》（*Vocational and Moral Guidance*）（J. B. Davis, 1914）一書中有詳細的描述，在此僅做簡述。值得注意的是，從七年級到十二年級，職業輔導均透過英文課傳授；其次，主題的進展也涵蓋每個年級。現在的學校諮商師無不瞭解和讚賞 Davis 系統的本質和架構：

- 七年級：職業企圖心。
- 八年級：教育的價值。
- 九年級：自我特性分析（透過自傳進行特性分析）。
- 十年級：職業世界——服務的召喚（選擇一項職業）。
- 十一年級：職業的準備。
- 十二年級：社會倫理和公民道德。

輔導與諮商的早期目標

一開始，即 1900 年代初，學校輔導與諮商被稱為職業輔導。職業輔導有個單一目標。它被視為回應當時經濟、教育和社會問題的方法，並關心年輕人進入職場以及他們可能面臨的狀況。就經濟面而言，在於幫助工作者做好較佳的就業準備，而就教育層面來說，則是希望學校更為努力地幫助學生找到教育與就業的目的。在社會層面則強調需要改變學校的方法和組織，並對僱用童工的企業施加更多勞動條件的控制（U.S. Bureau of Education, 1914）。

對於職業輔導的初始目標，從一開始就有兩個顯著不同的觀點。Wirth（1983）闡述 David Snedden 和 Charles Prosser 所提出的「追隨社會效率哲學」觀點。依據這個觀點，「教育的任務是幫助經濟得以更有效地運作」（Wirth, 1983, pp. 73-74），學校的功能是協助個體為工作做準備，職業輔導是依據個體的多元能力將個體分類的方式，幫助他們為取得工作而準備。

　　另一觀點是基於民主哲學原則，強調需要改變企業的狀況，同時幫助學生選擇教育和職業。依據 Wirth（1980）所言，「『芝加哥學校』──[George Hubert] Mead、[John] Dewey 和[Frank] Leavitt──將民主哲學觀點帶進職業輔導的討論中」（p. 114）。1913 年，全國職業輔導學會（Nactional Vocational Guidance Association）在密西根州激流市成立，Leavitt（1914）於會上演講時，強調需要改變企業的狀況和方法。他指出：

　　　　在可能的範圍內，當職業輔導以一種全面性、目的性和科學性方法實施時，可以促使企業改變。這不僅對兒童、也對企業本身有好處。（p. 80）

職業諮商師的位置

　　Frank Parsons 和職業局的工作迅速聞名全國。1910 年第一屆職業輔導全國性會議（National Conference on Vocational Guidance）於波士頓召開，緊接著 1912 年的紐約研討會以及 1913 年在激流市成立全國職業輔導學會（W. C. Ryan, 1919）。這些工作也對波士頓公立學校產生直接的影響，因為 1909 年波士頓學校委員會（Boston School Committee）要求職業局的人員為波士頓公立學校規畫職業輔導方案。1909 年 6 月 7 日，波士頓學校委員會批准職業局的建議，並「指導學校主管當局任命一個擁有一名主管與六名成員的委員會」（Bloomfield, 1915, p. 34）。在完成工作後，這個委員會提出一份報告，指出波士頓學校職業輔導工作的三項主要目標：

　　　　三項重要性最高的主要目標包括：第一，確保父母、學生和老師均仔細考慮過生涯動機對個體一生的重要性；第二，運用各種可能方法協助學生於中輟後，得以安置在有報酬的工作中；第三，則是與中輟生保持聯繫，建議精進知能的方法並協助有需求的學生進修。（Bloomfield, 1915, p. 36）

　　每所波士頓的中小學均需由一位行政中心職員和委派的職業諮商師執行這些目標。被委派為職業諮商師的教師通常不會減授教學時數，也沒有額外的報酬（Brewer, 1922; Ginn, 1924）。除了正規的教學工作外，這些教師被要求執行的職業輔導工作包括：

1. 擔任當地職業輔導部（Department of Vocational Guidance）的代表。
2. 參加職業輔導主管所召集的職業輔導人員會議。
3. 負責職業輔導部送到學校的文書作業。
4. 職業資訊的蒐集與建檔。
5. 與當地圖書館館員安排教育與職業輔導相關書目並上架。
6. 結合英語表達、職業道德與倫理或任何校長和輔導員覺得適當的課程，安排一些相關職業課程單元。
7. 建議教師將教學與職業問題做連結。
8. 訪談六年級以上學業成績不良的學生，尋找可能的問題並建議補救方案。
9. 運用紀錄卡記錄和學生的指導會談。
10. 當指導學生時，參考其智力測驗結果。
11. 與七年級和八年級學生仔細研究「高中升學選擇指南」（A Guide to the Choice of Secondary School）專刊。
12. 鼓勵學生持續就學。
13. 建議學業成績不良或中輟學生家長參加相關會議。
14. 訪談並檢視中輟生的紀錄，清楚告訴他們取得工作證書的必備條件。
15. 負責 249 表格的建檔，且在學生需要就業時提供職業輔導部的相關建議。（Ginn, 1924, pp. 5-7）

職業輔導擴展到全國

　　大約同時，波士頓學校建立了一項職業輔導方案；此外，一群紐約市的教師由 E. W. Weaver 領導，也組成高中學校教師學會助學委員會（Student Aid Committee of the High School Teachers Association），在紐約市的學校積極建立另一個方案。1909 年，該委員會提出一份報告指出，他們已經通過實驗階段並準備要求：

> (1)允許大型高中撥出額外非指定課程的一節課進行職業輔導；(2)提供職業諮商師設備以保存學生和就業紀錄；以及(3)他們可以與學生和雇主召開會議。（W. C. Ryan, 1919, p. 25）

職業輔導也被引進美國其他各州的公立學校。在芝加哥，第一次以具備一個中央辦公室的型態，來服務申請僱用證明和就業媒合的學生，並出版職業刊物。其他城市，包括紐約州的水牛城、俄亥俄州的辛辛那提市、伊利諾州的迪卡布（DeKalb）、洛杉磯市、威斯康辛州的密爾瓦基市、紐約市、費城、紐約州的羅徹司特市以及加州的聖荷西市等等，職業輔導呈現出很多不同的形式，但多半以提供職業資訊、進行職業調查、就業媒合活動和生涯課程為主。

依據 W. C. Ryan（1919, p. 26）所言，

> 到了 1914 年 4 月，大約有四十座城市的 100 所高中向美國教育局（U.S. Bureau of Education）呈報，他們已經透過職業局、諮詢委員會、職業試探課程或其他常態的職業課程形式建立起職業輔導方案。

這些中心的名稱各異，例如明尼亞波利市稱為出勤管理與職業輔導部門（Division of Attendance and Vocational Guidance）。四年之後到了 1918 年，於 Parsons 在波士頓建立職業局十年後，「932 所四年制的高中設有職業局、就業部門或類似機制協助學生就業問題」（W. C. Ryan, 1919, p. 36）。

職業輔導的挑戰

當學校的職業輔導已經進展到設立機構時，這個歷程中同時也發生許多挑戰。Brewer（1942）在其關於職業輔導歷史的書中描述一些這樣的挑戰。他指

出其中一項挑戰是人事改變所帶來的，某些人失去利益，而某些人則因此得到高利益。另一項挑戰是來自保守主義者，「當傳統課程面臨被縮減的危機時，批評的聲浪開始湧現」（p. 87）。

除了這些挑戰之外，其他挑戰包括缺乏發展和實施職業輔導的執行計畫、缺乏適當的師資來執行職業輔導工作，以及缺乏資源和設備。Brewer 的書中描述了這些挑戰及其結果：

> 職業輔導不是一項單靠擁有愛心的人就可以執行的非專業工作。它不應該被視為教導英文或數學的附屬品。它也不是學務長處理的旁枝末節問題，也不是校長、副校長、人事專員、註冊組或其他行政人員在零碎時間可以追求的消遣。職業輔導是種獨特的專業，一如醫生、律師、護士或任何其他高度專業的工作者一般（Brewer, 1942, p. 88, quoting Harry D. Kitson）。

> 一個廢立職業諮商師計畫常見的理由是，因為職業諮商師只需要一個辦公室和他背後的心理健康設備。另一方面，職業訓練必須花費千萬機器設備的投資，無法輕易帶著走。因此，在財政壓力大或其他時候，職業諮商師很容易就會被指派回去擔任「較為重要」的教學或行政職務。（Brewer, 1942, p. 88）

早期對職業諮商師一職的考量

到了 1920 年代，當輔導與諮商（職業輔導）推動到全美國，許多人表達對於輔導與諮商如何被組織、被他人所感受和被應用的關心。在回顧波士頓系統時，Brewer（1922）說道，這個工作「既可敬又充滿希望感」（p. 36）。在那同時，他也表達缺乏有效的中央控制和督導，及由個別學校校長和諮商員決定什麼可以做和做得多好的問題。Myers（1923）在一篇名為〈職業輔導現行發展的重要回顧與未來前景的特殊參照〉（A Critical Review of Present Developments in Vocational Guidance With Special Reference to Future Prospects）的文章中，也表達其關心：

　　我想要請大家注意的第一件事情是，職業輔導日漸受到肯定為整體正式教育的一部分，且這並不是偏離教育主軸。它是一群熱忱的人所期待卻沒有其他機構負責的學校服務……。其次，職業輔導逐漸被認可為具有特殊的教育功能，需要特殊的資質和訓練……。第三，逐漸認可每個城市的學校系統均需要一項中央制定且統一的職業輔導方案，以進行有效能的工作。當每所高中和國中看到成效後，均可自行組織和進行職業輔導工作時，我們就可以很快地通過這個階段。（pp. 139-140）

在表達這些關心時，Myers 注意到這種職位模式的問題，教師被設定成為職業諮商師卻沒有工作架構且沒有減少其教師職責。顯然，這種職位模式視輔導與諮商為附屬品，任何人均可執行。相對地，他強調需要視輔導為整體教育的一部分，需要有受訓的人員來執行統一的輔導方案。Myers的話語有如先知。這些話與我們當今用來描述學校全方位輔導與諮商方案的重要性、人事需求和架構完全一致。

Myers（1923）對於輔導與諮商（職位模式）的普遍性於學校所造成的未預期結果，做出了另一項敏銳的觀察：

　　另一危及職業輔導發生的趨勢是，職業諮商師承擔過多的非專業職責，以致只能做極少真正的諮商工作。校長，以及通常是諮商師……對於這位新人的適當職責的概念非常模糊。諮商師的時間比起一般教師明確對一群學生上課來得較為自由。假使仔細選擇有行政能力的人，那麼，校長很自然地就會指派一項又一項的行政工作給這位諮商師，直到他（或她）實際上成為副校長，僅有少數時間做真正的諮商師工作。為了避免這種讓職業輔導方案嚴重失能的趨勢，諮商師受到良好訓練是很重要的，校長應該更清楚瞭解諮商的功能，並應有中央單位的督導。（p. 140）

Myers（1923）的話再次如同預言般準確。它們直接指出職位模式問題的要

害所在，也就是說，「其他上級指派工作」可能輕易變成輔導與諮商的一部分，以及學校諮商師的工作。即使到現在，這個問題也持續困擾著學校諮商師。

1920 年代和 1930 年代的輔導與諮商：挑戰與改變

輔導與諮商目標的改變

1920 年代見證輔導與諮商在學校的擴展。在這個時期，輔導與諮商的本質與結構受到心理健康和心理測量、兒童發展研究、學生輔導紀錄卡的引進以及進步主義教育運動的影響。事實上，「職業輔導在一般的文化和教育次文化中以一種嶄新的詞彙呈現出來；如以心理健康、進步教育、兒童發展及測量理論等」（A. H. Johnson, 1972, p. 160），並成為輔導與諮商額外的目標。

教育目標

輔導作為教育的目標是教育本身自然而然的改變。隨著中等教育根本原則（Cardinal Principles of Secondary Education）（National Education Association [NEA], 1918）的發展，至少就哲學層次而言，教育開始為升大學到為全人生活而做準備。

> 教育被認為應該整合基本健康常識、有意義的家庭價值、職業能力、公民責任、善用休閒時間和道德等特性……。在這七個根本原則之下，教育顯然等同職業相關活動——從這個觀點可以建構所有的教育都是日後進入職業生活的輔導。（A. H. Johnson, 1972, pp. 27-28）

這個轉變有一部分是因為輔導與諮商的前輩，特別是 John Brewer（1922）等人的影響，讓職業輔導漸漸地更為教育導向。根據 Stephens（1970）所言，這也是由於全國教育學會（NEA）中等教育再造委員會（Commission on the Reorganization of Secondary Education, CRSE）的影響，「擴展和削弱職業的定義，

並非只是視其為根本原則當中的一個而已」（p. 113）。CRSE 的做法與輔導界較為教育取向的前輩，共同將職業教育與職業輔導從教育的革新運動中區隔出來，如 Stephens 所言——留下職業輔導一詞在自我認同中掙扎。這個觀點與 A. H. Johnson（1972）類似：

> 1918 年，NEA 中等教育再造委員會幾乎認定，所有教育課程都是讓學子能夠勝任職業或職業生活的訓練。在 CRSE 的報告之後，沒有其他課程元素更為顯著。這是真正的職業教育。因此，職業教育的「根本原則」被忽略了。從前的職業輔導相關課程因職業教育而失去歷史的定位，在公立學校系統中飄浮不定，並被教育體系重新定義。（p. 204）

個人適應的目標

在 1920 年代，影響個體的社會、企業、國家和政治面較少被注意，而個人的、教育的和統計計量等層面則得到較多的關注。更具體地說，至少在學校情境內，顯然是「傳統職業上、社經上和政治上所關心的事情，從大型的文化層次被學生的教育次文化層次所取代，職業的社會化問題被解釋為個人教育和心理的問題」（A. H. Johnson, 1972, p. 221）。

這個關注焦點被取代的結果是，職業輔導開始強調學生較為個人的、診斷的和臨床的取向，並漸漸強調心理測量。

> 輔導運動界定其專業角色在於滿足機構內同儕的期待，以更精確的探索學生的心理層面，並確保公立學校系統的測驗服務需求。因此發展出兩者共同期待下的專業角色，包括要求分析和統整（蒐集和組織個人資料）、診斷（比較個人資料與測驗常模、和職業或專業側面圖）、進展（指出可行的職業選擇）和諮商（或處遇，產生當時或未來期待的適應）。這形成臨床模式的基礎。測驗創造出一種對於特殊技術的需求，這讓臨床模式得以發展，並讓職業輔導的專業認同得以

建立。（A. H. Johnson, 1972, p. 138）

進一步的證據可以在 1921 和 1924 年全國職業輔導學會的職業輔導原則（Principles of Vocational Guidance）中窺見（Allen, 1927）。這些原則強調測驗、運用累計的紀錄系統、資訊、職業研究、諮商和個案研究。在 1925 年和 1930 年間，當職業輔導的目標定義為個人適應，諮商便成為主要的關注焦點。「職業輔導成為問題導向，以適應心理、個人問題為中心──而不是社會、道德、宗教、倫理或政治問題」（A. H. Johnson, 1972, p. 201）。

諮商師的職責為何？

在 1920 年代和 1930 年代早期，輔導與諮商專業的任務之一是建立諮商師的職掌表。這個任務是去決定哪些職責可以建構一個完整的方案，如同 Proctor（1930）所言，設立輔導與諮商的標準。Myers（1931）備有一份諮商師實際職掌的清單，共有三十七個項目。在瀏覽這個職掌表之後，Myers 表示：

> 這份諮商師的職掌表實在令人望而生畏。它顯然羅列出一個有效能的輔導方案和一個諮商師可以被適當期待的必要條件。同樣地，這裡面有些職務顯然是與輔導無關的行政或文書事務。可見，在建立諮商方案的表象下，有些資淺或資深的校長將他們的行政職務卸責給諮商師。（p. 344）

在同一份文件中，Myers（1931）將這些被偏好的職掌區分為以下類別：

- 與個別學生晤談或協談。
- 以團體形式與學生會談。
- 與教師或其他學校教職員協談。
- 與學校系統中的特殊成員協談。
- 與家長協談。

- 與公司代表、商務和專業的代表協談。
- 與社區中的社會機構合作。（pp. 345-347）

當輔導與諮商在學校中邁入機構化並在過程中被定義和實施時，其他教育人員也同樣修正對於輔導與諮商的期待。對學校行政人員而言，這似乎特別真實。A. H. Johnson（1972）特別註記行政職責是這個新專業的重要責任。事實上，很多人認為在融入學校系統時，這個專業所認定的職業輔導責任成為行政職責。「專業責任事實上變成行政職責，在這種情況下，輔導不是由專業決定其價值，而是透過行政系統來解釋其在教育次文化上的價值。」（A. H. Johnson, 1972, p. 191）。

輔導與諮商的服務模式

到了 1920 年代晚期和 1930 年代早期，除了諮商師以外的專業人員陸續加入學校團隊。這些專業人員包括出缺勤管理事務人員、巡迴訪問教師（visiting teachers）、學校護士和醫生。當時由中央單位派任專人負責整合和監督這些專業人員的工作，Myers（1935）建議用學生事務工作（pupil personnel work）一詞來代表這類工作。Myers 進一步指出，「在整個清單中，輔導活動缺乏整合的情形最為嚴重，特別是從諮商的角度來看」（p. 807）。

在 Myers（1935）輔導缺乏整合方案的觀點下（切記當時輔導與諮商組織其實是普遍存在，但通常是一個職位底下有一大串職務），如何能夠提供更具整合性的輔導與諮商方案？此時，**輔導服務的概念**乃應運而生。當時，有五種服務：個別施測、資訊、諮商、安置和追蹤。依據 Roeber、Walz 與 Smith（1969）的說法，

> 輔導服務的概念是在輔導運動時期所發展出來的，當時需要對輔導的需求和本質有個較具組織化的定義。對於輔導服務的界定，除了一般的目的之外，同時也能讓輔導這個概念更易於「銷售」給州政府教育局和當地的學校。（p. 55）

諮商服務的主導地位：學生適應是焦點

雖然所有的輔導服務都是重要的，但自 1930 年代起，諮商凌駕其他服務之上，成為具有主導地位的服務。諮商的重要性早在 1920 年代就開始，因為當時需要更多對學生的個人服務、診斷服務和臨床取向服務。到了 1930 年代，這種更為個人化、診斷式和臨床取向的服務受到更多注意。因此，逐漸重視學生個別適應的諮商服務，開始被認為與職業輔導有所區別。

> 直到 1930 年，……對於個別諮商的功能，與已存在的職業和教育輔導的功能的區分並未多所著墨。之後，當一些高中的輔導工作者開始覺察到，許多受困於個人問題的學生，在學校也有較多與權威敵對、性關係、不幸的家庭處境和財務困境時，就有愈來愈多應該有所區隔的想法出現。（Rudy, 1965, p. 25）

Bell（1939）在一本有關個人諮商的書中，主張諮商的目的是透過諮商師和學生的個人接觸增進學生的適應。在他的想法中，適應包括個人所有的生活層面：學校、健康、職業、動作和機能、社會、家庭、情緒和宗教。Koos 與 Kefauver（1937）也注意到適應的主題，當時他們主張輔導有兩階段：分配階段和適應階段。第一階段的目標是將學生分配到各種教育和職業的機會中。第二階段的目標是幫助學生適應教育和職業的情境。M. E. Campbell（1932）補充表示：輔導需要聚焦在「對健康、宗教、育樂、家庭和朋友、學校和工作的適應問題」（p. 4）。

持續定義職業輔導

依據 M. E. Campbell（1932）的定義，職業輔導為：

> 幫助個體選擇職業、為職業做準備、進入職場以及在職場升遷的歷程。當為職業做準備涉及選擇主修領域、選擇課程、選擇學校等決

定時，職業輔導顯然與教育輔導密不可分。（p. 4）

Campbell 繼續比較職業輔導和職業教育（生涯與技職教育）的異同，並強調職業輔導是種幫助學生探索職業的歷程，不同於職業教育是提供所需的訓練。

> 職業輔導和職業教育有許多連結，這個關係可以用一個句子來說明。職業教育是針對想要在特定職業工作的人們給予訓練，職業輔導則是提供選擇一個職業和訓練之前所需的資訊和協助，但它並未提供這些職業相關訓練。職業一詞指的是任何職業，可以是醫藥、法律、木工或護理。許多職業和專業的準備必須在中等學校和專門學校中透過修課予以計畫，那通常不會被當成職業。因此，職業輔導關注輔導。而對於在高中修課的學生，或大專文科的學生，以及國貿課程的學生而言，這些課程本身即為職業教育。（p. 4）

這個區別很重要，因為從 1930 年代到現在，在為生涯和技職教育立法並定義輔導與諮商的焦點和範圍時，這曾經且現在還是論戰之一。有些人爭論職業輔導只是對生涯和技職教育學生的輔導與諮商，而且，如果經費足夠的話，它應該只被用在輔導與諮商這些方案中的學生。

聯邦政府創制的開始

雖然在 1930 年代，輔導的教育和個人適應議題持續在學校輔導與諮商實務中扮演主導的角色，職業的焦點也繼續展現力量。在 1933 年 2 月，全國職業會議（National Occupational Conference）在卡內基基金會的資助下，開啟了一扇門。全國職業會議的活動包括職業適應問題的相關研究、書籍出版和提供職業輔導活動的資訊和諮詢。全國職業會議一度共同資助《職業》（*Occupations*）期刊的出版，這是全國職業輔導學會的正式期刊。

1938 年，全國教育督導會議出版一份報告，這個會議原先是在 1936 年由羅斯福（Franklin D. Roosevelt）總統所指派。這份報告指出需要一個國家級的職

業資訊服務，以及讓輔導和就業安置服務成為職業教育有力的方案之一。由於這些建議以及來自職業教育（Vocational Education）和教育委員會（Commissioner of Education）的資助（Studebaker, 1938），美國教育中心職業局（Vocational Division of the U. S. Office of Education）在 1938 年設置職業資訊和輔導服務部門（Occupational Information and Guidance Service）。在 Harry Jager 被任命之前，Richard Allen 擔任這個部門數個月的主管（Wellman, 1978）。雖然這項服務被放在職業部門，它的本質並非完全以職業為考量。這一點在 1940 年美國教育中心出版的一份文件「職業資訊和輔導服務組織和行政準則」（Principles Underlying the Organization and Administration of the Occupational Information and Guidance Service）中有清楚的說明。

> 職業資訊和輔導服務部門的功能盡可能地廣泛且完整，並可由教育中心在任何時間點，運用有限的經費、多個部門合作協助、同時在政府內部和外部以及其他資源下提供服務。服務部門有興趣的活動將包括輔導層面，如職業輔導、個別輔導、教育輔導和就業安置。然而，由於人事的關係，中心沒有任何一項服務稱得上完整，數個部門或服務只能說是在其特定領域中盡可能達成服務的需求和期待。因此，例如，在特殊教育領域，一個中心需要有十五至二十位專業工作者，才能初步符合完整服務所需的人員數量和類型，而我們只有一位專業人員。這位專業人員負責處理中心所有的問題和服務。（Smith, 1951, p. 66）

特別重要的是以下這個句子「服務部門有興趣的活動將包括輔導層面，如職業輔導、個別輔導、教育輔導和就業安置」。不僅該文句清楚地界定出職業資訊和輔導服務的主要任務，並且也成為學校輔導與諮商的主要任務，同時也描述了目前普遍定義輔導與諮商的三個層面：職業的、個人的和教育的。一旦聯邦政府層級設立職業資訊和輔導服務部門，州政府的教育部門也可能建立輔導局處。然而這些經費可能只能用在州政府的部門中。在地方層級，沒有經費可以被用來支持輔導與諮商。

在 1938 年到 1942 年間，由於喬治狄恩法案（George Dean Act）對州政府的督導進行補貼（該法案在數個州或區域提供職業教育的進步與發展；Pub. L. No. 673），州政府設置州立輔導督導的數量從兩州增加到二十八州。職業資訊和輔導服務部門推動州立輔導督導會議來討論該領域的相關議題。這個會議後來成為全國輔導督導學會（National Association of Guidance Supervisors, NAGS），以及之後的全國輔導督導和諮商師訓練者學會（National Association of Guidance Supervisors and Counselor Trainers, NAGSCT），直到現在成為諮商師教育與督導學會（Association for Counselor Education and Supervision, ACES）等學會的前身。（Wellman, 1978, p. 2）

對心理治療不斷升高的興趣

當 1930 年代結束時，在輔導與諮商服務模式中，諮商師的地位持續發展和豐富化，且受益於人們對心理治療不斷升高的興趣。其中，對學校輔導最重要的是 Carl Rogers 的工作，他在 1942 年出版《諮商和心理治療》（*Counseling and Psychotherapy*）一書。

在他 1942 年出版該書之後，我們看見大眾對心理治療升高了興趣，很快地大家對心理測量有更高的興趣。這個轉變以及伴隨而來的無數研究和理論貢獻，對職業輔導均有其影響。（Super, 1955, p. 5）

Aubrey（1982）用「壓路機效應」來描述這本書的完整效應，以及 Rogers 後來在學校輔導與諮商的工作。

心理治療對職業輔導和測驗的影響加速一個新領域的誕生：諮商心理學。這個領域又轉而對學校輔導與諮商的專業發展，以及 1950 年代、1960 年代和 1970 年代的學校諮商師的工作具有實質的影響，特別是在諮商師訓練、角色模範和專業文獻等方面。

　　職業導向、心理測量和人格發展結合的重要結果之一，是改變了「對進行諮商的人的功能和訓練」的概念。他（或她）可能是個幫助人們探索工作世界的老師或是一個實施和解釋測驗的心理學家。之後，他（或她）可能或可能不是心理學家，而是個社區資源、職業資訊或心理測驗的使用者。他（或她）現在成為一個心理學家，運用探索經驗、心理測量技術和心理治療晤談的多元組合來幫助人們成長和發展。這就是諮商心理師。（American Psychological Association, 1956, p. 284）

1940 年代和 1950 年代重要的聯邦立法

1946 年的職業教育法案

　　在 1946 年，有個事件對學校輔導與諮商的成長與發展造成相當大的影響。這個事件即為 1946 年的職業教育法案（Vocational Education Act of 1946），一般稱之為喬治—班登法案（George-Barden Act），以紀念兩位推動這項法案的立法者。由於這項法案，經費得以挹注於支持各種不同場所和情境的輔導與諮商活動。更明確地說，美國教育委員會規定聯邦的經費應該用來支持以下四項目標：

1. 維持州政府的督導計畫。
2. 補助諮商師訓練者的薪水。
3. 輔導領域的研究。
4. 補助地方輔導督導和諮商師的薪水。（Smith, 1951, pp. 67-68）

　　這是第一次，由於美國教育委員會的規定，輔導與諮商得到資源、領導和財務的支持。這些支持的結果是輔導與諮商在各州和各地方快速成長。這也告訴所有關心這件事情的人，必須注意諮商師的培育。這個問題已經被關注一段時間但沒有得到應有的考量。1946 年的職業教育法案讓州政府的經費得以補助

諮商師訓練，也經常重複提出這個最重要的問題：「諮商師訓練方案應該包括哪些？」在以後的數年間，如何回應這個問題即為學校輔導與諮商實務設立一個訓練模式。

1948 年春天，職業資訊和輔導服務部門與美國教育中心高等教育司（Division of Higher Education）召集了一個州立輔導督導和諮商師訓練者的會議。其中一個提問是：「諮商師應該要如何培育？」會中找出八項子題且設置子委員會研究這些子題，並在 1948 年 9 月 13 日至 18 日於華盛頓舉辦的全國輔導服務州立督導和諮商師訓練者會議（National Conference of State Supervisors of Guidance Service and Counselor Trainers）提出相關報告。這些報告經由參與的相關工作者修訂後，其中六份在 1949 年到 1950 年間由教育中心的聯邦安全處（Federal Security Agency）所發表。這些報告（包括一份沒有發表的）如下：

1. 「諮商師的職責、標準和資格」（Duties, Standard, and Qualifications for Counselors），1949 年 2 月，共同主持人：Eleanor Zeis 和 Dolph Camp。

2. 「諮商師的基本課程」（The Basic Course）（未發表）。

3. 「諮商師職業資訊的能力」（Counselor Competencies in Occupational Information），1949 年 3 月，主持人：Edward C. Roeber。

4. 「諮商師個人分析的能力」（Counselor Competencies in the Analysis of the Individual），1949 年 7 月，主持人：Ralph C. Bedell。

5. 「諮商師的諮商技巧訓練」（Counselor Competencies in Counseling Techniques），1949 年 7 月，主持人：Stanley R. Ostrom。

6. 「輔導方案的行政關係」（Administrative Relationships of the Guidance Program），1949 年 7 月，主持人：Glenn Smith。

7. 「現職人員對輔導工作的在職進修」（In-Service Preparation for Guidance Duties, Parts One and Two），1950 年 5 月，主持人：John G. Odgers。

有一份有關督導實務的額外報告發表在第八屆全國會議中，但後來被交由委員會修改。經過修改，這份報告重新在 1950 年 9 月 11 日至 15 日於愛荷華州安姆斯市所舉辦的第九屆全國會議中被討論，並成為此系列的第八份報告：

8. 「諮商師培育的督導實務」（Supervised Practice in Counselor Preparation），1952 年 4 月，主持人：Roy Bryan。

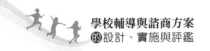
所有出版的報告都由輔導人事訓練專員 Clifford P. Froehlich，在輔導和人事服務部門（Guidance and Personnel Services Branch）主任 Harry A. Jager 的指導下負責編輯。

在 1950 年代早期和中期，聯邦層級的輔導與諮商組織架構發生了重大改變。在 1952 年 5 月 16 日，職業教育部（Division of Vocational Education）之下的美國教育中心輔導和人事部門（Guidance and Personnel Branch）停止運作。接著，在 1953 年 10 月 27 日，州和地方學校系統部門（Division of State and Local School Systems）成立學生人事服務處（Pupil Personnel Services Section），Harry Jager 被指派為主任，這項工作次年即因 Jager 去世而停擺。然而到了 1955 年，輔導和人事服務處（Guidance and Personnel Services Section）重新成立，由 Frank L. Sievers 擔任首位主任（Miller, 1971）。

這些改變反映了 1930 年代已經開始的轉變，輔導與諮商轉變成學生人事服務的一組服務並持續強調諮商師的職位。我們將會看到，學生人事服務模式在 1950 年代到 1960 年代成為當時主導輔導與諮商的組織架構。

1958 年的國防教育法案

1958 年發生了另一事件，於 1960 年代到 1970 年代之間對美國學校的輔導與諮商具有重要影響。這個事件是 1958 年的國防教育法案（National Defense Education Act [NDEA] of 1958）。在法案第五項中的輔導與諮商條款，經費提撥於以下兩項主要方案：A 部分的經費係以專案形式提撥給州政府，據以建立全國的測驗計畫；B 部分則提撥經費給訓練機構，用以協助個體成為中等學校的諮商師。在 1960 年代，B 部分的條款擴展到也包括支持國小和國中階段的輔導方案、測驗和訓練。

我們在這裡的目的不是完整報告 NDEA 的整體影響，而是簡短地聚焦於法案的實施如何影響學校輔導與諮商，以及學校諮商師的工作概念和機構化。特別重要的是學校諮商師所受訓練的本質，以及為機構參與者所提供課程的主要專業議題。

Pierson（1965）描述 NDEA 所主張的五項學校諮商師訓練的主要議題：

1. 決定論與自由社會。

2. 心理健康和個人責任。

3. 基本科學和督導實務。

4. 教學和諮商。

5. 學校諮商師的角色。

在這些議題中，議題4和5大多數直接與諮商師在學校的功能有關。依據Pierson（1965）所言，推動「高中諮商師是導師的附屬品」（p. 40）的諮商師教育者決定教學和諮商的議題，但諮商師角色不能被事先決定的說法否決了角色定義的問題。諮商師被教導應該發展他們的角色認定：「接受適當訓練的學校諮商師發展他（或她）自己的角色，這個角色具有個人獨特性和情境獨特性」（p. 39）。

　　進一步分析NDEA的組成可以更清楚，在這裡非常強調透過諮商實務和團體程序課程的個別和團體諮商。安置服務和傳統教育和職業資訊程序（蒐集、分類和運用資訊）如同哲學和原則，相對地較少受到注意。Pierson（1965）摘要機構所提供的課程，並指出：

　　　　常規學習機構的課程將巨大的壓力放在實習，大約1/3註冊學生的時間花在有督導的諮商實習上。同時，機構則加強心理學的基礎課程，特別是人格、學習、成長和發展以及心理健康等等。（p. 46）

　　Tyler（1960）檢視最初成立的五十所機構後，找出另一個諮商師角色衝突的觀點。她形容：

　　　　在定義諮商師真正的角色之前，我們需要先釐清輔導室所有工作者的角色。也許可以期待以較為清楚的學生事務工作（pupil personnel work）來取代輔導（guidance）這個模糊的字眼。（p. 77）

新挑戰和新改變：1960 年代的輔導與諮商

學生事務服務變成主導地位

1960 年代，輔導與諮商的發展在學校受到 NDEA 影響的同時，也受到學生事務服務運動的影響。這個運動開始於 1930 年代，在 1940 年代和 1950 年代受到滋養，終於在 1960 年代發展成熟。這些服務為何？州立學校行政主管委員會（Council of Chief State School Officers, 1960）表示，學生事務服務包括「輔導、健康、心理服務、學校社會工作和出勤」（p. 3）。因此，輔導和學校諮商師的職位在眾多的服務中被概念化為尋求「透過跨專業的取向催化學生的學習」（Stoughton, McKenna, & Cook, 1969, p. 1）。

對學生事務服務概念的發展特別重要的是 1962 年成立的學生事務服務跨專業研究委員會（Interprofessional Research Commission on Pupil Personnel Services）。這個委員會係由美國教育中心所創並由全國心理健康局（National Institute of Mental Health）給予財務資助。它包括十六個專業成員的協會。委員會的目的有三項：

1. 透過研究有關增進專業和服務的知識以提供完整的學習經驗。
2. 展示學生事務服務的有效方案以因應不同規模和型態的社區。
3. 實現和刺激有關學校的預防性心理健康研究。（Eckerson & Smith, 1966, p. 4）

在學生事務服務跨專業研究委員會概念中的學生事務服務，輔導與諮商被視為「一種終生服務，從學齡前到退休，其目的在於增進個體自我引導的能力」（Eckerson & Smith, 1966, p. 24）。

當 1960 年代持續展開，學生事務服務運動對輔導與諮商的影響愈來愈明顯。很多州的教育局和地方學區將輔導與諮商以及學校諮商師職位放在學生事

務服務的行政體系下。此外，1960 年代有關輔導與諮商組織和行政的教科書，採用學生事務服務模式作為一種組織學校輔導的方式。這與 1920 年代以來就已經形成的輔導與諮商服務模式的職位取向做了很好的結合。結果，輔導與諮商成為一種次服務，透過學校諮商師在學生事務服務這個較大的架構下傳遞服務。這些輔導服務的數目因高層的決定不同而有差別，但通常有六項：定向、個人紀錄或衡鑑、諮商、資訊、就業安置和追蹤服務。還有，因輔導與諮商服務模式以及本章先前討論的個人適應目標之故，諮商成為核心服務。

Stripling 與 Lane（1966）強調諮商的重要性，個別和團體諮商都是。第二優先則是與父母和教師諮詢。其他傳統輔導功能如衡鑑、就業安置和評鑑則被視為諮商、團體歷程和諮詢的輔助與支持服務。Ferguson（1963）強調同樣的主題，亦即諮商是核心服務：「不再被視為只是技術或侷限於職業和教育事務的服務；諮商在輔導方案中被視為核心服務。」（p. 40）

1960 年代強調諮商有其歷史根源。它在 1920 年代服務模式之下發生且對個人適應有強烈興趣。根據 Hoyt（1974）所言，諮商進一步受到以下兩因素的鼓勵，第一，NDEA 的 V-B 訓練機構條款規定法定登錄人必須是諮商師或教師；第二，依據美國教育中心的標準，諮商是判斷訓練機構是否合乎補助的條件之一。Hoyt 認為這些因素讓訓練機構「非常強調諮商功能……。強調諮商和諮商師，而不是輔導和輔導方案」（p. 504）。

焦點在於學校諮商師，不是輔導與諮商

在這個時候，輔導與諮商的服務模式，由於其在學生事務服務單位下的職位取向，焦點偏重在學校諮商師這個職位的角色與功能。事實上，對很多個體而言，學校諮商師的工作就是方案本身。學術上，有數百篇有關學校諮商師的角色與功能的文獻。來自其他學生事務工作者的競爭大大地提高對這些文獻的需要，因為這些工作者也要尋求支持，以建立他們在學校的角色，特別是當美國學校輔導委員會（Commission on Guidance in American School）建議：

*輔導服務*這個令人混淆的名詞應該被揚棄，並且，學生事務服務

被看成學校諮商師、學生社工師、學校健康工作人員和出勤管理行政人員（school attendance officer）的活動。學生事務服務因此變得較任何所謂的輔導服務的範圍來得廣，然而這些服務的主要工作是學校諮商師的工作。（Wrenn, 1962, p. 142）

Wrenn（1962）在他可視為里程碑的專書——《變動世界中的諮商師》（*The Counselor in a Changing World*）中，也強調諮商師的工作。他描述學校諮商師的四種主要功能：

> 我們建議學校諮商師的專業工作職掌的描述要清楚列出他（或她）所展現的四種主要功能：(a)與學生諮商；(b)當處理學生時，諮詢教師、行政人員和家長的意見；(c)研究學生族群的變化並對學校委員和行政人員解釋研究發現；(d)協調學校以及學校和社區的諮商資源。無論在小學或高中，諮商師 2/3 到 3/4 的時間應該放在前面的兩項功能。（p. 137）

Roeber（1963）也建議了類似的學校諮商師功能。他建議諮商師投入助人關係，包括個別諮商、團體歷程和諮詢。此外，諮商師應該具有支持的責任，包括學生—環境研究、方案發展和個人發展。在 1960 年代，有些人疾呼「放棄輔導（guidance）一詞，因為它讓人聯想到諮商師所提供的服務」（Roeber, 1963, p. 22）的時候，這種強調諮商師功能的論點及時出現。

追尋認同：教育者或心理師？

直到 1950 年代，很多學校諮商師是由教師或行政人員兼職擔任學校諮商師。因此，不意外的是，一般人均知道任何擔任學校諮商師的人都應該有教育背景；他們先前應該都是教師。到了 1950 年代，愈來愈多全職學校諮商師進入校園，特別是在 1960 年代和 1970 年代，「需要教學經驗嗎？」是最常被問的問題。這個問題帶來另一個問題：「如果學校諮商師沒有先擔任教師，那麼他

們是誰？」

在 1960 年代和 1970 年代的文獻中，可以看見這些有關學校諮商師認同議題的強烈辯論。我們將會看見，有些作者認為學校諮商師是教師，因此他們覺得要成為一個學校諮商師，教學經驗是必要的。其他作者認為學校諮商師更應是心理學和心理學家，因此他們質疑教學經驗作為學校諮商師前置條件的必要性。

Brammer（1968）和 Felix（1968）對這個議題有個有趣的對話。Brammer 主張這個學校諮商領域應該拋下輔導模式並採取諮商心理學模式：「諮商心理師在哪裡打球呢？我的建議是在諮商心理學球場，這不是一個理想的解決途徑，但是最貼近現今學校諮商的功能。」（p. 8）

Felix（1968）強烈不同意 Brammer 的主張，在針對 Brammer（1968）的文章再次答辯時，Felix 強烈維護學校諮商的輔導模式。他在答辯文中用以下的主張做結語，同樣運用 Brammer 球場的隱喻：

> 我們已經讓有些心理學家進入我們的球場，即使這個地方不真的適合他們所擅長的遊戲。他們用盡所能卻已經趴倒在地。現在他們想要我們改變我們訓練和工作的方式，甚至改變我們團隊的名字。接下來，他們會要將這個球場重新命名。（p. 11）

小學的輔導與諮商

超過五十年的孕育期，1960 年代也見證了小學輔導與諮商的誕生。專業文獻指出，早在 1910 年波士頓學校即指派教師為小學的諮商師。然而，由於早期強調以高中為重點，以致很少注意小學諮商師的工作。當時所關注的重點本質上仍是職業。例如，McCracken 與 Lamb 在 1923 年出版了《小學的職業資訊》（*Occupational Information in the Elementary School*）一書即為證明。

Faust（1968）將小學諮商師的產生分為三個時期。第一個時期，他將之命名為傳統（traditional）期，從 1908 年的輔導與諮商運動開始延伸到 1940 年代。在這個時期，小學輔導與諮商向高中輔導與諮商實務借用大量的方法和技術。

從 1950 年到 1965 年的十五年間，小學輔導與諮商開始改變，Faust 將之命名為新傳統（neotraditionalist）期。這個時期的特性是降低傳統高中方法的重要性，而更強調團體諮商和學習氣氛。依據 Faust 所言，發展（developmentalist）期是從 1960 年代中期開始。小學學校諮商師已經有自己的認同。此時的重點是發展性而非以危機為主。個別和團體工作是重點。

強調發展性的取向受到諮商師教育與督導學會以及美國學校諮商師協會（Joint Association for Counselor Education and Supervision and American School Counselor Association, ACES-ASCA）小學諮商師委員會（Committee on the Elementary School Counselor）初始報告的鼓舞，該報告刊載於 1966 年 2 月出版的《人事與輔導期刊》（*Personnel and Guidance Journal*）。其主要焦點是「兒童和教師是教育歷程的重心」（Faust, 1968, p. 74），而有效的學習氣氛是學校諮商師工作的重心。

改變職位服務模式的呼籲

自 1960 年代起，特別是 1970 年代，開始有了重新定位輔導與諮商的呼聲，從在學生事務服務處組織當中的一組服務的輔助地位到一項全面性發展的方案。重新定位的呼聲來自一些多元的來源，包括重新對職業—生涯輔導及其生涯發展的理論基礎的興趣，關注過去學校輔導與諮商主要取向的效益，以及重燃對發展性輔導與諮商的興趣。

職業—生涯輔導

對於職業—生涯輔導復甦的興趣始於 1960 年代，這個趨勢有部分受助於一連串在該主題上的全國會議。這些會議透過 1963 年的職業教育法案及其修正條款得到資助。Hoyt（1974）對這些會議的敘述，清楚顯示它們對輔導一詞以及在學校實務的興趣和實質貢獻。

對於職業—生涯輔導的興趣再度興起也得到數個 1960 年代生涯輔導計畫的資助。當中，1964 年開始於底特律的發展性生涯輔導方案（Developmental Career Guidance Project）係針對弱勢青少年提供生涯輔導。這是早期的發展性生涯

輔導方案之一，這個方案累積了足夠的評估資料，可以用來支持學校全方位輔導方案的進一步發展（Leonard & Vriend, 1975）。

職位一服務模式普遍性的議題

對於職業一生涯輔導的興趣再次復甦的同時，愈來愈多人關心學校諮商師職位角色和功能的服務模式的效能。特別是關心諮商過度重視一對一的關係，以及諮商師傾向於將處理學校的危機和問題視為他們存在於學校的理由。

傳統上我們重視、或許過度重視諮商的一對一關係，這樣的關係當然會持續下去。但諮商師綁在諮商室進行行為改變這樣的概念可能要重新加以仔細地評估。未來的諮商師將可能作為社會的催化劑，部分時間用在與受諮商者的兩人關係，但也作為環境和人類情境的催化者，也就是促進當事人整體的心理發展，包括職業發展。（Borow, 1966, p. 88）

在 1960 年代，也有很多人關心輔導服務模式的潛力，且需要更有意義地將輔導與諮商重新予以概念化，以達到較高程度的發展（Roeber et al., 1969）。Sprinthall（1971）呼應同樣的主題：

服務概念主導著輔導與諮商可能並非保守的說法，有些更基本和更重要的問題並未受到認可，更遑論回應了。反之，諮商師則認為服務取向將他（或她）的角色限制到較不重要的行政事務工作當中。（p. 20）

發展性輔導

在 1960 年代，發展性輔導一詞愈來愈常被聽見。Mathewson（1962）在討論輔導的未來趨勢時認為，雖然適應性輔導非常熱門，但長期來看，則可能步入重視發展性輔導的趨勢：

姑且不論現在的趨勢為何，長期而言學校輔導將會走上教育和發展的形式；而其尚未普及的原因是：需要發展所有人類潛能、個體的堅持和力量、互動教育經驗的效果、教育適應性的需要、比較成本，以及想要保有自由的渴望。（p. 375）

同樣地，Zaccaria（1966）強調發展性輔導的重要和需要，他指出發展性輔導是個轉換中的概念，它與時代同步，但在實務上大部分仍未被嘗試。

1970 年代：全方位輔導與諮商方案的產生

在 1970 年代早期，對於生涯發展理論、研究和實務，以及它們的教育形式──生涯輔導和生涯教育──的興趣愈來愈高。其他教育運動，如心理教育、道德教育和歷程教育也同時產生。此外，強調輔導與諮商方案發展和管理的系統性綜合取向的興趣也持續升高。這些思潮在 1970 年代早期匯集成一種刺激，讓這個專業持續以可測量的學生成果來定義輔導與諮商的發展性任務──成為一個有自我特色的方案，而不是附屬於教育方案的一項服務。

基本想法、詞彙和系統性思考

到了 1970 年，在發展基本想法、詞彙和建構以定義全面發展性輔導與諮商的專有名詞上，已經完成很多基礎工作。早在 1961 年，由於關心缺乏實施學校輔導的可辨識模式，Glanz 已經界定和描述四種組織輔導工作的基礎模式。Tiedeman 與 Field（1962）提議將輔導定位成整體教育歷程的一部分，他們也強調輔導需要有發展和自由的觀點。Zaccaria（1965）強調在決定輔導的目標時，需要檢視發展性任務作為基礎。Shaw 與 Tuel（1966）發展一個設計用來服務所有學生的輔導方案。在小學階段，Dinkmeyer（1966）透過支持發展性觀點的兒童發展相關研究，以強調發展性諮商的需要。

與想法、詞彙和建構等基礎工作同等重要的是，應用系統性思考於輔導與

諮商工作。基於一份 1968 年職業輔導的全國性調查資料，職業輔導的系統模式發展於俄亥俄州哥倫布市的職業和技術教育中心（Center for Vocational and Technical Education）。這個模式強調學生行為的目標、活動的選擇、方案評鑑和實施策略（R. E. Campbell et al., 1971）。T. A. Ryan（1969）以及 Hosford 與 Ryan（1970）也建議在發展和改善全面性輔導與諮商方案時，運用系統理論和系統技術。

輔導與諮商方案的初始模式

在西岸，McDaniel（1970）主張一個稱為青少年輔導系統（Youth Guidance Systems）的輔導模式。該模式是由宗旨、目標、方案、實施計畫和評鑑設計等項目所組成，其主要關切的成果是學生做決定的能力。與這個模式密切相關的是由美國研究機構（American Institutes for Research）的人力所發展的全面性生涯輔導系統（Comprehensive Career Guidance System）（Jones, Hamilton, Ganschow, Helliwell, & Wolff, 1972; Jones, Nelson, Ganschow, & Hamilton, 1971）。全面生涯輔導系統的設計是有系統地規畫、實施和評鑑輔導系統。系統思考也是 T. A. Ryan 與 Zeran（1972）對於輔導服務組織和行政的核心取向（undergirded）。他們強調為了確保一個可執行的輔導方案的發展和實施，系統取向是必要的。最後一個輔導系統取向是由「與個別化教育需求系統一致的學習方案」（Program of Learning in Accordance With Needs System of Individualized Education）所倡議（Dunn, 1972）。在這個方案中，輔導是最重要的一部分，並被視為整體一般性教學方案的一部分。

整合生涯發展進入課程中

定義全面性、發展性輔導與諮商專有名詞的任務，得到來自這些應用系統思考的輔導取向的實質支持。其他的支持則來自 1970 年代早期數個州所發展的整合職業發展進入學校課程指南。有一份這樣的指南是在 1970 年 8 月由威斯康辛州所發展出來的（Drier, 1971），另一份則是 1971 年夏天的加州生涯發展模

式（California Model for Career Development）（California State Department of Education, 1971）。

透過課程實施生涯發展的想法當然不是源自於這些模式。早在 1914 年，J. B. Davis 就已經規畫過這樣的課程。或者，如果你更有興趣，可以參閱 Tennyson、Soldahl 與 Mueller（1965）的專書《教師在生涯發展的角色》（*The Teacher's Role in Career Development*）以及 1966 年 5 月全國職業輔導學會所贊助的艾利宮（維吉尼亞州的旅館暨會議中心）會議（Airlie House Conference），其主題為「透過課程實施職業發展理論和研究」（Implementing Career Development Theory and Research Through the Curriculum）（Ashcroft, 1966）。在 1960年代晚期和 1970 年代早期，經由 Gysbers（1969）、Herr（1969）、Hansen（1970）以及 Tennyson 與 Hansen（1971）等理論學者和實務工作者的努力研究，他們所有人均倡議整合生涯發展概念成為所需的課程。透過這些努力，生涯發展概念開始轉換成個人成果，並依序規畫成幼兒園到十二年級的生涯目標和次目標。

發展各州模式的全國性方案

在這些努力的同時，有一項全國性的方案開始進行，以協助各州發展和實施生涯輔導、諮商和安置的模式或指南。在 1971 年 7 月 1 日，密蘇里大學哥倫比亞校區獲得美國教育中心的獎助計畫，由 Norman C. Gysbers 主持，協助每個州、哥倫比亞校區和波多黎各的當地學校發展生涯輔導、諮商和就業安置的模式或指南。這個計畫是該校階段計畫的下一步。前項計畫是在 1969 年 10 月所進行的一項生涯輔導、諮商和就業安置全國會議以及 1970 年春天的跨州的地區性會議。所有五十州、哥倫比亞校區和波多黎各均參與 1971 年的計畫，到了1974 年計畫終了時，有四十四州發展出某種生涯輔導、諮商和就業安置的指南和模式。基於提供各州協助的立場，該計畫相關人員在 1972 年 1 月舉辦了一場全國性的會議並發展出一本手冊（Gysbers & Moore, 1974），以供各州發展指南的參考。

模式的持續發展

　　當 1970 年代初期發展和實施系統性、發展性和具績效性的輔導與諮商方案的趨勢漸趨成熟，理論模式開始轉換成學校可以實施和運作的實務模式。這些轉換多數擴展自生涯輔導的概念。例如，在 1972 年時，當亞利桑納州美沙鎮的輔導人員覺得需要重新定位他們的輔導方案以使其更有可看性，他們選擇包含需求評估、主旨和目標發展，以及相關輔導活動的全方位生涯輔導方案（McKinnon & Jones, 1975）。為了訓練人員熟悉新系統的發展、實施方法和程序，他們與美國研究機構合力撰寫以能力為基礎的全套訓練計畫。又如，加州葛若斯蒙高等學區（Grossmont Union High School District）的輔導人員選擇加州生涯發展模式（California State Department of Education, 1971）作為他們發展方案的內容，接著開始進行布建一項兼具系統化和發展性的生涯輔導方案（Jacobson & Mitchell, 1975）。另外一個例子，喬治亞州教育部開始一項由美國教育中心所資助的計畫，以協調數個喬治亞學校系統規畫和實施全方位生涯輔導方案的工作。這個計畫的目標是想要發展一個以學生需要為基礎的生涯輔導系統，並將重點放在團隊取向和以課程為基礎的策略（Dagley, 1974）。

　　在 1974 年 7 月 1 日，美國研究機構開始將先前由加州教育部學生事務司（Pupil Personnel Division）和他們自己在亞利桑納美沙鎮以及其他地方的青少年發展研究方案（Youth Development Research Program）所執行的相關方案計畫結合在一起（Jones, Helliwell, & Ganschow, 1975）。這項工作在發展幼兒園到十二年級的全方位生涯輔導方案時，促生了十二項輔導人員基礎能力發展模式。這些模式在 1975 年夏天於加州兩個學區進行實地測試，也在 1975 年秋季於密蘇里大學的哥倫比亞校區針對輔導與諮商學系的實習（preservice）課程進行測試。最後，美國研究機構於 1976 年 1 月出版了這個方案的相關報告（Dayton, 1976）。Jones、Dayton 與 Gelatt（1977）接著運用這十二個模式作為起始點，建議採用系統化的取向來規畫和評估人類服務計畫。

　　這項自 1970 年代早期即已開始的各種輔導方案模式的工作持續進行和擴展。Hansen 與 Gysbers（1975）所編輯的《人事與輔導期刊》在「生涯發展：輔

導與教育」（Career Development: Guidance and Education）特刊中，包括很多描述方案模式以及方案運作實例的文章。美國大學測驗計畫（American College Testing Program, 1976）在《大河市高等學校輔導服務：概念模式》（*River City High School Guidance Services: A Conceptual Model*）中，發表了一項輔導的規畫性模式。

■■ 1980 年代和 1990 年代：全方位輔導與諮商方案進入實務

全方位方案獲得採納

當 1970 年代終了，全國各級學校組織和經營輔導與諮商的傳統方案仍持續進行，而對於新方案的相關建議則不斷增加（Herr, 1979）。綜合發展性輔導方案的概念漸漸掩蓋過服務模式和職位取向模式。在 1974 年 ASCA 的職務論述──《學校諮商師以及輔導與諮商方案》（*The School Counselor and the Guidance and Counseling Program*）中，這個概念率先被認可；接著於 1980 年針對該論述進行檢視和修訂。這個趨勢進一步在 1978 年 ASCA 的職務論述──《學校諮商師和發展性輔導》（*The School Counselor and Developmental Guidance*）中被認可，該論述於 1984 年再次檢視與修訂（參閱 ASCA, 1984）。如 Shaw 與 Goodyear（1984）所述，輔導專業工作者「應提供清楚、書面和合理的初級預防服務計畫，這樣他們可以減少一些較不專業且極為分散的任務」（p. 446）。

全方位輔導與諮商方案進入學校的工作在 1980 年代持續進行。Gysbers 與 Moore（1981）在一本名為《改善輔導方案》（*Improving Guidance Programs*）的書中，提供發展和實施全方位學校輔導方案的理論基礎以及逐步實施的歷程。這本書是從他們早期在密蘇里大學的工作而發展出來的，該計畫係協助各州發展和實施生涯輔導、諮商和就業安置之模式和指南。此外，Hargens 與 Gysbers（1984）呈現一個關於校園如何重新活化學校輔導與諮商方案的個案研究，使之具有發展性和全方位。

密蘇里州出版了《密蘇里全方位輔導》（*Missouri Comprehensive Guidance*）（1986），呈現該州在 1984 年至 1985 年間協助學區發展、實施和評鑑全方位與系統性學校輔導方案的計畫。威斯康辛州出版了《學校諮商方案：資源和計畫指南》（*School Counseling Programs: A Resource and Planning Guide*）（Wilson, 1986），是 1984 年開始重新檢視學校諮商師角色的工作成果。全國學校董事協會（National School Boards Association, 1986）通過一項支持學校全方位輔導與諮商方案的提案。大學入學考試委員會（College Entrance Examination Board, 1986）出版了《對選擇開放：一些建議》（*Keeping the Options Open: Recommendations*）一書，這是一份和學校全方位輔導與諮商方案直接相關的報告，這份報告是以 1984 年成立的大學預科輔導與諮商委員會（Commission on Precollege Guidance and Counseling）的工作為基礎。該報告建議：督促學校建立從幼兒園到十二年級的全方位和發展性輔導方案。Henderson（1987）在〈進行中的全方位學校輔導方案〉（A Comprehensive School Guidance Program at Work）與〈學區如何進行方案改變〉（How One District Changed Its Program）（Henderson, 1989）中，描述一個全方位輔導方案的設計與規畫、方案的內容、方案如何在德州大學學區實施，以及實施的歷程。Myrick（2003）討論發展性輔導與諮商模式以及其實施細節。

1980 年代同時也見證了一項名為能力取向輔導（competency-based guidance）的全方位輔導與諮商方案取向的發展。S. K. Johnson 與 Johnson（1991）描述此取向為新輔導，他們定義這個概念為：

> 一種以學生為案主的完整性學生服務方案。這個方案是設計用來確保所有學生取得在校學習成功所需的能力以及從學校轉換到高等教育、到就業，或結合高等教育和工作所需的能力。（p. 6）

立法的重要

如前所述，在 1940 年代和 1950 年代，國會通過 1946 年的職業教育法案和 NDEA。這些法案每一項都對學校輔導與諮商的本質、結構和益處有實質和長期

的影響。除了這兩項立法之外，1960 年代見證了 1965 年中小學教育法案（Elementary and Secondary Education Act of 1965）的通過，以及之後的修正案。兩者均提供學校輔導與諮商一些資助來源（Herr, 2003）。

職業輔導（生涯和技職教育）的立法經由 1930、1940、1950、1960 和 1970 年代的一再授權，提供給學校輔導與諮商方案持續的支持。從 1980 年代開始，此法案以肯塔基州立法委員 Carl D. Perkins 的名字命名，稱為 1984 年 Carl D. Perkins 職業教育法案（Carl D. Perkins Vocational Education Act of 1984）。本法案於 1990 年（Carl D. Perkins 職業教育和應用科技教育法案修正案）以及 1998 年（Carl D. Perkins 職業科技教育法案修正案）再次受到核准。

也有數個其他的聯邦法案值得注意：在 1994 年，通過學校到就業機會法案（School-to-Work Opportunities Act of 1994）。它對輔導與諮商的定義與 1990 年 Carl D. Perkins 職業教育和應用科技教育法案相同。同年，通過小學諮商示範法案（Elementary School Counseling Demonstration Act of 1994），並提供學校輔導與諮商經費來源。

各州模式的發展

1980 年代晚期和 1990 年代，在州層級的輔導前輩以及地方層級的諮商師、行政人員和教育委員的努力之下，發展了州層級的方案模式並進入實作期。Sink 與 MacDonald（1998）主持一項全國性的調查，並發現大約有一半的州已經自行發展全方位輔導與諮商方案，作者懷疑在 1990 年代，數量已經達到三十四州以上。由於愈來愈多人肯定輔導是學校中具有特色的方案，以及諮商領域的督導和行政的進步，提供學校輔導方案和諮商師領導力的新模式正在悄悄產生中（Gysbers & Henderson, 1997; Henderson & Gysbers, 1998）。

邁向輔導與諮商方案的完全實施：21 世紀的展望

在 21 世紀的頭十年，發展、實施和評鑑全方位輔導與諮商方案的工作持續

增加並擴展。在這個時期，有些州自行發展或者修訂他州的模式。ASCA 發展一套全國模式。致力於輔導與諮商之聯邦立法的工作持續進行，有些州已經通過立法或規範，用以支持全方位輔導與諮商方案在當地學區的發展、實施和評鑑。最後，學校輔導與諮商方案的領導和管理模式以及輔導人力數量則持續修訂當中。

ASCA 的全國模式

在1997年，ASCA出版了《分享願景：學校諮商方案的全國性標準》（*Sharing the Vision: The National Standards for School Counseling Programs*）（C. A. Campbell & Dahir, 1997）一書之後，繼續出版《從願景到行動：實施學校諮商方案全國性標準》（*Vision Into Action: Implementing the National Standards for School Counseling Programs*）（Dahir, Sheldon, & Valiga, 1998）。這些全國性的標準現在稱為學生版的內容標準（content standards for students）。2001 年，ASCA 的執行理事會同意發展全國性學校諮商方案的模式是必要的下一步，因為 ASCA 到目前只發展出有關學生學業、生涯和個人社會發展的內容標準，因此還需要發展出一個整體學校諮商方案的架構。

在ASCA執行理事會的決定基礎下，輔導與諮商方案邁向發展全國性模式，此時，一個由全國性的領袖和學校諮商實務工作者組成的委員會於 2001 年 6 月齊聚在亞利桑納州土桑市。2001 年秋季，模式的草案已經準備完成，在 2002 年委員會舉行了兩個會議，在 2002 年 6 月邁阿密的ASCA全國性會議中，該模式正式亮相。額外的修訂持續進行，2003 年，《ASCA全國模式》（*The ASCA National Model*）正式釋出。

這個全國模式是以 Gysbers 與 Henderson（2000）、Myrick（2003）以及 C. D. Johnson 與 Johnson（2001）的工作為基礎。它包括四種要素：基礎、服務遞送系統、管理系統和績效責任。它包含全面性的範圍、預防性的設計、發展性的本質，以及為整合性整體教育方案的一部分。方案必須由合格的學校諮商師實施，在執行時重視合作取向、監督學生的進展，以及以實證資料為本。2004 年出版了工作手冊（ASCA, 2004），2005 年再版（ASCA, 2005）。

在再版的《ASCA 全國模式》中，Henderson（2005）增加了一個名為「ASCA 全國模式的理論基礎」單元，她定義了理論的組成並呈現學校諮商理論的簡史。接著她提出七項須被理論回應的問題。她運用代表 ASCA 全國模式理論基礎的二十七項重要原則和十五項子原則來回應這些問題。

ASCA 全國模式的發表進一步落實自 1970 年代即開始在全美各州和各學區發展、實施和評鑑的全方位輔導與諮商方案的運動。在這項模式發表之後，尚未有模式的各州開始以 ASCA 的模式為基礎發展他們的模式，已經有模式的各州則運用 ASCA 的模式調整他們的模式。

全方位方案：直接或間接服務

全方位輔導與諮商方案的發展和實施迅速在全國擴展。Martin、Carey 與 De-Coster（2009）發現「十七州已經建立模式，二十四州的模式正在進展中，以及十州處於正在開始發展模式的階段」（p. 378）。許多文獻關注的是這些方案的目的應如何達成。有些作者建議學校諮商應該以提供直接服務給學生為主，學校諮商師多數的時間（80%或更多）應該用於提供直接服務（Gysbers & Henderson, 2006），其他作者則建議學校諮商的重點應該是非直接的角色，例如諮詢、倡議、協調或共同合作（Green & Keys, 2001; Paisley & McMahon, 2001）。Whiston（2002）表達對於輔導與諮商走向以非直接方案為主的擔心：

> 我對愈來愈重視共同合作的擔心不應被解釋為不合作或反對合作活動。我擔心有些學校諮商體系的問題無法透過典型的共同合作來處理。有些共同合作的努力太過短暫，或者很興奮地開始之後就不見了。我的擔心是學生或不真實的服務量讓學校諮商師無法提供學生所需的協助。雖然共同合作常是重要的活動，此時諮商領域反而應該更重視學校諮商師的數量，並提供較有效能的方案給學生，而不是啟動更多合作方案。（p. 152）

然而，即使是喜歡直接服務取向的人，對於應提供哪些直接服務也有不同

的意見。有些人覺得學業議題得到太多關注，並關心依據學生日益增加的心理健康需要，提供個別和團體諮商的費用問題。其他人則有不同的看法，強調學生的學業成就應該是優先提供的直接服務。

學校諮商師對於直接和非直接服務爭議的看法為何呢？在一份針對亞利桑納州學校諮商師的調查當中，Kolodinsky、Draves、Schroder、Lindsey與Zlatev（2009）發現，他們最大的工作滿足感來自直接服務學生。

> 當 ASCA 全國模式指向增加學校諮商師資料蒐集和方案評鑑的責任（Dollarhide & Saginak, 2008; Poynton & Carey, 2006），有意思的是，本研究大多數的填答者表示，他們最大的工作滿足感來自於他們有較大的自由度可以直接提供服務以及與學生互動。（p. 198）

學校諮商師的篩選和訓練

很多年前我們就已經開始表達對學校諮商師的篩選、背景、教育和督導的關心，這個問題仍然持續至今。對於過去有時也有嚴重爭議的教學證照和經驗的問題，在愈來愈多州降低對於學校諮商師證照標準的要求之後，似乎已經減少了。雖然有些州降低標準，他們仍然認可學校諮商師應透過教育課程和教育實習向學校展示能力。

在 1996 年，受到迪韋特華勒斯—讀者文摘基金會（DeWitt Wallace-Reader's Digest Fund）的支持，教育信託基金會（Education Trust）啟動了一個改變學校諮商師之培育和學校諮商實務的五年專案計畫。目的是幫助低收入和弱勢青少年學業進步並拉近這些青少年學業成就的鴻溝（P. J. Martin, 2002）。

2003 年 6 月，全國學校諮商轉型中心（National Center for Transforming School Counseling）成立。這個組織的主旨是確保學校諮商師受到訓練且做好準備，來幫助所有學生團體達到其最高的學業標準。學校諮商師被視為自信的倡議者、領導者以及幫助每個學生都能成功的團體成員。

然而，有些人質疑以學業成就作為全國學校諮商轉型中心主旨的做法。例如，Galassi 與 Akos（2004）回顧目前學校諮商的模式，包括學校諮商轉型全國

啟動組織（National Initiative for Transforming School Counseling）所建議的模式。他們指出這個啟始工作是從心理健康為焦點轉換到以學業成就為焦點，並表達他們對於這個事情的關心：

> 為了回應教育改革，學校諮商轉型全國啟動組織大多數完全將焦點放在學業成就和縮小弱勢成就的鴻溝。雖然這些是值得讚賞的目標，他們似乎將 21 世紀青少年在學業成就和生涯發展中的其他發展需求（個人和社會）的角色減到最低。（p. 149）

聯邦與各州的立法

在 2001 年，美國國會通過有教無類法案（No Child Left Behind Act）。其中，D 節第二小節的標題為「小學和中學諮商方案」，提供贊助給地方教育機構，以建立或擴展小學和中學諮商方案。然而實際上，可用的經費並不足以資助法案的中學部分。因此，實際到地方教育機構的經費僅足夠讓小學的諮商方案使用。然而，在 2006 年，1998 年 Carl D. Perkins 職業科技教育法案修訂成為 2006 年 Carl D. Perkins 生涯與科技教育改善法案。

好幾個州已經積極通過學校輔導與諮商的立法或規則，例如，猶他州教育局通過一項法案（R277-462），定義全方位輔導方案的準則以及提供分配全方位輔導基金的資格標準。在同樣的準則之下，猶他州的學區和特許學校必須符合每 350 位學生就有一個諮商師的比率（Utah Administrative Code, 2011）。

另一個例子，德州議會制定 S. B. 518 法案，該立法讓教育專章 33.003 到 33.006 適用所有學區（An Act Relating to Public School Counselors, 2001），這些專章主張德州學校諮商師應該規畫、實施和評鑑發展性輔導與諮商方案。在西維吉尼亞州也有類似的情形，教育局在 2002 年推動一項立法，用以規範綜合發展性輔導與諮商。最後，佛羅里達州也在 2004 年制定一項名為「生涯教育法案」的立法。在第五節 1006.025 子節，強調每個學區委員會應該每年送交一份學區輔導報告給教育委員會，內容包括學區採取或實施輔導模式的程度。

領導與督導議題和模式

為了確保輔導方案和學校諮商師遵循聯邦和州法律、政策和模式所界定的全方位輔導方案的規則和指南，有效領導是必要的。愈來愈多的學校諮商領導者在各學區和已建置階層架構的機構中被認可其地位。透過有效領導可以成功解決阻礙全方位輔導方案實施的關鍵議題（Henderson & Gysbers, 2002）。在輔導的領導、行政、督導和管理模式漸漸被修正的時候，學校諮商師需要領導以確保他們的能力表現（Henderson & Gysbers, 1998; Lieberman, 2004; Schwallie-Giddis, ter Maat, & Pak, 2003）。此外，在學校輔導與諮商的歷史中，需要管理和權責系統的聲音已經不斷被提起。最後很清楚的是，沒有適當的領導，這樣的系統無法被實施。學校諮商師的領導被要求不僅管理他們自己的方案（Fitch & Marshall, 2004），也必須幫助教師和行政主管更符合學生的需求（ASCA, 2003; Education Trust, 2003）。

學校諮商方案領導者面臨哪些重要的領導議題？Henderson 與 Gysbers（2002）所編輯的《實施全方位學校輔導方案》（*Implementing Comprehensive School Guidance Programs*）一書中，提到十個領導的關鍵議題。其中，二十位來自全國的優秀輔導領導者說明如何透過有效領導來回應這些重要議題，他們的反應清楚地說明成功的關鍵就是有效的領導。

2009 年，Henderson 的書《諮商行政督導的新手冊》（*The New Handbook of Administrative Supervision in Counseling*）出版。當中，她描述行政督導有效工作所需的責任、知識和技巧，也提出行政督導的經驗以及諮商領導、督導和相關訓練的理論和研究等。

■ 全方位輔導與諮商方案：五項基本假設

當輔導與諮商運動（後來稱為職業輔導）在 20 世紀轉換之際開始在美國開展，兼職或沒有減授鐘點的教師和行政者被任命為諮商師並給予一份任務清單。

到了 1920 年代，輔導與諮商運動擴展到全國，教育輔導與職業輔導成為重點。到了 1920 年代晚期和 1930 年代早期，這個專業致力於找出哪些是輔導與諮商應該有的活動，建立輔導與諮商的標準配備。同一個時期，個人—社會觀點的輔導與諮商開始興起，而服務模式則被放在學生事務工作的旗幟之下。因此，到了 1930 年代，輔導與諮商的三項觀點（職業、教育和個人—社會）以及諮商師這個職位的服務模式得以建立。在 1940 年代與 1950 年代聯邦立法的協助下，學校輔導與諮商持續擴展並成為美國教育的一部分。

在 1960 年代和 1970 年代，由於關心輔導與諮商職位—服務模式的效能，方案模式開始產生。雖然不是全新的概念，方案模式在 1980 年代、1990 年代和 2000 年代成為組織和經營學校輔導與諮商的主要方式，而職位—服務模式則轉換並融入全方位的發展方案。

何以瞭解學校輔導與諮商的歷史如此重要呢？它幫助我們瞭解輔導與諮商的職位—服務模式何以發展，以及如何發展。它同時也幫助我們瞭解在 1960 年代和 1970 年代，為了回應對於職位—服務模式的不滿，全方位輔導與諮商模式何以興起，以及如何興起。

就如同我們需要瞭解輔導與諮商如何在我們的學校發展，我們也需要瞭解這個計畫模式的五項基本假設。這些假設加強學校輔導與諮商的組織與管理。這些假設是你發展和經營學校輔導與諮商方案的指引。

1. 輔導與諮商是一項整合性方案。它的特性與其他教育方案類似並包括：
   - 學生標準。
   - 幫助學生達到這些標準的活動和歷程。
   - 經過專業認證的人員。
   - 素材和資源。
   - 方案、人員和成果評鑑。

2. 輔導與諮商方案是發展性和全方位取向。發展性係指所有輔導與諮商活動的舉辦係以常態性、規畫性以及系統性為基礎，以協助學生的學業、生涯和個人／社會發展。雖然學生立即的和危機的需要應被滿足，發展性方案的主要焦點是提供所有學生成長和發展的經驗。輔導與諮商方案是全方位的，因為其提供完整的活動和服務。

3. 輔導與諮商方案的特色是團隊導向。一項結合全方位和發展性的輔導與諮商方案的基本假設是所有學校教職員均應參與。同時，專業認證的學校諮商師應該是方案的核心。學校諮商師不僅提供直接服務給學生，也以諮詢和合作關係的方式與其他輔導團隊、學校教職員、家長和社區成員一起工作。

4. 輔導與諮商方案的發展係經由計畫、設計、實施、評鑑和提升的系統化的歷程。這個歷程確保有目標地根據已經建立的優先次序傳遞方案內容。

5. 建立輔導與諮商的領導機制。這確保方案的執行責任以及方案工作者表現的品質。

你的進度檢核

現在你已經閱讀完第 1 章，你已經更為完整地瞭解美國過去 100 年學校輔導與諮商的發展歷程。

你已經學習到：

● 學校輔導與諮商的初始，包括 Frank Parsons 和 Jessie B. Davis 的工作。

● 學校輔導與諮商職位模式的建立。

● 1920 年代和 1930 年代，學校輔導與諮商的目標隨著持續的發展逐步改變。

● 學校輔導與諮商的職位取向，如何在 1930 年代融入服務模式。

● 1940 年代開始的聯邦立法的重要性延續至今。

● 職位取向和服務模式如何融入全方位輔導與諮商方案。

● 學校輔導與諮商的全方位方案取向所強調的五項基本假設。

本章回顧過去多年來，輔導與諮商如何在學校概念化和機構化，依據本章所得到的瞭解為基礎，你現在已經可以進一步檢視全方位方案的組織和管理架構。下一章我們將討論運用全方位方案的概念時，專為組織和管理輔導與諮商的哲學基礎和實務。這些議題包括運用的程序和方法，以及所需的資源和人力。

 參考文獻

Allen, F. I. (1927). *Principles and problems in vocational guidance*. New York, NY: McGraw-Hill.

American College Testing Program. (1976). *River City High School guidance services: A conceptual model*. Iowa City, IA: Author.

American Psychological Association, Division of Counseling Psychology, Committee on Definition. (1956). Counseling psychology as a specialty. *American Psychologist, 11*, 282–285.

American School Counselor Association. (1984). *The school counselor and developmental guidance: Position statement*. Alexandria, VA: Author.

American School Counselor Association. (2003). *The ASCA National Model: A framework for school counseling programs*. Alexandria, VA: Author.

American School Counselor Association. (2004). *The ASCA National Model workbook*. Alexandria, VA: Author.

American School Counselor Association. (2005). *The ASCA National Model: A framework for school counseling programs* (2nd ed.). Alexandria, VA: Author.

An Act Relating to Career Education, Florida H.B. 0769 (2004).

An Act Relating to Public School Counselors, S.B. 518, Amends Texas Education Code, §§ 33.001, 33.005–33.006 (2001).

Ashcroft, K. B. (1966). *A report of the invitational conference in implementing career development theory*. Washington, DC: National Vocational Guidance Association.

Aubrey, R. F. (1982). A house divided: Guidance and counseling in 20th century America. *Personnel and Guidance Journal, 61*, 198–204.

Bell, H. M. (1939). *Theory and practice of personal counseling*. Stanford, CA: Stanford University Press.

Bloomfield, M. (1915). *Youth, school, and vocation*. Boston, MA: Houghton Mifflin.

Borow, H. (1966). Research in vocational development: Implications for the vocational aspects of counselor education. In C. McDaniels (Ed.), *Vocational aspects of counselor education* (pp. 70–92). Washington, DC: George Washington University.

Brammer, L. M. (1968). The counselor is a psychologist. *Personnel and Guidance Journal, 47*, 4–9.

Brewer, J. M. (1922). *The vocational-guidance movement*. New York, NY: Macmillan.

Brewer, J. M. (1942). *History of vocational guidance: Origins and early development*. New York, NY: Harper.

California State Department of Education. (1971). *Career guidance: A California model for career development K–adult*. Sacramento, CA: Author.

Campbell, C. A., & Dahir, C. A. (1997). *Sharing the vision: The national standards for school counseling programs*. Alexandria, VA: American School Counselor Association.

Campbell, M. E. (1932). *Vocational Guidance Committee on Vocational Guidance and Child Labor: Section III. Education and training* (White House Conference on Child Health and Protection). New York, NY: Century.

Campbell, R. E., Dworkin, E. P., Jackson, D. P., Hoeltzel, K. E., Parsons, G. E., & Lacey, D. W. (1971). *The systems approach: An emerging behavioral model for career guidance*. Columbus, OH: National Center for Research in Vocational Education.

Carl D. Perkins Career and Technical Education Act of 2006, Pub. L. No. 109–270. http://www2.ed.gov/policy/sectech/leg/perkins/index.html

Carl D. Perkins Vocational and Applied Technology Education Act Amendments of 1990, Pub. L. No. 101-392, 104, Pt. 2, Stat. 753 (1990).

Carl D. Perkins Vocational and Applied Technology Education Amendments of 1998, Pub. L. No. 105-332, 112, Pt. 1, Stat. 3076 (1998).

Carl D. Perkins Vocational Education Act of 1984, Pub. L. No. 98–524, Part 1, Stat. 2433 (1984).

College Entrance Examination Board. (1986). *Keeping the options open: Recommendations.* New York, NY: Author.

Council of Chief State School Officers. (1960). *Responsibilities of state departments of education for pupil personnel services.* Washington, DC: Author.

Dagley, J. C. (1974, December). *Georgia career guidance project newsletter.* Athens: University of Georgia.

Dahir, C. A., Sheldon, C. B., & Valiga, M. J. (1998). *Vision into action: Implementing the national standards for school counseling programs.* Alexandria, VA: American School Counselor Association.

Davis, H. V. (1969). *Frank Parsons: Prophet, innovator, counselor.* Carbondale: Southern Illinois University Press.

Davis, J. B. (1914). *Vocational and moral guidance.* Boston, MA: Ginn.

Davis, J. B. (1956). *The saga of a school master.* Boston, MA: Boston University.

Dayton, C. A. (1976). *A validated program development model and staff development prototype for comprehensive career guidance, counseling, placement, and follow-up* (Final Report, Grant No. OEG-0-74-1721). Palo Alto, CA: American Institutes for Research.

Dinkmeyer, D. (1966). Developmental counseling in the elementary school. *Personnel and Guidance Journal, 45,* 262–66.

Drier, H. N. (Ed.). (1971). *Guide to the integration of career development into local curriculum: Grades K–12.* Madison: Wisconsin Department of Public Instruction.

Dunn, J. A. (1972). *The guidance program in the plan system of individualized education.* Palo Alto, CA: American Institutes for Research.

Eckerson, L. O., & Smith, H. M. (Eds.). (1966). *Scope of pupil personnel services* (Catalog No. FS5.223: 23045). Washington, DC: U.S. Government Printing Office.

Education Trust. (2003). *Transforming school counseling.* Retrieved October 28, 2004, from http://www.edtrust.org

Elementary and Secondary Education Act of 1965, Pub. L. No. 89-10, Stat. 27-58 (1965).

Elementary School Counseling Demonstration Act of 1994, Title X, Programs of National Significance, Fund for the Improvement of Education, § 10102 of the Improving America's School Act of 1994, Pub. L. No. 103-382, 108 Stat. 3518-4062 (1994).

Faust, V. (1968). *History of elementary school counseling: Overview and critique.* Boston, MA: Houghton Mifflin.

Felix, J. L. (1968). Who decided that? *Personnel and Guidance Journal, 47,* 9–11.

Ferguson, D. G. (1963). *Pupil personnel services.* Washington, DC: Center for Applied Research in Education.

Fitch, T. J., & Marshall, J. (2004). What counselors do in high-achieving schools: A study on the role of the school counselor. *Professional School Counseling, 7,* 172–178.

Galassi, J. P., & Akos, P. (2004). Developmental advocacy: Twenty-first century school counseling. *Journal of Counseling & Development, 82,* 146–157.

Ginn, S. J. (1924). Vocational guidance in Boston public schools. *Vocational Guidance Magazine, 3,* 3–7.

Glanz, E. C. (1961). Emerging concepts and patterns of guidance in American education. *Personnel and Guidance Journal, 40,* 259–65.

Green, A., & Keys, S. (2001). Expanding the developmental school counseling paradigm: Meeting the needs of the 21st century student. *Professional School Counseling, 5,* 84–95.

Gysbers, N. C. (1969). *Elements of a model for promoting career development in elementary and junior high school*. Paper presented at the National Conference on Exemplary Programs and Projects, 1968 Amendments to the Vocational Education Act (ED045860), Atlanta, GA.

Gysbers, N. C., & Henderson, P. (1997). *Comprehensive guidance programs that work— II*. Greensboro, NC: ERIC Counseling and Student Services Clearinghouse.

Gysbers, N. C., & Henderson, P. (2000). *Developing and managing your school guidance program* (3rd ed.). Alexandria, VA: American Counseling Association.

Gysbers, N. C., & Henderson, P. (2006). *Developing & managing your school guidance and counseling program* (4th ed.). Alexandria, VA: American Counseling Association.

Gysbers, N. C., & Moore, E. J. (Eds.). (1974). *Career guidance counseling & placement: Elements of an illustrative program guide*. Columbia: University of Missouri.

Gysbers, N. C., & Moore, E. J. (1981). *Improving guidance programs*. Englewood Cliffs, NJ: Prentice-Hall.

Hansen, L. S. (1970). *Career guidance practices in school and community*. Washington, DC: National Vocational Guidance Association.

Hansen, L. S., & Gysbers, N. C. (Eds.). (1975). Career development: Guidance and education [Special issue]. *Personnel and Guidance Journal, 53*.

Hargens, M., & Gysbers, N. C. (1984). How to remodel a guidance program while living in it: A case study. *The School Counselor, 32*, 119–125.

Henderson, P. (1987). A comprehensive school guidance program at work. *Texas Association for Counseling and Development Journal, 10*, 25–37.

Henderson, P. (1989). How one district changed its program. *The School Counselor, 37*, 31–40.

Henderson, P. (2005). The theory behind the ASCA National Model. In American School Counselor Association, *The ASCA National Model* (pp. 79–101). Alexandria, VA: American School Counselor Association.

Henderson, P. G. (2009). *The new handbook of administrative supervision in counseling*. New York, NY: Routledge.

Henderson, P., & Gysbers, N. C. (1998). *Leading and managing your school guidance program staff*. Alexandria, VA: American Counseling Association.

Henderson, P., & Gysbers, N. C. (Eds.). (2002). *Implementing comprehensive school guidance programs: Critical leadership issues and successful responses*. Greensboro, NC: CAPS.

Herr, E. L. (1969). *Unifying an entire system of education around a career development theme*. Paper presented at the National Conference on Exemplary Programs and Projects, 1968 Amendments to the Vocational Education Act (ED045860), Atlanta, GA.

Herr, E. L. (1979). *Guidance and counseling in the schools: The past, present, and future*. Washington, DC: American Personnel and Guidance Association.

Herr, E. L. (2003). Historical roots and future issues. In B. T. Enford (Ed.), *Transforming the school counseling profession* (pp. 21–38). Upper Saddle River, NJ: Prentice-Hall.

Hosford, R. E., & Ryan, T. A. (1970). Systems design in the development of counseling and guidance programs. *Personnel and Guidance Journal, 49*, 221–230.

Hoyt, K. B. (1974). Professional preparation for vocational guidance. In E. L. Herr (Ed.), *Vocational guidance and human development* (pp. 502–527). Boston, MA: Houghton Mifflin.

Jacobson, T. J., & Mitchell, A. M. (1975). *Master plan for career guidance and counseling* (Final Report, Pupil Personnel Services). Grossmont, CA: Grossmont Union High School District.

Johnson, A. H. (1972). Changing conceptions of vocational guidance and concomitant value-orientations 1920–30. *Dissertation Abstracts International: Section A. Humanities and Social Sciences, 33*, 3292. (UMI No. 72-31933)

Johnson, C. D., & Johnson, S. K. (2001). *Results-based student support programs:*

Leadership academy workbook. San Juan Capistrano, CA: Professional Update.

Johnson, S. K., & Johnson, C. D. (1991). The new guidance: A system approach to pupil personnel programs. *CACD Journal, 11,* 5–14.

Jones, G. B., Dayton, C., & Gelatt, H. B. (1977). *New methods for delivering human services.* New York, NY: Human Services Press.

Jones, G. B., Hamilton, J. A., Ganschow, L. H., Helliwell, C. B., & Wolff, J. M. (1972). *Planning, developing, and field testing career guidance programs: A manual and report.* Palo Alto, CA: American Institutes for Research.

Jones, G. B., Helliwell, C. B., & Ganschow, L. H. (1975). A planning model for career guidance. *Vocational Guidance Quarterly, 23,* 220–226.

Jones, G. B., Nelson, D. E., Ganschow, L. H., & Hamilton, J. A. (1971). *Development and evaluation of a comprehensive career guidance program.* Palo Alto, CA: American Institutes for Research.

Kolodinsky, P., Draves, P., Schroder, V., Lindsey, C., & Zlatev, M. (2009). Reported levels of satisfaction and frustration by Arizona school counselors: A desire for greater connections with students in a data-driven era. *Professional School Counseling, 12,* 193–199.

Koos, L. V., & Kefauver, G. N. (1937). *Guidance in secondary schools.* New York, NY: Macmillan.

Krug, E. A. (1964). *The shaping of the American high school.* New York, NY: Harper & Row.

Leonard, G. E., & Vriend, T. J. (1975). Update: The developmental career guidance project. *Personnel and Guidance Journal, 53,* 668–671.

Leavitt, F. M. (1914). How shall we study the industries for the purposes of vocational guidance? In U.S. Bureau of Education, *Vocational guidance: Papers presented at the organization meeting of the Vocational Guidance Association, Grand Rapids, Michigan, October 21–24, 1913* (Bulletin 14[587], pp. 79–81). Washington, DC: U.S. Government Printing Office.

Lieberman, A. (2004). Confusion regarding school counselor functions: School leadership impacts role clarity. *Education, 124,* 522–529.

Martin, I., Carey, J., & DeCoster, K. (2009). A national study of the current status of state school counseling models. *Professional School Counseling, 12,* 378–386.

Martin, P. J. (2002). Transforming school counseling: A national perspective. *Theory Into Practice, 41,* 148–153.

Mathewson, R. H. (1962). *Guidance policy and practice* (3rd ed.). New York, NY: Harper & Row.

McCracken, T. C., & Lamb, H. E. (1923). *Occupational information in the elementary school.* Boston, MA: Houghton Mifflin.

McDaniel, H. B. (1970). *Youth guidance systems.* Palo Alto, CA: College Entrance Examination Board.

McKinnon, B. E., & Jones, G. B. (1975). Field testing a comprehensive career guidance program: K–12. *Personnel and Guidance Journal, 53,* 663–667.

Miller, C. H. (1971). *Foundations of guidance.* New York, NY: Harper & Row.

Missouri Comprehensive Guidance. (1986). *The Counseling Interviewer, 18*(4), 6–17.

Myers, G. E. (1923). A critical review of present developments in vocational guidance with special reference to future prospects. *The Vocational Guidance Magazine, 2,* 139–142.

Myers, G. E. (1931). What should be the duties of the counselor? *Occupations, 9,* 343–347.

Myers, G. E. (1935). Coordinated guidance: Some suggestions for a program of pupil personnel work. *Occupations, 13,* 804–807.

Myrick, R. D. (2003). *Developmental guidance and counseling: A practical approach* (4th ed.). Minneapolis, MN: Educational Media Corporation.

National Defense Education Act of 1958, Pub. L. No. 85-864, 72, Pt. 1, Stat. 1580 (1958).

National Education Association. (1918). *Cardinal principles of secondary education: A report of the Commission on the Reorganization of Secondary Education.* Washington, DC: Author.

National School Boards Association. (1986). *Resolution on guidance and counseling.* Alexandria, VA: Author.

No Child Left Behind Act of 2001, Pub. L. No. 107-110, 115 Stat. 1434 (2001).

Paisley, P. O., & McMahon, H. G. (2001). School counseling for the 21st century: Challenges and opportunities. *Professional School Counseling, 5,* 106–115.

Parsons, F. (1909). *Choosing a vocation.* Boston, MA: Houghton Mifflin.

Pierson, G. A. (1965). *An evaluation—Counselor education in regular session institutes.* Washington, DC: U.S. Department of Health, Education, and Welfare, Office of Education.

Proctor, W. M. (1930). Evaluating guidance activities in high schools. *The Vocational Guidance Magazine, 9,* 58–66.

Roeber, E. C. (1963). *The school counselor.* Washington, DC: Center for Applied Research in Education.

Roeber, E. C., Walz, G. R., & Smith, G. E. (1969). *A strategy for guidance.* New York, NY: Macmillan.

Rogers, C. R. (1942). *Counseling and psychotherapy.* Boston, MA: Houghton Mifflin.

Rudy, W. S. (1965). *Schools in an age of mass culture.* Englewood Cliffs, NJ: Prentice-Hall.

Ryan, T. A. (1969). Systems techniques for programs of counseling and counselor education. *Educational Technology, 9,* 7–17.

Ryan, T. A., & Zeran, F. R. (1972). *Organization and administration of guidance services.* Danville, IL: Interstate.

Ryan, W. C., Jr. (1919). *Vocational guidance and the public schools* (Bulletin 1918, No. 24). Washington, DC: U.S. Department of the Interior, Bureau of Education.

School-to-Work Opportunities Act of 1994, Pub. L. No. 103-239, 108 Stat. 568 (1994).

Schwallie-Giddis, P., ter Maat, M., & Pak, M. (2003). Initiating leadership by introducing and implementing the ASCA National Model. *Professional School Counseling, 6,* 170–174.

Shaw, M. C., & Goodyear, R. K. (1984). Prologue to primary prevention in schools. *Personnel and Guidance Journal, 62,* 446–447.

Shaw, M. C., & Tuel, L. K. (1966). A focus for public school guidance programs: A model and proposal. *Personnel and Guidance Journal, 44,* 824–830.

Sink, C. A., & MacDonald, G. (1998). The status of comprehensive guidance and counseling in the United States. *Professional School Counseling, 2,* 88–94.

Smith, G. E. (1951). *Principles and practices of the guidance program.* New York, NY: Macmillan.

Sprinthall, N. A. (1971). *Guidance for human growth.* New York, NY: Van Nostrand Reinhold.

Stephens, W. R. (1970). *Social reform and the origins of vocational guidance.* Washington, DC: National Vocational Guidance Association.

Stoughton, R. W., McKenna, I. W., & Cook, R. P. (1969). *Pupil personnel services: A position statement.* Bloomfield, CT: National Association of Pupil Personnel Administrators.

Stripling, R. O., & Lane, D. (1966). Guidance services. In L. O. Eckerson & H. M. Smith (Eds.), *Scope of pupil personnel services* (Catalog No. F5 5.223:23045, pp. 25–35). Washington, DC: U.S. Government Printing Office.

Studebaker, J. W. (1938). The new national Occupational Information and Guidance Service. *Occupations, 16,* 101–105.

Super, D. E. (1955). Transition: From vocational guidance to counseling psychology.

Journal of Counseling Psychology, 2, 3–9.

Tennyson, W. W., & Hansen, L. S. (1971). Guidance through the curriculum. In L. C. Deighton (Ed.), *The encyclopedia of education* (Vol. 4, pp. 248–254). New York, NY: Macmillan.

Tennyson, W. W., Soldahl, T. A., & Mueller, C. (1965). *The teacher's role in career development.* Washington, DC: National Vocational Guidance Association.

Tiedeman, D. V., & Field, F. C. (1962). Guidance: The science of purposeful action applied through education. *Harvard Educational Review, 32,* 483–501.

Tyler, L. E. (1960). *The National Defense Counseling and Guidance Training Institutes program: A report of the first 50 institutes.* Washington, DC: U.S. Department of Health, Education, and Welfare, Office of Education.

U.S. Bureau of Education. (1914). *Vocational guidance: Papers presented at the organization meeting of the Vocational Guidance Association, Grand Rapids, Michigan, October 21–24, 1913, Prefatory Statement* (Bulletin No. 14[587]). Washington, DC: U.S. Government Printing Office.

Utah Administrative Code, Rule R277-462, Comprehensive Counseling and Guidance Program (2011). http://www.rules.utah.gov/publicat/code/r277/r277-462.htm

Vocational Education Act of 1946, Pub. L. No. 79-586, 60, Part 1, Stat. 775-778 (1946).

Vocational Education Act of 1963, Pub. L. 88-210, 77 Stat. 403 (1963).

Wellman, F. E. (1978). *U.S. Office of Education Administrative Unit: Past, present, and future.* Unpublished manuscript, University of Missouri–Columbia.

West Virginia Board of Education Legislative Rule, Series 67, Comprehensive Developmental Guidance and Counseling, 2315 (2002).

Whiston, S. C. (2002). Response to the past, present, and future of school counseling: Raising some issues. *Professional School Counseling, 5,* 148–155.

Wilson, P. J. (1986). *School counseling programs: A resource and planning guide.* Madison: Wisconsin Department of Public Instruction.

Wirth, A. G. (1980). *Education in the technological society.* Lanham, MD: University Press of America.

Wirth, A. G. (1983). *Productive work in industry and schools.* Lanham, MD: University Press of America.

Wrenn, C. G. (1962). *The counselor in a changing world.* Washington, DC: American Personnel and Guidance Association.

Zaccaria, J. S. (1965). Developmental tasks: Implications for the goals of guidance. *Personnel and Guidance Journal, 44,* 372–375.

Zaccaria, J. S. (1966). Developmental guidance: A concept in transition. *The School Counselor, 13,* 226–229.

Chapter 2 全方位學校輔導與諮商方案：從所在之地有組織地到達彼岸

杜淑芬　譯

計畫——從所在之地有組織地到達彼岸

◆ 決定你想要改變。

◆ 瞭解有效改變的必要條件。

◆ 讓方案的想法植入人心。

◆ 預期改變的抗拒。

◆ 發展諮商師、教師和行政人員間的信任。

◆ 組成委員會和工作小組。

◆ 與學區教育委員會或行政當局會面。

◆ 提供改變的領導。

◆ 積極進取。

　　傳統上學校輔導與諮商組織先有職位、再爭取服務中的職位模式，現在已經被全方位輔導與諮商方案組織架構所取代。在全美各地學區中，全方位輔導與諮商方案不再僅是承諾，已經逐漸地成為真實的方案（Martin, Carey, & DeCoster, 2009）。然而，這個改變尚未完成，因為學校諮商師經常不能撥出100%的時間實施完整的全方位輔導與諮商方案。他們仍被期待執行多元且經常相互衝突的角色。他們被期待教授課程、協助學生的教育和職業規畫，以及做些社區

服務。他們被期待進行危機諮商、小團體諮商、教師與家長諮詢，以及轉介。此外，他們也被期待協調學區的測驗計畫、發展輔導行事曆、做特殊教育的評估和個案管理工作，以及負責很多與輔導與諮商方案無關的行政和事務工作。

　　學校諮商師想要回應學生、家長和老師的需求和期待，然而他們常常發現，有些來自非職務職責的壓力往往造成干擾，甚至阻礙他們這麼做。因此他們陷入困境和角色混亂，即使不是直接的角色衝突，也常變成如此。

　　這個問題有多麼嚴重？看看以下關於學校諮商師如何運用時間的研究。在亞利桑納州所進行的三年研究（Vandegrift, 1999）中，詢問的問題是：「亞利桑納公立學校是否善用學校諮商師？」研究顯示亞利桑納州的學校諮商師花費高達 15%的時間於非輔導活動上。從這個百分比來進行瞭解，Vandegrift（1999）運用 1996 年的平均薪資，進行了一項成本效益的分析：

　　　　一項簡單的成本效益分析幫助我們回答這些問題。在亞利桑納州，諮商師的平均薪資是 27,000 美元，學校秘書的平均薪資是 20,600 美元，一位諮商師 15%的薪水是 4,050 美元，而一位秘書 15%的薪水是 3,090 美元——差異將近 1,000 美元。假如所有亞利桑納州 1,327 所公立學校諮商師（囊括該州所有諮商師）花費 15%在非輔導活動上，這代表大約 500 萬美元的投資。假設非輔導活動如排課可以由秘書擔任，亞利桑納州的納稅人目前多付 100 倍或更多（超過 100 萬美元），讓具有碩士學位的專業人員提供這些服務。更有甚者，花費在非輔導活動的時間顯然沒有花在與學生、教師和職員一起工作。（p. 5）

德州也進行了一項類似的研究（Rylander, 2002），顯示：

　　　　學校諮商師只用了 60%的時間在諮商上。他們很多可以善用的時間花在其他行政事務上。諮商師承認他們不該完全不做行政事務，因為所有學校職員都必須負擔一些行政責任。然而，過多的行政職責阻礙他們的效能和給學生的時間。諮商師特別在意的是必須實施全州測驗的角色。當諮商師認為他們有個測驗評估的角色時，他們認為安排

和協調 TAAS（Texas Assessment of Academic Skills，德州學業技巧評估）的實施占據太多諮商的時間。很多人建議將多數或全部的職責轉換給其他職員。（摘要敘述）

　　喬依絲艾維基金會（Joyce Ivy Foundation）在 2008 年和 2009 年進行兩項研究，研究指出諮商師從事非專業服務的時間一直是個主要問題。在他們於密西根州所進行的學校諮商師時間研究中（Joyce Ivy Foundation, 2008），350 所高中的 406 位學校諮商師報告，有 30%的時間是「耗在行政和文件上，多數是歸因於他們逐漸增加在實施測驗和排課的角色和責任」（p. 9）。在俄亥俄州一個相類似的研究（Joyce Ivy Foundation, 2009）也指出，630 位俄亥俄州學校諮商師耗費 34%時間「執行行政工作，諸如排課、測驗管理、維護學生檔案和簽署補考」（p. 4）。

　　為什麼會有這些問題？有個可能的原因是輔導與諮商在許多學校的組織架構中仍然是負擔一堆職責的職位─服務模式。輔導與諮商在很多學校的架構中仍是未定義的方案，即使全方位方案的文件可能已經放在學區的某個檔案櫃中。結果，學校諮商師持續發現自己的主要角色是提供支持性的治療，多數人不將他們視為主流。更糟的是，這個組織架構用了很多服務別人的正當理由，強化了運用諮商師做許多不合宜任務的合理性。以下這些非專業工作是典型的例子，多數學校諮商師沒有做所有的事情，但多數人做了部分的事情：

- 諮商師註冊和安排所有新學生。
- 諮商師安排與協調全校測驗方案的實施。
- 諮商師與新進學生討論學校規則。
- 諮商師更改學生的排課。
- 諮商師負責幫缺席和遲到的學生簽請假條。
- 當教師缺席時，由諮商師代課。
- 當校長缺席時，由諮商師代理。
- 諮商師做應屆畢業生的成績查核。
- 諮商師被指派到午餐房值班。
- 諮商師安排學生的排課。

- 諮商師負責執行管教。
- 諮商師負責送服裝不合規定的孩子回家。
- 諮商師計算平均成績。
- 諮商師將學生報告和成績歸檔。
- 諮商師負責學生成績。
- 諮商師督導自修中心。
- 諮商師協助校長室工作。
- 諮商師擔任特殊生的個案管理。
- 諮商師負責特殊生的所有評估。

另一個指派諮商師進行非專業職責的可能理由是：有些行政者沒有覺察到或不瞭解全方位輔導與諮商方案的概念，視學校諮商師為辦公室職員，而非專業人員。因此，指派學校諮商師行政和事務等非專業工作似乎合乎邏輯也合理，因為這就是辦公室人員做的事情。他們可能不明瞭的是，指派這些非專業工作給學校諮商師，對於學生輔導與諮商介入的數量會有直接的影響。當學校諮商師執行非專業工作，他們就沒有空與學生直接工作。進一步說明，假設學校諮商師耗費 20%的時間在非專業工作上，以一學年 180 天七節課為基礎，學校諮商師可能損失三十六天或 252 小時提供直接服務給學生或其父母的時間。如果學校諮商師一學年多出三十六天或 252 小時，可以提供哪些直接服務呢？

國小學生可以得到：

- 200 節三十分鐘有關學業、生涯和個人或社會議題的班級輔導課程。
- 100 小時的個別和小團體諮商。

中學生可以得到：

- 七十五節有關學業、生涯和個人或社會議題的班級輔導課程。
- 五十小時發展和啟動個人研究計畫。
- 八十八小時的個別和小團體諮商。

高中生可以得到：

- 五十節有關學業、生涯和個人或社會議題的班級輔導課程。
- 八十八小時發展和啟動個人研究計畫。
- 七十五小時的個別和小團體諮商。

在這個情況下，學校諮商師和方案領導者面對的挑戰是，如何從涉及多種工作的職位─服務模式，轉換到與其他教育方案同等夥伴關係的全方位方案。我們如何組織一個未定義和片斷的計畫、改善它，並讓它變成一個清楚定義且完全可以運作的全方位 K-12 方案？

雖然轉換複雜且困難，但可以做到。它表示有一段時間你得同時執行目前職位─服務模式所須執行的任務，並計畫和開始執行新的全方位輔導與諮商方案及其任務。這個經驗類似於當你整修時，你仍住在家裡。這是可以執行的，但它是艱難的、耗費時間的，並經常感到挫折的。

在計畫改變和轉換到全方位輔導與諮商方案的過程中，有許多議題和情況需要考慮。因此，本章首先將注意力放在決定改變和瞭解改變必備的一般和特殊情境。經過討論後，焦點是如何讓方案的輔導與諮商的概念成形。接著，我們將會呈現一份在改變歷程中，相關任務的時間表範例。之後會討論進行改變的可能抗拒，包括欣賞改變中的挑戰，以及如何在諮商師、教師和行政人員當中發展信任。下一步，則需要組成委員會和工作小組以實現改變中的相關任務。本章最後將討論改變領導的議題以及採取行動所需要的忠告。

決定你想要改變

邁向全方位輔導與諮商方案的初始刺激可能來自諮商師，或可能來自父母、學生、學校行政人員、學校董事會或社區組織。不管初始刺激來自何方，K-12 輔導人員必須回應，而教育的行政和董事階層必須參與並給予支持。作改變的我們認為必須由學校諮商師和行政人員共同決定。因為這是一個關鍵性的決定，將會改變學校的輔導與諮商服務內容，因此需要仔細思考（Erickson, 1997）。

例如，在某個學區，輔導與諮商人員得到行政主管的授權，召開數次會議以評估改變的需要。在會議時，他們將應該提供的活動以及真實提供的活動做個比較，透過這樣的比較做基礎，據以仔細探究他們原有的方案，一旦輔導與諮商人員獲得共識，這個決定就會與行政人員分享，獲得支持後即開始進行（Hargens & Fuston, 1997）。

當改變的議題經過充分討論後，對於如何回應必須達成共識。學校諮商師和行政人員可以決定維持原方案不做改變，或者經過與學區討論，共同決定是否進行改變。假如決定改變，那麼大多數的人員（諮商師和行政人員）必須同意完全參與，盡全力改變他們的輔導與諮商方案，並讓它能全面涵蓋幼兒園到十二年級。

瞭解有效改變的必要條件

當你在考慮轉換到全方位輔導與諮商方案時，瞭解可能影響改變的一般狀況，以及影響學校輔導與諮商和學區的特殊狀況是很重要的。無可避免的是，在這個規畫歷程的第一階段，必須鑑定和研判這些條件在改變過程中可能扮演的角色。

需要考慮的一般狀況

改變是個歷程、不是事件

很多時候，改變被當作一個特別活動。熱情創造可能性，特別活動的舉辦是個開始，接著每日的事件讓人透不過氣來。人們很擅長舉辦「第一次週年慶」，但常忘記完成接下來的工作。不要弄錯了，改變是個歷程，不是特別活動。假如改變要成功，必須有足夠的時間投入改變的行程。堅持是必備的美德。

改變的診斷取向

Connor、Lake 與 Stackman（2003）建議在改變歷程中運用診斷取向。這個取向以形成問題的陳述做開始（「我們需要改善我們學區實施輔導與諮商活動及服務的方式」）。他們接著建議針對問題蒐集資訊（「對於我們所提供的輔導與諮商活動及服務，我們表現出來的組織力如何？」）。接著，他們建議分析資訊（「我們沒有接觸到所有學生和家長、我們的活動和服務沒有連結到

K-12，以及我們沒有達到預期效益」）。最後，對發展未來行動提供建議（「我們需要採取並實施具有效益的K-12全方位輔導與諮商方案，以改善我們所做的事情」）。

改變的重要性

Waters、Marzano 與 McNulty（2003）運用第一序（Frist Order）和第二序（Second Order）這個詞來描述改變的重要性。他們定義第一序的改變是：

> 與既有價值和社會標準一致、能為興趣相類似的個體或利益團體創造優勢、能運用現有的知識和資源實施，以及對哪些改變是需要的以及改變應該如何被實施有共識，應該被視為第一序。（p. 7）

然而，第二序改變「需要利害相關的個體或團體學習新的取向，或者瞭解改變與一般社會標準可能產生的價值衝突」（p. 7）。

問題是什麼？當一個團體看到一項第一序的轉變，這個問題就發生了，這可能僅是過去的延伸以及與現在的價值一致；而當另一個團體看到同樣的改變時，此為第二序改變，這牽涉到與過去的斷裂，而這個斷裂衝擊了現有的價值。如Waters等人（2003）指出，重要的是找出改變到底是第一、還是第二序改變，以及是為了哪些個體或團體進行改變。這個對全方位輔導與諮商方案的改變是否被學校諮商師視為第一序改變，而被行政人員視為第二序改變？或者相反？這是不同的，並且會影響改變是否會順利發生、不平衡的發生，或一點都不會發生。

需要考慮的特殊狀況

Mitchell 與 Gysbers（1978）擬出一份本地學區成功轉換到全方位輔導與諮商方案的先決條件清單。我們相信這些適用於 1970 年代和 1980 年代的條件，也適用於現今的情境。

1. 所有員工均應參與。

2. 所有員工均應對共同目標有所承諾：每個學生整體和整合的發展。

3. 行政主管對全方位取向有所承諾並願意協調（交易），幫助員工找出目前對優先序較高的成果沒有貢獻的活動，且支持員工放棄這類活動，並將時間分配到優先序較高的活動上。

4. 所有員工視全方位系統諮商與輔導方案為全體員工的功能，而非完全是諮商師的責任。

5. 諮商師願意放棄這些「安全被毯」（security blankets），譬如撰寫他們與受諮商者的冗長報告，或適合用團體介入的事情仍採用個別諮商。

6. 諮商師有興趣於取得能力。

7. 提供員工發展活動以幫助員工取得成功實施全方位方案所需能力。

8. 應有足夠的時間規畫與設計方案及評鑑，且所有利益團體均應參與（學生、家長、教師、諮商師、行政主管和社區）。

9. 方案發展者設計漸進式的轉換而非突然的轉換，以免忽略了當前很多活動和推動業務持續進行的需要。（p. 36）

　　從全國實施的觀點來看，Jensen 與 Petersen（1997）在形容猶他州在其州內學校實施全方位輔導與諮商方案的計畫時，也發現類似的狀況。他們認為輔導與諮商模式應被學校和社區領袖簽署和支持、應投入時間於改變歷程、改變需要當地學區的行政主管的堅定支持，以及學校諮商師和行政主管團隊必須參與改變的歷程。此外，他們強調改變歷程必須得到適當的資助。

　　從輔導與諮商的職位－服務模式轉換到全方位方案並非容易、自動或快速的歷程，這個歷程涉及改變學生、家長、教師、行政管理部門、社區和輔導員工的行為模式。正因如此，Mitchell 與 Gysbers（1978）指出，雖然所有九項條件都很重要，但沒有任何一項比第十項，也是最後一項，來得重要。

10. 突然的改變是困難且引發焦慮的；這會造成在這個改變中的參與者築起藩籬反對它。（p. 36）

不管你感覺是第一序或第二序改變，這十項要點均適用。因此，當規畫階段開始展開，評估涉及改變的個人和團體對於改變重要性的感受是重要的。

讓方案的想法植入人心

在規畫的組成階段（getting-organized phase of planning），主要挑戰是如何讓輔導與諮商方案的概念可以在學校諮商師、行政主管和教師心中成形，他們有些人可能不瞭解方案是什麼，以及這個方案能對學生的成功有什麼貢獻。讓方案想法植入人心的意思是什麼？Heath 與 Heath（2008）描述，「『植入人心』，我們的意思是你的想法會被瞭解和記得，並有長期的影響——它們會改變群眾的意見或行為」（p. 8）。

一個人如何改變群眾的意見或行為？Heath 與 Heath（2008）提供以下的建議：

> 如果你想讓一個想法植入人心，並讓它可被運用和持續，那麼，你必須讓群眾：
> 1. 注意。
> 2. 瞭解和記得。
> 3. 同意／相信。
> 4. 關心。
> 5. 能夠付諸行動。（p. 246）

為了抓住群眾的注意力並讓方案概念可以植入人心，我們需要找出並分享最重要的想法、核心訊息，那些我們想要他們擷取和瞭解輔導與諮商的重要方案概念。下一步，我們需要提供可瞭解和可被記得的具體案例，讓群眾瞭解為什麼這個方案的概念對服務所有學生的需求而言是必要的。方案概念重要性的資訊必須可靠並觸動群眾的情緒，讓他們因此而關心。最後，我們需要分享有關如何行動的想法——如何完全參與輔導與諮商從傳統職位—服務模式到全方

位輔導與諮商方案的改變（Heath & Heath, 2008）。

　　根據Heath與Heath（2008）所言，要讓想法植入人心至少有兩種障礙。第一種障礙他們稱之為「知識的詛咒」，有時候，我們擁有太多知識，這些知識引導我們將知識轉換成對我們有意義的語言，這造成我們「運用概括式、高水準和抽象的語言」，並把群眾當成自己一般地談話（p. 255），然而那樣的談話對我們有意義、對群眾卻沒有。如果要克服知識的詛咒，我們需要將我們的想法轉換成具體的語言，經常運用對群眾有意義的故事。我們需要以群眾所在的位置為起點，不是從我們的位置。

　　Heath與Heath（2008）描述的第二項障礙是缺乏共通用語。這對輔導與諮商這個領域尤其正確，因為輔導與諮商的歷史本身已經讓群眾有很多各自表述的空間，也讓群眾自行架構學校輔導與諮商是什麼，以及學校諮商師做什麼。而這對輔導與諮商的對象造成很多誤解和困惑。現在被全國的學校實施的全方位輔導與諮商方案能夠移除這些障礙，因為它提供所有參與者共通用語來說明方案的架構和元素，以及運用這個方案工作的學校諮商師的角色和責任。

改變歷程所涉及的任務時間表範例

　　因為調整既有的學校輔導與諮商方案，或者計畫和實施一個新的方案，往往既複雜又耗時，所以重要的是在計畫期的組成階段，要完整地瞭解改變從開始到結束所涉及的任務以及可能投注的時間。為了幫助你瞭解可能的任務和時間，我們整理了一份任務時間表範例，依據Mitchell與Gysbers（1978）所建議的四個改變階段加以組織：計畫、設計、實施和評鑑。我們還加入第五階段：提升。

　　這個時間表範例所呈現的時程和任務僅供示例。有些學區的改變階段走得比較快，而其他學區依其目前方案的本質和結構而進入不同的階段。這裡呈現的某些任務可能未必適合有些學區，因此，依據每個學區的需求與資源，任務可能需要增加或減少。

　　注意時間表的焦點在於為期五年的評鑑（時段的選擇是為了便於說明）。第四、五、六、七和八年的持續評鑑，給予足夠的時間蒐集和分析方案、人事、

結果資料。第九和第十年則開始方案提升的歷程，此時則運用評鑑資料來重新設計方案。這份範例時間表是想要給你一張清楚的圖像、一張地圖，以幫助讀者瞭解，若以十年作為範例來導入、評鑑和提升全方位輔導與諮商方案時，應該要做什麼事情。運用它作為檢核表來創造一份你的學區可以依循的時間表，以符合你在計畫階段的需要。

你會注意到在第一年，計畫階段剛開始的兩項重點包括建立改變的基礎，以及從你所在的地方開始把自己組織好。你已經看過這些標題及其示範任務，因為它們就出現在第 1 章和第 2 章的開頭。所有章節都依據這個格式編排。

第一年

▣ 計畫 ── 建立改變的基礎

- 研究學校輔導與諮商的歷史。
- 瞭解有助於影響學校輔導與諮商工作的人、事和社會情境。
- 在概念化和組織輔導與諮商工作時，瞭解從職位到服務到方案這些演變的意涵。

▣ 計畫 ── 從所在之地有組織地到達彼岸

- 決定你想要改變。
- 瞭解有效改變的必要條件。
- 讓方案的想法植入人心。
- 預期改變的抗拒。
- 發展諮商師、教師和行政人員間的信任。
- 組成委員會和工作小組。
- 與學區教育委員會或行政當局會面。
- 提供改變的領導。
- 積極進取。

▣ 計畫 ── 全方位輔導與諮商方案的概念化

- 瞭解方案的理論基礎。

- 學習一項有關學生發展的觀點。
- 瞭解全方位輔導與諮商方案在教育事業中的定位。
- 瞭解組成全方位輔導與諮商方案的四項要素。
- 瞭解共通用語的力量。
- 瞭解方案概念的重要性。
- 領會方案的彈性和適用性。
- 理解六項有關方案的必要事項。

第一至二年

■ 計畫 —— 進行目前方案的完整評鑑
- 蒐集學生及社區現況的資料。
- 確認當前可用資源並加以使用。
- 瞭解現行輔導與諮商方案的遞送情形。
- 蒐集對方案的看法。
- 簡報現行的方案。

第二至三年

■ 設計 —— 修改輔導與諮商方案模式
- 定義方案的基本架構。
- 依據內容領域、學校層級或學生年級編組來確認並明列學生能力。
- 再次確認政策的支持。
- 建立方案遞送的優先順序（質性設計）。
- 建立資源配置的範圍（量化設計）。
- 寫下理想方案的說明並將之分發。

■ 設計 —— 計畫轉型
- 指出建置全學區全方位輔導與諮商方案所需的改變。
- 發展完成全學區方案促進的計畫。
- 展開學校層級方案的促進工作。

- 擴大領導基礎。

第三至四年

◪ 實施——進行轉換
- 開發完整方案實施所需的人事、財務和政治資源。
- 聚焦於特殊計畫。
- 催化建立階段的變革。
- 實施公共關係的活動。

第四至五年（以及之後）

◪ 實施——管理新方案
- 促進方案活動。
- 提升專業學校諮商師的角色。
- 發展學校方案計畫。
- 監測方案實施。

◪ 實施——確保學校諮商師的能力
- 實施諮商師表現管理系統。
- 支持專業發展。
- 處理能力不足的問題。
- 引導新任諮商師進入方案中並擔任適當的角色。
- 澄清學校層級輔導與諮商方案成員領導者的角色。

第四至八年

◪ 評鑑——評鑑方案、其人員與成果
- 評鑑學校諮商師的工作表現。
- 執行方案評鑑。
- 執行成果評鑑。
- 評鑑輔導與諮商介入。

第九至十年

■ **提升——重新設計你的全方位輔導與諮商方案**

- 決心投入重新設計的歷程。
- 蒐集資料啟動重新設計的歷程。
- 基於需求和評鑑資料，做出重新設計的決定。
- 實施嶄新的設計。
- 瞭解重新設計之後的新活力。

■■ 預期改變的抗拒

何謂改變的抗拒？

Connor 等人（2003）定義抗拒改變為「當出現改變壓力時，任何維持現狀的企圖」（p. 151）。根據 Connor 等人所言，有些人透過拒絕變動來抗拒。其他人則成為旁觀者，坐視批評但不參與。有些人甚至可能試圖讓其他人不去參與改變。

表達對改變的抗拒

依據上述對於抗拒的定義，在面臨從目前的輔導與諮商組織結構轉換到全方位方案的改變時，哪些是學校諮商師和行政人員常有的抗拒呢？Goodloe（1990）描述以下表達抗拒的聲音：

抗拒改變：校長已經習慣聚焦在學生行事曆為中心的輔導服務模式。接近退休的年長諮商師對「舊有」的服務遞送模式存有可行和真切的偏愛。因為很多教育者一成不變地否認舊有的輔導服務有所缺失，所以他們斷然拒絕、甚至不考慮聽聽全方位輔導與諮商方案（Comprehensive Guidance amd Counseling Program, CGCP）這個「組織修復者」的聲音。

雙重責任：儘管令人信服的資訊證明需要一項嶄新又進步的系統性輔導方案，諮商師被行政主管衝突的訊息弄得無法動彈：「好吧！建立新方案，但繼續維持你現在被指定的工作內容。」學校無法「簡化並汰換」非輔導功能給其他半專業或事務人員。「增加」的做法持續威脅方案的有效實施。

時間和壓力管理：當改變的訊息慢慢在系統糾結的葡萄藤蔓中蔓延開來，小道消息盛傳新方案需要貢獻更多的時間和更多的工作壓力，實驗階段的學校開始愈來愈多疑且抗拒，四處瀰漫著「舊的模式做得好好的，為什麼需要新模式？」的氣氛

最要命的句子：假如給予機會讓抗拒形成影響，抗拒改變會阻礙創新的道路。像是這些句子「那不是很糟糕嗎？」、「萬一……」「我們已經試過了！」、「是啊！……但是」、「『他們』和『我們』」、「我們等等看……」對改變的意志和能量都有很大的影響。（pp. 72-73）

迎接挑戰

這些句子的背後代表許多人面臨改變的恐懼。我們必須明白這些學校諮商和行政職員的狀況。有些職員無法擁抱新方案取向是可以被瞭解的，假使你知道他們原本存在的理由，或者他們目前的功能和運作型態。很多學校諮商師維持被困住的現狀並僅回應最低的改變；他們是學校不知變通和官僚體系的受害者，他們被放在阻礙輔導目標達成的半行政和服務功能中（Aubrey, 1973）。

將這些抗拒改變的人標籤為麻煩製造者，並將他們的抗拒視為負向且惡意的行為而不予理會是很容易的。然而，Connor 等人（2003）認為「較有建設性、長期、也較有效能的做法，是承認這些回應確實存在、也是整體的一部分，並以瞭解和尊重回應之」（p. 151）。我們需要迎接發展、實施和評鑑全方位輔導與諮商方案所涉及的任何挑戰，以及瞭解為什麼有些學校諮商師和行政主管

可能會抗拒。

　　假使我們更瞭解組織輔導與諮商方案所面臨的挑戰，就不難明白何以有些學校諮商師和行政主管無法做好準備去迎接全方位輔導與諮商方案。以下是這些挑戰的一些例子：

- 輔導與諮商方案是發展性的。
- 輔導與諮商方案服務所有學生和他們的父母。
- 輔導與諮商方案需要學校諮商師進行大團體輔導、小團體諮商、個別學生規畫活動、諮詢和轉介。
- 輔導與諮商方案促進學生的學業、生涯和個人／社會發展。
- 輔導與諮商方案活動的目標放在明確地闡述對學生成果的期待。
- 輔導與諮商方案是有意圖地傳遞服務並且具有效益。

　　為什麼有些學校諮商師和行政主管認為這些敘述是種挑戰呢？因為他們可能需要學校職員改變他們的工作行為。他們可能也需要一些諮商師取得新技巧來滿足新的輔導方案所重視的責任。此外，有些諮商師可能害怕失去他們與校長連結所取得的地位和權力。方案需要與教師和學生發展新關係可能會讓有些諮商師感到不舒服。發展新諮商師能力以因應新的要求和需求則讓其他人感受威脅。然而，多數諮商師所面臨最困難的挑戰可能來自於協助學生達成在學校成功的責任。諮商師能夠達成全方位方案所設定的目標嗎？他們能夠達成這樣的績效責任嗎？

　　另一項諮商師所面臨的挑戰是隨著方案而來的獲益能否平衡成本的投入（個人和專業時間的涉入、日常工作行為的改變），這些獲益是否超出轉換歷程所涉及的成本？有個學區（Davis, 2002）也面臨這些挑戰並發現辛苦工作有以下的代價：

　　　　全方位輔導模式提供每所學校建立方案的立即性架構。行政主管
　　得到全方位輔導訓練，有些人必須轉換到一個投入可觀時間於授課的
　　模式，他們認為諮商方案應該限於對特定學生提供個人和小團體諮商。
　　很快地在方案推行之後，當學生開始應用諮商師所教導的技巧時，校
　　長和教師觀察到正向行為的改變。他們認可每個人都接受這類課程的

價值。技巧在學校裡被強化。手足、朋友和學校教職員工提醒彼此應
用諮商師教導的技巧。在每個學校所蒐集到的資料提供了證據，顯示
學校違規和負向行為正在減少當中。其他學區運用本課程也發現正向
行為的改變。（p. 225）

發展諮商師、教師和行政人員間的信任

由於人們傾向於抗拒改變，且因為轉換到全方位輔導與諮商方案所涉入的
挑戰和風險，輔導人員在處理這些議題時可能需要時間和隱私。在處理改變的
可能抗拒時，時間和隱私是需要的，否則成為一個團隊所需的信任和工作關係
可能無法產生和發展。這對同時擁有小學、中學或高中輔導人員的學區特別重
要。目前這些層級所負擔的職務經常沒有提供工作者完整的時間來討論方案的
方向和焦點。因此，給予開放對話和面質所需的時間和隱私，並在規畫階段處
理態度和感受是必要的。

透過參與改變歷程，可以發展和滋養人員之間的信任。在較早的單元「決
定你想要改變」中，有個例子敘述某個學區的輔導人員開了數次的會議以評估
改變的需要。這些討論中，有個結論是決定改變，掌握他們自己的命運（Harg-
ens & Fuston, 1997）。另一個結論同等重要，即是所有人員全部參與改變的歷
程。

讓所有人員參與改變的初始決定以及接下來的轉換歷程，可以幫忙人員之
間建立信任感和承諾；每個人都團結一起。人員瞭解他們的建議和諮詢會被放
入規則當中也很重要。轉換到全方位方案所經歷的挫折和喜悅，可以協助人員
結合成一個成熟的輔導與諮商團隊。如 Maliszewski（1997）所提醒，人們必
須：

> 一步一步來……改變意味著承擔風險和辛苦工作……個人和專業
> 成長是諮商師的回饋，他們發展和實施「冒險」的取向，以確保輔導
> 方案能為所有學生創造正向成果。（p. 217）

組成委員會和工作小組

一旦形成改變的共識，下一步是組成委員會和工作小組以完成所有任務。我們建議整個歷程只需要兩種委員會：指導委員會和學校─社區諮詢委員會。大多數的改善工作可以透過組成工作小組來處理。此外，最好由學校最高主管或最高主管代理人正式任命兩個委員會的成員。

指導委員會

指導委員會應該大到足以反映跨單位的想法和興趣，但不是大到不方便或沒效率。一般而言，指導委員會由各級學校的輔導人員或代表人所組成。學校行政主管和最高主管或一位行政單位的成員是必要成員，職業教育和特殊教育的主管也是。此外，教師、家長、學校董事會成員或學生都是可能的成員。指導委員會的主席是輔導與諮商方案領導者。假如沒有這種頭銜，那麼，行政上負責輔導與諮商方案的人應該是主席。

指導委員會負責管理計畫、設計、實施、評鑑和提升學區輔導與諮商方案所需的心力。委員會是決策核心且負責擘畫需要完成的任務，以及確保完成這些任務所需要的資源能夠到位。它監督工作小組的活動並協調這些任務。指導委員會不僅做歷程─改變決定，同時也做方案─改變決定。

為了實現這些決定，指導委員會的首要任務是準備一張時間表，列出他們已經選擇必須實施的步驟。因為這是掌控方案改變的時間表，因此需要細心的思考和注意。允許組織階段有足夠的規畫時間。記住！當改善歷程展開時，時間表可能需要調整。掌控時間表很重要，因為它可以讓參與者對改善歷程的範圍和順序有個綜覽性的瞭解。時間表也呈現步驟和活動的關係，因此可以找出潛在的問題並事先處理。更進一步，掌控時間表也提供參與成員所需資源和教材的指引。

當個別學校的任務時間表被發展出來時，可以考慮採用本章第一部分所呈

現的方案導入時間表範例。本書是以這個時間表範例為基礎來編排的，它可以提供每個步驟所需的建議和諮詢，並作為所有方案計畫、設計、實施、評鑑和提升歷程的起始點和檢核表。

除了負責轉換到全方位方案的每個步驟、資源和策略，指導委員會也負責發展公共關係及宣導計畫。這個公關計畫的發展可以等到之後的方案改善階段再進行，但當方案完成時，就需要仔細地進行公關規畫。有效的公共關係不是自然發生的，也不可能與基本的全方位方案分開處理。事實上，最佳的公共關係應以響亮的全方位輔導與諮商方案開始。世界上最好的公共關係不能掩蓋沒有效能、不符合消費者需求的輔導與諮商方案。

學校─社區諮詢委員會

學校─社區諮詢委員會由學校和社區的代表所組成。委員會的成員依據學區和社區的規模有所不同，可以包括行政主管（助理最高主管、校長）、輔導方案領導者、教師代表、學生代表、企業和勞工代表、心理健康社群的代表、家長─教師協會（parent-teacher association, PTA）的代表，以及報紙編輯或其他媒體代表。如果這些個體也在指導委員會服務（除了輔導方案主管外），則他們可能不應該同時出現在這個委員會中。

學校─社區諮詢委員會是學校和社區之間的聯繫，並針對學生和社區的需求提供建議。學校─社區諮詢委員會的主要職責是針對參與輔導方案改善的人提供諮詢。學校─社區諮詢委員會不是政策或決定的實體，而是提供諮詢、諮商和支持。它是輔導方案改善的參與者、學校和社區的溝通管道。學校─社區諮詢委員會在轉換期間定期開會，並持續成為輔導改善方案的常設組織。主席應由社區人士擔任。依據方案和社區性質，學校─社區諮詢委員會的運作和參與機制可能有所不同，但都不應該只是名義上的機構而已。社區的參與和互動是重要的，學校─社區諮詢委員會的成員可以幫忙發展和實施社區的公共關係。

工作小組

為了完成轉換到全方位輔導與諮商方案所涉及的工作，我們建議運用工作小組。工作小組是輔導成員的小團體，通常由諮商師組成，但有時候也會包括在轉換過程中需要被指派完成部分特定任務的行政主管、教師、家長和學生。工作小組的指派工作依據涉及的任務有所差異，也視需要組成與解散。

這裡針對工作小組提出一些建議：

1. 盡可能運用工作小組，因為它們可以降低整體工作量，提供更多人參與輔導與諮商方案改造和再生的機會。記住！兩個人可以做的事情不要讓一個人做。
2. 有些工作小組應該只包括諮商師，有些則需要納入行政人員和其他人。關於工作小組成員的特定建議將於以下的章節中闡明。
3. 工作小組對指導委員會負責。工作小組的領導是由指導委員會所賦予。事實上，於改善歷程的初始階段，指導委員會的行程表應包括工作小組報告。
4. 工作小組的職掌應該明確且具有可行性。每個小組為了一個目標存在，當目標完成時，這個小組就予以解散。
5. 工作小組成員應適當地包括不同年級的代表。這會改善成員間的信任與建立相互瞭解，以奠定全方位輔導與諮商方案的合作基礎。

■ 與學區教育委員會或行政當局會面

因為發展和導入全方位輔導與諮商方案是一個學區的議題，也是一個創建的議題，學區行政和教育委員必須一開始就參與規畫歷程。初期，重要的是指導委員會與最高行政主管密切合作，與委員會開會並告知其成員有關從職位一服務模式轉換到全方位方案的必要性，以便有效地符合學生、家長、教師和社區的需要。這個初始會議的目標是告知委員會、得到它的支持，並向當局保證其工作是朝向改善學區內的輔導與諮商方案。

在這個初始會議中，與委員會分享以下全國學校董事協會（National School Boards Association, 2010）的論述或許有用：「NSBA 相信每個學區，從幼兒園到十二年級，都應該考慮有一個全方位輔導與諮商方案，並聘僱受過專業訓練的諮商人員。」（p. 20）

在這個初始會議中，同樣重要的是去取得委員會的書面保證，授權進行這個改善歷程。指導委員會要求的這個保證可以包括密蘇里州所列出的保證事項：

- 授權行政單位提供專業學校諮商師時間和資源，在指導委員會的領導下來發展和實施全方位輔導方案。
- 指導委員會提供定期的報告。
- 批准方案成為當地學區的正式方案並採取強制執行方案的政策。
- 一旦獲得批准，與指導委員會及行政單位合作全力實施方案。
- 與諮詢委員會和學校人員一起努力對社區行銷方案。
- 在方案提升歷程中，提供足夠的資金來確保持續的方案發展、實施和評鑑。（Gysbers, Stanley, Kosteck-Bunch, Magnuson, & Starr, 2008, pp. 24-25）

提供改變的領導

假如你是學區輔導與諮商方案的領導者，你將得負起組織和管理方案的改善歷程的主要責任。假如你不承擔這些工作的主要領導角色，這些事情無法完成。在這個學區的重要改變歷程中，你必須引發、領導、實施和維持工作的完成。你是改善歷程和方案的管理者。

作為改善歷程的管理者，你必須發展和監督改變的計畫。特別是，你必須發展改變的計畫書以及預期改變的時間表。你必須組成指導委員會、擔任主席、規畫進度和會議時間表。你也必須組成或催化學校─社區諮詢委員會和所需的不同工作小組的組成。你應該在可行的範圍內，盡可能地參加工作小組的會議，讓小組專注在任務上，且參與所有指導委員會和學校─社區諮詢委員會的會議。

畢竟它們得掌理和指導這個你所負責的方案。

　　作為一個方案領導者，你不僅得繼續你的一般性責任，也要承擔改善方案主要倡導者的責任。你必須非常清楚你和你的學區想要採用或已經採用的模式。這個專案的成功直接與你對這個輔導與諮商方案的概念化有關。一段時間後，你可能是唯一可以掌握這個新設計、學生能力、方案的全方位本質，以及重新導正輔導人員活動方法的人。

　　作為一個學區的方案領導者，你不僅有責任改善和管理方案，也要幫助參與的人員。如同《領導與管理你的學校輔導方案人員》（*Leading and Managing Your School Guidance Program Staff*）（Henderson & Gysbers, 1998）一書中所解釋的，我們運用「『輔導人員領導者』這個原創的詞彙，意味著方案之間的連結和人員的領導責任」（p. 21）。此時，焦點是你對人員的領導責任。你必須發展出讓諮商師和行政人員進修和參與的機制。當這個歷程展開的同時，你引進所有指導委員會的成員。最後，指導委員會的諮商師在你的指示下提供同事同儕領導地位。

　　在改變的過程中，你需要讓每個人記得方案改變的目的。你們必須記得改變的目的，是透過更適切地運用學校諮商師獨特的能力和技巧，以有效地催化學生的學業生涯、個人／社會發展和家長參與。我們建議你們發展彼此的支持系統。這個系統可能包括學區內相當投入的學校諮商師、渴望改變發生的督導、其他學區已經實施類似方案的輔導與諮商領導者。參與各州和全國的學校諮商師和諮商教育人員協會也可以提供有用的協助和聯繫。

積極進取

對行動做出承諾

　　即使有些諮商師能讓艱困的問題迎刃而解，你得記得很多系統須經過對立與磨合。你可能會被事情的破壞面所淹沒，你可能發現和你一起工作的某些人會對他人的弱點耿耿於懷，並總是以刻板印象挑剔別人的能力不足。雖然你不

能忽略破壞面，有時正向的描述也需要當心，因為在一個有問題的系統中，建設性的力量有時會被隱藏和壓抑。

有些人在憤怒中有很棒的內在喜悅能力，但憤怒讓他們輕忽喜悅的機會，將自己鎖進破壞情境的人經常將焦點放在爭論不和的事情上。作為一個領導者，你的工作是幫助他們發現和建立共識。不快樂的人傾向於強調過去的錯誤，以致破壞了現在和未來。作為一個領導者，你的工作是促成現狀的改變，讓「現在」成為新的「過去」，並據此創造「未來」（Shepard, 1974）。對行動做出承諾！

保持樂觀

從一個缺乏明確定義的方案轉換到定義清楚的方案，這個任務既複雜又困難。這需要時間和堅持。雖然所需的時間看起來可能很長，它的確提供諮商師（及任何人）機會去學習如何掌控新方案。因此，計畫的組成階段應該被設計來幫助所有參與者發展對於全方位方案的視野，並投入創造改變的工作。我們的信念是訓練和發展員工，開啟他們的視野、鼓勵參與，並提升他們的投入程度。員工的訓練和發展應該從組成階段就開始，並在整個改善和再生的歷程中持續進行。保持樂觀！

■ 你的進度檢核

從所在之地有組織地到達彼岸是計畫階段的主要步驟。第 2 章有如下的建議：

- 決定學區的輔導與諮商方案需要改變模式和再生。
- 找出學區有效改變的必要條件。
- 建立學區輔導與諮商方案模式改變和再生何時和如何進行的時間表。
- 找出改變的可能抗拒以及如何回應這些抗拒。
- 開始發展教師、行政人員和諮商師之間的信任。

- 組成學區指導委員會和學校─社區諮詢委員會。

- 與教育委員會和行政當局建立例行性會議。

- 積極投入並參與學區輔導與諮商方案的模式再設計和再生的歷程。

參考文獻

Aubrey, R. F. (1973). Organizational victimization of school counselors. *The School Counselor, 20*, 346–354.

Connor, P. E., Lake, L. K., & Stackman, R. W. (2003). *Managing organizational change* (3rd ed.) Westport, CT: Praeger.

Davis, D. (2002). Revising and enhancing the Davis School District comprehensive guidance program. In P. Henderson & N. C. Gysbers (Eds.), *Implementing comprehensive school guidance programs: Critical leadership issues and successful responses* (pp. 219–228). Greensboro, NC: CAPS.

Erickson, T. (1997). Box Elder comprehensive guidance program. In N. C. Gysbers & P. Henderson (Eds.), *Comprehensive guidance programs that work—II* (pp. 125–137). Greensboro, NC: ERIC Counseling and Student Services Clearinghouse.

Goodloe, J. P. (1990). Comprehensive guidance in Montgomery County, Maryland. In N. C. Gysbers (Ed.), *Comprehensive guidance programs that work* (pp. 63–78). Ann Arbor, MI: ERIC Counseling and Personnel Service Clearinghouse.

Gysbers, N. C., Stanley, J. B., Kosteck-Bunch, L., Magnuson, C. S., & Starr, M. F. (2008). *Missouri comprehensive guidance program: A manual for program development, implementation, evaluation and enhancement*. Warrensburg: Missouri Center for Career Education.

Hargens, M., & Fuston, J. K. (1997). Comprehensive guidance program of the St. Joseph district. In N. C. Gysbers & P. Henderson (Eds.), *Comprehensive guidance programs that work—II* (pp. 61–74). Greensboro, NC: ERIC Counseling and Student Services Clearinghouse.

Heath, C., & Heath, D. (2008). *Made to stick: Why some ideas survive and others die*. New York, NY: Random House.

Henderson, P., & Gysbers, N. C. (1998). *Leading and managing your school guidance program staff*. Alexandria, VA: American Counseling Association.

Jensen, L., & Petersen, J. (1997). The comprehensive guidance program in Utah. In N. C. Gysbers & P. Henderson (Eds.), *Comprehensive guidance programs that work—II* (pp. 89–106). Greensboro, NC: ERIC Counseling and Student Services Clearinghouse.

Joyce Ivy Foundation. (2008). *2008 Michigan high school counselor report—The eleven-month challenge: 22 recommendations for improving the transition from high school to college*. Ann Arbor, MI: Author.

Joyce Ivy Foundation. (2009). *2009 Ohio high school counselor report—Converting high school achievement into adult opportunity: The school counselor role and beyond*. Ann Arbor, MI: Author.

Maliszewski, S. J. (1997). Developing a comprehensive guidance system in the Omaha Public Schools. In N. C. Gysbers & P. Henderson (Eds.), *Comprehensive guidance programs that work—II* (pp. 195–219). Greensboro, NC: ERIC Counseling and Student Services Clearinghouse.

Martin, I., Carey, J., & DeCoster, K. (2009). A national study of the current status of state school counseling models. *Professional School Counseling, 12,* 378–386.

Mitchell, A. M., & Gysbers, N. C. (1978). Comprehensive school guidance and counseling programs. In *The status of guidance and counseling in the nation's schools* (pp. 23–39). Washington, DC: American Personnel and Guidance Association.

National School Boards Association (2010). *Beliefs and policies of the National School Boards Association.* Alexandria, VA: Author.

Shepard, H. (1974). *Rules of thumb for change agents.* Unpublished manuscript.

Rylander, C. K. (2002). *Guiding our children toward success: How Texas school counselors spend their time.* Austin: Texas Comptroller of Public Accounts.

Vandegrift, J. A. (1999). *Are Arizona public schools making the best use of school counselors? Results of a 3-year study of counselors' time use.* Phoenix, AZ: Morrison Institute for Public Policy.

Waters, T., Marzano, R. J., & McNulty, B. (2003). *Balanced leadership: What 30 years of research tells us about the effect of leadership on student achievement.* Aurora, CO: Mid-Continent Research for Education and Learning.

Chapter 3　全方位輔導與諮商方案：
理論基礎與組織架構

王櫻芬　譯

計畫——全方位輔導與諮商方案的概念化

◆ 瞭解方案的理論基礎。

◆ 學習一項有關學生發展的觀點。

◆ 瞭解全方位輔導與諮商方案在教育事業中的定位。

◆ 瞭解組成全方位輔導與諮商方案的四項要素。

◆ 瞭解共通用語的力量。

◆ 瞭解方案概念的重要性。

◆ 領會方案的彈性與適用性。

◆ 理解六項有關方案的必要事項。

　　計畫的第二階段包含了全方位輔導與諮商方案的概念化、將所有必需且適當的輔導與諮商介入策略加以結合，以及將這些介入策略整合於方案架構中。為了完成上述任務，首先必須對於方案的理論基礎以及學生發展的觀點有深入的理解。同時我們也必須要去理解這樣的方案，在整體教育事業（即從幼兒園至十二年級）中的定位。

　　為了在概念化的過程中協助讀者，本章一開始呈現全方位輔導與諮商方案之理論基礎（Henderson, 2005）及學生發展的觀點，稱為終生生涯發展（life career development）（Gysbers, Heppner, & Johnston, 2009; Gysbers & Moore, 1975, 1981; McDaniels & Gysbers, 1992）。其次，我們呈現兩類主要的教育系統：教

務方案以及輔導與諮商方案。接著，我們描述了輔導與諮商方案的四個方案要素，包括：(a)內容；(b)組織的架構；(c)資源；以及(d)發展、管理與績效責任。在本章結尾的部分則討論共通用語的力量、方案概念的重要性、方案的彈性與適用性，以及六項有關方案的必要事項。

瞭解方案的理論基礎

根據《藍燈書屋韋伯簡明字典》（*Random House Webster's Unabridged Dictionary*, 2001）所言，一項理論「是一個或多或少已被證實或建立，可說明已知事實或現象的解釋」（p. 1968）。它是「一組具連貫性的一般性論述，用以作為某一類現象之解釋原則」（p. 1967）。與這個理論的定義一致，Henderson（2005）提出學校諮商理論的簡短沿革，辨識出理論所要回答的七個基本問題，進而描述可回答這七個基本問題的二十七項主要原則。這二十七項原則即成為「某一類現象之解釋原則」（p. 1967），而本文中所謂的現象則是指幼兒園至十二年級之全方位輔導與諮商方案。這些原則羅列如下：

原則 1：如同其他發展向度一樣，在完成學業、生涯和個人／社會發展的適齡任務時獲得協助，對所有的兒童與青少年都是有助益的。

原則 2：對所有的兒童與青少年而言，設計用來協助其學業、生涯和個人／社會發展的介入策略，對他們都有助益。

原則 3：在完成學業、生涯和個人／社會發展的適齡任務時，有些兒童和青少年需要更多的協助。特別設計以協助他們完成適合其發展階段任務的預防性或是矯正性介入策略，對這些兒童和青少年是有助益的。

原則 4：學校諮商師符合資格，可以在所有兒童和青少年的學業（教育）、生涯和個人／社會領域之發展上有所貢獻。

原則 5：學校諮商師能夠設計並執行介入策略以符合學生的發展需求，亦能設計並執行介入策略以符合學生在預防及矯正方面的需求，因而協助拉近特殊族群學生和他們的同儕間的距離。

原則　6：學校諮商師在學生的學業、生涯和個人／社會發展上所實施之介
　　　　入策略，能協助學生獲得並應用技巧、態度和知識，以提升他們
　　　　在這三個人類成長與發展向度上之進展。

原則　7：學校諮商師能夠協助其他的成年人提高他們在學生的學業—教
　　　　育、生涯和個人／社會發展上的工作成果，同時移除影響個別學
　　　　生成功的個人阻礙。

原則　8：學校諮商師代表學生去和學校系統中的其他人合作，以支援完成
　　　　系統任務，同時協助移除影響學生成功的系統阻礙。

原則　9：學校諮商師的工作應加以組織為一項方案。

原則 10：在組織方案時，遞送系統將方案活動分成四個方案組成要素，即
　　　　輔導課程（guidance curricula）、個別學生規畫（individual stu-
　　　　dent planning）、回應式服務（responsive services）以及系統支持
　　　　（system supports），是最具效果與效能的方法。

原則 11：這四項方案活動的組成要素被描述為模範的學校輔導與諮商方案
　　　　之遞送系統，涵蓋了影響學生的學業、生涯和個人／社會發展的
　　　　所有方法，即輔導課程、個別學生規畫、回應式服務以及系統支
　　　　持。

原則 12：學校輔導與諮商方案活動能夠經由設計而有效地影響所有學生的
　　　　學業、生涯和個人／社會發展，亦能協助在學業、生涯和個人／
　　　　社會健全發展上受到威脅或阻礙的學生。

原則 13：針對已知的需求或是明確的目的而特意設計的介入策略，比未根
　　　　據任何意圖而設計的介入策略更為有效。

原則 14：以有系統的方法發展學校輔導與諮商方案（亦即計畫並建立基本
　　　　原則、設計遞送系統、實施並監控方案、讓方案工作人員負起績
　　　　效責任，以及評鑑方案）可確保方案之有效性與適切性。

原則 15：在發展學校輔導與諮商方案時，與家長或監護人、教師、行政主
　　　　管、職員以及社區成員等共同合作進行計畫，能夠使方案奏效，
　　　　且成為整體學校任務中必要的一部分。

原則 16：有效的地區性學校輔導與諮商方案是根據對當地的人口統計資料

以及政治狀況的瞭解而設計，並建基於以在地資料所進行的需求評估結果。

原則 17：為了有效管理並實施學校輔導與諮商方案，建立方案的優先順序並辨識方案的參照指標是很重要的。

原則 18：學校諮商師能夠使用一些組織性程序，控管方案的實施，使得方案對學校而言是具備效果、效能且適切的。

原則 19：為了學生的成就、學校諮商師的表現以及方案的完成度，績效責任的建立是必要的，方能確保學校輔導與諮商方案的有效性與適切性。而績效責任的建立，是需要透過資料蒐集與運用而得的。

原則 20：領導學校輔導與諮商方案，是學校諮商師和校長須共同分擔的責任。

原則 21：受益於學校諮商師的介入，兒童與青少年在學業上的學習能有更加充分的準備，並更能在學校中獲得成功。

原則 22：清楚陳述期望學生達成的成果，更能確保學生達成那些成果。

原則 23：針對學生的成就、學校諮商師的表現以及方案的完成度進行評鑑是必要的，可確保學校輔導與諮商方案的有效性與適切性。而評鑑是需要透過資料蒐集與運用而得的。

原則 24：學生成果的評鑑，係以為了測量學生發展、成長與變化而建立的標準作為依據。

原則 25：學校諮商師表現的評鑑，係以針對學校諮商實務而建立的標準作為依據。

原則 26：方案完成度的評鑑，係根據該方案與已建立的全方位輔導與諮商方案以及地區性方案之典範的一致程度。

原則 27：評鑑的目的是為了更加進步。

以上每一個原則描述了一項全方位輔導與諮商方案的決定性特質。全部放在一起時，它們構成了賦予方案特色以及方案在運作時的指導原則。整體來看，它們代表了指引方案之總體計畫、設計、實施、評鑑以及提升的原則。

學習一項有關學生發展的觀點

終生生涯發展

終生生涯發展被定義為：透過統整個人生活中的角色、環境和事件而進行的一輩子的自我發展。終生（life）一詞顯示，這個關於人類成長與發展的概念，其焦點在於全人（total person）——人的生涯（human career）。生涯（career）一詞則是將個人擁有的許多且經常不相同的角色（學生、工作者、消費者、公民、父母）、身處的環境（家庭、學校、社區），以及一生中遇到的事件（初入職場、結婚、離婚、退休）等加以確認並互相連結。發展（development）一詞顯示個人總是處於變化的過程中。依照先後順序使用時，終生生涯發展將個別的意義集中在一起，同時也衍生出一項更廣大的意義。終生生涯發展描繪了單獨個體的總和，每一個個體都是獨特的，並且有自己的生活方式。

終生生涯發展的基本架構中尚須加入性別、種族、信仰、人種、性傾向和社經地位等影響因素。這些因素在形塑不同年齡的生活角色、生活環境和生命事件以及一生的生命境遇上，都扮演著重要的角色。對於終生生涯發展的概念而言，這些因素是很重要的，因為我們所生活的國家是世界經濟體的一部分；它在種族、信仰以及人種上愈來愈多樣化，但是仍有一些共通的主題連結我們所有人。美國正持續修改它對於在教育和職業上，身為女性或男性的意義的觀點。社經地位則持續在個人社會化，以及目前和未來地位的形塑上，扮演重要的角色（Gysbers et al., 2009）。

生涯覺醒

採用終生生涯發展的理論性觀點的一項主要目的，是為了協助個人去辨識、描述和瞭解自己的終生生涯發展的動力，並建立其內在生涯覺醒（career consciousness），也就是去預見與計畫他們的終生生涯的能力。「被涵蓋在覺醒這

個概念中的，包括個人的背景、教育、政治觀點、洞察力、價值觀、情緒和人生觀」（Reich, 1971, p. 15）。然而，根據 Reich（1971）的看法，「覺醒」不僅止於此，它是全人的。它是個人用自己的方式去創造自己的人生。因此，所存在的挑戰是要如何協助一個人處於生涯覺醒的狀態。這項挑戰是為了協助他們將自己投射至未來可能的生活角色、生活環境與生命事件中；去瞭解性別、種族、信仰、人種、性傾向和社經地位對於其發展的重要性；然後，將他們的投射與自己目前的狀況做連結，以考量並整合進他們的計畫中，進而達成他們的目標或解決所遭遇的問題。包含在生涯覺醒這概念中的是「各種可能的自我（possible selves）」這樣的想法。何謂各種可能的自我？Markus 與 Nurius（1986）認為，「各種可能的自我，代表著個人認為自己可能成為什麼，自己想成為什麼，以及自己害怕成為什麼的想法，因此在認知與動機之間形成一個概念的連結」（p. 954）。各種可能的自我為何重要？「各種可能的自我之所以重要，首先，是因為它們可作為未來行為的誘因（亦即，它們是自己想要成為的，或避免成為的自己），其次，因為它們提供了一個評估和解釋目前的自我觀的脈絡」（p. 954）。

當生涯一詞被用在終生生涯發展時，其定義與該詞用於其他地方的定義有實質的差異。在此，它聚焦於生活的所有面向，被視為是全人當中彼此關聯的部分，而非一些各自獨立的實體。從這個廣泛的觀點來看，生涯並不是一個代替職業的新用語。人們擁有生涯；工作世界或就業市場中則是有職業。不幸地，有太多人在應該使用職業一詞時，卻採用生涯一詞。再者，生涯並不受限於僅適用某些人。所有的人都擁有生涯；他們的生活就是他們的生涯。因此，終生生涯發展並非僅描繪與描述人類成長與發展的某一個部分。儘管有時候將焦點放在發展的不同面向（如生理的、情緒的、智能的）是有用的，將這些發展面向加以統整仍然是需要的。終生生涯發展被視為一項有組織條理且統整的概念，可用以瞭解和促進人類的成長與發展。

Wolfe 與 Kolb（1980）將生涯發展的終生觀點總結如下：

> 生涯發展涉及一個人生活的全部，而不僅僅是職業。生涯發展可說是關係到人的整體、需求與渴望、能力與潛能、興奮與焦慮、洞察

與盲點，與所有缺點。不僅如此，它涉及在不斷改變的環境中個人的生活。環境的壓力與限制、他／她和重要他人之間的連結、對孩子與逐漸年邁的父母的責任、個人所處環境的整體結構等，也都是必須被瞭解與認真考慮的因素。從這些角度來看，生涯發展與個人發展是殊途同歸的。自我與環境──在彼此交互作用下，逐漸演變、產生變化，並逐漸顯露──構成了生涯發展的焦點與引人入勝之處。（pp. 1-2）

以終生生涯發展觀點為依據的方案目標

建基於終生生涯發展概念的全方位學校輔導與諮商方案，其目標之一就是協助學生，獲得處理那些會影響他們的成長與發展的此時此刻的議題之能力。這些議題可能包括家庭結構的改變、社交關係的擴展、物質濫用、實驗性的性行為、身體與情緒的成熟以及同儕壓力。另一項目標是建立學生的生涯覺醒，以協助他們將自己投射到未來的生活角色、環境與事件中；進行分析；將他們的發現與自己目前的身分與情境做連結；並根據他們的發現，形成有依據的個人、教育與生涯的抉擇。

瞭解全方位輔導與諮商方案在教育事業中的定位

在過去一個世紀的數十年間，輔導與諮商在教育中的適當定位，一直都是討論的重點。在初期，有一些作者強調，輔導與諮商是教育中必需的一部分，而不是「一群熱心者因為沒有其他的機構可處理這件事，而強加給學校的」（Myers, 1923, p. 139）。另外一些作者，特別是 Jones 與 Hand（1938），將輔導與諮商視為教育中不可分割的部分。他們強調教學牽涉到輔導與教務兩部分。

輔導與諮商恰當的定位為何？我們同意將輔導與諮商定位為教育中必需的一部分。如圖 3.1 所示，我們將教育想像成兩個相互關聯的系統，也就是教務方案（instruction program）和輔導與諮商方案。教務方案一般來說會涵蓋一些學科，如藝術、生涯與技職教育、科學、體育、數學、社會科學、外語和英語（語

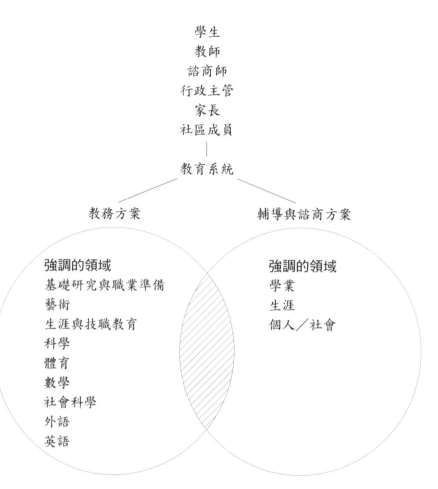

圖 3.1 兩個互相關聯的主要教育系統

文）。每一項學科都有自己的標準，訂定出一個學年中，學生需要逐步學習的知識與技巧。相似地，全方位輔導與諮商方案也有自己的標準，以確認在學生參與全方位方案的活動與服務時，須學習到的知識與技巧。通常，這些知識與技巧（標準）是被歸類在學業、生涯和個人／社會發展等主題之下。

在學校場域中，儘管教務方案顯然建立了最多的學生表現標準，然而並不表示它比輔導與諮商方案更重要。這也就是為何在圖 3.1 中，描繪教育系統的兩個圓圈有相同的大小。圖 3.1 也說明了每一個系統中個別的學習（無陰影的區域）需要其特有的關注。同時，這些學習的重疊之處（有陰影的區域）有時候需要由教務方案支援輔導與諮商方案，而其他時候則需要由輔導與諮商方案支

援教務方案。它們是二者並存，而非二者擇一的。

■ ■ ■ 瞭解組成全方位輔導與諮商方案的四項要素

　　什麼是全方位輔導與諮商方案？我們將方案定義為有共通用語的組織架構，該架構有著特定的組成結構，是一套基於學生、學校及社區的需求與資源，而去計畫、排列先後順序且協調一致的輔導與諮商活動和服務。它是設計來為當地學區中所有學生和他們的父母或監護人提供服務的。就如同美國學校諮商師協會（American School Counselor Association [ASCA], 2005）建議的，它在「範圍上是全方位的，設計上是預防性的，且本質上是發展性的」（p. 13）。

　　我們建議的全方位輔導與諮商方案的結構（如圖 3.2）有四個要素：(a)方案內容；(b)組織架構；(c)資源；以及(d)發展、管理與績效責任。內容要素，在找出學區認為重要的、學生在參與學區的全方位輔導與諮商方案之後應該要精熟的能力（用以制定標準）。組織架構要素，包括三個結構要素（定義、假定、理論基礎），和四個方案組成要素（輔導課程、個別學生規畫、回應式服務、系統支持），以及方案活動和學校諮商師在四項方案組成要素上的時間分配之範例。資源要素，呈現在充分實施這項方案時所需的人事、財務和政治資源。第四也是最後一項要素，包含了在計畫、設計、實施、評鑑及提升方案時必需的發展、管理和績效責任活動。

全方位輔導與諮商方案的要素

內容要素

學生標準
- 學生的能力根據
- 領域進行分類，
- 並細分為年級階層
- 層或以年級階層
- 做群組

組織架構：結構、活動和時間要素

結構組成要素
- 定義
- 假定
- 理論基礎

方案組成要素和活動範例
- 輔導課程
- 班級性活動
- 全校性活動
- 個別性學生規畫
- 衡鑑
- 建議
- 轉銜計畫
- 後續追蹤
- 回應式服務
- 個別諮商
- 小團體諮商
- 諮詢
- 轉介
- 系統支持
- 研究與發展
- 專業發展
- 職員／社區公共關係
- 委員會／諮詢理事會
- 社區外展
- 方案管理

諮商師所有的時間百分比分配之建議

	國小	國中	高中
輔導課程：	35-45	25-35	15-25
個別式學生規畫：	5-10	15-25	25-35
回應式服務：	30-40	30-40	25-35
系統式支持：	10-15	10-15	10-15
	100	100	100

資源要素

人事
- 學校諮商師
- 教師
- 行政主管
- 學校心理學家
- 學校社工

財務
- 預算
- 素材
- 設備
- 場地設施

政治
- 學區的政策
- 州和聯邦的法律與規定
- 學會的立場聲明
- 方案的支持者

發展、管理與績效責任要素

計畫
- 輔導之領導階層
- 指導委員會
- 諮詢委員會

設計
- 書面架構
- 方案優先順序
- 時間分配

實施
- 職務說明
- 方案管理
- 行事曆

評鑑
- 方案評鑑
- 人員評鑑
- 成果評鑑

提升
- 評鑑資料
- 重新設計方案

圖 3.2 全方位輔導與諮商方案的要素

這些要素符合《ASCA 全國模式：學校諮商方案架構》（*ASCA National Model: A Framwork for School Counseling Programs*）（ASCA, 2005）之主要體制：

ASCA 全國模式	全方位輔導與諮商方案模式

ASCA 全國模式

基礎
內容標準
信念、哲學基礎和任務陳述

遞送系統
學校輔導課程
個別學生規畫
回應式服務
系統支持

績效責任
結果報告
學校諮商師表現標準
方案稽核

管理系統
協議
諮詢理事會
行動計畫
行事曆的使用

全方位輔導與諮商方案模式

內容要素／結構組成要素
學生標準
定義、假定、理論基礎

方案組成要素
輔導課程
個別學生規畫
回應式服務
系統支持

發展、管理與績效責任要素
計畫
　輔導之領導階層
　指導委員會
　諮詢委員會
設計
　書面架構
　方案優先順序
　時間分配
實施
　職務說明
　方案管理
　行事曆
評鑑
　方案評鑑
　人員評鑑
　成果評鑑
提升
　評鑑資料
　重新設計方案

資源要素
人事
財務
政治

要素一：方案內容

在參與全方位輔導與諮商方案的活動與服務之後，學生應該獲得什麼知識、應該發展何種技能，以及應形成什麼樣的態度？要為你的學區回答這些問題，須從檢視你所在學區和州的教育目標開始。這些目標經常涵蓋了輔導與諮商的內容，而該內容是聚焦於學業成就、生涯發展和個人／社會發展等主題。其次，檢視專業領域的文獻以及相關專業學會的立場聲明。確定要一併檢視多元文化和性別的文獻（Sink, 2002）。最後，檢視你所在的州的全方位輔導與諮商方案的模式或指引，以及專業學會的學生能力標準列表，例如 ASCA 全國模式（ASCA, 2005）中的標準，以發現那些可以被採用或修改以適用於你的學區方案的標準。許多模式或指引會將這些標準，以學業、生涯和個人／社會三個領域做分組。這些領域名稱是恰當的，但在確認適用於你的學區的學生能力標準，以及要使用何種名稱來標識這些被組織的標準時，依然要思考州與地區的議題和環境。

在接下來數頁，你將看到取自 ASCA、猶他州和德州的，以它們通常被標識的名稱來呈現的能力或學生標準的列表範例。請注意它們在標識與呈現上的變異。基於本章的目的，我們僅列出主要的學生標準或能力。在大多數的指引中，會根據年級或年級階層群組進一步細分（有時標識為年級階層之預期表現），因而可提供被期待的學生成果之範圍和順序。要記得，這些都僅是範例。為你的學區選擇有意義的學校輔導與諮商方案的內容是你的工作。

範例：美國學校諮商師協會

ASCA（2005）建議，輔導與諮商方案在三項廣泛的領域之下，陳述學生學習成果的標準：

● 學業發展標準

1. 學生將習得對他們在學校及終生有效學習有助益的態度、知識和技巧。

2. 學生在完成學業時，將具備必要的學業準備，而能從範圍廣泛的許多中等教育以上（包括大學）機會中做選擇。

3. 學生將會瞭解學業與工作世界，以及與家庭和社區生活之關聯。

● 生涯發展標準

1. 學生將習得技巧，在自我瞭解下探索工作世界，並形成有依據的生涯決定。

2. 學生將能運用策略以達成未來生涯的成功及滿足。

3. 學生將能理解個人特質、教育訓練與工作世界彼此間的關係。

● 個人／社會發展標準

1. 學生將習得態度、知識和人際技巧，以協助他們瞭解並尊重自己和他人。

2. 學生將能做決定、設定目標並採取必要的行動以達成目標。

3. 學生將瞭解安全與生存技巧。（pp. 102-107）

範例：猶他州

猶他州的「全方位諮商與輔導：從幼兒園至十二年級之方案」模式（Utah State Office of Education, 2008）將方案標準與能力組織成四個領域：

● 學業／學習發展

標準 A：學生將習得有助於其在學校及終生有效學習的態度、知識和技巧。

標準 B：學生將理解學校經驗和學業成就，對工作、家庭與社區世界之關聯。

標準 C：學生在完成學業時，將已學習了必要的學科，讓他們得以從範圍廣泛的中等教育以上的機會中做選擇。

● 生活／生涯發展

標準 A：學生將覺察在工作世界中的自我。

標準 B：學生將探索工作世界。

標準 C：學生將運用策略以達成未來的生活／生涯目標。

● 多元文化／世界公民發展

標準 A：學生將發展能力，以一個在全球社區中有所貢獻的公民身分，去進行評估並生活。

● 個人／社會發展

標準 A：學生將發展技巧以瞭解並欣賞自己和他人。

標準 B：學生將找到並利用一些程序，以設定並達成目標、做決定和解決問題。

標準 C：學生將發展安全與生存所需的韌性技巧（resiliency skills）。（pp. 125-130）

範例：德州

德州採用七項廣泛的內容領域，每一項有三個技巧水準以及四個人類發展向度，如圖 3.3 所示（Texas Education Agency, 2004, p. 53）。

要素二：組織架構：結構組成要素

結構組成要素是組織架構的一個重要部分，因為它們描述了方案的本質，同時也提供了它的哲學基礎。結構性組成要素定義方案內涵、陳述方案的理論基礎，並條列方案依據的假定。每一項成分所使用的語言範例如下；切記這些僅是範例。你的工作是去確認這些成分的內容適用於你的學區。

定義

一個輔導與諮商方案的定義，可指出在教育過程中，輔導與諮商的重要性；同時，以廣泛的詞句描繪出學生參與方案之後將獲得的能力。以下提出兩項輔導與諮商定義的範例。第一項是密蘇里州使用的輔導與諮商之定義，第二項則是德州聖安東尼奧（San Antonio）諾斯賽德獨立學區（Northside Independent School District）所採用之定義。

密蘇里州。密蘇里州的輔導與諮商定義如下：

學區的全方位輔導方案是該學區整體教育方案中不可或缺的一部分。方案被設定為以發展性為目的，且包括一系列由專業學校諮商師在家長／監護人、教師、行政主管與社區的主動支持下，所組織並實

自信心發展
- 擁有正確的自我概念　　· 處理自己的感覺
- 重視自己的獨特性

成就動機
- 發展自己的學業潛能
- 能利用教育機會
- 找出容許他們發揮潛能的生涯機會
- 發展領導技巧

做決定、目標設定、計畫問題解決技巧
- 做決定　　　　　　· 解決問題
- 發展行動計畫　　　· 處理改變
- 設定目標　　　　　· 處理轉換
- 蒐集資訊

人際效能
- 尊重他人　　　　　· 有效地參與團體
- 和他人有良好連結　· 發展健全的友誼

溝通技巧
- 瞭解基本溝通技巧　· 傾聽他人
- 表達自己

跨文化效能
- 欣賞自己的文化
- 尊重他人作為一個個體的身分，並接受他們身為一個文化族群的一分子
- 在欣賞文化差異的基礎上，和他人有效地連結
- 評估刻板印象如何影響他們，以及他們與其他人的關係

負責的行為
- 表現負責的行為　　· 表現自律的行為
- 為自己的行為負責

覺察：
藉由教育、生涯和社會環境所提供的資訊和知識，學生對他們和環境的關係形成覺察。

技巧發展：
透過從覺察階段獲得的資訊和知識，學生發展技巧，辨識適切的責任與行為，而能在每個環境中有效地運作。

應用：
學生運用他們已具有的技巧，展現出可以因應三種環境之要求的能力，同時朝向成功地達成自己的目標前進。

圖 3.3 德州的技巧水準和能力領域

註：取自 *A Model for Comprehensive, Developmental Guidance and Counseling Programs for Texas Public School: A Guide for Program Development, Pre-K-12th Grade* (4th ed., p. 53) by Texas Education Agency, 2004, Austin, TX: Author.

施的活動。作為一項發展性的方案，它藉由促進學生的學業、個人／社會與生涯發展，以及在學校中創造正向且安全的學習氣氛而滿足所有學生的需求。同時，該方案在學生面臨和解決那些會阻礙他們健康發展的議題和問題時，給予學生協助。此方案經由以下四項方案組成要素而被履行。

● 輔導課程：結構式的團體與課堂講解。
● 個別規畫：衡鑑、教育和職業計畫，以及安置。
● 回應式服務：個別諮商、小團體諮商、諮詢與轉介。
● 系統支持：方案管理、共同分擔責任（fair-share responsibilities）、專業成長、工作人員與社區的關係、諮詢、委員會參與、社區外展（community outreach）與評鑑。（Gysbers, Stanley, Kosteck-Bunch, Magnuson, & Starr, 2008, p. 29）

諾斯賽德獨立學區。該學區的輔導與諮商定義如下：

　　諾斯賽德獨立學區的全方位輔導方案是基於個人、學校與社區的需求，且依循著技巧發展目標而組織的。方案的執行是透過直接服務的方案組成要素，包括輔導課程、個別規畫系統和回應式服務，且由具證照的學校諮商師來實施。此外，方案提供間接服務以支援整體教育方案。此方案是一項發展性的教育方案，負責協助學生獲得必要的知識與技巧以發展和維持他們的——

● 自尊。
● 成就動機。
● 做決定與問題解決的技巧。
● 人際效能。
● 溝通技巧。
● 跨文化效能。
● 負責的行為。

　　這項發展性觀點承認每一個學生都需要充分的情緒與社會技巧，方能從教育方案中受益最多。全方位輔導方案是設計來有系統地協助校園中的所有學生。它在行政主管、教師和半專業人員（paraprofessionals）的協助下實施。當學生面臨和解決那些會阻礙他們健康發展的議題和問題時，方案也會給予他們協助。儘管有其他的主題不時地出現，一再出現的議題包括學業、課堂出席、行為、被退學的危機、生涯選擇、兒童虐待、跨文化效能、教育抉擇、家庭、失落、同儕關係、與成年人的關係、自尊、性、壓力、物質濫用和自殺（Northside Independent School District, 2000, p. 6）。

理論基礎

　　理論基礎呈現出輔導與諮商方案作為其他教育方案的平等夥伴之重要性。它聚焦於學生為何必須獲得輔導與諮商能力，以及有管道取得於全方位輔導與諮商方案工作的學校諮商師提供的協助的理由。它必須依據學校、社區與州的目標。在撰寫你的全方位輔導與諮商方案的理論基礎時，你可能想要考慮的領域和重點之範例包括：學生發展、自我瞭解、做決定、環境變化、轉銜協助和相關的教育。

　　學生發展。由於官僚體制以及冷淡的關係是相當尋常的，因此，現今的學生在生活的許多方面都面臨了去個人化（depersonalization）的現象。在面對群眾、大眾傳播媒介和大量的任何其他事物時，常使得學生感到無力，而且他們需要獲得協助，在不造成社會損傷的狀況下，於社會情境中處理這些感受。他們對身處的環境、自己的命運，以及自己與他人和與機構的關係的控制感，在輔導與諮商方案中是最重要的。學生必須被視為一個整體，一個獨立的個體。他們的發展能經由自幼兒園開始，並在有系統的基礎上，持續提供至十二年級的全方位輔導與諮商方案所促進。

　　自我瞭解。以前，學生是在一個相當穩定的社會中被撫養長大，在那樣的社會中，他們的角色是明確的，和他人的關係是相當穩定的。現今，他們面臨一個愈來愈多變的社會，在這個社會中，與人和與事物的關係皆變得愈來愈無法恆久持續。現代社會的特質是無常及短暫不持久。傳統的信念與做事的方式似乎已經不足以應付環境的要求。因此，許多學生在定義自己的角色時會遭遇

問題，而想尋求像是「我是誰？」和「哪裡是適合我的地方？」這類問題的答案。藉由發展自我評鑑與自我成長的能力，輔導與諮商方案能夠協助個人回答這樣的問題。透過這樣的學習，學生將變得更能覺察個人的特質，如性向、興趣、目標、能力、價值觀和生理特質，並覺察這些特質可能對他們現在以及未來會成為的人之影響。能夠將自我瞭解運用在終生生涯計畫和人際關係中，並為自己的行為負起責任，這些都是學生可透過參與全方位輔導與諮商方案獲得的能力之例子。

做決定。學生在做決定時需要協助，因為計畫與做出決定是所有人生活中的重要任務。每天所做的決定，會影響到每個學生的終生生涯。熟練做決定的技巧，並將這些技巧應用於終生生涯計畫，是輔導與諮商方案中的重要學習內容。欲有效做決定，首先須澄清個人的價值觀。個人重視的價值與所做決定的結果間一致的程度，會影響個人的滿意度。做決定的技巧包括蒐集並運用相關的資訊。讓學生瞭解做計畫對其未來會造成的影響，和擔負起做計畫的責任，是終生生涯計畫過程的成分之一。終生生涯計畫是持續進行的。變化與時間都會影響計畫與決定。目前令人滿意且適切的決定，或許因為時間或是改變而變得令人不滿意或不適當。因此，考慮新的資訊或環境而重新評估自己原有的決定之能力是很重要的。能夠澄清個人價值觀、辨識進行個人抉擇的必要步驟、蒐集相關資訊，並將做決定的技巧應用於終生生涯計畫，是輔導與諮商方案所期望與需要的成果之例子。

環境變化。日益提升的社會複雜性不僅影響到人際關係和個體對個人獨特性的感受，也影響到其他的生活角色、環境背景與事件，尤其是那些與教育、工作和娛樂等領域相關者。科技的進步所造成的變化或許更加顯而易見，因為它們影響了工作世界。學生不再熟悉家人和社區成員的職業以及他們對社會公益的貢獻。父母的職業被遷移離開家庭，甚至遠離鄰近地區。此外，學生在其一生中將會扮演許多角色、在不同的環境背景中發揮功能，也將經歷許多事件，在這個領域的學習將著重於他們對這些相互關聯而形成其終生生涯的各種角色、環境和事件的理解。這些角色（如家庭成員、公民、工作者和休閒活動參與者）、環境（如家庭、學校、社區和職場）以及事件（如生日、教育的里程碑、初入職場與工作轉換）就其對於生活型態的影響而被加以辨識並檢視。輔導與

諮商方案能協助學生發展對家庭和教育結構、工作和休閒的需要與特性之理解。改變——無論是自然的或非預期的、社會的或科技的、發生在自身或他人身上的——造成的影響，對學生而言，是一項必需且重要的課題，且能由全方位輔導與諮商方案提供。

轉銜協助。當學生正要或將要從一個環境遷移到另一個環境時，他們需要特定的知識與技巧使遷移盡可能有效率。在進行轉銜時，他們將需要協助。雖然轉銜被定義得很廣泛，然而，應特別關注於教育內、教育間與職業的轉銜，以及在進行轉銜時，個人需要的能力。個人需要的能力包括對教育課程與方案範圍的知識，對於教育課程可能與個人和社會需求及目標的關聯之理解，以及使用各式資訊與資源的技巧。另外，還包括對於課程與方案以及潛在的個人目標之間的路徑與聯繫之理解。需要強調發展求職技巧之必要性，包括寫履歷、工作搜尋和工作面試。

相關的教育。一些年輕人對於教育的不滿意，是因為他們覺得在學校中所做的事，和他們的生活沒有關聯。需要由全方位輔導與諮商方案，在學校中創造出關聯性，同時，讓學生瞭解他們正在學習的知識、理解和技巧，以及所修習的課程等，將能協助他們於終生的生涯方面獲得進展。

理論基礎的範例：諾斯賽德獨立學區

以下是一項取自諾斯賽德獨立學區的理論基礎之範例：

> 兒童日益增加的需求以及現今社會的期待，將愈來愈多的要求強加於我們的教育系統以及相關資源上。教育工作者被要求去教育具備各種不同背景的學生，達到更高的讀寫能力水準，以符合具國際化競爭性、科技化的就業市場之要求。同時，社會性與其他因素導致一些兒童在就學時，其情緒、生理，和／或社會方面並沒有做好充分的準備。學校必須做出反應，提供支持讓所有學生能有效地學習。

> 社區的影響和社會的變遷造成了可明確辨識的學生需求，這些需求並非僅藉著課堂上的指導方案就能滿足。滿足這些需求對於個人的成長是重要的，同時能夠藉由一項結合指導與輔導的有計畫的教育方

案而達成。諾斯賽德獨立學區提供一項綜合且平衡的輔導方案。其架構部分，描述了跨學區的一般性方案要素，然而，每個學校須設計自己的方案，以符合學區的最低要求，也符合該校所服務的社區的需求。因為由每個學校設計自己的輔導方案，地區性設計的理論基礎有賴於對當地學生與社區的需求所進行的評估。諾斯賽德獨立學區的教育工作者指出學生的需求如下：

● 感到和他人的關聯。

● 願意傾聽的人。

● 支持系統。

● 倡導。

● 個人管理技巧。

● 生涯技巧、生活技巧。

● 目標設定技巧。

● 自尊。

● 將教育視為一種對未來的投資。

● 學習去付出（give of oneself）。

● 問題解決技巧。（Northside Independent School District, 2000, p. 2）

假定

為了能夠有效地實施一項全方位輔導與諮商方案，必須具備某些特定的學生、工作人員和方案的條件。假定就是有關這些條件的陳述。例如，諾斯賽德獨立學區的全方位輔導方案是基於以下的假定：

學生
● 我們學校中的每一位學生，都能同等地使用我們的輔導方案。
● 提供給所有學生的服務是公平合理的。

工作人員
● 在現今的公立學校中，專業學校諮商師是不可或缺的。

- 所有學校諮商師都會遵守專業倫理守則。
- 學校諮商師花費大多數的時間提供學生直接服務。
- 所有學校諮商師都非常嫻熟七項學校諮商師的角色。
- 學校行政主管會保護輔導方案與學校諮商師的專業尊嚴。

方案

- 輔導是全校性的責任。
- 學校輔導方案的必要目標是協助學生在學業方面獲得成功。
- 所有學生都應該獲得生涯發展上的協助。
- 所有輔導課程與活動的主要目的，是直接關聯著或直接支持著以下
  三項學校主要目的中的一項以上：
  1. 學業的成功。
  2. 一個安全、具生產力且令人愉悅的學習與工作環境。
  3. 協助每一位學生發展並執行與其能力、興趣和未來目標相符的教育
     計畫。（Northside Independent School District, 2000, pp. 3-4）

要素二：組織架構：方案組成要素

當我們對學生的需求有更多瞭解，有著各種新的或傳統的輔導與諮商方法、技術和資源可供運用，同時，政策制定者、消費者以及社區成員有更多的期待時，很顯然地，全方位方案正迅速地成為在學校中組織輔導與諮商活動和服務的方式。傳統的輔導與諮商的規畫（亦即，以一項職務提供數項服務），曾經被認為是足夠的，然而目前卻已無法滿足需求了。在傳統的方式中，輔導與諮商經常被視為是輔助的與支持性的角色，與指導課程並非平等且互補的。

若「傳統的輔導與諮商之職位—服務規畫已不再適用」此一論點可被接受，那麼，現在的問題則是：「適當的規畫為何呢？」有一個回答這個問題的方法，就是去詢問對於全方位輔導與諮商方案應該有哪些期待：

1. 哪些所有學生都需要的知識、技巧和態度（能力），應由輔導與諮商方案
   擔負起指導的責任？
2. 學生和家長或監護人是否有權要求，學校系統中有人能夠敏感覺察到學生

獨特的終生生涯發展需求，包括做計畫、設定目標、進行轉銜及完成所有
步驟？

3. 對於學生、職員、家長或監護人與社區之特別的或未預期的需求，學校諮
商師應該有時間處理並積極反應嗎？

4. 輔導與諮商方案、學區的教育方案以及學區中的職員，是否需要由學校諮
商師提供最佳的支持？

根據對這四個問題的肯定答案以及文獻的檢視而建議的架構，即為輔導與
諮商技術、方法和資源之計畫，其中包含四項互相影響的要素：輔導課程、個
別學生規畫、回應式服務和系統支持（Gysbers & Henderson, 2006）。課程要素
被選上，是因為課程提供一個管道，以有系統的方式將輔導與諮商的內涵傳授
給所有學生。個別學生規畫要素被納入方案的一部分，是因為需要與家長或監
護人密切地合作，為所有的學生有系統地計畫、監控並管理他們的成長與發展，
以及針對他們在個人、教育與職業的下一個步驟，進行思考並採取行動。將回
應式服務要素涵蓋在內，是因為全方位輔導與諮商方案必須對學生提出的直接
且立即的擔憂做出反應，不管這些擔憂涉及個別諮商、小團體諮商、轉介，或
者諮詢父母、教師或其他專家。系統支持要素被涵蓋在內是因為，為了使其他
輔導過程有效，各種輔導與諮商方案的支持性活動是必要的，例如工作人員的
成長、研究與評鑑，以及課程發展。涵蓋系統支持要素還有一項理由，是因為
輔導與諮商方案必須為學校中其他的方案提供適當的支援。

因此，這些要素就可用來組織在全方位輔導與諮商方案中必要的輔導與諮
商方法、技術和資源。此外，這些要素也被用以檢驗方案的全方位。根據我們
的看法，除非方案包含了每一項要素的活動，否則就不算全方位的方案。在接
下來的各小節中，我們針對每一項要素進行詳細的描述。

輔導課程

輔導課程的目的。我們對全方位方案的概念所根據的假定之一，即是有
某些輔導與諮商的內容，是所有的學生都必須以有系統、有順序的方式加以學
習的。在我們描述全方位方案的輔導課程之前，首先必須定義何謂課程，以及
課程的基礎為何。Squires（2005）將課程定義為一項文件，它「（以書面形式）

描述教育過程最重要的成果；因此，課程是一項文件，其中存在著學區對於何者為最重要的教學內容之『集體智慧』」（p. 3）。另外，也很重要的是，記得課程是具學科獨特性的；因此，我們將輔導課程當作全方位輔導與諮商方案中的一部分。

什麼是課程的基礎？根據 Squires（2005）所言，一項「課程是建基於標準」（p. 3）。標準通常描述了在某個範圍的年級水準中，適合讓學生精熟的內容。在輔導與諮商中，標準通常被組織在生涯、學業及個人／社會領域這樣的主題之下，同時，確認從幼兒園至十二年級，學生必須習得的重要的態度、信念、知識和技巧。藉由輔導課程的實施，專業學校諮商師協助所有學生精熟地區、州或全國的內容標準。

將課程用於輔導與諮商這樣的想法並不新鮮；它已有很深的歷史根源（Davis, 1914）。新鮮的是，最近出現的大量輔導與諮商技術、方法與資源，它們作為課程的一部分時是最好用的。再者，全方位輔導與諮商方案包含著一項有組織有順序的課程，這樣的概念也是新的（American School Counselor Association, 1984, 2005; Borders & Drury, 1992; Commission on Precollege Guidance and Counseling, 1986; ERIC Counseling and Personnel Services Clearinghouse, 1983）。

實施策略。輔導課程通常包含學生能力和結構式活動。這些經挑選能符合學生需求的學生能力，會根據領域加以組織，且依年級水準詳加說明。而所採用的結構式活動也是經挑選能符合學生、學校和社區需求的，且會被系統性地呈現。其採用策略則說明如下：

● **班級性活動**：針對班級性的輔導課程學習活動或單元的教學，學校諮商師進行教導、共同教導或提供支援。一般教師可能也可以教授這樣的教學單元。輔導課程並不侷限於一個或兩個學科中教授，而應該包括整體學校課程中盡可能多的學科。這些班級性活動可能在教室內、輔導中心或是其他學校場地中實施。

● **全校性活動**：學校諮商師會組織並舉辦大團體活動，如生涯日以及教育、大學與職業日。輔導與諮商團隊中的其他成員，包括教師與行政主管，或許也會參與組織與實施這樣的活動。

雖然學校諮商師的責任包括輔導課程的組織與實施，要使這些課程得以成

功地完成，仍需全體教職員的合作及支持。同樣重要的是，邀請家長或監護人針對他們的孩子就讀的學校所教導的輔導課程提供建議。他們應該瞭解這些輔導課程的內容；同時，鼓勵他們在家裡強化輔導課程的學習。

輔導課程的範圍和順序的設計：學習理論的觀點。當你在選擇將包括於輔導課程中的領域，以及確定每一個領域中要包含的能力時，謹記以下有關人類成長與發展的假定：

1. 個人發展是持續且依照順序的歷程（但未必是不間斷或一成不變的），朝向增強其管理與精熟環境之效能而進展，以滿足其心理與社會需求。

2. 在任何特定時間點的個人發展階段或水準，與其知覺的本質和正確性、其概念化的複雜程度，以及隨後的發展速度和方向等是有關係的。在教育環境中，沒有一個人的發展是處在零的位置；因此，測量變化時，必須是從相對而非絕對的位置著手。

3. 正向的發展變化是朝向達成更高水準、具目的性的目標之可能步驟。這個互相連結的關係決定了在某特定成長階段的成就，被視為進一步發展的手段，而非最終的結果。

4. 環境或情境變項提供個人發展的外在向度。知識、理解、技巧、態度、價值觀和抱負，是外在變項與構成個人特色的內在變項，兩者彼此交互作用的產物。

5. 發展性的學習過程從覺察與區辨（即「知覺化」）的起始階段，進展到下一個對關係與意義形成概念（即「概念化」）的階段，再達到最高的階段，即藉著內部與外在的評估，達成行為一致性與有效性（即「類化」）的階段。（Wellman & Moore, 1975, pp. 55-56）

發展輔導課程時的一項主要任務，是組織並安排學生的能力，使這些能力遵循著理論上合理的範圍和順序。要注意上述假定 5 所討論的知覺化、概念化和類化等觀念。這些觀念可作為進行這項非常重要之任務時的指引。接下來要詳細討論這些觀念，以及這些觀念在決定幼兒園至十二年級學生的能力之範圍

與順序時如何運作（Wellman & Moore, 1975）。

知覺化階段（perceptualization level）。這個階段的能力強調知識與技巧的獲得，並集中注意力於選定的環境和自我的面向。最為相關的知識和技巧是那些個人在決定適當的生活角色時，以及在回應學校和社會環境要求時所需要的。朝向興趣、態度和價值觀的發展與成熟的第一個步驟是關注。知覺化階段的能力，反映出知覺的正確性、區辨的能力，以及用以表現出符合個人發展階段功能的基本技巧。這個階段的能力被區分為兩項主要類別：**環境取向**（environmental orientation）與**自我取向**（self-orientation）。

環境取向能力強調個人在決定生活角色，以及精通終生生涯環境與事件的要求時，所需的知識與技巧之覺察與獲得。在這個階段的能力，實質上為認知性質的，個體還未內化到個體會賦予這些知識和技巧個人意義的程度。例如，個人可能學到了適當的讀書技巧和知識，但是他們未必會在未來的讀書行為中，運用這些技巧和知識。然而，具備這類知識和技巧被認為是將它們運用到行為層面之必備條件。因此，獲得在做出成長導向的決定以及因應環境期待時所必需的知識和技巧，被視為個人發展的第一步；無論隨後的實行是否出現。輔導的一項主要且普遍應用的目標是發展知識和技巧，使個人能夠瞭解並符合學校與社會環境的期待，並認清社會限制底下的價值標準。

自我取向能力聚焦於正確的自我知覺之發展。正確自我覺察的一個部分是具備對自己的能力、性向、興趣和價值觀的知識。認同的一個重要部分是，個人有能力去瞭解並接受自己和其他人有相似與相異之處。對於和目前的適應及未來發展有關聯的生涯決定和需求的關注，被認為是瞭解自我與環境間的關係之先決條件。覺察並瞭解感受與動機，與行為的自我評估、態度與價值觀的形成，以及自發且基於理性地修正行為之間有密切的關聯。

在這個階段，輔導的目標在於協助個人對自己進行正確的評估，藉此他們能夠在做決定與行動時，真實地與他們的環境做連結。因此，在這個階段中，輔導的目標也在於個人自我覺察與區辨能力的發展，使他們能夠做出恰當的決定，並熟練他們在生活中的角色、環境和事件中所需的行為。

概念化階段（conceptualization level）。在概念化階段，個人的能力所強調的是以自我知覺與環境知覺之間的關係為基礎的行為。所探討的行為類型分為

具個人意義性的成長決定，以及適應（adaptive）和調適（adjustive）的行為。這個發展階段的一般性目標是協助個人：(a)做出適當的選擇、決定和計畫，使他們得以朝向令個人滿足與社會接受的方向發展；(b)採取必要的行動，在發展性的計畫中有所進展；以及(c)發展行為，以便於同儕、教師和家長的評判下，掌控學校和社會環境。概念化目標的兩個主要類別是：具**方向性傾向**（directional tendencies），以及適應和調適的行為。

方向性傾向指的是個人朝向與自己的可能發展一致的社會期待目標前進。這些能力是方向性傾向的指標，反映在個人被期待去做，以安排自己的教育、職業和社會成長方向之選擇、決定和計畫中。雖然做選擇與決定的需求，可能刺激知覺化能力的發展，知覺化階段涵蓋的可獲得知識和技巧的能力，只是追求方向性傾向能力之先決條件。例如，一名九年級的學生可能必須做出課程的選擇，該選擇將與高中之後的教育及職業抱負有關。需要在這個時間點做出立即性的選擇，可能激發學生對環境知覺與自我知覺二者進行檢視，並仔細地分析二者之間的關係。在這個範圍內，知覺化與概念化能力間的相互關係與互相依賴，使得這兩個類別無法彼此排除。再者，發展順序的概念也指出這類型的相互關係。任何可能決定未來發展方向的抉擇，都被視為個人「方向性傾向」的代表，而和這些抉擇相關的能力，也被歸於此類別。

日益穩定的興趣以及穩固且清楚的價值模式之浮現，構成了方向性傾向的額外指標。持續關注環境中特定的人、活動或物件，而排除對其他人事物的注意（選擇性的關注），是興趣發展的指標，而此發展是透過對自我與環境的不同面向之關係進行評估所形成的。和價值觀概念化或社會價值觀內化有關的那些目標，與興趣發展相輔相成。在此，個人被期望在排定某些被個人和社會所重視的特定行為之優先順序時能更為一致。在某種意義上，興趣的成熟象徵著教育與職業方面的個人特質之發展；然而，價值模式的形成，則代表著能辨識社會價值觀和規範所許可的行為。

在這些次級類別中的能力包括：興趣與價值觀兩者表現的一致性，以及與興趣和價值觀相容的外顯行為表現。例如，高中學生或許被期待對於某些特定的人、活動和物件表現出漸增且持續的興趣（被測量到或表現出的）。他們可能被期待去發展與這些興趣一致的自我概念，同時，賦予某些行為（如教育成

就）更多的重要性或價值，這些行為將導致相關的知識與技巧的發展，以及職業抱負之最終成就。方向性傾向所強調的是一段時間後，興趣與價值觀漸增的一致性與強度之達成。至於偶發或偶然表現的當前的興趣或價值觀，對於個人行為僅有些微或非長期性的影響，不應被闡釋為方向性傾向之表現。

在概念化階段，適應與調適的行為所涵蓋的能力是有關運用自我環境（self-environment）的概念，以因應環境的壓力，並解決個人與環境互動中衍生的問題。適應行為是有關於個人用來控制他們的學校與社會環境（在規範的容許之下），以滿足本身需求、符合環境要求以及解決問題的能力與技巧。適應的行為有兩種類型。第一種類型是，在規定的範圍內，個人可能藉由選擇來控制他們的環境互動狀況。例如，如果他們缺乏適當的社交技巧，他們可能會避免需要跳舞的社交互動，而選擇能以他們既有的能力獲得社會團體接受的社交互動型態。第二種類型是，個人可能可以修改他們的環境，使其能夠符合他們的需要以及特定的外在要求。例如，發現和弟弟或妹妹共用一個房間會擾亂其學習時，學生或許會藉著到其他地方讀書以改變這種情境。

調適行為是關於個人修正自己的行為，以達成環境的要求並解決問題的能力和彈性。這類行為的修正，可能包括發展新的能力或技巧、改變態度，或改變操作或處理情境要求的方法。在上述適應行為的範例中，個人可能會運用調適行為去學習跳舞而非避免跳舞；另外，他們可能發展新的讀書技巧，使自己在與別人共用一個房間時也能夠專心讀書。

在這個領域的基本能力牽涉到個人展現適應與調適的行為，以因應學校和社會要求，並解決那些會限制他們達成外在要求的能力之問題。這些能力可藉由應用既存的能力，或學習滿足要求的新方法而達成。

類化階段（generalization level）。類化階段的能力意味著高功能水準，使個人能夠：(1)調整（accommodate）自己以符合環境和文化的要求；(2)從環境互動中達成個人的滿足；以及(3)透過對某些特定任務的精通，以及透過將已習得之行為、態度和價值觀類化到新的情境，來展現出能力。達到類化階段能力的行為之特徵，可能根據個人本身或內在的標準，以及根據社會或外來的標準，而被稱為具目的性與有效率的。個人必須能夠表現出行為的一致性、對達成目標的承諾，以及在達成教育、職業和社會要求上的自主性。能表現出這些行為

的個人，便是相當獨立且可預期的。在這個階段的輔導能力被分類為調整（ac-commodation）、滿足（satisfaction）和精通（mastery）。

依序的與正向進展的概念，意味著內化的持續性歷程，包括行為的以及在目標達成上動態而非靜態之情境的應用性遷移。類化能力的達成或許可解釋為一種朝向成為一個有效率的人（自我和社會導出的）之理想模式的正向進展（在每一個發展階段），而不假設個人將會完全地達到這樣完美的狀況。

調整能力（accommodation competencies）是關於在最少衝突的情況下，解決問題並因應環境要求的一致且持續的能力。達成文化和環境要求的調整能力，需要個人在已建立的行為容許範圍內，做決定並採取行動。將在其他情境及其他狀況下習得的適應與調適行為，應用性地遷移到新的需求情境，即為這個類別中所指的能力之性質。調整能力的達成與否，可藉由令人不滿的因應行為之缺少或是減少，來進行評估。在許多情境中出現廣泛可被接受的行為，表示在這個範圍內能完成這些行為的個人，已經達成在這些特定需求情境中的調整能力；反之，在那些表現範圍外的個人，則未能達成該項能力。例如，一名學生被期待要出席課堂、繳交作業並尊重他人的財產權。若無任何紀錄顯示過多的缺席、無法遵守教師的作業繳交時間表或是違犯財產權，那麼，就可以假設這名學生已經在規範容許的範圍內符合這些要求。在某種意義上，這個類別的目標呈現出個人行為符合特定社會期望之限制的目的；反之，類化能力中的其他類型能力，則較傾向於自我導向的。調整能力的達成可能意味著個人價值觀與所處文化價值觀間的一致性。然而，在進行這樣的推論時必須很謹慎，因為個人的外在可能呈現出相對的和諧一致，但是，嚴重的價值衝突並未出現於其外顯行為中。

滿足能力（satisfaction competencies）反映出個人賦予其環境互動的內在闡釋。在此輔導課程領域中，個人的興趣和價值觀是作為評估所做的決定及所採取的行動的準則。雖然，父母、同儕和權威人物的評估可能影響個人的闡釋（即滿足），但僅有在滿足能力與個人的動機和感覺一致的狀況下，滿足能力才是真實的。與輔導方案符合的滿足能力之描述，應包括就個人對所覺知的理想生活方式之勝任性、期待與一致性而論，所進行的個人對關係、互動和調適之評估。個人表達出的滿足感，以及可推論出其滿足感的行為表現（例如持續性），

似乎是適切的測量標準。被測出的興趣以及自願選擇的生涯活動之間的一致性也應該被考慮。

精通能力（mastery competencies）包含更全面性的態度與行為形式的達成和類化。在這裡所強調的是涵蓋較大領域成就的長期目標，而非達成較大目標所需的數個短期成就。例如，年輕的孩子能覺知任務的要求，並以不同的方法去達成要求（即知覺）。在概念化階段，任務導向的行為被發展出來，並使其產生意義。類化（精通）能力，則反映出這些行為的內化，故可處理並達成任務，以滿足自我與社會期待。

在社會層面，精通能力是關於社會責任，以及個人對於適合其發展水準的社會關係與互動方面的貢獻。這個類別中的所有能力，都是在自己和社會對成就的可能性所做的評價的脈絡背景中被建構出來的。因此，評估精通能力達成的標準，應該是在自主的行為，以及從個人和社會的資源中所衍生的對行為的期待，兩者之間的一致性。例如，在教育領域中的精通能力之達成，對某個個人而言或許是高中畢業，然而對另一個人而言，大學畢業可能才是被期待的成就水準。

個別學生規畫

何謂個別學生規畫？全方位輔導與諮商方案的個別學生規畫要素，係協助學生從中學開始發展並運用個別學習計畫（個人的讀書計畫、生涯計畫、學生教育以及職業計畫）。什麼是學生學習計畫？

> 學生學習計畫通常就像「路線圖」一般，協助學生設計研讀的課程，使其能夠與高中畢業規定、個人興趣和個別定義的生涯目標相互一致。學習計畫是動態的文件，隨著學生的教育和生涯目標改變而定期地更新。它們是由學生、家長和學校工作人員（包括教師和輔導諮商師）共同合作發展而成。學生運用學習計畫去反思並記錄他們的技巧、嗜好、成就、學業紀錄、個人目標、生涯興趣以及和他們個人有關的其他資訊。學習計畫也包括檔案文件（portfolio）發展之提供，以及學生朝向已定目標進展之評估。（Rennie Center for Education Re-

search and Policy, 2011, p. 3）

個別學生規畫的重要性。個別學生規畫並不是一個新的想法。過去幾年來，輔導與諮商的主要目標，始終是協助學生思考並計畫他們的未來。然而，並無特定的架構被提出來，規定輔導與諮商架構中應涵蓋個別學生規畫。一直到 Gysbers 與 Moore（1981）提出了「個別學生規畫應連同輔導課程、回應式服務和系統支持一起，是全方位輔導與諮商方案中一個主要部分」這樣的觀念，上述情況才有所改變。

在 1990 年代，個別學生規畫的重要性，被一項針對印第安納州年輕人進行的研究所證實，其標題為《高度期望，長久可能：後續步驟》（*High Hopes Long Odds: Next Steps*）（Orfield & Paul, 1994）。這項研究發現了：

> 有四年高中課程和生涯計畫的學生，相較於沒有這類經諮商師協助訂定計畫的學生，其高中經驗有非常大的差異。這些差異大到每個學校都應該提供協助去訂定這些計畫。（Orfield & Paul, 1994, p. 11）

個別學生規畫至今是否仍然重要？未來又是否重要？Pellitteri、Stern、Shelton 與 Muller-Ackerman（2006）藉由以下陳述回答了這些問題：

> 許多學生並未察覺，目標設定和訂立計畫的技巧對於完整、令人滿意且成功的人生有多麼重要……。目標讓我們知道自己的方位，並指引我們一個具目的性的方向。（pp. 209-210）

為了闡明個別學生規畫的重要性，許多州已經通過法令要求或建議在學校中實施個別學生規畫的活動。例如，猶他州（Utah Administrative Code, 2011）將個別學生規畫的概念轉變成州的法律和州政府教育委員會之政策，要求所有學生都必須發展並執行個別化的學生教育—職業計畫（即 SEOPs）。

華盛頓州也通過一項類似猶他州所通過的法律，鼓勵學校協助學生發展並運用學習計畫（State of Washington, Session Laws, 2006）。此外，密蘇里州要求

學校中個別學生規畫系統在八年級前必須到位，包含了所需的計畫表格和程序（Missouri School Improvement Program, 2003）。

　　大約在猶他州通過要求個別學生規畫的法律的同時，全國高中校長學會（National Association of Secondary School Principals, 1996）出版了一本標題為《打破排名》（*Breaking Ranks*）的報告。在報告中，他們建議每一位高中學生去發展並運用一份個人的計畫以追求進步。在《打破排名 II》（*Breaking Ranks II*）出版時，個別學生規畫的重要性又再次被強調（National Association of Secondary School Principals, 2004）。其第十二項建議陳述如下：

> 　　每名學生將有一項「追求進步的個人計畫」（Personal Plan for Progress），該計畫將經常被檢視以確保學校將個別的需求納入考慮，並允許學生在合理的範圍內，設計自己的學習方法，以努力符合高標準。（National Association of Secondary School Principals, 2004, p. 84）

個別化學習其背後的理念在於，「使學生能瞭解真正的自己、最期望的成人角色為何，以及如何以最有成效的方法，從此地到達另一目的地」（p. 169）。

　　在《在中學打破排名》（*Breaking Ranks in the Middle*）（National Association of Secondary School Principals, 2006）中，也強調個別學生規畫。這份報告建議引導六、七年級的學生及其父母，開始規畫學生的教育和其他領域。該報告也強調學生必須經常且有目的性地和一名成年人會面，以規畫和檢視他們的發展。

　　美國大學校院測驗方案（American College Testing Program, 2004）在《核心危機：預備所有學生進入大學校院與就業》（*Crisis at the Core: Preparing All Students for College and Work*）一書中，也強調個別學生規畫的重要性。他們建議必須提供所有學生生涯與教育規畫服務。另外，他們提到父母必須參與重要的教育與高中之後的規畫。

　　此外，Kalchik 與 Oertle（2011）強調個別生涯計畫對學生的重要性。他們檢視讀書方案與生涯路徑的運用作為架構，在學生發展並運用個別生涯計畫時指引他們。他們也描述一些執行上的議題，包括執行過程涉及的挑戰。

全方位輔導與諮商方案中的個別學生規畫方案要素，其目的是提供所有學生輔導與諮商活動，以協助他們正向地評估、計畫、監控及管理其個人／社會、學業和生涯發展（Cohen, 2001）。這些活動的重點在於，讓學生藉由發展他們於輔導課程中涵蓋的、以優勢為基礎的生涯發展內容中所形成的終生生涯計畫（個人讀書計畫），而開始關注自己目前和未來的目標。如 Pellitteri 等人（2006）所建議的，「目標告訴我們自己的方位，並指引我們一個具目的性的方向」（p. 25）。目標的重要性也在《學習障礙的說明》（*Addressing Barriers to Learning*）（School Mental Health Project, 2011）中被強調，該書聚焦於學校的投入、脫離、學習支持和校園氣氛。

> 綜覽有關人類動機的文獻顯示，提供學生選擇並讓他們參與做決定的過程，是解決課堂與學校投入問題的關鍵面向。例如，許多研究指出，有機會表達喜好並做選擇會導致更高的動機、學業上的收穫、具生產力和任務導向（on-task）行為的增加，以及攻擊行為的減少。相似地，研究人員指出學生參與目標設定時，可導致更多正向的結果（如：對目標有更高的投入並增加表現）。（School Mental Health Project, 2011, p. 5）

個別學生規畫的基礎與範圍。個別學生規畫的基礎是在小學時期，透過輔導課程的活動而建立。自我概念的發展、學習如何去學的技巧之獲得、人際關係技巧的發展、做決定技巧的建立，以及覺知並開始探索教育和職業可能性等，都是在這幾年間所涵蓋的一些主題的範例。在國中和高中階段，這類的主題會持續被包含於輔導課程中，提供新的資訊和經驗，使學生能夠定期、有效率地更新、監控並管理他們的計畫。

建立於小學時期形成的基礎之上，在國中時期，透過個別學生規畫的要素開始進行對未來的初始規畫。在這個期間，學生的計畫聚焦於高中課程的選擇、考量畢業規定以及高中後學業與職業目標的相關要求。輔導課程活動繼續在計畫的過程中提供支持與指引。

在高中期間，國中時期發展的計畫，將被檢視並定期地更新，使其能夠和

學生高中畢業後之個人、學業和生涯目標一致。個別學生規畫要素提供和學生進行定期個別工作的時間，以及聚焦於個別學生規畫的團體課程。輔導課程活動藉由加強做決定、目標設定和做計畫技巧的發展與運用，持續地支援學生發展自己的計畫。基本的學業技巧以及生涯與技術性教育準備技巧之重要性和關聯是被強調的。學生計畫的目標是作為路徑或指引，藉此，學生能夠運用過去和現在，以對未來有所預期並做好準備。

執行策略。個別學生規畫透過下列策略來實行：

● **個別衡鑑**：學校諮商師協助學生評估並闡釋他們的能力、興趣、技巧和成就。

● **個別建議**：學校諮商師協助學生運用自我評估的資訊，伴隨個人／社會、學業、生涯和勞動市場的資訊，以協助他們計畫，並理解其個人、社會、學業和生涯目標。

● **轉銜計畫**：學校諮商師和其他教育人員，協助學生進行從學校到工作職場的轉銜，或從學校到其他教育和訓練的轉銜。

● **後續追蹤**：學校諮商師和其他教育人員提供學生後續的協助，並蒐集後續追蹤資料，作為評鑑和方案促進的參考。

個別學生規畫的運作。個別學生規畫在運作時，看起來會是什麼樣子呢？在此提供兩個範例。第一個例子是從猶他州的格拉尼特（Granite）學區來的。該學區已實施猶他州的規定，要求七至十二年級的所有學生都必須有一個學生教育與職業計畫。第二個例子是從華盛頓州的富蘭克林皮爾斯（Franklin Pierce）學區來的。該學區發展的個別學生規畫系統已逐步形成全州的系統，稱之為「領航 101」（Navigation 101）（Severn, 2004）。

格拉尼特學區。在這個學區中，學生教育—職業計畫（即 SEOP）是個別學生規畫藉以開展的形式與歷程。其目標是協助學生在七至十二年級期間，去計畫、監控並管理自己的學習，以及個人和生涯的發展。學生能夠設定、檢視及評估他們的教育、個人和生涯目標，將這些目標連結至可協助他們達成目標的活動。SEOP 歷程即為輔導與諮商在運作中的具體表現。

格拉尼特學區的學校諮商師已經設定了一項稱之為 3×4 計畫的目標。3×4 計畫意味著在每一所國中和高中，學校諮商師或其他教育人員在每一學年內將

和每一名學生進行三次個別的 SEOP 規畫會議，其中，至少有一次會議是有一名父母或監護人參與。他們同時進行四次的課堂輔導活動，也就是每一個年級（從七至十二年級）在每一學期進行一次活動（譯註：該學區的學校每學年有四個學期）（Granite School District Comprehensive Counseling and Guidance Program, 2006）。

使 3×4 計畫得以完整運作的關鍵在於將計畫納入行事曆中。在格拉尼特學區，將個別學生規畫納入行事曆，始於決定學校諮商師必須有多少百分比的時間，用於國中與高中的規畫歷程中。然後，諮商師的時間百分比被轉換成學年的天數，以及可使用的課堂節數。接著，學校諮商師和學生人數的比率被納入考量，以決定每一名諮商師能夠有多少時間放在和個別學生共同工作，以及準備個別的會談。在 2005-2006 學年中，有 95%的學生和他們的學校諮商師至少有一次的面談，而 52%的家長至少參與一次學生和諮商師的面談（Granite School District Comprehensive Counseling and Guidance Program, 2006, p. 2）。

富蘭克林皮爾斯學區。根據 Severn（2004）的看法，個別學生規畫的基礎是輔導課程。領航 101（輔導課程中個別規畫部分之名稱）運用了一項導師—導生系統（advisor-advisee system），在該系統中，教師和學校諮商師和二十名學生的小組，每個月會談兩次。領航 101 課程內容包括了：

- 學生測驗結果的討論與分析。
- 各種個人興趣與性向的評量。
- 目標—設定技巧的發展。
- 為每一年的高中課程選擇及個人目標做規畫。
- 獨立生活技巧的課程，例如如何列預算，以及如何平衡支票簿。
- 關於高中之後的教育和訓練系統如何運作，以及如何使用該系統等資訊。
- 發展學生的檔案文件，並規畫由學生所主導、學生家長或監護人以及領航教師共同參與的年度會議。（Severn, 2004, p. 10）

領航 101 的個別學生規畫，是從六年級當學生發展檔案文件時開始。在春

季時，會舉行會議和學生與父母或監護人去檢視學生的計畫和進展。這些會議有趣的特色在於，會議是由學生規畫並主導的。他們討論自己已經做了哪些事，接著描述他們未來的計畫。當會議結束時，所有參與者都在學生的計畫上面簽名（Severn, 2004）。

這個系統的成效為何呢？根據富蘭克林皮爾斯學區（"Navigation 101", 2005）的評鑑研究指出：

- 從九年級按時升上十年級的學生人數增加了 10%。
- 一門或一門以上課程成績得到 F 的學生減少了 8%。
- 選擇嚴格的、要求嚴苛的課程的學生人數有顯著增加：選擇微積分先修課程的學生增加 28%，選擇物理學的學生增加 240%，選擇化學課的學生則增加 180%。
- 採取更以學生為中心的、個別化方式教育思維的全校性轉變。

此外，這個系統展現一種建立學校行事計畫表的新方法，即學生先註冊，接著學校工作人員規畫課程表以回應學生的喜好。

回應式服務

回應式服務的目的。組織架構中的這項要素之目的，是為了和某些學生共同工作，這些學生所遇到的個人環境、擔憂或問題，對於他們的個人、社會、生涯和學業之健全發展，可能造成干擾或已經造成干擾。某些學生面對的特定議題包括學業成就、生涯選擇、兒童虐待、跨文化效能、退學、教育選擇、失去家人、關係、學校出席、壓力、物質濫用以及自殺。因此，對於個別諮商、小團體諮商、診斷性和矯正性活動，以及諮詢和轉介的持續需求，是全方位輔導與諮商方案中一項持續存在的部分。此外，輔導與諮商方案中有一項持續的需求，是對於學生、父母和教師尋求資訊的立即性需求做回應。回應式服務要素組織了輔導與諮商的技術和方法，以便於這些關注事項和需求發生時加以回應。此外，回應式服務要素，可支援輔導課程和個別學生規畫要素。

回應式服務的活動。回應式服務包含可滿足學生目前需求和關注事項的

活動，無論這些需求或關注事項需要的是諮商、諮詢、轉介或資訊。雖然諮商師具備特殊訓練並擁有技巧，去回應學生的需求和關注事項，全體教職員的合作和支援仍是該要素成功完成所必需的。Sink（2011）提出同樣的觀點，指出「學校諮商師成為學校管理人員、職員和教師的副駕駛員，以達成正向的學生發展」（p. iv）。為了協助學生克服教育進展和學業成就的障礙，父母或監護人涉入和參與此要素的活動是很重要的。父母的涉入可能包含轉介他們的孩子接受協助、和學校諮商師及其他學校工作人員合作以辨識關注的議題、同意必需的特殊服務，以及提供協助以解決這些議題。

實施策略。回應式服務藉由以下方式來實施：

- 個別諮商：學校諮商師為那些正在經歷學習困難、個人擔憂或正常發展任務的學生提供個別諮商。個別諮商協助學生辨識問題、原因、替代性選擇和可能的後果，因而能採取適當的行動。

- 小團體諮商：學校諮商師提供小團體諮商，給需要在小團體中處理他們目前的需求與擔憂，並可從中獲益的學生。其介入可能採取短期議題團體或危機介入團體的方式，所處理的議題如社交技巧、憤怒管理、關係議題、悲傷議題與讀書技巧。

- 諮詢：諮詢是一種互動的歷程，諮商師用以協助父母或監護人、教師與管理人員處理學生的學業、個人／社會與生涯需求。

- 轉介：學校諮商師熟悉學校與社區的轉介資源，這些資源可處理像是自殺、暴力、虐待及疾病末期等危機。這些轉介資源可能包括：心理健康機構、職業與訓練課程、職業復健、少年服務和社會服務。

輔助的輔導工作人員，如同儕、半專業人員和志工，能夠協助學校諮商師執行回應式服務。學生的同儕能夠涉入家教方案、新入學者之導向活動（orientation activities）、巡察者功能（ombudsman functions），以及在經過特殊訓練後進行跨年齡諮商（cross-age counseling），並領導非正式的對談。半專業人員和志工能夠在安置、追蹤以及社區—學校—家庭彼此聯絡的活動中提供協助。

系統支持

系統支持的目的。全方位輔導與諮商方案的實施及管理需要有持續的支

持系統。這就是系統支持之所以是一項主要方案要素的理由。不幸地，全方位方案的這個部分經常被忽略，或者僅獲得極少的重視。然而，系統支持要素和其他三項要素是同樣重要的。理由為何呢？因為沒有持續的支持，其他三項輔導與諮商方案要素將會是無效的。這個方案要素中涵蓋的活動，由定義來看就是那些支持並提升其他三項方案要素的活動。這並不表示這些活動無法獨立存在。事實上，它們能夠也經常是獨立存在的。但是大多數的時候，它們是從根本上支持其他三項要素的活動。

　　實施策略。系統支持要素包含管理的活動，該活動建構、維持並提升整個輔導方案。此要素藉由以下領域中的活動來實施與執行：

- **研究與發展**：學校諮商師進行的研究與發展工作之範例包括：輔導與諮商方案的評鑑、後續追蹤研究，以及為了達成方案提升目標，持續發展並更新輔導學習活動和輔導諮商方案。

- **專業發展**：學校諮商師必須定期更新他們的專業知識和技巧。例如，參與定期的學校在職訓練、出席專業會議、完成研究所後的進階課程，以及對專業文獻有所貢獻。

- **職員和社區公共關係**：這個部分牽涉到藉由通訊刊物、當地媒體，以及學校和社區演講等方式，引導職員和社區去瞭解全方位輔導與諮商方案。

- **委員會與諮詢理事會**：這個領域的活動範例包括：於部門的課程委員會和社區委員會或諮詢理事會提供服務。

- **社區外展**：這個領域包含了設計來協助學校諮商師熟悉社區資源、就業機會與當地勞動市場的活動。這些活動或許會需要學校諮商師定期去拜訪當地的商業、工業以及社會服務機構。

- **方案管理**：這個領域包括支援全方位輔導與諮商方案的活動所必需的計畫與管理任務。它也包含學校工作小組成員可能必須履行的責任。

- **共同分擔責任**：這些是例行性的有關學校運作的責任，學校工作小組的所有成員必須公平地輪流負責，以確保學校能夠順利運作。

　　同樣也包含在系統支持要素的，是那些支援輔導與諮商之外的方案的校內活動。這些活動可以包含對教師、父母與行政主管解釋測驗結果；服務於部門的課程委員會（協助闡釋學生需求之資料作為課程修正的參考）；並和學校行

政主管共同工作（協助闡釋學生的需求及行為）。然而，必須謹慎注意花費在系統支持工作上的時間，因為學校諮商師的時間，主要必須集中於全方位輔導與諮商方案的直接服務要素。重要的是去瞭解到，如果輔導與諮商方案運作良好，將能夠提供學校與社區中的其他方案和人員實質上的支持。

要素二：組織架構：時間分配

圖 3.2 呈現了對於學校諮商師在各個方案要素時間分配的一些建議。這些時間的分配方式，並不是適用於所有學區中每個年級階層的所有學校諮商師。這些並不是規定。一個學區中每一年級階層的學校諮商師，都必須決定如何運用他們的時間，因為適當地運用學校諮商師的專業時間，對於發展與實施全方位輔導與諮商方案是很重要的。具專業認證的學校諮商師應該如何分配他們的時間呢？該使用哪些標準來指引時間分配的歷程？我們建議三項標準，提供你做考量時參考：方案的平衡、年級階層的區別與需求，以及一項 100% 的方案。

方案的平衡

四項方案組成要素提供了據以判斷學校諮商師時間分配的架構。在進行這樣的判斷時，一項可使用的標準是方案的平衡（program balance）。輔導課程、個別學生規畫和回應式服務方案組成要素，代表著學校諮商師和其他輔導人員提供給學生、父母、教師和社區的直接服務；而系統支持要素，則為方案的間接服務。這項假設是諮商師的時間應該擴展遍及於所有的方案組成要素，特別是前三項，或許可採 80：20 的比率，即 80% 的時間為學生、父母、教師和社區提供直接服務，而 20% 的時間提供這些群體間接服務。

年級階層的區別與需求

另一項標準是，對不同年級階層而言，學校諮商師在各項方案組成要素的時間分配也必須是不同的。例如，在小學階段，學校諮商師可能花費較多的時間進行輔導課程，用較少的時間在個別學生規畫上。在高中階段，時間的分配可能與小學階段是相反的。學區或學校中的工作人員如何分配他們的時間，是

取決於學生、父母或監護人、教師和他們所處社區的需求，並考量可供運用的資源。再者，一旦做了選擇，時間分配的方式也並非固定不變。時間分配的目的是為了方案、管理部門和涉及的學校諮商師提供方向。

一項 100%的方案

由於方案是一項 100%的方案（a 100% program），學校諮商師 100%的時間，必須被擴展至四項方案組成要素。當新的需求出現時，時間分配可以被改變；但是，除非某些部分被移除，否則沒有新的內容可被加入。這項假設是：學校諮商師需要將 100%的時間運用於任務上，即實施輔導與諮商方案。要記住，所謂 100%，包含系統支持要素中的共同分擔責任。

學校諮商師時間的決定，是設計階段（見第 5 章）中所做的一項重要決定。圖 3.2 呈現的時間分配，是密蘇里州所提出的建議，可作為地區性學區輔導與諮商方案計畫之起始點（Gysbers et al., 2008）。這些百分比是由密蘇里州的學校諮商師和行政主管所建議，他們在 1980 年代曾參與密蘇里州全方位輔導方案模式早期的實地測試。要記住的是，這裡使用的詞彙是**建議**，而非**要求**或**命令**。學校諮商師和管理部門應緊密聯繫，以便根據年級階層、學校層級、需求和資源而建構自己的時間配置。

要素三：方案資源

雖然地區性學區的資源有所差異，充足的資源對於充分完成學區的全方位輔導與諮商方案是必需的。必要的資源包括：人事資源、財務資源和政治資源。

人事資源

全方位輔導與諮商方案的人事資源（personnel resources）——學校諮商師、輔導與諮商方案工作小組之領導人、教師、其他教育專家、行政主管、父母或監護人、學生、社區成員，以及企業與勞工人員——在輔導與諮商方案中皆有其必須扮演的角色。雖然學校諮商師是輔導與諮商服務的主要提供者，也負責協調方案，但教師和行政主管的涉入、合作和支持，對於一個能夠提供完整的、

一系列輔導與諮商活動的成功方案，是不可或缺的。為了使學生能充分參與輔導與諮商方案，父母或監護人、社區成員和企業與勞工人員的涉入、合作和支持也是很必要的。

財務資源

適當且足夠的財務資源（financial resources），對全方位輔導與諮商方案的成功是很重要的。一項方案所必需的財務資源種類包括經費、素材、設備和場地設施。輔導與諮商方案需要經費提供資金，然後將資金分配到學區的各個學校層級和年級階層。素材與設備是必需的，使輔導與諮商活動的四項方案組成要素能夠充分地完成。每所學校中設計完善的場地設施，可加以組織安排以符合輔導與諮商方案的需求，這也是必需的。

政治資源

全方位輔導與諮商方案的政治資源（political resources），包括學區政策聲明、相關的州和聯邦法律、州和地方教育部門的規則和條例，以及專業學會的聲明與準則。清楚且簡明的教育部門政策，對於學區的輔導與諮商方案之成功運作是必要的。它們代表著支持聲明、行動方針或者指導原則，被設計來影響和判定學區的決定；那些和輔導與諮商方案有關的政策，在撰寫、採用或實施時，一定要考慮相關法律、規則與條例，以及準則。

要素四：發展、管理與績效責任

全方位輔導與諮商方案的發展、管理與績效責任要素（見圖3.2）描述了方案充分運作所需的五個轉換階段：計畫、設計、實施、評鑑和提升。這個要素也包括了必須在每一個轉換階段完成的各種管理任務，以使改變的歷程得以順利且有效地展開。最後，這項要素描述了全方位輔導與諮商方案如何透過方案、工作人員和成果評鑑，達成績效責任，所有的一切都是為了提升方案，使得學區的全方位輔導與諮商方案變得更有效率。

發展過程

如第 2 章所提到的，完整運作的全方位輔導與諮商方案之發展，是經由計畫、設計、實施、評鑑和提升五個階段。第 2 章包含了這些階段的時間進程之範例。同時，本書是依照這五個階段加以組織，使讀者能夠首先掌握整體變化歷程，接著理解這些歷程如何被細分為合理的一系列轉換階段，一個階段建基於另一階段之上。第 2 章和第 3 章描述了計畫階段的前兩項要點，而第 4 章則完成該階段的描述。第 5 章和第 6 章聚焦於設計階段，第 7、8、9 章則描述實施的相關議題。最後，第 10 章探討評鑑，以及第 11 章描述提升的階段。

管理任務

改變歷程的每一個階段，都包含數項必須被處理的管理任務（management tasks）。從第 2 章開始，本書的每一個章節對這些任務有詳細的描述。很重要的是，輔導與諮商方案的領導者和指導委員會的成員，瞭解每一個轉換階段各有哪些任務，並有計畫地在適當的時機，運用工作團隊完成這些任務。

績效責任

一組主要的管理任務，聚焦於績效責任（accountability）需求：檢視輔導與諮商方案活動與服務對學生學業、生涯和個人／社會發展的影響。有三種類型的評鑑可導致績效責任的達成。第一類是方案評鑑，其次為人員評鑑，最後一類是成果評鑑。這些類型的評鑑與彼此間的關係，詳述於第 10 章。第 11 章則聚焦於如何運用從這些評鑑獲得的資料，促進學區的全方位輔導與諮商方案，即方案提升階段。

瞭解共通用語的力量

為達成有效性，輔導與諮商方案在其組織架構上必須有一致性、邏輯連貫性，以及功能的持續性。本章所呈現的方案，即被設計符合這些要求。藉由這

個方案，輔導與諮商的共通用語被建構出來。這個用語，藉由全方位輔導與諮商方案的四項要素間，有條理且合邏輯的關係而被標識出來，並提供對一般人和專家都同樣簡易的理解與辨識（Heath & Heath, 2008）。

　　為何共通用語對於輔導與諮商方案的架構很重要？共通用語使學校諮商師、行政主管、教師和父母或監護人能夠「協調他們的工作並加乘他們的思維能力之力量」（American College Testing Program, 1998, p. 9）。輔導與諮商方案架構的共通用語，同樣允許這些「個人得以溝通與複製」輔導與諮商方案活動（American College Testing Program, 1998, p. 9）。此外，輔導與諮商方案架構的共通用語，提供跨學區、從幼兒園至十二年級的方案、工作人員和成果評鑑之基礎。

瞭解方案概念的重要性

　　在過去的 100 多年，輔導與諮商領域已經逐漸從沒有組織架構、僅由一人處在被賦予一些職責的一個職位上，發展到一個人提供一套服務，進而形成一個人在全方位方案的架構內工作。職務取向，通常包含冗長且不協調的一些輔導與諮商活動，其中混雜著文書和行政任務。未提供具連貫性的整體組織架構，亦無法說明專業服務的時間。服務模式則包含一群活動與介入，掛上評量、資訊和諮商等名稱。同樣地，仍未提供具連貫性的整體組織架構，亦無法說明專業服務的時間。

　　全方位方案概念的引進改變了這些狀況，因為現在學校中的輔導與諮商是有一個組織架構，連貫且有系統地安排輔導與諮商的內容及介入。學校諮商師的工作任務是直接來自於方案架構中，且他們全部工作時間的使用狀況都是可以說明的。在概念上，輔導與諮商已經和學校中其他指導方案一樣，都變成是方案了。

■ 領會方案的彈性與適用性

在輔導與諮商方案架構中使用共通用語，是否會限制學區中的所有學校諮商師，在整個學年度以同樣的方式、採取相同的時程表，去執行相同的任務？答案是否定的。在不同學區的學校層級、年級階層和學生，其需求有所差異。學校諮商師的專長不同，學校的資源亦不同。雖然，輔導與諮商方案架構的共通用語是固定不變的，且必須維持固定不變，在方案架構內，學校諮商師與學生、父母和教師共同工作時，所採用的時間分配方式、所進行的任務，以及所採取的活動和介入策略，將會隨著學校層級和年級階層而改變，同時，也經常根據評鑑資料而調整。運用相關工作人員的專長，做不同的人員配置，經常是有必要的（Henderson & Gysbers, 1998）。

■ 理解六項有關方案的必要事項

全方位輔導與諮商方案，根據其定義，是為了提供輔導與諮商活動給所有的學生。它移除了和輔導與諮商方案的運作無關的行政及文書工作（須記住工作小組的所有成員共同分擔責任，是系統支持要素的一部分）、只做一對一的諮商，以及有限的績效責任。它是積極的，而非被動的。學校諮商師太忙碌，而沒空從事不相干的行政和文書工作，因為他們必須去實施一項已經計畫好的全方位輔導與諮商方案。學校諮商師被期望去進行個別和小團體諮商，以及為所有的學生提供有結構的發展性活動。

為了達成這些成果，下面事項是很重要的：

1. 瞭解全方位輔導與諮商方案是以學生為中心的，而非學校管理或學校行政導向的。
2. 將這個全方位輔導與諮商方案操作為100%的方案、四個方案組成要素完整的方案，而無添加項目。

3. 從開學第一天（而非 10 月中旬）開始這個全方位輔導與諮商方案，並在學期最後一天結束它（而非 4 月底）。

4. 瞭解全方位輔導與諮商方案是方案中心的（program focused），而非職位中心的（position focused）。

5. 瞭解全方位輔導與諮商方案是以教育為基礎，而非以機構或是診所為基礎。

6. 瞭解到雖然全方位輔導與諮商方案採用共通的組織架構，它的內容、活動和學校諮商師的時間分配，需要裁剪以符合當地的學生、學校和社區需求和資源。

你的進度檢核

第 3 章是方案計畫歷程的基礎章節。它是設計來提供你理論基礎、概念和字彙，以設計、實施、評鑑和提升為你的學區所發展的全方位輔導與諮商方案。讀完本章之後，你可以學到：

- 全方位輔導與諮商方案之理論基礎。
- 全方位輔導與諮商方案在教育上的定位。
- 可用來描述全方位輔導與諮商方案基本要素的詞彙。
- 花在各項任務的時間和方案平衡的重要性。
- 方案概念和它的彈性與適應性之重要性。
- 六項有關方案的必要事項。

在你學習到這些後，現在你已經準備好進入計畫歷程的最後一個階段，對目前你的學區輔導諮商方案進行徹底的衡鑑。

參考文獻

American College Testing Program. (1998, Spring). The power of a common language in workplace development. *Work Keys, USA, 3*, 9.

American College Testing Program. (2004). *Crisis at the core: Preparing all students for college and work.* Iowa City, IA: Author.

American School Counselor Association. (1984). *The school counselor and developmental guidance: Position statement.* Alexandria, VA: Author.

American School Counselor Association. (2005). *The ASCA National Model: A framework for school counseling programs* (2nd ed.). Alexandria, VA: Author.

Borders, L. D., & Drury, S. M. (1992). Comprehensive school counseling programs: A review for policy makers and practitioners. *Journal of Counseling & Development, 70,* 487–498.

Cohen, M. (2001). *Transforming the American high school.* Washington, DC: Aspen Institute.

Commission on Precollege Guidance and Counseling. (1986). *Keeping the options open: Recommendations.* New York, NY: College Entrance Examination Board.

Davis, J. B. (1914). *Vocational and moral guidance.* Boston, MA: Ginn.

ERIC Counseling and Personnel Services Clearinghouse. (1983). *Comprehensive guidance program design* [Fact sheet]. Ann Arbor, MI: Author.

Granite School District Comprehensive Counseling and Guidance Program. (2006). *School counselor update.* Salt Lake City, UT: Author.

Gysbers, N. C., & Henderson, P. (2006). *Developing and managing your school guidance program* (4th ed.). Alexandria, VA: American Counseling Association.

Gysbers, N. C., Heppner, M. J., & Johnston, J. A. (2009). *Career counseling: Contexts, processes, and techniques* (3rd ed.). Alexandria, VA: American Counseling Association.

Gysbers, N. C., & Moore, E. J. (1975). Beyond career development—Life career development. *Personnel and Guidance Journal, 53,* 647–652.

Gysbers, N. C., & Moore, E. J. (1981). *Improving guidance programs.* Englewood Cliffs, NJ: Prentice-Hall.

Gysbers, N. C., Stanley, B. J., Kosteck-Bunch, L., Magnuson, C. S., & Starr, M. F. (2008). *Missouri comprehensive guidance program: A manual for program development, implementation, evaluation, and enhancement.* Jefferson City: Missouri Department of Elementary and Secondary Education.

Heath, C., & Heath, D. (2008). *Made to stick: Why some ideas survive and others die.* New York, NY: Random House.

Henderson, P. (2005). The theory behind the ASCA national model. In American School Counselor Association, *The ASCA National Model: A framework for school counseling programs* (2nd ed., pp. 79–101). Alexandria, VA: Author.

Henderson, P., & Gysbers, N. C. (1998). *Leading and managing your school guidance program staff.* Alexandria, VA: American Counseling Association.

Jones, A. J., & Hand, H. C. (1938). Guidance and purposive living. In G. M. Whipple & G. N. Kefauver (Ed.), *Yearbook of the National Society for the Study of Education: Volume 37, Issue 1. Guidance in educational institutions* (pp. 3–29). Bloomington, IL: Public School.

Kalchik, S., & Oertle, K. M. (2011, January). The relationship of individual career plans to programs of study and career pathways. *Transition Highlights, 3.* Retrieved from http://occrl.illinois.edu/files/Highlights/Highlight_01_2011.pdf.

Markus, H., & Nurius, P. (1986). Possible selves. *American Psychologist, 41,* 954–969.

McDaniels, C., & Gysbers, N. C. (1992). *Counseling for career development: Theories, resources, and practice.* San Francisco, CA: Jossey-Bass.

Missouri School Improvement Program. (2003). *Third-cycle procedures handbook: Revision 5.* Jefferson City: Missouri Department of Elementary and Secondary Education.

Myers, G. E. (1923). A critical review of present developments in vocational guidance with special reference to future prospects. *The Vocational Guidance Magazine, 3,* 139–140.

National Association of Secondary School Principals. (1996). *Breaking ranks: Changing an American institution.* Reston, VA: Author.

National Association of Secondary School Principals. (2004). *Breaking ranks II: Strategies for leading high school reform.* Reston, VA: Author.

National Association of Secondary School Principals. (2006). *Breaking ranks in the middle: Strategies for leading middle level reform.* Reston, VA: Author.

Navigation 101: The Franklin Pierce Model. (2005). Retrieved from http://www.k12.wa.us/conferences/summerinstitute2005/materials/HOLTIMPLEMENTING.doc

Northside Independent School District. (2000). *Comprehensive guidance program framework.* San Antonio, TX: Author.

Orfield, G., & Paul, F. G. (1994). *High hopes long odds: Next steps.* Indianapolis: Indiana Youth Institute.

Pellitteri, J., Stern, R., Shelton, C., & Muller-Ackerman, B. (Eds.) (2006). *Emotionally intelligent school counseling.* Mahwah, NJ: Erlbaum.

Random House Webster's Unabridged Dictionary (2001). New York, NY: Random House.

Reich, C. A. (1971). *The greening of America.* New York, NY: Bantam Books.

Rennie Center for Education Research and Policy. (2011). *Student learning plans: Supporting every student's transition to college and career.* Cambridge, MA: Author.

School Mental Health Project/Center for Mental Health in Schools. (2011). *Addressing barriers to learning.* Los Angeles, CA: Author.

Severn, J. (2004). *Navigation 101: How a focus on planning skills leads to higher student performance.* Olympia, WA: Office of the Superintendent of Public Instruction.

Sink, C. (2002). Comprehensive guidance and counseling programs and the development of multicultural student-citizens. *Professional School Counseling, 6,* 130–137.

Sink, C. (2011). School-wide responsive services and the value of collaboration. *Professional School Counseling, 14,* ii–iv.

Squires, D. A. (2005). *Aligning and balancing the standards-based curriculum.* Thousand Oaks, CA: Corwin Press.

Texas Education Agency. (2004). *A model for comprehensive, developmental guidance and counseling programs for Texas public schools: A guide for program development, pre-K–12th grade* (4th ed.). Austin, TX: Author.

Utah Administrative Code, Rule R277-462, Comprehensive Counseling and Guidance Program (2011). http://www.rules.utah.gov/publicat/code/r277/r277-462.htm

Utah State Office of Education. (2008). *Utah model for comprehensive counseling and guidance: K-12 programs.* Salt Lake City, UT: Author.

State of Washington, Session Laws, 2006, 59th Legislature, Chapter 372, Bill Number ESSB, 6356, Fiscal Matters.

Wellman, F. E., & Moore, E. J. (1975). *Pupil personnel services: A handbook for program development and evaluation.* Washington, DC: U.S. Department of Health, Education, and Welfare.

Wolfe, D. M., & Kolb, D. A. (1980). Career development, personal growth, and experimental learning. In J. W. Springer (Ed.), *Issues in career and human resource development* (pp. 1–56). Madison, WI: American Society for Training and Development.

Chapter 4 現行的輔導與諮商方案衡鑑

羅家玲　譯

計畫——進行目前方案的完整評鑑

◆ 蒐集學生及社區現況的資料。

◆ 確認當前可用資源並加以使用。

◆ 瞭解現行輔導與諮商方案的遞送情形。

◆ 蒐集對方案的看法。

◆ 簡報現行的方案。

接下來的方案促進歷程是衡鑑現行的方案。這個衡鑑是一個取得具體詳細描述當前學校或學區輔導與諮商方案的過程。這方案得盡可能從不同的角度進行審視並辨識其設計方式。這不是針對學生需求而設的衡鑑，反而是在決定現行輔導與諮商方案應有的形式。

此現行的方案衡鑑將告訴你，方案中已取得的資源為何及其如何應用在學生以及社區上，並建議如何做不同的使用（Adelman & Taylor, 2003, p. 7）。這項衡鑑乃是以第 3 章中輔導與諮商方案模式的四個要素作為基本架構：(a)內容；(b)組織架構：結構、活動和時間；(c)資源；(d)發展、管理與績效責任歷程。

衡鑑的過程可顯示出現行方案的成果、模式和優先順序，使你得以回答以下問題，例如：「學生參與方案的活動後，整體而言，學生獲得了什麼能力？」「這方案由哪些理論及政策所支持？」「這方案的結構為何？」「專業學校諮商師如何將其專業知能應用在方案中？」「使用了哪些人事及財務資源？」「這

方案如何發展、管理與績效責任評估？」方案衡鑑提供一個基礎以確認何者對方案有益處而需要被保留，並注意到服務遞送過程所產生的落差，以及方案改善所需的計畫。完成此階段的衡鑑任務有助於消除一般人以為全方位輔導與諮商方案將是一個全新方案的迷思，反而，新方案是建基於此衡鑑的基礎上。

理解方案的設計意味著理解它的多元面向以及它是如何形成的。該設計可分為兩個層面：質性及量化。質性設計描述方案的實質內容。特別是每個要素包含什麼活動？學校諮商師的專業知能和才能有何用處？誰將因此方案而受惠？是學生、家長、老師、行政人員還是其他對學生工作的人士？體驗這些活動的學生將有何益處？質性設計中有許多可能性和難以計量性，且常以優先順序的考慮來呈現。現行學校輔導與諮商方案常常毫無意識地安排活動的優先順序，而有失真實。

量化設計說明方案中可測量及可數算的部分，即方案的價值。特別是學校諮商師分配多少專業時間在各工作向度。由此，該方案的平衡點是什麼？透過該方案有多少學生受益？又有多少學生在每一個所需的類別中受益？比較群體組別與學生總數時，有多少比例的學生受益？量化設計的形成是由數字呈現所關切的向度作為參考依據，也為質性設計提供一個參考數據。

在本章中，首先討論衡鑑現行方案應有的準備。第二，建議你研究你的學生以及學校社區，以便於更有效地理解方案中案主的群體特性。不同的社區有不同的需要，它始終持續地影響輔導與諮商的方案。第三，我們不但說明現行方案可獲得的人事、財務以及政治資源的形式，也說明如何使用這些資源。第四，概述如何研究現行方案的執行情形，即方案設計的量化及質性兩層面。第五，我們建議你蒐集學生、老師、行政人員、家長、社區民眾以及學校諮商師等各方對此方案的看法。第六，重要的是，整合方案衡鑑的所有資料，並報告給關心輔導與諮商促進方案的對象。第七，我們鼓勵你關注目前學校各群體呈現的多元議題。本章最後則探索完成現行的衡鑑方案的領導角色及其責任。

進行準備

衡鑑現行的方案可提供關於未來輔導與諮商方案發展的基礎。重要的是要花些時間在確認所得資料的精確性，以協助進行輔導與諮商方案的工作同仁能理解現行方案的設計。這也有助於協助他人瞭解現行方案的概況。此外，它還是你在未來檢視現在應否改善方案的評估基準。Taylor（2002）的研究成果發現：

> 首先，學校諮商師可以為他們花在輔導及非輔導類項目的時間提出證明文件，並與州政府的模式比較。第二，學校管理階層及諮商師可以得知關鍵的資訊，以瞭解其他人如何知覺輔導服務以及可如何提升服務。最後，管理階層會得知關於你輔導與諮商方案的最新發展……。屆時，諮商師的督導則未意識到發展性的輔導模式。（p. 26）

衡鑑現行方案是需要花時間的。你需要考慮現實以建構出預定的時程。以下建議將有助於節省逐一完成各項目的時間，不過要完成全面性方案衡鑑可要花上六個月到一年的時間。

為了要完成現行方案的衡鑑，專業學校諮商師首先需要為他們自己的方案負責任。他們需要倡議「促進及保證適當地遞送服務」（Shillingford & Lambie, 2010, p. 214）。此外，他們領導著促進方案以帶來系統性的改變（American School Counselor Association [ASCA], 2005）。然而，他們並非唯一對方案負責的人。學校行政階層、老師、學生及家長都將從高品質的方案中獲益。很多研究結果顯示支持性關係的形成，特別是校長的參與，將使學校的輔導與諮商方案奏效（Dollarhide, 2007）。在學區層級而言，督學的支持是關鍵，意即，合作共事以完成發展性任務是學校諮商師的職責（ASCA, 2005）。

如第 2 章所言，需要組成一些工作團隊，以確認現行方案的活動、學校諮商師的能力表現、他們的案主、他們的工作成果之間如何相互關聯，以便蒐集

這些資訊而使得團隊內或團隊間能更緊密結合。同時，其他工作團隊也可以辨認出現行方案的資源使用情形以及蒐集大家對方案的看法。為了讓所蒐集的資料對未來計畫有用，基本原則是：一定要應用所有的工作團隊及其蒐集的資料，根據全方位方案要素以及遞送系統的組成要素，即輔導課程、個別學生規畫、回應式服務以及系統支持等向度來組織現行的衡鑑。

由於衡鑑現行方案是基本工作，輔導方案的領導者須扮演重要的角色。如果你是輔導與諮商方案的領導者，須蒐集及確認所有資料並做成適當的摘要、分析以及成果宣傳。我們建議，無論如何，要包含所有在學校或學區的學校諮商師等凡會受衡鑑潛在變化所影響的人，參與衡鑑有助於他們熟悉當前所選擇的方案模式，不僅使他們當前的作為符合現行的方案模式所需，且能體會新舊方案並非完全迥異。

行政層級也有必要參與工作團隊。行政管理者能因此而瞭解此方案模式，並能提供高瞻遠矚的看法以支持未來方案的改善。很多行政層級擁有豐富的經驗，故能對方案應如何改善提供意見。他們幫助學生、職員及其他人理解當前輔導與諮商方案的定位。他們能在學校或學區支持未來方案的改進和落實。無論如何，對一些團隊而言，有時工作確實很費力。而對於未直接關切每一個繁瑣細節的同仁或許會發覺它有點乏味，譬如分析每一所學校或年級間研讀時間的異同等資料。故重要的是，讓行政管理者從資料意涵中提供深思熟慮且穩定的貢獻，而非陷入輔導諮商同仁關切的資料泥淖中。

我們推薦由指導委員會成員主持各種的工作團隊。指導委員會的會議可以提供機會以主導及協調各種團隊的工作。無論如何，某些協調各工作團隊的媒介和運作機制需要被建立起來，即使是委員會的主席也能夠發揮作用。

在規畫方案衡鑑時，應該使用現行方案的素材做說明。許多在州立教育機構的諮商部門曾帶領學校及學區發展其方案手冊或計畫。很多有用的資訊可以從現成的檔案中提取，例如：現行方案活動的表列。值得留意的是，有些方案時常過時或包含尚未執行過的活動。

蒐集學生及社區現況的資料

什麼資訊是有幫助的？

學生

蒐集學生當前的資料可提供方案決策者瞭解學生在學校的表現，並且可就學生的個人健康、社會、生涯以及教育發展等提出建言。

有用的個人資料包含人口數據（例如：少數族群及社經地位的範圍及比率）。另外是社會資料，包含學校內的青少年次文化（School Mental Health Project, 2010）、學生參與課外活動比例、操行表現、學科表現及出缺席率。生涯發展資料包含學生生涯興趣及計畫的統計數據。教育性資料包含學生成績的型態、學校態度調查、學業成就測驗、不及格學科情形、升級及留級的比率以及畢業比率。

在國立學校學生群體的種族及族群的對比持續在改變，如表 4.1（National Center for Education Statistics, 2009a）所示。

白人學生的比率持續下降，反而是西班牙人、黑人及亞裔學生持續增加。

表 4.1 國立學校於 1990、2000 及 2009 年學生族群多樣性的百分比估計值

種族─族群	1990	2000	2009
白人	75.6	69.4	65.1
黑人	11.8	12.2	12.2
西班牙人	9.0	12.6	15.8
亞裔	2.8	3.7	4.4
太平洋島民	-	0.1	0.1
美國印第安人／阿拉斯加原住民	0.7	0.7	0.8
兩種或以上種族─族群	1.2	1.2	1.5

資料來源： National Center for Education Statistics (2009a).

如 Lee（2001）指出：

> 具體而言，那些人口估計的數據顯示從未有過的訊息：美國的學校已成為一個社會的平台，兒童呈現出相當多元的行為風格、態度取向以及價值系統，而這些差異的共同目標即是：在 21 世紀為他們的學業、生涯和社交邁向成功而預做準備。（p. 257）

學校社區脈絡

除了學生的資料，其他相關社區脈絡的資料也有助於理解學生。這方面的資料也為輔導與諮商方案提供寶貴和優先順序的建議。與人口統計有關的資料包含使用及偏好的語言、經濟基礎及勞動市場共享及安置、人口流動率、加入特別的方案、父母的教育程度、家庭結構、鄰里、政治氛圍、移民態樣及無家可歸者的數量。

學校及學區的環境脈絡也必須被考量進來。關於學校及學區的相關訊息，包括其大小；優勢的專業價值、信念、任務和目標；以及每名學生的教育成本平均數。這當中學習特別的方案及科技是重要的，因為國立學校是州政府所有，該政治脈絡包括了主要的法治氛圍及地方學校董事會。

如何主導學生的衡鑑及社區身分的計畫

Kaffenberger 與 Young（2007）說明了四步驟過程（DATA），以蒐集有用的資料：

1. 構思（design）：你的問題是？
2. 詢問（ask）：你會如何詢問你的問題？
3. 歷程（track）：你如何理解那些資料？
4. 宣布（announce）：你會如何使用你的發現？（p. 2）

如果這些資料尚未能與發展方案的理論相互結合，則工作小組必須從已有的資料中辨認和蒐集可用的資料。

蒐集這些初始資料並非輔導部門的責任，也無須在這方面努力，透過其他資源可能大有收穫。學校及學區的州教育部門以及地方學區的網頁有很豐富的資訊。比方說，在諾斯賽德獨立學區的網站上（http://www.nisd.net），讀者可瞭解有關職員的多樣屬性（專業、支援、行政、附屬機構）、教師薪水額度、行政的比例、學生—教師的比例以及學生—電腦的比例。另外，讀者還可以瞭解巴士車隊，包含 50%諾斯賽德學生搭公車的細節（Northside Independent School District, 2009）。這些資料還提供了學生的種族特性、學業成就、註冊數量、輟學數量、特殊教育學生的數量以及生涯及技職教育。這還包含準備上大學的學生數量。這當中還有一些關於社區的資料，像是居民的數量、家戶以及日常工作。

在這個講求績效責任的時代，許多這樣的資料被蒐集並提供給民眾。以德州為例，學業優異指標系統（Academic Excellence Indicator System）結合每一所學校及學區學生的每年成績（包含學業資料）的資料。那些資料包含州的衡鑑成果、出席比率、中輟及完成學業的比率、進階課程的參與、大學入學準備以及 SAT 及 ACT 大學入學考試的參與情形（Texas Education Agency, n. d.）。 數據呈現出每年級學生人數、性別以及種族分布（非裔美國人、西班牙人、白人、亞裔／太平洋島民以及美國原住民），還有經濟弱勢學生之百分比及流動率、英語的不足程度、曾受懲戒紀錄的資料等。人口統計資料顯示出專業及半專業人力。這些資料顯示學生參與特殊方案及預算數量和分配情形。

編輯這些資料使我們深刻理解學生的外顯需求。參照學校或者行政轄區的任務，各資料建議了學生如何對你的方案產生需求（引導學生需求評估將在第 5 章進一步做討論）。

關於學生及他們身分的數據提供一個未來比較學生發展的基準底線，讓我們能有機會觀察學生成長、發展及問題解決的趨勢。

確認當前可用資源並加以使用

我們常聽到的迷思是當執行全方位輔導與諮商方案時，學校或行政轄區需要擁有豐厚的資源。實際上，資源豐厚或不足都可以使方案成功。方案的有效性往往來自精確的評估資源與效益之間的比例。這過程的目的是讓你知道自己擁有什麼，以便在後續的階段可以構思出一個有效應用資源以確保能滿足學生最優先的輔導需求。整合現行方案完整的資源及具體資訊往往能促進方案的決策（Adelman & Taylor, 2003）。實質的資源數量將鼓舞大多數的輔導與諮商方案管理者及專業學校諮商師。如此一來，你也正可以理解現行的處境。但這對於應該有哪些資源的建議仍言之過早，在接下來的第 5 章將有進一步的說明。

如第 3 章所言，我們將資源分成人事、財務和政治。人事資源包含了職員的時間及能力。財務資源則是透過提供素材、器材以及設備的應用給輔導與諮商方案。而政治資源是可由現行方案與職員的政策聲明及支持者顯現。

由於全方位輔導與諮商方案需要多種不同資源，蒐集這方面的資料是重要步驟，且費時冗長，甚至需要職員的承擔。有些學區評估現行的資源並分類如下，並在「瞭解現行輔導與諮商方案的遞送情形」一節中說明如何使用。

人事資源

人事資源包含學校諮商師與輔導部門的半專業人員以及其他對輔導與諮商方案有所貢獻的非部門人員，例如老師、行政人員、其他心理健康專業人員及本社區志工。所有人應完成訓練並勝任其角色，這相當重要。評估這些人力資源應包含確認他們的能力以及他們花在方案上的時間。

專業學校諮商師

蒐集關於專業學校諮商師的訓練及經驗、諮商師—學生的比例、諮商師—學生的分配型態以及諮商師可用的時間等資料是有必要的。

學校諮商師的訓練及經驗。學校的諮商師是輔導與諮商方案的基本資源。釐清學校諮商師的獨特能力，以便提供他們能促成學生的成長及發展貢獻的質性資料。學校諮商師獨特的訓練及經驗，使得他們尋求分工以完成協助學生學習做決定、解決問題，以及完成其他個人及社會發展任務的職責。當校長被要求說明他們的輔導與諮商方案時多半會說：「我有五名諮商師」或者「我有六名諮商師及一名註冊主任」。就如第 1 章所描述，他們著重在職員單位——職位——而非方案的執行或者學生的成果。

然而，關於學校諮商師獨特能力的資料是普遍缺乏的。因此，明確說明學校諮商師背景及訓練的條件有其必要。包括確定每個專業學校諮商師的認證條件、公布諮商碩士學位的訓練條件、公布學校諮商師適當的書面職責說明以及展示 ASCA（2009a）的任務聲明——《專業學校諮商師的角色》（*The Role of the Professional School Counselor*）。

文獻的回顧（ASCA, 2005; Council for Accreditation of Counseling and Related Programs, 2009; National Board for Professional Teaching Standards, 2002）說明，21 世紀專業學校諮商師所期待必備的專業訓練，他們要有能力進行個別諮商及小團體諮商；個人或者團體輔導；輔導學業、生涯和個人／社會發展；解釋衡鑑的結果以協助教育及生涯規畫；提供與學生有關的成人諮詢；個案管理；協調給予學生的資源；為學生及其家人的特殊需求進行轉介；代表個別學生提出倡議；與同事合作；管理及評估學校的輔導與諮商方案。學校諮商師被期待必須具有多元文化能力以及履行領導角色以提升學校的氛圍。

傳統上，學校諮商師需要閱讀及闡述他們在學校履行的獨特角色及功能。因此，另一種讓學校諮商師的才能被瞭解的方法，是要求他們確認自己的角色表現，並且將之連結到四個方案組成要素中。在德州，專業學校輔導諮商師以八個領域及標準來闡述自己的能力：輔導、諮商、諮詢、協調、學生衡鑑、方案管理以及堅守專業規範及專業行為期待（Texas Counseling Association, 2004）。能力是領域表現的一部分。例如，在諮商表現領域內，個別諮商能力是其中之一，而團體諮商能力則是另一種。在諮詢領域，與父母親諮詢是能力之一，與老師們諮詢是其二，而與學校行政階層諮詢又是其三，各有不同。

這些領域的表現都會發揮在不只一個方案組成要素當中，而且在某些組成

要素上扮演較重要的領域角色。表 4.2 顯示每個領域所包含的全方位輔導與諮商方案的組成要素。將熟悉的角色連結到方案組成要素也將幫助學校諮商師區分方案組成要素及建立共通的術語庫。如果要用一些專業學校諮商師在某些專業角色上，可考量他們描述自己的專長所使用的共通用語並釐清應用上的差異，以強調其職責所在和所發揮的領域。

學校諮商師—學生的比例。現行學校諮商師—學生的比例是量化資料中必要的部分。在討論現行的方案模式期間，每個參與者可能都樂於聚焦在可行性上，但服務量卻是一直存在的現實。2007 年到 2008 年指出的學校諮商師—學生的比例範圍從懷俄明州的 1：203 到伊利諾州的 1：1,076。全國的平均比例是 1：467（ASCA, 2009b）。最終，方案設計需要告知每一名學校諮商師並期待他們可為 200、500 或者 1,000 名學生做些什麼（見第 8 章）。此外，理解學校與學校間比例的差異允許你根據這些異同修改你的期待。例如有些學區對比

表 4.2 學校諮商師的表現領域及方案組成要素

表現領域	主要應用要素
輔導方案的管理	系統支持 輔導課程 個別學生規畫
諮商	回應式服務
諮詢	輔導課程 個別學生規畫 回應式服務 系統支持
協調	輔導課程 個別學生規畫 回應式服務 系統支持
學生衡鑑	個別學生規畫 回應式服務 系統支持
專業規範	系統支持
專業行為	系統支持

高中而言，國小、國中的教師負荷不成比例，須盡速聘用更多學校的諮商師。

學校諮商師—學生分配型態。除了比例，典型的學校諮商師—學生分配型態需要重新審視。學校諮商師是根據成績等級還是字母組別分配學生？如何將學校諮商師的生涯及技能、特殊教育、物質濫用、多元文化的能力專業化並分配給學生？這些分配的背後理念意味著輔導與諮商方案的哲理。例如，以年級分配服務量反映的是發展觀的哲理，反之，根據字母（如姓氏）常反映的是強調學生的家庭脈絡。

學校諮商師的時間。輔導與諮商方案的主要資源是專業諮商師的時間。他們的時間如何使用決定了該方案。在此要點上，確認有多少時間可用在輔導與諮商方案是重要的，藉以建立實際可行的基準底線。另外，具體說明學生可用在輔導與諮商方案活動的時間也同樣重要。需要具體回答的問題，譬如：「學校諮商師的平日工作是多少小時？」以及「學生平日在學校的時間有多長？」舉例而言，一名諮商師的平日工作是八小時，而學生在學校的時間則是 7.5 小時。學生可在上學前或放學後得到諮商服務。一些可接受服務的學生還須關注他們是否走路、搭公車或者以其他方式到學校。

學生每週有幾天在學校？有些學校已經安排超過六到七天的課表。學校諮商師一年內有多少個星期或者多少天在學校？學校諮商師的時間合約可能依各學區或各年級而有所差異。一名以 202 天為一年工作天的學校諮商師，可能比 180 天的可以完成較多的方案計畫及針對非學生的員工事務。一學年有多少個星期或者天數？學年期間的計算各州不同，如科羅拉多州是 160 天，而俄亥俄州則是 182 天（National Center for Education Statistics, 2009b）。最終，對於方案的期待需要以符合學校諮商師工作以及學生可取得直接服務的實際時間為範圍。

其他人事。除了專業學校諮商師外，輔導部門的半專業人員以及秘書扮演主要的支持及服務角色。例如，生涯中心技術人員為學生提供輔導活動。

其他的學校職員是輔導團隊重要的一分子，而他們對方案的能力與貢獻需要被認可。在一些學校，學校諮商師分擔服務量並與校園的行政人員合作。老師及行政人員常進行輔導活動，因此他們也需要被涵蓋在內，特別是老師協助輔導方案的執行以及學生的轉介服務。

其他相關的學校專業人士，譬如學校護士、心理學家以及社工，扮演轉介

資源的角色。其他心理健康方面的專業人員，譬如學校社工和學校心理學家也許可參與輔導方案的活動，並且與諮商師合作為學生提供一些特別服務。

學生也是輔導團隊裡面重要的成員。例如，他們可成為同儕輔導員或者生涯中心的助手，抑或是為學弟妹呈現校友報告。假設你的學校或學區使用社區志工，譬如以企業代表作為生涯講座或以家長─教師協會志工作為協同領導者，以促進家長參與或文書支援者，你同樣需要將之列出並闡明他們的貢獻。

財務資源

財務資源包括所有支撐輔導與諮商方案的預算項目。除了薪資及其他職員的費用（大概占預算方案的 80%），還包括預算類別如素材、設備及設施等款項。

預算

財務資源的衡鑑始於辨識與現行輔導與諮商方案有關的特定學區或學校層級所建立的預算項目。即使沒有一個稱為「輔導」的公務預算，但如果有的學區及學校層級之資金是用在輔導上，即應從此處著手。蒐集學校諮商師、秘書及助理薪資的項目；職員及方案發展的撥款；採購上的花費如紙張、鉛筆和檔案夾；花在輔導與諮商方案素材上的費用如書本、錄影帶、電影、小冊子、標準化測驗及計分服務；以及基本支出皆須考量。所有學區內有關輔導活動的開銷必須包含任何聯邦、州或私立機構〔如家長─教師協會（PTA）〕及基金會的特別資金。這方面的資料讓你理解輔導部門占所有學區總預算的多少，這數量常超乎輔導人員的想像。

素材

假使你還未有素材清單，則取得你手邊的一份素材清單是重要的。你須依照方案組成要素及學生成果和年級將財產清單分類。這份清單須包括標題、著作權日期、內容的簡短描述及已發展的資源。假定你需要發給輔導職員這份清單，列入如何取得資源及借用的限制等資料會很有幫助。

設備

檢視你的設備清單將清楚知道視聽及電腦器材的數量與種類及其如何分配。所有職員可如何取得？你也許需要瞭解設備的使用情形以確定是否發揮它的潛能，或評估現行的分配系統是否對你最適合？依方案大小和視聽器材數量而定，你需要考慮專屬設置或分享使用，以便在每一個校區安置的設備能物盡其用。你還需要小心考量電腦器材被誰使用及其目的為何，譬如法定輔導類活動或者非輔導類的任務。

設施

需要列出現行輔導與諮商方案可用的各年級設施之基本資訊。此舉將再次顯示出可用設施的平均分配。當開始執行新的方案活動時，基準資料將提供空間如何使用的事實性資料。任何重組需要花時間及心思規畫。如果需要額外添加空間，譬如發展輔導與諮商方案活動或者生涯中心教室的話，這些資料就必須備妥提交給學區督導，預作來年的全面計畫。

政治資源

政治在此的意涵是指來自學區或者學校政策；州或聯邦法律、規則或規章；或認證機關及其他專業學會對學校或學區所採用之標準的支持。這也包含職員對輔導與諮商方案的支持及促進。值得考量的一種政治現實是職員並不支持改變所需的努力。

政策聲明

相關的政策聲明可能來自當地、州或全國層級，瞭解這些法規原則能夠鞏固方案的運作基礎。

當地政策。以現有基礎建立一個方案，重要的是確認聲明中的理念、基本的假設與當前輔導與諮商方案的任務，亦即全方位輔導與諮商方案的結構要素（第 3 章）。有些也許明確詳述，有些則須從文字推敲。第 5 章概述較多這些

要素的各類詳細資料。

Adelman 與 Taylor（2003）提到：

> 尤為重要的是關注當前懸而未決的政策，制度上的優先順序和現行狀態……。舉例來說，那些堆積的資料即說明了學校及社區的願景、任務聲明、現行政策和主要議程的優先性。（p. 7）

向學生揭示學區的願景是有益的。這也許是關於輔導與諮商方案委員會的政策，雖未必要巨細靡遺，但所強調的重點在所提供的活動、學生的需求或人員職責（Gysbers, Lapan, & Jones, 2000）。即使只是聲明學區或學區內各校的教育任務，這些也都是你在輔導與諮商方案的任務。盡可能在行政手冊裡說明對學校諮商師進行程序的期待，你也需要參酌基本政策對現行輔導與諮商方案的支持或貶抑，以回顧這些聲明並且摘錄及綜合。

倘若你已經遵循我們的建議，即開始透過採用方案模式和發展三個結構要素（第 3 章）來發展輔導與諮商方案的政策聲明的話，那麼你所致力的事要盡量從政策支持面向上撰寫方案的理念、假定和定義。事實上我們的意見是，除非你已經做了這些聲明，否則你的努力整頓將可能無效，因為它並未聚焦在提供系統性的理念基礎上（ASCA, 2005）。

MacDonald 與 Sink（1999）指出了政策聲明的分歧。他們研究州的方案模式以看出「模式中的發展觀與各州出版的輔導與課程的整合」（p. 419）。他們發現大多數方案缺乏發展理論的基礎、疏忽一般學生和特殊學生族群（譬如資優學生）的發展需求。「[他們發現]方案間最顯著的差距是對文化及種族發展議題的關注」（p. 424）。

他們也指出方案的理論基礎不應只是說說、確認一下或表面上出現而已。說不定你現行的輔導與諮商方案也是如此。如果是，確認構成方案的假定將會是一個重要訓練。

州及聯邦政策。另外一個有用的方式是去調查州及聯邦政府當前與輔導有關的教育法規、規則及規章。聯邦教育法規允許撥款使用在輔導與諮商方案上，包含支持性的雙語、補償、移民、特殊、生涯及技職教育以及中輟防治。

這筆資金適用於州，且發展出州內的分配規則與條例。聯邦資金也可能為州及行政轄區提供補助金〔譬如中小學諮商方案（Elementary and Secondary School Counseling Programs）、美國 2009 年復甦與再投資法案（American Recovery and Reinvestment Act of 2009）〕（U.S. Department of Education, 2009a, 2009b）。

在《各州學校諮商模式現狀全國性調查》（*A National Study of the Current Status of State School Counseling Models*）中，Martin、Carey 與 DeCoster（2009）指出在州層級的九種提升當地方案執行的特徵：

1. 書面的模式。
2. 現代模式的特色。
3. 由州部門及諮商學會簽署的模式。
4. 與生涯計畫連結。
5. 在州部門確認學校諮商領導地位。
6. 支持性的法規。
7. 支持性的認證及許可。
8. 專業發展的條款。
9. 模式的評估。

由於輔導仍算是整體教育方案中較新的部分，它也許並無特定州立輔導與諮商方案有關的條例與法規。有一些州將輔導課程作為課程與教學的一部分，許多州議會與教育理事會將輔導與諮商議題放在較高的優先位置。此外，許多州透過政策或者法律表達他們對於進入大學準備度不足、高輟學率、校園暴力、青少年自殺、物質濫用、青少年親職、兒童虐待及忽略議題的關注。在關注這些議題上，同時發現專業學校諮商師並未被充分利用，有的州就透過法案或行政規則來補救這些問題。舉例來說，德州通過一個法案，該法案規定學校諮商師適當的責任制度（譬如：諮商、綜合發展性輔導與諮商方案發展、諮詢、協調、統一測驗解釋以幫助學生進行教育及生涯計畫，以及班級輔導），並且描述德州發展性輔導與諮商方案的組成（譬如輔導課程、回應式服務、個別學生規畫和系統支持）（Texas Education Code, 2001）。

認證教育工作者資格是州政府的權利及責任。因此，各州須制定資格認定法規及條例，以規定入門工作者和繼續教育的必要條件，以取得及維持學校諮

商師的資格認證。加入州教育部門的輔導人員訪視小組也許可以瞭解更多州的目標並培養更遠大的視野。如果你缺乏在遍及全州的視角上的自信，那麼就加入工作小組，以便在參訪州政府時成為他們的一分子。對你所屬的州的教育法規及法令、政策及條例進行線上查詢，可以獲益良多。

專業標準

　　和輔導與諮商有關的標準已由州部門的輔導教育部門、區域的認定單位及專業學會制定。某些標準包含學校諮商師—學生的比例，譬如 ASCA（2009b）確認 1：250 為適當的比例。已超過四十個州制定了全方位輔導與諮商方案的標準（Martin et al., 2009）以及在 ASCA 全國模式已制定學校輔導與諮商方案的標準（ASCA, 2005）。數個美國諮商學會的分會也出版了輔助學校諮商專業實踐準則〔例如：全國生涯發展學會（National Career Development Association）、團體工作專業者學會（Association for Specialists in Group Work）〕。ASCA 也出版了三種層級學校的角色說明：《為何是小學諮商師》（*Why Elementary School Counselors*）（ASCA, 2004a）、《為何是中學諮商師》（*Why Middle School Counselors*）（ASCA, 2004b）以及《為何是中等學校諮商師》（*Why Secondary School Counselors*）（ASCA, 2004c）。這些出版品描述了學生在每一個階段的發展需求及學校諮商師應如何回應。

職員的支持與否

　　政治也是指選民支持程度，意即是為了改變的背後動力。有的學校諮商師渴望改變並接受改變；有些則抗拒。輔導與諮商方案的領導者需要考慮職員的感受，並且準備與支持及非支持者共同工作。為那些支持且建立他們優勢的學校諮商師培養正向態度，可使方案得以改善。

　　如第 2 章所言，也許多數的學校諮商師在一開始是抗拒的。改變讓很多人感到害怕。評估諮商師抗拒的理由將幫助你跟你的領導團隊找出可能的擔心。許多抗拒者一開始並不明白方案的概念，他們很多是害怕新方案將使他們改變整體工作行為。很多人也害怕他們欠缺或將不會擁有方案所需的能力。有些將持續抗拒直到他們退休或者轉移到其他職位。我們奉勸你持續專注在正向的、

盡你所能處理負向的，其他就先暫緩。

需要行政人員及老師——方案的主要案主（學生）代表——的支持，才能有效地改變。學校的諮商師則落入支持及非支持的範圍裡。整體而言，他們希望對學生是最有益處的，可適度依學校諮商師的專業知能告知他們，其專業可如何有效協助學生。

之前也提過，行政人員及老師代表的意見或忠告，以及其他工作委員會的期待或需求需要被聆聽及回應。來自學校董事會及資深的行政層級的政治支持，可促進其他行政層級及學校職員的支持。沒有學校董事會及資深行政層級的支持，改變將費時更久或者無法全面完成（Taylor, 2002）。

就在地層級方面，諮商師與校長的關係對改變順利與否以及全力執行方案與否特別關鍵（Lambie, 2004）。最好的關係是以體諒彼此角色、信任、開放溝通、承諾、分享目標及有目的之合作為基礎的工作同盟（Jansen, Millitello, & Kosine, 2008）。專業學校諮商師建立此同盟關係的方式，是告知校長關於方案的模式、其設計（如：建議的時間分配）、合適及非合適（非輔導）工作，以及已知或預見其對學生的益處（Leuwerke, Walker, & Shi, 2009）。

瞭解現行輔導與諮商方案的遞送情形

評估你的輔導與諮商方案需要先蒐集與分析數據以說明你方案的設計。確認質性設計的優先性以及量化設計的參考數值可分析出方案的執行情形。

理解現行質性設計主要從方案的組成活動著手。從研究那些活動開始，你將看見現行方案如何與全方位輔導與諮商方案的要件結合：輔導課程、個別學生規畫、回應式服務和系統支持。你將學習到全方位輔導與諮商方案不只是一個新的方案，而且建立在你既有的基礎上。

從研究那些活動，還可以決定出運用現行專業學校諮商師能力的優先順序，即它們在主導活動時展現的角色。你還可學習到案主在此方案內的優先順序，加以對照分類便知是誰真正得到幫助。你可從方案內容中確認方案參與者的成果。因此謹慎及徹底確認方案的活動對於方案全面的改進是必要的。

量化設計包含學校諮商師現行分配的時間以及遞送方案組成要素的主要架構。透過時間運用的要素以及該時段進行的活動之資料分析，得以推斷有多少學生和各類案主得到現行的服務。

在以下章節，敘述每個設計及哪些部分將被評估，並以例子說明。最後，你也將獲得蒐集所需資料之想法。我們堅信你愈徹底地蒐集這些資料，方案的改變基礎就愈穩固。而實際上有些學校諮商師或他們的行政層級陷入了被建議的壓力之中。因此，我們首先敘述蒐集資料的常規管道，並且也提供在別的學校或學區已使用且成功的一些捷徑。

質性設計

瞭解現行輔導與諮商的活動

評估什麼？在這部分的研究，要確認各校在四種全方位輔導與諮商組成要素上所用的特定活動和特殊非輔導類的任務。研究方案的活動可發現許多現行方案設計的不同面向。如第 3 章所述，方案組成要素是由不同目的的活動所組成。你需要確認何種活動建立起你的現行方案以及它們如何符合方案的模式。同時，活動所包含各面向的構思如：各學校諮商師的知能展現、各類學生及案主所得到的服務，以及針對學生發展或學習目標的特定活動與所展現的學生成果。從數量上，你可以確認學校諮商師使用在活動上的時間以及實際得到服務的學生或者其他案主的人數。當你藉由組成要素蒐集資料，你將瞭解很多現行方案的優先順序及狀態（即關於哪一個組成要素被強調與否）。

確認及記錄輔導部門與職員所參與的活動，會使你的方案產生有價值的資料。這是個重要任務。執行它的理由之一是，記錄已實際完成的活動得以確保方案細節的精確性。其次則是記錄那些活動的能見度，並使其他人更理解。傳統上，學校諮商師做了很多事情是其他人看不見的。

能見度也幫助學校諮商師看見他們方案間的共通性。在一些學區，它提供了小學及中學一個銜接的橋梁，以使他們能夠聚焦在方案的相似性多於差異性。另外一個理由是紀錄本身將鼓勵學校諮商師學習更多新方案的模式以及他們正

符合該方案模式的做法。根據我們的經驗，紀錄能幫助那些沒有參與主要方案改進及重塑計畫的學校諮商師，讓他們可因這裡所提出的操作性定義得以理解四個方案組成要素。

　　一開始，學校諮商師投入在資料檢送、蒐集和記錄方面，以便瞭解各種活動類型的組成要素是很重要的。表 4.3 提供一些活動的例子（透過方案組成要素）。這些活動已獲得學校諮商師與學校的受訓諮商師（老師）所認同。它們包含了學校諮商師或同事已教導班上學生的輔導課程、傳統的個別學生規畫活動例如測驗結果的解釋及應用或者幫助學生決定他們下一年的課程、個別諮商以及與父母和老師諮詢。非輔導類任務在各學校或各學區或有差異，但是一些重複的主題也在這些任務中顯現出來。

　　如何衡鑑現行方案活動的構想。我們建議形成一個或更多的工作小組以發展活動衡鑑的調查。小組可以由不同學校層級（譬如小學、中學和高中）或者綜合各階段學校代表，並且結合新方案要素而組成。每一名職員須回答問卷，這樣一來才能發展出完整的圖像。然而，如果職員眾多，他們可以組成小組一起完成問卷。多種職員的組合是必要的。也可以將小學諮商師或者其他單

表 4.3 由方案要素組成的傳統輔導活動之範例

輔導課程	個別學生規畫	回應式服務	系統支持	非輔導類任務
班級輔導課程方案內容	生涯路徑	個別諮商：在校行為、家庭問題、交友困擾	同事在職訓練：標準化測驗	中午值班
生涯日	成績評估之解釋	小團體諮商	諮商師發展	撰寫異動時程
品格教育	個人規畫之進展	兒童研究團隊	輔導方案的年度規畫	協調標準測驗方案
反毒週	選課	危機介入	家長—教師協會會議	追蹤特殊教育文書工作
大學之夜	四年高中規畫畢業規畫探訪及查詢大學資料	教師諮詢：個別學生父母諮詢	諮商部門會議	行政指派

一職員安排成一個群組。

處理這些資料的工作小組需要設計出一份表格，用來蒐集他們所需的資料。分析那些與活動有關的資料，以理解學校諮商師的才能如何展現、聚焦在什麼內容以及預期學生有什麼成果。這些分析常常由不同的小組完成，於是蒐集資料的格式需要和方案整合在一起。

每一小組需要發放表格給所負責的工作人員，並且請求他們按照方案要素列出輔導與諮商的活動。該表格可包含一些評分的範例，以協助工作人員理解需要列出什麼內容，而工作小組的成員也可以舉出自己的例子（Gysbers, Stanley, Kosteck-Bunch, Magnuson, & Starr, 2008）。有些學區發現將活動描述在學區手冊上很有用，這可確認所列出的活動是有實際執行的活動。下一步則是分階段及組成要素逐步統計個別職員的資料。

有些替代途徑將使過程更趨完整，包含：學校諮商師自發地發展出活動列表、使用已準備的方案活動、學區或建構輔導與諮商方案的領導者結合所有資料並將這些資料依照標題排列。

所有在小區域的學校諮商師或代表不同層級的大型區域諮商師可在一整天的專業發展會議中，立即做出活動列表或者將之當成會議的作業，同時蒐集和組織方案要素。此法可類推至各層級（小學、中學、高中），以個別或整組來做回顧及補充。再次強調，要記錄目前以備將來，這確實是條起始之路。

表4.4顯示我們瞭解到已建立的高功能的全方位輔導與諮商活動的特徵。用上述評價你的學校或學區可協助你瞭解你所具有的和不足的。這些列表提供一個架構基礎給諮商師以幫助他們擬出表格。我們需要使用一份以四個象限為工作單的空白副本給諮商師以回答一些問題：「你最近進行了哪些適合於每個人的活動？」另在 ASCA 全國模式裡建議，由「ASCA 方案稽核適當的要素及其發展」（ASCA, 2005, p. 69）。

另一種質性衡鑑是由學區的輔導與諮商方案的領導者在與各層級職員團體開會時，評估方案實際的實施情形。訪問各層級的職員以瞭解什麼是他們所預設的一套標準，並讓領導者將之與學區採用的方案模式做比較。另一相似的方法可用在自學的形式上，領導者提供問題給各學校各年級職員，並在完成填答後對照一下。無論如何，提供活動範圍的明確資訊有助於理解現行方案的完整

表 4.4　全方位輔導方案的特殊型活動

輔導課程	個別學生規畫
提供給各年級學生的常態輔導課程	提供學生期待的個別學生的教育及輔導活動並使其轉換不同教育層級 由個別學生的資料夾提供的個別學生預警系統 為所有學生劃定、銜接生涯發展的方案
回應式服務	**系統支持**
小團體諮商 有系統及有計畫的個別諮商 與老師及行政層級有例行性與系統性的諮詢（關於：失敗的學生） 轉介學生的有效系統 例行性的家長諮商 幫助學生處理個人危機的系統性程序 危機處理的預先計畫與團隊	諮商師管理、監控與評估方案的執行 提供職員教育（關於：輔導方案的優先順序與活動計畫） 協調由老師、行政層級及諮商師提供的輔導 家長是方案設計及執行的夥伴（需要時） 輔導諮詢委員會 有意義地及公平地評估輔導方案與諮商人員

圖像，也有助於決定特定的學生成就。

確認專業諮商師之知能如何被使用

評估什麼。評估專業學校諮商師的專業知能如何使用在現行輔導與諮商方案的要求是：第一，與州政府所訂的證照要求以及學區所期待的相關能力進行確認。如果你依循我們所建議的過程，你已經可以準備進行方案內人力資源的評估。

如何進行現行學校諮商師知能應用衡鑑的構想。在分析你現行方案中所提供的活動時，你將可以確認學校諮商師如何應用知能及其施展的優先順序。舉例而言，學校諮商師帶領班級輔導課程，即展現其教學技能；學校諮商師與老師共同發展班級輔導課程，即展現學校諮商師的諮詢技能；學校諮商師協助學生設定其教育、生涯或個人目標，即展現學校諮商師的輔導技能。諮商師協助父母親與學生為某目標共同努力，也展現了學校諮商師的諮詢技能。

個別或團體諮商也展現了學校諮商師的諮商技巧。諸如此類，每一種知能的優先順序（教學、輔導、個別諮商等）是透過著重不同類型的活動推論而來，且最終透過時間分析研究而得到證實，這將在後續章節敘述。

非輔導類任務無法展現出諮商師的專業能力，是因為無法從他們的進修及訓練分析出該能力所展現的活動。有些學校諮商師團體也在考量哪些技能可使用在非輔導類的任務上。非輔導類任務時常展現在準行政管理上、教學上或文書工作的技能上。

表 4.5 提供的資料與我們從某些學區所發現的情形相似。《德州專業學校諮商師評鑑模式》（*Texas Evaluation Model for Professional School Counselors,* 2nd ed.）（Texas Counseling Association, 2004）中顯示了學校諮商師的表現領域，並由學校諮商師分析所進行的法定輔導及諮商活動後所記錄的優先順序：1 分是最高的優先順序；7 分是最低的優先順序。這是此衡鑑的捷徑方法之一，因為它與表現領域的優先順序有關，已經不再是學校諮商師知能的列表而已。

確認誰在現行方案得到服務：團體及次團體

評估什麼？在評估你現行輔導與諮商方案時，確認方案真正服務的是誰——誰是案主——以及每一個案主所接收到的服務的平衡點或程度是很重要的。你現行方案活動的衡鑑提醒你案主為何且幫助你意識到很多案主，除了學生之外還包括老師、學生家長、行政人員、其他與學生工作的專業人員及該系統本身。

表 4.5 現今諮商師知能及表現領域的優先順序

表現領域	小學	中學	高中
方案管理	7	2	4
輔導	6	6	6
諮商	1	2	2
諮詢	2	5	1
協調	5	1	5
學生衡鑑	3	4	7
專業素養	4	7	3

根據《學校諮商師的倫理標準》（*Ethical Standards for School Counselors*）（ASCA, 2010）（見附錄 A），「專業的學校諮商師對學生的首要基本義務是將學生視為獨立的個體般予以尊重對待」（A.1.a）。學生群體是由許多次團體所組成，這提供了「促進健康發展、預防問題、立即介入已確認的問題以及提供有效方式以回應蔓延的、長期的和嚴重的問題」（School Mental Health Project, 2010, p. 4）。我們認為與綜合發展性輔導與諮商方案有關的五個組別是：年級、發展階段、服務需求階段、青少年次文化團體和文化團體。

年級。首先，學生是根據他們的實質年齡來分配年級。全國專業教學標準委員會（National Board for Professional Teaching Standards, 2002, p. viii）確認這些年齡組別為 3-8 歲、7-12 歲、11-15 歲和 14-18 歲。

發展階段。第二，學生在各個發展階段都不同：幼兒、兒童中期、青少年前期、青少年和成人前期（National Board for Professional Teaching Standards, 2002, p. viii）。雖然不是所有學生在同一個年齡都經歷過這些發展階段，但每一個發展階段都需要學生完成一些發展任務。所有學生可以從學校諮商師的介入得到益處，並且能幫助他們的升學、生涯、個人與社會發展的進展（即發展性的輔導）。

學生尋求諮商師協助全面的發展議題。以學業發展任務為例，學生需要幫忙的部分跟思考及解決問題有關，而這些攸關他們未來的升學機會。以生涯發展任務為例，學生需要幫忙的部分涉及他們的發展，如成為勞工、做決策與預期未來。以社會發展為例，學生需要協助的部分是他們根據學校標準來學習如何表現出他們與父母親、朋友、老師、其他人和族群—文化認同的關係。另外，個人發展任務方面，學生所需的協助是與他們的身體、自我概念、情緒、認同、性格和道德發展有關。

服務需求階段。第三，學生對諮商師有不同程度的協助需求。不同於許多相關課程（如心理疾病、特殊教育、醫藥、物質濫用、社會工作、閱讀、專業學習社群）的三級模式，傳統上學校諮商師確認了四種需求程度而分成四種介入類型（Myrick, 1993）。

如圖 4.1 所顯示，100% 的學生有發展上的需求。估計 35% 的學生有預防的需求，他們比他人更掙扎於嘗試完成發展任務階段或者面對問題、議題，或者

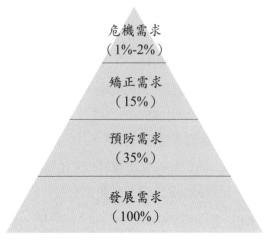

圖 4.1 學生的介入需求之階段與百分比

妨礙他們專注完成發展任務的阻力。這些學生可從回應式介入得到益處並且防止他們偏離軌道（如個別諮商或小團體諮商）。較少的是，近乎 15% 的學生已經準備選擇或者經歷偏離健康發展軌道的狀況。這些學生可從回應式介入來幫助他們從其狀況中改正而回到正軌。除了提供諮商，專業學校諮商師也許將他們轉介給其他專業人員或特殊方案。相當少數的學生（1% 至 2%）面臨危機情況，如生命受到威脅或者對他們持續的健康發展產生嚴重的破壞。這些學生需要來自學校諮商師立即的反應，並且需要衡鑑、轉介和追蹤。

四種介入類型以及與教育、生涯、社會或個人發展有關的範例如下。

1. **預防介入的需求**：在先前曾建議過一個教育發展任務的範例是：問題解決。那些無法確認問題解決方案的學生有預防介入的需要。生涯發展的任務是期待未來，那些無法預見自己未來的學生需要預防介入。社會發展任務則是族群─文化認同，那些對族群差異缺乏敏感度的學生需要此項介入。個人發展的任務是道德發展，那些在面對同儕壓力時忽略其個人行為標準的學生需要預防介入。

2. **矯正介入的需求**：在教育發展上，那些使用不恰當的策略來解決問題的學生需要矯正介入。那些相信自己不會到達成年期的學生在生涯發展上需要矯正介入。社會發展方面，那些無法容忍他人種族與自己不同的學生也需

要矯正介入。另外，由於同儕壓力而做出老是與個人標準不一致行為之學生，在個人發展上也需要矯正介入。

3. **危機介入的需求**：在教育發展上，因為被霸凌而逃學的學生需要危機介入。另外，為了逃避未來而有自殺企圖的學生在生涯發展上需要危機介入。那些牽涉種族衝突的學生在社會發展上需要危機介入。在個人發展上，那些擔心自己懷孕的學生也需要危機介入。

4. **文化需求**：學生來自不同的文化。他們有性別、性取向及性偏好的差異。他們與不同型態的父母或監護人住在一起（如：親生、單身、同志、收養或領養父母；祖父母；居住設施），並具有相關的家庭結構（如：親生父母以及有手足與否、擴展家庭和混合家庭）。他們的生活型態是多樣的（如：流動的、移民、無家可歸的）。他們的種族也有差異性（如：非裔美國人、西班牙裔美國人、白人、亞太裔、美國原住民）。他們也來自不同階層的社經環境（如：低階層、中階層、高階層）。他們家庭的收入穩定或不穩定，他們可能來自公家機關或私營的部門、軍人、社會救濟或非法工作。他們的父母也有不同層級的教育程度。他們的父母可能因為監禁或忽略而缺席。他們來自的家庭或社群使用英文以外的其他各種語言，並且有不同的宗教信仰。

青少年次文化團體。青少年文化團體及次團體都各自擁有「不同的行為風格及興趣。反文化這一詞是用在表示次團體向主流文化顯示敵意」（School Mental Health Project, 2010, p. 2）。從現今學校可看到的典型團體包含了書呆子、怪咖、運動迷、幫派、農工、哥德人等。

次團體學生的裝扮令人生畏。在評估你現行方案的服務時，要確認那些次團體的學生是否需要得到迫切的幫助。如果你的目標是盡全力服務學生，那你肯定清楚瞭解你服務的學生是誰，並決定你能盡力幫助誰。這個主題將在第 5 章詳加討論。

成人案主。學生是主要的案主，但是很多州法及 ASCA（2010）的《倫理標準》清楚提到，學校諮商師也對學生家長或監護人有責任。學校諮商師也對同事及專業同事有責任（《倫理標準》，C 章節；見附錄 A），包括老師、行政階層和職員、其他心理健康專家以及學校其他專業人員。他們也對學校、對

社區、對他們自己以及對同業有責任。這些成年案主也是由次團體所組成，其中兩個特別重要的是：他們可能是學校諮商師的學生群或者不是。

視學校系統為個案。 視學校系統為一個個案的觀點也很重要，是因為案主常常是非輔導任務所服務的對象。系統包括了學校、學區以及州或者聯邦的教育系統。

如何進行學生服務衡鑑之構想。 要知道輔導與諮商方案當前的服務對象，最完整的做法是由諮商師保存的服務紀錄和服務對象的次團體編碼資料中得知。最容易的是透過登入輔導中心及學校諮商師辦公室的諮商師紀錄單中得悉。也可由學生登錄所有活動累積下來的資料計算出來。將資料編碼通常需要將所蒐集的資料電腦化，以使學生次團體的編碼被加入和計算。就先前所描述的眾多變項，大部分我們進行過衡鑑的學區，已預設出他們需要追蹤的案主的相關變項，如：學生年級的數量、介入階段，或以人口統計出成人或其他案主的類別，如老師、家長、行政階層、職員、其他心理健康專家、其他學校專業人員、學校系統、社區的代表或團體、他們本身（如：追蹤專業發展），或者同業（如協會）。

在我們工作的學區內，關於服務的案主以及他們被服務的程度，最精準的資料來自於諮商師的工作紀錄所花的時間總數。為了確認系統服務功能即為學區的學生服務功能，這些資料也要被分析。表4.6呈現了一群高中諮商師保管的工作紀錄成果。

其他蒐集這些資料的方法與之前討論的現行活動衡鑑有關。對已完成的活動進行分析，可以識別活動的參與者是誰，也許不是來自於個別學生，而是來自於其他類別。普遍而言，輔導課程及個別學生規畫活動是提供給有發展需求的學生，回應式服務是提供給有預防、矯正及危機需求的學生。系統支持活動服務的對象是非學生身分的案主。這最後的兩套活動根據三個需求階段來進行更深層的服務類別分析。這方法也由所出現的議題、回應式服務和學生的人口統計來評估服務類別本身。

另一個蒐集案主被服務情形的捷徑是調查法。該調查不如先前建議的技術般精確，但是卻可以產出有用的資料。譬如說，在某個學區的學校諮商師被要求列出他們與案主接觸時間百分比的表格。原始的列表是由工作小組所建立並

表 4.6 人事支持與系統支持（基準線資料）

人事支持			對比	系統支持		
時間的百分比（%）	功能	排列等級		時間的百分比（%）	功能	排列等級
12.8	個別諮商	2		19.9	專業職責	1
8.0	個別輔導	4		8.3	策畫	3
6.3	與職員會談	6		6.9	管理紀錄	5
4.2	註冊登記	8		5.2	繁雜的文書工作	7
3.5	諮詢職員	9		3.9	特殊教育	9
3.2	與父母會談	12		3.8	行政作業	11
2.5	父母諮商	13				
2.3	協調各處室	14				
2.0	諮詢其他學校的專業人員	15				
1.7	輔導活動	16				
1.5	諮詢父母親	17				
1.4	生涯教育	18				
1.3	親子會談	19				
0.6	團體輔導	20				
0.4	小團體輔導	21				
0.2	個別測驗	22				
0.1	測試學區方案	23				
52.0				48.0		

提供給所有學校諮商師。工作小組蒐集並記錄該結果，且因與估計結果一致而受鼓舞。雖然如此，取得資料的方式並不算精確，因為若有足夠的個別資料被輸入，任何真實的差異會因為多數的一致性而被修改。這類別的一種調查結果呈現在表 4.7。

　　一個更快速、較不精確但是對學校諮商師有用的方法，就如同一個小組在估量和設定案主服務的優先順序。我們使用的方法是讓學校諮商師評估他們的優先性並且與其他同級學校進行對照。有時候小組們在學區的優先性上達到共識。這個例子的資料反映在表 4.8。這個小組判斷出哪些有迫切危機且需要立即關注與照顧的學生對象，因此可對第一個優先性標上星號。其他的優先順序的

表4.7 與案主工作所花時間的百分比預估值（基準線資料）

案主	小學的平均數[a]	中學的平均數[a]	高中的平均數[a]
與學生的接觸			
輔導發展			
團體	23	13	10
個別	11	12	25
基礎測試方案	7	3	10
預防（諮商）	12	18	11
矯正（諮商、轉介）	4	8	3
與成人的接觸			
學區行政	5	8	3
學校職員			
校長	5	4	3
教師	9	9	7
其他諮商師	3	3	5
特殊教育職員	8	6	5
其他專業人士	3	3	3
家長	7	10	8
校外機構的職員	2	2	1
社區代表	1	1	2

註：資料取自 Northside Independent School District, San Antonio, TX。
[a] 由於四捨五入，數目無法加至 100%。

表4.8 推估現今案主的優先性

案主	小學	中學	高中
有發展需求的學生	3	4	3
有預防需求的學生	2	5	1
有矯正需求的學生	1	3	2
有危機需求的學生	*	*	*
老師	4（有差異）	6	5
家長	4（有差異）	7	4
行政階層	4（有差異）	1	6
其他	7	2	7

註：星號是指「沒有等級」，因為當學生有危機時，它常是在最高的優先順序，但是在一年的過程中危機需求並不是最優先的。

主要標準是根據其他的混合變項，例如各類別的服務量、學校諮商師花在各類型個案上的時間、學校諮商師對於各類型的重視程度，以及行政階層對某些個案的重視程度等。若只由各學校層級選出服務案主的順序，一旦層級間的差異太大時，問題就被清楚顯現出來了，如同表 4.8 中的個案。小學諮商師判斷的優先順序在各所學校之間有很大差異，因此在欄位裡並列第四名。

辨識方案的現行成果

評估什麼？下一個任務是辨識由學生參與每一個現行方案活動所期待達到的成果。若活動的成果（目標）沒在活動中被確認，確認出一次只做一個活動且詢問一些問題，如：「為何我們進行這些？」「透過這個活動學生有何差異？」「學生瞭解什麼，他們形塑了什麼態度，或者學生可以做到什麼而這是他在之前沒辦法做到的？」舉例而言，

如果活動是……	預定成果是……
● 協助學生規畫他的時間表	● 所有學生可以選擇與他們的能力及興趣一致的課程
● 進行生涯日	● 參與的學生可以確認與他們的能力及興趣一致的職業

雖然很明顯地，學校諮商師的主要目的是服務學生，但並非所有學校的諮商師都有清楚聲明其工作成果的經驗。因為近年來，專業人員認同一種觀念，即學校諮商師所做的並非都可被觀察或測量，學校諮商師所做的是過程而非可見的成果。

如何進行現行方案成果的衡鑑之構想。假設你如第 3 章所建議已經界定好你輔導與諮商的領域及知能的內容，你的任務也許僅是綜合已寫妥的聲明。如果應用在輔導與諮商方案上，你採用的是學生能力的綱要（譬如那些當地原有的、或者來自你的州的、或者全國模式的），那麼你的任務之一是連結與學生能力有關的特殊活動。若沒有可得的選項，且你的職員在整體上並不遵從對所重視的成果時，奉勸你使用你的諮商師指導委員會、其他諮商師領導者

的團體，或者所有學校諮商師如工作小組的小團體，並且以指認出學生現今進行活動的成果作為基礎來引導他們。透過學校諮商師對於學生成長以及發展的貢獻來證明，可使我們在教育場域上的身分得到保障。因此，這個練習提供你測試方案活動的效度；如果一個活動沒有可見的成果，或者與可辨識的成果只有微小的關聯，那麼也許並不需要持續它。

當輔導部門職員已經確認他們進行的活動及每個活動意圖達到的成果後，下一個要問的問題是：「是否所有學生對於為他們所舉辦的活動均可達到預期的成果？」雖然輔導部門職員可能感受到那些活動已達到了期望的成果，但卻沒有什麼證據可以證明（評鑑學生成果的建議詳見第 10 章）。

要確定每個活動及所服務案主的期望與實際的成果，你可以透過參與方案的情形來推論專業知能發展的情況。透過分類組別，可在方案組成要素底下整理出期待的成果。你可以製作一個關於對每一個組成要素所期待成果的聲明。舉個例子，上述引用的兩個活動——時間表規畫及生涯日——的成果，這與學生的教育發展及生涯規畫有關。計算所有活動的成果將描述出所期待的個別學生成果。從所列出的所有成果，可以對整個現行方案的成果做出較整體的推論。這個列表可用在你現今學區或者學校期望的方案之間的比較。

簡言之，更進一步的是全面性階段，指導委員會或諮商部門職員可以重複且自發地排比領域、知能或者從兩者中確認出方案的內容。例如，在德州已推薦學校與學區使用七個主要的輔導目標領域（Texas Education Agency, 2005）。那些現行方案優先處理的例子呈現在表 4.9。

表 4.9 現行方案的優先順序

內容領域	小學	中學	高中
自信心發展	6	5	2
成就動機	5	3	6
決策、目標設定、問題解決、計畫	2	2	4
人際效能	4	6	3
溝通技巧	3	4	5
跨文化效能	7	7	7
負責的行為	1	1	1

量化設計

對現行量化設計的瞭解，主要來自於研究學校諮商師如何確切地將時間花在執行活動，以及推估有多少學生及其他案主確實參與其中。最後，如果你已經完成成果的評鑑（如第 10 章所敘述），也許可以取得學生參與方案活動所達到各種成果的資料。

確認學校諮商師如今如何使用時間

評估什麼？學校諮商師如何使用他們的時間並且與全方位輔導與諮商方案的要素一致，最能具體提供你現行方案的實際設計資料。由於學校諮商師是方案的基礎資源，他們實際與方案有關的行為紀錄是你最需要蒐集的。另外，蒐集將時間花在非輔導任務上的資料也是件重要的事。

透過具體說明學校諮商師如何分配他們的時間到各種方案組成要素，你將可能看到方案的平衡點所在。計算所有諮商師在學校階段的時間，你將可能看見每一所學校的方案平衡點。你需要回答一些問題，譬如：「哪一個組成要素占了資源的最大部分？」「哪一個最少？」「由於學校諮商師花在非輔導的任務上而減少輔導與諮商方案時間的比例是多少？」

就如質性設計的標準，這些量化數據也意味著每一名學校諮商師知能的使用範圍、有多少被服務的學生及其次團體的學生總數，以及方案的案主可能達到的成果有多少。在蒐集時間的資料與方案組成要素的同時，你也可以從學校諮商師知能表現領域範圍，瞭解他們使用時間資源的適當性。

圖 4.2 顯示一個已由學校諮商師使用的表格，說明他們在方案組成要素和表現領域上所花的時間。對於實際或者增加的時間，從學校諮商師記錄的活動所需時間及所實施的表現領域可得知。

注意事項：時間的研究提供了一個黃金機會讓你瞭解方案中許多真實的事，但你也需要抵抗一些你想知道卻不敢去問的誘惑。研究需要愈簡單愈好以便執行，否則你的資料將毫無意義。由於學校諮商師和其他輔導職員都很忙碌，需要仔細考量你想要請他們幫忙記錄的是什麼。只要蒐集你想要使用的資料就好。

日期：＿＿＿＿＿＿＿＿＿＿			
時間	記錄	方案組成要素 [a]	表現領域 [b]
7：00-7：15 a.m.			
7：15-7：30			
7：30-7：45			
7：45-8：00			
8：00-8：15			
8：15-8：30			
8：30-8：45			
8：45-9：00			

一天的總時數	輔導課程 ＿＿＿＿	方案管理 ＿＿＿＿
	個別學生規畫 ＿＿＿＿	輔導 ＿＿＿＿
	回應式服務 ＿＿＿＿	諮商 ＿＿＿＿
	系統支持 ＿＿＿＿	諮詢 ＿＿＿＿
	非輔導 ＿＿＿＿	協調 ＿＿＿＿
		學生衡鑑 ＿＿＿＿
		專業行為 ＿＿＿＿
		專業標準 ＿＿＿＿

圖 4.2 時間日誌：組成要素及表現領域

[a] 方案組成要素說明：GC ＝輔導課程；ISP ＝個別學生規畫；RS ＝回應式服務；SS ＝系統支持；NG ＝非輔導任務。

[b] 表現領域說明：PM ＝方案管理；G ＝輔導；Cou ＝諮商；Con ＝諮詢；Cor ＝協調；SA ＝學生衡鑑；PB ＝專業行為；PS ＝專業標準。

時間—紀錄系統愈簡單，你的資料也愈精確。

如何進行學校諮商師時間使用研究之構想。仔細規畫時間使用的研究，必須讓某些資料具有意義且可使用。你也需要為帶領該研究的理由做出決定，誰的時間將被研究以及你想要學習到什麼，甚至將如何引導此研究。我們建議你寫出研究時間的目的，以確保所有學校諮商師及行政階層之間都清楚。例如，「這時間研究的目的是為了確定學校諮商師的時間資源符合全方位輔導

與諮商方案模式的四個方案組成要素」。在學校諮商師記錄他們的時間之前，界定各個組成要素的活動類別很重要。每個現今確認的輔導與諮商方案的活動及其組成要素之間要能一致。

　　你將能確認諮商職員在這一大類中的成果為何。例如，區分小學、中學和高中的諮商師是有幫助的，因為輔導與諮商方案在不同層級的學校通常其平衡點也有所差異。他們可能關心對人事評鑑有用的資料更勝於關心方案的目的。你需要判斷出你是否有意願匿名提供資料，或者你需要和學校諮商師建立適當的信任程度。

　　由於這是一個時間運用研究，你需要判斷你何時將進行研究以及將持續多久：全年？某個月份？一年中的某些日子？這個研究必須涵蓋足夠的時間，以便有些偶爾為之的活動不致給予過度的注意。最全面的研究是花上整個學年。在這種類型的研究裡，學校諮商師在整學年記錄他們每週一天的時間，而且每一週所選的日子不同。他們從第一週的星期一的時間開始記錄、下一週的星期二、第三週的星期三，以此類推（Gysbers et al., 2008）。

　　你也必須判斷出學校諮商師將記錄的時間段落：以分鐘為單位？十五分鐘？半小時？一節課？還是以輔導活動的時間長度？一個經驗法則是蒐集資料的時間愈短，記錄時間段落愈小。假設研究涵蓋一個月，那麼必須使用學校諮商師的實際紀錄。如果研究是涵蓋一整年，以十五到三十分鐘的間隔比較有彈性。在傳統方案中記錄真實的時間有其好處，因為許多學校諮商師是自發性地介入方案，增加了不同時間的簡短介入。使用這個較有彈性的方法可能得到更多實際的圖像。而記錄一套固定時段的好處是對每所學校諮商師及所有學校諮商師都一致適用。

　　另一個要做的判斷是學校諮商師必須何時記錄他們的時間：當他們去哪裡時？在早上還是下午的尾端？在一天快結束前？我們建議他們只記錄工作日八小時或者訪談學生所花的時間。當超時工作的學校諮商師記錄他們的時間時，時間參數的變化變得難以管理。不管是記錄還是計算，蒐集資料的格式愈簡單愈好。如果易於從所有諮商師取得這些資料，使用電腦的空白表格程式能使表格資料易於增加且幫助時間研究的進行。最低限度，你至少得使用電腦來計算資料及產出你需要的報告。在你的格式發展好之前，記得要先考量電腦的指令

程式。

執行此研究的方向須精確且清楚。學校諮商師需要在研究目的下得到訓練，並且知道如何管理他們的紀錄。須完全理解研究使用的專門術語，以確保資料蒐集的一致性。需要準備一個能調整問題及控制研究執行之系統。倘若你是從中央辦公室的位置進行此研究，你必須確保校區的輔導與諮商方案的領導者，無論是主要負責人還是協同諮商師，理解該研究及其目的，以便有效控制其效能（見附錄 B 的密蘇里州學校諮商師使用的時間與任務分析程序及形式）。

學區內的學校已完成短時間的時間研究以提供少量的資料和有限的結論，然而至少有幫助的是資料使用者能覺察到其限制。此外，需要做一些規定以確保在年度的不同時間點上考量到足以改變方案平衡性的特殊事件。譬如，中學或者高中的教育計畫以及學生選課是在春天進行。

當學校諮商師確實花時間回應由學校委員會或學校行政階層的要求而有機會去研究方案時，他們須推估他們如何運用時間。當然，只靠他們的知覺還是可能有所出入，不太精確。但按照我們的經驗，無論如何，還是支持自我陳述技術的相對精確性。接著，把個別學校諮商師的估計按階段統合起來會更符合結果。表 4.10 顯示一個從學區蒐集資料方法的範例，它使用了兩個方法來蒐集關於學校諮商師的時間運用之資料：推估和短期內載入紀錄。你可以看到這些結果有些變數，但是分析可能引導到相似的結論。譬如，非輔導任務從輔導與諮商方案這裡花了太多時間；回應式服務也比其他方案組成要素費時更多；此方案目前回應性比發展性更多。

表 4.10　現行方案設計：諮商師時間的推估和紀錄之百分比

方案組成要素	推估			紀錄 （2004 年保有的紀錄）		
	小學	中學	高中	小學	中學	高中
輔導課程	5	5	0	4	1	6
個別學生規畫	0	10	5	0	3	14
回應式服務	50	50	40	40	21	28
系統支持	15	15	20	5	7	21
非輔導任務	30	20	35	52	69	32

　　部分學校諮商師的時間研究的結果呈現在表 4.11 及表 4.12 中。表 4.11 呈現德州主計長依法進行的學校諮商師如何運用其時間研究（Rylander, 2002, p. 18）。表 4.12 則呈現了由北卡羅萊納州公共教學部（North Carolina Department of Public Instruction, n. d.）主導的 2000 年至 2001 年《北卡羅萊納州學校諮商師如何運用其時間》（*How North Carolina School Councelors Spend Their Time*）的研究。此研究有趣的是，各學校層級的學校諮商師在各組成要素活動上花費的時間百分比不同，推翻學校諮商師原被安排在每個組成要素的時間的百分比。此處呈現所有調查的資料（p. 6），用不同學校年級間以及用不同學生人事資料

表 4.11　德州主計長學校諮商師調查（2002 年 1 月／ 2 月）：關於學校類型的全州的諮商師工作時間紀錄卡

類別	小學%	中學%	高中%	其他%
輔導課程	17.6	8.0	9.2	12.3
個別規畫	9.5	10.7	22.3	12.8
回應式服務	21.4	18.3	16.7	24.3
系統支持	16.0	11.6	11.6	12.0
小計	64.5	48.6	59.8	61.4
非輔導任務	15.6	31.5	18.1	22.5
職員發展	3.3	2.3	2.9	1.9
個人休假	3.8	3.5	3.7	3.5
行政或文書任務	7.5	9.1	10.4	8.3
其他	5.2	5.1	5.1	2.4
總計	100	100	100	100

表 4.12　北卡羅萊納州諮商師如何使用他們的時間：人事的百分比／所花的時間百分比，所有學生服務的人事

活動	<10%	10%-20%	20%-30%	30%-40%	>40%
輔導課程	37.8	29.0	13.5	8.2	6.8
個別學生規畫	33.9	24.0	14.7	10.6	12.4
回應式服務	21.2	23.4	20.8	15.2	14.3
系統支持	32.2	29.0	13.5	8.2	6.8

類別的資料做出報告。這些範圍意味著不同州的學生在輔導與諮商的體驗不同；也顯示不同學校的諮商師的工作是有差異的——他們有不同的工作——也可能個別學校的諮商師對自己所做的工作有不同考量。該報告也呈現了學校諮商師花在非輔導任務時間的百分比。

從這些例子，你可以看到：統整出有用的資料可引導方案效益顯著提升，以及讓州層級決策者有興趣知道學校諮商師為學生發展所做的實際貢獻。他們看到結果的相似性（如：學校諮商師花在非輔導任務上的顯著分配）及差異性（如：花在其他組成要素的時間分配）。這些資料成為測量未來進展的基準線。

部分學區已就現行方案中失衡的特定部分活動或任務進行評估。例如，為了更理解非輔導類的活動特性，某個學區進行學校諮商師的準行政行為及文書任務之研究。這過程與剛才描述的相似。某學校諮商師的工作小組指出他們執行的任務，並不要求具備輔導與諮商的碩士學位的人即可完成。個別職員評估他們花在每一個任務上的總時數或者一年中的天數。這些特定的時間加總起來，並確定了總時數的百分比。其他學區也蒐集這些資料作為他們的基礎研究。

確認現行服務的學生及其他案主的人數

評估什麼？評估現行方案服務了多少名學生或案主也是一個重要的基礎資料。傳統而言，諮商服務以個別學生及與其有關的成人（老師、家長、行政人員）為目標。現在的方案強調以發展為基礎，因此關注大小不同群體的所有學生。學校諮商師需要計算從方案上獲益的個案數，且從學生、老師、行政人員、家長等理解每個方案組成要素中實際被服務而獲益的學生。重要的是，大家都該清楚瞭解在一整個上課天中所能利用的時間是十分有限的，同樣地，基於方案的設計，每一天能服務的學生也是有限的（參閱第 8 章）。

另外也需要理解學校諮商師的服務量愈大，個別學生能與其諮商師單獨或者在團體內相處的時間愈少。藉由蒐集在每一個活動受惠的學生人數，學校諮商師及他人將理解從方案活動獲益的學生總人數之比例（參閱第 8 章）。同樣有幫助的是，蒐集與學生有關的成人其透過方案活動而獲益的資料。在分析這些資料時，學區會瞭解學校諮商師花在老師的時間比花在學生身上來得多。也理解到當諮商師 30% 的時間花在與父母面對面的討論、電訪或透過電郵溝通

時，其花在父母的 30%也意味著對學生的服務少了 10%。

如何進行案主的人數研究之構想。當方案在執行時，蒐集資料的主要方式是記錄以及列表，這並不像前述的時間研究。當與時間研究一起進行時，會明顯分散注意力。許多輔導與諮商部門已經使用簽到單追蹤進入諮商中心的學生人數。專業學校諮商師也保存那些用於個人或專業所需的案主筆記。回顧這些筆記並將學生及其他受服務的人數列表，這也是一個蒐集資料的合法方式。學校諮商師有系統的回顧及計算他們的日常行事曆也能得出完全精確的資料。這些資料的報告也許簡要如「x 數量的學生透過現行輔導與諮商的課程得到服務；x 數量透過個別學生規畫活動得到服務；x 數量透過回應式服務得到服務」。透過系統性的支持活動，案主直接得到老師、父母、行政階層、學校諮商師在方案管理或專業發展上的服務。

透過學校諮商師的個別行事曆及方案的年曆（第 8 章），可發展出被服務學生的估計值。雖然不是很精確，但也提供可證實的資料。這些資料也可以從本章先前描述的方案活動之研究中蒐集。這個活動規畫的回顧必須計算學生參與各樣活動的基本人數，譬如說輔導課程（班級的平均數）、小團體諮商（八至十人）、家長—老師—學生—學校諮商師會議、服務老師（同仁數量）、參與家長教育的家長人數等。將有關個別服務的紀錄結合可以提供一個描述性的數據。

確認由次團體組成的學生以及其他受服務案主的人數

評估什麼？獲得資訊的另一個重要方式，是先判斷有多少不同次團體的學生得到服務，並且確定其服務比例是否反映出學校整體的學生總人數。如之前所敘述的，學生的次團體包含那些不同年級、有著不同需求（發展、預防、矯正及危機）程度，以及不同文化與社會族群的學生。許多學區和學校認知到他們的苦惱在於有很多少數與低收入的學生並無法獲得周全的服務。

如何進行次團體個案服務的構想。這些資料是為了蒐集獲得服務的案主人數時的細項資料。次團體愈完整，愈容易辨識這些資料。舉例來說，根據年級分析而得到服務的學生數應該是明確的。當規畫恰當時，可進行因應不同層級學生需求的方案活動及介入分析。資料的數量可以按照假設的基礎區分；

亦即班級輔導服務的是有發展需求的學生；小團體諮商服務的是有預防需求的學生；個別諮商服務的對象是需要矯正的學生；以及危機諮商服務的是在危機中的團體或者個人。按照人口統計的類別評估個案服務的數量，則需要蒐集涵蓋學生姓名或者其他辨識符號的資料。此類衡鑑需要用特定的研究設計以分辨出特殊需求的學生。

確認現行達成方案活動預期成果的學生人數

評估什麼？除了知道有多少案主參與輔導與諮商方案外，透過方案設計理解學生實際所學或者將能學到的成果是相當有幫助的。這階段的方案提升過程不是開始成果評鑑的時機，但如果資料皆能方便取得，那麼將可以放心地進行下個步驟。

如何進行達成成果的學生人數研究之構想。重要的是指出那些完成特定成果的學生人數及百分比，以及如何判斷他們達成成果。由此，輔導的職員先定義出學校特定次團體的成果為何。依照每個活動（或活動群組）的技術，列出哪些活動正完成以及它對學生的影響的成果為何（見表 4.13）。也許只有少數學生達到很多項輔導目標，或者從有限的證明顯示根本只有達到一些目標（完成的成果在第 8 章及第 10 章有更完整的討論）。

表 4.13 活動、成果及影響

活動	成果	影響
輔導學生規畫他們的時間表	學生可以選擇與他們的能力及興趣一致的課程。	1. 只有 12% 的學生更換課程。 2. 畢業生的追蹤研究：課程滿意度是 68%。
進行生涯日	學生可以確認與他們的能力及興趣一致的職業。	1. 生涯日的參與及出席率：低（只有 30%）。 2. 諮商師：高品質的回應，但是學生團體只有 12%。

■ ■ 蒐集對方案的看法

評估什麼？

從學生、老師、學校諮商師、行政階層、家長和社區民眾的觀點，蒐集他們對於現行方案的看法。這些衡鑑著重在這些群體對於現行方案的想法及感受。這焦點並非放在現行方案的事實或者個人、學校或社會對需求的看法。需求評估後續會在方案促進過程中出現。

蒐集資料可幫助你瞭解人們及團體的支持情形，他們可能成為資源並告知你：對方案而言，何者是對的以及何者需要改變。你也可以運用這些資料作為隨後教育努力成果的基準線。

如何進行一個意見調查的構想

找出人們如何思考你現行方案的最直接方式是詢問他們。無論如何，就如任何市場研究的成果，選擇欲調查的群體是非常重要的。樣本必須是你方案的消費者以及你學校社區的社會與文化人口的代表。不是所有的看法都會令人愉悅，也並非全都是負向的；消費者群體間可能不會太一致。你的樣本愈精確，獲得人們對你現行方案的看法之圖像就愈真實。

在一次活動後，立即以適當方式蒐集所有你過去活動的組成者的觀點。如果你的系統小到足以用手工列表，或者如果你可以使用電腦計算，那麼最佳方式是調查學生及家長的隨機樣本。然而，調查學校諮商師及行政階層的總樣本也是合宜的。不管你對所有老師施測還是對一個依據你學校系統大小的隨機樣本施測。如果是小樣本，則對所有人施測。如果是大樣本的，就得確認統計上是隨機樣本。電腦化資料庫可產生這些樣本。你需要確保樣本確實反映學校社區及學生母群體的人口統計。

我們建議你詢問你的諮詢委員會及指導委員會的成員——他們是他們群體

的代表——以便在蒐集看法的過程中協助你。舉例而言,在學校—社區的指導委員會中向家長、行政人員和教師提問時,你可以運用適當術語和有效方法去鼓勵家長和其他人回應你的提問,從中得到建議。

推估及腦力激盪

當指導委員會成員同意在例行工作之餘幫助你承擔改變過程的責任時,你可以採用他們對方案的普遍看法進行快速的衡鑑並作為額外的激勵。其中一個進行的方式是詢問他們,且要求他們寫下對現行輔導與諮商方案設計的印象。舉例說,他們可以推估學校諮商師運用在四個組成要素的時間之百分比,有多少百分比運用在每一個子類別的案主上,或者方案的前三項或前五項的優先順序為何。蒐集這些資料的簡單工作單呈現在圖4.3。

另一個快速衡鑑的方式是以指導委員會、其他團體的代表或兼具兩者身分者來進行腦力激盪,意即當他們想到輔導與諮商方案時他們思考到什麼。輔導與諮商方案的領導者根據方案組成要素,包含非輔導的類別來記錄這些自發性的表達內容。假設方案亟待改善,這些優先順序的明顯資訊將幫助指導委員會成員完成現行方案的衡鑑。

訪談

另一個瞭解人們對你的方案如何思考的方式是使用結構式訪談,從不同團體中訪談具有代表性的個別樣本。可分成幾個小組並由諮詢與指導委員會成員擔任小組領導者,將有助於你完成這項任務,要考量到讓諮詢及指導委員會成員在你的不同次團體中領導。舉例而言,指導委員會的 PTA 代表可以訪談當地PTA 單位的主席。需要注意的是領導者的意見可能不是他們團體的主要看法。

輔導與諮商方案領導者在此過程中有一個特別的角色。尤其是如果現行輔導與諮商方案有廣泛性及普遍性的批評,領導者詢問關鍵人物,如對督學、校長、老師及家長領導人提出直接導向的問題,是有價值的,如:「你喜歡現行輔導與諮商方案的哪一部分?」「你不喜歡什麼?」「你想要改變什麼?」「你會在方案內增添什麼?」

下列是一些在訪談中提問的例子,用以評估學區方案的現行狀態。

學生／社區輔導相關需求的優先順序：
1.
2.
3.
4.
5.

諮商師表現領域 （技術／能力）	優先順序（1-7）
方案管理 輔導 諮商 諮詢 協調 衡鑑 專業	

案主	優先順序（1-8）
學生 　發展需求 　預防需求 　矯正需求 　危機需求 老師 家長 行政階層 其他	

學生能力	優先順序（1-7）
自信心發展 成就動機 決策、目標設定、問題解決 人際效能 溝通技巧 跨文化效能 負責的行為	

諮商師時間／方案組成要素	優先順序 #　　　％ （1-5）（＝100%）
輔導課程 個別學生規畫 回應式服務 系統支持 非輔導	

圖4.3 現行方案設計的工作單

1. 對於現行輔導與諮商方案，你最喜歡的是什麼？

2. 對於現行輔導與諮商方案，你不喜歡的是什麼？

3a. 你的輔導與諮商方案的使命是什麼？

3b. 輔導與諮商方案的使命如何與你的學區或者學校使命相吻合？

4. 你是否有給予他人輔導與諮商方案的書面說明？（我可以要一份嗎？）

5. 你認為輔導與諮商方案有哪些活動可能對學生的需求有所助益？

6. 透過輔導與諮商活動協助學生的優先順序為何？

7. 學生參與輔導與諮商方案時學習到什麼知識或技術？

8a. 你的學生服務量有多少？

8b. 還有誰參與執行輔導與諮商方案？

9a. 你的輔導與諮商方案是如何組織的（服務 vs.方案 vs.自發的）？

9b. 請為你的學校完成一個活動要素的工作單。

10. 請你以時間運用的估計值來完成工作單上的百分比及優先性。

11a. 你有完成輔導方案發展的過程嗎（主要的）？

11b. 你有持續發展及促進方案嗎（漸進地）？

11c. 你今年有想要或將要進行的新活動嗎？你如何或為何決定進行？

12. 你如何評鑑你的效能：

    a. 是依學生透過你的活動而達成的結果嗎？

    b. 是看專業表現嗎？

    c. 是看整體的方案嗎？

13. 什麼障礙阻礙你執行一個完整的方案？

14. 其他意見？想法？

從回答這些問題，學區開始意識到以下的弱點以及優勢。

    弱點：

- 經濟上貧窮及少數族群的學生沒獲得足夠的服務。

- 對方案沒有清楚的願景或者使命。

- 個別諮商師對於他們在工作上的安排所做的決策（譬如：時間及活動），讓諮商師對他們的選擇感到不安。

- 對諮商師沒有交代清楚的理念，引發責任上的不公平。

- 未充分使用學校諮商師的專業。
- 專業學校諮商師欠缺對學校諮商師的領導。
- 沒有清楚界定方案的架構及設計。
- 對輔導內容沒有清楚的範圍及順序。
- 方案的活動及服務出現 1：1 的顯著基礎，這產生了不公平的現象。
- 方案的服務及活動缺乏銜接。
- 非輔導的活動過度消耗了諮商師的時間（從 20%至 50%）。
- 在設計、監控、評估及促進方案時缺乏系統性的過程。
- 在學校各年級間缺乏遞送方案的協調規畫。
- 缺乏一個專業學校諮商師表現的評估過程或形式。

優勢：

- 有社區以及行政學區的願景、使命和目標，包含健康的社會、情緒的、個人的和學生生涯發展。
- 團隊合作支持的氛圍。
- 充裕的諮商師：學生的比例（儘管劃分不均）。
- 學校諮商師有出版職務說明以反映州的模式。
- 小學及中學的方案內容反映州的模式。
- 很多現行方案活動符合第四個系統遞送要素。
- 諮商師及校長之間的支持關係。
- 諮商師及校長對輔導與諮商方案的系統性有進一步發展的要求。（Henderson, 2010）

使用訪談法的好處是直接接觸到不同群體的成員並且可以蒐集深入的回應。不利之處則是此法本質上須花費大量時間、只能接觸少數人以及呈現結果時的複雜度。

問卷

另一個詢問人們看法的方式是使用一種或一系列的問卷。問卷可以備妥並且分發給許多人。問卷結果的呈現也很容易，尤其如果是使用電腦的話。

發展問卷或問題的方法就如發展紀錄的原則一樣。請避免詢問你從來不曾

想要回答的問題，並問明確且簡單的問題。你的問題需要與方案模式有關，或者須從學生或其他案主的結果去瞭解，而非瞭解學校諮商師的功能。如何進行此項工作是一項專業的決策。

問卷必須適合所調查的母群體。因此，小學生的問卷將與成人的有所差別，但是為了相關，在性質上還是需要一樣。每一份調查的問題及答案必須一致，這樣一來就可以計算結果並且一起分析。進行不同團體的看法之比較通常是有用的。

有三份問卷成功地衡鑑高中學生、老師及學校諮商師對於他們所接受之服務的看法，而學生參與輔導活動所達到的成果顯示在附錄 C。在第一份問卷中，要求高中學生說明他們在一個範圍內與學校諮商師見面的大致時間。從這些數據來看，可推論學生參與了哪些活動要素。之後問卷將詢問學生兩組的問題：「這些主題有與他們討論嗎？」（有服務嗎？）以及「這有幫助嗎？」（有好處嗎？有成果嗎？）這些問題涵蓋了輔導課程的內容、個別學生規畫和回應式服務的要素。

第二份問卷則是要求學校諮商師從他們的觀點提供相似的資訊。這些問題再次涵蓋輔導課程、個別學生規畫的主要活動以及在回應式服務裡的主要回應。在第三份問卷中，要求老師提供他們關於學校諮商師為學生及老師帶活動的看法。那些問題除了輔導課程外還涵蓋系統支持的成果，也包括個別學生規畫及回應式服務的成果。問卷的回應範圍包括三點量表以確認是否有提供服務（是、不確定、否），五點量表則是對學生及老師是否有幫助（非常有幫助、有幫助、有一點幫助、很少有幫助、沒有幫助），四點量表則是瞭解對老師是否有幫助（11，1，2——）。六個附加的問卷（小學及中等學校的學生、老師和學校諮商師的問卷）有相同的回應範圍和相同的主題，只是表達方式隨著母群體不同而配合改變（這部分沒有涵蓋在附錄 C）。

如果在方案促進過程一開始就使用相同的形式，接著再用之後的幾年來測量方案的有效性，即可蒐集到許多關於輔導與諮商方案有價值的資料。我們建議將這些問卷準備給小學、中學及高中。但助益程度的反應範圍可改成三點量表（同意、沒意見、不同意），甚至是兩點量表（是或否）。

簡報現行的方案

在完成你現行輔導與諮商方案的衡鑑時，你將蒐集到大量的資料，而這些正是你在促進方案成果的過程中所需要的。因此，必須將蒐集妥善的資料撰寫成一份報告並且宣導。接著，當報告備妥時，不同的決策團體可從中分析資料並且得到結論，同時也讓他們瞭解方案設計的過程（第 5 章）。所蒐集的輔導與諮商方案資料應包括質性及量化設計。一旦發現有用的資料，盡可能使用適當的方法來蒐集它，而代表質性及量化設計的資料概述於表 4.14。

關注多元性

也許更重要的是學校社區的人口統計，學生母群體的人口統計對輔導與諮商方案促進過程而言是一套有代表性的標準，也是衡鑑現行輔導與諮商方案參與度的適當參考。指導委員會、諮詢委員會及工作小組構成的引導、投入和分析方案的資料，應反映出社區及學校的多元性。社區代表不僅應反映構成社區的族群，同時也盡可能反映出多元的家庭構造、生活型態、經濟水準和教育水準。

在現行方案裡得到服務的學生和其他案主的人口統計，應該反映出學生團體的人口統計。假設構成學生團體的是 8%的非裔美國人、80%的西班牙裔美國人、11%白人以及 1%亞裔與美國原住民，那麼學生在輔導與諮商活動的參與度，也應該是 8%的非裔美國人、80%的西班牙裔美國人、11%白人以及 1%亞裔與美國原住民。現行方案衡鑑應該蒐集包含可描述方案客群的資料。

在蒐集現行輔導與諮商方案的看法時，Dellana 與 Snyder（2004）提供一個良好的忠告給學校及學區：「要致力於更多研究以瞭解不同的消費群對消費服務的看法，並要能更充分地體諒從這些看法所產生的信任障礙。」（p. 39）辨認出過與不及的受服務團體，可為下個階段的輔導與諮商方案促進提供許多可

表 4.14　現行方案衡鑑的成果報告：資料、方法、要素

資料	蒐集方法	要素／設計
社區脈絡	人口統計研究	脈絡
學生狀況	風險行為指標 紀律報告 成就指標	
諮商師的才能	認證要求	人事資源
其他人事的責任	職務說明	人事資源
預算	預算檢查	財務資源
素材與器材	清單	財務資源
設備	清單	
法律、條例、規則	輔導辦公室、州教育部門	政治資源
政策與程序	理事會與學區的出版品	政治資源
依方案組成要素帶領的活動	活動調查 自修 方案手冊	質性研究
諮商師才能的使用	職務說明 行事曆	質性研究
案主服務	活動檢查 調查	質性研究
達成的成果	活動檢查	質性研究
諮商師時間運用	時間／任務研究 行事曆	量化研究
服務量	登記表 紀錄檢查	量化研究
看法	調查、問卷 訪談	政治資源

能性的建議。如 Lee（2001）指出，

　　　　學校諮商師已大大自覺他們的實務是深植在歐裔美國人的中產階
　　級文化中，反而是從與那些文化價值根源於非洲、亞洲、墨西哥、中
　　美洲、加勒比海或者中東等地的學生工作時，才啟發大部分的世界觀
　　（Herring, 1997; Lee, 1995）。（p. 258）

　　對於來自非歐裔或非中產階級文化的學生，需要給予他們適當而不同的回應。從基於學生母群體內的百分比所回應給學生在發展、預防、矯正和危機等方面需求的現行方案的資料內容中，正可顯示出學校諮商師的實務工作是否被這些團體所接受。

　　如果你服務的學校或學區服務了不同的社區，有關文化及社會主題及議題的方案活動應該明顯地標示在方案內。Portman（2009）建議專業學校諮商師在文化調節上可發揮十大功能。而這些可運用在衡鑑現行方案成果的指標上：

(a) 蒐集與檢驗社區學生的學校註冊人口統計數據。

(b) 建立所有學校參與者的文化背景資料，包含學生、家長、老師、職員行政階層以及鄰近社區（例如運動競爭團隊、合作教育方案）。

(c) 與家庭及社會組織溝通關於文化差異的議題。

(d) 在文化能力及語言技巧方面尋求更進階的教育訓練。

(e) 以「跳脫框架限制的方式」進行工作和思考，或者以文化性的創意不斷影響學生、家長、老師、職員及行政階層的社會建構。

(f) 促進資源與社會服務機構的使用。

(g) 協助文化差異的學生獲得促進關係之建立的個人技巧。

(h) 協助文化差異的學生發展社會調節技巧以獲取文化工具的知識。

(i) 創造一個支持性與鼓勵文化差異的學校氣氛及社區氛圍。

(j) 以資訊為中心的觀點服務文化差異的家庭。（p. 23）

Nelson、Bustamante、Wilson與Onwuegbuzie（2008）建立了一個對衡鑑學校方案文化能力、政策及實務工作有用的工具。

　　學校諮商職員的構成應反映出學生與學校社區的結構。長久以來，如教育者和學校諮商師的少數族群代表已經低於比例。學校諮商師的招聘與訓練已有所進展，但是在平衡學校職員的實施上卻得花上許多年。這常常需要等候目前在位的學校諮商師退休、透過學生母群體的增長擴展職員，或者減少學校諮商師對學生的比例。

　　學校諮商師的多元文化能力程度或者缺乏此能力的情形，已在他們和來自

不同文化背景學生工作的能力上顯露無遺。多元文化諮商能力可從諮商師的態度或者信念、知識以及與代表不同文化團體的個別工作的技巧上得知（Arredondo et al., 1996; Sue, Arredondo, & McDavis, 1992）。

Constantine 與 Gushue（2003）發現，多元文化訓練可影響學校諮商師的多元文化知能。因此可以推斷，那些沒有受過諮商師職前準備教育課程或在職訓練的諮商師，比那些有受過相關訓練的諮商師，欠缺從事跨文化工作該具備的知能。

在他們的研究裡，Constantine 與 Gushue（2003）檢驗學校諮商師的個案概念化能力。他們發現：

> 擁有高度倫理寬容度的諮商師也許更能夠在概念化的脈絡中，考量與整合文化的資訊並且關注移民學生…… [而且,]擁有高度種族主義的學校諮商師，可能在移民學生的心理健康方面的概念化上，較少覺察到文化議題，而且這些態度最終將危及學生的情緒及發展上的福祉。（p. 189）

Bryan、Holcomb-McCoy、Moore-Thomas 與 Day-Vines（2009）進行了一個全國性的研究，調查誰會向學校諮商師尋求大學資料。他們發現「在較大的學校或者在較貧窮學校的學生較少去找諮商師以瞭解關於大學的事」（p. 288）。他們也發現「公立學校學生的認知是諮商師期待他們去尋求其他選項而非大學，他們也較少尋求大學的資料」（p. 288）。

West-Olatunji 等人（2010）也發現，「欠缺足夠文化知能的學校諮商師可能會因缺陷架構而不當地評估具有文化差異學生的行為，並且無法善用他們個人及文化的優勢」（p.191）。這些現象也可能顯示在數學及科學課上那些代表性不足的少數學生身上。

領導角色與責任

如果你是輔導與諮商方案的領導者，無論是行政轄區輔導與諮商方案行政階層或是學校某年級的諮商師，你有責任完成現行方案的衡鑑。首要的是，你必須確認及善用你的權力（Henderson, 2009）。這裡的權力指的是你能夠影響他人走在正軌上的能力。Raven（2004）確認六個你可得到的權力基礎：專家、參照、資訊提供、法定、獎賞和強制。Hersey、Blanchard 與 Johnson（2001）增加第七項：連結。

在執行工作時，將完全使用所有你在領導、督導、管理和行政的技能。為了履行你的領導角色，可透過你的專家楷模以及參照權影響諮商及其他職員。在履行你的督導角色時，須輔助職員持續尋求回饋及增進他們的表現。你的專業結合了法定權力以支持你這個角色的正當性。在履行你的管理角色時，確保有效運用資源（如時間及預算）且讓你有獎勵權。另外，在履行你的行政角色時，你可憑著合法權力對方案及職員行使權力。在這角色上，你也評鑑職員，故有使用強制權的可能性（Henderson & Gysbers, 1998）。

Shillingford 與 Lambie（2010）發現，有效運用領導實務以增進學校輔導與諮商方案的作為有：

(a) 對他們方案的進展負責；(b)提升他們在學校的可見度；(c)以陳述學校諮商方案的效能來傳達他們的願景；(d)團隊合作以增進學生的學業、個人／社會及生涯發展；(e)澄清他們擔任計畫中某角色的特殊專業。（p. 215）

每一個業務都需要運用你的倡議能力（Ratts, Toporek, & Lewis, 2010）。

你有責任務必要確實地將現行方案衡鑑成果傳達給所有人。事實上，透過方案促進過程，你必須定期且常常與行政及諮商職員溝通，特別在每一個過程的里程碑上，溝通是必要的。

分析你在學校展現有效領導者時所使用的四個領導架構，藉由 Bolman 與 Deal（2002）所描述的觀點可幫助你理解在不同時期中團體發展的事情。

> 政治性的架構指出主權的限制，以及無可避免地，資源常因匱乏而無法滿足所有需求……。[人力資源性的架構]重視個別需求與動機的重要性……。結構性的架構強調生產力以及班級與學校工作的最佳位置，透過職權、政策及規則，也透過更非正式的策略，讓目標清楚，也讓個人與團體能高度協調……。象徵性的架構是透過符號、故事、儀式及表演將注意力集中在文化、意義、信念及宗教上。（Bolman & Deal, 2002, pp. 3-4）

當你讀到在進行方案促進階級中不同任務的描述，你將認識到輔導與諮商專業對良好領導過程是不可或缺的。以下摘要將澄清你的角色與責任。重要的是，在方案促進計畫的初始、實施及結束階段，你擁有獨特的責任。

初始階段

身為方案的領導者，你需要在每一位參與計畫者面前保持勢在必行以促進方案的態勢，包括對決策者及每一名諮商職員皆然。在此要點上，你可能是唯一一個確實理解此概念的人。你將發現你得不停地澄清及解釋該模式。

Fullan、Bertani 與 Quinn（2004）曾告誡說：「將願景想像成冰山，它的絕大部分位在水面下。許多領導者投機取巧，以為切開冰山可看見的部分就假設他們已經獲得所有權力。」（p. 43）他們建議十項關鍵要素給有效能的領導者，以促進系統的或漸進的改變，包含：強制的概念化、集體的道德目標、完成工作的正確結構、個人能力的培養、側面（lateral）能力的培養、持續的學習、建設性的衝突、文化需求、外部夥伴及財政投資的聚焦。

促進輔導與諮商方案過程中，關鍵的外部夥伴是學校行政階層：學校的校長及學區的督學。透過政治性架構，要使方案促進計畫得以完成，他們的支持是不可或缺的，有助於對往後的改變提出建言。透過人力資源架構，愈多人參

與在輔導與諮商方案的研究及重新設計上，就等於愈多人投注在團體結果的成功上。

概念化目前的方案衡鑑過程是你的責任。作為輔導與諮商方案的領導者，你要確定執行的任務並能夠解釋給工作人員。我們已經描述了完成一個完整的衡鑑所需的各種任務，你可能不會選擇在此時一次就做好這些任務或只是依樣畫葫蘆。只要持續改善方案，最終這所有需要做到的任務都會完成。而學校管理者心中一旦浮現出改善的方案將有如何的願景，他們都會渴望改變的發生。身為輔導與諮商方案的領導者，除了回應他們的需求，你還需要確保改變的決定是正確的方向。這就是為什麼對當前方案的事實性衡鑑是如此必要，目的在確保做出正確的改變，而非只是回應一些個人性的偏好。你需要確定在合理的速度下，你有多少時間來完成關鍵性的衡鑑和資料。這必須透過全面的規畫，以有效地利用你的時間。

如果你是為多個學校或多個年級服務，你將與該校輔導人員分享方案的領導權。這些學校輔導員可用他們的影響力和法定權力領導該計畫的某一部分且影響他的同事。你可用個人特質和領導技能（如：參照權），加上你的地位的權威（即合法的權力）持續領導。你可以選擇那些準備好想要成為有效能領導者的學校輔導員共同合作，以持續領導他們。整個過程變成了平衡的問題。在這種情況下，你必須在知道自己將往何處發展、需要和想要的結果為何，以及讓工作小組成員確定他們將如何付出與將取得的成果之間獲得平衡。

實施階段

你是蒐集資料工作上的總領導人。你必須帶領你的工作小組以完成任務，並且有效地委派工作。有效的委派是指在你交付各負責的工作小組任務，並監督他們的進度時，應清楚與準確。很重要的是你得與每一個工作小組會面，如果有可能，確實地成為每一個工作小組的成員。雖然你是這些成果的終極領導者，但是你不需要瞭解所有問題的答案。我們發現與工作小組一起思考是一種有效的策略。在我們工作的學區內，各校在執行這些現今方案的衡鑑過程多少存在一些個別差異。雖然需要的數據資料是相似的，但是過程也許不盡相同。

在你的學區，你也許需要策畫不同衡鑑工具的發展與程序。重要的是確認發展的工具適當與否，並確保這些工具與所選擇的方案模式相互關聯。你的視野要比你的員工更宏觀，且對該學區或學校部門的資源更清楚，你得知道學校部門所提出的報告以及電腦數位功能如何。你的參與是為了協調不同工作小組的任務。很重要的是避免以大量相似的調查轟炸員工。但當你是輔導與諮商方案的行政人員時，蒐集與呈現你自己所知的一些數據卻相當適切，例如，你所擁有的預算與設備資訊。而你也已有較適當的地位來審視其他行政人員。

你有很多種方式能夠幫助各委員會推展他們的流程。你的授權將有利於數據資料的蒐集。你要確保每一位工作人員的參與、理解和響應。你將不僅要教育輔導人員讓他們知道要做什麼和為什麼這樣做，同時也要理解和管理某些工作人員的抗拒。

Senge 與 Kaeufer（2000）確定了改變過程的三個階段和在每個階段阻礙改變的力量，並提出處理的建議。他們描述了初始改變階段的挑戰、持續改變階段的挑戰和創建新設計階段的挑戰。初始改變階段的挑戰是時間（已在第 2 章中討論）、需要的幫助、察覺不相干的事務和領導者察覺言行不一。在持續和展開改變階段的挑戰是恐懼和焦慮、缺乏立即的成果，以及相信有潛在預期改變者和那些不信的人之間的衝突。在創建新設計所面臨的挑戰是管理的議題——有關績效權責和權力、擴展，和澄清策略與目的。

Senge 與 Kaeufer（2000）提供一些策略以因應初始改變階段的挑戰——如同先前描述的，在改變過程中所要的是「使人們能夠重新控制自己的時間」，將協助聚焦在「為成員提供有用訊息」，「藉由示範建立信譽」（p. 4）和「在壓力下發展耐心」（p. 5）。

如果你已經採取我們所建議的方案促進步驟，那麼你將有政策可支持以回答所關切的問題。同時這也有利於提醒工作同仁：目前的衡鑑僅需一次就完成；當重新設計方案的工作以及基本方案完成後，你將評估你做了什麼，你可能會發現需要一些強制的要求，特別是時間使用情形的探究。時間使用的研究將花較多心力在每位工作人員身上甚於其他面向的評估，這些成果的完整性及準確性是非常迫切而重要的。再者，此階段使用你的督導技術以鼓勵及讚美工作人員，與計畫成功與否密切相關。無論是工作小組還是整體員工，你對於輔導人

員愈親近，大家愈能對新的模式及其實施感到舒服自在。

結束

　　完成當前方案衡鑑的最後一組責任，在於幫助團隊工作總結和宣傳他們所蒐集的數據，並幫助指導委員會的工作人員分析出結果。組織數據資料的呈現並不容易。你可能會想向指導委員會和諮商同仁呈現所有數據，但只需要一個執行摘要給有興趣的人員，例如：各年級的教育人員、校園管理者和其他有關輔導同仁。它能有效地讓各工作小組的領導者呈現出已經蒐集的資訊，但你也有責任確保資料能被清楚瞭解。你應盡可能花時間做這件事。有些學校用了一整個在職教育來達到這個目的。這讓在職人員有充裕的時間處理資訊及開始總結出結論。這也提供機會讓他們對方案的改變提出問題並更深入瞭解。蒐集妥明確和令人印象深刻的資訊且予以整合和呈現，觀點就得以被維持。讓全體人員看到他們完整的方案是相當值得的。如前所述，這將可能是第一次讓整個方案得以被看見、確實且具體。

　　你、指導委員會、學校諮商師領導團隊及一些不包含在指導委員會的學校諮商師都要能分析數據資料，個別或一起進行皆可，你必須清楚有關數據表達了什麼資訊。你也必須歸納出目前方案的結論及它想達到的目標。如此你便可以說明這個方案的設計是什麼和其優先順序。

　　所謂的設計，指的是介於方案內容和學校諮商師功能之間的平衡。此時你可以說明占目前輔導與諮商方案中最大的部分是系統支持，其次是個別學生規畫，第三是回應式服務，第四則是輔導課程。因此我們便可得知例如：諮商人員最主要的工作是個別諮商，第二是完善的行政工作，第三是特教行政工作等等。從諾斯賽德獨立學區（Northside Independent School District, 1986）的例子可見，方案促進計畫如表 4.15。

　　由於統計出研究中所蒐集的諮商師運用時間的比重，故能清楚呈現諾斯賽德獨立學區的方案組成要素的優先順序：

● 第一優先
　　小學：個別學生規畫

表4.15 目前輔導方案要素的優先順序（基準線資料）

組成要素	學校層級和優先順序		
	小學	中學	高中
輔導課程	4	4	4
個別學生規畫	1	3	3
回應式服務	3	2	2
系統支持	2	1	1

註：資料取自 Northside Independent School District (1986), San Antonio, TX。

中學：系統支持

高中：系統支持

● 第四優先

小學：輔導課程

中學：輔導課程

高中：輔導課程

在確定方案要素的優先順序後，你就能藉由此方案說明學生的成果及案主服務的優先順序。例如，你可能已經瞭解在小學階段，20%的目標是在幫助學生在家中和社區鄰近的活動能夠安全。所以這些活動具有優先性。而在高中階段，你也可能已經瞭解到，你的活動近60%和行政安排及進度的變化有關。你也同樣知道如此的排序方式可應用到你所服務的案主。你當然可能已經瞭解到，你的首要案主是前來諮商的個別學生，第二優先的案主是老師，第三優先案主是矯正層級的學生團體諮商等等。

如果你還沒有如此做，你需要寫下這些結論。如此將幫助你與此階段的方案更貼近，並且提供你基礎的知識，讓你可以向後續步驟邁進，而不必每次接觸資料時都得重新分析，上述的重要性是指它能提供你更精確、更清楚的焦點，以便讓指導委員會及學校諮商師認同，並且成為一個和他人溝通成果的工具。

你的進度檢核

至此，你當前的輔導與諮商方案衡鑑已大功告成。如果你按照我們的建議，你已經交涉過許多學校同仁或學區人員，並讓方案獲益良多。

人員參與

你已經：

- 確定學校諮商師的領導者並使他們參與方案促進過程。
- 形成學校諮商師的工作團隊，及其他輔導與諮商方案的工作人員和管理人員。
- 向指導委員會成員宣達所領導的工作小組。
- 繼續善用指導委員會成員的顧問身分，增加他們在整個計畫中的投入。
- 讓諮商師理解改變即將到來且形成改變的決定並非倉促草率。
- 讓學校諮商師理解所採行的方案模式，以及他們的課程與當前方案之間的關係。
- 具體描述學生人口數和學校社區。

當前方案的學習

你已經：

- 決定如何使用人事、財務和政治等可用資源。
- 確認當前方案的活動結構，並依方案組成要素的模式予以整合。
- 依：(a)學校諮商師的知能分析應用；(b)方案服務中的受益案主類群及其受益部分；以及(c)學生的學習，來澄清方案的優先事項。
- 決定：(a)學校諮商師如何使用他們的時間；(b)方案所服務的案主數量和案主類群；以及(c)學生須達到的預期結果。

- 調查主要方案使用者的看法。

- 提交一份報告以說明目前的方案。

　　總之，你、指導委員會、輔導人員和行政人員，以及政策制定者要瞭解當前輔導與諮商方案的具體細節。

　　一旦做出現今方案評鑑的範圍，會誤以為該方案的改善計畫已經完成。但事實不然。雖然你現在可以將當前方案數據與方案模式連結起來，但在此時做出判斷還言之過早。你的下一個問題將是：

- 我們所希望的輔導與諮商方案是何模樣（在第 5 章討論）？

- 從我們的方案中，我們如何比較和對照出我們現在正在做的和我們想要的（在第 6 章中討論）？

- 從你目前的所在位置移到你想要的位置之間，你將採用什麼計畫（在第 6 章中討論）？

- 你將如何落實所需要的系統性和漸進性的改變（在第 7 章討論）？

 ## 參考文獻

Adelman, H. S., & Taylor, L. (2003). On sustainability of project innovations as systemic change. *Journal of Educational and Psychological Consultation, 14*(1), 1–25.

American School Counselor Association. (2004a). *Why elementary school counselors.* Retrieved from http://www.schoolcounselor.org/content.asp?contentid=230

American School Counselor Association. (2004b). *Why middle school counselors.* Retrieved from http://www.schoolcounselor.org/content.asp?contentid=231

American School Counselor Association. (2004c). *Why secondary school counselors?* Retrieved from http://www.schoolcounselor.org/content.asp?contentid=233

American School Counselor Association. (2005). *The ASCA National Model: A framework for school counseling programs* (2nd ed.). Alexandria, VA: Author.

American School Counselor Association. (2009a). *The role of the professional school counselor.* Retrieved from http://www.schoolcounselor.org/content.asp?pl=325&sl=133&contentid=240

American School Counselor Association. (2009b). *Student-to-counselor ratio by state 2007–2008.* Retrieved from http://asca2.timberlakepublishing.com//files/Ratios 2007-2008.pdf

American School Counselor Association. (2010). *Ethical standards for school counselors.* Retrieved from http://asca2.timberlakepublishing.com//files/EthicalStandards2010.pdf

Arredondo, P., Toporek, R., Brown, S., Jones, J., Locke, D. C., Sanchez, J., & Stadler, H. (1996). Operationalization of the multicultural counseling competencies. *Journal of Multicultural Counseling and Development, 24,* 42–78.

Bolman, L. G., & Deal, T. E. (2002). *Reframing the path to school leadership.* Thousand Oaks, CA: Corwin Press.

Bryan, J., Holcomb-McCoy, C., Moore-Thomas, C., & Day-Vines, N. (2009). Who sees the school counselor for college information? A national study. *Professional School Counseling, 12,* 280–291.

Constantine, M. G., & Gushue, G. V. (2003). School counselors' ethnic tolerance attitudes and racism attitudes as predictors of their multicultural case conceptualization of an immigrant student. *Journal of Counseling & Development, 81,* 185–190.

Council for Accreditation of Counseling and Related Programs. (2009). School counseling. In *2009 standards* (pp. 40–46). Retrieved from http://www.cacrep.org/doc/2009%20Standards%20with%20cover.pdf

Dellana, S. A., & Snyder, D. (2004). Student future outlook and counseling quality in a rural minority high school. *High School Journal, 88*(1), 27–42.

Dollarhide, C.T. (2007). Critical incidents in the development of supportive principals: Facilitating school counselor–principal relationships. *Professional School Counseling, 10,* 360–369.

Fullan, M., Bertani, A., & Quinn, J. (2004, April). New lessons for districtwide reform. *Educational Leadership,* 42–46.

Gysbers, N. C., Lapan, R. T., & Jones, B. A. (2000). School board policies for guidance and counseling: A call to action. *Professional School Counseling, 3,* 349–353.

Gysbers, N. C., Stanley, J. B., Kosteck-Bunch, L., Magnuson, C. S., & Starr, M. F. (2008). *Missouri comprehensive guidance program: A manual for program development, implementation, evaluation and enhancement.* Warrensburg: Missouri Center for Career Education, University of Central Missouri.

Henderson, P. G. (2009). *The new handbook of administrative supervision in counseling.* New York, NY: Routledge.

Henderson, P. (2010). Conclusions and recommendations. *Independent School District Guidance and Counseling Program evaluation.* Unpublished report, San Antonio, Texas.

Henderson, P., & Gysbers, N.C. (1998). *Leading and managing your school guidance program staff.* Alexandria, VA: American Counseling Association.

Hersey, P., Blanchard, K., & Johnson, D. E. (2001). *Management of organizational behavior: Leading human resources.* Upper Saddle River, NJ: Prentice Hall.

Jansen, C., Millitello, M., & Kosine, N. (2008). Four views of the professional school counselor–principal relationship: A Q methodology study. *Professional School Counseling, 11,* 353–359.

Kaffenberger, C., & Young, A. (2007). *Making DATA work.* Alexandria, VA: American School Counselor Association.

Lambie, G. W. (2004). The challenge to change from guidance counseling to professional school counseling: A historical perspective. *Professional School Counseling, 8,* 124–131.

Lee, C. L. (2001). Culturally responsive school counselors and programs: Addressing the needs of all students. *Professional School Counseling, 4,* 257–261.

Leuwerke, W. C., Walker, J., & Shi, Q. (2009). Informing principals: The impact of different types of information on principals' perceptions of professional school counselors. *Professional School Counseling, 12,* 263–271.

MacDonald, G., & Sink, C. A. (1999). A qualitative developmental analysis of comprehensive guidance programmes in schools in the United States. *British Journal of Guidance and Counselling, 27,* 415–430.

Martin, I., Carey, J., & DeCoster, K. (2009). A national study of the current status of state school counseling models. *Professional School Counseling, 12,* 378–386.

Myrick, R. D. (1993). *Developmental guidance and counseling: A practical approach* (2nd ed.). Minneapolis, MN: Educational Media Corporation.

National Board for Professional Teaching Standards. (2002). *School counseling standards.* Retrieved from http://www.nbpts.org/userfiles/File/ecya_sc_standards.pdf

National Center for Education Statistics. (2009a). Table 16. In *Digest of education statistics, 2009.* Retrieved from http://nces.ed.gov/programs/digest/d09/tables/dt09_016.asp?referrer=list

National Center for Education Statistics. (2009b). Table 167. In *Digest of Education Statistics, 2009.* Retrieved from http://nces.ed.gov/programs/digest/d09/tables/dt09_167.asp

Nelson, J. A., Bustamante, R. M., Wilson, E. D., & Onwuegbuzie, A. J. (2008). The school-wide cultural competence observation checklist for school counselors: An exploratory factor analysis. *Professional School Counseling, 11,* 207–217.

North Carolina Department of Public Instruction. (n.d.). *How North Carolina school counselors spend their time.* Retrieved from http://www.ncpublicschools.org/docs/curriculum/guidance/resources/programofstudy/schoolcounselor.pdf

Northside Independent School District. (1986). *Comprehensive guidance program framework.* San Antonio, TX: Author.

Northside Independent School District. (2009). Retrieved from http://www.nisd.net

Portman, T. A. A. (2009). Faces of the future: School counselors s cultural mediators. *Journal of Counseling & Development, 87,* 21–27.

Ratts, M. J., Toporek, R. L., & Lewis, J. A. (2010). *ACA advocacy competencies: A social justice framework for counselors.* Alexandria, VA: American Counseling Association.

Raven, B. H. (2004). *A glossary of terms related to interpersonal influence and social power.* Unpublished manuscript, University of California, Los Angeles.

Rylander, C. K. (2002). *Guiding our children toward success: How Texas school counselors spend their time.* Austin, TX: Office of the Comptroller.

School Mental Health Project. (2010). Youth subcultures: Understanding subgroups to better address barriers to learning and improve schools. *Addressing Barriers to Learning, 15*(2), 1–7.

Senge, P. M., & Kaeufer, D. H. (2000). Creating change. *Executive Excellence, 17*(10), 4–5.

Shillingford, M. A., & Lambie, G. W. (2010). Contributions of professional school counselors' values and leadership practices to their programmatic service delivery. *Professional School Counseling, 13,* 208–217.

Sue, D. W., Arredondo, P., & McDavis, R. J. (1992). Multicultural counseling competencies and standards: A call to the profession. *Journal of Counseling & Development, 70,* 477–486.

Taylor, E. R. (2002). Evaluation of counseling services in a rural school district: Assessing current program status. In P. Henderson & N. Gysbers (Eds.), *Implementing comprehensive school guidance programs: Critical leadership issues and successful responses* (pp. 23–30). Greensboro, NC: CAPS.

Texas Counseling Association. (2004). *Texas evaluation model for professional school counselors* (2nd ed.). Austin, TX: Author.

Texas Education Agency. (2005). *A model comprehensive, developmental guidance and counseling program for Texas public schools: A guide for program development pre-K–12th grade* (4th ed.). Austin, TX: Author.

Texas Education Agency. (n.d.). *Overview of the academic excellence indicator system.* Retrieved from http://www.tea.state.tx.us/perfreport/aeis/about.aeis.html

Texas Education Code. (2001). *Chapter 33, Service programs and extra-curricular activities; Subchapter A, School counselors and counseling programs.* Retrieved from http://www.statutes.legis.state.tx.us/Docs/ED/htm/ED.33.htm

U.S. Department of Education. (2009a). *American Recovery and Reinvestment Act of 2009.* Retrieved from http://www.ed.gov/recovery

U.S. Department of Education. (2009b). *Elementary and secondary school counseling programs.* Retrieved from http://www2.ed.gov/programs/elseccounseling/index.html

West-Olatunji, C., Shure, L., Pringle, R., Adams, T., Lewis, D., & Cholewa, B. (2010). Exploring how school counselors position low-income African American girls as mathematics and science learners. *Professional School Counseling, 13,* 184–195.

Part 2 設計

Chapter 5 設計你的全方位輔導與諮商方案

陳珍德　譯

設計——修改輔導與諮商方案模式

◆ 定義方案的基本架構。

◆ 依據內容領域、學校層級或學生年級編組來確認並明列學生能力。

◆ 再次確認政策的支持。

◆ 建立方案遞送的優先順序（質性設計）。

◆ 建立資源配置的範圍（量化設計）。

◆ 寫下理想方案的說明並將之分發。

　　一旦選好全方位輔導與諮商方案模式，並將足以描述現行輔導與諮商方案的資料蒐集完成，方案促進過程的下一階段，就是設計最能滿足學生和社區之需求、乃至於學校或學區目標的特定方案。此模式提供了方案要素之共通用語，但卻不規定方案設計的細節。

　　將你的理想方案概念化並具體呈現是非常重要的，因為你會發現，方案促進過程好比重新裝修你的住家但你正住在其中；為了要重新裝修你的家，你需要一份特別繪製的藍圖，條理有序地進行改建與修造，不至於擾亂整個生活作息。藍圖繪製得愈明確，房屋改造裝修就愈有效率，改造後的房子也愈能反映你想要的面貌。全方位輔導與諮商方案也是同樣的道理。此外，對於想要的輔導與諮商方案，你可能多少帶有幾分理想化的圖像，但是這個願景必須與現實調和。

　　為了建立你想要的方案設計，你需要具體確切地回答以下幾個基本問題：

- 有何內容標準可作為方案設計的基礎？
- 這個方案設計的定義為何？
- 這個方案設計的理論基礎為何？
- 這個方案的基本假定前提是什麼？
- 該怎麼定義此方案的每個遞送系統要素？

　　下一個要回答的問題是：你如何運用可得的資源來確保此方案適合學生、學校或學區？在此階段將涉及一系列困難的抉擇，因為它需要認定方案資源的限制以及下列的考慮，包括：

- 將以下事項明列出優先順序：(a)專業學校諮商師的知能運用；(b)所服務之案主；(c)學生所需之發展能力；(d)方案遞送系統四要素下的活動。
- 為以下的事項設定範圍：(a)專業學校諮商師在每一個方案遞送系統要素所需花費的時間分配；(b)專業學校諮商師服務之各種類別案主——學生、成人、系統——所需的時間分配。

　　在方案促進過程的設計階段，你將會持續運用到已成立的指導委員會和學校—社區諮詢委員會。此時，前述的委員會成員對現行的方案已有所認識，且完全理解新方案模式的概念。身為專業人員的代表，且本身執行此方案，又為運用本方案的核心分子，他們在你遭遇困難的決定時將有所幫助。他們可以協助確保你所建議的改變能切合學區和社區的需求，而且毫無疑問地，他們也能創造你所需要的新資源。

　　倘若你是輔導與諮商方案負責人，你的首要責任就是做決定與執行決定。我們深信，你所擁有的支持基礎愈寬廣，你的決定會愈完善周延。同時，你需要不斷地針對懸置的決定做資訊的釐清，並且將決策向前推進。所以，你的主要責任是將此模式方案的遠景付諸實行。

　　建立一個在日後能切實實施的方案是非常關鍵的，如果你的學區擁有超過一所學校，那麼以學區的層級角度來澄清方案設計，將可確保學區內不同學校的一致性。不過，學區層級的設計應該要具備足夠的一般性與共通性，同時又容許各校可以依據其特性與需要來量身打造自己的方案，以滿足地方需求和目標。

本章將說明六個方案設計的主要任務：

1. 定義用以組織方案的基礎架構，包含精細地設計你的結構要素，定義方案組成要素，以適合你的學校或學區需求。

2. 依據內容領域、學校層級或學生年級編組來確認並明列學生能力。

3. 再次確認對新興輔導與諮商方案的政策支持。

4. 建立方案遞送的優先順序，完成質性設計。

5. 建立方案資源配置的範圍，完成量化設計。

6. 寫下所有決定，並且把方案說明分發給所有諮商師和行政人員。這項任務一般係由輔導與諮商方案之負責主管來完成。

接著，我們建議你在設計方案時，關注多元性的議題。最後，我們介紹方案實施發展過程階段中，輔導與諮商方案領導者的角色與職責。

定義方案的基本架構

藉由學校─社區諮詢委員會及學區政策決策者的協助，來釐訂學區輔導與諮商方案的組織架構或學校間方案的指導方針。此際，這個架構可能依循輔導服務模式（定向、評估、資訊提供、諮商、安置、追蹤活動）來組織；抑或圍繞著諮商、諮詢和協調之過程而組織；它也可能由責任清單組成。如第 3 章所述，全方位輔導與諮商方案乃由四個要素構成：內容、組織架構、資源，以及發展、管理與績效責任。它聚焦於學生和其健康發展之上。它的理論基礎則包含對內容領域與結構要素——定義、理論基礎、假定——的釐清。這個概念與 Bolman 與 Deal（2002）的象徵性架構相近。方案組成要素——輔導課程、個別學生規畫、回應式服務和系統支持——為學齡前到十二年級的輔導與諮商方案活動，提供組織架構，它包括遞送系統，並與 Bolman 和 Deal 的架構相似。本節簡要描述為了澄清你的方案組織架構，你所需做的事、可能的方案內容領域與方案組成要素。

內容領域

　　假使你照著我們先前給你的建議，為方案選好內容領域，這些內容領域必須能符合你對於人類發展面向、且在你的輔導與諮商方案中最合適被提出的信念。第 3 章有幾個範例可循。總而言之，兒童與青少年發展的五個面向和分屬各個面向下的子題詳列於表 5.1。

　　這是將你的方案量身打造，以能滿足當地社區、學區和州之需求與目標所做的第一步。而你所選定作為焦點主題之人類發展領域，亦決定了藉由方案遞送系統——即方案組成要素——所要提出的內容。本章隨後會進一步詳述學生學習目標和成效。

表 5.1 輔導與諮商中與兒童和青少年發展相關的面向

生理發展
腦部發展
性別議題
認知發展
思考
問題解決
做決定
道德發展
個別發展
個人認同
人格
自我概念
情緒發展
覺察
管理
社會發展
關係發展
生涯發展
文化認同發展

結構組成要素

定義

　　方案定義包含方案的任務聲明與方案在學區整體教育方案的中心性的陳述。為了完整起見，定義性的陳述至少得回答四個問題：

1. 誰來遞送方案——合格專業學校諮商師、教師、社工人員、心理師、行政人員和其他職員、家長、其他社區成員？

2. 學生和其他人因為參與方案，將會具備什麼樣的能力？他們會是負責任的公民、會運用問題解決技巧、能尋求卓越成就、具備有效溝通技巧嗎（從學區任務來看）？他們會尊重他人和自己嗎（從學校任務來看）？他們會維護自尊或與不同文化者有效連結嗎？

3. 誰是方案的案主？哪些學生的發展將會得到助益——是所有學生；十二年級生、八年級生、五年級生或是學齡前幼兒園學生；以升大學為目標的學生；選擇進入職場的學生；身心障礙學生；弱勢學生；貧困學生；高風險族群學生；遭逢哀傷失落的學生；或是涉入藥物濫用的學生？而家長和教師呢？

4. 方案如何組織——是藉由全方位輔導與諮商方案組成要素之輔導課程、個別學生規畫、回應式服務和系統支持之概念架構所組成？抑或透過其他組織性編組？

理論基礎

　　理論基礎的部分討論了「在教育系統上，輔導乃為平等夥伴」之概念的重要性，同時，理論基礎也說明了在社會上個人需要藉由參與全方位輔導與諮商方案來獲得能力的理由（如第 3 章的舉例說明）。輔導原理倡議，諮商與輔導方案應為協助全體學生發展潛能而精心打造，提供發展性與專業化協助服務，使每個獨特的個人、社會、生涯或教育需求得以獲得照顧。雖然理論基礎的目的是表達方案需求，但是它也導引方案設計的決定（例如，所服務學生的次團

體）並對方案實施提供方向。理論基礎包含學生與社區需求評估的結論，以及地方和州教育系統乃至於全國整體教育系統的目標澄清；它參照了當前專業理論、學校或學區任務與目標，以及支援方案與方案設計的專業趨勢：亦即教育和專業學校諮商兩方面的趨勢。

學生需求與事實。和輔導與諮商方案內容領域有關之特定學生需求應清楚地被辨識出來，以幫助每個年級階層學生完成其不同的發展任務。學齡兒童的發展任務可以粗略劃分為三個發展層級，這些層級大略等同於他們的學校層級。5 歲到 12 歲的小學學童，他們的發展任務是建立基礎；而 10 歲到 14 歲（介於兒童與青春期青少年間）的中學學生，則是要處理生活上無數的變動所帶來的混亂；至於 13 歲到 18 歲的青少年，他們的任務是要轉變成健康上進的成人。

需求評估可藉由方案的使用者調查，或是透過學校與社區專家（如：諮商師、教師、校長和其他教育工作者；社區領袖）來進行。當前廣受採用且又以研究為基礎，用來確認學生發展需求的方法，乃以美國探索機構（Search Institute, n.d.）所描繪之青少年所需要的「四十個發展資財」（40 Developmental Assets）為最主要之參考。Stevens 與 Wilkerson（2010）在「發展資財」與美國學校諮商師協會（ASCA, 2005）之「全國模式」間搭建起橋梁。目前的論點是，「新興的發展性研究，均著重以優點為手段，來促進學生正向發展」（Akos & Galassi, 2004, p. 196）。

除了學生的發展需求之外，關於有多少學生有預防、矯正和危機處遇的需求，以及引起這些需求的特定問題或情況的特定資訊，亦都應該被確認。比方說，今日學校所面臨的社會問題，包括低成就、青少年懷孕、兒童與青少年自殺、兒童虐待與忽略、物質濫用、族群緊張與紛擾、霸凌、暴力、家庭結構改變（如父母親職分配）和經濟波動。為了確認學生輔導與諮商之特殊需求，其他學生次團體（亦即文化和青少年次文化團體）也應該要納入考慮。所有的議題將因社區的不同而互異，所以需要因地制宜地做評估（第 6 章將討論更多學生需求評估的議題）。

社區背景。在進行你目前的方案評估時，你蒐集了有關社區現況的資訊（第 4 章已介紹）。這些資訊指出，部分學生的需求與他們的健康發展及學校和生活上的成就有關。例如，對於某些學生而言，學校生活是他們面對的第二

文化，而且他們正努力設法能順利適應與兼併這個新文化（Coleman, Casali, & Wampold, 2001）；因而他們有特定的需要。舉例來說，家長沒有受過合於今日標準完整教育的學生們，他們的需求會和那些家長曾受益於大學或高等教育訓練的學生們不同。

專業理論。方案背後的理由——它的原理——是輔導與諮商方案領導階層（包含指導與諮詢委員會和專業諮商工作人員）對於「怎麼做對學生最好」所抱持的信念系統。

發展性輔導與諮商方案應以發展性理論與原則為基礎（MacDonald & Sink, 1999）。所以，那些可以用來瞭解心理健康所需條件與怎樣可以幫助學生重拾失去的心理健康的理論，應被好好地加以澄清。Henderson（2005）提醒我們：專業學校諮商實務是建立在心理學的理論上（範圍從 Sigmund Freud 到 William Glasser）。這些理論尋求解釋人們行為、思考、感受背後的原因，及諮商師如何幫助他們達成正在奮鬥的目標，以及如何協助他們盡其所能做到最好。有關人類成長與發展階段與事實的理論（如 John Dewey、Jean Piaget、Erik Erikson，和 Lawrence Kohlberg 所敘述的），亦對專業學校諮商師的工作和輔導與諮商方案提供了支持。Geidner（2009）為「以發展性系統為觀點的諮商模式」（p. 367），提出了強而有力的論述。

另外，還有關於「學習如何發生」與「怎樣促進學習」的理論。在第 3 章，我們提出引發學生能力發展的活動排序之理論。在《ASCA 全國模式：學校諮商方案架構》（ASCA, 2005）中，亦包含〈ASCA 全國模式背後的理論〉（The Theory Behind the ASCA National Model）（Henderson, 2005）。

學校任務、目標和教育趨勢。除了在第 4 章中提及，確認聯邦、州與地方政府政策說明，以作為改進輔導與諮商方案的政治支持外，目前最新的教育專業趨勢也應納入考慮。儘管所有的教育工作者同意，不論學生的背景或情況為何，最重要的是挑戰他們去爭取更高一層的成就，但是教育專業卻在這個時候陷入兩難困境；一方面想對聯邦和州政府規定的績效所做的持續要求有所回應，另一方面也想進一步認識到兒童是帶有多重面向和需求的不同個體，而為了達成最理想學習，必須提出這些面向和需求。許多學生的需求——沒有安全感、不能專注在學校課業等等——都阻礙了學生的學業成就。

專業學校諮商趨勢。如同教學和學習的先進技術很重要，同樣地，專業學校諮商的當代趨勢也一樣重要。我們可以決定趨勢，它對方案優先順序和相關實務工作提出建議方向。《ASCA 全國模式：學校諮商方案架構》（ASCA, 2005）包括了 ASCA 學生全國標準，提供了一套指導準則，讓你據以建立基本方案架構與計畫，幫助學生達成能力目標。ASCA 的定位聲明亦勾勒出不同層級學生的需求。其定位聲明《為何是小學諮商師》（ASCA, 2004a）、《為何是中學諮商師》（ASCA, 2004b）以及《為何是中等學校諮商師》（ASCA, 2004c），描繪了各層級學校諮商師有資格為學生提供的服務，以及這些諮商師如何執行每一層級的輔導與諮商方案。在這些聲明的結尾，可以回答它們標題所提出的問題。這些簡潔的陳述有益於為地方性的準則提供支持的依據，同時它也有利於發展地方性的準則聲明。

諮商期刊，如美國諮商學會出版之《諮商與發展期刊》（*Journal of Counseling & Development*），及學校諮商期刊，如 ASCA 出版之《專業學校諮商》（*Professional School Counseling*），素來在提出學生面臨之當前問題並提出解決之道方面，提供最新的實務資訊。值得注意的範例有《諮商與發展期刊》2004年的校園暴力專刊（McGowan, 2004），還有 2008 年以多元文化諮商為主題的特刊（D'Andrea & Heckman, 2008）。其他學校諮商師提出當前趨勢的主題有：大學升學與生涯準備、學業難度造成的壓力，與約會暴力。這些期刊也有諮商趨勢與學校諮商實務方面的特別專題，像是優勢本位學校諮商（strengths-based school counseling）（Akos & Galassi, 2008）。

這些期刊同時也刊載了描述當前研究與評量的論文。學校諮商師、輔導與諮商方案，和特定實務工作的效能評量，乃是學校諮商專業主要趨勢之一。儘管許多此類的研究亦在他處被記載〔例如，麻薩諸塞大學艾姆斯特校區的全國學校諮商成果研究中心（National Center for School Counseling Outcome Research at the University of Massachusetts Amherst）〕，不過 ASCA（n.d.）在其「學校諮商的效能」（Effectiveness of School Counseling）報告中，摘述了廣泛的研究範疇。加州眾議院授命加州教育局（California Department of Education, 2003）進行一項有趣的研究，其結果建議，應提供更多的學生支持性服務（pupil support services）——包括諮商，尤其是「全校性預防與處遇之策略與諮商服務；

個別、團體和家庭心理諮商；還有針對兒童和家庭的處遇策略，例如諮商、個案管理和危機處遇」（California Department of Education, 2003, p. 2）。

學校輔導與諮商的效果性研究，通常聚焦在其主要結果上——即與學生有關之個人／社會、教育和生涯發展之結果。因為目前應用在教育系統的績效評量研究，主要集中在閱讀與數學成就及學校安全之議題上，所以有愈來愈多的研究都專注在學校諮商師對這些因素的影響。舉例來說，由 Brigman 與 Campbell（2003）所執行的研究計畫，為這個領域的其他研究者提供一個優異的模式：「本計畫目標是為了要仔細研究學校諮商師介入學生學業成就和學校成功行為的影響」（p. 96）。處遇與介入的重點在於與認知、社會和自我管理相關的特定技巧發展，而這三個方面的表現與學校成就有直接關聯。「結果顯示，學校諮商師結合團體諮商和班級輔導的全方位處遇，對學業成就與學生行為有正面影響」（p. 97）。他們也總結：「學校諮商師針對與學校成功（school success）之相關特定技巧加以介入，並運用以研究為基礎的方式來教導這些關鍵技巧，這兩項事實都被視為該研究重要的正向結果。」（p. 97）

假定

假定是塑造和引導方案與設計的前提。很多時候，假定並未被明確地表達出來，卻常被個人視為理所當然，不過其他人也許從未想過或者並不同意。假定是依據學生、其他案主、方案和方案工作人員而設定的。設計方案時，明確地提出並討論個人的假定是非常重要的。我們接下來將提出一些範例，說明並激發你的思考，不過假定是方案的基礎，所以你必須提出自己的假定。

學生和其他案主方面的假定。一些關於學生和其他案主的假定有：
- 所有兒童和青少年都「能夠」也「想要」學習。
- 輔導與諮商方案協助學生發展其個別性、與他人有效互動，並支配他們自己的命運（Borders & Drury, 1992）。
- 所有學生值得在其個人、社會、教育和生涯發展上得到協助。
- 「文化差異是真實的，不能無視它的存在」（Lee, 2001, p. 259）。
- 所有的學生、家長、教師和其他方案使用者，不論他們需求的層級（發展性、預防性、矯正性或危機性）或是個人特質（性別、族群、民族、

文化背景、性取向、身心障礙、社經地位、學習能力等級或語言），都有同等使用方案的機會（Texas Education Agency, 2004, p. 12）。

- 在兒童的教育上，家長受邀成為教育工作者的完全夥伴。

方案方面的假定。一些關於方案的假定有：

- 有效的輔導與諮商方案提供了活動和服務的適當平衡，乃為整個教育系統組成之統整而獨立的要素，並經系統性地計畫、設計、實施和評鑑。
- 就算是最少量的方案，亦可以供給遞送系統的四個方案組成要素。
- 有效實施方案的必要條件，包括一個正向的工作環境：對於學校人員互動有利的人際關係。對輔導與諮商方案投入與支援的行政人員，並提供適當的預算與輔導素材。
- 為了使輔導與諮商方案達於有效，教育系統之特性必須具備健康的人際氣氛，並且在政策與資源上供給支持方案。
- 提供給所有學生的服務必須是公平的。
- 輔導是全校的責任。
- 輔導與諮商方案的核心目標是協助學生在學業有所成就。
- 對輔導與諮商方案的計畫、設計和評鑑須提供時間和機會。
- 諮商師與學生的比例要足以執行設計好的方案，或者，方案是在比例範圍內設計的。
- 學生隨時可使用設施，設施要能配合全方位輔導與諮商方案的實施，並能確保案主的隱私權和保密性。

方案工作人員方面的假定。一些關於方案工作人員的假定有：

- 今日公立學校必須要有專業學校諮商師。
- 學校諮商師的大部分工作時間是直接面對學生。
- 諮商師已經各州之州政府完全認證，並且具備必要的特殊訓練，以執行專業工作任務。
- 所有學校諮商師具有高度熟練的輔導與諮商知能。
- 學校輔導工作人員都遵循輔導專業倫理準則。
- 提供在職訓練的時間和機會給學校諮商師和其他輔導與諮商方案工作人員。

- 所有工作人員均負責承接輔導與諮商方案的目標與宗旨。
- 工作人員的角色和他們在組織內的關係要有清楚的介定。
- 專業和跨專業之關係具有尊重、互助與合作的特性。
- 學校行政人員能針對輔導與諮商方案和學校諮商師的專業性人格之廉正完善加以保護。
- 學校或學區依足夠的比例，聘用合格專業的學校諮商師來實施方案設計。
- 學校行政人員瞭解方案的優先順序與要求，並依據這層瞭解來做出決定與建立方案。

方案組成要素

輔導課程

輔導課程是全方位輔導與諮商方案發展的核心。透過這些方案組成要素的活動，學生學習到輔導教學目標所設定的知識、技巧和態度。課程係按照年級層級編排，所以學習的範圍與順序是從學齡前幼兒園到十二年級，其設計是為了服務所有學生，通常藉由班級、小團體或大團體輔導來進行。為了確保輔導課程的遞送執行，教師要與諮商師合作。

個別學生規畫

在本質上，個別學生規畫組成要素的各項活動都是發展性活動，它們是提供給所有學生的服務，並引導學生之個人、社會、教育和生涯計畫的執行與發展，同時幫助他們瞭解和監測他們的成長和發展，以便採取教育上或職業上的下一步行動。此方案組成要素的活動是依學生和家長，採取團體或個別的方式進行。家長和行政人員通常以顧問的角色參與其中。

回應式服務

此方案組成要素的目的，是對學生提供特別的協助，這些學生正面對妨害其個人、社會、生涯或教育健康發展的問題。如同第 4 章所說的，此方案組成

要素的活動包含適切的預防性、矯正性及危機回應，像是個別和小團體諮商、與工作人員和家長諮詢、將學生和家庭轉介到其他專家或方案等活動。除了少數例外的危機處遇之外，大部分的活動都是事先規畫好的，乃為有計畫、有目的的遞送回應。甚至大多數的危機回應，雖然是隨時機而反應的臨機應變，但它們都是可預期並遵循計畫好的原則。

系統支持

把系統支持組成要素分為兩個部分，可有助於計畫執行：(a)輔導與諮商方案管理服務；(b)學校支持性服務。輔導與諮商方案管理包含支持其他三項方案組成要素的必要活動，它同時也包括指定方案和工作人員之領導階層；方案和工作人員發展；能促進預算、設備、適當政策、程序和指導方針的行動；研究；社區關係；和資源發展的行動。我們認為專業學校諮商師能給予學生的最佳系統支持，就是一個具備高效能且以學生為中心的輔導與諮商方案。

學校支持性服務包含活動的執行，這些服務須由支援全校性或其他特定教育方案的輔導工作人員來共同完成。這些活動包括：與教師和校長對特定學生、行為管理原則、學校氣氛和學校促進計畫進行諮詢，代表學生向政策決策者和課程設計者提出意見與建議，還有，努力提升家長參與學校事務的意願，也屬於這個方案組成要素。通常，學校支持性服務活動的目標，是要確保學校諮商師的貢獻，也就是與其他單位一同分擔全校性的責任，不多也不少（換言之，和其他學校方案工作人員的責任差不多）。

■ 依據內容領域、學校層級或學生年級編組來確認並明列學生能力

一旦選擇好方案內容領域和方案的整體架構，接下來的要務就是要決定哪些學生能力是輔導與諮商方案要負責協助學生獲得的。所以，需要依照你選擇作為焦點的兒童與青少年發展面向，確認其相關能力；學生需要獲取的知識為何？需要發展的技巧有哪些？學生參與輔導與諮商方案後會培養出什麼態度？

　　為了幫助你回答這些問題，你可以參閱已完成之「方案評估結果」的部分。在前述之過程中，你需要先明定，在目前的輔導與諮商方案中，從學齡前幼兒園到十二年級的輔導活動，預期的學生成果是什麼。如同我們先前的建議，把這些預期之行為結果和學區、州教育部門或是地方社區之教育目標的清單加以比對。有些學區和州教育部門已經發展出能力清單。學校諮商成果研究中心（Center for School Counseling Outcome Research）「進行了教育、發展和社會心理文獻回顧分析」（Carey, 2010, p. 60），明定了十三項特質，可以「反映學校諮商方案 [發展性與] 預防性之方案組成要素的理想成效」（Carey, 2010, p. 60）：

1. 學生展現樂觀之特質。
2. 學生在關鍵領域中展現自我效能。
3. 學生具有主體性與能動性（agency）。
4. 學生對未來自我之可能性，有清楚的願景。
5. 學生能自主學習。
6. 學生有設定目標的能力。
7. 學生能確認對於自身具有激勵性的學科。
8. 學生積極參與學校事務。
9. 學生有效運用自我管理策略。
10. 學生有良好的關係技巧。
11. 學生知道如何尋求幫助。
12. 學生對與性格相關的關鍵特質展現自我覺知。
13. 學生能自在並且有能力處理社會差異。（Carey, 2010, pp. 60-61）

　　固然參照上列的清單可以提供你許多的想法，但在此還是建議你建立自己的清單，這樣可以符合你的學區和社區已清楚聲明之任務、目標和優先順序。你最終極的目標之一，就是確保你的輔導與諮商方案成為學區整體教育方案中的核心。學區目標和你的方案之間之關聯愈為直接，輔導與諮商方案和學區基本任務的相關就愈顯明。例如，假若你的學區之教育哲學觀所包含的專案強調：

幫助學生成為好公民、為自己的行為負責，以及做出明智的決定，那麼這些字詞應要融滲於輔導與諮商方案所提出的學生能力中。

　　建立清單的過程，要盡可能地以系統方式進行。我們建議，第一，在你制定方案時，首先明定人類成長與發展之廣泛範疇（在第3章我們稱之為領域）。第二，針對每個領域、年級族群或學校層級的終點（像是六年級、九年級、十二年級等的終點，即分別為小學、中學、高中之輔導與諮商方案的結束點），詳列目標和能力。接著，在計畫和執行方案時，按各個年級層級的能力發展，逐步讓學生產生預期的成效。每個方案活動的宗旨，都要能幫助學生前進，邁向理想的成果。

　　你可以用工作團體的方式來初步蒐集清單。要審查別人列出的能力清單，起初可能會令人困惑，不過一旦工作團體投入了，就會是一項激勵人心的任務。這項任務使專業諮商師專注在其對學生成長與發展將帶來的貢獻上。清單上的每個發展階段——建立領域和確定能力之後——應該由全體輔導工作人員和學校工作人員、行政管理者、學生和社區的其他主要成員審核認可。在過程中，借力於學校─社區諮詢委員會將對你有所助益。

　　內容領域、目標和能力的訂定是促進方案的基礎，但在數量上要簡化。第3章所提的模式，示例了當列舉具體細節時，內容領域、目標和能力會如何地擴展。終生生涯發展模式明定了三個領域，每個領域又有五個目標，所以整體方案模式總共有十五個目標。ASCA（2005）模式訂定三個領域，每個領域有三個目標，所以全部共有九個目標。德州模式確認出七個領域，包含二十八個技能目標。諾斯賽德獨立學區（Northside Independent District, 1994）模式訂定出七個領域，所以整體方案模式共有二十四個技能目標。我們建議，你的清單不超過上列的數目，因為清單愈長，就愈無法有效管理，尤其是考慮到一般輔導與諮商方案可用的資源。能力清單是全方位輔導與諮商方案的核心。請記住，每個方案組成要素所進行的活動，應該針對一個或更多能力的精熟發展來設計。

再次確認政策的支持

假若到目前為止，你都依照方案改變的大綱所列之方式來進行，而且你借力於指導委員會或是學校－社區諮詢委員會，那麼你就已經具備一群受過輔導教育的「重要他人」作為支持後盾，包括行政人員、家長、教師、社區代表和工商業界人士。不過，此時能再次肯定學校系統政策決策者和行政主管對方案之結構性組成要素、能力以及遞送系統模式的支持，會是個不錯的主意。請記得，這些人需要知道輔導與諮商方案未來會有怎樣的展望，而且他們不僅願意和民眾，也願意和輔導工作人員及學校其他工作成員一起支持改進方案之工作（這群人可能會擔憂方案帶來的改變）。

要想知道在學校或學區有沒有行政主管的支持，只要從你的直屬督導開始觀察，就可以看出端倪。假若你在學區層級，這意味著你得從助理督學或是副督學著手；如果在學校層級，就得從校長著手。請記得，為了確保你所預想的改變和學區的願景一致，你至少需要一位行政主管的幫助，讓你隨時知悉學區的基本任務。你也需要這個行政主管協助你贏得學區教育委員會的支持，你還需要行政主管幫忙徵召校園或學區的其他行政人員來支持（這些支持的人力也會反過來監督或期許諮商師的表現）。此外，諮商師若是抗拒眼前的改變，你更需要再度動用高層行政主管說服這群抗拒的諮商師，向他們遊說，使其瞭解這些改變確為學區的理論基礎，而且他們需要對此加以回應。

因為學區是在微妙的政治平衡氛圍中運作，所以領導者或是多數的核心成員——包括家長、校長、諮商師、教師、學生、督學、其他行政人員和委員會成員——就需要有意願贊同新方案的遠景。在此階段的準備愈是充分，實際執行方案時遇到的挑戰就能得到更強而有力的支持。

既然方案架構已選定了，學生能力也明列了，那麼該是尋求輔導與諮商方案的政策聲明（policy statement）的時候了。諮詢或指導委員會已為方案背書的事實，將大有助益，因為委員會成員可以把方案架構和學生能力清單帶至他們的核心成員團體，教育他們，並徵求回饋意見。然而，如果你的教育委員會採

用的輔導與諮商方案政策，能肯定你的方案架構，那就太好不過了。「當政策和方案依據新的資料接受審查而產生改變時，系統的改變就會發生」（ASCA, 2005, p. 25）。有些學區採用方案定義作為其基本政策。有些政策決策者陳述了方案的優先順序，比如：提供服務給有發展、預防、矯正或危機需求的學生，這四項方案組成要素的優先性，以及每個要素和學生技能發展的相關優先性。你可能會發現，在你研究當前輔導與諮商方案觀念時所蒐集的資料，有助於向學校委員會提出政策。你可能也會發現，全國學校董事協會（National School Boards Association, 2010）有關諮商與輔導（第 2 章有引用）的政策很有用。附錄 D 提供地方教育委員會政策的範例。

建立方案遞送的優先順序（質性設計）

隨著方案綱領大致列出，基本政策支持也建立完善了，方案準則亦已就緒，此時你可以準備明確界定學區或學校全方位輔導與諮商方案的理想設計。你此時要回答以下基本問題：

- 你想如何運用現有的輔導與諮商方案資源，以確保方案任務的達成？
- 每一個方案組成要素內的優先順序為何？
- 每一個組成要素內可供應用的可得資源有多少？

如第 4 章所述，優先順序的排定，展現了方案的質性設計；而資源配置的範圍則展現其量化設計。

在你發展方案的理論基礎、假定和定義階段，你須開始運用價值澄清法，此際，在建立方案遞送的質性和量化設計階段裡，想必你也已完成價值澄清的工作。方案促進領導階層一旦完成了目前方案的設計評估，他們將會看見他們同時已為方案促進做出了選擇，而這些選擇有時候是無意識的。無疑地，方案內的學生需求似乎是無窮無盡的，但是，可資支取的資源卻是有限的。有目的地發展並設計理想方案，能讓我們做出有意識且審慎的決定。因為在設計上所進行的各項決定可提供指導方針，使輔導與諮商方案具備效能與效率，以善用現有及潛在可得的資源。

方案設計的質性面向，必須決定方案遞送的明確定義，並訂定優先順序。
而建立優先順序要考慮諮商師和其他人的能力、所服務案主的需要、學生目標
能力的培養，及所欲提供的活動。哪些學生團體應有哪一種優先順位？應該優
先強調哪些學生能力？每一個全方位輔導與諮商方案組成要素和其優先順序由
什麼活動構成？你需要根據你所提供的方案理論基礎，回答這些問題，你的答
案須能為工作人員角色、所服務的案主、所提列的主題和每個方案組成要素進
行的活動，建立優先順序。

學校諮商師之能力的優先順序

在對學校諮商師角色提出明確建議之前，要先記住，學校諮商師獨一無二
的貢獻，就是他們可以確實促進學生成長與發展。雖然各州對學校諮商師的證
照認證要求各不相同，但藉由幾個全國層級的機構可以窺見一些共識。依據全
國認證機構〔例如：諮商與相關教育機構認證評議委員會（Council for Accred-
itation of Counseling and Related Educational Programs, 2009）；全國合格認證諮
商師委員會（National Board for Certified Counselors, 2004）；全國專業教學標準
委員會（National Board for Professional Teaching Standards, 2002）〕建議的內容
包含：人類成長與發展、學校諮商基本原理、學生能力發展、社會和文化背景
及多元文化能力、諮商理論和技術、諮詢服務及與學生生活相關人士合作、學
生衡鑑、方案發展、專業定向、為案主倡議、領導力、研究和評鑑、資訊資源
和科技，與實習課程或實習經驗。

將諮商師角色期待和職務說明寫下來是必要的。這個過程需要瞭解學校諮
商師所學的專業內容，以及在他們取得專業證照時所獲得的知能。在評估學校
諮商師教育的階段，對這套知能的共識已漸趨達成。例如《德州專業學校諮商
師評鑑模式》（Texas Counseling Association, 2004）描繪了八個學校諮商師的職
責：方案管理、輔導、諮商、諮詢、協調、學生衡鑑、專業行為和專業標準。
以上八個職責又進一步分成三十三個標準和 230 個細項描述（descriptors）。

Henderson（2009）建議，須確認方案中所有專業學校諮商師的基本功能，
如此可為此類工作者提供一般性的工作說明。隨後便能列舉每個諮商師的職責

與職務說明（Henderson & Gysbers, 1998）。附錄 E 為一般高中諮商師之職務說明的範例。

在清楚界定學校諮商師所學的專業內容與其在方案的一般職責後，就可以確立他們知能運用的優先順序。以角色來排序固然是一個方法，但依能力來建立優先順序，將提供更多的方向。例如，諮商師應該花更多的精神和時間教導輔導課程、進行小團體諮商、個別諮商、資源整合、服務學生，或成為改變社會的媒介，或以上全部都是優先？在此時所要做的決定是，在你的方案當中，每位諮商師的專業技術之相對重要性為何。例如，「學校諮商師須能實際瞭解他們的優點和限制，以成為社會改變之媒介」（Ratts, DeKruyf, & Chen-Hayes, 2007, p. 94）。表 5.2 列出學校諮商師知能運用的優先順序，此表乃由諾斯賽德輔導指導委員會（Northside Indeperdent School District, 1994）所訂定。最高的優先性屬於只有學校諮商師才擁有的技能：管理輔導與諮商方案、提供個別與團體諮商服務。

為了時間與精簡性考慮，有些學區選擇較廣泛的分類方式來代表諮商師的知能，而非以特定知能描述來呈現（如表 5.2 所見）。德州學區採用《德州專業學校諮商師評鑑模式》，以表現領域（performance domains）的方式來呈現（Texas Counseling Association, 2004）。一如前述，表現領域包含多元能力標準，像是輔導表現領域有七個標準，而諮商領域有三個標準。每個標準透過多元細項描述做更進一步的敘述。表 5.3 之範例為學區諮商師能力的優先順序，此能力乃依表現領域而分類。你或許可以由此得出一個結論：該學區決定要建立一個發展性的輔導與諮商方案。

其他輔導與諮商方案工作人員的優先順序

現在是考慮其他輔導部門人員之角色的合適時機，像是註冊登錄人員、生涯中心技術師、諮商師秘書、辦公室助理和同儕輔導員。至終，所有輔導與諮商方案的相關工作人員都必須有他們的角色界定，包括需要有擔任導師或輔導課程與心理學課程教導者的教師，以及在特定輔導活動中，輔佐輔導工作人員的社區志工。輔導與諮商方案相關的心理健康專家，像是有照諮商師、學校社

表5.2 諮商師知能運用之優先順序

優先順序	知能
1	計畫、實施和評估全方位輔導方案,包括諮商服務。
2	針對已呈現需要或必須關心的學生提供個別諮商。
3	針對已呈現需要或必須關心的學生提供團體諮商。
4	與家長、教師、行政人員和其他相關人士進行諮詢,以提升其與學生的服務。
5	在學校諮商工作上,運用已被廣為接受的諮商理論與適當的技術。
6	協助教師教導輔導相關課程。
7	藉由教育與生涯發展計畫,輔導個別學生和學生團體。
8	與學校和社區人員合作,彙集資源以協助學生。
9	教導學校發展性輔導課程。
10	運用有效轉介程序,以協助學生和其他相關人員使用特殊方案服務。
11	適切解釋測驗與其他評量結果。
12	為評量目的,適切運用學生資料及其他資訊來源。
13	參與學區或學校團體標準化測驗方案的計畫與評估。
14	監督與輔導方案活動相關之庶務工作、半專業人員與志工人員。

註:取自 *Comprehensive Guidance Program Framework*, by Northside Independent School District, 1994, San Antonio, TX: Author.

表5.3 諮商師能力與表現領域運用的理想優先順序

表現領域	小學	中學	高中
方案管理	6	5	1
輔導	1	1	4
諮商	2	2	3
諮詢	3	3	5
協調	5	4	6
學生衡鑑	7	6	7
專業素養	4	7	2

工具和學校諮商心理師，這些人的角色亦應清楚界定。在此，我們建議你為每個職位寫下職務說明，這樣一來，所有相關人士都清楚瞭解各種不同角色任務與多元職責的區別（附錄E的範例是一些關於其他輔導方案人員的職務說明）。

因為人力資源是輔導與諮商方案的基礎，你也許會發現，除了學校人員以外，考慮還有哪些可用人士能協助輔導與諮商方案推展，是很有幫助的。例如，社區成員長久以來是教育界尚未開發之資源的一部分。故此，一份有服務意願的社區成員清單，是社區資源清單重要的部分。在歷史上，生涯教育方案為社區輔助型輔導與諮商方案提供最顯著的範例。企業界和勞工團體、服務性社團，類似組織常常願意談論特定職業或就業現實。他們也可能成為缺乏動機之學生的良師益友。而且，父母和祖父母團體可成為學童的角色楷模。家長—教師協會領袖（PTA leaders）亦可以帶領親職教育團體，並運用全國家長—教師協會資源（http://www.pta.org）。

家長的優先順序

一個理想而且重要的情況是，學校同仁和家長成為提供學生輔導的合作夥伴。美國學校諮商師協會（ASCA, 2010）倫理準則說明了專業學校諮商師「尊重父母、監護人對兒童的權利與責任，並努力與父母、監護人建立適切的合作關係，以促進學生極致發展」（B.1.a）。從家長的觀點來看，學校輔導與諮商方案能成就的果效，正可補足家長平日的努力付出。從輔導與諮商方案的角度來說，家長則是輔導與諮商方案工作人員的延伸。有時候，有些家長受益於方案活動或使用方案服務，甚而成為方案的案主。以學校為基礎的輔導與諮商服務人員和領導者，他們的職責是把家長納入方案的遞送系統內，同時在資源允許的情況下，提供家長適當的服務。

家長即方案工作者

家長是以學校為基礎之輔導與諮商方案的參與夥伴，乃藉由提供學生需求和方案預期果效的意見與建議，來協助方案計畫與設計。從家長的觀點來看，他們知道學童的需要所在，以及身為父母，他們會對什麼樣的幫助感到感激與

欣賞。建立方案的優先順序時，他們也應該發聲。他們提供親身之資訊，以彰顯活動之明顯成效為何。在蒐集完方案的效能與效率的資料後，家長可協助評估已實施的方案之果效。

身為輔導與諮商方案工作人員的延伸，家長瞭解輔導課程教授了學生什麼技能，而後在家中增強這些技能。學生與家長的主要責任，是設定、計畫和決定特定的教育和生涯目標。家長在完全參與個別學生規畫組成要素活動時，最能履行這些角色責任。學校輔導工作人員和家長均須確定家長掌握充分的資訊，知道需要履行什麼角色，及何時要參與。

回應性學校諮商服務的主要目標，是說明學生成功跨越教育過程中的障礙。當學生的問題涉及校外資源與解決方案時，家長是最主要的資源提供者。例如，他們安排學生接受治療並支付費用。當學生家長無法履行其職責或是他們本身即為問題的一環時，那麼學校諮商師可能需要進一步外展以確認資源，甚或為學生倡議（Ratts, Toporek, & Lewis, 2010），但他們要小心，避免承擔親職化的角色（請參見附錄 F 說明學生管理個人危機程序的範例）。

家長成為學校諮商師的夥伴，他們代表自己的孩子，把他們轉介給諮商師尋求幫助，讓諮商師依循專業倫理準則和技巧來協助學生。他們與諮商師及其他學校同仁一起合作，釐清影響學生學校成就的問題根源，並且參與執行解決方案計畫。

家長夥伴甚至可以履行系統支持組成要素活動中的幾個角色職責。他們在社區關係、教育和外展工作上，協助輔導與諮商方案工作同仁，並參與輔導與諮商方案指導和諮詢委員會。有些家長夥伴還能協助學校諮商師，對其他家長提供教育訓練。

家長即案主

家長是輔導與諮商方案活動和服務的資助者與施行對象，接受專業學校諮商師的幫助，實施以家庭為基礎的輔導與諮商。輔導課程活動協助家長教導他們的兒童一些基本生活技能，像是自我接納、設定有意義的目標、做正確的決定、與他人相處融洽，以及負責任。

家長透過以學校為基礎的個別學生規畫，取得資訊與說明，來協助他們向

兒童解說,為人生的下一步訂定計畫並執行。例如,當諮商師幫助學生預先規畫高中畢業後的發展時,他們會向學生與家長提供生涯與大學以及其他邁向成人生涯途徑的相關資訊,並引導他們運用這些資訊。Sheely-Moore 與 Bratton(2010)發現,邀請低收入非裔美國人學生家長投入,是學生高中後順利繼續升學的關鍵。為能有效運用此策略,需要直接和家長接觸、配合家長生活作息的空檔時間安排活動、提供兒童照顧服務,及為他們準備可帶回家的素材。Bryan、Holcomb-McCoy、Moore-Thomas 與 Day-Vines(2009)亦提供類似的建議:「學校諮商師在尋找和選擇大學過程中,以具創意的方式與各種不同背景的家長搭檔合作,是非常重要的(Bryan, 2005)。這可能牽涉到利用社區場地與家長會面(例如,社區活動中心、教會)。」(p. 288)

當孩子在學校遇到學習或社會性的問題時,家長諮詢學校諮商師,使學生從中受益。學校諮商最能發揮其效用之際,是當諮商師和家長建立合作關係之時。這始於幫助他們瞭解方案與諮商師的角色和倫理標準(Huss, Bryant, & Mulet, 2008)。學校諮商師的挑戰在於,在孩子的隱私和家長知的權利之間取得平衡。透過回應式諮詢服務,學校諮商師幫助家長更瞭解他們的孩子的需要、孩子在其年齡該有的典型學習與行為模式、學校運作方式,以及學校所提供的其他特殊協助方案與服務。當家長為孩子選擇額外方案或服務時,學校諮商師往往需要為家長與孩子在這個過渡期的選擇做協調。

學校諮商師不宜向家長提供諮商服務,學校諮商師的主要諮商案主是學生(ASCA, 2010)。多數學校的教育使命是協助年輕學子學習,因此學校諮商師的諮商工作(諮商技巧與技術的應用)是以學生及其學習障礙為標的。當家長議題牽涉其中時,學校諮商師與家長就相關問題和解決方案進行諮詢,代表學生為他們倡議,向家長提供相關資訊,轉介家長到合適的資源以尋求幫助。

除了透過回應式服務提供諮詢之外,專業學校諮商師提供家長進一步發展親職技能的機會。這些親職教育課程或工作坊是在系統支持架構的大傘下提供的,因為這樣做會讓家長覺得與孩子的學校和學習更緊密相連,如此一來也就達成一項預期成果。

所服務案主的優先順序

方案評估須先確認目前方案所欲服務的案主是誰。不論是以原有的清單為基礎，或是創造一個新的清單，你都需要將所有可能受惠於全方位輔導與諮商方案的群體考慮進來，而且要回答如下的問題：「應該優先安排什麼服務給這些群體下各個不同的子群體呢？」

一般來說，學校諮商師會與兩個基本母群一起工作：學生和與學生有關的成人。如第 4 章所述，學生群體中有三個學生次群體，他們的需求為發展性、預防性、矯正性或危機處遇。在學校內，每個年級代表一個發展次群體，每個次群體也包含預防性、矯正性和危機處遇需求的學生。如前所述，學生次群體（例如種族與民族群體）可能包含好幾個年級的學生，不同學生次群體也可能在心理健全—心理障礙的連續向度上，落於不同的位置。

成人群體有家長、與學校相關的成人，以及與學生一起工作的社區民眾。家長群體反映出學生的次群體。學校工作人員包含一般和特殊教育的教師、其他專家、其他諮商師和行政主管。社區民眾是與方案遞送直接有關的人員、社區專家，和社區資源代表——心理健康與教育或生涯服務的提供者。

表 5.4 列舉諾斯賽德獨立學區指導委員會建立之案主優先順序，其所描述的過程與本章稍後在「建立資源配置的範圍（量化設計）」小節中所介紹之「決定學校諮商師時間分配的優先順序」標題下的過程相似。表內的數字顯示諮商師花在不同類別群體的時間百分比，可作為指導方針。學生明顯地位居最高的優先位置，但是與學生生活有關之其他成人也是重要案主。而小學、中學、高中也有不同的優先順序。的確，每所學校和每位諮商師，甚至可將這些類別下所服務的子群體再加以明列細分。例如，是不是每個年級的所有學生都均等地自發展性協助中受益？或有沒有哪些年級的學生受益更多？在衡鑑學生需求時，很明顯地，較專門化的回應式服務會有較為優先的順位。例如，在這裡需要回答的問題有「如第 4 章所描述，小團體諮商對哪些學生次群體有益？」因此，「為提供更好的服務，該舉辦什麼樣的焦點主題小團體或歷程團體？」

表5.4 接受服務之案主的理想優先順序（以百分比呈現）

案主類別	小學	中學	高中
學生			
發展性	29	24	17
預防性	21	19	26
矯正性	15	15	23
小計	65	58	66
成人			
學區行政人員	2.5	3.0	2.0
學校工作人員	—	—	—
校長	4.5	4.0	4.0
一般教師	8.5	9.0	5.0
諮商師	3.5	5.0	6.0
特殊教育老師	3.5	4.0	3.0
其他專家	2.0	2.0	2.0
家長	9.0	12.0	9.0
社區代表	1.5	3.0	3.0
小計	35.0	42.0	34.0

學生能力優先順序

基本技能之指導方針與領域

　　針對學生參與輔導與諮商方案後能獲致什麼能力來建立優先順序，諮商師和輔導與諮商方案的使用者之參與是很重要的。假如你才正要開始實施以能力為基礎的全方位輔導與諮商方案，幫助學校或系統內的所有學生朝向所欲獲得的能力邁進，這些能力無論包含十五個目標──或十二個目標，或在你的模式中，無論你同意的目標能力有多少個──這將是一項挑戰性十足的工程。因為在協助學生處理其發展性、預防性、矯正性和危機層級需求時，你也得承擔隨之而來的績效責任，這會加深這項挑戰的艱難度與複雜度。因此，你需要建立其優先順序，擇定哪些能力在哪些特定的時間列入方案中。

學生能力的發展目標，可以（且應該）按照它們對所有學生的整體重要性來排序。你可能還希望按不同的年級，來建議各種目標的重要性（能力也在其中）。說明學生達成目標的次序性也需要事先商定。例如，許多團體同意，學生自我認識與瞭解是學習認識與瞭解他人的先決要件。

設立優先順序的過程將會變得複雜，不過，即使採用不同的取向，通常會逐漸形成對於整體性的最優先要務的共識。當你進展到更明確的實施計畫時，就會知道要從哪裡著手以及在哪裡結束。圖 5.1 顯示諾斯賽德獨立學區（Northside Independent School District, 1986）在初步質性方案設計中，所建立的目標優先順序為何。這些技能的陳述仍屬廣義，而且可與第 3 章所界定的內容要素領域相對照。

假若你所服務的學區或學校較小，而且可以管理接踵而來的任務，那麼這是進行學生和社區需求評估的好時機，以便確認學生能力發展的優先順序。然而，在較大的學區或學校情境中，學生能力的陳述範圍依然太過廣泛，因而無法用在學生需求評估上（第 6 章將提供需求評估的概念）。

此外，部分德州學區使用較為統括性的學生內容領域（七個），而非相關之技能目標清單（二十八個），來設立他們理想方案的優先順序。這樣的做法可讓工作人員建立更多特定性的優先順序，先是為三個學校層級，進而最終為每個年級建立。表 5.5 有範例可循。

預期的學生成果

早先，你已建立好學生發展的領域、目標和能力，而輔導與諮商方案工作人員也願意為此努力負起責任。而且，你已經完成了學生能力的說明，以便勾勒出目標。此時，你需要針對每個年級、年級群組或學校層級，列舉方案預設達成的相關成果。這個步驟簡單來說就是把所欲達成的能力再加以細分，並確立適合參與方案活動學生年齡層的成果。第 3 章所呈現的終生生涯發展模式成果範例（在「要素一：方案內容」這一小節），其實就是具體的陳述。這些說明由基本清單裡的十五個目標迅速擴展，每個年級有十五項能力，或者說，從幼兒園到十二年級總共有 225 項能力。

我們再次強調，你需要精簡地確認你的方案成果績效。而且依學生需求評

為了建立全方位與適切均衡的方案，要考慮以下資源配置的優先順序，以作為校園方案目標。

分派各技能之優先順位排序

學生將	重要性	次序	重點層級
1. 能瞭解與尊重自己。	1	1	E
2. 能瞭解與尊重他人。	2	2	E
3. 在學校能表現負責任的行為。	3	3	E
4. 在家中能表現負責任的行為。	9	6	E
5. 在社區能表現負責任的行為。	9	10	M
6. 能做明智的選擇。	3	3	M
7. 能成功處理改變。	7	8	M
8. 能解決問題。	5	5	M
9. 能適切利用教育機會。	8	9	M
10. 能有效溝通。	6	6	M
11. 能計畫滿足自我與有益社會的生活。	11	11	H
12. 能為滿足自我與有益社會的生活做準備。	12	12	H

註：取自 *Comprehensive Guidance Program Framework*, by Northside Independent School District, 1986, San Antonio, TX: Author.

E＝小學；M＝中學；H＝高中。

圖 5.1 學生技能發展優先順序

表 5.5 理想方案內容優先順序

內容	小學	中學	高中
自信心發展	2	6	2
成就動機	3	1	3
做決定、目標設定、計畫、問題解決	4	3	1
人際效能	6	5	4
溝通技巧	1	4	6
跨文化效能	7	7	7
負責的行為	5	2	5

估和優先順序的實際數目為基礎。太多的成果項目，會導致方案無法實施。諮商師對不同的方案組成要素的時間分配，會直接影響你能夠協助學生發展成果

的程度。隨著方案持續投入與發展，每一項成果可成為某些課程、單元或諮商會談的目標。全方位輔導與諮商方案的每一個活動都應有一個學生宗旨，而每個活動宗旨都必須與清單上每個年級之特定成果相關。以下是這個概念的流程範例：

▣ 領域 1：自我認知和人際關係技巧

目標 A：學生能發展與整合對於個人與他人之獨特特性與能力的瞭解。

● 能力：學生將明確指明他們所重視的個人特質與能力。

● 學生成果：五年級學生將明確認清有關他們所看重的許多事情。

● 活動宗旨：透過此活動，每個學生要確認六項自己認為有價值之有關自己的事情。

依年級、年級群組或學校層級來列舉學生能力是諮商師的任務，也是必要工作之一。這個界定廣泛性目標與能力清單的工作團體，若不是要繼續推展執行此任務，就是要領導延伸之諮商師團體，使接受領導的團體列出成果或斬獲清單。所有諮商師最少都要發展部分的清單，因為這個經驗對他們是有益的，而且，它能幫助他們依照學生成果來思考；這樣，當方案的活動在發展階段發生轉變時，他們會習慣依特定學生行為來思考。

當成果清單接近完成時，應該由全體諮商師、工作人員和其他所有的相關人員——指導委員會或行政工作人員——進行審查與認可。縱使非諮商師在審查整個成果清單時可能會感到吃力，但是諮商師需要藉由非諮商師的審查，對清單綱要的每個部分加以通盤思考。此外，也藉著行政人員和其他人員的審視，不同人員可依據其不同之參照架構，考慮輔導與諮商方案的細節。如此一來，有些社區成員可能難以接受的成果，或被忽略但卻是重要的成果，可以在一開始時就被確定並提出來。

每一方案組成要素的輔導活動優先順序

現在，方案組成要素需要藉著描述每個方案組成要素涵蓋的基本重點與

主要活動,來界定更精微的細節。好的方案的每個組成要素應列出當前可讓方案有效實施的活動,還要確認與設想新的活動,使其能更適切滿足方案之目標。

輔導課程

為進一步敘明輔導課程要素,先確認課程學習範疇,與全方位方案中學生之基本能力(請見圖 5.1);而這些能力描述了輔導課程的規模。接著,要建立輔導教學指導的優先順序。這個過程是要幫助諮商師瞭解在教學時間有限的情況下,特定學校層級所要教導的主題和最高優先之能力,協助學生習得能力的次序也因而建立。這些學習可能只需重新陳述先前依每個年級列舉的學生表現成果。不過,如果你是依年級級別或學校層級列舉學生表現成果,就需要清楚解釋每個年級要教導什麼內容。檢視「終生生涯發展模式」的範例,再一次有助於描繪此過程。表 5.6 描述此模式下,幼兒園輔導課程的範圍與次序。

表 5.6 幼兒園輔導課程的範圍與次序

幼兒園學生將會
1. 描述他們的外表長相。
2. 描述他們在意自己的方式。
3. 描述令他們感到自足的方面。
4. 描述成長中的能力。
5. 描述他們做出的選擇。
6. 瞭解在兩個喜愛的選項間做取捨的困難。
7. 能察覺他們傾聽不同人的話,並且跟他們交談。
8. 描述他們喜愛的人和活動
9. 描述他們與他人的合作和遊戲關係,及他們最喜愛的活動。
10. 描述他們在學校所學的一切。
11. 描述他們每天在學校的活動。
12. 認識他們居住的城鎮、州和國家。
13. 描述家庭成員的工作內容。
14. 出於心理投射,模仿成人行為,而非僅表現適齡行為。
15. 描述未來會發生的情況。

　　以上的工作完成後，下一步是要把學習成果分組，作為教學的單元。到目前為止，學生能力發展是依領域而組織。現在，當你釐訂每個年級的特定成果並且將它們加以排序時，可能會自然形成某些不同目標領域的群組。為了教學目的，你可能會想依邏輯單元教學而非以能力綱要列舉的順序來排列教學內容。以我們的範例來說，從幼兒園單元可能產生如下的成果：

單元	所指稱的能力（依據表 5.6）
自我	1-4
做決定	5 和 6
他人	7-9
學校	10 和 11
社區與工作	12-14
未來	15

個別學生規畫

　　為了進一步說明個別學生規畫要素，在此釐訂出協助學生訂定其個人化計畫的主要活動。在小學、中學或高中，這些組成要素所提供的活動包括：幫助學生熟悉新的學校環境；設立目標、訂定計畫，和為達成目標所採取的後續步驟；還有考慮學生本身與計畫的相關性向和能力障礙。而在我們工作的學校與學區，這些活動的焦點在於學生教育與生涯計畫。如果你的方案是朝這個方向進行，也可能有些活動可以幫助學生訂定個人和社會生活的相關計畫。這些主要活動必須與輔導與諮商方案的廣泛目標相關。表 5.7 為諾斯賽德獨立學區清楚描述相關活動和技能的範例。

　　如你所見，這些活動都可以在傳統輔導與諮商方案中找到。要做決定的是，花在這個組成要素的時間的優先性。學校諮商師通常把協助學生順利完成小學和中學教育當作優先要務，其中，年級層級的銜接則有著最高優先性。不過，今日最強調的重點是要加強所有學生的大學與生涯準備度。所以，協助學生中學畢業後升學與生涯計畫的發展也落入這個組成要素中。在小學階段，協助低

表 5.7　個別學生規畫：活動與學生技能

活動	學生技能
定向	充分運用學校的教育機會
教育計畫	為了滿足自我生活做好計畫與準備
預先註冊[a]	做明智的選擇
註冊[a]	成功處理改變
標準化測驗結果的宣傳與解釋	瞭解與尊重自己
生涯／職業規畫	計畫並準備為自我帶來滿足以及有益社會的生活
應用輔導課程中教導之其他技巧	（透過地方需求評估來評定）

註：取自 *Comprehensive Guidance Program Framework*, by Northside Independent School District, 1986, San Antonio, TX: Author.
[a] 和系統支持互相重疊。

年級學生適應學校生活，並幫助高年級學生適應學業課程以及與日俱增的課業需求，發展有效、個別化的學習方式和時間管理技能，可能是此階段的優先要務。最近，已經確立了中學畢業後的規畫對中學生的重要性。Gibbons 與 Borders（2010）提出，「評鑑『有效之大學準備』的專家學者已發現，成功的方案始於中學，其中包括提供諮商、使父母與同儕參與其中，與提供具體之大學資訊」（p. 234）。

　　當諮商師的服務量遠多於以學校諮商師提供一對一的個別諮商所建議的比例（100：1）時，這個組成要素的進行要以團體活動的形式為主；這些團體活動要以能協助個人發展個別相關計畫來設計，而且如果有必要，應該提供一對一的方式進行後續追蹤輔導。

回應式服務

　　進一步敘述回應式服務要素，確認學生、他們的教師和家長最常提及的主題，還有那些來自已完成的需求評估所鑑定的主題。這麼做能建立系統性的方法，以關注高優先性之學生案主所面對的高優先性主題或問題，和選擇最有效率的介入活動。什麼問題對學生的個人、社會或教育發展最為干擾？多少學生需要諮商、諮詢或轉介，為什麼？需要提供預防性協助、小團體諮商或短期家

庭介入的百分比各是多少？需要矯正性協助、一對一諮商或轉介的百分比有多少？傾向需要危機處遇的百分比是多少？你對這些問題知道得愈詳細，實施起來就能愈集中聚焦且愈有績效。

假若像兒童與青少年恐懼這類的主題，影響了很多學生，你就需要提前思索，如何處理這類主題會比較具成效和效率。雖然和兒童與青少年以一對一的方式進行輔導活動是理想的做法，但是這種方式在時間上可能不足以支援所有有需要之學生。協調不同組成要素的活動才能更符合學生的需求。以兒童與青少年恐懼這個例子來說，可以透過輔導課程的介入來教導復原力，然後藉著團體諮商，幫助學生因應和處理他們的恐懼，來培養出此能力（Burnham, 2009）。第 8 章將討論更多關於如何運用正確的要素活動，以合宜地因應最多的學生需求。

Mellin（2009）提出一項令人折服的觀點，她說專業諮商師和專業學校諮商師尚未充分發揮的貢獻是在「兒童心理健康危機」（p. 501）。而其中「70%是在學校發生」（p. 501）。她引用幾份報告強調：

> 心理健康狀況不佳對學業成就、藥物濫用、非行行為和兒童福利的影響……。具嚴重情緒及行為需求的學生，比起沒有這些需求的同儕，有 50%以上的輟學可能性（Wagner, 1995）。晚近的研究亦指出，涉及青少年違法行為的兒童，多達 70%可能被診斷出心理障礙（Skowyra & Cocozza, 2006）。估計指出，接受兒童福利體系協助的兒童，39%到 80%有心理健康需求（Shin, 2005）。而因為沒有接受治療，有些兒童具有自殺的危險性（USPHS, 2009）；事實上，自殺占 15 歲到 24 歲年輕族群之死亡原因的第三順位（Centers for Disease Control and Prevention, 2007）。（p. 502）

專業學校諮商師處在一個獨特的地位，並且受過訓練，為這個在校的兒童和青少年次團體提供適切之服務；他們與學校心理師和學校社工，都是學校心理健康專家之一。因為他們的個案包含學校全體學生，所以他們是確認、初步評估、諮商和轉介心理健康問題學生的第一道防線。他們也處於能與學生家長

和其他教育學者進行諮詢的獨特位置，並和社區服務的提供者協調合作。

　　專業學校諮商師的挑戰之一，是要瞭解須對學生進行何種介入；這項要務其實取決於學生在心理健康─心理疾病之連續向度上落點在何處，以及他們在發展性─預防性─矯正性─危機反應之連續向度上，需要何種層級的介入（第4章）。專業學校諮商師的典型服務量，通常是他們花很多時間提供少數學生長期、個別的治療服務，但這並非他們應有的工作安排優先方式。在設計方案時，專業諮商師須瞭解諮商師的訓練和專業職責之內容，並在方案設計時納入並分配時間去執行；包括提供學生個別和團體諮商服務、協助心理健康暫時性或中度心智功能受損之學生，並與社區心理健康─心理疾病工作者合作，設計和執行與學校環境相關的治療計畫。

　　在最初的諾斯賽德獨立學區計畫，輔導指導委員會的附屬委員會要求學校諮商師列出一年中所回應的主題。指導委員會以學區的立場觀點，為諮商師關注的主題建立優先順序。而這些主題，每一個都與諮商師戮力幫助學生臻至精熟的能力相關。所以，在一開始就協助諮商師澄清主題與能力的關係，能讓諮商師為學生訂定適切的活動目標，表5.8是該委員會依年級層級與優先順位列出的清單（Henderson, 1987）。

　　由此得出兩項出乎意料的資訊：第一，主題並沒有很多（總共十三個）；第二，小學和中學諮商師提交的清單，多有相似之處。這兩個因素使學生在他們的問題上，可以得到更好的幫助。所以在職訓練可專注於這些議題。而且可以藉此發展和分享示範性的實務經驗（例如提供哀傷學生服務的計畫書）。諾斯賽德獨立學區的諮商師覺得，進行大規模重新設計所附帶的好處之一，是瞭解到三個層級（小學、中學和高中）的方案間，跟他們過去所認知到的，並沒有太大不同。方案的設計固然不一樣，但是學生的需求相似，諮商師的技能和專攻領域也都相去不遠。

　　社會在變遷，鄰近的社區和學校在改變，學生也在改變。故此，須每年評估這些專業諮商師服務需求並依此回應這些需求。雖然主要問題的類別固定不變，但是這些類別下的特定主題會改變。例如，對有紀律與行為問題的學生提供諮商，通常是學校諮商師優先的服務，但遺憾的是，像霸凌或參加幫派這類主題也已浮現。

表 5.8　回應式服務：主題、技能和優先性

年級	一再出現的主題	技能
K-12	1. 學業失利	充分運用學校的教育機會
K-12	2. 兒童虐待	在家中表現負責任的行為
K-12	3. 離婚和單親家庭	在家中表現負責任的行為
K-12	4. 哀傷—死亡和瀕死—失落	成功處理改變
MS／HS	5. 自殺威脅	瞭解與尊重自己；解決問題
MS／HS	6. 性行為議題，像是合宜的約會行為、明智的約會選擇、懷孕、性病	瞭解與尊重自己；解決問題
K-12	7. 遲到、缺課、懼學症、輟學	充分運用學校的教育機會；計畫並準備為自我帶來滿足以及有益社會的生活
K-12	8. 紀律和行為問題	與學校相關：在學校表現負責任的行為
K-12	9. 同儕問題	瞭解與尊重自己和他人
K-12	10. 酒精、藥物、吸入性毒品濫用	瞭解與尊重自己
K-12	11. 家庭狀況	在家中表現負責任的行為
K-12	12. 尋求資訊	（依不同的資訊需求而變化）
K-12	13. 輔導課程教導之其他技巧的應用 · 學業問題 · 行為問題 · 社會問題	解決問題

註：取自 "A Comprehensive School Guidance Programat at Work," by P. H. Henderson, 1987, *TACD Journal, 15*, 25-37。
MS ＝中學；HS ＝高中。

　　如果你才剛要開始你的方案，我們提供給你以下類別和一些重複出現的主題清單，激發你的思考：

● 個人發展議題：文化與族群認同；情緒困擾；哀傷與失落；健康（愛滋病、嚴重或末期疾病、飲食失調）；處理身心障礙或失調；偏差行為；自尊議題；性行為、懷孕和性別認同；靈性與道德；壓力；物質使用與濫用；自殺（事前預防、介入、事後處遇）。

- 社會發展議題：與成人之關係；參與體育活動；非行行為；家庭問題和父母離異；霸凌與暴力；孤立；行動力；多元文化問題（種族地位、族群緊張、偏執）；身體與性虐待；同儕關係；社會病態行為。

- 教育發展議題：出席、懼學症和輟學；注意力缺失症；態度；行為或舉止問題或失序；資賦優異；新生（或進入新環境）；缺乏學業成就；教育選擇（課程、高中、大學）；處理學習障礙；學習技巧與習慣；考試焦慮。

- 生涯發展議題：興趣與性向的發揮；夢想與現實的平衡；發展性「停滯」；缺乏目標；無望；猶豫不決（生涯未定性）。

這份清單的長度，增強了我們有關「輔導與諮商方案任務、學校目標，和學生與社區需求上，要建立優先順序」的觀點。

回應式服務要素包含了學校諮商師從確認到評估、介入及後續追蹤活動的連續向度。諮商師有能力確認學生之特殊需求和其他與學校相關之議題。這些議題可能是單一個別學生或團體的需求，而且可能和學校、家庭或社區的狀況有關，抑或可能受到種族、族群或其他人口統計變數的影響。學校諮商師有能力透過評估工作來帶領、協調或參與來詳述學生問題的內涵。他們蒐集並分析學生和情境方面的個人與社會資料。如表 5.9 所摘述，當學生的議題得到澄清時，學校諮商師就能藉由提供個別、小團體或危機諮商；與家長、教師或其他人進行諮詢；及協調或轉介學生給其他服務單位的方式，來進行介入。學校諮商師也受過訓練，以規畫完善、一致性且具評鑑性的方式，對學生進行後續追蹤，並決定預先規畫的問題解決方案是否實際有效且可執行。

質性方案設計應針對這些學校諮商師的知能運用（確認、評估、介入和後

表 5.9 學生需求層級和學校諮商師回應層級

學生需求層級 （次團體學生百分比）	介入策略	學校諮商師專業能力
發展性（100）	教育	教學、輔導、諮詢和合作
預防性（35）	個別諮商與小團體諮商	諮商、諮詢和轉介
矯正性（15）	個別諮商與小團體諮商	諮商、轉介、諮詢和協調
個人危機（1-2）	個別諮商	諮商、轉介、諮詢和協調

續追蹤）之優先性，提供學校諮商師指導方針。而其他有能力才幹的人，他們的天賦才能也應該加以利用。通常，教師、相關的半專業人員和行政人員可以確認並指明有特殊需求的學生。而教師和學校心理師可以做學生衡鑑。學校諮商師的獨特知能則為支援諮商工作與諮詢介入。後續追蹤服務可交給與學生特定情況有關的校內其他人士。

系統支持

輔導與諮商方案管理。為有利方案運作並達至最佳狀況並具績效，在學校與學區層級方面必須選派領導者並且清楚描述這些人的角色責任。一般而言，他們的責任是確保方案之績效，並確認方案之遞送能符合已建立的標準，以及促使輔導與諮商方案持續精進（Henderson & Gysbers, 1998）。他們領導方案之推展、管理和績效的過程。

行政人員領導階層的責任，包含讓學校諮商師和其他輔導與諮商方案工作成員為其專業職責之執行負起責任，並持續支持其專業的發展；他們也對輔導與諮商方案負責，並為方案及從事人員倡議，以及為學生的個人、社會、生涯與教育需求負責；同時充當輔導部門與行政單位和其他部門之間聯繫的聯絡人。

在此，應該對組織機構內輔導之適當定位給予建議。輔導機構應該要和行政單位還是和教學單位並列？抑或是同屬學生服務單位？或者應該獨立於外？整個輔導與諮商的歷史，一直在問這些問題，而這個模式包含了不只一種建議，因為依據我們的經驗，輔導單位的適當位置會隨學區的規模和哲學觀的不同而迥異。方案基礎的理論須先被建立：例如，因為方案是學校整體的中心，所以輔導單位才與行政單位並列；因為方案是以發展性課程為本位，所以才隸屬於教學單位；因為是一套特定性的服務，所以才歸屬於學生服務單位；抑或是因為它具有獨特多重面向，所以才獨立於其他單位之外？

諮商師參與的各種活動，需要政策和行政程序、工作人員和方案發展機會、合理的預算經費分配、充足的設施與設備、合適分派的工作人員來執行理想方案、相關關係的支援以及輔導諮商研究的配合。在此階段，這些要求可能更像是許願清單而非實際選項之陳述，但是可以等到後期在訂定特定施行計畫時，才提出限制。第 6 章會更詳細討論這些項目，因為它們是新的概念化方案實際

實施的關鍵。

支持服務。要是在評估你目前的方案時，還沒發展出輔導工作人員被要求參與的主要活動清單，而你又想從全校性之活動輔導與諮商方案或是其他特定方案得到想要或必要的支援，那麼，這將是你需要做好的第一步。參與全校性活動的例子，像是處理提升學校風氣（如，在學校對全校進行性取向的倡議或計畫；DePaul, Walsh, & Dam, 2009）、霸凌或騷擾。其他方案服務的例子，如協調轉介需要接受特殊教育的學生，或對全體教職員和行政人員解釋標準化成就測驗的結果。

第二步是將這份清單按優先性排序，並用以下問題來決定哪些任務適合諮商師去完成，而哪些是非輔導任務：「這項任務需要輔導與諮商碩士來完成嗎？」如果答案是否定的，就可由諮商師與指導委員會或學校─社區諮詢委員會來建議由哪些其他部門來負責完成該項任務，而且也要決定學校諮商師在其他方案上，須公平分擔多少全校性活動；也就是有多少輔導與諮商方案資源，應該被用在方案上而非輔導上？這些能讓學校諮商師應用其專業技巧和知識嗎？在此時考慮這些因素，將有助於日後思考替換活動的處理方法。這個概念及相關議題將在第 8 章詳細討論。然而，此時可以建議可能的活動替換之優先順序。表 5.10 顯示諾斯賽德獨立學區在諮商師支持全校整體的努力或其他方案上，所建立的優先序列。這個優先性是根據目前方案評估最初形成的清單；也就是把諮商師當時實際在從事的事項加以排列，而非陳述當時「應該」做的事。理論上，替換性的活動應該從清單最底層的活動開始，並持續到能完全取代、均分，或將最低優先性任務簡化為止（請見第 8 章）。

質性設計總結

一旦回答了「在全方位輔導與諮商方案的遞送中，最重要的是什麼」的問題，那麼就應該將這些答案摘述出來，並提供給所有參與決策過程的人員：指導委員會、諮詢委員會、學區與學校相關行政主管，和學校諮商師。提交給這些人員審視，可帶出主要的關鍵人士，並闡明直至目前為止所做過的決定。表 5.11 提供此類總結的範例。

表 5.10　支持服務的優先順序排列

小學	中學	高中
1. 與工作人員和家長進行諮詢	1. 與工作人員和家長進行諮詢	1. 與工作人員和家長進行諮詢
2. 學生轉介	2. 預先註冊	2. 預先註冊
3. 向工作人員實施並解釋測驗	3. 向工作人員解釋測驗	3. 向工作人員解釋測驗
4. 學校氣氛	4. 學生轉介	4. 工作人員發展
5. 工作人員發展	5. 學校氣氛	5. 學校氣氛
6. 特殊教育	6. 新進學生註冊	6. 課程計畫
7. 資優教育	7. 紀錄維護	7. 新進學生註冊
8. 預先註冊	8. 轉介到特殊教育	8. 紀錄維護
9. 紀律管理	9. 課程計畫	9. 修業期程改變
10. 課程計畫	10. 修業期程改變	10. 學生轉介
11. 補救性方案	11. 整體修業期程之發展	11. 入學許可、審查、開除學籍、委員會會議
12. 認證	12. 職業教育	12. 職業教育
	13. 出席與紀律	13. 其他特殊方案
	14. 其他特殊方案	14. 測驗實施
	15. 測驗實施	15. 紀律管理

註：取自 *Comprehensive Guidance Program Framework*, by Northside Independent School District, 1986, San Antonio, TX: Author。

建立資源配置的範圍（量化設計）

　　為方案的本質建立了優先順序後，接下來一系列決策，就涉及到為方案之資源配置建立範圍，換句話說，就是要為方案建立量化設計。影響方案量化設計的因素有二：「方案之平衡」與「諮商師─學生」比例。

　　到底諮商師能做多少，這個問題將會在所建議之各方案組成要素之平衡上表現出來──諮商師的時間如何做出最佳分配，以提供各類方案活動之服務。

表 5.11　全方位輔導方案質性設計：執行總結

質性設計面向	輔導課程	個別學生規畫	回應式服務	系統支持
學生案主	發展性	發展性	預防性 矯正性	重要成人
內容優先順序	溝通技巧 跨文化效能 做選擇與問題 　解決 人際效能 成就動機 負責任的行為 自尊發展	教育與生涯目 標設立和行 動計畫	學業成就 生涯選擇 兒童虐待 跨文化效能 中輟 教育選擇 家庭問題 失落與哀傷 與成人之關係 與同儕之關係 負責任的行為 學校出席 自尊 性行為 壓力 藥物濫用 自殺	輔導方案管理 全校性活動 其他方案服務
活動優先順序	課程與單元	個人檔案發展 指導 測驗 轉銜 預先註冊	個別諮商 小團體諮商 轉介 家長會議 教師會議	方案發展 工作人員發展 資源開發 公共關係 其他方案支持
諮商師角色優先 　順序	輔導 諮詢	輔導 諮詢 協調 評估	諮商 諮詢 協調 評估	方案管理 專業素養

而「諮商師—學生」人數比例的多寡，可預測多少方案之案主將由方案活動中受益。於是，一個具備方案設計理論基礎支持的新建議方案就此產生。

此時，「先有雞，還是先有蛋？」的論題出現了：到底應該是理想成果和方案設計決定資源配置，還是資源配置支配方案的形式？最為理想的情況是，先確認學生和社區需求，來為足夠的資源分配做合理的辯護，繼而提供完整全方位方案來符合這些需求。然而，實際的情況卻是，學校與學區所能注意與滿足的需求與所欲達成的成效永遠多於計畫；這正是「當你還住在家裡時，重新裝潢你的住家」的挑戰。你所創造的方案雖然不是從零開始，但也不是創造一個具備實際潛能與無限資源的方案。在最後的分析裡，輔導與諮商方案一定要按可得資源的運用來設計，或者，學校或學區要能獲致可得資源，讓設計好的方案得以順利執行。

你必須基於目前的資源配置與對資源或要求的擴展之預測做出建議。我們的經驗是，學校諮商工作人員首先要重新配置他們目前的資源，並且為能適切地去運用增加的資源做好準備。這時，你要基於學校的實際情況和優先考慮，做出資源配置的相關決定。例如，你已經確認出全面實施輔導課程所要具備的一切，然而，根據學生或老師的課程表，一個星期（或月、或學期中）只能上一節輔導課，那麼完整的輔導課程就不可能在一開始就實施。

提到專業技能和薪水，輔導與諮商方案最為寶貴的資源就是專業學校諮商師的時間。所以在諮商師時間運用上，要決定其優先順序，以確保遞送的方案充分利用這些已由指導委員會和諮商師領導階層界定的資源。量化設計需要回答的兩個基本問題是：

- 學校或學區之均衡方案是由什麼構成的？
- 為能確保達成量化設計所建立的優先順序，所需要的「諮商師—學生比」是多少？

決定學校諮商師時間分配的優先順序

既然輔導與諮商方案的主要資源，是諮商師經過時間淬煉後培養出的才幹能力，學校諮商師和諮商教育者長久以來已經明白，應該要有意識地決定諮商

師如何運用他們的時間。1955 年，Hoyt 根據諮商師功能，提出適當的時間配置：

諮商	50%
衡鑑	10%
與老師合作	10%
團體活動	5%
環境資訊	10%
行政與文書工作	5%
與家長和社區合作	5%
當地研究	5%

（p. 86）

　　全方位輔導方案量化設計的關鍵環節，就是決定專業學校諮商師花在執行每個方案組成要素活動的時間分配。這個議題因著傳統上輔導之可外加性（add-on nature）而至關重要。過去，一旦新的議題或關切點在學校中被提出，大家就把這些任務加諸在學校諮商師的工作職責上，卻沒有多加考慮完成相關任務所需的時間。但是，全方位輔導與諮商方案不是外加型方案。一旦方案架構建立好，工作人員的工作時間也就分配底定了。因此，學校所有諮商師在方案各組成要素上的時間分配加總，要等於 100%。至於個別工作成員在調配這 100%工作內容的時間分配上，可能會因為年級或年級群組層級的不同而有差異；時間分配也可能會因學校和學區的不同而有所變化，端賴學生與社區的需求以及他們優先順序的考量。

　　我們發現，在為方案之組成要素建立理想的時間分配上，指導委員會和學校─社區諮詢委員會可以提供方向。同時，我們也已經分別與不同的諮商師團體、校長、其他行政主管和家長合作，但是這類的共同合作將會很繁複。當各個團體之間無法聽取其他團體的考量點，那麼團體間就不容易達成共識。

　　正如上一段的討論所示，你需要帶領整個團體達成共識，因為你不大可能在一開始就看到決策者之間的意見是全體一致的。諾斯賽德獨立學區計畫曾借

力於指導委員會，並且應用修正過的德爾菲歷程（Delphi process），來決定方案組成要素之間的時間分配。委員會首先被要求為組成要素資源配置建立優先順序，而這項要求的決定反映在表 5.12（請與表 4.15 對照）。接著，每一位委員會成員──在此刻早已熟知這個方案模式──被要求寫下他們認為四個方案組成要素中，諮商師應該分別撥給每一個要素的時間分配百分比。然後，每個成員把他或她決定的百分比分配黏貼於掛在會議室牆上的畫卷空白紙上。表 5.13 列出這些張貼展示，請注意時間的範圍。指導委員會全體考慮這些範圍（全距）和適當的中間值（中數），並加以評比，權衡審議甚至辯論。之後，每個類別的百分比就達成共識。經過了一段時間的沉澱與過濾，下一次的會議即考量各百分比最終的平衡，並得到彼此的贊同與肯定。表 5.14 顯示諾斯賽德獨立學區所達到的理想平衡（Northside Independent School District, 1986）。這些數值是諾斯賽德獨立學區的理想方案，用來建議工作人員時間分配的指標，它同時也成為範例格式，與目前方案評估資料做比較和對比。聖約瑟學區（St. Joseph School District）（Hargens & Fuston, 1997）也建立方案組成要素時間分配的理想百分比，這個範例顯示在表 5.15。

在美國，採用全方位輔導與諮商方案模式的幾個州，像是密蘇里州（Gysbers, Stanley, Kosteck-Bunch, Magnuson, & Starr, 2008）和德州（Texas Education Agency, 2004），以及其他某些地區，為每個組成要素所花時間的百分比範圍提出了建議。如此一來，每個學區或學校就能找到適當的平衡。這個做法為方案提供一致性的方針與標準，同時也鼓勵學區的學校工作人員做適合於學生和學校社區的決策（第 3 章的圖 3.2 是一個實例，展現輔導與諮商方案適切平

表 5.12　理想輔導方案的優先順序

組成要素	優先順序與學校層級		
	小學	中學	高中
輔導課程	1	1	2
個別學生規畫	2	1	1
回應式服務	2	3	1
系統支持	4	4	4

註：資料取自 Northside Independent School District, San Antonio, TX。

表5.13 個別的委員會成員撥予諮商師的時間

組成要素	諮商師時間（%）與學校層級														
	小學					中學					高中				
輔導課程	40	40	40	35	40	40	35	30	30	30	25	10	20	15	35
	50	40	40	40	30	30	30	40	30	15	40	35	25	20	10
	60	45	65			30	50	50	50		30	20	30	40	50
共識	40					30					25				
個別學生規畫	20	25	35	30	30	20	25	30	25	30	30	35	40	40	25
	20	20	20	10	10	40	30	25	20	30	20	20	30	40	40
	20	10	10			15	25	15	15		30	35	30	20	20
共識	25					30					30				
回應式服務	20	20	25	15	15	30	25	30	25	30	30	40	25	20	20
	20	20	20	40	40	15	25	25	30	40	20	30	30	20	40
	20	25	15			25	30	15	15		30	35	30	20	15
共識	25					25					30				
系統支持	10	10	10	15	15	10	15	10	10	10	20	10	10	30	20
	10	10	10	20	30	15	15	30	20	15	20	20	15	10	10
	10	10	10			30	15	20	20		10	10	10	20	15
共識	10					15					15				

註：資料取自 Northside Independent School District, San Antonio, TX。

表5.14 理想的輔導方案平衡：諾斯賽德獨立學區

組成要素	諮商師時間（%）與學校層級		
	小學	中學	高中
輔導課程	40	30	25
個別學生規畫	25	30	30
回應式服務	25	25	30
系統支持	10	15	15

註：資料取自 Northside Independent School District, San Antonio, TX。

表 5.15　理想的輔導方案平衡：聖約瑟學區

組成要素	諮商師時間（%）與學校層級		
	小學	中學	高中
輔導課程	25	20	15
個別學生規畫	5	15	30
回應式服務	60	50	35
系統支持	10	15	20

註：取自"Comprehensive Guidance Program of the St. Joseph School District in Buchanan County, Missouri," by M. Hargens and J. K. Fuston, 1997, in N. C. Gysbers and P. Henderson, Eds., *Comprehensive Guidance Programs That Work−II* (pp. 61-74). Greensboro, NC: ERIC Counseling and Student Services Clearinghouse.

衡的建議範圍）。

　　雖然，每個學區或學區裡的每所學校，應該依最符合當地需求和優先順序來決定方案平衡點，但是學生的發展年齡卻讓「為不同學校層級建立不同的方案平衡」有了一些可類化的通則。當學生趨於成熟，並能因自身的成長和發展而接受更多的責任時，發展性輔導組成要素之間的平衡就會產生轉變。亦即，小學階段的輔導課程要素在整個方案大餅中占的比例會大於中學階段。反過來說，中學階段的個別學生規畫要素所占的比例將會大於小學時期。中學生在發展上已經可以開始對其未來生涯提出暫時性的預先規畫，並做好與教育相關的決定；而高中生則有必要在教育與其他生涯發展事項上，做出明智的選擇，以使他們進入高等教育、訓練與職場時有萬全準備。

　　不論學生的年齡多大，「回應式服務」與「系統支持」的需求保持非常恆定；因此這些要素在整個方案中始終維持相似的比例。回應式服務的性質可能隨學校層級而變動調整；從小學時期強調預防性諮商以及與家長和老師進行諮詢，到高中時期強調與學生個別直接諮商。

　　系統支持要素代表著非直接性的學生服務，一向是四個組成要素中所占比例最小的一個。請注意，在所提出的眾多模式中，並沒有將第五個組成要素、即非輔導活動納入其中，因為那是我們想要的方案（即本書所說的理想方案）。然而，正因為這個要素已經是你目前方案設計敘述資料的一部分，你可以為這一系列任務，把一個數字為零的百分比填入其中。如此一來，你就可以為指導

與諮詢委員會提供工具，使他們得以發表一項非常重要的聲明：無關的任務不該不當地占用輔導與諮商方案的時間。

　　要能幫助諮商師和其他人預想與理解方案平衡對於方案實施的意義何在，最好的方式就是不採用表 5.15 所顯示的百分比模式，而採用以每個學生之每年上課日、每個上課日之上課時數的轉換方式來闡釋方案的平衡。表 5.16 展示，諾斯賽德獨立學區的理想方案平衡之百分比。這份關於每個組成要素在每年上課日及每日上課時數的資料，已為諮商師每週、每月、每年的計畫提供指導方針，並且也幫助計畫的監控督導者實際瞭解被認為是有效的理想方案到底是什麼。此外，優先順序的陳述在方案促進的下個階段中將被大量運用，計畫全方位輔導與諮商方案的銜接，繼而引導方案推展時程，以確保方案實際落實執行時能達到適切的平衡（第 8 章有一些時程的細節討論）。

對方案中「諮商師—學生」比例的相關建議

　　Hoyt（1955）曾建議，隨著方案基本架構和對學生與其他案主的理想服務層級被明列出來，現在即可運用這些資料，來做成需求比例的決定，以執行理想方案的質性和量化工作。例如，以諾斯賽德獨立學區的理想方案為例，圖 5.2 所顯示的數學運算過程與數值，可用來給小學、中學、高中層級的適當比例做建議（有關不同比例如何影響不同的方案活動服務的案主人數的例子，請參見第 8 章與附錄 G）。

表 5.16　理想之諮商師於學生上課日的時間分配百分比

組成要素	小學			中學			高中		
	%	時／天	天／年	%	時／天	天／年	%	時／天	天／年
輔導課程	40	2.5	73	30	4	51	25	1.5	44
個別學生規畫	25	1.5	44	30	4	51	30	1.75	51
回應式服務	25	1.5	44	25	1.5	44	30	1.75	51
系統支持	10	0.5	14	15	1	29	15	1	29

註：以學生每日上課六小時，每年上課 175 天為準。上表所列數字是針對每個諮商師而言。資料取自 Northside Independent School District, San Antonio, TX.

小學比例建議

- 理想方案設計：

  輔導課程 　　　　40%×70 ＝ 28 活動（課程）時段

  個別學生規畫 　　25%×70 ＝ 17 活動（課程）時段

  回應式服務 　　　25%×70 ＝ 18 活動（課程）時段

  系統支持 　　　　10%×70 ＝ 7 活動（課程）時段

  方案活動（課程）時段＝每堂 30 分鐘（平均）

  上課日＝ 7 小時

  每日 7 小時有 14 活動（課程）時段

  14 活動（課程）時段 × 5 日／週＝ 70 活動（課程）時段／週

- 實施理想**輔導課程**：

  $$\begin{array}{r} 28 \text{ 活動（課程）時段} \\ -12 \text{ 計畫}[a] \\ \hline 16 \text{ 班}[b] \\ \times 25 \text{（平均每班學生人數）} \\ \hline 400 \end{array}$$

  每位諮商師對 400 位學生，為實施輔導課程所需比例。

- 實施理想回應式服務：18 活動（課程）時段

  60%是預防層級，小團體諮商

  40%是矯正層級，個別諮商

  $$\begin{array}{rr} 18 & 18 \\ \times .6 & \times .4 \\ \hline 11 \text{ 個團體} & 7 \text{ 位學生} \\ \times 5 \text{ 位學生} & \\ \hline 55 \text{ 位學生} & \end{array}$$

  55 位學生＋ 7 位學生＝ **62 位學生**，為回應式服務的服務量

  平均來說，回應式服務照顧了所服務群體的 15%

  62 是**每位諮商師所服務的 413 位學生**之 15%

- 因此，**400：1 是建議給小學諮商師實施理想方案的比例。**

中學比例建議

- 理想方案設計：

  輔導課程 　　　　30% × 35 ＝ 10.5 ＝ 11 活動（課程）時段

  個別學生規畫 　　30% × 35 ＝ 10.5 ＝ 10 活動（課程）時段

  回應式服務 　　　25% × 35 ＝ 8.75 ＝ 9 活動（課程）時段

  系統支持 　　　　15% × 35 ＝ 5.25 ＝ 5 活動（課程）時段

圖 5.2 「諮商師─學生」比例之建議

方案活動（課程）時段＝每堂 1 小時（平均）

上課日＝ 7 小時

每日 7 小時有 7 活動（課程）時段

7 活動（課程）時段 × 5 日／週＝ 35 活動（課程）時段／週

- 實施理想輔導課程：

$$11 \text{ 活動（課程）時段}$$
$$\underline{-2 \text{ 計畫}^c}$$
$$9 \text{ 班每週每位諮商師}^d$$
$$18 \text{ 班＝課程量}$$
$$\underline{\times 27 \text{（平均每班學生人數）}}$$
$$486$$

每位諮商師對 486 位學生，為實施輔導課程所需比例。

- 實施理想回應式服務：9 活動（課程）時段

50%是預防層級，小團體諮商

50%是矯正層級，個別諮商

$$\begin{array}{cc} 9 & 9 \\ \underline{\times .5} & \underline{\times .5} \\ 4.5 \text{ 個團體} & 4.5 \text{ 位學生} \\ \underline{\times 9 \text{ 位學生}} & \text{（8－10＝平均團體大小）} \\ 40.5 \text{ 位學生} & \end{array}$$

40.5 位學生＋ 4.5 位學生＝ 45 位學生，為回應式服務的服務量

平均來說，回應式服務照顧了所服務群體的 15%

45 是**每位諮商師所服務的 300 位學生**之 15%

- 因此，**393：1** 是建議給中學諮商師實施理想方案的比例。

高中比例建議

- 理想方案設計：

輔導課程	25% × 35 ＝ 8.75 ＝	9 活動（課程）時段
個別學生規畫	30% × 35 ＝ 10.5 ＝	10 活動（課程）時段
回應式服務	30% × 35 ＝ 10.5 ＝	11 活動（課程）時段
系統支持	15% × 35 ＝ 5.25 ＝	5 活動（課程）時段

方案活動（課程）時段＝每堂 1 小時（平均）

上課日＝ 7 小時

每日 7 小時有 7 活動（課程）時段

7 活動（課程）時段 × 5 日／週＝ 35 活動（課程）時段／週

圖 5.2　「諮商師—學生」比例之建議（續）

- 實施理想輔導課程：

$$\begin{array}{r} 9 \ \text{活動（課程）時段} \\ -2 \ \text{計畫}^c \\ \hline 7 \ \text{班每週每位諮商師}^d \\ 14 \ \text{班 5 課程量} \\ \times 27 \ \text{（平均每班學生人數）} \\ \hline 378 \end{array}$$

每位諮商師對 378 位學生，為實施輔導課程所需比例。

- 實施理想回應式服務：11 活動（課程）時段

50%是預防層級，小團體諮商

50%是矯正層級，個別諮商

$$\begin{array}{r} 11 \\ \times .5 \\ \hline 5.5 \ \text{個團體} \\ \times 9 \ \text{位學生} \\ \hline 49.5 \ \text{位學生} \end{array} \qquad \begin{array}{r} 11 \\ \times .5 \\ \hline 5.5 \ \text{位學生} \\ \text{（8–10 ＝平均團體大小）} \end{array}$$

49.5 位學生＋5.5 位學生＝55 位學生，為回應式服務的服務量

平均來說，回應式服務照顧了所服務群體的 15%

55 是**每位諮商師所服務的 366 位學生**之 15%

- **因此，375：1 是建議給高中諮商師實施理想方案的比例。**

圖 5.2 「諮商師—學生」比例之建議（續）

[a] 六年級一個星期兩活動（課程）時段。[b] 每班每週上一次。
[c] 計畫：教師 1：6，諮商師 2：9。[d] 每班隔週上一次。

其他學區依照其他方法與標準，建立「諮商師—學生」的建議比例。很多人使用美國學校諮商師協會（ASCA, 2009b）所提出之比例 1：250，或是自己州裡設定的比例。德州教育局建議的「諮商師—學生」比例為 1：300（Achieve Texas, n.d., p. 10）。在發表全州諮商師—學生比為 1：954 的情況下，加州教育局（California Department of Education, 2003）的研究發現，普查研究之受訪者希望有更多的諮商師。他們所感知到較為合理與充足的比例為：小學 1：834，中學為 1：461，高中則為 1：364。

諮商師的服務量愈少，學生得到的服務就愈多，也愈能獲得正向的果效，而支持這種想法的論據也愈來愈多（Carrell & Carrell, 2006）。就現實面來看，

即便可能符合成本效益，顯著地增加諮商師的人數，其代價與費用將會非常高昂（Carrell & Carrell, 2006），你必須根據目前實際可得的資源來拿捏理想的方案設計。如前所述，當你朝向全方位輔導與諮商方案的方向推進時，你必須充分利用目前現有的資源，如此一來，你就更有立場要求額外資源的挹注。較少的資源意味著較少的服務，但是，為你可運用的手邊資源建立新的優先順序，這個原則並不會改變。對於方案促進的方法及所需資源的取得，以使你完全達到想要的結果之建議，將於方案促進過程的下一階段中提及（第 6 章）。

決定所服務學生的最低人數

決定好所建議的方案平衡百分比後，接著就可以藉由每個方案組成要素，為整個方案所服務的學生和其他案主建立最低服務人數的標準。最低人數的數學運算過程，在第 8 章「提升專業學校諮商師的角色」一節中將有詳細說明。簡言之，決定接受服務之學生的最低人數包含：決定一般組成要素典型活動所服務的「學生—案主」最低人數是多少，再將此數目乘以此種活動的最低數量，而這些活動係由諮商師依據方案平衡之時間分配原則方針來提供的。例如，跟著圖 8.2 來看，韓德森公立學校（Henderson Public School）諮商師所建議的平衡，確定每個星期應該要提供二十八堂輔導課程活動。假若輔導教室最低學生人數是二十五人，那麼一個星期，就是 25 乘以 28，等於會有 700 人受益於輔導課程活動。如此可讓專業學校諮商師有機會為他們服務的學生負責，並可宣傳這些數目，好讓方案使用者知道可合理期待的實際服務層級。對回應式服務活動而言，後者尤其重要，因為它常常是個別和小團體工作的平衡。其實，並沒有那麼多學生受惠於這二十八個上課時段，一個星期也只有九十八位學生而已（如圖 8.2 所示）。

■ 關注多元性

Lee（2001）提出了具備文化回應性（culturally responsive）之學校的十二

項特點。這樣的學校：

1. 採納「沙拉碗」而非「民族大熔爐」的教育哲學觀。

2. 在社區中已打造出文化多元性的意識。

3. 對所有學生懷抱著同樣高度的學業期待。

4. 課程內容能夠平等且精確反映多元文化的貢獻。

5. 以創新的方式，在整個學年和課程上，注入多元文化主義和多樣性。

6. 提供學生課後活動，向來自不同文化背景的同儕溝通與學習。

7. 有適當的機制處理族群／文化的緊張。

8. 具有盡職投入的教育者，致力於工作人員的永續發展，並且在必要時，不畏冒險，隨機應變。

9. 積極招募多元背景的教育工作人員。

10. 教育者與家長互動時，會考慮語言和文化習俗。

11. 社區中，代表不同文化的家長能高度參與校園活動。

12. 在定義「文化多元性」一詞的意涵時，涵納以下的人士：身心障礙者、不同性取向者、不同宗教傳統與不同年齡的人——包括年長者。（Lee, 2001, p. 258）

　　為了能夠回應文化多元性，全方位輔導與諮商方案需要反映相同的特點。在方案發展的設計階段，可以先多多關注學校或社區的多元性事實現況。對於學校或學區所存在之多元性的覺察、接納和頌揚等相關原則，應該要反映在每個結構組成要素上，在定義「多元族群」時也應該確保所有學生都能以平等的機會使用方案。

　　這個原理應該包含對多元學生族群的特殊需求之評估。學校（包括輔導與諮商方案）必須接受的現實，就是不同種族和族群之間，其輟學和畢業率存在著落差。例如，根據美國全國教育統計中心（National Center for Education Statistics, 2009）之統計，2007 年的輟學率情況，白人為 5.3%；亞洲／太平洋島民為 6.1%；黑人為 8.4%；拉丁裔為 21.4%。Stanard（2003）承認，「諮商師在高中輟學生的問題上產生正面影響，有著優勢立場」（p. 219）。她引述了輟學生

的非學業性問題，並建議要施予系統性和計畫性的介入。Arredondo、Tovar-Blank 與 Parham（2008）指出，「能與多元文化群體、宗教與心靈相關議題和全球移民一起有效地工作，只不過是具備文化知能之諮商師當前所面對的機會和挑戰中之幾項而已」（p. 266）。

輔導與諮商方案之多元性議題的假定與信念應該包含的面向有：多元的個人和團體、多元性本身，以及究竟輔導與諮商方案能藉由對校園多元性議題的重視，在校園氣氛的提升造成什麼樣的貢獻。能力內涵上應提及多元文化能力，而接受方案服務的學生次團體與其他案主的百分比，應該反映全校整體群體的次團體百分比。

方案本身關注的主題，應提及人與人之間的差異。跨文化效能是德州方案模式課程學習的範疇之一（Texas Education Agency, 2004）。Rayle 與 Myers（2004）提出的一項研究報告顯示：「族群認同，過去是青少年少數族群身心健康與幸福感的重要預測變項之一」（p. 87），但它並不是非少數族群學生的顯著預測變項；所以它暗示了向部分學生提列討論族群問題的需要。Akos 與 Ellis（2008）亦發現，在中學生族群認同早期發展階段，即積極介入主動性的服務以協助其發展，對他們特別有助益。如果方案設計沒有將族群認同的議題納為所有學生的重要主題，那麼還可以由區別化輔導課程，或透過回應式服務（如小團體諮商）加以關注（Malott, Paone, Humphreys, & Martinez, 2010）。

專業學校諮商師應該持續發展他們的文化能力〔依據多元文化諮商與發展學會描述的多元文化諮商能力（Multicultural Counseling Competencies），附錄H有此能力的說明〕。美國學校諮商師協會（ASCA, 2009a）的「文化多元性基本立場聲明」為：「為提升所有學生的學業、生涯和個人／社會成就，專業學校諮商師與校內外之利害關係人合作，共同創造學校和社區氛圍，接納文化多元性並幫助消弭妨礙學生成就的阻礙。」（p. 1）美國諮商學會（ACA, 2005）和美國學校諮商師協會（ASCA, 2010）建立的倫理標準更清楚說明，期待專業諮商師具備文化多元性的知能，並為接受多元性而倡議。隨著拉丁裔和西班牙裔學生群體的增加，會講西班牙語的歐裔美籍諮商師比不會講西語的諮商師，更能有效地與他們的案主互動（Ramos-Sanchez, 2009）。

學者建議，學校（和其他）諮商師應發展多元文化性格（multicultural personalities），這隱含著「具備更多的能力，能在不同文化環境下，藉由敏感度與能力發揮功能」（Brummett, Wade, Ponterotto, Thombs, & Lewis, 2007, p. 73），而其中的特性之一是兼具普世性—多元化取向。Brummett 等人（2007）發現，「具普世性—多元化傾向的人，很可能心性堅韌，並有較高功能之社會心理人際關係和自尊表現」（p. 80）。諮商師也可以幫助他們的同事和案主發展多元文化性格，並提高他們的心理韌性、社會心理人際關係功能和自尊。

我們呼籲，學校諮商師積極參與「教育最窮困兒童」的對話。Amatea 與 West-Olatunji（2007）建議，專業學校諮商師之教育、訓練和專業世界觀可幫助他們有能力對其他人士進行諮詢，進而能使其有效履行幾個間接服務之適當角色：

(a) 作為教師和學生的文化橋梁，阻擋指責，因為這樣的責難常會破壞與窮困學生和其家庭合作的努力。
(b) 作為教師的教學夥伴，讓課程與學生生活有更直接的連結。
(c) 與教師群策群力，一起創造更為友好而且以家庭為中心的學校氣氛。（p. 82）

為了發揮跨文化效能，學校諮商師在處理多元文化現實和議題時，必須針對自身和專業的抗拒情節進行面質。同樣地，他們也需幫助其他人——學生、同事、家長與其他人士——面對這樣的抗拒。Arredondo 等人（2008）找出幾個常見的抗拒主題：仇外恐懼、未經檢視的特權觀念與偏好，以及假性理智化的抗拒（pseudointellectual resistance）。不經意顯示的偏見會傷害學生和家長。Bryan 等人（2009）發現，「公立學校學生中，相較於那些感受到諮商師期望其上大學的同學，那些察覺諮商師期望其追求大學以外之其他選擇的學生，較不會向學校諮商師尋求大學升學資訊」（pp. 288-289）。

Bemak 與 Chung（2008）敦促學校諮商師擺脫「良好諮商師症候群」（Nice Counselor Syndrome），而成為多元文化—社會公義的倡議者，幫助實現必要的社會改變。他們提供十六項建議：

1. 學校任務與目標要與多元化／社會公義倡議和組織改變服務密切結合。

2. 運用資料驅導策略（data driven strategy）。

3. 不要將受害行為內化。

4. 記住，這項工作要朝向更好的目標。

5. 要對「良好諮商師症候群」有所覺察。

6. 記住，不針對個人。

7. 身為多元化／社會公義的倡議者，諮商師要有勇氣發聲，並公開表達。

8. 提出影響學生個人、社會、[生涯]和學業發展的因素：環境、文化、社會、歷史、政治和組織性因素。

9. 經過權衡考慮後，要樂意冒險。

10. 容許一段時間，去推行多元化／社會公義倡導與組織改變服務。

11. 培養政治和個人夥伴。

12. 記住，衝突是方案工作的一部分。

13. 具備政治上的敏銳度與見地。

14. 永遠保持最有把握的方式與途徑。

15. 在改變的過程中處理不確定性和含糊性，要抱持欣賞與感激。

16. 相信……人類發展、社會公義和平等的進化傾向。（pp. 378-380）

領導角色與責任

在方案發展過程的設計階段，因為你是輔導與諮商方案的領袖，因此需要特別留意你在決定理想方案設計的決策過程中所應擔負的責任：設計方案，書寫一致同意的方案說明，以及賦予專業學校諮商師權力（賦權），這些都是要特別注意的職責。在此方案促進過程階段，你可行使的權力基礎，不僅是法定權（職權），還有專家權（輔導與諮商方案之知識和技巧）、參照權（領導魅力）、資訊提供權（學校或學區之政策與程序），及連結權（與學校和學區決

策者及政策制定者的關係網絡）（Henderson, 2009）。

在此過程中，你正為以下的事項設立楷模：倡議學生使用優質服務的需求與權利、為全方位輔導與諮商方案訂立適切標準，以及學校諮商與諮商師的永續專業化。同時，你也藉由與行政人員、教師、家長和涉及此過程的其他人士互動，塑造尊重與誠實的合作關係典範。如 Stone 與 Zirkel（2010）所建議：

> 學校諮商師運用他們最佳之政治與合作技能，尊重所有被委以權力的學校行政主管及同仁，同時小心謹慎地決定最能有效堅守學校諮商師專業責任的方式，以保護學生並為他們倡議。（p. 247）

指導委員會可能提供合適的場域給諮商師和行政人員，讓他們之間就「如何善用倡議能力，提出社會公義議題，使學生受益」，展開對話（Ratts et al., 2007, p. 93）。

決策過程

如同你在閱讀前述方案質性與量化設計、建立優先順序，及為資源配置設立範圍等小節內容所做的推測，提出描述理想方案設計的細節同樣不是一個小任務。再說，你在此項任務上所能運用的資源，將隨著你正在採用之方案重新設計的機制而改變。我們建議你借用指導委員會裡的諮商師來執行或帶領大部分的工作。在這裡也要套用與早先相同的原則：愈多較為投入的諮商師參與其中，所需經歷的轉銜過程也愈順利。無論如何，諮商師領袖需要確保他們所做出的建議得到指導委員會的支持。委員會需要協助做出困難的決定，比如，撤換非必要性之非輔導任務；不過，在許多情況下，他們只要熟悉運作於輔導部門內的優先規則為何就可以了，像是執行實施標準化測驗後，學校裡由誰來數點測驗本。表 5.17 總結了建立優先順序和範圍所要做的初步活動和設計決策。

你需要清楚知悉，指導委員會中的非諮商人員特別重視的議題是什麼，並給予這些議題適切的關注。例如，高中校長可能出席和十二年級生舉行的傳統會議，討論他們高中以後的計畫。你需要努力確保他們都理解到，在這些會議

表 5.17 制定方案優先順序和範圍：初步活動和設計決策

初步活動	設計決策
	質性設計
學生能力發展 　列出學生需要的能力。	依級別和年級制定內容領域和學生目標、能力，建立優先順序。
所服務案主 　定義所服務的學生和成人群體。	透過每個組成要素為接受服務的次群體制定優先順序。
方案活動 　詳細說明每個組成要素內進行的活動之最低期望。	建立每個組成要素內的優先順序： ・輔導課程：依年級最需要的成果 ・個別學生規畫：優先的年級之適時的成果和活動 ・回應式服務：最相關，且一再出現的主題 ・系統支持：最需要的活動和方案，且能讓諮商師的時間和專業技巧充分發揮
諮商師角色 　重新定義和再次確認諮商師的職務說明。	為諮商師的技能運用和服務期待建立優先順序： ・全方位諮商師 ・專門性諮商師
重新定義和再次確認其他輔導方案人員的職務說明。	為其他人的技能建立優先排序。
	量化設計
方案平衡 　界定方案組成要素間的優先順序。	以資源配置百分比的方式為均衡的方案遞送制定參照指標。 為諮商師的時間運用建立優先順序。 為其他人的時間運用建立優先順序。
所服務的案主人數 　建立各方案組成要素服務的學生人數。	對「諮商師—學生」比例做建議。

所花的時間，將有利於學生達成其成果。委員會要仔細考慮任何可能導致主要活動形式改變的決定。如果有任何一位委員會成員想要討論某項議題，你最好給他機會讓大家聽取他的意見，這是非常有用的經驗法則。因為，即使其他委員當中沒有一個人對該討論事項特別感興趣，那麼其他非委員會成員但居於同樣職位的人也可能會有興趣，到頭來還是要再討論一次。

在帶領議案決策的過程，請記住你需要在不同的會議中討論各個主題——從定義基本方案架構到建議輔導與諮商方案需要的支援層級。與會者可能還在努力地瞭解基本概念，因此要做出必要的決定並不容易。讓他們的每一次討論集中在一個主題上，儘管這樣可能延後你進行此一步驟的時程，但那對你終究有長期的效益。身為輔導與諮商方案的領導者，你得將問題架構好，讓相關團體來回答，因為這是你的職責。正如衡鑑你目前的方案可能要花上一年的時間，選擇理想的方案設計也會需要花費同樣的時間。然而，如前文所提，這項設計將成為日後每件事的目標說明，所以必須要做得徹底，且要經過充分的深思熟慮（討論），以確保你在著手執行方案時獲致充分的支持。

■ 寫下理想方案的說明並將之分發

繼建立理想方案的設計之後，最後一項任務就是寫下所有已做好的決定。如果你是方案促進工作的領導者，那這任務就非你莫屬了。就像其他書面發表的刊物，這份檔案必須整體連貫、具邏輯順序，而且是一致簡潔的；因此，務必只能有一個撰寫者。如前文所言，書面說明描述你所做決定的基本架構，而且成為你和工作人員日後的工作檔案，它取代了先前的輔導與諮商方案手冊或計畫。諾斯賽德獨立學區（Northside Independent School District, 1986, 1994）稱之為《全方位輔導方案架構》（*Comprehensive Guidance Progran Framwork*）。

我們建議，這份書面資料要涵蓋五個部分：結構組成要素、對方案設計和資源配置的建議、一般職務說明、方案組成要素和附錄。

● 結構組成要素：第一部分應該包括表達方案哲學基礎的陳述——理論基礎、假定和定義的定稿。此外，學生透過輔導與諮商方案所欲發展的能

力清單也應該提出。在這個部分，列出特定年級的學習成果可能會太過冗長，但是可以將這些成果完整地列在附錄中（或者以另外獨立的檔案列出）。

- 對方案設計和資源配置的建議：書面資料的第二部分應該包含四個組成要素之間適當平衡的陳述、所服務案主的優先順序、想要追求的能力，和會運用到的諮商師技能。這個部分的呈現，應使方案看起來是綜合整全與均衡的，且應有數字性的呈現。

- 一般職務說明：第三部分應該描述輔導與諮商方案工作人員須執行的各種不同任務。任務說明不僅要包括小學、中學和高中諮商師，而且還包括學校或學區的諮商專家，像是生涯和技術諮商師、特殊或補救教育資助的諮商師，和諮商師領導者。而其他工作成員，像是生涯中心技術師、註冊登錄人員和相關專業人員（例如，社工師、社區中之合格專業諮商師、學校心理學家），如果他們的角色確定是輔導與諮商方案遞送不可或缺的一環，也應將其列入職務說明。假使你正在聘用或是計畫聘用社區義工，也須在此部分描述他們的角色職務。

- 方案組成要素：第四部分應該詳盡說明，基於在地的需要而量身打造的每個組成要素之內容。每個組成要素的描述應該由每個組成要素的定義作為開端，並將設計組成要素時所做的相關決定一併涵納在內。接下來要陳明學生次團體的優先順位、其他案主的優先順位，和要素活動所服務之學生的最低預期人數。而輔導課程的學習範疇、構成個別學生規畫要素的主要活動，及重複出現且成為回應式服務之焦點的主題，與在系統支持中界定出的特定活動，也都應該要列出來。還要確定每個要素的內容、優先順序和預期的結果。組成要素實際執行之際，諮商師、教師、行政人員和家長所要履行的角色職責，也應被明確訂定出來。為要素活動的實行所制定的指導方針應該要詳細說明，並且要包括所提供之要素活動的最低數量。針對每個組成要素建議的遞送模式（如，回應式服務偏好小團體諮商模式，輔導課程服務偏好課室大小的團體模式等等），以及針對資源配置——尤其是學校諮商師的時間分配——都應該寫下來。每個組成要素說明之結尾陳述，應該詳列以下幾個方面，包括：組成要

素活動對學生整體影響的評估、每個組成活動成效，與專業人員所需運用的知能特性。方案發展者過去所有與組成要素相關的決定，應當都要被寫成書面資料，以免日後遺忘。

方案說明擬定繕寫完竣，打字列印後，便需要交由指導委員會、學校—社區諮詢委員會、行政主管人員和諮商師詳細審閱。我們建議你把這樣的審閱當作方案最終被完全採用前，最後一次得到建議和意見的機會。而在此最後的審查中，你需要運用策略，確保每個人讀過也斟酌過這份資料。與指導委員會一同工作，可能意味著需要花一次會議的時間逐步討論先前彙整的整體結果。設計基本問題讓委員會回應，可以幫助他們將注意力集中在重點上。

每位諮商工作人員必須負責閱讀這份檔案資料，並要提供他們機會去討論。諮商師在此所採用的成功策略是，安排一天進行在職教育，在此訓練期間，來自指導委員會的諮商師說明檔案的每個部分，尤其是描述四個組成要素的部分。如果你屆時準備討論議程，同時訓練中學和小學諮商師主管，那就等於提供一個管道，讓諮商師全面性與深入性地考慮方案設計。因為每個人的手上都有討論的議程，所以可以請諮商師在小團體討論中仔細斟酌檔案資料每一部分的主要信念，並且對每個概念表示意見，不管支持或反對。這時亦可以確認出容易造成混淆或引起關切的特定項目。

檔案的最終版本必須完成並提交學區教育委員會採用。有些學區的委員會成員閱讀全部的檔案資料然後核准。其他學區的委員會成員則先拿到方案和優先性的總覽，而後他們會拿到自己所要審查的那一部分的複本。不過還有其他學區的委員會成員聽取報告和相關知識時已經覺得足夠，如果他們選擇審查檔案，也有相關知識檔案可供審閱。所以，這份檔案便成為支持輔導與諮商方案的基本行政管理規章。

接著，要將檔案完全分發給各個相關人士與團體。至少，每位諮商師與學校校長都需要一份檔案複本。其他的行政人員則是在需要知道時才提供複本。例如，如果你正運用生涯和技術教育基金支持輔導與諮商方案，那麼，學區的生涯和技術教育主任就需要一份複本。你也可以為那些只需要部分檔案的人印製部分檔案章節。例如，人力資源部門需要一般工作任務敘述的複本；而教學工作人員則想要與課程相關部分的複本，依此類推。

賦權予學校諮商師

如果輔導行政主管與專業學校諮商師之間能有開放性的溝通，就能在整個方案設計的過程中，賦權給專業學校諮商師。當這些諮商師能對自己的專業命運提出建議，且其意見、想法和關切點亦能被傾聽並回應時，他們會覺得自己被授權（Henderson & Gysbers, 1998）。在設計方案時，能夠履踐有意義的角色職責，是賦權的過程，並且這本身就是賦權。在設計方案時，讓諮商師預見其能為學生充分發揮其才能，且被視為是最高層級需求的才幹，這也是在進行賦權，正如賦權的意義就是不只讓其他諮商師，而且也讓過程中所有涉及之非諮商師──指導和諮詢委員會委員、校長和其他學校與學區行政人員──都瞭解及欣賞諮商師獨特的專業。身為諮商師的主管，你要確保所有諮商師都清楚過程進行的最新狀況、讓他們參與決策，以及瞭解決策工作的結果。在 Wilkerson（2009）的一項研究發現，以下幾項要務能幫助諮商師覺得被賦權並可減輕可能發生的耗竭和障礙：評估專業學校諮商師的工作場所、澄清他們的角色、與他人合作、瞭解他們的組織如何運作和參與學校的規畫過程。

新方案反映一個方案如何為學生提供更佳服務的遠景，重要的是將這個遠景分享給所有諮商師──愈多諮商師知道愈好──而且盡可能分享給校長，愈多愈好。如同 Senge（2004）寫道，「新的領導角色需要新的領導紀律。領導紀律最為關鍵的三個基礎乃建立在：共同的遠景、公開與具挑戰性的心理模式，以及參與系統思維」（p. 16）。身為領導者的你，必須容許諮商師分享他們個人的遠景，而且為了方案，也為了他們的工作，幫助他們將這些個別的遠景融合成共同的遠景。你也需要幫助他們將個人的模式公開表達出來，並挑戰他們去思考，新興之全校及全學區之遠景，可以如何協助他們達成個人目標。可惜的是，許多諮商師已失去剛進入這一行業時所秉持的理想；而幫助他們重新找到這些理想不失為有用的方法。

最後，全方位輔導與諮商方案需要以團隊方式來施行。諮商師可能習慣獨立作業（即使是面對只有自己一個人的情況下，也不與其他諮商師和學校工作成員一起工作），而團隊方式帶來的是同僚關係、合作和互助。「一個團隊乃

一群人為了達成目標而一起合作」（Henderson & Gysbers, 1998, p. 62）。不過，團隊不只是把一群人聚在一起而已，還需要領導者帶領大家走過形成（form）、風暴（storm）、規範（norm）和表現（perform）的歷程。Blanchard、Carew 與 Parisi-Carew（2000）形容高績效團隊的基本要件包括：具有共同的目標和價值觀、賦權、開誠布公的關係與溝通、成員和團隊本身的彈性、以最佳績效與表現為目標、對個人的肯定與欣賞，以及高昂的士氣。你的職責是，當團隊需要領導時出來領導，同時還要成為對團隊有貢獻的成員。

你的進度檢核

現在，你已經為學區或學校設計好想要的輔導與諮商方案。如果你一路走來都採用我們的建議，你也就已經定義好組織的架構；而在內容和結構方面，已做出困難但重要的決定；並且為你的理想方案，強化支持基礎。

定義

你已經：

- 選擇好作為方案焦點之人類發展面向與透過方案提出的廣泛性內容領域。
- 陳述方案的使命。
- 基於已做完評估的學生需求、對當地既有情況之認知、當代之專業輔導理論和趨勢的知識，與你所在學區或學校的任務、目標和教育趨勢，建立方案的理論基礎。
- 提出關於學生和其他案主、方案和方案工作人員的假定和信念。
- 描述每個組成要素遞送系統下所進行之活動的種類與目的。

設計決定

你已經：

- 為引領方案的有效實施，在下列方面建立優先順序，分別是：

  a. 專業學校諮商師和其他方案工作人員的知能運用。

  b. 可從方案活動和服務中獲益的學生和成人次團體。

  c. 學生的學習。

  d. 落實方案組成要素的適當平衡和每個要素內的活動。

- 為運用方案資源設立範圍：

  a. 諮商師在每個方案組成要素的時間分配。

  b. 基於目前的「諮商師—學生」比例，每個方案組成要素所服務學生的人數。

- 方案之設計，考量學生和學校社群的多元化應用。

- 為輔導與諮商方案相關人士，包括家長，書寫一般職務說明。

- 書寫、分配、發送理想方案，並讓諮商師與行政人員熟悉理想方案的架構。

強化支持基礎

你已經：

- 讓指導委員會、學校—社區諮詢委員會和諮商師工作團體參與決策過程。

- 逐漸形成足以落實方案實施之「諮商師—學生」比例的建議。

- 再次確認學區或學校政策決策當局與行政單位對方案計畫的支持。

此時，你、輔導與行政人員，以及政策決策當局，都已明白了構成理想方案的具體細節，改善好的方案藍圖亦已完成了。指導委員會成員和諮商師往往會「再次」認為一切都做好了。然而，就促進過程而言，你也只不過是建立要實現的目標而已。所以，現在這股已經引起改變的動力必須用於計畫訂定和系統實施與改變上。接下來，你所要面臨的問題是：

- 現在進行的方案如何和我們理想中的方案比較與對照（第6章會討論）？

- 從我們所處的現況轉換到想要達成的景況，所要訂定的銜接計畫為何（第6章會討論）？

- 我們要如何實施必要的系統性和外加性的改變（第7章會討論）？

● 在實施不斷改進的方案上，我們要如何管理（第 8 章會討論）？

 參考文獻

Achieve Texas (n.d.) *Implementation guide*. Retrieved from http://content.yudu.com/A7zwt/AT-ImpGuide/resources/22.htm

Akos, P., & Ellis, C. M. (2008). Racial identity development in middle school: A case for school counselor individual and systemic intervention. *Journal of Counseling & Development, 86,* 26–33.

Akos, P., & Galassi, J. P. (2004). Training school counselors as developmental advocates. *Counselor Education and Supervision, 43,* 192–206.

Akos, P., & Galassi, J. P. (2008). Strengths-based school counseling: Introduction to the special issue. *Professional School Counseling, 12,* 66–67.

Amatea, E. S., & West-Olatunji, C. A. (2007). Joining the conversation about educating our poorest children: Emerging leadership roles for school counselors in high-poverty schools. *Professional School Counseling, 11,* 81–89.

American Counseling Association. (2005). *ACA code of ethics*. Alexandria, VA: Author.

American School Counselor Association. (2004a). *Why elementary school counselors*. Retrieved from http://www.schoolcounselor.org/content.asp?contentid=230

American School Counselor Association. (2004b). *Why middle school counselors*. Retrieved from http://www.schoolcounselor.org/content.asp?contentid=231

American School Counselor Association. (2004c). *Why secondary school counselors?* Retrieved from http://www.schoolcounselor.org/content.asp?contentid=233

American School Counselor Association. (2005). *The ASCA National Model: A framework for school counseling programs* (2nd ed.). Alexandria, VA: Author.

American School Counselor Association. (2009a). *The professional school counselor and cultural diversity*. Retrieved from http://asca2.timberlakepublishing.com/files/Cultural Diversity.pdf

American School Counselor Association. (2009b). *Student-to-counselor ratio by state 2007–2008*. Retrieved from http://asca2.timberlakepublishing.com//files/Ratios 2007-2008.pdf

American School Counselor Association. (2010). *Ethical standards for school counselors*. Retrieved from http://asca2.timberlakepublishing.com//files/EthicalStandards2010.pdf

American School Counselor Association. (n.d.) *Effectiveness of school counseling*. Retrieved from http://www.schoolcounselor.org/content.asp?pl=325&sl=133&contentid=241

Arredondo, P., Tovar-Blank, Z. G., & Parham, T. A. (2008). Challenges and promises of becoming a culturally competent counselor in a sociopolitical era of change and empowerment. *Journal of Counseling & Development, 86,* 261–268.

Bemak, F., & Chung, R. C.-Y. (2008). New professional roles and advocacy strategies for school counselors: A multicultural/social justice perspective to move beyond the nice counselor syndrome. *Journal of Counseling & Development, 86,* 372–381.

Blanchard, K., Carew, D., & Parisi-Carew, E. (2000). *The 1-minute manager builds high performing teams*. New York, NY: William Morrow.

Bolman, L. G., & Deal, T. E. (2002). *Reframing the path to school leadership*. Thousand Oaks, CA: Corwin Press.

Borders, L. D., & Drury, S. M. (1992). Comprehensive school counseling programs: A review for policy makers and practitioners. *Journal of Counseling & Development, 70,* 487–498.

Brigman, G., & Campbell, C. (2003). Helping students improve academic achievement and school success behavior. *Professional School Counseling, 7*(2), 91–98.

Brummett, B. R., Wade, J.C., Ponterotto, J. G., Thombs, B., & Lewis, C. (2007). Psychosocial well-being and a multicultural personality disposition. *Journal of Counseling & Development, 85,* 73–81.

Bryan, J., Holcomb-McCoy, C., Moore-Thomas, C., & Day-Vines, N. L. (2009). Who sees the school counselor for college information? *Professional School Counseling, 12,* 280–291.

Burnham, J. J. (2009). Contemporary fears of children and adolescents: Coping and resiliency in the 21st century. *Journal of Counseling & Development, 87,* 28–35.

California Department of Education, Counseling and Student Support Office. (2003). *Study of pupil personnel ratios, services, and programs* (School Counseling Research Brief 2.4). Amherst: University of Massachusetts, National Center for School Counseling Outcome Research. Retrieved from http://www.umass.edu/schoolcounseling/uploads/Research_Brief_2-4.pdf

Carey, J. C. (2010, January). Guidance in building the developmental curriculum. *Counseling Today,* pp. 60–61.

Carrell, S. E., & Carrell, S. A. (2006). Do lower student to counselor ratios reduce school disciplinary problems? *B. E. Journal of Economic Analysis and Policy, 5*(1), Article 11. Retrieved from http://www.bepress.com/bejeap/contributions/vol5/iss1/art11

Coleman, H. L. K., Casali, S. B., & Wampold, B. E. (2001). Adolescent strategies for coping with cultural diversity. *Journal of Counseling & Development, 79,* 356–364.

Council for Accreditation of Counseling and Related Educational Programs. (2009). *2009 standards.* Retrieved from http://www.cacrep.org/doc/2009%20Standards%20with%20cover.pdf

D'Andrea, M., & Heckman, E. F. (Eds.). (2008). Multicultural counseling [Special issue]. *Journal of Counseling & Development, 86*(3).

DePaul, J., Walsh, M. E., & Dam, U. C.(2009). The role of school counselors in addressing sexual orientation in schools. *Professional School Counseling, 12,* 300–308.

Geidner, J. M. (2009). Developmental science and counseling. *Journal of Counseling & Development, 87,* 364–372.

Gibbons, M. M., & Borders, L. D. (2010). A measure of college-going self-efficacy for middle school students. *Professional School Counseling, 13,* 234–243.

Gysbers, N. C., Stanley, J. B., Kosteck-Bunch, L., Magnuson, C. S., & Starr, M. F. (2008). *Missouri comprehensive guidance program: A manual for program development, implementation, evaluation and enhancement.* Warrensburg: Missouri Center for Career Education, University of Central Missouri.

Hargens, M., & Fuston, J. K. (1997). Comprehensive guidance program of the St. Joseph School District in Buchanan County, Missouri. In N. C. Gysbers & P. Henderson (Eds.), *Comprehensive guidance programs that work—II* (pp. 61–74). Greensboro, NC: ERIC Counseling and Student Services Clearinghouse.

Henderson, P. H. (1987). A comprehensive school guidance program at work. TACD *Journal, 15,* 25–37.

Henderson, P. (2005). The theory behind the ASCA National Model. In American School Counselor Association, *The ASCA National Model: A framework for school counseling programs* (2nd ed., pp. 79–101). Alexandria, VA: American School Counselor Association.

Henderson, P. G. (2009). *The new handbook of administrative supervision in counseling*. New York, NY: Routledge.

Henderson, P., & Gysbers, N. C. (1998). *Leading and managing your school guidance program staff*. Alexandria, VA: American Counseling Association.

Hoyt, K. B. (1955). What should be the pupil load for the school counselor? *Personnel and Guidance Journal, 34*, 86–88.

Huss, S. N., Bryant, A., & Mulet, S. (2008). Managing the quagmire of counseling in a school: Bringing the parents onboard. *Professional School Counseling, 11*, 362–367.

Lee, C. C. (2001). Culturally responsive school counselors and programs: Addressing the needs of all students. *Professional School Counseling, 4*, 257–261.

MacDonald, G., & Sink, C. A. (1999). A qualitative developmental analysis of comprehensive guidance programmes in schools in the United States. *British Journal of Guidance and Counselling, 27*, 415–430.

Malott, K. M., Paone, T. R., Humphreys, K., & Martinez, T. (2010). Use of group counseling to address ethnic identity development: Application with adolescents of Mexican descent. *Professional School Counseling, 13*, 257–267.

McGowan, A. S. (Ed.). (2004). School violence [Special section]. *Journal of Counseling & Development, 82*, 259–312.

Mellin, E. A. (2009). Responding to the crisis in children's mental health: Potential roles for the counseling profession. *Journal of Counseling & Development, 87*, 501–506.

National Board for Certified Counselors. (2004). *National Certified School Counselor*. Retrieved from http://www.nbcc.org/Specialties/NCSC

National Board for Professional Teaching Standards. (2002). *School counseling standards*. Retrieved from http://www.nbpts.org/userfiles/File/ecya_sc_standards.pdf

National Center for Education Statistics. (2009, September). *Dropout and completion rates in the United States: 2007*. Retrieved from http://nces.ed.gov/pubs2009/dropout07/findings3.asp

National School Boards Association. (2010). *Beliefs and policies of the National School Boards Association. Article IV, Section 4, Special Programs, 4.1 Counseling and Guidance*. Washington, DC: Author.

Northside Independent School District. (1986). *Comprehensive guidance program framework*. San Antonio, TX: Author.

Northside Independent School District. (1994). *Comprehensive guidance program framework*. San Antonio, TX: Author.

Ramos-Sanchez, L. (2009). Counselor bilingual ability, counselor ethnicity, acculturation, and Mexican American's perceived counselor credibility. *Journal of Counseling & Development, 87*, 311–318.

Ratts, M. J., DeKruyf, L., & Chen-Hayes, S. F. (2007). The ACA advocacy competencies: A social justice advocacy framework for professional school counselors. *Professional School Counseling, 11*, 90–97.

Ratts, M. J., Toporek, R. L., & Lewis, J. A. (2010). *ACA advocacy competencies: A social justice framework for counselors*. Alexandria, VA: American Counseling Association.

Rayle, A. D., & Myers, J. E. (2004). Counseling adolescents toward wellness: The roles of ethnic identity, acculturation, and mattering. *Professional School Counseling, 8*, 81–90.

Search Institute. (n.d.). *Introduction to assets*. Retrieved from http://www.search-institute.org/assets/

Senge, P. (2004). Building vision. *Executive Excellence, 21*(7), 16.

Sheely-Moore, A. I., & Bratton, S. C. (2010). A strengths-based parenting intervention with low-income African American families. *Professional School Counseling, 13*, 175–183.

Stanard, R. P. (2003). High school graduation rates in the United States: Implications for the counseling profession. *Journal of Counseling & Development, 81*, 217–221.

Stevens, H., & Wilkerson, K. (2010). The developmental assets and ASCA's national standards: A crosswalk review. *Professional School Counseling, 13*, 227–233.

Stone, C. B., & Zirkel, P. A. (2010). School counselor advocacy: When law and ethics may collide. *Professional School Counseling, 13*, 244–247.

Texas Counseling Association. (2004). *Texas evaluation model for professional school counselors* (2nd ed.). Austin, TX: Author.

Texas Education Agency. (1998). A model comprehensive guidance and counseling program for Texas public schools. A guide for program development pre-K–12th grade (3rd ed.). Austin, TX: Author.

Texas Education Agency. (2004). *A model comprehensive, developmental guidance and counseling program for Texas public schools: A guide for program development pre-K–12th grade* (4th ed.). Austin, TX: Author.

Wilkerson, K. (2009). An examination of burnout among school counselors guided by stress-strain-coping theory. *Journal of Counseling & Development, 87*, 428–437.

計畫一個全方位輔導與諮商方案之轉型

Chapter 6

林繼偉　譯

設計──計畫轉型

◆ 指出建置全學區全方位輔導與諮商方案所需的改變。

◆ 發展完成全學區方案促進的計畫。

◆ 展開學校層級方案的促進工作。

◆ 擴大領導基礎。

　　第 5 章敘述有關描繪全方位輔導與諮商方案設計的任務與議題。詳述此設計是一個改變歷程的重要階段，因為它描述並指出改變的方向以建置一個全方位輔導與諮商方案。不幸地，一些行政主管想要在設計階段後使方案改變停止。他們錯誤地結論，假如期望的改變方向是清楚的，則期望的改變將發生。然而，一些諮商師和行政主管相信全部的方案需要一次建置完成，否則全部歸零。在現實中，為使期望的改變成功達成，這些改變需要被計畫。重塑輔導與諮商方案包含了建立在某些原有的結構上，移除某些不屬於新架構的部分，並增加一些新的成分。形成此類更新需要時間、心力和其他資源。計畫你將如何形成朝向全方位輔導與諮商方案的轉型是一個不可或缺的步驟。

　　因為實際建置此方案的複雜性，謹慎計畫也是需要的。建置係逐步完成。雖然一些建置任務是完成於學區層級，大多數實際方案的建置在學校層級發生。因此，兩個層級的計畫是需要的：全學區與全校。要記得這兩個層級的計畫交互作用。若無學區的改變先發生，一些學校的改變無法達成，而且若無學校改

變的接續，一些學區的改變無法達成。學區啟動政策、規則或支援的改變以催化學校方案的建置。在學區改變達成前，學校的新活動與程序的嘗試通常有其需要。

這一章詳細描述轉型至全方位輔導與諮商的方案，涉及轉型至全方位輔導與諮商方案計畫的任務。首先，必須明確地陳述指定的改變。理想的方案描述（參見第 5 章）可作為一個模板來對比現行方案，從而得見其相似與差異。何者必須直接採用自全方位方案模式？什麼現行的活動需要加以維持？方案模式中尚未完成的哪些組成要素需要被創造來填補現行方案缺口？你對這些問題的回答將提供你發展改變目標和辨識有效改變方式的資訊。其次，假如你正在一個大型學校系統工作，你需要計畫去完成學校和學區層級的方案促進；因此，必須發展出為學校方案所做的改良設計和實施它們的計畫。第三，你需要開始學校層級方案促進的工作。第四，當你實施時，你將獲得多重機會來較佳地回應你的學生和你的社區的多元性。第五，假如你是方案主任，我們鼓勵你擴大你的領導基礎去包含小型學區的全體學校諮商師或較大學區的多數學校諮商師領導者。當你準備實施時，你擁有愈多草根領導者，你的轉型將愈有效果。你也將獲益於他們的建議和諮詢，以便在這個重塑和重新鼓舞你的輔導與諮商方案階段使轉型可行。在本章的總結，會摘要出你在這個轉型階段身為輔導與諮商方案領導者的角色與責任。

指出建置全學區全方位輔導與諮商方案所需的改變

計畫轉型至一個全方位方案需要詳細敘述所需的改變。為此，你將需要以你的現行方案和你的期望方案做比較和對比，建立改變的目標，並辨識帶來改變的方式。當你已經完成此任務，你將已經指出所需的改變，同時預備好開啟改變或協助他人去做改變的歷程。

比較與對照你的現行方案與期望方案

　　研究過你的現行方案且已經為你期望的方案做出設計後，你現在已經有了你所需的資訊去比較和對照兩者。此處目標是去辨識兩個方案在何處重疊，但是更重要的是何處存在你需要去填平的差距。你也將辨識一些現行方案的設計超越期望方案之處。你將會被詢問和回答這個問題，「你要完成的輔導與諮商方案與你的輔導與諮商方案目前所達成的之間的差距是什麼？」

　　我們建議你從現行方案和期望方案的資料中進行差異分析。假如你已經依循我們在第 4 章的建議，你已擁有學生成果、學校諮商師時間和能力在此方案內容中的適切性、方案組成要素的組合，以及服務案主等資訊。審慎分析此資訊提供你所需的資料來詳細敘述需要的改變。

　　諾斯賽德獨立學區研究每一個方案設計面向上的差距。重新導向方案最有用的資訊，是關於學校諮商師配置時間給每個方案組成要素和非輔導活動的資訊。如同先前的解釋，這方案組成要素包含各種活動。一個活動結合此一設計的全部面向：參加這活動的學生或其他案主；鎖定產生特定學生成果的內容目標；以及學校諮商師的知能獲得運用。

　　諾斯賽德獨立學區（Northside Independent School District, 1986）所蒐集用於評估當時方案設計的一些基準線資料呈現在第 4 章（參見表 4.15）。來自於理想方案設計的類似資訊呈現在第 5 章（參見表 5.13）。當這兩組資料呈現給指導委員會、行政主管和學校諮商師時，它們衍生出改變必須發生的明顯結論並激發關於這些改變如何發生的創造性思維。

　　其他人已研究發現關於學校諮商師如何配置他們的時間的資料也有助益。在表 6.1 裡，同時呈現了德州研究《輔導孩子朝向成功：德州學校諮商師如何運用時間》（*Guiding Our Children Toward Success: How Texas School Counselors Spend Their Time*）（Rylander, 2002）所產生的資料，與德州方案模式（Texas Education Agency, 2004）所訂定的諮商師時間應該如何運用的百分比。此資訊是以學校諮商師的時間配置百分比的方式呈現；該時間是應當運用在四項方案組成要素以及非輔導活動的多元性之上。

表 6.1 德州學校諮商師實際的時間使用以及德州教育局（TEA）建議的時間分配
（依據百分比）

類別	小學		中學		高中	
	調查結果	TEA建議	調查結果	TEA建議	調查結果	TEA建議
輔導課程	17.6	35-45	8.0	35-40	9.2	15-25
回應式服務	21.4	30-40	18.3	30-40	16.7	25-35
個別學生規畫	9.5	5-10	10.7	15-25	22.3	25-35
系統支持	16.0	10-15	11.6	10-15	11.6	15-20
小計	64.5	80-100	48.6	90-100	59.8	80-100
非輔導活動	35.5	0	51.4	0	40.2	0
總計	100	100	100	100	100	100

註：調查結果出自 Rylander（2002, p. 19）；TEA 建議時間配置出自 Texas Educotion Agency（1998）。

在實然與應然間的量化差異分析產生下列有關方案組成要素的資訊：

● 較佳表現（適當的時間運用）：

　a. 個別學生規畫：小學、高中。

　b. 系統支持：小學、中學、高中。

● 差距（運用太少的時間）：

　a. 輔導課程：小學、中學、高中。

　b. 回應式服務：小學、中學、高中。

　c. 個別學生規畫：中學。

● 超量（運用太多的時間）：

　a. 非輔導活動：小學、中學、高中。

除了分析從現行方案評估所蒐集的明確數據外，分析更多主觀性資料也有助益。一些主題可能已經在你蒐集對現行方案的看法時浮現。既然你已經同意什麼是你的期望方案之所需，其他人關於現行方案中什麼是好的以及什麼是被遺漏的意見，將會作為你改變決策基礎的資訊。因此，欲將你現行方案與期望方案做比較和對照時，需要分析有關所求成果、服務案主、學校諮商師和其他教職員的角色與資源等主觀資訊。當你進行確鑿的資訊分析時（有利地比較、差距與超量），以同樣的方式將你的分析分類。例如，我們期望學生次團體對

方案的平等使用。問卷的結果可能顯示許多人感覺高中輔導與諮商方案適切地服務目標是繼續升學的學生、未充分地服務打算就業的學生或少數族群學生，而且花費太多時間在具有困難個人問題的個別學生身上。第一點是一個主觀性陳述的有利比較；次點辨識了差距；第三則指出期望設計的超量。

在分析主觀性資訊時，你也將辨識何者為諮商師所認識或知覺的，與其他人對他們的工作所知覺的之間的差距。例如，在密蘇里全方位輔導方案的實施程度對學生學業成就之影響的研究中，所蒐集之高中諮商師執行的非輔導任務顯示，學校諮商師說他們所做的和校長所見的之間存在著差異。高比例的高中諮商師表示他們：

1. 主持測驗方案。

2. 平衡班級人數。

3. 處理成績單。

4. 計算平均成績、班級排名和榮譽榜資格。

5. 建立行事曆總表。

6. 管理行事曆的改變。

7. 為特殊教育和資優課程施測。

8. 主持或管理 504 個檔案。

9. 維護永久紀錄。

10. 發展和更新學生手冊與課程指引；複印和郵寄新生註冊紀錄。

高中校長指出，較小比例的諮商師執行任務 1 至 6，同時他們並未發現諮商師執行任務 6 至 11（Lapan, Gysbers, & Kayson, 2007）。提及這個百分比差距將是重要的。

與你設想的促進方案有關的主觀和客觀資料的一致程度也需要被研究。其想法是為了盡可能使得實際資料和主觀資料一致，且為了使你的現行與期望方案吻合每一個組成要素，以及服務案主、學校諮商師的功能等等。假如你的客觀和主觀資料是一致的，但這兩種設計並不吻合，你擁有來自主觀性資料的描述性資訊藉此作為建議改變的基礎。例如，假如你的客觀資料告訴你，學校諮商師花費太多時間於系統支持或非輔導任務，以及方案使用者覺得學校諮商師扮演太近似辦事員的功能，你便擁有一個理由來支持降低花費與系統支持要素

或非輔導任務時間的建議。假如你的客觀資料和主觀資料並不一致,但這兩個方案設計吻合,你已經辨識出公共關係工作的需要。例如,假如你的學校諮商師正花費適當的時間來回應具有個人問題的學生,但你的消費者並未知覺如此,你會知道你需要去教育你所有的消費者。同時,主觀資料可能提醒你學校諮商師的實際情形,例如,以一對一的方式回應具有個人問題的學生,但其實需要更多團體工作,以使更多面對問題的學生能被服務。

假如你的客觀資料和主觀資料在現行方案和期望方案不吻合的地方並不一致,那麼你做的決定有賴於是否主觀資料代表一個有利或無利的意見,以及是否方案設計的不相符是一個落差或超量。假如這些關於現行方案的主觀資料是較有利的,我們的忠告是好好保持現狀直到你已經開始實施你的期望方案為止。假如主觀資料反映你沒有做到某些事實上可能花費不成比例時間之事的意見,你需要在你可以實施所需的改變前去教育這些意見擁有者。例如,假如高中校長認為高中諮商師並未花費足夠的時間來改變行事曆,你的現行評量資料卻告訴你他們有做到,你需要協助校長知道寶貴的才能被不成比例地投資在一個活動上,而該活動並未運用學校諮商師的教育與才能去造成適當的改變。換句話說,校長需要被協助來發現此問題。學校諮商師應呈現這些資料給他們的校長,因為他們擁有範例與紀錄去做分享且將為這些資料注入生命和意義。

量化地或主觀地辨識你的現行方案優於期望方案的地方,能告訴你和教職員現行方案正確之處。那將提供到目前為止可能對於持續或設定的改變感到焦慮的教職員一種道德助力。它也提供你一個好的建設基礎。

辨識你的現行方案與期望方案設計的差距指向兩種你可能需要做的改變。此差距意味著你單純地對你期望之事所做不足或你根本就沒去做。例如,呈現於表 6.1 德州研究(Rylander, 2002)的差距分析(此即介於德州教育局所建議的時間分配和實際運用時間的差異)顯示,在高中階段的輔導課程要素中,具有 6% 至 16% 的差距,在中學階段有 27% 至 32% 的差距,以及在小學階段有 17%至 27% 的差距。因此,一個改變建議是去增加現行輔導課程的努力。在比較和對照現行內容重點與期望的內容時,透過獨立學區學校諮商師使用特別知識和技巧的研究得知,中學學校諮商師在大部分學校未運用時間於生涯輔導活動。因此,在這些中學,生涯輔導活動必須成為一個加入此方案的新面向。

　　辨識你的現行方案的設計何處超越期望方案也指向兩種潛在改變。你可能做了太多你所期望的事，或你可能正在做某些看來不適於輔導與諮商方案的事，或浪費學校諮商師時間與才能的事。德州研究（Rylander, 2002）所得到的一個結論是，此資料指出：

> 　　因為非諮商工作的影響，在這個調查期間，諮商師運用在特定輔導活動領域的時間遠低於建議的水準……。特別是，在此調查階段的中學和高中的諮商師之中，「輔導課程」類似乎特別低。此處的輔導活動課程是指諮商師協助學生發展生活技巧，例如問題解決和目標設定策略。輔導課程需要大量的接觸學生，因此統計似乎反映，由於諮商師執行其他工作的需要，他們可能失去了接觸學生的時間。（p. 19）

此結論呼應亞利桑納州研究（Vandegrift, 1999）的結論之一——「運用在非輔導活動的時間顯然並未運用在服務學生及教職員」（p. 5）。

　　在北卡羅萊納州公共教學部（North Carolina Department of Public Instruction, n.d.）對北卡羅萊納州學校諮商師如何運用其時間的研究中指出，

> 　　結果顯示，北卡羅萊納州的學校諮商師並未根據所建議的國家標準劃分他們的時間，而且有顯著的大量時間都花費在非諮商活動上，例如測驗、代理授課和註冊活動。（p. 17）

　　在亞利桑納州的研究（Vandegrift, 1999）中，顯示平均 15% 的亞利桑納州學校諮商師的時間花費在非輔導活動上。當然，以更積極主動的方式來運用諮商師的能力則需要重新調整他們的時間。最顯而易見的起點是不要將諮商師運用於「非輔導活動」（p. 5）。報告同時也發現亞利桑納州諮商師總時間的 40% 是致力於回應式—反應式服務，這引起下述問題：「健全的諮商工作是反應性的或應當是更趨向前瞻積極的？」（p. 5）報告結論出「總會有些情況必定需要回應式[/反應式]服務。然而，問題是學校是否可以藉由提升品質以及教育服務的性質來減少行為諮商的需求」（p. 5）。

Scarborough 與 Culbreth（2008）研究指出，為什麼一些學校的諮商師花費在非輔導工作上的時間比其他人還多。他們區辨出幾個「有關學校諮商師實際花費在學校諮商師活動的時間和他們偏好花費在那些活動時間的差異」的變項（p. 448）：學校層級、經驗年資、諮商師自我效能、專業協會會籍、學校教職員（教師與行政主管）的支持，以及致力於實施全方位的發展性輔導與諮商方案模式。花費更多時間在適當的輔導與諮商活動且服務於小學的專業諮商師，具有較多年諮商經驗、擁有較高的自我效能、歸屬於專業諮商協會、受到學校教職員（教師和行政主管）的支持，以及致力於實施該模式。在 Scarborough 與 Culbreth 的研究中值得注意的是，「學校諮商師服務的學生人數，並未與學校諮商師活動中所花費的實際時間數和偏好的時間數之間的差異有關」（p. 456）。

建立改變的目標

清楚辨別現行方案和期望方案間的差異後，你便可以得出結論。這需要研究各組的差異資料並辨別差距和超量。如同先前所討論的，德州研究（Rylander, 2002）的下述結論來自於對比現行方案和期望方案設計：

- 過少時間被運用在全部三個層級的課程中。
- 過少時間被運用在全部三個層級的回應式服務中。
- 過多時間被運用在非輔導活動裡。

輔導與諮商方案領導者發展出結論清單。這份清單需要呈現給指導委員會和學校─社區諮詢委員會、學校諮商師與其他行政主管，以便他們能夠看見需要被關注的具體問題。相關改變的建議即是從這張結論清單提取。為改變所做的建議是將以資料為基礎的結論重新陳述為必須（should）語句。與前述所列舉和結論有關的改變建議呈現於表 6.2。

在此歷程中的其他步驟是為了建議分派優先次序。例如，由加州教育局（as cited in Gray, Elsner, & Poynton, 2004）所做的《學生人事比例、服務與方案研究》（*Study of Pupil Personnel Ratios, Services, and Programs*）得知：

學區所辨識的首要任務是更多學校整體的預防和處遇策略的需求。

表 6.2　輔導方案改變目標

為達成期望的德州公立學校全方位平衡輔導方案，我們建議諮商師和行政主管共同合作：

在小學階段：
- 增加諮商師在輔導課程中花費的時間。
- 增加諮商師在回應式服務中花費的時間。
- 減少諮商師在非輔導活動中花費的時間。

在中學階段：
- 增加諮商師在輔導課程中花費的時間。
- 增加諮商師在回應式服務中花費的時間。
- 減少諮商師在非輔導活動中花費的時間。

在高中階段：
- 增加諮商師在輔導課程中花費的時間。
- 增加諮商師在回應式服務中花費的時間。
- 減少諮商師在非輔導活動中花費的時間。

　　這需要發展一個全方位學生支持方案，透過預防方案積極地，以及透過處遇策略有回應地服務所有學生。（p. 4）

　　採取促進步驟的時間順序也需要被考慮。一個例子和州立諮商方案模式實施層級的全國性研究有關。Martin、Carey 與 DeCoster（2009）發現一些影響全州實施可能性的特點：陳述現代輔導與諮商方案特性和生涯計畫的書面模式；州教育部門、州專業諮商學會和其他單位對此模式的背書；州教育部門中的諮商領導；各州法案與要求；專業發展；與此有關的各州認證和執照法規；以及對此模式的評鑑系統。被分類為「初始」或「進展中」，而希望做出改變以使他們的模式符合資格的州（p. 381），需要決定他們缺少什麼特點，然後著手依序促進以符合他們的現狀和該州執行規範。一個合於邏輯的順序可能是：(a)確保州教育部門中的諮商領導；以及(b)尋求州的立法和要求；然而，在某些州，一個領域中的州部門領導受立法部門通過的法規而變動。在某些州，最好要有(a)一份書面模式和(b)對模式的背書。

　　一些和我們一起合作的學區選擇透過辨識所需的改變和他們希望的改變來

建立優先次序。在一項全國性的諮商方案與教職員領導者調查（Henderson & Gysbers, 2002）中，十項經常性議題被視為是關鍵性的——「經常性」是因為它們發生於許多學校、學區與各州；「關鍵性的」是因為它們的解決將強化輔導方案，若未解決，此方案將弱化。優先次序是建立在議題發生的頻率和重要性評估的基礎上；以下列出在優先次序上的十項議題是：

1. 非輔導任務的轉移，包括學校諮商師在標準化測驗方案中的適當角色。

2. 方案的責任性。

3. 學校諮商師表現品質的績效責任。

4. 方案倡導。

5. 領導者賦權。

6. 現行全方位輔導方案的提升。

7. 科技的適當使用。

8. 父母參與，包括對方案中關鍵父母的回應。

9. 方案發展歷程。

10. 學校諮商師跨文化能力的提升。（Henderson & Gysbers, 2002, p, 8）

　　無論你選擇陳述所需和所要的建議，或依照優先次序列舉所有事項，均取決於你。因為我們所概述的歷程產生相當長的改變建議清單，依照優先次序列舉改變並依時間上的可行性調整，能使達成的改變更容易管理。

辨識使改變有效的方式

　　既然已經透過差異分析辨識出議題，且已經做出清楚的改變建議，所有與方案發展工作有關的教職員和其他人需要辨識達成建議事項的方法並做出改變。Adelman 與 Taylor（2003）將此描述為「澄清可行性」（p. 8）。

　　在學校輔導與諮商方案中，大部分的方案促進工作包含三種改變：系統性、增加性和持續促進。系統性改變是達成方案轉型的主要改變。它們不僅影響輔

導與諮商部門，也影響其他部門以及可能擴及整個學區或學校。它們處理整體方案而且花費數年使其生效。它們包含可能被改變所影響的個別人員或其代表的合作性工作。增加性改變是改變順序中的小步驟。當它們成功時，各自達成方案轉變。最常見的是，它們是設置在系統改變目標脈絡中。它們通常處理一個或兩個方案的個別要素而且可以在一兩年內完成。它們通常需要輔導與諮商部門中一個或多個成員的合作。當它們是年度結構歷程的一部分時，持續促進是最成功的。這項促進改變一個方案。它們可能是達成系統或漸進改變的細小步驟，或它們可能是處理新進辨識的學生需求或尋求新方案要素的校園目標所期望的改變。當你為需要的改變設定優先次序時，澄清需要何種改變是重要的。該需求也會影響為其所設的優先次序（Henderson, 2009）。

我們建議參與此事的指導委員會、學校—社區諮詢委員會、學校諮商師、行政主管和其他教職員腦力激盪改變的方法。最好是納入將會受改變而影響的每個人；此一歷程可使他們感受到改變的可行性，而且將他們有關如何實現建議的想法設定為行動。

指導委員會應當是首先承擔此任務者，最好是在發展改變建議的會議上同步進行，作為一項實際檢核。指導委員會也必須協助呈現設計、改變建議和尋求適當教職員關於如何做出改變的想法之程序。假如你的學校或系統夠大，運用指導委員會成員來主持與其他教職員的腦力激盪會議的做法比較明智。這些會議必須包含足夠的人數以使真正的腦力激盪可以發生；換句話說，許多想法因此可以被拋在檯面上來做進一步考慮。

在諾斯賽德獨立學區，來自指導委員會的學校諮商師和校長主持與三個不同校長團體的會議：小學、中學和高中。學校諮商師主持與其他學校諮商師的會議。每個團體皆呈現與其層級有關的差距資訊，而且被引導經歷每一個差距和衍生建議的腦力激盪過程。這些團體回應「如何可以達成？」的問題——例如，「如何使學校諮商師運用較多的時間在輔導課程此一要素？」「如何使他們運用較少時間在非輔導工作上？」這些諮商師和校長產生許多想法。例如，高中諮商師建議下列事項：

- 提供團體輔導去教導所有學生做決定的技巧。
- 提供更多教師在職訓練以協助他們教導輔導概念。

- 增加九年級的指導時間。
- 為生涯中心提供方向。
- 主持自備午餐的討論會。
- 安排諮商師進入班級的正式時間（例如，定期重組學校日程）。
- 增加校長和部門主管的支持。

高中校長建議下列事項：

- 運用已有的時間（例如，自習時間、指導時間、校內停課時間）。
- 設立一個「俱樂部」計畫表（也就是調整日）。
- 辨識反映出輔導（行為或學業）需求的班級並與其工作。
- 運用不同方法分派諮商師的接案任務。
- 為教師提供在職訓練。
- 計畫一年的行事曆。

從個別會議所獲諸如此類的資料，可以被彙集並呈現給指導委員會與學校一社區諮詢委員會來進行期望改變的後半段。激盪出這些建議的團體需要看見不同會議的紀錄，以使他們知道他們的想法被聽見且正受到考慮。在學區和地方層級，這些清單在未來特定的改變被執行時也是有用的。

另一種列舉需要完成何者以實行改變的方式，可從一項關於較完整地實施全方位輔導方案對學生成就影響的密蘇里研究結果中得見（Lapan et al., 2007）：

> 基於全方位輔導方案對學生成功（包括學業成就）做出顯著貢獻的主要發現，密蘇里州學區需要在各級學校努力確保所有學生和其父母能享有並參與完整實施的全方位輔導方案。（p. 11）

Lapan 等人（2007）建議行動步驟以「催化全學區全方位輔導方案的採用和實施」（p. 11）。他們指出教育委員會、行政主管、教師、父母和學校諮商師所應採取的行動。

你現在應該已經擁有對你的現行方案需要何種改變的明確而具體的圖像。你已經規畫好即將去實施的改變建議，因此你將會知道當你抵達該處時你已經達成你的期望，且你已經開始去辨識如何影響所期望的改變。你現在已經準備

好去計畫你的方案促進。

發展完成全學區方案促進的計畫

在學區層級，指導委員會、學校—社區諮詢委員會和輔導與諮商方案領導者應該制定完成全學區工作的行動總計畫。工作待辦清單可以從前一節描述的腦力激盪會議結果中發展出來。隨後，一份完成這些建議的行動計畫需要被書寫出來。

列舉何者需要被完成以實施改變

工作清單應該是一個行動導向的清單，而非模糊的願望，且行動也應當可行。這份清單可能會相當長。與我們合作的學區已經產生了在全面實施成真前，需要完成的二十五至四十個項目。這並不意味著所有工作必須在某些改變可以形成前完成，但它卻意味著政策制定者必須對新方案實施的期待務實以對。為協助你預想所需要的付出，我們在表 6.3 中納入從諾斯賽德獨立學區而來的部分清單。

如你所見，這些是要去完成的主要工作。藉由審視這份清單，你也可以看到項目類別，例如，那些關於員工發展、預算編製以及產品開發的類別。其他建議的類別可能與政策發展和方案發展有關。作為德州學校諮商師時間研究的一項結果，Rylander（2002）提出三項建議：(a)每個學區發展一個學校諮商師時間運用的地方性政策；(b)德州教育局透過合規性審查來監測當地政策；和(c)德州教育局自動執行從學校諮商師獲得的資訊，使其善用在促使各學區為其輔導方案負責。作為最後一個例子，如同全國州立輔導領導力聯合會（National Consortium for State Guidance Leadership）提出的模式所述，為降低 2000 年北卡羅萊納州學校諮商師如何使用他們的時間與他們應該如何使用其時間的差距所做的建議如下：

表6.3 建議的「工作清單」以實行全方位輔導方案

發展輔導方案組成要素指南。
發展一個系統以協助地區學校設計其輔導方案。
建立溝通機制。
設計相關的諮商師人員發展方案。
設計相關的諮商師評鑑系統。
為諮商師提供方案發展時間。
為輔導部門建立學校的部門預算。
評估與方案實施有關的花費並發展適當的預算（學區）。
檢視並提出建議以確保輔導設備的充足性。
根據建議來修正諮商師人員的準則。
在中學僱用技術助理。
檢視並建議諮商師的延長合約。
為學生接觸諮商師建立指標。
發展公共關係計畫。
探索地區以外資金來源的使用。
為輔導部門辦事人員發展職務說明。

註：取自 *Comprehensive Guidance Program Framework*, by Northside Independent School District, 1986, San Antonio, TX: Author.

- 教職員發展活動以協助校長和學校諮商師適當地規畫時間並增加對主要功能範圍的理解。
- 一項有關如何運用支援人員來刪除非諮商任務的研究。
- 刪除非諮商功能的資源是有必要的。
- 為學校諮商方案所修訂的輔導課程是有必要的。（North Carolina Department of Public Instruction, n.d., p. 12）

　　為確保你清單的完整性，你可能想要將清單依據使用在原始方案評估中的資源類別予以分類：人事資源（能力、時間、比例、任務）、財務資源（預算、素材、器材、設備），以及政治資源（政策、方案支持者的鑑定）。依據類別來分群將協助你和委員會做出下一組決定：首先要進行什麼。

　　一個實施於學區層級的行動建議範例是從某學區輔導與諮商方案評鑑中摘錄出來的。此全方位輔導方案組成要素被用來當作評鑑與後續建議的組織者。

方案基礎

- 運用學區策略計畫中的動力來向前推動輔導方案與專業學校諮商師表現。

- 在每一所學校,辨識和策略計畫目標有關的特定學生情緒和社會需求,來定義學生的個人、社會、教育和生涯發展,以及方案內容的期望目標與結果。

- 發展一個合乎學區使命,並合乎現行法律、倫理與專業學校諮商標準的統一願景與使命方案。

諮商師與其他成員實施輔導方案

- 為方案相關成員(例如:專業學校諮商師、學校社工師、校園管理者、行為專家、教師)清楚地定義適當的角色、責任和職務說明。人事室發布的現行學校諮商師職務說明提供一個提出此建議的良好基礎。

- 鼓勵專業人士為其專業認同使用現行的、適當的標籤。

- 較完整地運用專業學校諮商師的訓練和能力(例如:為具有發展和預防需求的學生帶領小團體諮商,並在小團體或班級規模的團體中實施個別學生規畫活動,以及為具有額外需求的個別學生做追蹤處理)。

遞送給方案中學生的內容

- 發展一個學前至十二年級的輔導課程,處理與學區策略計畫有關而被辨識的學生需求(即,品格教育、健康/發展資源提升、減少風險行為、讀書技巧、自我管理、問題解決、做決策和領導)。

遞送系統

- 為[全州]全方位發展輔導與諮商方案模式中的專業學校諮商師,提供在職教育與訓練。這將是對方案實施有所期望的先決條件。

方案發展歷程

● 回顧既有的輔導與諮商相關的委員會政策、州法令和規則,以及專業標準,來為方案發展與設計的工作提供資訊。

● 為學前至十二年級的方案發展、設計與促進,實施一項系統性程序,朝向一個符合學區任務且清楚陳述的輔導與諮商方案,並建立方案優先次序來協調統整方案的資源與目標。在此程序中的第一步包含調整現行方案活動使其符合此模式的模板。在做出設計決定後,此程序包括發展將現行方案調整至更理想的狀態之行動計畫。

● 為指導方案發展程序指派領導與責任、監測方案促進,並督導諮商師表現的品質。分配學區諮商協調者充分的時間來完成這些責任。

● 有系統地努力去降低專業學校諮商師在非輔導工作上的時間。運用「公平分攤」方式來擴大從事原先非屬其領域工作的學校教職員人數。將大型工作(例如:測驗、註冊)分解為較小的工作,並分派至最低成本的人力或電腦資源。

● 鼓勵學校諮商師和其主管持續尋求創造性的方式,來降低諮商師運用在非輔導活動工作的時間和次優先的案主(例如:父母、教師、行政主管)上的時間,並增加輔導課程、團體諮商和團體輔導的時間。

● 為方案和專業發展召開全體諮商師的每月會議。

評鑑與績效責任

● 一旦方案活動是基於關注已辨識的學生需求之輔導內容時,這些範圍內的學生成長之評量能夠被測量出來。

● 運用專業相關的表格和系統來進行諮商師表現評鑑(例如:《德州專業學校諮商師評鑑模式》)。

● 為諮商師和社工師評鑑者提供相關訓練。

● 符合期望設計的學區方案執行標準一旦被建立,可資評鑑方案歷程。

（Henderson, 2010, pp. 1-2）

為資源發展摘要你的總計畫

　　毋庸贅言，所有工作無法一次發生。Adelman 與 Taylor（2003）在他們的澄清可行性階段，將此描述為「組合一項較長期的策略計畫來維持動能、進展、品質促進與創造性革新」（p. 8）。某些工作的進行有賴於其他工作的完成。因此，下一個步驟是以時間順序列舉工作。時間性是考量特定工作是否為其他工作的先決條件。考慮某些工作是否為發展性或實驗性，以及它們是否在此時實際可行，或它們是否可能難以達成。假如它們與其他較大的程序相關──例如學區預算發展──它們必須在與那些程序相關的時間完成。

　　諾斯賽德獨立學區總計畫的部分內容呈現於表 6.4。前四項與學區下個會計年度預算發展有關，且均為首要優先。此預算由督學在 5 月 1 日前提交審查；因此，此研究工作需要在 3 月和 4 月完成。書面的方案描述顯然需要在提交教育委員會前完成，同時委員會需要在方案描述明確地呈現給學校諮商師前予以核定。

　　總計畫明定何者須以何種順序以及由何人完成。如果你是輔導與諮商方案的領導者，總計畫提供你與工作有關的指令來持續你正在著手的方案。你也需

表 6.4　全方位輔導方案的實施總計畫

任務	期限
做出關於延長合約的建議	2/25
做出關於諮商師的優先性之建議（降低的服務量與技術協助）	3/28
做出關於優先執行降低服務量的建議；小學、中學和高中	3/28
發送關於校園輔導部門預算的備忘錄給校長	4/5
發展諮商師的職務說明使其納入架構中	5/1
完成架構；為委員會上的報告做準備	6/1
計畫指引的發展歷程	5/1
尋求批准／經費補助	5/15
辦理領導訓練	6/30
為校長們發展最低標準設施／設備的建議	8/1
依據最低標準（架構），計畫／實施諮商師的在職訓練課程	8/30

註：資料取自 Northside Independent School District, San Antonio, TX.

要去辨別指導委員會成員可協助你之處，以及你和學校諮商師各自負責的地方。

展開學校層級方案的促進工作

在此刻，輔導與諮商方案促進計畫分成兩層。至今，我們主要是從學區架構來著手。除了回應方案的資料蒐集需求外，學校層級學校諮商師和行政主管已經或多或少自願性參與其中。假如你已經依循我們的建議，許多學校諮商師和某些行政主管已經加入工作團隊。那些看見此新方案是未來潮流或是他們夢想的答案的學校諮商師可能已經實驗了某些新活動。

當學區對輔導與諮商方案的基本期望之陳述被採用，責任轉移到學區中的地區學校；它們的方案必須加以改變去符合或超越這些基本期望。它們現在被挑戰去辨識學校方案中所需的新增的改變和系統性改變，並使這些改變成功達成。當學校諮商師和行政主管對學區要求提出常見的擔心時，你可能已經做了如下的回答：將會有空間為社區之需求量製期望的方案。正是此時，此陳述成為挑戰。為了要做出正確改變，每一個學校的學校諮商師和行政主管必須再次設計他們的方案，以使其與學區方案更為一致，並確保它們符合學生和社區最優先的需求與目標。必須記住的是，學校諮商師和校長需要對輔導方案分享共同願景。

> 學校輔導方案的使命從屬於學校使命。任何學校的主要任務是協助學生學習。因此，輔導方案支持此學習環境；同時，輔導方案對學生需求和滋養他們的進步提出獨特貢獻。（Henderson & Gysbers, 1998, p. 58）

為確保地區層級的方案改變成功達成，諮商師和行政主管需要運用支持改變和有意義的方案計畫的程序。

分派學校層級人員為改變做準備

假如你是輔導與諮商方案領導者，你將需要協助諮商人員面對此挑戰，並賦權他們做出所需要的改變。常被引述的改變障礙包括：學校諮商師需要改變他們所做和為何而做的基本觀點、克服他們對完成新的或不同角色的失敗恐懼、向教師和行政人員尋求協助，以及學習在團隊中工作（American School Counselor Association, 2005）。輔導方案領導者透過下列方法滋養學校諮商師的專業賦權：建立尊重的人際關係氣氛、確保他們對設想方案和其中對他們表現的期望的瞭解、為方案發展和實行發展與維持一種團隊取向，以及使學校諮商師為其在方案中的工作負責（Henderson & Gysbers, 1998）。

最終，學校諮商師需要獲得協助去內化他們對前述期望的全方位輔導與諮商方案的理解。他們需要熟悉應當遵循的方案發展模式。他們需要評估現行方案與學區模式的關係並辨別地區需求，且建立優先次序以符合那些需求。此外，他們需要依據理想的學區模式來設計期望的學校方案。聽起來很熟悉嗎？它正是你在學區層級經歷的相同歷程。基本的差異是具體化的程度，當然，此差異取決於學區的規模。在學校中，每一位學校諮商師需要開始以個人的方式來思考，舉例而言「我每週花費 X 小時在諮商上」、「我每週花費 X 小時在文書工作」等，以及「在學校層級，二十位意圖自殺且需要回應式服務的學生在這些走廊的某處」，和「在學校層級，假使一項輔導活動為三年級學生而選用，我將是或不是實施的人」。將不再留有空間給「對其他人來說，那是一個好主意」這類的思考。

事實上，它正好相反。每一位學校諮商師需要在他或她的學校成為改變輔導與諮商方案的領導者。Shillingford 與 Lambie（2010）發現，運用下列方式的學校諮商師比較容易成為成功的學校領導者：

(a) 為他們方案的促進承擔責任。

(b) 增加他們在其學校的能見度。

(c) 溝通他們對何謂有效的學校諮商方案呈現的觀點。

(d) 組成合作性團隊來促進學生的學業、個人／社會和生涯發展。

(e) 澄清他們的方案角色為一具有知識與技巧的獨特專業人員，來協同支持學生，從而促進學生成果。（p. 215）

瞭解全學區期望方案的設計與描述

你可能已經花費了一些時間到達這個階段——多達一年或更長時間——因此學校諮商師已有時間去瞭解全方位方案的概念，並知道擺在眼前的主要改變，例如發展性輔導、小團體諮商，以及更多對生涯發展的重視。學區方案中適當的平衡已經被決定。現在，每個學校諮商師需要完整地去瞭解新方案的結構。

我們建議在正式發表和分發書面的全方位方案描述之後，舉行與學校諮商師的小型團體討論來澄清任何誤解、更正任何錯誤訊息，並盡可能確保諮商師不僅閱讀且瞭解其內容。最合理的小團體應當被採用——一組學校人員、一群小學學校諮商師等。所謂小團體，我們是指五到十人。雖然這個討論是由學校諮商師領導者所主持，輔導與諮商方案的行政主管需要盡可能地參加，因為在期望從計畫轉移到實行之際，將焦點轉向學校正表示這項方案中的一個里程碑。

第 5 章所述且運用在諾斯賽德獨立學區的策略包括使用一項討論議程。學區輔導主任發展一張辨識全方位輔導與諮商方案指引中涉及的關鍵主題和議題的表格。學校層級諮商師領導者被指派與他們的成員討論這份議程。主任解釋議題要點和其選項背後的理由。學校諮商師被給予兩週時間去閱讀指引、書寫對討論議程的回應，且在學校成員會議中討論這些項目。每位諮商師領導者書寫學校討論的摘要；當學區主任來到下一個成員會議時，那些項目成為討論的核心要點。學區主任也蒐集已完成的表格，因為數個浮現的主題需要進一步處理。這項總結資訊在全體諮商師領導者的某次會議中被討論。在此程序的末尾，我們可以合理期待學校諮商師瞭解全方位輔導與諮商方案的學區準則。

作為最終步驟，學校諮商師被要求去召開一項和他們學校主管的會議，來摘要方案描述且指出對學校方案的意義。因為學區主任已經使校長曉得這份文件，這是獲取學校主管對學校計畫發展支持的機會。

瞭解方案發展歷程

　　發展學校計畫的責任屬於學校成員（Shillingford ＆ Lambie, 2010）。因此確保學校諮商師瞭解方案發展歷程並建立催化機制是重要任務。在此階段，我們建議學校諮商師接受你希望他們在此歷程中去運用的步驟的訓練。依循本書所建議的程序包含評估他們的現行方案、評估學生和社區需求、設計期望方案、建立改變的目標，並計畫如何達成那些改變。再次，取決於學區規模，假使大多數學校諮商師已經參與學區方案的發展，這個歷程模式無需太多解釋。然而，假使學區規模較大，至少需要一輪關於方案發展歷程的在職教育。

　　除了從學區的整體經驗獲益之外，學校成員也獲益於書寫在原理、假定、定義中的學區的理論基礎。學區方案的敘述也描繪方案架構的模式，且列舉要在方案中處理的學生能力。因此，對學校成員的一項挑戰，是去研究他們的現行方案和學區期望方案的比較和對照結果，並且做計畫去促進。另一個挑戰是以學區方案所設定的參照指標去評估他們學生和社區的需求，並實施以這些需求為目標的方案。

　　我們也建議學校諮商人員領導輔導與諮商方案發展的工作且容納其他人參與。Janson（2010）舉出學校諮商師「有效領導的前提」（p. 93）：「具有諮商活動的專業表現以及與其他學校人員的高品質互動」（p. 93）。兩者皆須長期發展且建立於改變此時。高品質互動對於和促進現行或創造新方案所需的其他人員的合作和諮詢程度至為重要。

　　來自教師、學生團體、父母、行政人員以及任何其他重要人士團體的代表，應當成為負責提供輔導方案促進工作意見的委員會成員。假如學校已有校園促進委員會或社區諮詢委員會，則應運用它——或為了設計地區輔導與諮商方案的目的，組成委員會。我們建議為了使你獲得持續的指導與忠告，你應持續向委員會諮詢，甚至在你已經達成你所努力的改變之後。事實上，德州規範學校諮商師與學校諮商方案的法案要求：「學校諮商師應與學校教職員、學生、父母、社區一同工作，去計畫、實行以及評鑑發展性的輔導與諮商方案。」（Texas Education Code, 2001, §33.005）我們也相信一項方案總是從它的組成人員或

作者的忠告與商議中獲益,然而謹記,輔導人員與適當的行政主管需要保持決策者以及執行和管理輔導與諮商方案領導者的角色。

評估現行學校層級方案狀況

學校方案的現況研究包含學區研究所需的相同步驟。這些步驟完整地描述於第 4 章。最有可能的情況是,學校資料可以從原始評估中取得,因此此刻的任務不是去蒐集資料,而是根據當前建立的期望方案設計去研究它們。學校輔導人員需要知道他們現今擁有的資源以及它們如何被使用。你會記得我們討論過的三種資源:人事、財務與政治資源。人事資源不僅包括輔導與諮商方案人員,也包括每位人員的專業才能和他們的服務量、任務分配與可用時間,以及該時間分配在方案的各種功能和活動的合理性。財務資源包括預算、素材、設備與設施。政治資源包括政策支持以及學校和社區內個別人士的支持。

在此時,現行學校方案中的輔導活動需要依據全方位輔導與諮商方案內容來安排,同時它們協助學生達成目標的能力需要明確說明。學校方案服務的案主一覽表需要依照類別和編號來建立,而非特定個人的姓名。例如,知道學校中有多少人或多少百分比的學生接受預防性、矯正性或危機協助;多少人或多少百分比的教職員接受諮詢服務;有多少父母尋求諮詢或轉介服務等等。其他學區和學校發現,具有啟發性的資料是有關學生與其他服務案主的組合性資料。知道輔導與諮商方案實際服務案主的人口統計組合是否符合學校的人口統計與其他社會團體的組合很重要。假如並未吻合,便產生其他組的目標。事實上,每一塊關於現行方案所能獲得的具體資料,需要將它做組合,因此,當學校人員發展改變計畫時,它穩固地扎根在現實上。此處的前提是,現行輔導與諮商方案的設計是從回應最立即且最可見的學生、教師、行政主管與父母的需求中衍生。因此,現行方案從這些觀點提供對這些需求的非正式評估。

評估學校層級的學生和學校社區需求

知覺的學生需求。某些方案計畫者在計畫過程中,先於任何其他步驟執行此項任務。美國學校諮商師協會(ASCA, 2005)全國模式強調蒐集資料及其運用,在聚焦方案計畫、後續學生進展的監測,與達成方案績效責任的價值。

我們建議留待方案促進過程的此階段去評估學生需求的主要理由是,直到此際你方才辨識出你所能夠在方案中處理的學生能力。

> 那些顯示諮商需求的評估項目必須足夠具體,以清楚地指出學校諮商師為特定學生的處遇是無疑而需要的,甚至即使該處遇是轉介至較為適當的協助資源。因此,特定項目的焦點必須在[學校諮商師]能夠為疑難兒童的利益採取適當行動的範圍內。(Thompson, Loesch, & Seraphine, 2003, p, 36)

在我們所提議的評估類型中,學生能力陳述實際上成為需求評估項目。事實上,設計歷程的這個部分也能夠稱為學生能力量表——學生能力發展所處階段與他們應獲得能力程度的量表。我們在表 6.5 提供範例以說明你所選擇的能力指標可以被轉換為需求評估項目。從第 3 章提出的能力中,我們從一年級選擇一項能力、八年級一項,以及十一年級一項。為了向你顯示採用轉換後能力之需求評估問卷的樣子,十、十一、十二年級使用的終生生涯計畫能力問卷的某一段呈現在圖 6.1。

某些需求是透過研究而建議。例如,Lee、Daniels、Puig、Newgent 與 Nam(2008)的研究指出,「低社經地位學生的教育成就(以及相反的低成就)模式是早在中學就決定了」(p. 314)。為努力預防日後的低成就,學校諮商師需

表 6.5　作為需求評估項目的能力

一年級	
能力:	學生會描述運動和營養如何影響他們的心理健康。
需求評估:	我可以分辨運動和飲食習慣如何在我思考、行動和感覺上產生影響。
八年級	
能力:	學生會有效地分析家庭關係、其重要性以及它們如何形成。
需求評估:	我可以分辨為什麼好的家庭關係是重要的以及它們如何形成。
十一年級	
能力:	學生會評估在他們的角色與選擇中保持彈性的需求。
需求評估:	我可以解釋在我的角色和選擇中保持彈性的需求。

為填寫這份問卷，學生需要完成下列步驟。

步驟 1：**仔細地閱讀每個句子。每個句子描述學生能夠做的事情以展現在特定領域的學習。**

現在做一個決定。你能夠做到句子描述之事嗎？你無法去做句子描述之事嗎？

填滿顯示你的想法的圓圈。

假如你認為你能夠做到句子描述之事……填滿圓圈 A ⒶⒷ｜Ⓒ

假如你認為你無法做到句子描述之事……填滿圓圈 B ⒶⒷ｜Ⓒ

步驟 2：**在每頁選擇你對學習去做真正感到興趣的五個句子。某些句子的確會使你感到興趣但某些並不會。在第二欄（圓圈標記字母 C），去填滿你覺得需要學習如何達成的五個句子的圓圈。**

例如，假如你真的對學習去分析特質和能力如何發展感到興趣，你將標記如下：

我能夠

1. 描述並分析一個人的特質和能力如何發展。 ⒶⒷ｜Ⓒ

下列的陳述句是關於你可以做的事以顯示你正為自己的未來做準備，且能夠對你想在生命中做什麼事做決定。仔細地檢視你的指導語表單。然後填滿圓圈以顯示你對句子的想法。

我能夠

1. 評估有法律和契約來保護生產者的重要性。 ⒶⒷ｜Ⓒ
2. 提供依據我的態度和價值觀的抉擇例子。 ⒶⒷ｜Ⓒ
3. 分析他人運用的決策歷程。 ⒶⒷ｜Ⓒ
4. 區分涉及不同程度風險的選項。 ⒶⒷ｜Ⓒ
5. 評估設定實際目標並為目標努力的重要性。 ⒶⒷ｜Ⓒ
6. 描述我作為一個生產者的權利與責任。 ⒶⒷ｜Ⓒ
7. 解釋並分析價值觀如何影響我的決定、行動以及生活方式。 ⒶⒷ｜Ⓒ
8. 區辨我做的決定並分析它們將會如何影響我未來的決定。 ⒶⒷ｜Ⓒ
9. 分析他人所做決策的結果。 ⒶⒷ｜Ⓒ
10. 解釋我的價值觀、興趣和能力是如何改變以及正在改變。 ⒶⒷ｜Ⓒ
11. 推測我未來作為生產者的權利和義務可能是什麼。 ⒶⒷ｜Ⓒ
12. 總結瞭解我的態度和價值觀以及它們如何影響我生活的重要性。 ⒶⒷ｜Ⓒ
13. 於做決策之時使用決策歷程。 ⒶⒷ｜Ⓒ
14. 提供範例並評估我現在產生選項、蒐集資訊以及衡量決定結果的能力。 ⒶⒷ｜Ⓒ
15. 評估我達成過去目標的能力且為未來整合這項知識。 ⒶⒷ｜Ⓒ

圖 6.1 終生生涯計畫

要協助這些學生在他們的小學階段中獲得學業技巧。專業學校諮商師能夠支持教師的努力，去協助兒童發展符合他們學習風格的有效學習習慣。

　　需求評估通常被形容為判定實際發生和期望間差距的一種方式。假使這項操作被嚴格地觀察，僅有當前的需求會被辨識，過去的需求或已經被滿足的需求可能被忽視。當被要求為需求陳述句作答時，這些人可以合理詢問：假如陳述句代表他們認為重要卻已經滿足的需求，或假如陳述句代表未滿足的需求，這兩者是否有差異。為了方案計畫，去瞭解已經滿足的需求以及值得進一步關注的需求是很重要的。

　　另一項考量已符合需求的方法是檢視現行方案中正被滿足的需求。現行方案活動可能從先前非正式或正式需求評估發展。假如學生將他們的活動評鑑為有價值，則這些活動正滿足一項相當重要的需求的推測是合理的。回應一組相關需求取樣的機會是另一個重點。簡單來說，假如沒有人提出這些陳述句，一項需求要怎麼被辨識出來？有限的涵蓋範圍、無關緊要的選項或重複，可能會扭曲需求問卷。我們建議你從你的方案中所建立的重要能力清單，發展你自己的需求評估問卷。

　　Thompson 等人（2003）提醒學校諮商師「一項以結果為基礎的學校諮商方案必然需要資料蒐集，然而所蒐集的資料僅在蒐集方法具有心理計量品質時方有意義和使用價值」（p. 38）。假如你正從美國學校諮商師協會（ASCA, 2005）全國模式改編能力，有些需求評估工具已經被發展且能夠依照你的目的加以改編。Thompson 等人發展出一項「適用於四到六年級學生的心理計量品質良好的需求評估工具」（p. 36）——《中小學學生諮商需求調查》（*Intermediate Elementrary School Students Counseling Needs Survey*），它是建基於《學校諮商方案的全國性標準》（*The National Standards for School Counseling Programs*, Campbell & Dahir, 1997）。Whiston 與 Aricak（2008）設計一個適用於高中學生的相同工具——《學校諮商方案評鑑調查》（*School Counseling Program Evaluation Survey, SCoPES*）。

　　假如你的學區與我們曾工作的學區相似，將可發現遠超過方案資源所能提供的需求（能力）；因此，需求評估其中的一個目的是去決定需求（能力）的優先次序。此外，雖然將會有跨學區的普遍性需求（能力），它也會因特定學

校的要求而有所差異。假如你對發展此類問卷感到困難或缺乏經驗，運用採用
一改編策略可能較為有利，換句話說，從已有的工具選擇並調整需求陳述句而
非建構新的問卷。然而，務必為你的方案所負責的每一項能力納入一個需求陳
述句。

最後需要謹記的要點是，應當評估什麼人對學生需求的見解。答案是任何
參與在此教育歷程者，包括那些接受教育的人。這包含下列團體：

- **學生**：這個團體應該是任何需求評估中的優先對象。誰比學生更瞭解學
  生呢？學生可以以團體和個人身分告訴你他們需要什麼。他們也可以讓
  你知道現行方案是否符合他們的需求。

- **教育工作者**：評估這個團體的成員將提供給你他們對學生需求以及他們
  自己需求的見解。

- **父母**：這個團體的成員將會幫助你辨識，他們覺得自己的孩子從學校經
  驗學到什麼。在需求評估程序中納入父母，將提供他們參與輔導與諮商
  方案計畫的機會。個人參與的結果是他們更願意提供支持。

- **社區成員**：包含在這個團體的人員是提供學校財務支持的雇主。從這個
  團體獲得的資訊可能提供與父母評估時所獲資訊稍微不同的觀點。

- **雇主**：那些負責僱用你的學校系統之畢業生或在學生的雇主，對他們所
  期待的教育成果具有明確的想法。將雇主納入需求評估歷程將給學校機
  會知道雇主期待什麼，並給予雇主一個更瞭解輔導與諮商方案的機會。

- **畢業生**：對此團體的評估能提供輔導與諮商方案對那些應用他們技巧於
  高中後生涯的成效之資訊。他們可以協助辨識最具有效益的範圍以及需
  要強化的範圍。

受限於時間和資源，你可能無法對所有的團體評估學生需求。假如你必須
限制所欲評估的團體數量，學生和教育工作者應當基於最直接參與而優先受到
重視。你可以在第一年評估學生和教育工作者，且在次年評估其他團體成員，
或對學生和教育工作者實施正式的紙筆評量，而對父母和雇主運用稍減精密的
策略，例如與代表性團體的討論形式。儘管如此，各個團體需要在週期性需求
評估歷程中的某一時刻接受評估。

學校社區需求。雖然學生是輔導與諮商方案的主要案主，切記還有其他

案主的實際需求和知覺的需求也需要被調查與處理。學校為一整體，個別教師與行政主管、其他學校專業人員以及父母無論如何都是案主。某些學生需求最適合透過對學生所居住社區的完整瞭解來辨識。在協助學生的個人、社會、生涯與教育發展時，迫切需要的是，你得曉得那些發展範圍與階段在社區與文化脈絡中的意義。

現今，個別學校面對評估和回應與特別定義的學業標準有關的學生需求之挑戰。各地學校被鼓勵去回應需求，且以最佳方式運用資源來達成他們提升學生成就水準的目標。個別學生和學校全體朝向這些標準的進展，通常是由標準化測驗（對州立標準的效標參照）所評量。

此一績效責任與場域基礎的決策系統為輔導與諮商方案計畫者同時提供挑戰與機會。學校諮商師面對將其方案與成果連結到學校整體的促進與成功的挑戰。換句話說，他們需要參與場域基礎的決策程序，且需要瞭解他們的方案對何種學校目標最具貢獻。在大多數學校，最具學業挑戰性的學生即是那些具有最大個人和社會需求的人。學校諮商師協助這些學生移除或克服學習阻礙，是學校促進計畫的關鍵之一。在某些情況中，教師常常不經意地對學生學習製造阻礙。例如，某些教師對學生表現粗暴。他們可能是苛責的、偏頗的、專斷的和威脅的，並且採用其他負面的策略而妨礙學生的健康發展（McEachern, Oyaziwo, & Kenny, 2008）。學校諮商師和行政主管可以共同合作去處理這些議題。學校諮商師和他們的專長對大多數我們所知的學校氣氛促進工作（例如，目標設立、品格發展、社會責任），是有價值的資產。

此外，個別和特定教師團體、父母、其他學校專業人員以及行政主管，可以辨識輔導與諮商方案能夠協助他們處理特定學生或一群學生的需求之方法。對這些需求的調查應當連結到你正尋求發展或提升的學生能力。例如，要求教師以其協助學生達成期望的輔導成效之所需來回應這些項目。使用與我們所做的學生需求評估（參見表6.5）的相同例子，我們在表6.6提出教師題項的範例。

為系統支持活動而評估教職員需求也很重要。此一需求評估可以在兩種方式中聚焦。你可以就現行方案中提供的系統支持活動評估案主的需求，或者你可以評估他們對期望方案的計畫活動所知覺的需求。假使後者是你的目標，這個評估必須在期望方案建立後才能在學校中實施。然而，在此時，評估對現行

表6.6　教師需求評估

一年級	
學生能力：	學生會描述運動和營養如何影響他們的心理健康。
教師需求：	我需要獲得協助來幫助學生學習去分辨運動和飲食習慣如何在他們思考、行動和感覺上產生影響。
八年級	
學生能力：	學生會有效地分析家庭關係、其重要性以及它們如何形成。
教師需求：	我需要獲得協助來幫助學生學習為何好的家庭關係是重要的以及它們如何形成。
十一年級	
學生能力：	學生會評估在他們的角色與選擇中保持彈性的需求。
教師需求：	我需要獲得協助來幫助學生學習去解釋在他們的角色與選擇中保持彈性的需求。

活動或對你認為正在進行學區建議的活動所知覺的需求，是有意義的。假如在適當的脈絡下執行——例如，與學生需求評估結合——你將可以建立重新分配某些傳統半行政與文書工作給其他人員的有利基礎。教職員評估將可辨識他們對需要學校諮商師所從事工作，諸如高年級生學分檢查或校車工作督導等任務的知覺。你也將辨別那些需要轉換或效率化的工作，例如建議學生選讀較難或較容易的課程或主持施測方案。

在澄清現行方案設計時所蒐集的脈絡性資料，顯示一些從學校服務社區而來的需求。不同社區送他們子弟來到學校，帶著某些差異，例如就學準備度、父母參與和對學校的支持、個人安全的感受、對未來的樂觀，以及與學校文化的一致性。

此類差異必須納入為方案計畫時的因素。除了向學生提出這些需求，你可以辨識你需要在教職員和父母工作坊以及諮詢會談中提出的主題。

設計期望的學校層級方案

依照學區模式打造適當的平衡和全方位輔導與諮商方案，參照有關學生和其他案主需求的資料，以及關於現行輔導與諮商方案設計的具體資訊，學校輔導人員在地區學校─社區諮詢委員會的協助下，必須在此時設計他們期望的學

校輔導與諮商方案。透過清楚陳述的操作性定義，全方位輔導與諮商方案的願景在學校中落實。操作性定義同時包括質性和量化設計，且必須反映經過現有資源的現實性所調整的期望內容。基於迄今所解釋的所有原因，它應當是書面而非口頭表述。

學校期望方案的描述必須包含與學區方案描述相同的單元。它需要運用可支持其獨特設計的前述當地需求和人口統計資料，產生學校方案理論基礎的陳述。這些信念需要反映學區的理念性陳述，然而，除此之外，需要在地化以結合學校與其周遭社區的理念。方案的定義同樣需要反映學區的定義，但需要提供關於期望的方案架構與平衡性的具體細節。學生參與學校的輔導與諮商方案所獲得的能力成果需要被列舉。依循學區訂定的最低期望，學校設計需要為遞送系統的每一個要素說明下列項目：

- 定義：目的和特性。
- 服務案主：辨識和優先排序。
- 內容：主題和優先次序、使用素材。
- 成員角色：學校諮商師和其他人員。
- 遞送方式：基本活動和做法。
- 時間表制定：項目包括學生可以參與的頻率以及週間或學年中的活動時間。
- 可用資源：相關學校制定的政策與程序、預算、設施、器材、學校諮商師時間。
- 評鑑策略：特別是期望學生達到的成果、各項要素實施的活動，以及學校諮商師履行的角色。

如你所見，基本設計的篇幅很長，但其發展促使當地的計畫與設計小組產生對方案實施至關重要的操作性決策。一旦發展出此文件，它即確定下來直到需要修訂為止。雖然八至十年是實施全面重新設計前的建議時間長度，實際的長度需要依據相關的改變因素，例如學校的優先次序、社區、行政主管或輔導人員。年度方案計畫的訂定也須包含新近辨識的需求與目標，如同第 8 章中的進一步討論。

在書寫你的學校期望方案描述時，一項重要考量是你呈現方案所使用的模

式。無疑的你已從先前討論中知曉，此書寫必須盡可能具體，完整陳述你在方案遞送時所使用的素材與其他資源。你的學區需要成立由各級學校諮商師所組成的委員會，以建立全體學校使用的模式。無論選擇何種模式（我們先前合作的學區選擇不同模式），此模式必須使學校諮商師和將會閱讀並使用方案設計的其他人員理解。此外，相同的模式需要為全體學校所採用，以使方案的品質可以被評判，且其一致性可以在不同學區得以確保。圖 6.2 呈現一個摘要方案活動的模式。此模式可以作為辨識下列目標提供的所有活動之工具：特定能力（技巧）、特定一組學生案主（年級；發展性、預防性、矯正性），或具體的方案組成要素。學校諮商師發現它是呈現活動組合的一個相當簡單且容易理解的工具。這些活動提供了年度方案計畫表後的細節。

學校名稱：＿＿＿＿＿＿＿＿＿＿＿＿＿＿＿＿＿＿＿＿＿＿＿

全方位輔導方案

活動識別

學生技巧：＿＿＿＿＿＿＿＿＿＿＿＿＿　　年級：＿＿＿＿＿＿＿

學生需求層級：　　　發展性　　　　　　預防性　　　　　　矯正性
（圈選一個）

方案組成要素：　　　　輔導課程　　　　　　個別學生規畫
（圈選一個）　　　　回應式服務　　　　　系統支持

預期成果：＿＿＿＿＿＿＿＿＿＿＿＿＿＿＿＿＿＿＿＿＿＿＿＿＿＿
＿＿＿＿＿＿＿＿＿＿＿＿＿＿＿＿＿＿＿＿＿＿＿＿＿＿＿＿＿＿＿＿
＿＿＿＿＿＿＿＿＿＿＿＿＿＿＿＿＿＿＿＿＿＿＿＿＿＿＿＿＿＿＿＿
＿＿＿＿＿＿＿＿＿＿＿＿＿＿＿＿＿＿＿＿＿＿＿＿＿＿＿＿＿＿＿＿

方案活動與資源：

活動名稱　　　　　　　資源素材　　　　　　　　行事曆標記
　　　　　　　　　　　　　　　　　　　　　　　（日期／活動長度）

＿＿＿＿＿＿＿＿＿＿＿＿＿＿＿＿＿＿＿＿＿＿＿＿＿＿＿＿＿＿＿＿
＿＿＿＿＿＿＿＿＿＿＿＿＿＿＿＿＿＿＿＿＿＿＿＿＿＿＿＿＿＿＿＿
＿＿＿＿＿＿＿＿＿＿＿＿＿＿＿＿＿＿＿＿＿＿＿＿＿＿＿＿＿＿＿＿
＿＿＿＿＿＿＿＿＿＿＿＿＿＿＿＿＿＿＿＿＿＿＿＿＿＿＿＿＿＿＿＿

圖 6.2 總結學校層級方案活動的格式範例

　　一旦學校方案已書寫完成，專業學校諮商師可以對其行政主管和教職員顯示學校的輔導與諮商方案。學校諮商師的適當角色可以獲得澄清。現行活動可以依據學校諮商師的時間運用被評判為恰當或不恰當。學校諮商師─學生比例可以被評鑑，且假使其比例不適當，校長、教師、父母和學生可以被納入於促進的努力中。在遞送活動需要較佳程序之處，學校團隊可以被啟動去發展它們。設定期望內容後，學校人員能夠發展（編製）輔導與諮商方案預算申請且翻新設備。帶著手邊具體描繪的願景，學校人員與學區人員可以相互合作，共同確認並執行達成期望的學校方案所需的改變。

　　隨著每一所學校發展出期望方案的設計，方案發展工作的設計階段即告完成。你已經預備好轉換至方案實施階段。然而，在我們為轉換至新方案提供建議前，此刻宜考量，確保你將注意力置於方案實施工作的多元性以及擴大的領導基礎。

▪■ 關注多元性

　　如同先前的方案發展階段，在你從設計進展到執行的階段中，關注多元性是重要的。善用學校和學區豐富的多元性之計畫應當成為每一個方案促進計畫的組成要素。

　　許多我們曾合作的學校和學區已經注意到，對少數族群學生和來自有別於學校諮商師的文化、族群以及經濟背景的學生之服務水準的落差。第 5 章曾討論學校諮商師的多元文化能力的落差。雖然列入美國學校諮商師協會（ASCA，2005）的全國學生標準：能力與指標如「辨識、接納並欣賞……[以及] 展現對個別差異、……族群與文化多樣性的尊重與欣賞，……[以及] 辨識與欣賞不同家庭型態的差異」（p. 106），但無論學校社區的人口背景為何，協助學生促進其跨文化效能的內容通常被忽略或迴避。此外，我們日益覺察協助少數族群青少年發展其族群認同的重要性（Cavazos- Rehg & DeLucia-Waack, 2009）。為填補這些方案差距的目標必須包含在輔導與諮商方案改變的策略計畫中。然而，我們已有的經驗是每個社區皆與其他社區具有文化性差異；因此，學區層級的

多元性可以整體性考量，但每一所學校和學校社區應當非常具體地規畫其輔導與諮商方案的文化回應性。

輔導與諮商方案的學區和學校層級諮商師領導者有責任審查學區的輔導方案架構和學校輔導方案設計以及方案促進計畫，以確保對學區和學校人口中的多元性所提供的挑戰與機會的關注。諮商領域可能領先其他專業，覺察關注學生多元性並協助他們善用多元文化豐富性的重要，而不使他們因其他人公開或隱藏的無知或偏見而受害。

專業學校諮商師具有倫理責任，不僅對其方案和協助學生的教育、生涯、個人與社會發展，也要對社會正義和校園平等做倡導（Curry & DeVoss, 2009）。Singh、Urbano、Haston 與 McMahon（2010）提供有效倡導社會正義改變的七項策略如下：

1. 政治敏銳性。
2. 意識提升。
3. 發起困難的對話。
4. 建立目標性關係。
5. 教導學生自我倡導技巧。
6. 使用資料做推廣。
7. 教育其他人關於學校諮商師作為倡導者的角色。（pp. 135-140）

領導同儕去探索他們自己的文化偏見與認同是一項困難但重要的對話。諮商師可以從諮商文獻（例如 Watt et al., 2009）對該議題的探討中獲益。學校諮商師迫切需要為創造文化包容和社會正義的氛圍而倡導。

■ 擴大領導基礎

假使你是學區輔導與諮商方案領導者且正著手實施一項重新設計的全學區方案，此時你將會從擴大領導基礎獲益。迄今，學校諮商師已在指導與學校一

社區諮詢委員會提供領導。此外，還有其他指定的學校諮商師領導者——學校輔導與諮商方案成員領導者（Henderson & Gysbers, 1998）——他們具有一些方案促進工作的責任，且將在邁入學校層級的方案再設計與實施階段負擔更大的責任。

在此時刻，領導基礎需要以兩種方式來擴大：

● 增加發展適當方案活動之學校諮商師的人數。

● 提升學校層級輔導與諮商方案和成員領導者的領導角色。

藉由建立兩種不同的領導者類型，一些看法可提供作為選擇方案發展領導者之用。據此，方案發展領導者是協助全學區新方案實施和發展新方案活動的人；他們是方案的創新者。學校輔導與諮商方案和成員領導者是學校方案實施的管理者；他們是方案維持者。他們要為方案執行負責。

學區層級的輔導與諮商方案與成員領導者需要知道學校中所指派的正式學校諮商師領導者的優勢與弱勢，且需要辨識有成功潛力的方案發展同儕領袖，以建立堅強的方案實施領導團隊。事實上，一項對學校輔導與諮商方案領導者和實務工作者的全國性調查顯示，一個有效的全方位輔導方案實施的關鍵議題，是為學校與學區的輔導領導者賦權（Henderson & Gysbers, 2002）。澄清他們的角色和職權是重要的；換言之，他們應該做什麼以及他們如何連結到學校和學區的組織架構？當兩組領導者皆到位，每一組的任務需要具體指定；同時，領導者必須接受執行該任務的訓練，且必須獲得運用其指派角色的機會。他們所做的努力需要被辨識和增強。

學校層級輔導與諮商方案和成員領導者

為了使全方位輔導方案成功地實施，每個學校必須指派領導者（Henderson & Gysbers, 1998）。在期待從他們而來的成功領導時，他們需要提升自己的角色並獲得支持。如方才所述，每一所學校中的方案與成員領導者可能已經就位，因此辨識他們並不難，但熟悉他們的操作風格可能是一項挑戰。此外，因為學區輔導與諮商方案和成員領導者（Henderson & Gysbers, 1998）有機會參與新的學校領導者的選擇，他或她需要用心並有技巧地與校長一起工作，以確保獲選

的人能與新方案契合。我們的經驗中，學校校長想要某些對他們和其學校忠誠的人，但他們會把個別人選的輔導與諮商專長之評估留待學區輔導與諮商方案和成員領導者。校長們也想要得到將會為學校方案提供良好領導且能夠使他們的學校方案在學區稱冠的人。

假如你是學區輔導與諮商方案和成員領導者，且你尚未協助學校層級的領導者去更充分實現其角色，你應當在此時開始著手。許多我們曾合作的學區尚未明定他們的職責。假使你的學區對學校輔導與諮商方案和成員領導者尚未有明確的職務說明，則需要詳加發展。假如你正從草擬階段起步，你可能想要參考圖 6.3 所示之諾斯賽德獨立學區發展的職務說明。然而，我們建議你和學校層級的領導者一起著手發展他們的職務說明。藉由被詢問什麼是他們對其角色所做獨特之事，他們不僅開始投入職務說明，也思考自己和校園團隊人員不同且為其領導者。他們需要被視為校內方案管理者和輔導人員的督導。

一旦責任確定後，你需要協助輔導與諮商方案和成員領導者去發展完成任務所需的技巧。假如他們並未內化新方案的概念，你需要協助他們去達成。你可以透過定期會議中的計畫性討論和學校層級學校諮商師成員會議上的示範協助他們。他們同樣希望盡力而為，而且他們可以從角色模範中獲益。

因為缺乏為學校輔導與諮商方案和成員領導者的特別訓練，以及文獻在此議題上的不足，輔導與諮商方案和成員領導者可能需要關於他們工作中成員領導面向的在職教育與訓練，包括督導和有效運用權力。第 9 章對此有較深入的討論。由一群成功解決關鍵議題的領導者樣本中，辨識出十一項重要的領導技巧（Henderson & Gysbers, 2002）：

1. 對他人的需求保有敏銳感與回應性。
2. 接受現實。
3. 對他人開放並接納。
4. 與他人建立融洽關係。
5. 與他人溝通和合作。
6. 維持你的專業價值／信念系統的尊嚴。
7. 接受屬於你的責任。

標題：	學校輔導方案和成員領導者
主要功能：	作為輔導部門成員中的一員，履行職務手冊所描述的學校諮商師角色；作為輔導部門的領導者，促使輔導方案與員工表現的持續提升。
主要工作職責：	1. 實施校園全方位輔導與諮商方案且具體地提供服務以符合他／她服務量當中的特別需求。 2. 管理校園輔導方案。 3. 領導輔導部門成員。 4. 促成學區的輔導方案、政策和程序的發展。 5. 對全學區目標以及與學校行政部門的合作實踐提供領導。
關鍵任務：	**1. 實施校園全方位輔導與諮商方案且具體地提供服務以符合他／她服務量當中的特別需求**：請參照合適層級的職務手冊。 **2. 管理校園輔導方案**：領導與學區和學校宗旨目標一致的校園輔導方案的發展與實施；準備部門預算的申請與使用配置；主持校園輔導部門會議；代表輔導部門會見行政當局和其他部門主管；督導學生紀錄以及其他輔導部門程序的維持。 **3. 領導輔導部門成員**：督導部門成員；協助校長和輔導主任對成員做觀察與評鑑；協助校長選擇新進諮商師；協助校長與輔導主任提供成員發展課程。 **4. 促成學區的輔導方案、政策和程序的發展**：代表學校成員參與學區的學校輔導方案和成員領導者會議；溝通並推廣學區政策與程序的實施。 **5. 對全學區目標以及與學校行政部門的合作實踐提供領導**：以成員角色參與學校領導團隊；協助發展全校性政策與可行程序；向輔導部門與行政部門提供意見並獲取其意見；與行政部門在彼此相關的方案工作和學生個案中合作。
組織關係：	受校長和輔導主任督導；督導與協調部門的專業和助理人員的工作；與行政部門合作；與學區和學校教學人員領導者合作。
表現標準：	學校輔導方案和成員領導者的表現在下列情況被視為合格： 1. 校長與輔導主任共同認可，且學校輔導方案和成員領導者的能力水準符合諾斯賽德獨立學區學校輔導方案和成員領導者評鑑表的內容。 2. 年度輔導方案計畫的評鑑顯示方案的整體效能。

圖 6.3 學校輔導方案成員領導者的職務說明

8. 接受你行動的後果。

9. 發展並善用支持系統與可供你取用的資源。

10. 承認我們並非十全十美。

11. 設定促進目標並計畫如何達成。（p. 256）

對於最佳運用方案資源特別關鍵之處是團隊方式的方案實施。團隊不會憑空發生；它們需要被創造和滋養。輔導方案成員領導者應當在此重要的領導面向接受訓練。定期舉行的成員會議是重要的，因為它們提供為個別成員和團隊整體賦權以及團隊維持和完成方案相關任務、溝通資訊和履行部門事務的機會。此外，大多數我們曾合作的學校輔導與諮商方案和成員領導者曾經尋求學習諸如主持有效率的會議、提供建設性批評、組成團隊以及協助成員設定適當目標的基本技巧之方法。

假如學區夠大，或假如有鄰近學區或學校可以合作，學校輔導與諮商方案和成員領導者可以共享相互支持，換言之，成為他們自己的團隊。這便提供他們一個支持團體，有助於提升他們作為學校領導者的成長。當他們嘗試新的策略並履行領導任務時，他們需要獲得支持。如同先前所討論的，他們應當為學區方案架構以及其他與新方案有關的主題之校內討論而負責。當學區下達實施新方案活動的要求，學校層級的輔導與諮商方案和成員領導者應當負責檢視這些需求是否獲得執行。

學校輔導與諮商方案和成員領導者將會需要在其新近定義的角色中獲得其權威的支持。當他們督導和監督其成員時，他們的領導必須被承認，同時總部的輔導與諮商方案領導者應當為學校諮商師做出示範。學校層級領導者的效能將反映他們被授權的程度。在這方面，校長的角色也是一個關鍵。校長希望他們的部門領導者具有效能；它使得校長的工作比較容易。愈多工作是由輔導與諮商領導者和其校長所合作完成，諮商師領導者對校園方案實施的責任便愈清楚。

諮商師領導者的責任是協助學校層級領導者瞭解並善用他們的七項權力基礎：法定（交付的權力）、資訊提供（學區和學校間以及學校行政主管和諮商部門間的資訊管道）、專家（諮商經驗）、參照（關係建立經驗）、連結（與

較寬廣的學校社區）、獎賞（認可），以及強制（表現的評鑑者）（Henderson, 2009）。

全學區方案發展領導者

當促進方案實施推動之際，取決於學區的規模以及在指導委員會的代表性，方案發展領導者的數量可能需要透過延攬更多學校諮商師而擴大。方案發展領導者應當從符合下列條件的學校諮商師中選取：明顯支持新方案方向、具有足夠的視野去預期促進方案的利益、是其他學校諮商師的非正式或正式領導者、創造性的改革者。

為了辨識這些新的改革性領導者，指導委員會的學校諮商師應當被諮詢。他們需要對其團體新增的成員感到自在，因為他們有責任帶領這些新的領導者到委員會且與他們共事。他們的建議無須具有約束力，但他們的想法和關注需要被重視。再次，視學區大小而定，但甚至在相當小的學區中，學校諮商師可能與其他學校的諮商師互不認識。對方案發展工作負有主要責任的人是那些具有較寬廣觀點者。

辨識出那些將會被納入方案發展領導團隊的學校諮商師後，你必須花時間去確保他們已經相當瞭解全方位方案的概念。他們係因對新概念初步的理解與支持而入選的情況有助於其後續對方案的理解，且雖然啟動這項工作無須花費大量時間，但它確實需要被完成。同時，擴大的團體需要成為一群工作者的凝聚團體。此係透過澄清他們所需完成的角色與任務而達成。諾斯賽德獨立學區中有效運作的模式是去為每一項組成要素發展專家次團體；換句話說，為每一項要素組成次級委員會——輔導課程委員會、個別學生規畫委員會、回應式服務委員會、系統支持委員會。每個委員會都有來自每一個學校層級——小學、中學和高中——的代表。因此，整個團體也可以依照層級分組而區分，它在稍後有助於發展特定活動。每個委員會的主要責任之一，是代表其特定內容向同儕發聲。

一項有待委員會去完成的任務且為良好的工作起點是：協調可作為各種組成要素的實施範例之現行操作蒐集工作。例如，課程委員會蒐集協助每一個年

級的學生達到優先能力的輔導課程和單元樣本；個別學生規畫委員會蒐集協助學生發展個人化教育或生涯計畫的活動樣本；回應式服務委員會蒐集示範的諮商、諮詢和轉介服務的樣本。在彙集後，這些蒐集成為可使全體學校諮商師運用於精進其方案的資源手冊。

方案發展領導團隊便擁有其所需的資料，以成為他們學校層級中方案組成要素實施的真正專家。接受方案組成要素定義的訓練且檢視並選擇多樣示範性操作後，此團隊便具備向同儕傳播這些觀念的能力。我們也發現他們能從領導技巧訓練中獲益，使得他們能夠表現自己為同儕領導者。更多團隊成員被拔擢為領導者，他們所執行的角色便更深入。假如他們正為資源手冊蒐集素材，讓他們規畫手冊的格式和他們自己蒐集素材以及辨識其他大步邁進新方向的學校諮商師的程序。提供他們所需與其同儕溝通的機會；換言之，當他們需要時召開會議、支持他們與其他學校諮商師所做的努力等。他們運用分派給他們的權力；這一項分派必須為全體學校諮商師所知悉。他們也可以透過認可其各種權力基礎的運用（專家、參照、資訊提供、連結、獎賞）而獲得良好的應對。

資源手冊的發展並非方案領導團隊所能承擔的唯一工作。當你邁向新方案的實施，許多創新或前導的工作需要經過嘗試。此類工作可能是書寫課程方案、實驗新的活動或發展一個推薦程序，以協助學校回應學生自殺。方案領導者可能承擔設計學區的成員發展計畫的責任。團隊領導者的任務需要被明確賦予；其專業性需要審慎地發展；並且他們的權威需要清楚地被接受。

假如具有動機且專業性地投入的個別人員已獲選取，且假如他們被賦予有意義的任務，他們將會努力從事某些他們的同儕仍然感到困惑的事情。他們的工作和價值必須被增強。依據 Hurst（1984, p. 84）所言，對專業人員的激勵可能來自於六種動力：「成就（你相信你所做的事）、認可（其他人認為你所做的事）、工作本身（你實際所做的事）、責任（你協助他人所做的事）、精進（你認為你能做到的事）、成長（你相信你可能去做的事）。」方案領導者在完成每項任務中感受到成就感，是他們獲得鼓舞的一部分，例如，當理念陳述或資源手冊出版時。他們被精選為方案領導者而受到認可，且此認可在他們呈現新概念和想法給他們的同儕時亦持續維持。我們曾經發現激勵性的團隊領導者在地區、全州和全國專業成長會議上提出報告，不僅對於新的領導者有益，

且協助其他人從他們正在進行之事學習。假如新方案領導者已經如同我們所建議地從那些相信新方案概念的行列中選取，他們為了更瞭解新方案並協助其實施所做的工作，對他們而言即是一種報償。假如他們部分的增強是去協助其他同儕學習並實施新方案策略，領導者對方案的成功實施以及其他諮商人員的有效表現負有重大責任。方案領導者可以得到協助去感受領導者角色，且展望自己是學校層級輔導與諮商方案和成員領導者、輔導督導與未來的行政主管。我們曾經合作的方案創新者一致性地談到他們從其經驗中受益良多；他們對於成長和發現新的機會——例如方案促進——抱持熱情，可作為他們自身專業發展的燃料。

學區層級輔導與諮商方案領導者的角色與責任

　　輔導與諮商方案促進計畫的階段產生明顯的領導權轉換，從指導委員會與學校—社區諮詢委員會到輔導與諮商方案領導者。假如你是學區層級輔導與諮商方案領導者，學區方案促進的總計畫便成為你辦公室的責任。你也同樣負有責任去協助學校人員計畫他們的提升方案。你要完成方案管理和行政工作，以及成員領導和督導工作。你也需要清楚瞭解有多少新設計能夠在現有的資源下完成。對立即改變的期望必須符合實際。

　　如同先前階段，身為輔導與諮商領導者的你必須持續作為發動者。雖然我們將此歷程描述為如同逐一完成的工作，實際上許多活動同時進行。例如，當你一面發展總計畫時，你也將一面協助學校評估其現行方案，以及你將會同步訓練你的新領導者並提供督導訓練給學校層級的領導者。再次，它取決於你使方案的各個部分朝向建設性的進程發展。你必須運用每一個機會去正向增強專業學校諮商師所做的個別改變的努力。儘管此時擴大的方案領導團隊與學校層級領導者也正開始瞭解全貌，你可能是學區中唯一看見整體圖像的人，由你協助他們瞭解情況。

　　在此方案階段某些任務極有可能只有你能做。你需要去彙整並提出差異資料，換言之，呈現資料並註記結論。你需要在團隊成員腦力激盪解決差異的想

法時，維持一種開放的討論氣氛。你需要撰寫學區總計畫並選擇和訓練共同領導者。你需要準備妥當去運用那些一旦指導委員會做出改變建議就會開始流向輔導部門的擴大或重新導向的資源。假如比例提升，你將會僱用更多學校諮商師，同時你的選擇標準必須量身打造以辨識那些將會與新方案適配的人。假如你的部門獲得較高的預算分配，你需要準備好去調度運用它。假如你獲得允許去提升設備，你需要預備好藍圖。假如學校諮商師的合約獲得延續，你需要預備實施在職訓練或方案發展活動。這是方案中最有趣的一部分，但它也是對你的挑戰。

迄今，那些與你合作的許多人，包括同儕行政主管和學校諮商師正開始獲取方案概念。這同樣令人興奮，然而你可能會發現某些學校諮商師因為尚未免於所有不樂見的非輔導活動而感到挫折；以及行政主管因為學校諮商師尚未更頻繁與所有的學生會面而感到挫折。部分諮商師尚未瞭解此新興的方案構成他們的全部工作；它並非是新增在他們先前所有任務上的某些事物。某些人擔心改變，且懼怕改變的方案將影響他們的日常工作（Poynton, Schumacher, & Wilczenski, 2008）。你需要將這些挫折轉化為引發改變的能量。你需要克服因為對現況不滿而僅僅維持現行方案的慣性，擁有如何改善現狀的願景，且相信當願景成為超乎預期的改變代價時，你將會獲得益處。

當他們更完整地瞭解且對於促進方案模式感到自在時，學校諮商師與校長感受到被賦權去進行需要的改變。賦權來自於擁有知識與資訊、他人的支持以及領導。在我們所建議的程序中，期望方案的願景以及評估你的現行方案時所蒐集的資料提供此知識與資訊。學校社區中其他休戚相關者的支持來自於尋求其他人的意見和忠告，例如問卷調查和諮詢委員會。領導則是由學區模式以及你正在滋養的投入的領導者所提供。最終，所有學校諮商師成為改變的領袖，因為他們擁有輔導專長，且他們是方案中最大的利害相關者。協助他們獲得適當運用他們的肯定技巧所需的勇氣是你的責任。

你的進度檢核

此刻，你已經發展出邁向實施一項提升中的輔導與諮商方案的計畫。

方案發展歷程

你已經依據全方位輔導方案模式學會：

- 在你的方案中，具體的資料澄清何種現行操作符合此模式；何者不符合；何者為疏漏、不足或過度。
- 何者被其他人知覺為良好、疏漏或不足，以及何者目前占用過多的方案資源。

你已持續方案發展歷程，藉由：

- 確定目標並且為邁進期望方案提出建議。
- 為進行需要的系統的、新增的和持續的改變與促進而分派優先次序。
- 為達成改變而澄清行動步驟。
- 為開發所需的資源發展總計畫。

擴大的焦點

學校層級駐地團隊已經：

- 依據學區方案模式評估其現行方案狀態。
- 評估或知覺已符合和未符合的學生需求與學校社區目標。
- 設計他們的期望方案。
- 為他們的方案操作性地定義活動要素。
- 書寫並公布其設計與定義。

你已經為下列事項擴大領導基礎：

- 透過創新的方案發展，持續提升全學區方案。

● 發展與管理學校層級輔導與諮商方案和團隊成員。

你可能會——以及可能應當——在此刻感到你不斷逆流而上、解釋理念並捍衛建議,但每一個建設性改變會引發另一項改變。最終,改變的動能會主導局勢。此刻,你正朝向方案促進計畫的實施階段邁進。

 參考文獻

Adelman, H. S., & Taylor, L. (2003). On sustainability of project innovations as systemic change. *Journal of Educational and Psychological Consultations, 14*(1), 1–25.

American School Counselor Association. (2005). *The ASCA National Model: A framework for school counseling programs* (2nd ed.). Alexandria, VA: Author.

Campbell, C. A., & Dahir, C. A. (1997). *Sharing the vision: The national standards for school counseling programs.* Alexandria, VA: American School Counselor Association.

Cavazos-Rehg, P. A., & DeLucia-Waack, J. L. (2009). Education, ethnic identity, and acculturation as predictors of self-esteem in Latino adolescents. *Journal of Counseling & Development, 87,* 47–54.

Curry, J. R., & DeVoss, J. A. (2009). Introduction to special issue: The school counselor as leader. *Professional School Counseling, 13,* 64–67.

Gray, K., Elsner, D., & Poynton, T. (2004). *Study of pupil personnel ratios, services, and programs in California* (School Counseling Research Brief 2.4). Amherst: University of Massachusetts, Center for School Counseling Outcome Research. Retrieved from http://www.umass.edu/schoolcounseling/uploads/Research_Brief_2-4.pdf

Henderson, P. (2009). *The new handbook of administrative supervision in counseling.* New York, NY: Routledge.

Henderson, P. (2010). Recommendations. In *Evaluation of the _____ independent school district comprehensive, developmental guidance and counseling program.* Unpublished report, San Antonio, TX.

Henderson, P., & Gysbers, N. C. (1998). *Leading and managing your school guidance program staff.* Alexandria, VA: American Counseling Association.

Henderson, P., & Gysbers, N. (Eds.). (2002). *Implementing comprehensive school guidance programs: Critical leadership issues and successful responses.* Greensboro, NC: CAPS.

Hurst, D. K. (1984). Of boxes, bubbles, and effective management. *Harvard Business Review, 62,* 78–88.

Janson, C. (2010). High school counselors' views of their leadership behaviors: A Q methodology study. *Professional School Counseling, 13,* 86–97.

Lapan, R., Gysbers, N., & Kayson, M. (2007). *Missouri school counselors benefit all students: How implementing comprehensive guidance programs improves academic achievement for all Missouri students.* Jefferson City: Missouri Department of Elementary and Secondary Education, Division of Career Education.

Lee, S. M., Daniels, M. H., Puig, A., Newgent, R.A., & Nam, S.K. (2008). A data-based model to predict postsecondary educational attainment of low-socioeconomic status students. *Professional School Counseling, 11,* 306–316.

Martin, I., Carey, J., & DeCoster, K. (2009). A national study of the current status of state school counseling models. *Professional School Counseling, 12,* 378–386.

McEachern, A. G., Oyaziwo, A., & Kenny, M. C. (2008). Emotional abuse in the class-room: Implications and interventions for counselors. *Journal of Counseling & Development, 86,* 3–10.

North Carolina Department of Public Instruction. (n.d.). *How North Carolina school counselors spend their time.* Retrieved from http://www.ncpublicschools.org/docs/curriculum/guidance/resources/programofstudy/schoolcounselor.pdf

Northside Independent School District. (1986). *Comprehensive guidance program framework.* San Antonio, TX: Author.

Poynton, T. A., Schumacher, R. A., & Wilczenski, L. (2008). School counselors' attitudes regarding statewide comprehensive developmental guidance model implementation. *Professional School Counseling, 11,* 417–422.

Rylander, C. K. (2002). *Guiding our children toward success: How Texas school counselors spend their time.* Austin, TX: Office of the Comptroller.

Scarborough, J. L., & Culbreth, J. L. (2008). Examining discrepancies between actual and preferred practice of school counselors. *Journal of Counseling & Development, 86,* 446–459.

Shillingford, M. A., & Lambie, G. W. (2010). Contribution of professional school counselors' values and leadership practices to their programmatic service delivery. *Professional School Counseling, 13,* 201–217.

Singh, A. A., Urbano, A., Haston, M., & McMahon, E. (2010). School counselors' strategies for social justice change: A grounded theory of what works in the real world. *Professional School Counseling, 13,* 135–145.

Texas Education Agency. (2004). *A model comprehensive, developmental guidance and counseling program for Texas public schools: A guide for program development, pre-K–12th grade* (4th ed.). Austin, TX: Author.

Texas Education Code. (2001). *Chapter 33, service programs and extra-curricular activities; Subchapter A, school counselors and counseling programs.* Retrieved from http://www.statutes.legis.state.tx.us/Docs/ED/ED.33.htm

Thompson, D. W., Loesch, L. C., & Seraphine, A. E. (2003). Development of an instrument to assess the counseling needs of elementary school students. *Professional School Counseling, 7*(1), 35–39.

Vandegrift, J. A. (1999). *Are Arizona public schools making the best use of school counselors? Results of a 3-year study of counselors' time use* (Arizona School to Work Briefing Paper No. 16). Tempe: Arizona State University, Morrison Institute for Public Policy.

Watt, S. K., Curtis, G. C., Drummond, J., Kellogg, A. H., Lozano, A., Nicoli, G. T., & Rosas, M. (2009). Privileged identity exploration: Examining counselor trainees' reactions to difficult dialogues. *Counselor Education and Supervision, 49,* 86–105.

Whiston, S. C., & Aricak, O. T. (2008). Development and initial investigation of the School Counseling Program Evaluation Scale. *Professional School Counseling, 11,* 253–259.

Part **3** 實施

Chapter 7 全方位輔導與諮商方案的過渡期

楊淑娥　譯

　　經過改變組織、採用全方位輔導與諮商方案模式、評估目前的方案、建立期待方案的設計，和規畫過渡期後，身為輔導與諮商方案的領導者，你現在準備好過渡至促進方案。你同時也著手發展一套機制以維持方案的運作。這階段是整個方案促進過程中最受批評的一部分。本章探討的問題包括：「全方位輔導與諮商方案的過渡期是如何設計的？」「提升方案的有效性與效能需要何種新資源？」「有無特別計畫項目可提供需求改變方向衝刺之用？」「學區和學校方案領導者如何在各個學校改善輔導與諮商方案？」

　　在本章中，首先我們討論的工作包括對實施總體計畫的改變，及對運作全方位輔導與諮商方案提出關於人員模式與財務及政治資源的建議。然後我們介紹聚焦於特別項目的變化策略。將輔導與諮商方案促進過程安置在中央、各州和地方的優先執行項目內，可提供能量、動機及支援以促進整個改進過程的完成。其次，我們敘述如何設立學區全面的系統以促進學校層級的改變，以及如何與每個學校層級的領導者合作來支援他們對方案發展的努力。我們也對學區

領導階層和公關活動提出關於計畫與實施的一些想法，以確保學生、教師、家長、行政人員和普遍大眾能夠注意到重新改造和活化的全方位輔導與諮商方案。接著，本章將聚焦於學區與學校的多樣性方法。最後，我們描述輔導與諮商方案領導者在過渡期中的角色與責任。

人事、財務和政治資源的有效使用

在研發系統層級資源發展性的總體計畫中，輔導與諮商方案的領導者藉由輔導指導委員會的幫助，辨識到需要達成一些主要任務，發展出完成這些任務的順序，以及確認參與達成任務的一些人士。同時，也須發展出達成主要任務的行動計畫以發揮負責行動者的效能。行動計畫包含幾個部分：完成任務的鑑定、完成的順序、完成任務的個人或團隊、完成任務的時間，和你如何知道任務達成的說明，亦即最終產品或成果的鑑定。表 7.1 描述諾斯賽德獨立學區總體計畫的一個行動計畫範例。

需要完成的任務、它們的可行度，和每一個學校或學區所需的特定時間架構都可能不同。舉例來說，假如特定的學校系統目前正計畫課程之擬定，那麼資源或課程指導發展對已建立的學區優先順序是有其適切性的。如果系統的目標是人員的發展，那麼建議在職訓練、職務說明的發展或督導以及績效評鑑的改進，是最可能達成目標的。當然，任何資源的系統化改進需要學區和學校行政部門的支援和合作。輔導與諮商方案領導者必須持續和學區督察、其他高層行政人員及校長密切合作，以達成改變的需求。

然而，我們應對確實改變方案的一些再三的建議給予必需的注意。輔導與諮商方案領導者應考慮到總體計畫的改變，將會在下列中詳細解釋人事、財務和政治輔導與諮商方案資源的實施。

人事資源
- 執行建議的諮商師—學生比例。
- 研擬學校諮商師的職務說明。

表 7.1 行動計畫

主要任務	授權的任務	個人責任	完成日期	需求資源	意見
關於延伸合約的建議	1. 研發問卷調查表。	1. 輔導主任	1. 3 月 1 日	無額外增加	
	2. 訓練指導委員會諮商師和校長處理調查報告並使用問卷調查表對他們做意見調查。	2. 輔導主任	2. 3 月 5 日		
	3. 放在會議議程裡。	3. 指導委員會、校長和諮商師	3. 3 月 5 日		
	4. 做簡報;做問卷調查。	4. 指導委員會、校長和諮商師	4. 3 月 6 日至 13 日		
	5. 根據學校層級（小學、中學、高中）來分析記錄問卷結果。	5. 輔導主任	5. 3 月 20 日		
	6. 準備報告並提出建議。	6. 輔導主任	6. 3 月 25 日		

- 建立對學校層級輔導與諮商方案領導者的角色和責任。
- 發展其他工作成員在輔導與諮商方案中的職務說明。
- 澄清在輔導與諮商方案中的組織關係。

財務資源

- 建立學區和學校層級的輔導部門的預算。
- 探究非本地資金來源的使用。
- 發展輔導與諮商方案組成要素資源內容指南。
- 建立輔導設施標準並對它們的運作給予建議。

政治資源

- 更新政策和程序。

- 從學校層級諮商師、行政人員和教師中獲取支持。
- 與抗拒的工作人員一起工作。
- 與關鍵的委託者——擔憂的家長——一起工作。

人事資源

如同上文所指出的，要改進人事資源的使用，必須考量到執行所建議的諮商師—學生比例、研擬諮商師的職務說明、建立對學校層級輔導與諮商方案領導者的角色和責任、發展其他工作成員在輔導與諮商方案中的職務說明，以及澄清在輔導與諮商方案中的組織關係。

執行建議的諮商師—學生比例

根據期待方案設計的理論基礎，我們建議設定適當的諮商師—學生比例。然而改善比例是資源改善中最難的其中一項，原因有二：成本非常高的，且一定要有證據說明在這系統中諮商師已經願意延伸他們對學生的服務。一旦證據確立，諮商師朝致力延伸服務的方向，改善比例的正當性才更為可信。

在與我們合作的學區中，執行全方位輔導與諮商方案較為完整的學區，它們的諮商師—學生比例是偏低的。通常，第一個目標是透過學校層級（即小學、中學和高中）使比例更為相等。在這些方案發展計畫中，小學諮商師人數大量增加。而且，許多小學輔導與諮商方案是以發展性為基礎，因此與學區所定義的小學輔導方案更為貼近，也比中學方案更為接近人力資源的需求。中學的方案仍是壓倒性的一種反應式服務——相對於回應式服務——屬系統性的支持或類似行政—職員的工作而已（Peer, 1985）。和我們合作的學區從未說過作為系統的支持者的諮商師應該在方案中給予優先考慮；所有學區對所有學校層級的輔導課程有高優先順序的對待，且對中學和高中層級的所有學生提供個別學生規畫的協助。

我們應該明白有效的方案是直接與諮商師—學生比例有關。諮商方案運作所需諮商師的人數有賴學生和學校社區的需求以及方案的目標和設計。因此，比例必須足以執行設計方案，反之，方案必須依照參照指標來做更動。諮商師

服務量愈多，學生獲得的個別關注會愈少；諮商師服務量愈少，將允許對學生有更多的個別關注。若服務量中需要高優先的回應式服務的學生愈多，諮商師一學生的比例必須更低。第 8 章將更詳細地討論保證設計和人員比例的契合及說明人員比例之間對諮商所遞送的實際服務的影響的一項機制。

在學區方面，薪資成本通常超過預算的 80%。薪資成本與顯著的比例改進有高度關聯，將這項人事資源的改善和學區的整體財務狀況和預算發展程序結合在一起。輔導與諮商方案領導者不僅必須提供建議的理由，也須提出數據證實這項建議的必要性，並闡述它們對學生的價值。

你同時也需要準備漸進地實施人員比例的改善。實施的階段可能包含在諮商師合約內增加他們有更多不接學生個案的時間，使得他們可以成功的完成間接服務，諸如計畫和發展方案、讓工作人員從發展活動中獲益，或完成一些他們的系統支持責任。某些學區發現提升現有諮商師的薪資比降低他們的服務量，在經濟上更為可行，因為如此可增加對他們專業的認同。暫時的比例改善有可能發生。舉例來說，與其直接將一所小學諮商師對學生的比例改成 1：350，不妨先做到可達到的 1：450 的比例。減少服務量是輔導方案改進的主要目標之一，但卻是最難達到的目標之一。因此，我們建議當你致力朝向目標邁進時，持續執行別項較可能改進的改變，而不應等到比例改善才開始實施改進方案。

研擬學校諮商師的職務說明

對輔導與諮商方案來說，辨識各種可用的人事資源，必須先去定義其角色和功能，以確保他們的專業教育和才能的適當使用。第 5 章已討論了專業學校諮商師的一般工作內容，羅列出他們在不同學校層級的主要責任和支援上相同工作的內容。在第 8 章，我們建議藉由詳細說明每位諮商師如何在年度方案計畫內運用他們的專長，來分派每年每位諮商師的職務（Henderson & Gysbers, 1998）。專業學校諮商師的訓練是執行角色需求以遞送全方位輔導與諮商方案組成（在方案組成要素裡諮商師將如何運作，詳見第 4 章之說明）。

大多數學校諮商師對他們的學生做到全方位的角色；那就是，在他們的諮商個案中，提供或連結學生所需的服務。某些學校諮商師可能被分配的工作，是去執行特別方案任務或服務特殊學生團體。這些特別任務通常需要額外的訓

練，也牽涉到需要特殊資金來源，本章後段將對這些有所描述。特別方案任務分配的實例包含擔負輔導部門的領導任務和危機團隊的成員任務。可能在額外的方案服務中獲益的特殊學生團體的實例包含：學生給予補償教育、特殊教育、暴力和物質濫用預防方案，或生涯和技職教育等。在全方位輔導與諮商方案中，藉由特殊專業的諮商師提供服務整合方案和設計的有效實施，是很重要的。我們建議對這些特殊專業諮商師和其他全職專業的輔導工作人員研擬他們的職務說明，並明晰地描述諮商專業人員間的組織關係。這些諮商師的職位通常或有部分是靠非輔導方案的資金支助的，所以在接受捐款時得同意一些具體的期望目標。因此，特殊資金案下的諮商師對提供給他們資金的方案有某些明定的責任。他們對方案和在組織結構裡所處位置的職責必須釐清：他們充其量不過是學校諮商師和全方位輔導與諮商方案的一員。他們的特殊任務可能也把他們連結到其他方案和部門，他們也必須在此特定領域裡持續發展他們的特殊才能；舉例來說，諮商師的經費若是來自特殊教育資金，那麼他們必須提供輔導與諮商給特殊教育的學生；他們需要持續發展他們為特殊需求學生工作的能力。此外，他們需要瞭解特殊教育方案的規則和優先順序，並能夠解釋給他們的諮商師同事知道。

建立對學校層級輔導與諮商方案領導者的角色和責任

在學校層級裡實施有品質的全方位輔導與諮商方案的關鍵，是在於對整個學區的輔導部門的領導者委以適當的責任和權力。他們的權力同時可以來自學校校長和學區的輔導與諮商方案領導者的委任。這項授權必須清楚說明，這樣才能明確地維護他們的責任。以按日為基礎，他們領導和管理方案計畫和實施的細節，同時也領導和管理學校諮商師使用時間和運用才能的品質。

輔導與諮商方案領導者要達成的任務是與行政、管理、監督和專業領導有關的事項（Henderson & Gysbers, 1998）。在他們的行政角色中，他們有權責掌控輔導與諮商方案和它的人員。他們最終要承擔方案遞送的品質和人員表現的責任。在他們的管理角色中，輔導與諮商方案領導者取得實施方案所需的人事素材和政治資源。在他們的監督角色中，他們致力於這些資源的效能和有效運用。在他們的專業領導角色中，他們透過嚴守的標準和學校輔導專業的提升，

來幫助學校諮商師增進其專業技術。

　　輔導與諮商方案領導者的責任包含完成方案計畫、設計、實施和評鑑所需的各項工作。方案計畫包含各部門預算的計畫和管理、取得和使用適當的方案素材，以及使用學校設施等。設計學校層級的輔導與諮商方案，包含發展方案行事曆和協助學校諮商師研發和遵守正規的工作時間程序。方案的實施包含監控和參與方案的遞送。對方案、其成果和學校諮商師及其他方案成員的表現的評鑑，需要他們（學校校長和方案領導者）主導。學校層級輔導與諮商方案的領導者會同其他層級學校和學區的行政人員、當地場域—本位的決策團體、教師、家長及其他社區代表，致力支持輔導與諮商方案、其案主及方案工作人員。

　　目前，提供給各級學校輔導與諮商方案的最大資源就是學校諮商人員。幫助這些學校諮商人員運用他們的高度專業技術來完成他們的任務和責任，對良好的方案實施是極為重要的（Gysbers & Henderson, 1997）。身為方案工作成員的學校諮商師，其領導的責任涵蓋建立和維持健全且有生產力的工作氛圍。領導者為了提升學校諮商師的表現，需要他們在學區系統實施方案時完成各項工作。他們幫助每位學校諮商師界定自己的年度工作內容、評估自己的專業水準，並為促進自己的專業成熟度設立目標和實施計畫。學校層級的輔導與諮商方案的領導者對學校諮商師提供專業的適當督導，並評估他們的表現（Henderson & Gysbers, 1998）。

發展其他工作成員在輔導與諮商方案中的職務說明

　　針對輔導與諮商方案中其他工作成員的需要，許多和輔導與諮商方案有關的簡要角色說明和工作性質的描述，須為他們準備妥當。有些成員可能是全職的，諸如有執照的專業諮商師、社工師、參與的家長和教育專家、輔導部門的職員助理，或輔助性的專業人員。在我們工作的許多學區裡，由於成員不足或是現有成員的不當使用，造成無法充分地運用支援的人手。工作人員的不當使用，通常是對工作責任沒有完整說明的結果（對生涯中心技術師和高中註冊登錄人員職務說明範例附於附錄 E 內）。明晰的職務說明能夠讓人瞭解輔導部門輔助性專業人員責任的重要性或複雜性，特別是他們擔任之前由專業的學校諮商師來做的非輔導工作亦然。這類職務說明可以促使薪資分類的提升和工作合

約的延續。

　　有些成員會以加強輔導與諮商方案作為他們責任的一部分，例如教師、行政人員和相關專家，包括學校心理師或心理診斷師、社區志工和同儕諮商師均屬於這類人士。雖然這些職務說明將不如那些全職工作人員的職務說明那麼包羅廣闊，但卻是同樣重要的，因為它們是確保方案遞送能與有凝聚性的工作團隊合作和完成方案的工具。

　　不僅是其他工作成員的角色和責任需要詳加說明，這些說明也需要與工作成員的訓練和能力相契合。不具有學校諮商師資格的人員應藉由訓練來達成他們在全方位輔導與諮商方案的角色。舉例來說，我們應該訓練教師成為顧問；訓練社區代表成為可信賴的顧問；訓練家長義工成為家長的聯絡人。沒有學校諮商師資格的人不應該被用來替代合格專業學校諮商師，但應可用以加強學校諮商師提供的服務（American School Counselor Association, 2006）。所有輔助輔導與諮商方案之遞送的工作成員應該嚴守諮商專業倫理和法律標準。那些標準是攸關學生和家長的權利和機密。

　　記住：工作性質的界定是擴充任何工作人員的先決條件，尤其是增加新職稱的工作人員時更應注意。透過工作任務分析和發展相關職務說明，我們可以分別描述計畫的新工作人員和現有人員的不同功能，這樣的工作性質描述將支持增設新職位的理由。

澄清在輔導與諮商方案中的組織關係

　　在澄清全方位輔導與諮商方案遞送中各類工作成員的角色和期望後，下一步將是釐清諮商師與其他對方案有助力或其服務與方案相吻合的專業人士，以及學校層級的輔導部門成員間的組織關係。

　　服務量之分配：由團隊負擔的模式。在實施輔導與諮商方案時，瞭解到諮商師身屬四個團隊的成員是至為重要的。在實施方案的發展性要素時，諮商師與教師、行政人員和其他教育專家同屬教學團隊整合的一分子。在回應某些學生和家長的特殊需求時，諮商師與學校心理師、社工師、護士及行政人員同屬學校和學區特殊服務團隊整合的一分子。諮商師也會和與學校合作的社區代表組成若干團隊，特別是與社區的商業和心理健康人士的組合，以增強方

案的遞送。也許最重要的應是，來自每個學校層級和來自每個學校部門的諮商師都是輔導團隊的一部分，一起努力整合和改善方案的全系統性。

釐清誰是團隊成員並尊重每位成員所扮演的角色及其運作的所需系統，是有效率的團隊工作的先決條件。共同設計團隊運作的方法對有效能的運作是有所貢獻的。舉例來說，利用學校來整合對孩童、青少年和家庭提供公共衛生和人事服務，已重新引起人們的興趣。我們必須做到相關專業人士的結合和透過公開對話來決定如何做到整合。在國家層級，美國諮商學會（ACA）和美國學校諮商師協會（ASCA）在全國學生服務組織聯盟（National Alliance of Pupil Services Organizations）裡，代表學校諮商師的身分。這項結合「促進各領域間的運作和合作，並鼓吹確保對所有學生做到有品質的學生服務」（National Alliance of Pupil Services Organizations, 2007, para. 3）。此外，除了美國諮商學會和美國學校諮商師協會，全國學生服務組織聯盟的成員包含代表學校護士、教師、職業治療師、物理治療師、學校心理師、學校社工師、特殊教育者、語言聽說病理師、聽力師和治療性遊憩專家，以及藝術、音樂和舞蹈治療師；學生服務方案的行政人員；和家長等人士。雖然界定地區性的成員該如何協同合作是件具挑戰性的事，但承諾共同工作是首要步驟。

全方位輔導與諮商方案的實施就如同其界定和設計，乃是輔導部門的責任。我們的意見是對積極參與方案遞送而沒有學校諮商師認證的人員，應該在專業學校諮商師的監督下參與方案的工作。

服務量之分配：諮商師人數多寡的模式。對輔導部門成員來說，運作的組織模式需要清楚建立。「學校諮商師工作分配看起來是很重要，會衝擊到對學生諮商服務的效能、效率和公平性」（Akos, Schuldt, & Walendin, 2009, p. 27）。在全美國，輔導部門的成員人數有著非常大的差異。從一方面來看，都市的高中可能有十到十五位諮商師，包含全方位的學校諮商師和專家諮商師，且有六位或更多支援的成員，諸如註冊員、生涯中心技術師、諮商師秘書、資料處理職員和安排個案的助理。從另一方面來看，由一位諮商師來對一個小鄉村社區提供從小學到中學和高中的輔導與諮商，亦非罕見。就此情況來說，輔導人員的定義必須由各級學校的行政人員、教師和支援工作人員來界定。不管參與的人員多少，某些組織的關鍵是普遍用來提升健全的專業人士間和人際間

的關係，而這類健全關係必然也會影響方案的品質。

服務量的分配需要受到與方案設計相契合的基本原則的支持，這項原則適合每個人的方案責任、訓練和專業性。「全方位學校諮商師分配學生到他們分內的個案的『最佳』方法為何？」這個問題依然出現。在使用上，分配的選擇方法有依年級、依學生的姓氏字首、依教師或依參與特別方案的專家來區分學生。雖然對服務量之分配這個主題所做的研究已開始出現，但是我們需要更多這方面的研究來幫助學校諮商師回答這個問題。「每所學校和每位學校諮商師似須徹底地檢驗目前所使用的學校諮商師工作分配方法，並決定這個方法的利弊為何」（Akos et al., 2009, p. 28）。如同在第 4 章的討論，決定如何在全方位諮商師之間分配學生個案應符合輔導與諮商方案背後的哲學。

1. **依年級分配服務量**。依年級來分配服務量是符合學生成長的發展哲學，這是依據如何能做到最好以幫助不同年齡的學生。此工作分配模式支持諮商師的輔導課程或個別學生規畫服務，並且通常在小學和中學層級使用。此模式也將諮商師的例行諮商任務和其教學做有效的區分；也在諮商師中區分出專事教學工作者。這項方法也形成諮商師間對同樣家庭的孩子做相互的諮商和溝通。對學生服務的一致性建議，由在學校任職的同一諮商師來輔導會獲益最多，由此可知，隨著學生升級，學校諮商師也應調升年級層次。說到達到服務的品質和數量與應有的服務時間，建議每位全方位諮商師都服務相同人數的學生。這工作分配方法衍生的一個問題是，假如在學校的年級人數差異較大；舉例來說，許多高中九年級學生比十二年級學生更多。另一衍生的議題是如果一個學區或學校增添一位額外的諮商師，那將如何平分班級學生（數）？舉例來說，如果一所中學的輔導諮商是服務相似學生人數的三個年級（例如六年級、七年級和八年級），而有四位諮商師，那麼什麼才是第四位諮商師的合理的服務量分配？通常的做法是不只一個班級要分出一些學生來給新的諮商師承接諮商工作。對學生、家長和其他人士來說，這樣的學生分配方式將使他們難以明白某一特別學生的諮商師到底是誰。

2. **依學生姓氏分配服務量**。依據學生姓氏來分配學生給諮商師，通常反映出強調對學生家庭背景的瞭解來回應學生的需求和問題。這項工作分配模式通常會提升諮商師的回應式服務品質。雖然同一家庭的小孩並非一定都同姓，

但大多數同一家庭的小孩會同姓。長期輔導同一家庭的兄弟姊妹和家長，諮商師對小孩的家庭環境的一些問題和優點的瞭解有更多的資訊。這種工作分配方法也支持用團隊方式來運作輔導與諮商方案，因為提供每個年級的發展性活動將由全部諮商師分擔責任。這項工作分配方式也迫使全體諮商師與所有的教師和其他教學的工作人員保持經常協商。

3. **依教師分配服務量**。根據教師團體來分配諮商個案，乃是強調系統支持要素。這項工作分配方式強調諮商師的角色在於幫助教師在教室中改善他們對個別學生和團體學生的工作。這項工作分配方式可促進諮商師實施以教室為基礎的發展性輔導活動。這項分配方式較大的缺點是學生每年更換諮商師，就像教師的更換一樣，因而減低了諮商師服務的一致性，而需要用更多時間在諮商師對諮商師的協商上。這項分配方式也造成家長——在這件事上，還包括學生——不易明白每年誰是他們小孩的諮商師。

4. **特殊責任**。我們需要清楚說明任何一項特殊責任，並使其他工作人員瞭解。我們應授權部門領導者去管理方案和工作人員（Henderson & Gysbers, 1998），包含當必要時有居間斡旋工作人員的能力。內部部門的規則需要建立起來，以促進人員的協調和合作。舉例來說，如果有兩個或更多的諮商師對同一位學生提供服務，他們的責任、方法和標準需要詳加說明，以確保這些服務以學生的最大利益為考量。如果教師為了孩子的學校相關問題和其建議的決策而有責任聯絡家長，為了確保對同一學生服務的工作成員獲得所需的資訊，我們要對這些教師的責任和聯絡家長的方法詳加說明。我們需要常態性舉行工作人員會議，以確保工作人員間的開放對話、協調方案計畫，並解決必要的問題（Henderson & Gysbers, 1998）。

雖然最佳諮商師工作模式是針對地區層級而定，書面紀錄的優點是能長時間追蹤受諮商的學生。舉例來說，Akos 等人（2009）、Hegde 與 Cassidy（2004）以及 Little 與 Dacus（1999）的研究證實這些優點為「照顧的穩定性、對孩童的需求增加瞭解、[學校工作人員]和家長間的良好關係，以及更容易轉銜」（p. 27）。此外，Nichols 與 Nichols（1999，引自 Akos et al., 2009）發現，由於那些特殊責任安排的結果，是「學生和家長對他們的學校經驗更為正向、增加親密感和在報告中顯示學生動機的提升」（p. 27）。Akos 等人研究諮商師

對於在中學和高中使用諮商師個案分配模式之利弊的覺察，包含：年級循環、固定年級和按姓氏分配（三方面）。

財務資源

為了改善財務資源的使用，考量建立學區和學校層級的輔導部門的預算、探究非本地資金來源的使用、發展輔導與諮商方案組成要素資源內容指南，並建立輔導設施標準並對它們的運用給予建議。

建立學區和學校層級的輔導部門的預算

對目前方案的評估，其中一項工作是審核可運用的財務資源。在審核過程中，你可能會發現財務資源的使用是根據設定明確項目的預算，包括薪資也是預算的一部分。或是你可能已發現經費像是用在類似測試素材的項目上，而其他的輔導資源是微乎其微。或者全然沒有預算。在學校／學區的預算政策指南範圍內，任務是建立預算。為了建立預算，可考慮表 7.2 所列的主要分類項目。

任何資源擴展的先決條件是確定實施建議的成本。輔導與諮商方案領導者需要對學區部門預算內的每個項目做成本分析，也需要對符合其他預算類別的項目做成本分析。一下子要提出各項目之總成本預算可能使你受不了，所以我們的建議是在逐項基礎上準備這些項目的成本分析。因此，在考慮每項建議時，輔導與諮商方案領導者可以提出與項目成本有關的預算數字。舉例來說，如果實施改進諮商師－學生的人數比例需要在全體工作人員裡增加幾位諮商師，這時候輔導與諮商方案領導者的責任，就是得知道增加的工作人員職務將花費多少錢。手上有特殊的成本資訊，讓輔導與諮商方案領導者可預期別人對增加支出的關心，而自己也可以為額外費用的分配預作辯護。

探究非本地資金來源的使用

方案的大多數資金可能來自於當地和州的正規教育來源。然而資金有來自其他來源的。聯邦立法是一個來源。聯邦資金可用於增加全方位輔導與諮商方案的部分，包含那些支持生涯和技職教育、特殊教育、補償教育、雙語和移民

表 7.2　預算分類

I.　**人員薪資和津貼**
　　A.諮商師
　　B.秘書和職員
　　C.輔導行政人員
II.　**方案發展**
　　A.課程發展
　　B.當地素材發展
　　C.初步計畫
III.　**素材獲得**
　　A.學生素材
　　　1. 文本和工作書
　　　2. 視聽教學的素材
　　　3. 測試素材
　　　4. 參考素材
　　　5. 生涯與輔導中心素材
　　　6. 評估素材
　　B.專業的資源素材
　　　1. 專業的圖書館書籍
　　　2. 期刊訂閱
　　　3. 訓練素材
　　C.必需配備
　　　1. 辦公室必需配備
　　　2. 電腦協助輔導設備必需配備
　　　3. 教學的必需配備
IV.　**資本費用**
　　A.家具
　　B.設備和維修
V.　**專業的發展**
　　A.會議和研討會
　　　1. 註冊
　　　2. 費用
　　B.顧問人員
VI.　**辦公室費用**
　　A.電話
　　B.郵資
　　C.傳真
VII.**研究和評鑑**

教育的資金，和那些強調全國性優先的特殊主題諸如酗酒和藥物濫用、安全性問題、社會技巧發展、大學和生涯準備、護理、畢業比例和肥胖問題的資金。聯邦政府職業和訓練的立法可能也有給學校可運用的輔導資金。

　　大多數聯邦政府資金是由州政府的教育部門去分配。如果輔導與諮商方案領導者還不是太熟悉這些資金來源，拜訪州政府的輔導督導人員應該有所助益。他們可能告訴你關於可用於輔導與諮商方案的聯邦政府和州政府資金。雖然許多州政府仍然未解決適當的學校財務問題，但它們已經建立了與輔導相關的優先經費項目。

　　記住大部分聯邦或州政府的資源通常不投資在整個方案上，而是他們對目標對象提供補充的或額外的援助或促進其方案目標的完成，例如輔導劣勢或物質濫用的學生、增加生涯中心或實施生涯衡鑑方案。多數時候，要藉由提案或寫成的書面計畫來申請這些資金。可運用已設計好的全方位方案，像是已擬定好的提案或計畫，因為方案的脈絡和學生的需求早已建立了。提案者只須採用方案的一部分來引起資金來源的興趣就可以了。

發展輔導與諮商方案組成要素資源內容指南

　　全方位輔導與諮商方案的轉銜的主要工作，是選擇一些輔導活動和素材來幫助學生決定日後發展的能力。根據良好的理念以及以研究為基礎的觀點和素材達成這項主要工作，是透過實施的方案而獲得一些良好品質的活動的關鍵，同時也得以達成期望的成果。Galassi 與 Akos（2004）的研究發現，有些基本案例能建構你方案的特殊性，包含一些可以支持學生之韌性和能力發展的優勢取向方法。

　　描述構成方案的一些特定活動並擁有適當的素材是成功實施方案的先決條件。諮商師需要有工具來協助他們變換角色。不論這項方案的資源內容指南是為了學校諮商方案的使用，或為了小學區或整個大學區在發展方案的主要工作上所使用，其撰寫會有所不同，但最終的產品卻會是類似的。在前面兩個情況（學校諮商方案和小學區），產品可能是一本活頁冊分成四部分。在大型學區，則產品通常有四份活頁冊，每項組成要素分別一份。

　　資源指南描述在實施全方位輔導與諮商方案內容時的一些活動。在發展這

項指南時，你可能會創造一些新的活動或蒐集一些已在一所或多所學校（部門）成功使用的活動。在中型或大型的學區內，指南所描述的一些活動會提供案例說明，作為各項學校發展其活動的基礎。在小型學區或單一學校，指南描述的一些活動就是學校的真實活動。

然而無論多大或多小的方案，輔導與諮商方案領導者應該注意指南撰寫的細節。以諾斯賽德獨立學區為例，從建構各項觀點到編撰成指南手冊花了三年才完成。一旦指南出版，指南就具有為新建的方案提供部分基礎的永久性。因此，指南根基的穩固是很重要的。

示範活動的敘述。基於明瞭輔導與諮商方案要將內容遞送給學生，在諾斯賽德獨立學區，發展輔導資源指南就受到學區課程撰寫資金項目的支助。發展方案指南的第一步是召集一組十二位諮商師——每個學校層級各來四位諮商師——他們花了一星期研發教導四到十二年級的學生有關做決策的學習單元和課目。他們找出十五個輔導課程困境。諮商師們和主任都不想等十四年來完成輔導課程指南，對於其他方案內容的指南發展他們的意見當然也不在話下。較為有效的第二步是蒐集目前在學區與學校裡實行的練習範例，以一致的格式將它們寫出來，並依據方案組成要素分類。

指南編輯委員會根據目前已完成的方案評估的結果，計畫編輯工作。在主任的領導之下，十二名諮商師研發用以描述活動的一些格式，例如，課程計畫、活動計畫、諮商晤談大綱和系統支持要點等。然後依照方案組成要素區分十二位諮商師的職責，結果是三位諮商師負責輔導課程，三位負責個別學生規畫，三位負責回應式服務，而最後三位諮商師負責系統支持。

然後輪到工作委員會在每項方案組成要素和格式上訓練他們的同事。他們邀請諮商師提供他們發現最成功的一些活動。工作委員會依照方案組成要素將提供的活動予以分類審查，並挑選最佳的實例。這些活動實例按固定格式描述並準備打字納入方案指南內。最後，領導團隊針對方案指南在蒐集中可能有的顯著遺漏成立規畫小組，例如，學生能否瞭解標準化測驗的解釋，是否有納入需要提升社會技巧的學生的小團體諮商等。

這些做法的益處是集思廣義的最佳媒介。跟不同學校層級的諮商師一起工作，有助每人學習有關其他人的計畫；這種協同的做法是朝向統整學齡前幼兒

園到十二年級方案的主要步驟。此外，所有參與的諮商師將明瞭他們目前所做的事如何融入新的方案思維裡。

輔導課程指南。課程指南提供了課程單元和特殊課目的描述。我們建議輔導與諮商方案領導者利用可獲得的課程撰寫專家，如學區可能有的教學督察、負責課程發展或教學的行政人員，或負責撰寫課程的地區顧問等。方案領導者必須記住可能不會在特殊活動之間或資源和特殊能力之間一對一地符合指南的描述。通常，單一的輔導活動同時達到好幾個學生目標。

前章節說明如何撰寫一項活動並顯示活動與輔導課程的目標和能力的關係，圖 7.1 顯示其一實例。實例是出自生涯發展模式的自覺和人際技巧範疇與五年級的目標 A 有關。你可能願意考慮用這種格式來描寫你自己的活動性質。注意我們在一頁紙上描述活動，遵照明確的綱要來界定基本活動。我們鼓勵諮商師根據他們的教學方式來發展課程計畫。

個別學生規畫指南。個別學生規畫指南說明活動細節和步驟，以幫助學生運用資訊和發展他們個人化的計畫。規畫指南的書面例示再次聚焦於某些目前的活動，包含從系統支持的活動到學生成果導向的活動，以幫助諮商師製作他們的教育計畫。舉例來說，中學生的預先註冊的目標可以從「學生們將在課程選擇卡上圈選課程的字號」這個改變開始。這項目標改變一項學生學習目標，例如，「十年級生將選修一門十一年級的課程，是朝向他們教育／生涯的目標適當的下一步」。某些活動可視為同屬一個單元包含同性質活動，像是生涯興趣和性向評量的解釋、輔導中心的資訊探索、檢閱高中畢業和大學入學的需求、修正學生的高中四年計畫和最後的十一年級全年的預先註冊等。

小學生涯日的目標，可以從「學校工作人員將提供 x 位生涯演講者」，改變為「三、四、五年級的學生會列出與他們認識的生涯興趣有關的五種生涯教育的必備條件」。協助學生達到他們的目標，輔導與諮商方案提供的一些活動可能包括給予學生一項生涯興趣量表的測試；開授一堂輔導課，介紹各種不同職業群裡工作人員的教育程度和職位等級的關係；邀請不同的生涯日主講人介紹他們的教育背景與職業的關係。家長介入個別學生規畫的一些相關活動，應該也要加以說明。

回應式服務指南。回應式服務指南可以提供回應性主題和模式的描述，

範疇 I
目標 A
五年級
表現指標 2

盾形紋徽

範疇 I：自覺和人際交往技巧

目標 A：學生會發展和整合對他們和他人的獨特人格特質和能力的瞭解。

能　力：學生會明確說明他們所重視的那些人格特質和能力。

表　現：學生會辨認他們所重視的不同事物。

指標者 2：

活動目標：
學生會辨認他或她所重視的六件事

素　材：盾形紋徽、鉛筆

時　間：大約三十分鐘一節

說　明：讓每個學生按照下面各盒子的規定填寫個人紋徽的盾牌大綱：

　　　　盒子 1：畫一個符號以代表你最大的成功。

　　　　盒子 2：畫一個符號以代表你的家庭最大的成功。

　　　　盒子 3：畫一個符號以代表你的夢想之地。

　　　　盒子 4：畫符號以顯示兩件你很拿手的事

　　　　盒子 5：畫一幅圖以顯示如果你有一年的生命且做任何事都能成功
　　　　　　　　的話你會做什麼。

　　　　盒子 6：在盒子的一半，寫你會用來描述你自己的兩個字；在另一
　　　　　　　　半，寫你不會用來描述你自己的兩個字。

圖 7.1 範例活動和格式

諸如針對諮商師對學生、學生一家長，或學生一教師等的問題所提供的回應式服務：諮商、諮詢或推薦，分別說明其不同。諮商集會計畫和諮商活動的計畫系列的概要，可以幫助其他工作成員和經驗不足的諮商師，從一些運用在活動中的觀念裡獲益。許多像是商業素材是可用來支持這個組成要素的。此外幫助新諮商師開始，在跨學校遞送方案和諮商師之間諮詢中來驗證素材在目前方案的使用上的一致性。包含諮商師在學校或跨學區使用的社區推薦資源清單，也能提升這項組成要素的實施。擬發這份清單不只是提供了過去可以跟學校諮商師有效地合作的外部資源的名單，也提供了關於這些資源的知識領域一致性的

資訊媒介。

系統支持指南。系統支持要素指南必須精準地描寫，以澄清輔導部門工作成員做了什麼去支援其他的方案且逐項支援他們所需的，以確保有適當的遞送他們自己的方案。支援別的方案應由方案列表（說明活動和簡單描述諮商師角色或角色和責任）。來自行政和工作成員的支援的需求，應包含的項目諸如政策和程序項目的協助；預算、設備和必要設施；對特定的工作成員發展機會給予支援；和公共關係活動。成功的服務性教師的報告大綱應包含在此。

建立輔導設施標準並對它們的運用給予建議

一旦考慮到成本，要確保有足夠的輔導設施和設備可能是有點困難的。然而，物質設施是重要的，因為它們通常是學生對輔導與諮商方案的第一、有時是永久的印象。現在你已知道期待方案的設計和選擇輔導活動的方案組成要素，你也很清楚設施的需求。舉例來說，假如輔導教室是發展中的方案必要的一部分，輔導教室可能被視為是必需的；如果諮商師預計進行小團體諮商，那麼足夠大小的房間是必需的；假如輔導中心是方案的樞紐，那麼較大的教室和辦公室也是必需的。成長中的學區其空間可能非常寶貴，但在學校和學區內的註冊人數正在下降，設施發展挑戰可能不是那麼好。

改善設施和設備以供輔導與諮商方案使用，像是其他方案的改善，意味著你知道你想要的是什麼，可能要與其他人溝通相關知識，且加入輔導與諮商方案的需求到相關學區的流程裡。在計畫建構新設施或重塑已存在的設施及提升家具和設備，你會與建築師、設施規畫者、工程師和建商溝通。這些專業人士和技師可能瞭解或者不瞭解輔導與諮商方案，就像你有可能瞭解或者不瞭解施工和建商。如果你與這些人一起擬定輔導設施的設計標準和基本設備需求的規定，那麼你的方案便能得到最好的服務。你也必須與他們一起納入整個系統的計畫，以便帶領輔導部門的設施達到標準。

設施的標準。當學校在建造或裝修時，應注意設施類型所需的這些標準細節，它們的大小和最合適的地點，及其他應被納入的基本設施。特定的項目通常包含，表 7.3 所列出的設施標準，這是輔導與諮商方案的範例。當學區行政人員和學校董事會認可，這些標準便成為建築師在規畫和擬合約時必須建立或

表 7.3　設施設計標準目錄和範例

A. **房間類型**：諮商師的辦公室；秘書和接待區域；記錄、儲藏和工作區域；
團體諮商房間；會議室；登記員的辦公室；資料處理和規畫助理的區域；
生涯中心區域

B. **地點**：學校層級的中心處；每一個辦公室的地點和區域和其他人是相對的

C. **平方呎**：除了在特定空間做活動外，空間大小依據層級（學生人數的大
小）、學校的大小（一次性使用設施的數量）、家具和設備需求而定

D. **房間類型裡的展示功能**：特定的每一個區域和在該地區的工作人員

E. **牆壁**：覆蓋層、表面、隔音、混凝土塊、防火牆

F. **地板**：地毯或塑膠地板

G. **櫃子**：地點、地板到天花板、與腰同高的檯面、深度、可上鎖的、開放式的

H. **儲藏需求**：特殊的設備、材料的類型、總數

I. **燈光**：數量、燈具的個別開關

J. **電源插座**：數量和放置點、電腦鉤座

K. **管道**：不適用

L. **通訊**：私人電話線；對講機用燈，以確保隱私；勿濫用學校公共廣播系統

M. **異常的電力需求**：例如，分離式空調給教室和諮商師的使用期限延伸到夏
季；專用影印機電路

N. **異常的設備需求**：白板、布告欄

O. **其他**：諸如可上鎖的門、小窗戶、密閉式考量（諮商辦公室和房間的隱
私）；噪聲的區域其中包含用在中心的視聽設備。

履行的規範。

　　家具和設備。給所有使用者的輔導設施應盡可能的用舒服的方式來裝飾。
記住學生以及工作人員和家長會從你的設施加深對方案的印象。

　　基本的家具和設備清單也必須擬發。諸如家具項目，它們的類型和大小，
可能包含專業的書桌和椅子、來賓椅、書架、書櫃、檔案櫃與學生桌子和椅子。
設備可能包含的項目諸如布告欄、唱片和影片播放器、電視和電腦。

　　設備需求是透過處理類似設施的過程才能得知。在目前的方案評估裡，你
調查可用的設備。知道主要的素材來源，你就可以指定相關的設備需求。再者，
這資訊可供你分析包含的成本和發展你的預算要求。在設備和設施及方案設計
之間的關係明確說明後，才能提出要求。

　　輔導中心：組織輔導設施的方法。傳統上來說，輔導設施包含一個辦

公室或成套的辦公室，其設計主要是提供給一對一諮商。諸如經常布置一個包含接待或等待的區域，作為供教育和職涯的資訊文件展示和填寫的閱覽室，供學生使用。這空間通常會被布置在學校的行政處，以便諮商工作人員可以更接近紀錄和行政部門。因為個別諮商會議需求的緣故，因此個別的辦公室需求是顯而易見的。然而，這也需要拓展輔導設施，使他們更為接近學生、教師、家長和社區代表。

一個全方位輔導中心可以結合有用的輔導資訊和資源探索，使學生更易取得。中心可以用在例如團體會議的活動、自我探索和個人化的研究和規畫。在高中層級，學生可以從諸如生涯規畫、職業介紹所、財務輔助資訊和中學後教育機會獲得協助。在初中或中學層級，學生可以從諸如生涯規畫、高中教育機會、社區參與和再造機會獲得協助。在小學層級，學生和他們的家長可以獲得關於學校、社區以及閱讀書籍對育兒技巧及個人成長和發展的資訊。甚至可以提供遊戲治療的區域。

儘管中心可以讓學校工作人員、家長和社區成員使用，但它應以學生為中心，且很多的中心活動應該都是針對學生規畫和學生指導。同時，中心對家長指導他們小孩的發展和對教師在實施他們的方案時是有價值的資源。當學院代表和職員在徵求兼職或全職工作人員時，也可到有用的中心來尋找。從這方面看來，中心對學校社區有極大幅度的影響。

輔導中心應盡可能地布置成讓所有的使用者感到舒服。應對團體和個別活動做出規定。輔導中心的協力運作是輔導工作成員的職責。然而所有學校的工作人員應包含在內。我們建議至少分配一位助教來確保職員的任務以一致的方式來完成。也可以使用義工。

政治資源

為了改善政治資源的使用，考慮到更新政策和程序、從學校層級的工作人員中獲取支持，並和抗拒的工作人員及吹毛求疵的分子（例如，擔憂的家長）一起工作。

更新政策和程序

當輔導管理出現在學區政策和程序手冊中（那些你已知道是正在進行中的方案），完成新方案的實施的另一個任務是更新政策和程序。假如你還沒準備好完成這些，你必須——作為程序的變化的前提條件——更新董事會政策定義的目的和全方位輔導與諮商方案的設計。由密蘇里學校董事會協會（Missouri School Board Association, 2010）擬發的政策模式論述收錄在附錄 D。某些程序和調整的改變可能僅僅是編輯或修潤；其他程序上的主要改變則不易實現。前者的改變僅在於轉達董事會政策給行政人員；後者是那些需要協商的，特別是那些描述輔導部門如何與全校相互支持的成效及其他部門的方案。所有的這些論述應建立在輔導與諮商方案是一個總體教育方案不可分割的一部分的前提下，且它具有其自身的完整性。

在分析目前的方案如何與期待方案比較和對比時，你記錄了某些你已經知道的事：一些你負責的活動，並不全然是輔導活動，最好是只與輔導稍稍沾上邊。在過去一年也許依照設計，它們變成輔導與諮商方案的一部分，但更接近預設值。如你也知道的，不管這些非輔導活動如何成為方案的一部分，一旦建立，要移除它們是很困難的。最糟的是，這些責任消耗了寶貴的時間和所需資源來對學生指導確實的輔導與諮商方案。

> 當處理學校行政人員查看輔導員所負責的範圍廣泛的準行政／職員職責，最終有損於諮商師對改善學業成績差距的能力時，學校諮商師被鼓勵使用多種的建設性反抗干預。被動地接受這些行政的要求和毫無疑問履行諸如組織職責的特點的[良好諮商師症候群]。（Bemak & Chung, 2008, p. 377）

管理方案活動的改進方法，包含取代非輔導活動，將在第 8 章中詳加討論。

學校諮商師的專業技巧的最佳使用是方案重塑的目標。關於降低比例的相關議題的建議，是增加學生對他們的諮商師的詢問，以確保諮商師瞭解學生的機會。輔導與諮商的時間必須是合法的、有價值的，且政策和程序必須建立以

確保有時間來適當地遞送方案。

從學校層級的工作人員中獲取支持

一旦明白了新方案的設計會導致學校的輔導與諮商方案必須在許多操作層級做出改變，學區輔導與諮商方案領導者和全體的學校諮商師必須花費一些力氣，再教育學校層級工作人員關於改變的理論基礎和目標。對學校行政人員的再教育和爭取支持，是為了向他們清楚傳達這些改變是什麼，以便和學校人員合作來設計和實施對當地的改變。

著手於輔導與諮商方案改進的學區計畫時，你必須確保每一位工作人員有他或她所需要的工作知識來回應改變。這意味著必須提出方案指導的正式報告給學區裡的校長和學校裡的教師。

因為校長得負責在他們的學校裡成功操作每個方案，因此他們應該有一個設計階段結束時所寫的方案框架的副本。這也有助於提供一套適合的書面指南，來建議學校行政人員支持他們的輔導與諮商方案和工作人員。其中要明列提供給諮商師足夠的設施並且輔導部門要有足夠的合適預算。方案中也要有諮商師關切的工作規畫，舉例來說，他們的預期工作時數與包含午餐和前置作業的時間。某些任務可能會以這種處理方式來取代，特別是那些在學校層級裡已是常例，但在學區政策裡卻不常見的部分。範例包含說明小學諮商師應從學校提供的秘書服務中獲益且不需要做他們自己的打字工作；建議中學的新學生開始在行政辦公室辦理註冊程序，且在做完驗證和免疫等項目後，再留意輔導部門；並且明白標準化測試方案可提供有用的資訊給教師、行政人員和諮商師，因此測試事務是學校所有工作成員必須共同分擔的責任。

另一個可鼓勵學校校長支持的方法，是要求每一位學區資深的工作人員來評估校長，「你今年 [評估期間] 在學校層級完成了什麼來支持輔導與諮商方案的改進？」

我們相信，為了讓其他人接受輔導與諮商方案中設計的那些變化以及如何讓他們受改變所影響，這是有必要的（Henderson, 1989, pp. 37-38）。我們建議你使用既有的學校方案改進委員會協助你計畫、設計、實施和評鑑學校輔導與諮商方案。執行的過程在本章稍後有做建議。其他與學校工作人員同事合作的

機制是工作人員會議。諮商師應定期地與各年級、各部門和各科領導老師開會。尋求他們的意見，聆聽和回應他們的顧慮，且告知他們你的計畫對輔導與諮商方案改變過程的成功是必要的。

與抗拒的輔導與諮商工作人員一起工作

現在很明確的有諮商師和其他輔導工作人員瞭解新方案且急於實施。但也很明確的有學校諮商師和其他工作人員呼籲抗拒改變。抗拒者可能有很多類別，像是尚未完全掌握方案的概念；不同意方案的教育發展基礎，偏好心理危機為導向的服務方法；對改變的有效性持懷疑態度；不相信改變會發生；擔憂自己的能力不符合新任務；和就是不想改變等等。

我們建議輔導與諮商方案領導者持續與諮商師和其他輔導工作人員對關於他們所關切的事展開對話。當改變過程持續展開，愈來愈多的擔憂和恐懼將會被提出。改變不會在一夜之間發生，且觀念會隨著時間益發明晰。監督者不僅是方案的支持者，也要提供在職培訓。我們也建議學區輔導與諮商方案領導者以驗證方式來得知那些不支持改變和成效的人，以引導他們步上正確的方向。我們會在第 8 章更廣泛地探討這點。

與擔憂的家長一起工作

大部分的家長都想知道、瞭解或掌握他們的孩子在學校發生了什麼事。某些家長想控制事情的發生且強烈地批評小孩在學校裡所發生的事。這些家長通常容易憤怒或恐懼可能會發生在他們小孩身上的事，使他們易於情緒化、無理性或防衛心重，很難搞定。這些嚴苛和防衛心重的家長純粹只是擔憂自己的小孩。然而，某些家長會主動嘗試檢查學校的輔導與諮商方案。他們可能是當地、州或全國性團體的成員，不相信諮商屬於學校的一部分。

適當的回應擔憂的家長對諮商師來說是很重要的（White, Mullis, Earley, & Brigman, 1995）。這些家長通常出乎意料外現身，與他們小孩的學校諮商師展開對話，使諮商師措手不及、毫無準備。然而，學校諮商師要記住方案目標和優先事項，他們應該要倡導和分享關於自己的方案和學生的需求的觀點（Henderson & Gysbers, 1998）。學校諮商師認可的一個原則是：學校諮商師（和其

他教育者）及家長都是為了學生才在一起工作的夥伴，這樣對孩童的個人和教育的福利是最好的服務。藉由回應這些嚴苛的家長，學校諮商師努力爭取以更加適應家長與自己的議程，為了小孩一起工作。此外，學校諮商師的技能可使他們大多數的家長連結到最高的專業品質——那就是開放的、正向的和合作的；建立在專業分析和回應的基礎上；且由專業的客觀性來實現。

每一位挺身而出的家長應先被視為個體來對待。在某些案例中，蒐集了足夠的數據之後，可能有跡象顯示家長是反學校諮商師團體的成員之一。大多數的家長代表他們自己的小孩挺身而出且關切一或兩個議題，大部分的時間，學校諮商師可以強調家長對他們小孩的關切。在有效的諮商裡，與擔憂的家長一起工作的第一步是強調他們現在所關切的，並專注於解決他們的問題的討論。

在互動下努力與家長完成工作，學校諮商師必須增強兩方面的挑戰：第一，確定家長所關切的具體議題和他們關切的動機；第二，挑選給家長的回應得適合他們的議題和動機，也要跟諮商師的目標有關。

因為有了這些關係，諮商師必須承擔關係的管理，當目標明確時加以控管，或對情況規畫和實施明晰且適當的回應。即使學校諮商師未能妥善掌握家長的回應，然而每一位家長的回應提供了新的數據來增強諮商師對情況的最初評估，並告知諮商師下一組的選擇。

當家長表現出不易取悅，且他們的擔憂是情緒化使然時，諮商師須努力來維持他們專業的客觀性和實施系統化的過程，為了管理彼此的互動、關係和情況，在圖 7.2 有列出大綱。

評估情況。情況評估意味著證實家長的議題和動機。這也包含了學校諮商師瞭解他們自己的議題和動機且澄清每一方的目標。

家長議題和動機。家長可能會發現引起反對的輔導議題包含自尊、決策、顧及小孩的感受、情緒化教育或探索家庭價值觀和習慣。家長可能想要在學校教導和維護他們的宗教信仰。他們可能堅信家長對他們的後代有完整授權的權利，包含知曉和控制他們的小孩在學校的經歷。

他們可能對一系列輔導方法表現出擔憂。某些家長對於諮商會對他們小孩的心理做什麼而感到恐懼。其他則恐懼於諮商師會透露家庭狀況、藥物濫用或其他習慣。

	家長		學校諮商師
1	展開對話。		
		2	決定誰是家長代表。
3	表達關切的議題。	4	指定家長議題;驗證自己的議題。
	相互作用的動機證據。	5	驗證家長的動機;澄清自己的動機。
6	論述目標。	7	瞭解家長的目標;決定自己的目標。
		8	選擇響應主張:技能、資源、回應層級。
		9	透過活動來實施主張的策略。
10	參與諮商師選擇活動和回應。		
		11 和 12 和 13 :	透過問題解決來實施回應活動。

圖 7.2 學校諮商師在回應擔憂的家長時所使用的策略選擇邏輯

　　他們可能對心理學或生涯評估感到警惕,問卷調查包含任何關於家族和家庭、角色扮演、圖像引導、團體諮商和保密的問題。他們可能想要自己的小孩比接受較少的全方位、發展的輔導與諮商方案的一部分輔導服務(例如,無回應式服務)。某些輔導活動可能特別關切,諸如傳統價值澄清活動(例如,救生艇演習)或行為修正練習。

　　然而,即使幾乎所有關心自己的孩子是出於此動機,但並非所有的這些偶爾恐懼或憤怒的家長有同樣的動機。通常在艱難的互動中與這些家長一起有效地工作,決定動機是很重要的。動機可分為五個種類:某些家長是被誤導的、某些家長是對素材感到擔憂的、某些家長不信任其做法、某些家長曾經歷過錯誤和某些家長是濫用議題的。必須認清家長的動機是哪一種,才能幫忙找出一個適當的回應。

　　專業學校諮商師的議題和動機。為了有效,學校諮商師在這些情況中必須對自己的議題和動機十分明晰。他們的議題符合三個種類。諮商師想要:

(a) 改善提供給特定家長的個別小孩或所有學生的服務；(b) 對個別的或所有的學生維持方案的獲益；和(c) 對其他學生保持方案的延續而不是對吹毛求疵的家長或家長們。而保持對話專注於管理的問題上，學校諮商師通常知道這些議題對互動所代表的最佳範例腳本的結果。

學校諮商師也有大範圍的動機——從利他到自我服務。在利他的這一端，學校諮商師有對所有的學生維持完整的方案動機。當他們知道什麼樣的內容和理由時，學校諮商師在面對對手時有最佳的服務，而他們在方案的基礎上是安全的。當方案的基本任務跟學校和學區的任務一樣時，他們是安全的。當他們在自己的專業誠信上有著良好的基礎，為了孩童努力工作時，也是安全的。

大多數學區對於督察職務和課程有其政策和程序。假如你或諮商師不知道這些政策，可以翻翻部門的運作手冊。特別是當學區有如我們所建議仔細地來設計他們的輔導與諮商方案且明晰的定義他們方案的整體性質時，方案共享的辯護之詞是相互支持的。方案修正時不能不考慮孩童需求的服務或方案的誠信。

有時學校諮商師會恐懼或憤怒，而且不是為了孩童而是為了他們自己。當家長團體屢屢威脅既定的方案，學校諮商師會恐懼他們的工作很不安穩。儘管這類情形並不頻繁。但也不是所有的父母都想要反對方案且將諮商師踢出學校。

有些擔憂的家長想要改變方案的形式——舉例來說，像是藉由汰換諮商團體——反過來說，也就是改變學校諮商師的工作內容。這不是家長的特權。有些學校諮商師會在被告知要做什麼或不做什麼時，感到憤怒和具防衛心。對學校諮商師來說，在這些情況下務必防止反應過度。對工作安穩的恐懼或對意見分歧的憤怒還不太強烈時，他們可能增加了其他對抗的理由。

學校諮商師可能也恐懼於家長的介入，因為諮商師並不全然瞭解家長，且會因未澄清家長目標而被威脅。當他們相信這是適當且是正確該做的事，他們可能會埋怨其他對於他們所做的事是不適當的建議。他們可能會為某人的表現不像他們而感到受傷的。假如他們對自身的角色感到不安全，或不確定關於他們的方案的價值，這種不安全感可能會破壞他們的專業風範。

澄清差異性。當關切的議題和動機澄清之後，專業的學校諮商師會將自己的狀態和每一方的家長所代表的，作為互動和關心的目標。希望這些對有問題孩童能發揮最佳效益。家長的目標與他們所關切的議題和動機相關。諮商師

的目標則是特別針對每位孩童—家長情況，他們的動機則是為了幫助特別的孩童或為所有的孩童服務，卻可能會因此被威脅。舉例來說，

- 被誤導的家長可能因為恐懼內容中人文性質，而要求他們的小孩免於教室輔導。諮商師的目標是讓孩子獲得輔導課程的好處。

- 有聽聞過關於特殊素材的負面情形的家長，可能想要從方案中刪去素材（Brigman & Moore, 1994）。諮商師的目標則是想要在方案的相對應方面繼續使用。

- 被誤導的家長可能不想讓自己的小孩參與小團體諮商。諮商師的目標則是向學生強調他們的需求進而參與團體。

- 家長可能因諮商師曾犯錯而想要分配不同的諮商師給他們的學生。諮商師的目標則是讓家長明白諮商師對錯誤有所警醒，並且保證這是一時的，不是永遠都這麼失能。

- 那些在社區有知名度和誤用議題的家長，可能想要把輔導與諮商方案從學校中淘汰。諮商師的目標則是提供給這些家長的小孩退出方案或某些活動的折衷辦法，留下剩餘完整的給希望方案繼續的家長的小孩。

發現共同點。在管理可能有爭議的關係裡，學校諮商師刻意挑選回應和策略以合併他們和家長的目標，使他們有效地運用他們的技能和資源，且在確定的層級內提倡他們已決定的回應是最有效的。他們選擇策略和相關出現的活動，以對家長的議題有最好的回應機會，且最終能用自己的議題來代表學生向前邁進。目標當然是讓雙方的對話都能滿意的議題的解決方法。

選擇適當的回應。專業的學校諮商師從九個提倡的回應中選擇其一且實施策略性相關的活動。回應落在學校諮商師參與的這一端（例如，參與的程度、能量消耗、遞交的程度、如時間資源的支出）。回應的範圍從物質上的呈現到某人所代表的果斷行動，從給予時間到給予時間和想法、倡議、動力和專業主義等。無論他們是以簡單的或專業的呈現方案、通知家長、歡迎他們、與他們接觸、支持他們的目標、與他們合作或配合使他們的工作符合目標，或為了他們的孩子諮詢或倡導，都是諮商師的回應選擇。

學校諮商師所做的每一個提倡的回應層級的活動範例包含：

- 對家長的職責是介紹他們的方案。

- 告知家長關於他們在會議中的方案。
- 歡迎家長前來輔導中心且接觸那些似乎不願意的人。
- 支持家長對學校的關切，並尋找方法來跟這些適當的人溝通。
- 與家長合作，即使是那些批評方案的人，且尋找合作機會在相互的議題上來與家長一起工作。
- 與家長諮詢關於可以幫助他們小孩在學校成功的方法。
- 當家長恐懼或某些原因而不能發表自己的想法時，鼓勵家長與其他學校工作人員一起工作。

進行適當的策略活動。專業的學校諮商師刻意挑選活動進而有最佳的機會開啟對話，以求臻至成功的結尾。當家長被誤導，諮商師可以採取某些積極的成效，像是在開放的房子、家長一教師協會會議和家長工作室中，來呈現他們的方案概要，且公布關於方案課程裡強調的議題的新聞報導或文章。

那些抱怨關於方案裡特定素材的使用的人，重要的是，可藉由提供人們閱讀進而熟悉確實的內容。積極鼓勵家長在介入之前先預習素材與規畫好的方案。為了幫助安撫抗拒，為退出方案設定非強制性的程序可能有用，或是從另類分配中受益。舉例來說，諾斯賽德獨立學區擬發了一個讓家長跟隨的程序，需要他們學習資訊，以便在他們的小孩要參與發展中的輔導與諮商方案時，可做出抉擇，他們也可以列出關於他們不想讓小孩知悉的特定內容（詳見附錄I）。諮商只在家長准許時才提供。這些程序幫助消除家長對無法掌握自己的孩子在學校發生了什麼事的感覺。

家長的不信任且質疑輔導與諮商方案的目的，通常轉而對方案和個別的諮商師更加不信任。學校行政人員應該注意到他們的擔憂。學校不能且可能不應漠視這些家長的擔憂，且行政人員是最能夠表達什麼是合法的需求，並對學校方案的職責做出最佳的專業判斷。

為了那些曾經歷過學校諮商師錯誤或壞習慣的家長，第一步是傾聽和調查家長的抱怨。這些也是行政人員最佳的處理方式。反過來說，他們必須遵循政策或法規裡詳細說明的過程來決定事實和結果。

這些家長為了自己的目的藉由製造議題來利用輔導與諮商方案，最好也是由行政人員或其他授權者去處理。出於政治動機的家長可能會聽從和交付行政

人員去處理。企業最能表現出這種情況。這些涉及非法活動，包含忽略孩童，必須回報給適合的機構。

澄清結論。一如任何諮商師—案主的問題解決互動，諮商師藉由總結最初的問題，在此同時問題的狀態，和未來關於問題和相關議題的解決計畫來結束會議或集會。大綱論述可能包含諸如重新論述最初問題的項目，目前為止如何重新解決差異性，和規畫何種方法來持續問題的解決方法。問題的解決方法之一是同意那些反對的。希望下個步驟能規畫關於為孩童參與的情況一起工作的共同目標。諸如總結提供說明給諮商師和家長。

勇於面臨或挑戰個體所表現出的不舒服的情況。在他們自己的心中，專業的學校諮商師對導師和同事提供諮詢，且持續和支持他們的工作的家長保持聯絡。他們擬發策略來增加或使用他們支持的後盾。他們正式地透過學校—社區諮詢委員會且非正式地藉由接觸眾多曾受到方案良好服務的滿意客戶來達到。在衝突中，許多支持者是願意且急於呈現他們身邊的故事。不要怯於使用它們。

為促成期待的改變提供動力

聚焦於特殊計畫

輔導與諮商方案的設計一旦建立，方案領導者被鼓勵來專注於特殊計畫，以幫助合併目前在教育中的趨勢來保持他們教育者同事的步調。藉由教育的改革或其他廣泛的專業運作來提供能量，以促進某些必須被實現的改變。從中央、州、當地社區、學區和學校層級的新方向可以和輔導部門特別著重的相映照。諸如保持變化讓諮商師瞭解在整個教育系統的改變，及幫助維持他們在教育團隊裡的位置。這是其他工作成員必須改變，一如諮商師也必須改變。

這樣的改變也有助於諮商師避免強加變化給他們那些不適合新方案的方向。舉例來說，許多目前的改革增加了書面作業和學校工作人員的究責負擔，諸如指出學生需要精通教學成果。假如諮商師必須參與他們自己的改變，他們最好避免被分配到某些屬於教師或行政人員的書面作業工作；例如，假使諮商師明

顯地充實輔導課程的要素，委員會工作同仁很容易發現諮商師沒有時間記錄，
而是變成各行其是。

在全國性調查中已經證實，經常性的問題儘管吹毛求疵，卻是成功地發展
和實施全方位學校輔導與諮商方案的關鍵（Henderson & Gysbers, 2002）。這些
議題的優先順序為：

1. 非輔導任務的替換，包含學校諮商師在標準的測試方案中的適當角
   色。
2. 方案究責。
3. 對學校諮商師表現的品質的究責。
4. 提倡方案。
5. 領導者賦權。
6. 提升既有的全方位輔導方案。
7. 科技的適當使用。
8. 家長參與，包含對方案吹毛求疵的家長的回應。
9. 方案發展過程。
10. 學校諮商師的跨文化能力的提升。（Henderson & Gysbers, 2002, p.
   8）

也有提供能使這些議題成功解決的領導權回應範例。

中央和州的優先順序

第 1 章提供的輔導與諮商的歷史回顧，首先著重在中央優先權對專業發展
上的影響。此外，現代的輔導與諮商方案變化可以且應與目前中央強調的高危
險群有所關聯。當然，孩童和青少年因為暴力、藥物和其他物質濫用，缺乏學
業上的成功、能力不足（潛伏或其他）的風險，而干擾到他們的學習、早熟的
性活動或青少年的苦悶，是學校諮商師實施全方位輔導與諮商方案的回應式服
務要素的優先案主。這些案主擁有中央優先權（ACA, n.d.-b），要對他們的需

求諮商服務提供理論基礎。諮商的有效性是建立在（ACA, 2008a, 2008b; ASCA, n.d.）提供輔導部門理論基礎，以便接受某些資金開出的條件，做出特別的方案設計。此外，某些優先順序在中央層級上以品格教育為主。較恰當的是，ASCA（2011, para. 1）採取「認可和支持在學校的品格教育」的立場。

目前的全國性改革強調良好的教育所定義的嚴格的教學方法、改善課程、改善學生成果，和改善學生紀律。這些強調導致新教師衡鑑／評估系統的發展、課程規畫的新需求、更好的成效來促進學業優秀的成果，和逐漸強調大學和生涯的準備。持續透過標準化成績測試和其他措施的最低限度的能力證明來強調究責。以提高學生的紀律的任務，包含對學生的不當行為提供系統的一致性和合理的成果，且需要更多的家長來參與學生的行動。

改革專注於科學和人力方面的教育。政治家和商人在教育的改革上擁有很大的發言權。立法委員和商人論述他們認為學生應該知道的以及學校教育的成果能夠做到什麼程度（Secretary's Commission on Achieving Necessary Skills, 1991）。這個技能清單仍然是由美國勞工就業職訓局（U. S. Department of Labor's Employment and Training Administration, 2009）來推廣。全國州長協會（National Governor's Association）和州立教育首長（State Education Chiefs）擬發了共同核心課程標準，來定義學生從幼兒園到十二年級的教育生涯中該習得的知識和技能以便他們能從高中畢業，全心準備大學和生涯。此標準是：

- 與大學和工作期望相符。
- 明晰的、可理解的和一致的。
- 包含高階技能的嚴謹內容和知識應用。
- 立基於優勢和目前州立標準的課程。
- 公告頂尖國家的表現，以便所有學生能準備好在全球經濟和社會裡獲取成功。
- 以實證和／或研究為基礎。（Common Core State Standards Initiative, 2010, p. 1）

此外，全國教育成就中心（National Center for Educational Achievement, http://

www.nc4ea.org/index.cfm）和許多州頒布了大學和生涯準備標準。

　　這些建議的成果對教育者描述了我們的商品應該是什麼。標準很高，究責是用艱深的數據來測量以當作測試成果，但逐漸增加的自治權則給予當地的學區和學校來規畫他們自己達成標準的方法。專注於優良的教育系統及對學生服務的多樣性有所認知，且這是對個別學生參與獨特需求和計畫的訴求平等的平衡。州政府持續的財政節約有助於公務員認清想撥更多錢給這方面的服務是非常困難的。因此，整合教育的、健康的和人事的服務成效，以便持續協調所提供的職業教育和訓練。

　　這些成效可以用來提升和支持在輔導與諮商方案裡所需的改變。改革的實際具體情況各州不同，須依據當地優先順序和需求；然而，共同的主題可指出諮商師的方向。協助教師的新系統使用目前的教學方法，包含觀察和回應的臨床監管策略、精緻的考核評估模式和專業的發展計畫。同樣的策略可以供諮商師使用，在第 9 章和第 10 章有更多廣泛討論，也可參考更完整的《諮商行政督導的新手冊》（Henderson, 2009）。要求諮商師撰寫他們的諮商會議和輔導課程的計畫，是類似於要求教師擬發更好的課程計畫。全國跨學區是使用學校改進計畫技術和發展多年的策略計畫。也應要求諮商師和輔導部門提交行事曆，來澄清他們的年度計畫及使用目標導向改善方法。這非常適合全方位方案概念，也符合《ASCA 全國模式：學校諮商方案架構》（ASCA, 2005）。

　　其他學科的課程發展可提供諮商師機會來撰寫輔導課程，且將輔導課程融入學術課程中。舉例來說，除了心理健康課程（健康和科學課程的一環）所涵納的輔導面向外，社會技能成果也是輔導課程的一部分，可以輕易融入至社會研究課程中；溝通技巧則可以融入至語言藝術中；而問題解決則可以融入至科學和數學中。因為輔導課程的概念還在發展，我們發現有許多學生的需求已經載列於成果項目中，使我們能夠以成果導向的方法來工作。這方法另一個相關的要點，也是輔導課程的一部分，是強調幫助學生學習過程——諸如決策、規畫和其他相關的部分——包含那些從他們自己不同的文化而來的。

　　在測試方面，持續強調的是，訴求諮商師幫助學生的應試技巧和幫助教師用測試成果來究責。這提供了諮商師機會，將他們從測驗行政人員的角色，轉移到適當使用測試的顧問角色。增加參與每一位個別學生的需求方面，有利於

更新諮商師基本服務，如鑑定個別學生的強項、弱點和需求等其中之一。儘管諮商師已經被認為是這方面的專家，但提供每位學生這樣的見解如此的挑戰度，意味著確保諮商師自己的方法是最新的（例如知道測試的極限及合宜的使用多種數據來源），且在諮商師的督導下，委託給其他教育工作者一些責任。

同樣地，改善紀律管理方案仍十分倚重輔導內容——心理方面的內容。諮商師可以利用這塊行政人員高優先順序的區域，與他們協同工作來幫助學生學習新方法去表現負責任的行為，並且透過輔導課程和個別學生規畫的活動做出決策。這些都強調給予諮商師明晰的優先順序以提供學生特別的服務；學生未能滿足最低學歷標準和學生行為不一致，通常可以從有效的小團體或個別諮商中獲益。

此外，將社區服務成果提供給學校，以便借鑑諮商師的專業知識，協調增強孩童、青少年和家庭的心理健康服務。這在每一個區域將會有不同的成果，但學校諮商師必須對整體的遞送系統有所規畫，以確保學生的需求被明確闡述，且確保為他們設想的角色是符合專業的。強調協調資源來幫助孩童、青少年和成人成為成功的勞工，也提供機會給學校諮商師來提升他們的方案的生涯發展綱要，提供他們（和你）參與到新系統的發展。

學區優先順序

不管有無來自中央或州的資源推動，學區典型地對學校董事會或管理者會有高利益的優先順序。學校董事會成員通常在意的是學業優良方面，因為這會顯著影響獎學金得主的數量，或是學校「回歸基層」的任務，像是負責行為的基礎。學區行政人員面臨的挑戰不管是減少或擴大招生，都會影響教師的士氣。諮商師可以發揮他們的角色，幫助他人和自己用健康的態度來面對變化。健全的方案為他們在心理健康方面帶來一個具有潛力的利益。這些活動運用在輔導與諮商領域的專門技術上是最好的一種系統支持。舉例來說，全國各地學區須響應挑戰來幫助學生在學校與成人連結，盡量減少異化和讓人際環境更平易近人。這樣做的機制源於所有學校層級有效的教室會議（Edwards & Mullis, 2003）。專業學校諮商師在制定成功的教室會議上所扮演的許多角色是支持實

踐，跟學生解釋益處；訓練教師在會議中如何有效地引導；和當教師實施方案時提供諮詢。

社區優先順序

有影響力的社區團體，諸如家長—教師協會（PTA）、商會和服務性社團（例如獅子會），有優先計畫可以帶來正向視野以改進輔導與諮商方案。家長—教師協會是致力於青少年的議題，例如預防自殺。獅子會是積極於打擊藥物濫用方面且幫助照顧孩童個人的安全。在某些區域，當地選出的官方人物則是關注於暴力和幫派。經濟發展團體是致力於生涯發展方案。教育提升至社區服務層級，建議輔導與諮商方案改革優先聆聽這些團體；他們的利益區域也和輔導成果對輔導目標所建議的優先區域相吻合。

學校優先順序

假如你是在學校裡的輔導與諮商方案的領導者，你可以利用全學區改進之處和資源，並且量身定製挪用到你的學校社區。你和你的同事十分清楚當地的優先順序，還能透過你的學校改進計畫來建立相關的行動。藉由合併學區和當地的優先順序，你便能建立對你的成效的支持且可以公正地實現它們。

此外，在學校的主要事項可以強調輔導與諮商方案裡的特殊改變的需求。普遍採行的自我研究和訪問提供了機會，來建議改善輔導與諮商方案。可見的學生問題——青少年自殺、販毒、相關幫派械鬥——引起諮商師的注意。校長對他們的學校有其目標。

諮商師應該藉由表現他們如何在全方位輔導與諮商方案中支持策略的發展，以幫助達到學校的目標，來與他們的行政人員合作。校長的目標通常包含諸如對學生維持高期望的項目、致力於提升學生的自尊，和改進工作人員間的人際關係。諮商師可以且應分享這些目標的某部分。不消說，諮商師和校長的目標有愈多的共同點，便有愈多支持諮商師的關鍵決策者。有更多的學校諮商師是全校團隊成員，便能得到更多學校層級的支持。

此外，個別的諮商師或諮商工作人員有特別的才能、興趣和專門領域。有些高中的諮商師在幫助青少年處理悲傷方面是專家；有些小學的諮商師在發展輔導與諮商方案裡把流行的玩具當作素材，十分富有創造力。藉由利用這些，輔導與諮商方案領導者不只是可以給予那些諮商師適當的認知，也可以幫助發展特別的目標，當成功時，可以跟其他學校分享。

■ ■ 催化建立階段的變革

學區層級的輔導與諮商方案的領導者可以協助其學校層級的領導者與諮詢師，建立有助於經營層面改變的體系，以影響全方位輔導與諮商方案的有效執行。就如同 Adelman 與 Taylor（2003）所說：「為實現改變，我們必須建立基礎和行動計畫。」（p. 9）就像以下兩項機制：

- 由學校人員承擔輔導方案促進的目標，並且發展出計畫以完成這些目標。這可以彌補目前的計畫設計與期望計畫設計之間的差異，也可以在計畫中改變已完成的活動方案。
- 如同學區層級發展其過渡時期和實施計畫，學校人員也應發展類似計畫。如此可以改變符合學校層級的輔導與諮商方案所需的資源。

為促使學校層級的改變，學校諮商師、各部門主管及校長可使用以下策略：一個以達成目標為主的方案促進系統，一項改變的主要計畫，以及實際執行的活動計畫。

運用以達成目標為主的方案促進系統

目標是化想像為事實的工具。目標可以幫助個人專注於諮商人員和其他人士認為在改變上重要的能量，目標也可掌握改變。當我們談到一些情況，如同我們正居住其中卻得要修正和重整方案，光是想到如何努力去執行它的改變就夠我們難以招架。大部分的人都可以專注於少數目標；允許他們自己擬定策略來達成那些目標，可使諮商師能自主並自在地進行所需的改變。在諾斯賽德獨

立學區，它們將目標領域建立在學區層級上。學區啟動目標設定和行動計畫的過程，但其每個學校可自行斟酌選擇符合各自需要或各自特質的特別執行策略。針對優先能力發展、當事人或活動來建立目標和針對這些目標建立的過程、行動計畫、監督及評估這些目標的進度，可提供全學區一致的關注。這些努力可以使新的執行方案持續下去，讓不同學校的諮商師之間針對改變的努力結果建立溝通橋梁，並給予在職訓練與專職人員發展活動一個正確的方向。

目標設定

如同在第 6 章所討論的，檢視目前和期望的輔導與諮商方案，我們便可發現其差異。這些差異就是學區全面性的方案促進目標。同樣的，每個學校的輔導與諮商方案的設計應將其現有的方案與其明晰期望的方案比較與對照。這些辨識出來的差異將是學校層級的方案促進額外的目標。

需要考慮的目標數量有賴所發現的差異的數量、差異的大小，及學區或學校所設定的優先而定。目標應以方案促進和表現改善為本。圖 7.3 提供達成有意義的目標的一個備忘錄範例。這些目標是提供給每個成員致力於對發現的差異做出改進的挑戰。

這些目標範圍很廣，可讓諮商師或學校人員有選擇空間。他們可以自行決定在改進回應式服務時所花費的時間與回應的方式。舉例來說，諮商師也許可以致力於回應性個別諮商所花費的時間，主動以小團體諮商或跟教師們做系統化的諮詢來替代。圖 7.4 提供一個較特殊的目標範例。這些目標幫助諮商師設定出促進學校層級的特殊活動，但由他們決定執行計畫。例如，諮商師被要求帶領團體諮商，但諮商師們可自行決定實際輔導方式。以這兩個範例來說，諮商師向學生說明有關他們新活動的成果和目標；諮商師根據當地的需求和資源來計畫他們的諮商策略和評估方法。

諮商師必須自己設定目標且由督導來審核。當學校部門有一位以上的諮商師，輔導部門整體應設定目標，像是「本部門（組）將擴展執行輔導課程的年度計畫」。

在輔導部門內，諮商師的個人目標應相互呼應，相互瞭解。這樣的關係有助於發展一個支援系統，幫助諮商師成功達到他們的目標。我們也建議學校校

致： 諮商師
從： 輔導主任
相關內容： 方案與表現目標
以下是被核定的**方案與表現**促進的一般目標。請從每種類中挑選兩個目標作為本學年的關注焦點，並在所附的行動計畫格式上詳加說明欲促進之處。
方案目標
- 增加課程的時間／發展性輔導
- 減少回應式服務的時間／改善回應式服務時間的品質
- 減少**系統支持**的時間
- 減少時間／改善與學校人員工作的時間品質
- 增加與家長的時間
表現目標
- 改善團體輔導技巧
- 改善諮商技巧
- 改善諮詢技巧
- 改善方案計畫／評估技巧
- 改善轉介技巧

圖 7.3 目標備忘錄

註：資料取自 Northside Independent School District, San Antonio, TX。

長在諮商目標上簽署，以代表他們瞭解諮商師的努力並表達他們同意的立場。諮商師主任或當辦公處沒有委任的主任時，所有諮商師應與校長一同討論他們的諮商目標。這種措施可以確保輔導目標與一般學校目標一致，且可獲得校長支持進而達成目標。這些目標最終應提交學區辦事處的輔導行政主管審核。

輔導與諮商方案促進計畫

一旦建立明確的目標，每位諮商師和各部門應該研發符合這些目標的計畫。誠如先前所說，計畫可以鼓勵諮商師往前且真實地思考。計畫也可真實地幫助在執行輔導策略上所決定的行動付之實施。圖 7.5 提供計畫表範例。

一旦諮商師的目標已經確認且諮商師承諾實施策略，輔導與諮商方案領導者就有辦法監督諮商師達到這些目標的進度。這過程會在第 8 章做更深入的討論。

致： 小學諮商師

從： 輔導主任

相關內容： 諮商師的目標

過去數年目標設定過程實though良好，有助於聚焦在促進輔導方案效果。學區全面性的目標羅列如下。請與你的校長討論這些目標，並請其他對校園社區的需求有所回應的人士加入討論。

1. 有效地教導**全方位輔導方案架構**所列之輔導課程，以持續貢獻學生教育。

2. 透過有效的團體諮商回應校內提列的高優先的學生輔導對象。「高優先學生輔導對象」可能包括學習成績不良或行為不負責任的學生。

3. 透過有系統地實施家長諮詢或家長教育來回應校內提列的高優先家長輔導對象。

4. 減少將學生接觸的時間花費在文書作業或類似行政的事務上，以辨認出「浪費個人的時間」及減少某些輔導對象浪費諮商師的時間。

5. 提供更為平衡的輔導方案，可盡量遵循學區為特別校園所羅列的全方位方案設計，有系統地計畫年度活動（協助計畫可由輔導主任提供）。

6. 藉由清晰整合諮商師的理論基礎以增加諮商與輔導活動的效用。

就像以前的年度，我們會討論你認為可以適當地達成你的目標的策略。隨附修正計畫之副本一份。請在 9 月 15 日前提交你的「輔導方案促進計畫」表格給本人。

同意（簽章）：＿＿＿＿＿＿＿＿＿＿＿＿＿

副局長

副本抄送：小學校長

圖 7.4 諮商師的目標備忘錄

註：資料取自 Northside Independent School District, San Antonio, TX。

研發和實施學校的主要改變計畫

在學區層級，主要的改變計畫應該指示學校層級在改變過渡期的所作所為。在輔導與諮商方案的若干活動，除了透過前文描述的目標設定過程以達成，學校人員須考量到促進計畫所需的資源以支持學校層級的方案。諮商師或諮商師們、校長、輔導與諮商方案發展團隊、學校—社區諮詢委員會——所有這些對方案感到興趣的人士——應該考慮到可用於方案的人事、財務和政治資源的情況。在促進過程的這點上，學校裡對資源分配可能會建立全面系統標準或指導

輔導方案促進計畫

學校：

姓名：

校長／諮商師主任簽章：

日期：

每個目標使用分開的格式

計畫
（9月1日完成）

評估
（合約6月底完成）

目標：

方案 目的／策略	完成的任務	時間框架	年級（一至五） 成果	學生的／其他的 結果

全面評估成果的程度：

1　　　2　　　3　　　4　　　5
（未完成）　　　　　　（全部完成）

諮商師簽章：

校長／諮商師主任：

日期：

圖 7.5 輔導方案促進計畫表

大綱；然而，假如沒有建立的話，那麼當地團隊可以根據下面所列的問題或從這些問題聯想到其他問題，來發展自己認為實際可行的理想的資源分配標準。

- **人事資源**：全體學校工作人員接受輔導方案的責任嗎？輔導方案相關工作是根據系統的工作內容來完成嗎？輔導與諮商方案成員間的組織關係是明晰且運作良好嗎？輔導成員和行政人員、教學人員及其他校內成員之間的組織關係有良好運作嗎？諮商師有和學生溝通的管道以完整地提供方案嗎？諮商師和其他輔導成員是否有分配時間和金錢來支持方案和專業發展的活動？

- **財務資源**：是否有輔導部門的預算用於供應和素材？預算足夠嗎？是否有其他資金來源可以增加預算，例如，家長會是否提供家長工作坊的費用；中央（聯邦）、州、學區，或其他機構有否獎助初始計畫；或當地企業有否資助學校生涯發展輔導方案並加以督導？有足夠的可用素材來支持方案嗎？成員有可用的時間來擬發所需的素材嗎？設備達到訂定的標準嗎？設備是受歡迎且有吸引力的嗎？有足夠的必要設備且能運作嗎？

- **政治資源**：校內政策和程序是否支持執行所需的輔導與諮商方案的設計，例如，諮商師們的非輔導任務是否減少而以學生為中心的活動是否增加？校長是否支持新界定和設計的方案及其成員？教師是否也支持呢？如何對付不支持者呢？輔導與諮商方案是否屬於全校方案的一個整體部分？學校諮商師是否是全校計畫團隊裡的活躍成員？輔導與諮商方案目標是否在學校的促進計畫裡？學校是否有系統化的機制如每星期或每月的會議，以促進諮商師和行政人員、諮商師和教師間的溝通？輔導與諮商方案成員和社區間的關係良好嗎？學校是否有一個有效的諮詢委員會？輔導與諮商方案的公共關係目標是否屬於學校的公共關係成效的一部分？學校是否有一些甚為活躍、有影響力的關鍵分子能同心合力地共事？

在問答諸如此類和其他的問題之後，下一步驟是辨識目標或標的和改變的優先順序，然後再編排主要計畫，列出什麼是需要完成的，其順序如何，在何種時間架構下順序完成，和誰是主要負責的人（見表 6.4）。

擬發學校執行方案的活動計畫

隨著時間的接近完成每個方案目標或標的，諮商師應擬發一個適當的活動計畫（見表 7.1）。舉例來說，如果輔導課程時間必須與學校教師協調，以給予初中或中學的學生某種輔導測試，在諮商師能將輔導學習活動融入各種課程之前，他們必須先完成下列幾項工作：(a) 諮商師必須已完成教學目標計畫；(b) 已獲取校長支持的承諾；(c) 必須建立與學術部門主管的會議等。諮商師必須擬定計畫使這些工作順利完成。

這裡有一點需要注意：改變從重新分配目前可用的資源和預期可能分配到的新資源開始著手。諮商師必須避免坐待系統層級的所有事都完成才擬定計畫的心理。這就是顯而易見的由上而下、由下而上的工作能力（Fullen, 2001）。在目前的資源分配內，在學校層級上的改變只能做到那幾點，但那幾點的改變是需要達成的。舉例來說，如果校長要諮商師授課或為小教室的教課研發輔導課程，並把個別諮商學生視為浪費時間，諮商師應注意校長的目標並設法勸告。假如他們善用自己的時間去考慮校長有重要的事要他們優先執行，則研發課程也是可行的且是可想而知的。同樣，當諮商師要求校長考慮他們的事情時，校長也很可能相信諮商師的所為是有效地運用時間。

通常，擴展學區資源的成功有賴於將最大資源明顯用在學校層級上。將所有撥作購買方案素材的錢用在採購素材上，就是一個顯見的例子。此外，一旦學校已訂定他們的當地計畫，學區可以驗證這些計畫並在幾所學校內列出標的的問題和解決方法。舉例來說，假如幾所學校的輔導與諮商方案計畫想要在小教室增設輔導課程，學區可以組成一個代表全學區的團隊，共同擬發一些適當的輔導學習活動。

倡導你的改變方案：實施公共關係的活動

良好公共關係的最佳發動器是一個良好的方案。現在你已設計好自己的新

方案且清楚地用言語來描述它，你準備好通知你方案的案主和支持者關於方案的促進及他們可預期的。諮商師們也需要感覺到自己正在進行最佳可行的方案，並對所設定的優先順序感到放心。他們是跟學生、教師、行政人員、家長和當地社區成員的主要溝通者。此外，他們必須做到使每一位消費者接觸到高品質和友善的經驗（即使在那忙碌得不太可能做到的時刻）。

和你的案主、同事和公眾溝通是「支持的一種形式──幫助案主尋找他們所需的服務並使用它」（Henderson, 2009, p. 256）。因此，公共關係工作的主要目的，是讓人們充分瞭解方案，使他們可以接觸那些服務並使用它們。依全國學校公共關係學會（National School Public Relations Association [NSPRA], n. d.-b, para. 2）的定義：

> 教育的公共關係是一項計畫的和系統的管理功能，以協助改善教育組織的一些方案和服務。教育的公共關係有賴於內部和外部人員的廣泛雙向溝通過程，其目的在提供他們對其角色、目標、成果和組織需求的更佳瞭解。教育的公共關係方案輔助詮釋大眾的態度，驗證和形塑以大眾的興趣為依歸的政策及程序，並實踐參與和資訊活動，以獲得大眾的理解和支持。

計畫公共關係始於就他人對輔導與諮商方案的觀感所授與的評估資料，並結合目前的方案來評估。這項公共關係的目標在於幫助人們從他們覺得方案是什麼進而瞭解到新方案的架構為何。為了完成這項任務，我們建議成立一個工作小組來協助計畫和執行公共關係方案。工作小組不只應包含諮商師，也要包含一些你計畫建立關係的公眾代表──最好是公眾的領導者。工作小組可以是特別的，且可包含來自指導委員會或學校─社區諮詢委員會的代表。最終，一旦公共關係開始進行，小組會延續公共關係活動，此小組就是學校─社區諮詢委員會。

規畫你的公共關係方案

　　規畫一個公共關係方案與輔導與諮商方案促進過程的其餘部分並無不同。你必須知道你的目前狀況而做些評估——在這方面，做一項知覺調查。你必須知道你想往哪裡走，理想的終點在哪裡——在這方面來說，理想的終點就是已建立的公共關係方案的目標。你必須知道你要如何到達那裡。建立一項行動的計畫包含欲實現的公共關係目標和策略及所需完成的時間。

　　公共關係方案應有系統的設施，它是學校全面改進和管理方案的步驟中的一部分。公共關係活動如與學校的全部方案整合無關，就會流於表面，公共活動也就不會有多大影響。因此，小心注意計畫公共關係活動是重要的。擬發你的公共關係計畫，可考慮下列步驟：

1. 建立你所致力的公共關係目標。案例包含告知方案客戶，瞭解和支持且能夠使用全方位輔導與諮商方案。

2. 對你的公共關係成效確認目標對象（群體）。案例對象包含學生、教師、家長、行政人員、學校董事會成員、轉介機構人員和社區代表及領導者。

3. 瞭解公眾認為你正在做什麼和他們認為你應該做什麼，目前的方案知覺調查所蒐集到的資料應可告訴你這些事。

4. 為每個次團體建立明確的目標。案例包含告知所有的家長有關方案的事及獲得某些家長對方案的支持。

5. 辨認可用的資源以協助你的方案運作。實例資源包含校內和學區網頁、與諮商師會面手冊、家長會新聞報導和特別節目報導、學校官方公報、公共媒體。

6. 考慮到每個資源可能會影響到目標群體。實例包含邀請家長會領導者擔任諮詢指導委員，以使他們有個機會實現他們的領導才能（代表角色），如他們接受邀請，你就可以徵求他們對方案的支持。

7. 轉化這些資源運用到策略上。如有可能，運用已存在的一些能有效地接觸目標群體的資源，諸如「校長的話」（或「學校行政的話語」）可用作與其他校長（或行政人員）溝通之用。假如沒有這些資源，不妨考慮創造獨

特的資源，如「輔導新聞」或當地報紙上的「諮商師一角」，化無為有。

8. 在發展這些公共關係策略內納入這些實際步驟並使這些步驟與全部的計畫有關。

9. 指派一個人負責這些公關活動。

10. 建立你自己實施時間的規畫。

規畫良好的公共關係活動是輔導與諮商方案促進過程的一個整合部分。記住一個有效的公共關係方案是建立在公共利益之上（NSPRA, n.d.-b）。全國學校公共關係學會定義公共關係的前提是：

> 學校有公共責任去告知家長和納稅人學校是如何花他們的金錢，尋求他們的見解來幫忙學區傳遞高品質和有效的教育內涵。公眾有權利知道這些，並參與他們的學校運作。（NSPRA, n.d.-b, para. 3）

記住一個有效的公共關係方案在目的和執行上是誠懇的，它與整體輔導與諮商方案的目標和特質是並行的，其方法積極而吸引人；其範圍全面，其訊息明晰簡單，而對公共關係的授者和受者都是有益的。

公共關係活動有兩個目的：(a)讓顧客知道這個方案的好處和如何評估它的好處；(b)改變輔導對象對方案可能有的任何負向的知覺，使之成為正向的知覺。為了做到這樣，諮商師聆聽和瞭解輔導對象（當事人）可能會有的負向知覺是很重要的。舉例來說，有些教師不瞭解這個方案，當他們認為需要輔導服務時卻無法得到立即的回應（服務），因此常感不滿。他們也沒有意識到輔導諮商師晚上還需要把工作帶回家去做。他們也沒想到是諮商師的工作程序已被別人為他決定好而綁住了。許多教師都不滿意諮商師角色是因應學生的需要所促成的；他們在問題情境下卻視諮商師為自己的敵手。另一實例是，行政人員可能認為諮商師在工作上不認真。行政人員工作到晚上還得監督活動，他們不認為諮商師也會這樣做。此外，某些諮商師被認為對學校不忠誠，因為他們沒有參與課外活動。還有另外的例子是，某些家長不覺得他們得到自己所想要的回應，或覺得諮商師給予他們小孩的一些建議，已傷害到小孩的教育生涯。許多人不知道諮商師的專門訓練。

大多數的人仍然——不幸地——對有心理問題的人持有偏見，且對心理健康服務的價值感到懷疑。此外，有些學生不知道或不承認他們從諮商師那裡得到幫助。當認為自己有問題時，這些學生覺得諮商師就像是沒用的官僚，對他們是沒有幫助的。一般來說，因為諮商方案至今沒有一個完善的定義，人們對諮商師和諮商師可以及應該提供的服務有不切實際的期望。

我們可能考慮到某些思維的點子來自於名聲顯著的刊物。企業和公司都學到他們的名聲是很重要的，不只是獲得職員的滿意，同時也獲得顧客的滿意。一項描述構成企業形象的向度認為要包含企業被人的接受度、能力、企業性、狠勁及優雅（Davies, Chun, Da Silva, & Roper, 2004）。Davies 等學者（Davies et al., 2004）發現正向的顧客滿意度與企業的接受度有高度關聯。第二個高度相關的向度是企業的能力。企業的聲譽和優雅與顧客的滿意度有關，但其相關程度沒有高過前面第二向度，Davies 等所界定的企業的接受度意味著誠實和社會責任，而不是激進的或傲慢的。能力界定為可靠的和具有野心的。企業性界定為創新的、新奇的和勇敢的及可比喻為人性中的外向性。優雅則界定為有風格的和有聲望的。與顧客滿意度呈負向相關的向度是狠勁，可定義為傲慢和控制性。專業學校諮商師可以從聲譽向度中學到如何考量規畫他們的方案（企業公關方案）和他們自己（職員）對顧客的正向關係。全國學校公共關係學會（NSPRA, n. d. -a）的《道德規範》對實施公共關係方案中活動應遵守的基本規範，有清楚說明。

實施你的公共關係方案

實施你的公共關係方案時要考慮兩個必要因素：那就是時機和品質。公共關係活動的規畫應強調時機的重要，以吸引聽眾的注意力。任何活動的品質應是高品質；你必須把重點放在前面。事先準備分發的素材能幫助你預備好給予他人即時的通告（注意）。例如密蘇里學校的諮商師製作了一份傳單來解釋他們的方案和服務（詳見附錄 J）。

我們建議你在做會影響一些特別對象（消費對象）的改進活動時，不妨考慮先對你的不同目標群體實施你的一些公共關係活動。當你要求教師利用課堂

時間來實施一些輔導課程活動，有些教師可能不願意合作。不妨等待機會到來時再實施有效的課程以取得教師的合作。當教師有問題要尋求諮商師的協助時，知道諮商師卻已規畫好一定的時間要上輔導課，教師可能會為此而感到失望。這便是理想的時機，可以解釋給教師們聽發展式輔導在學校的益處。當諮商師想要擺脫過多的類似行政工作或職員的事務時，學校行政人員可能會抗議。他們厭倦了諮商師所說的「這不是我的工作」。然而，假設他們被說服節省的時間會直接用在輔導課程、個別學生規畫或回應式服務上幫助學生，這種負向的感覺就可能會消失了。家長舊有的觀念是諮商師和學生一對一的工作可能會被團體輔導活動所延宕。假如團體輔導是原因不明的，可能會促使家長覺得他們的小孩不能從專業人員那裡得到服務。在此時，詳細地解釋許多學生和家長受到輔導服務會消除這種負向感覺。

Shepherd（2000）提供二十九個行之有效的策略給從事多種服務對象的專業學校諮商師知道：他們的服務對象包括學生、家長、教師、行政人員、社區和教育局成員。Shepherd 指出實施這些策略是過程的第三階段。在設定目標和研發選項之後才計畫的策略，包含有關做公共關係演講的多種想法；參與各場所基礎團隊；發布新聞報和專欄、手冊、行事曆、年度報告；參加學校活動；和工作成員分享資源；以及保持學校內持續的溝通。

關注多元性

在全方位輔導方案的過渡期，專業學校諮商師和輔導及諮商方案的領導者需要多加留意關注於多樣化實境和議題的機會。就像人力、素材、設備和政治資源；實施特別計畫；設立目標；及設計和運作公共關係，許多機會可以提升輔導與諮商方案的多元文化的層面，此節會論及這些機會。如前一章所探討的，學校傾向維護中產階級的價值習俗，而專業學校的工作成員就是中產社經階級的成員。因此，學校把持的價值和經驗跟個別的學生、家庭和非中產階級社區所持有的價值和經驗，就會產生差距。

在發展人力資源中，應注意到諮商與輔導方案工作成員的文化和族群的代

表性。每個工作成員必須接受他們所接觸到的個別對象的文化背景，必須尊重及包容來自社區的不同文化背景的人和他們共事。實際上與我們一起工作的每間學校和學校諮商師可以在這方面成長。一些最近的研究開始建議，如同一個文化遲鈍的結果，學校諮商師無意間在數學和科學課程上對少數代表學生有所貢獻，最終影響到他們的生涯發展（West-Olatunji et al., 2010）。

首先，多元文化能力發展是終身過程。我們只是跳脫出長時間的否認人們之間的差異性──就像色盲一般只注意到其相似之處。有相似之處是好的；差異也同樣有其好處。美國諮商學會（ACA, n.d.-a）的多元文化諮商能力指標（詳見附錄 H），提供諮商師在這方面的專業發展指南。有些諮商人員已特別指定其中一位諮商師為多元文化能力事務專員，其責任是使得能力和目標能內化，一起來幫助全體諮商成員認識到多元文化可能會衝擊到他們的工作和方案。

漸漸地，專業學校諮商師被要求推廣所有學生平等受教育機會的權利。學校諮商師被要求為少數非主流的學生主持正義。學校諮商師被建議去遊說「政策、機會和活動」的推廣（Akos & Gelassi, 2004, p. 200），希望將注意力放在發展和推廣所有學生基於優勢的方法。他們被敦促去面對無意和有意地歧視「邊緣化和不受重視的團體」（Bemak & Chung, 2008, p. 375）。「我們建議學校諮商師採取特殊措施來改善他們學校場所的文化深度」（Nelson, Bustamante, Wilson, & Onwuegbuzie, 2008, p. 215）。Nelson 等人（2008）提供一項評估學校文化能力的清單。學校諮商師參與了一項質性研究，來驗證鼓吹「喚起教師如何對待學生的關切；包含強調教師對學生的文化的刻板印象的假設」的策略之重要性（Singh, Urbano, Haston, & McMahon, 2010, p. 139）。學校諮商師也表示要啟動這方面的對話有其困難。Collins 與 Pieterse（2007）描述目標是「將自然的躲避或否認種族現實轉為積極瞭解和接受個人參與創造種族現實」（p. 16）。

Bemak 與 Chung（2008）提供了十六個建議給學校諮商師，從具有「良好諮商師症候群」跨越到成為有效的多元文化─社會正義的主張者和組織改變的代理人。他們的建議在於強調美國學校諮商師協會（ASCA, 2005）的全國性模式，例如利用當地資料使宣傳工作與學校的辦學宗旨相結合。對專業學校諮商師採用抑制的個人態度，他們提出了警告，例如，「三、不要將受害意識內化……六、記住這不是個人的」（Bemak & Chung, 2008, pp. 378-379）。他們提醒

諮商師利他主義、勇氣、承擔風險的重要性，以及其他更多類似特質。

所有輔導與諮商方案的工作成員必須經常地在輔導辦公室和學校建立一個歡迎的和尊重的氣氛。辦公室接待人員在這方面尤為關鍵。專業人員和其助理人員的態度、想法、言語和行為必須令人尊敬和周到。這是明智的，然而，記住當地社區人士的想法可能不一致，即使他們屬於同一族群。許多學校的專業助理人，即便是當地人，他們認真工作來提升他們的生活水準，他們變成新到來的中產階級。有些助理人員不會像其他滿足經濟現狀或努力奮鬥來維持他們目前生活現狀的人那麼容納現狀。

發展能力資源指南提供了許多機會來提升輔導與諮商方案的多元文化性質。每個指南包含了有效地橫跨各種文化的技術範例，且包括可使諮商師使用者注意學生的文化身分並對他們有所反應的資訊。輔導課程指南應包含主旨在於提升學生的多元文化能力的一些課程。課程也應包含在學校中強調跨文化的議題。個別學生規畫指南應包含建立在所有學生相同的期望、希望和夢想的活動上，而不是對某些學生團體和基於刻板印象而不予理會。誠然，Unwah、McMahon與Furlow（2008）發現：

> 只是簡單地邀請學生成為積極參與學校社區活動分子──讓學生知道他們是受歡迎和被欣賞的──就可扮演關鍵的角色，可幫助一些未被重視的群體相信他們可以在學校環境內獲得成功。（p. 302）

邀請學生透過參與學術和生涯輔導活動來參加他們自己的學業和生涯發展，「可以幫助[他們]塑造真正的教育抱負」（Unwah et al., 2008, p. 302）。測驗結果解釋的一些活動可幫助學生建立教育和生涯計畫，但解釋時務必認清大多數標準化測驗的評量是有所偏估的。回應式服務指南應包含描述一些諮商和諮詢模式範圍的活動，幫助諮商師銘記我們的專業發展是深扎在歐裔美國人的中產階級文化根基裡（Lee, 2001）。多元文化能力發展的最高層級是諮商師使用「文化適當干預策略」（ACA, n.d.-a）。美國學校諮商師協會全國模式對「提倡」（如提倡社會正義）一詞定義如下：

　　積極地支持可提升和協助學生學業、生涯，個人／社會需求的原因、想法或政策。提倡的形式之一是積極地辨別多種代表性的少數學生，支持他們致力於表現學業最高成就的過程。（ASCA, 2005, p. 129）

　　回應式服務必須實施來幫助與學校文化不同或與主流社會不同的學生，因為他們要跟族群或文化認同的發展搏鬥，要在較大的社會中找到他們的定位。系統支持指南應提供策略以指示學校諮商師如何能幫助他們的學校變成文化回應的學校（Lee, 2001），包含無限制延伸踏出他們的社區和邀請社區進入參與——從事實和比喻來說，降低使得學校難以踏入社區的那面牆。

　　在重造輔導方案的設施中——輔導中心、辦公室、接待中心、生涯中心和會議室——諮商師應確保資訊的簡報反映是多樣化，從中心使用者的閱讀資料到貼在牆上的海報，都是可用的閱讀素材，都有其多樣化。（一幅畫抵得上千言萬語！）

　　在發展和使用政治資源上，包含——你的所有組成團體的自覺參與——是務必達到的原則。在這項事實中感到欣慰的是「學校諮商師擬發目標，準備方案和服務社區的改變似乎……有更成功的成果」（Bodenhorn, Wolfe, & Airen, 2010, p. 171）。在因應對方案的評論，對付特別明顯有敵意的家長，學校諮商師可從他們個人與學校相處的敏感度學到很多事：諸如許多非中產階級、少數族群和窮人都有學校經驗，會導致對學校系統產生不信任。你得仔細聆聽，敏銳探究，並且不帶絲毫成見。

　　在考慮到特殊目標時，也有多種機會可注意到學生和學校社區的多樣性。當前學校績效運動的一項明示的宗旨，是為了努力確保學校會保持所有的學生達到相同標準——學業測試成果的標準。要求測試分數的資料分發給有關人士知道，迫使學校和當地、州和聯邦的政策制定者體察那些沒受到目前系統良好服務的學生。聯邦基金的目標為幫助後段生、失敗的學習者和輟學生；被忽略的、鑰匙兒童、不良青少年或有風險的學生；少數族群和民族；低社經地位的孩童；暴力取向或受暴的孩童；使用或濫用藥物的孩童；逃學、中輟或被開除學籍的孩童；在懲戒所或無家可歸的孩童。

　　這些學生團體的需要是諮商師可以且應該回應的。許多學生是來自與學校所代表的不同文化。諮商師可以是座橋梁。Portman（2009）特別強調學校諮商師作為文化的調解人的重要性，這座橋梁運用：

　　　　透過學校諮商師的一個有目的過程……從事預防、介入和／或補救活動，以促進文化的多樣性和人類系統之間（例如，學校、家庭社區，和聯邦及州機構）的溝通和瞭解，以幫助所有學生的教育進展。（p. 23）

特別是，學校諮商師被催促擬發和運用文化調解技巧來「提倡和服務(a)語言分歧的學生和家庭，(b) 文化能力好的家庭同伴，和(c)社區顧問和社會主張」（p. 24）。

　　最後，整個美國的學校在教職員間或教職員和學生間經歷種族和族裔之間的緊張關係。在一項全國性調查全方位輔導方案所面對的重要議題的研究裡（Henderson & Gysbers, 2002），對提升學校諮商師的多元文化能力議題的成功回應，都出自那些諮商師能在一所學校內（Locke, 2002）和一個學區（Zambrano, 2002）內促進提升所有教職員的能力的策略。他們提供了諮商師提倡改善學生情況的最優模式。

　　設定學校的輔導方案促進的目標必須跟學校的人口密度的真實情形有關，不是根據學校過去的人數或根據可能的人數來設定目標，而是根據數據顯示人數設定目標的。目標應聚焦於服務多種學生的團體或教師所投射的學生的刻板印象議題的差異性上。從正面來看，目標可以建立在表揚多樣性——幫助諮商師、學生、教師和家長認識。並學習與社區裡所有尊重、重視不同的個人和團體一同工作。

　　任何公共關係或溝通方案或計畫應考慮到最合適於達到所有服務所提供的公眾。因此，非傳統的溝通方法和致力於公眾服務必須詳加考慮。舉例來說，在社區裡家長被學校和其工作成員恐嚇或讓他們感覺不舒服，就地提供服務可能會是有效的。諮商的倫理規範建議我們用當事人瞭解的語言來和他們溝通；所以我們也應該讓當事人在覺得舒服的情境下溝通，如此他們方能更易於瞭解

我們的訊息。

輔導與諮商方案領導者的角色與責任

學區和學校的方案領導者的角色在這階段將會轉移到工作成員領導者和方案經理人手中，將領導角色轉移到提倡改變方案和輔導方案成員的手上。即使新方案已進入過渡期，領導者持續扮演領導地位和監督改進方案的角色於此開始。

在新方案的過渡期間，方案領導者著眼於改變的動力和氣勢，在實施期間，則著力於持續的改進和改善方案的良好步調（Henderson & Gysbers, 1998）。Scarborough與Luke（2008）在他們的質性研究中建議，成功的實施一項綜合、發展性的輔導與諮商方案，意味著學校諮商師有動機去幫助孩童和青少年；諮商師必備的個人能力和特質、有適當的訓練、通曉學校諮商模式、深知專業的角色模式和具有學校諮商師的經驗。他們必須有自我效能的意識，和對自己工作的系統有所體認，並能融會其中。

學區方案領導者駕御學區的改進，是學區改進總體規畫的主要執行者。學區領導者引進適當的顧問來協助特別項目的實施。中央辦公室輔導工作成員所處的地位是要知道在這學區、州和聯邦層級正在處理何種有關輔導的情事，並負責向其餘的輔導成員溝通和解釋這些訊息。輔導與諮商方案領導者則處理進行中的公共關係事務。

當方案納入到正進行的規畫、評估和調整時，學區方案領導者擬發計畫和改善系統來讓學校的領導者和工作成員使用。方案的成功和表現的改進的最終績效，是取決於特定的方案領導者。他們工作不只要確保輔導部門工作成員持續為方案的改進而奮鬥，也鼓勵和增強他們的成效。授權工作人員的方法之一是允許他們選擇和規畫自己的改進（Henderson & Gysbers, 1998）。同時，人事專家之間傳誦的傳統智慧是職員做事是為「檢查」不是為「預期」；因此，方案需要稽查員。

學區領導者將某些權力下放給學校輔導與諮商領導者。後者需要協助以有

效地執行他們的角色。在第9章有更詳盡的討論，也可參考 Henderson 與 Gysbers（1998）的《領導與管理你的學校輔導方案人員》。這可能激發學區領導者直接塑造其適當的行為，類似學校行政人員、督導、經理和專業的領導者的行為角色。這也意味著鼓勵這些領導者嘗試領導關係策略。Dollarhide、Gibson 與 Saginak（2008）的研究建議必要的領導關係活動包含：

設計和實施一項可行的學校諮商方案；信賴和授權學生、同事和家長；在學校內或學區內做正式和非正式權力協商；發展和溝通健全的學生和健全的學校的視野，啟發其他人，並藉由範例來領導。（p. 263）

為確保完整的實施，我們鼓勵持續使用其他成員領導者——非正式或其他人員——以確保學區輔導與諮商方案領導者和整個輔導成員間的健全溝通。非正式的領導者通常是獲得真誠意見回饋的最佳媒介。

Senge 與 Kaeufer（2000）描述許多影響力可能會妨礙此發展階段的改變，他們標示為「創始的挑戰」（p. 4）。這些挑戰「通常在團體已經達成某些目標後，又遭遇新問題，[而]這時這計畫吸引了更多的人的參與」時發生（p. 5）。其中之一的挑戰是由於工作成員的恐懼和焦慮。他們焦慮是因為他們害怕犯錯、疏忽或傷害到他人。他們需要承認有焦慮和恐懼，否則他們就會退縮和變得有防衛心。通常會在這階段產生的第二個挑戰是影響到情緒，「這種東西不受用」（p. 5）。這是從實施的改變裡人們預期立即結果可能影響自己情緒的原因。Senge 與 Kaeufer 給予改變的領導者兩個建議：「欣賞在深度的改變裡所需時間的延宕」（p. 5），以及擬發明晰的機制評估朝向期望目標進展的程度。他們討論到的第三個挑戰是工作成員有變成「信者與不信者」的傾向（p. 5）。Senge 與 Kaeufer 做了如下的解釋：

因為改革的團體創造次文化，造成內部和外部人士之間的衝突是不可避免的，領導者能讓衝突不致上升，只要他能做到：(1)在次文化和主流文化內有效運作；(2)從主流文化裡尋求有高信譽的其他領導者

監督改進；(3)建立團體的能力來從事更大的系統參與；(4)培養坦誠公開的態度；(5)尊重人們反對改變的想法；(6)發展共通的語言和價值觀。（p. 5）

學區輔導與諮商方案領導者必須與校長及其他行政人員共同建立釐清他們的角色。可能跟這些人一起承擔行政的責任，我們必須教導他們有關輔導部門的目標和其優先順序，為了改變和進行中的計畫，我們必須納入他們的支持。諮商師必須注意到他們所關心的事項和目標，並支持他們的善意。

一個必要的目標是努力促進學校諮商師與行政人員之間做到公開和明晰的溝通；有時要做到這樣是成問題的，但值得冷靜注意。為了輔導與諮商方案的改變達到成功，諮商師和行政人員必須通力合作（ASCA, 2005）。但通常提倡他們的方案的角色仍屬於諮商師。教育方案的決策制定的互動特性對學校和學區的行政人員會造成挑戰；成功的方案實施有賴採取相關步驟朝向方案改進。這些行動需要更多的協調整合，輔導與諮商方案須以達到更多學生學到方案所教導的內容的目標為有效，支持學校層級的諮商師扮演他們提倡方案的角色的訓練愈佳，方案的實施也會愈好。

在新構想的輔導與諮商方案的實施之中，則是到了該專注於是否已做到確保輔導部門工作成員——不論是專業和助理人員和助教，領導者和隨從——具備所需的才能，來執行所設想的周全的全方位方案。在第 9 章會詳細討論工作成員領導者該如何做，方能確保每位工作成員努力達到專業的潛能，亦即每位工作成員稱職地工作。

▪▀▆ 你的進度檢核

在方案發展過程的這一點，你已啟動全面實施你的全方位輔導與諮商方案的過渡期。如果你遵循我們的建議，那麼你應該已經開始在你的方案上有效地運用可得的資源，你也已抓住機會跟其他優先處理事宜同時執行自己的特別方案，你已擬發計畫和系統來促進學校層級的改變，你也已發展一項公共關係方

案和活動。

資源的有效利用

對人力資源，你已經：

- 開始改善諮商師－學生的人數比例。
- 為學校諮商師和其他方案相關的工作成員擬發工作內容的說明。
- 建立學校方案領導者的責任。
- 澄清方案工作成員間的關係。

對財務資源，你已經：

- 設定學區和學校部門的預算。
- 擬發資源素材以支持進行中的實施方案。
- 建立促進發展和提供設備的標準。

對政治資源，你已經：

- 提升教育局的政策和行政的程序。
- 在學校工作成員之間建立對方案的支持。
- 和立場相反的工作成員及委託者代表一起工作。

提供完成所需改變的動力

你已開始：

- 專注於強調聯邦、州、學區、社區或學校優先順序的特別項目。
- 透過運用改變的具體計畫和以目標為基礎的改善系統來促使學校層級的改變。
- 實施公共關係活動來向方案的組成分子溝通你新方案的設計。

 參考文獻

Adelman, H. S., & Taylor, L. (2003). On sustainability of project innovations as systemic change. *Journal of Educational and Psychological Consultation, 14*(1), 1–25.

Akos, P., & Gelassi, J. (2004). Training school counselors as developmental advocates. *Counselor Education and Supervision, 43,* 192–206.

Akos, P., Schuldt, H., & Walendin, M. (2009). School counselor assignment in secondary schools. *Professional School Counseling, 13,* 23–29.

American Counseling Association. (2008a). *The effectiveness of and need for professional counseling services.* Retrieved from http://www.counseling.org/PublicPolicy/Washington.aspx

American Counseling Association. (2008b). *Effectiveness of school counseling.* Retrieved from http://www.counseling.org/Files/FD.ashx?guid=c051cc74-f3cc-4a59-9d81-770b5a4ab073

American Counseling Association. (n.d.-a). *Cross-cultural competencies and objectives.* Retrieved from http://www.counseling.org/Resources/Competencies/Cross-Cultural_Competencies_and_Objectives.pdf

American Counseling Association. (n.d.-b). *Resources for school counselors.* Retrieved from http://www.counseling.org/PublicPolicy/TP/ResourcesForSchoolCounselors/CT2.aspx

American School Counselor Association. (2005). *The ASCA National Model: A framework for school counseling programs* (2nd ed.). Alexandria, VA: Author.

American School Counselor Association. (2006). The professional school counselor and the use of non-school-counseling-credentialed personnel. In *ASCA position statements* (p. 52). Alexandria, VA: Author. Retrieved from http://www.schoolcounselor.org/files/PositionStatements.pdf

American School Counselor Association. (2011). The professional school counselor and character education. In *ASCA position statements* (pp. 4–5). Alexandria, VA: Author. Retrieved from http://www.schoolcounselor.org/files/PositionStatements.pdf

American School Counselor Association. (n.d.). *Effectiveness of school counseling.* Retrieved from http://www.schoolcounselor.org/content.asp?pl=133&sl=241&contentid=241

Bemak, F., & Chung, R. C. (2008). New professional roles and advocacy strategies for school counselors: A multicultural/social justice perspective to move beyond the nice counselor syndrome. *Journal of Counseling & Development, 86,* 372–381.

Bodenhorn, N., Wolfe, E. W., & Airen, O. E. (2010). School counselor program choice and self-efficacy: Relationship to achievement gap and equity. *Professional School Counseling, 13,* 165–174.

Brigman, G., & Moore, P. (1994). *School counselors and censorship: Facing the challenge.* Alexandria, VA: American School Counselor Association.

Collins, N. M., & Pieterse, A. L. (2007). Critical incident analysis based training: An approach for developing active racial/cultural awareness. *Journal of Counseling & Development, 85,* 14–23.

Common Core State Standards Initiative. (2010). *Introduction to the common core standards.* Retrieved from http://www.corestandards.org/assets/ccssi-introduction.pdf

Davies, G., Chun, R., Da Silva, R. V., & Roper, S. (2004). A corporate character scale to assess employee and customer views of organization reputation. *Corporate Reputation Review, 7,* 125–147.

Dollarhide, C. T., Gibson, D. M., & Saginak, K. A. (2008). New counselors' leadership efforts in school counseling: Themes from a yearlong study. *Professional School*

Counseling, 11, 262–271.

Edwards, D., & Mullis, F. (2003). Classroom meetings: Encouraging a climate of cooperation. *Professional School Counseling, 7*(1), 20–28.

Employment and Training Administration. (2009). *Secretary's Commission on Achieving Necessary Skills.* Retrieved from http://wdr.doleta.gov/SCANS/

Fullen, M. (2001). *Leading in a culture of change.* San Francisco, CA: Jossey-Bass.

Galassi, J. P., & Akos, P. (2004). Developmental advocacy: Twenty-first century school counseling. *Journal of Counseling & Development, 82,* 146–157.

Gysbers, N., & Henderson, P. (1997). *Comprehensive guidance and counseling programs that work—II.* Greensboro, NC: ERIC Counseling and Student Services Clearinghouse.

Henderson, P. (1989). How one district changed its guidance and counseling program. *The School Counselor, 37,* 31–40.

Henderson, P. (2009). *The new handbook of administrative supervision in counseling.* New York, NY: Routledge.

Henderson, P., & Gysbers, N. C. (1998). *Leading and managing your school guidance program staff.* Alexandria, VA: American Counseling Association.

Henderson, P., & Gysbers, N. (Eds.). (2002). *Implementing comprehensive school guidance programs: Critical leadership issues and successful responses.* Greensboro, NC: CAPS.

Lee, C. C. (2001). Culturally responsive school counselors and programs: Addressing the needs of all students. *Professional School Counseling, 4,* 257–261.

Locke, D. (2002). Applying multiculturalism in a problem(matic) situation. In P. Henderson & N. Gysbers (Eds.), *Implementing comprehensive school guidance programs: Critical leadership issues and successful responses* (pp. 233–240). Greensboro, NC: CAPS.

Missouri School Board Association. (2010). *Sample policy: Student guidance and counseling program.* Columbia, MO: Author.

National Alliance of Pupil Services Organizations. (2007). *NAPSO.* Retrieved from http://www.napso.org

National School Public Relations Association. (n.d.-a). *Code of ethics.* Retrieved from http://www.nspra.org/code-ethics

National School Public Relations Association. (n.d.-b). *Getting started.* Retrieved from http://www.nspra.org/getting_started

Nelson, J. A., Bustamante, R. M., Wilson, E. D., & Onwuegbuzie, A. J. (2008). The school-wide cultural competence observation checklist for school counselors: An exploratory factor analysis. *Professional School Counseling, 11,* 207–217.

Peer, G. G. (1985). The status of secondary school guidance: A national survey. *The School Counselor, 32,* 181–189.

Portman, T. A. A. (2009). Faces of the futures: School counselors as cultural mediators. *Journal of Counseling & Development, 87,* 21–27.

Scarborough, J. L., & Luke, M. (2008). School counselors walking the walk and talking the talk: A grounded theory of effective program implementation. *Professional School Counseling, 11,* 404–416.

Secretary's Commission on Achieving Necessary Skills. (1991). *Report.* Washington, DC: U.S. Department of Labor.

Senge, P. M., & Kaeufer, D. H. (2000). Creating change. *Executive Excellence, 17*(10), 4–5.

Shepherd, L. J. (2000). Promoting professional identity in an era of educational reform. *Professional School Counseling, 4,* 31–41.

Singh, A. A., Urbano, A., Haston, M., & McMahon, E. (2010). School counselors' strategies for social justice change: A grounded theory of what works in the real world. *Professional School Counseling, 13,* 135–145.

Unwah, C. J., McMahon, H. G., & Furlow, C. F. (2008). School belonging, educational aspirations, and academic self-efficacy among African American male high school students: Implications for school counselors. *Professional School Counseling, 11,* 296–305.

West-Olatunji, C., Shure, L., Pringle, R., Adams, T., Lewis, D., & Cholewa, B. (2010). Exploring how school counselors position low-income African American girls as mathematics and science learners. *Professional School Counseling, 13,* 184–195.

White, J., Mullis, F., Earley, B., & Brigman, G. (1995). *Consultation in schools: The counselor's role.* Portland, ME: J. Weston Walch.

Zambrano, E. (2002). Opening the dialogue. In P. Henderson & N. Gysbers (Eds.), *Implementing comprehensive school guidance programs: Critical leadership issues and successful responses* (pp. 241–249). Greensboro, NC: CAPS.

Chapter 8 管理你的新方案

林繼偉　譯

┌─────────────────────────────────┐
│ **實施——管理新方案**

◆ 促進方案活動。
◆ 提升專業學校諮商師的角色。
◆ 發展學校方案計畫。
◆ 監測方案實施。
└─────────────────────────────────┘

　　在此方案促進過程之現階段，你已經準備好聚焦於實施。你知道你的學生需要什麼改變，以及專業社群和父母社群對你的方案的期待。此計畫與系統已準備就緒去催化持續的促進以及實施。然而，在本章中，挑戰會持續於學校與學區。在本章中，我們討論一些有助於使學校方案改變成功的具體方式，同時提出對於維持未來數年的改變動力的一些想法。本章所回答的問題包括：當諮商師仍然面對如此多的非輔導任務，他們如何執行新的學生中心的活動？學校諮商師的角色有何不同？在一個學校中，這個翻新的方案看起來像什麼？在持續的實施中，什麼是輔導與諮商方案領導者的角色？

　　首先，我們討論促進方案活動的一些想法。這些想法包括從輔導與諮商方案中取代一些活動，而且使學校諮商師在其他方面的參與更有效率，以及新增方案活動並擴大現行活動。其次，我們提出透過職務說明歷程、透過清楚的方案計畫與責任，以及透過時間管理技巧，以提升學校諮商師角色的想法。接著討論監測和鼓勵持續之方案促進的方式，以及關注多元性的方式。最後，在此

階段會摘要輔導與諮商方案領導者的角色與責任。

促進方案活動

學校人員在比較其現行的方案與期望的方案時，已經辨識出方案設計在何處吻合以及在何處有差距。在一個學校中，這些指向特定的方案活動。就如同第 5 章所討論的，當質性與量化設計相符──也就是說，當這些活動有效地協助適量的學生達成重要的結果，而且並未過度花費學校諮商師的時間──則無須改變。我們的建議是，在你的方案促進過程中，花些時間來考量什麼是你做得正確的事。小心不要為了揚棄糟粕而丟掉精華。此外，在方案中辨識有效的、有效率的和高品質的活動，有助於成員的士氣，這將使他們確認他們所做的許多事是有價值的。

當兩種設計存在差距時──超量或落差──方案活動需要做改變。設計中的超量包括花費多於期待的方案資源（例如：更多學校諮商師的時間）的活動。落差反映過少的適當資源（例如：學校諮商師的時間不足）。為了消除設計的超量，方案活動需要刪減或替代，或是需要使資源的適用性更有效率。為了填補設計的落差，需要增加期望的活動，或增強現存的活動，以便更充分達成方案目標。第 7 章已描述運用目標基礎的方案促進系統，學校教職員透過發展具體方案促進計畫去取代、效率化、增強或擴大活動，以系統性地著手修復差距。

當目標已設定且改變已發生，學校的輔導與諮商方案領導者需要確保正確的改變產生。正確的改變是指由輔導與諮商方案促進計畫團隊、諮詢委員會或兩者所確認的那些以學生為高度優先、且最佳運用專業學校諮商師的時間與能力的事。例如，假如增加親子教育活動是第一優先，而增加鑰匙兒童的課後小團體是第二優先，那些就應當是首先和其次增加至最新方案的活動。假如移除特殊教育轉介有關的文書工作是替代的第一優先，以及將停課返校學生的諮商轉移給管理人員是第三優先，則這些需要依序完成。這個次序可能與諮商師的偏好不同，然而這是一種合作的過程。

除了確保只有重要的改變產生，諮商人員必須努力使改變成功、做好改變，

或協助他人做好改變。基本上，這意味著擁有活動所需的技巧、小心地計畫活動，以及包括那些在計畫過程中受改變所影響的事物。

設計方案活動

有意識地設計或重新設計有效的和有效率的方案活動需要做一系列的決策，如圖 8.1 所示。這些步驟是相互關聯的，而且你能夠在任一點進入這個過程，但最常見的是，辨識學生需求層級、服務學生人數，以及期望的學生學習成果應先於介入方式的選擇。表 8.1 呈現當你進行這些過程時須考慮的選項。

學生需求層級與學生人數

就如第 5 章所討論的，學生表明了對諮商師介入的不同層級需求。他們呈現與一個年齡團體的大部分學生相同的發展性需求（100%）。有些人，大約 35%，呈現預防性層級的需求。少數人，大約 15%，呈現矯正性層級的需求。1%至 2%的學生呈現危機層級的需求。

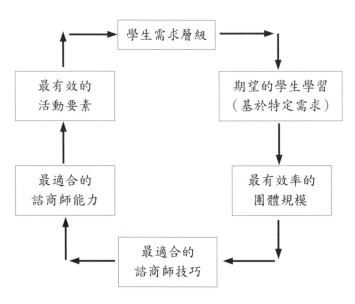

圖 8.1 設計適當的活動：思考歷程

表 8.1 設計對的活動：選項

學生需求層級／百分比年齡團體	期望的學生學習[a]	最有效率的團體規模	最適合的諮商師技巧	最適合的諮商師能力	最有效的活動要素[b]
發展性（100%）		大型	告知		輔導課程
發展性（100%）		班級	教導	輔導	輔導課程
發展性（100%）		班級	指導	輔導 學生評估解釋	個別學生規畫
預防性（35%）		小團體 個別			
發展性（100%）		小團體	輔導	輔導	個別學生規畫
預防性（35%）		個別		諮商	回應式個別學生規畫
預防性（35%）		小團體	諮商	諮商	回應式服務
矯正性（15%）		個別	諮商	諮商	回應式服務
個人危機（1-2%）		個別	諮商	諮商、評估、轉介、諮詢和協調	回應式服務

[a] 依據特定需求和適合的輔導內容。
[b] 方案模式。

期望的學生學習

　　一旦辨識出你想要處理的學生需求後，下一步是確定你想要學生學習什麼或能夠做什麼以作為你的活動結果。如同第 3 章所述，辨識你的基本輔導方案內容目標（例如與學業相關的生涯、個人或社會標準，或與自信心發展和成就動機有關；做決定、目標設定、計畫以及問題解決；人際效能、溝通技巧、跨文化效能，以及負責任的行為）是設計你的整體方案的基礎。每個輔導方案的特定結果應能協助學生逐步達成一項或數項目標。因為具有情境特定性，它在表 8.1 中以空白表示。活動學習目標的範例在本章稍後「增加新活動」的段落中討論。

最有效率的團體規模

瞭解需求層級和你想要協助的學生人數，將顯示可以容納最多學生去達成結果的團體規模。通常發展性需求可以透過大型、班級規模或小型團體獲得滿足。預防性需求可以透過小團體或個別會談獲得滿足。矯正性和危機需求最常透過個別會談獲得滿足。透過被設計來處理危機的活動（例如個人諮商）來處理發展性需求是無效的。透過被設計來處理發展性需求的活動（例如團體課程）來處理預防性或矯正性需求亦是無效的。

最適合的諮商師技巧

專業學校諮商師使用一系列技巧來協助學生（和其他人）學習。從最直接到非直接，諮商師告知、教導、指導、輔導或諮商學生。諮商師應用技巧的選擇取決於期望的結果。告知是諮商師對學生的單向溝通。教導是一種講師導向和以學習者為中心的功能，用以傳授知識並協助學生應用其所學。指導是以指導者導向、學生為中心的功能，為的是獲取和評估客觀與主觀資訊，並以此資訊為基礎提供可能的學生決策之說明來協助學生。輔導是以學生為中心和諮商師導向的功能，以獲取客觀和主觀資訊，並應用此資訊來協助他們經歷做決定、目標設定、行動計畫或問題解決。諮商是以學生為中心和諮商師催化的歷程，包含應用適合的理論和技術來協助學生辨別和解決個人議題、問題、關注或困境。

最適合的專業學校諮商師能力

能力包含知識、技巧、態度和行為。先前列舉的技巧是多種諮商師能力的核心。圖 8.2 指出來自於《德州專業學校諮商師評鑑模式》（Texas Counseling Association, 2004）的相關能力範疇。

最有效的方案活動要素

告知和教導是應用在輔導課程要素活動的技巧。指導和輔導是應用於個別學生規畫活動。諮商是應用於回應式服務要素活動。表 8.1 呈現諮商師於設計有

小學
　活動（課程）時段＝30分鐘
　上學日＝7小時
　活動（課程）時段／天＝14
　活動（課程）時段／週＝70
　　　輔導課程　　　　　　　40%（70）＝28
　　　個別學生規畫　　　　　10%（70）＝ 7
　　　回應式服務　　　　　　40%（70）＝28
　　　系統支持　　　　　　　10%（70）＝ 7
中學
　活動（課程）時段＝45分鐘
　上學日＝7小時
　活動（課程）時段／天＝9
　活動（課程）時段／週＝45
　　　輔導課程　　　　　　　35%（45）＝16
　　　個別學生規畫　　　　　20%（45）＝ 9
　　　回應式服務　　　　　　35%（45）＝16
　　　系統支持　　　　　　　10%（45）＝ 4
高中
　活動（課程）時段＝55分鐘
　上學日＝7小時
　活動（課程）時段／天＝7
　活動（課程）時段／週＝35
　　　輔導課程　　　　　　　20%（35）＝ 7
　　　個別學生規畫　　　　　30%（35）＝11
　　　回應式服務　　　　　　35%（35）＝12
　　　系統支持　　　　　　　15%（35）＝ 5

圖 8.2　理想的方案平衡——韓德森公立學校：
活動（課程）時段／方案組成要素／週

效和有效率的活動時的選項。

轉移非輔導活動

　　現行方案中不符合期望方案的活動成為轉移的目標。轉移策略包含以期望

的輔導與諮商方案活動取代不理想或不適合的活動或工作。甚至比起其他的策略，轉移輔導部門中的外來任務更需要逐步完成。它通常需要持續倡導為學生做正確的事。

在描述現行方案時（參見第 4 章），你辨識了輔導部門為整體教育方案提供支持的方式。許多被轉移的活動是被執行來支持其他方案；另外一些是行政性的活動。

> 諮商師明顯地 [良好諮商師症候群] 經常同意承接任何行政主管和教師要求的任務……即使協助這些人將得犧牲他們被訓練執行的專業服務。（Bemak & Chung, 2008, p. 374）

兩種辨別一項活動是否為非輔導工作的敏銳性測驗是：(a)這項工作是否會運用到我的專業諮商技巧？和(b)活動目標能否導致輔導方案內容結果的達成？假如你已依循我們的建議，那麼你應該已經辨別出這些特定方案中不適合的活動。

輔導部門通常為一般教育方案提供支持，例如透過轉介學生至特殊方案、實施定向和銜接活動、參與課程計畫、協助發展認證報告、協助學生為下年度課程提前註冊、接受關於總課表發展的諮詢，以及改變學生課表。輔導部門有時也為其他方案提供支持，例如測驗、紀律管理、資優教育、特殊教育，以及生涯與技職教育。在諾斯賽德獨立學區（Northside Independent School District, 1986）研究中，支持這些不同方案的活動很耗費時間。它們吸收 30%到 40%全學區學校諮商師的時間，而且導致遠低於 100%的輔導與諮商方案的遞送。相同的結果也出現在第 4 章所討論的全州時間調查中。在北卡羅萊納公共教學部（North Carolina Department of Public Instruction, n.d.）所做的研究中，辨識出特定的非諮商活動，同時諮商師記錄他們花費在那五項任務和「其他」活動的百分比範圍。表 8.2 呈現花費在每項任務超過他們時間 10%的諮商師百分比。密蘇里州進行了一項研究（Gysbers, Lapan, & Roof, 2004），用來辨識其學校諮商師做了哪些非輔導活動。表 8.3 呈現密蘇里州各級學校諮商師報告他們花費超過合理時間（換句話說超過 10%）在被認定的非輔導活動之百分比。顯然，在任

表8.2 北卡羅萊納州各級學校花費在特定非諮商活動時間超過 10%的學校諮商師百分比

非諮商活動	小學	中學	高中
任務（例如：校車、中餐）	13.1	16.9	8.5
註冊任務	17.0	47.9	54.5
課表調整	2.0	24.6	53.6
測驗主持	48.9	51.8	50.0
代理教學（代課）	2.2	1.8	2.6
其他非諮商活動	11.3	11.7	10.8

一案例中，學生無法獲益於 100%的輔導與諮商方案。在兩例中，跨學校層級的差異和相似性還滿有趣的。

諮商師所執行的非輔導工作符合四種類型：學生督導、教學、文書和行政性。督導性任務包括發展和監督集會場合和大廳、餐廳、校車或洗手間工作。教學性任務包括課業輔導或代理教學。文書性任務包括銷售中餐或校車票券、蒐集和郵寄進度報告、維持永久資料和處理成績單、計算高中學生畢業累積學分、監測出席、計算學業平均成績、發展學生手冊與課程指引，以及安排入學許可、審查和退學委員會議。行政性任務包括主持全校測驗方案、發展學校總行事曆、代理請假的校長、指定懲戒結果、撰寫校長的年度報告、調整行事曆或甚至督導老師。這些任務是轉移的目標。

堅實的資料為轉移提供有力的理由。它們建議哪一些活動被移除時，將為輔導方案帶來最大效果。協助支持轉移的額外資料包括：辨識相關任務的數目、合計所花費的時間以及諮商師或其他人員執行它們的金錢支出。但是時間才是重要的數值。其他人通常並不瞭解，那些限制諮商師與學生共同為適當輔導目標工作的活動會花費多少時間。有時，學校諮商師對不同的非輔導任務花費多少時間的知覺，會受到他們必須去做那些任務的感覺所影響。這個資料有助於諮商師以及其他在此歷程中的決策者（Madden, 2002）。

除此之外，用協調去轉移活動需要諮商師們團結一致。換言之，他們必須都同意那項任務不適合輔導任務且必須放棄。就如 Anderson（2002）所表達的：

表 8.3　密蘇里州各級學校諮商師執行非輔導任務的百分比

任務	小學	中學	高中	完全中學
協調測驗方案	71	83	64	81
給予特殊／資優教育的個別測驗	67	65	37	56
協調者／管理者 504 檔案	45	58	36	10
管理：餐廳	42	37	15	37
管理：上下校車	40	26	9	10
協調／監督學校集會	33	28	20	32
管理：走廊	32	35	26	24
一日校長活動	32	9	7	22
維持永久紀錄	31	51	46	66
協調／管理個別教育方案過程	29	33	12	
管理紀律	24	17	6	10
處理成績單	22	41	65	73
複製／郵寄新進學生入學紀錄	21	40	31	46
監督出席人數	21	27	27	27
代理教學	18	23	19	32
平均班級人數	17	69	70	56
計算學業平均成績、學校排名、優秀學生名單	6	36	46	56
發展／更新學生手冊／課程指引	6	25	57	34
製作總課表	4	51	44	54
管理：廁所	3	9	4	0
蒐集／郵寄進度報告	3	30	29	24
調整課表	3	74	86	71
銷售午餐券	1	2	0	0

註：取自"Non-Guidance Duties Performed by School Counselors," by N. C. Gysbers, R. T. Lapan, and C. Roof, 2004, *The Counseling Interviewer, 36,* Table 1-4, pp. 28-31. Copyright 2004 by the Missouri School Counselor Association。

　　我或許很極端，但是我相信諮商師必須瞭解，他們在學校的角色與其他專業一樣重要。諮商師不是在學校「服務」他人；他們在學校是去實施一項方案，並且應用只有他們具備的獨特技巧與知識……。這需要一種信念，即諮商師與諮商方案在學校所做的工作是如此重要，

以至於少了他們，這間學校便無法符合它的任務以及所有學生的需求。
（p. 320）

轉移需要一個過程去具體指明已經被執行的工作，以及刪除它們或是轉移責任給其他人去實行。將大型非輔導工作分解成一組小型任務是最輕鬆的管理方式。然後可以為每個任務做決策而非為整個方案而做。

諾斯賽德獨立學區進行了一項特別的時間研究，諮商師辨識他們花費在特定管理任務的時間，即不需要輔導與諮商碩士學位即可完成的半行政和文書任務。實施調查的第一步是發展任務清單。在這些任務中，四十一項是被小學諮商師所辨識，四十七項由中學諮商師所辨識，以及三十四項由高中諮商師所辨識。這些諮商師隨後判斷平均每年要花在這些任務上的時間。如果任務的一部分需要諮商師的專業知識，則建議將其效率化——保留能善用諮商師專業技巧的次任務並轉移其他次任務。下一步是確認每一項任務的性質（這項任務屬於文書的或專業的？）並且回答：「還有誰可以做這項工作？」表8.4呈現從諾斯賽德獨立學區研究摘錄的有用資料，並顯示明確的學校層級。

雖然沒有任何一項任務花費壓倒性的時間，但是每位小學諮商師每年花費在「瑣碎而微不足道的」時間有三十九天，中學諮商師五十四天，以及高中諮商師是六十六天。如果所有期望的轉移都被完成，則可以重獲二十七天的小學諮商師時間、三十五天的中學諮商師時間，以及四十五天的高中諮商師時間。擁有關於具體任務及其花費時間的資料，可以使設定轉移或是刪除最糟之耗時者的優先順序變為可能，並且知道任務性質及其他可以最有效完成該任務的建議人員。

確認任務導向引出另外一個在考慮轉移之前需要回答的問題：這項任務真的需要完成嗎？研究範圍涵蓋數間學校的諾斯賽德獨立學區研究發現，一些校園的諮商師所執行的任務根本並未在其他校園進行。不同的學校有不同程序和習慣需要被檢視。

假如你決定這項任務確實需要被完成，隨後的問題即是，它如何可以被最有效率地完成？有效率地意味著在人力成本或時間上的最少花費。辨別何人應運用時間在這些活動上，或這些活動怎樣以其他方式完成，是那些尋求解除自

表 8.4 半行政與文書任務研究（學校管理任務）

方案與任務	平均時間／諮商師／年	建議	任務性質	還有誰？（參與）
小學				
特殊教育				
初步轉介文書作業蒐集	7 天	D	文書	校長秘書
個別測驗	4 天	S	專業	老師
出席入學許可、審查和退學會議	5 天	S	專業	老師
總計	39 天（21%）			
中學				
普通教育				
新生註冊	8 天	S	文書	行政秘書
課表變更	9 天	D/S	文書	課程秘書
特殊教育				
初步轉介文書作業蒐集	4-5 天	D	文書	秘書
出席入學許可、審查和退學會議	5 天	S	專業	老師
總計	54 天（29%）			
高中				
普通教育				
核對選課數	6 天	D	文書	秘書
課表變更	11 天	D/S	文書	課程秘書
核對畢業狀態	7 天	D	文書	登錄員
總計	66 天（34%）			

註：資料取自 Northside Independent School District, San Antonio, TX。
D ＝轉移；S ＝效率化。

身任務的諮商師的責任。假如諮商師提出一個合理的計畫，他們達成轉移的機會便大幅增加。他們需要回答此類問題，諸如誰是這活動的主要受益者？何人具有執行此活動的知識或技巧？如何可以分派任務給更多人員以及花費每一個人更少的時間？

在學區層級，輔導與諮商方案領導者和其他方案領導者間達成的共識，可

以催化這些活動的責任轉換至相關部門人員。假如你有其他部門行政主管在指導委員會中，你將可受益於他們對全方位輔導與諮商方案主要任務的理解以及對於諮商師的新興期望。想出可以將這些通常是沉悶或累人的任務加在什麼人的行事曆上並不容易，因為其他人員不會熱情地請纓上陣。然而，假如這些行政主管知道諮商師並非表達「這不是我的工作」，而是「我的工作是去輔導與諮商學生」，這些轉移便能得到支持。再次，這些改變並非隔夜或神奇地達成。某些改變很棘手，而且需要方向的澄清和相關人員的共同計畫（Petersen, 2002）。這些輔導與諮商方案領導者和諮商師需要和其他人合作來發展實行這些改變的新程序。一個此類計畫的範例呈現於附錄 K。

　　從被轉移任務重新獲得的時間而增加的輔導與諮商方案內容，需要讓它高度醒目。一個例子即是我們經常聽到校長表示，「假如我分派測驗實施給學術主管，我將會從諮商師那裡獲得什麼？」除了準備好做這樣的協商，建議諮商師接續提出他們現在可以執行的新增之學生活動。為說明此點，思考另一個來自諾斯賽德獨立學區方案的範例。中學的學校諮商師花費 7.1% 的時間在特殊教育相關的管理工作上，以及 2.15% 的時間用於團體輔導。進一步的資料顯示，諮商師也出席特殊教育學生的個別化教育方案（individualized educational programs, IEPs）年度考評會議。因為特殊教育教職員已經熟悉這些學生，諮商師出席的主要目的是去確認提議的課表能被容納，而不是去提供關於這些學生需求的專業見解。一項共識即是為了代替諮商師出席這些會議，特殊教育人員在會前和會後將向他們諮詢。諮商師直接轉換節省的會議時間到實施有益全體學生的班級輔導課程。

　　諮商師需要和其他人計畫如何將非輔導任務從輔導與諮商方案中轉移，也必須訓練那些新近被分派到這些責任的人員。訓練人員去承擔新的工作有助於確保工作被正確地執行。假如你確實想要免於這些工作，其他人最初完成的少數實驗必須成功。比較容易從新聘人員身上看到成功的實驗，然而，假使這項工作被賦予在學區或學校工作一段時間的人員，則較不明顯。例如，假如你要求教師去做與他們想要改變個別或一群學生有關的課表調整，以更加符合個別教師的課程，有步驟地訓練這些教師投入改變是重要的。除非教師對拼圖具有天賦，他們將需要被教導關於反映在學校總課表上的精細平衡、關於檢視他們

的改變對學生的其他科目和其他教師將有的影響、關於精確地完成必要的表格去運用資料處理系統來清楚地溝通等等。換句話說，將學生從一個教室移動到另外一處並非如它聽起來一般容易。

某些轉移將會包含聘用額外的人員。通常，這個情況可以透過聘用較低支出的人員來使諮商師騰出時間完成輔導與諮商教育培育他們去做的活動而達成。例如，諮商師通常被要求去維持累積的學生紀錄、去成為學校的註冊組人員。你們之中負有這項責任的人知道它是費時的。對此問題的解答是僱用一位註冊組人員或至少有充分的文書人員來做這項工作。一位秘書或半專業人員可以處理排課的文書性層面。在附錄 K 中非輔導活動重新分派計畫的範例也明列與需要的新增人員有關的開銷。

效率化諮商師在非輔導活動的參與

降低我們所稱設計超量的轉移策略是一次全部放棄這些工作。第二項策略是降低專業學校諮商師花費在單項活動的時間，換句話說，效率化他們的參與。被當作效率化目標的活動中，通常有一個適合諮商師的角色，但一段時間後，諮商師的參與已經成為諮商師的過度投入。在效率化工作中的有用資源是美國學校諮商師協會所採取的立場聲明（ASCA, 2011），其中清楚陳述學校諮商師關於各樣事務的適當角色。

再次地，何種活動被當作目標，最好由委員會依據時間研究資料提供促進輔導與諮商方案的建議後再做決定。困難的問題是，再次地，假如這任務需要被完成，何人可以執行得最好？它如何較有效率地完成？花時間去回答這些問題對你是有益的。例如，諾斯賽德獨立學區從其時間研究中學到，透過花費一半的時間在為效率化所建議的工作上，一位小學諮商師平均一年可以多花六天在輔導與諮商活動上；一位中學學校諮商師多出 7.5 天；以及一位高中學校諮商師多出十一天。

效率化諮商師在一項活動中的參與，像是轉移，通常意味著增加其他人的參與。透過小心地分析一項活動的組成任務，我們可以回答這些問題：還有誰可以執行？誰是執行這項任務的最佳人選？我們已經知道在學校中有其他人具

有較佳的訓練或者想要做某些任務。在某些情況中，清楚的程序或定義需要被建立且做成文書，來協助其他人接受他或她的責任。在其他情況中，科技可以協助或在較多成員間分配責任。甚至在其他的情況中，諮商師可以比他們現在更有效率地處理屬於輔導部門的活動。

諮商師所做的某些支持其他方案的工作，事實上更適合由其他具有較佳訓練的人去執行，但因為它們與諮商師適合任務的系統性連結，而變成諮商師的責任。例如，協助學生建立和實行他們的教育計畫，包括選擇他們的下學年課程，是一項合適的諮商師責任。然而，連結到它的活動是諸如建議下一個可能最適合的數學課或發展課程描述手冊。但是數學教師對班上學生有較完整的資訊去做建議：他或她知道學生的數學技能和明顯的能力，且比諮商師更完整地知曉數學課程。而且最接近綜合高中或中學的每一個課程資訊的是教授那些課程的教師；因此學區或學校的教學主任是製作課程指引的最佳人選。

其他諮商師所做的工作是那些合理地屬於其他人、但卻被不適當地分派給輔導部門的事。例子包括發展總課表——一個將學生和教師擺放在一起的工具（課程指引的例子可能在此處也適合）。建立總課表反映學校的教育哲學和優先順序，而且它是校長的責任。教導建立總課表的研究所課程是教育行政，而非諮商師教育。當諮商師實施一個促進方案時，分派技巧是重要的；向上分派是一個特別敏感但可行的嘗試。Petersen（2002）描述一個例子：某一個學區完成了最終使得行政主管負責標準化測驗方案，而以全體教職員作為其協調和實施的一部分之過程。假如學校較大，記得副校長或助理校長可以發展總課表。這些人士通常想要成為校長而且渴望擁有執行這任務的經驗。

效率化諮商師任務的潛在資源通常是校園內的人士，例如方才提到的行政主管，他們想要做特定的工作，因為它們與他們的方案責任和專業目標有關。例如在諾斯賽德獨立學區，班級教師感到協助教室中每一個學生學習科目的重大責任，希望較密切地參與辨識他們學生特殊需求的過程。他們想要在事前和轉介學生到特殊教育服務時，知道自己屬於這個歷程；因此他們願意協調最初的轉介文書工作並在入學、審查與退學委員會議上發聲。隨之，聯邦規範特殊教育的法令清楚規定 IEP 團隊的學校代表必須：

1. 有資格提供或督導適合身心障礙兒童特殊需求所特別設計的教學。

2. 對一般性課程具有足夠知識。

3. 對公共機構可利用資源具有足夠知識。

4. 有權力投注機構資源而且能確保 IEP 中任何設置的服務會確實提供。

（Rehabilitative Services Rule, 2008）

關於諮商師在負責發展身心障礙兒童 IEP 的委員會中承擔更多適當角色，法規陳述：「第六條：依據父母或機構的意見，其他對於兒童具有知識或特殊專長的個人，包括相關合適的服務人員。」（Rehabilitative Services Rule, 2008）學校諮商師被視為相關服務人員。

其他現行指派給學校諮商師有能力且有意願承擔的人員包括方案專家，例如閱讀教師和資優兒童教師，我們發現，他們通常願意去執行能使學生從方案中獲益的個別性評量。還有其他的例子是，認為這經驗有益而願意完成工作的教職員，例如教師從代理校長職務時受益，因為他們希望成為行政主管；以及樂於協助計畫與執行，諸如集會和學生表揚方案等活動的教師，因為他們相信教育不僅是在教室內所從事的活動。

為了使一些大型活動更有效率，清楚的程序通常有助於效率化相關工作。當操作性政策確定，需要撰寫為執行一系列活動或牽涉許多人員的程序性指引原則。此類原則確保每一位成員擁有所需的資訊，以及具有實行的一致性。在諾斯賽德獨立學區的努力中，課表調整的指引為先前中學和高中學期初的混亂帶來秩序。個別測驗何時適宜實施的指引——意味某些時間施測是不適合的——協助小學諮商師節省大量時間。

秘書和輔助性專業人員也可以被更有效地運用，來效率化諮商師花費在非輔導工作上的時間。主要是文書性的工作應當分派給合適的人員；例如，與學校註冊和獎學金申請此類活動有關的例行資訊發佈和文書工作可以分派給書記承擔。

在許多例子中，現代科技可以對輔導部門更友善。我們通常聽到電腦駕馭人而非人駕馭電腦這樣的抱怨。因此每一項電腦相關的決定和截止日期需要和其他工作以相同的細節被分析，藉由詢問此類問題：需要做這項工作嗎？這是

做這項工作的最佳時間嗎？是否有較簡單的處理方式？假如有電腦化的計分與學生資訊處理系統，與此資訊相關的例行工作，例如為在學學生或應屆畢業生製表、監測學生出席以及計算學業平均成績，應當由電腦來執行，而非經由教職員之手。

如同前述討論，在考慮期望方案的設計時，某些活動對方案執行而言是必要的，且對全體或多數學生有益。這些可能是大量而勞力密集的工作。大多數時候，藉由分配責任給全體或多數成員，以及透過允許學生分擔某些責任，這些工作能以較少代價來完成。這些全校性勞力密集工作的例子，包括督導校園內非上課時間的學生、為學生提供課外活動、為學生預先註冊課程，以及協助學生監測他們的教育進程。協助全體人員瞭解這些活動有益於他們且因此是他們的責任，以及設計有效完成的系統，是使得這些轉換生效的方法。

在教師─學生諮詢系統中，檢查學生朝向成功完成學年或高中畢業的此類工作成為全體成員的責任，而非一個相對較少數成員的費時工作。再者，藉由給予學生某些責任，諮商師使他們能夠監測自己朝向畢業的進程，且對於他們的狀態有較多的控制。進階的科技對此大有幫助，就如同猶他州 Provo 的例子，以及 Evans 與 Ward（2002）所描述的。此外，輔導人員無須在三到四個月期間一次為一名學生安排課表——然後，在我們的經驗中，因為大量的課表改變而重複此項工作。假如全體人員和不同部門一起合作，大學類型的選課或網際網路─電話註冊系統能使絕大多數的選課在一天內完成。

一些效率化工作能在輔導部門內完成。隨著學校擴大以及時間改變，許多活動已有驚人的成長，為這些已有的活動增加許多創意和時間。一個需要效率化的活動例子是高中在 12 月時的預先選課程序，延續至整個春季，且給予學生一週考慮他們的課程選擇。一個效率化的例子是運用儲存於永久資料檔案的資訊而非重複蒐集相同資訊，例如使用產生於其他學區的團體標準化測驗結果來代替新的個別評量。另一個效率化的例子是運用兩人或三人的次團體來發展一項活動的細節並呈現給成員，而不是使大多數諮商成員以集體方式計畫每項活動。另一個需要效率化的活動例子，是維持回應先前錯誤的檢查與複核工作系統，即使此系統甚至花費更多時間而且造成其他出錯的機會。據我們所知，在某一高中，每一位諮商師檢查高三學生的累計成績三次。在此案例中的效率化

可能是建立一個系統，由註冊人員維持每位學生學業進展的報告，而諮商師檢視特殊或複雜個案。

更多有關幫助諮商師管理其時間的問題將在本章稍後討論，但此時重要的是辨識個別諮商師陷入消耗寶貴的學生接觸時間的習慣。某些諮商師保持許多關於他們和學生、教師或家長會談的紀錄；維持紀錄是重要的，然而此系統的使用應當有效率。某些諮商師通常並未覺察他們延長了咖啡或午餐休息，因為他們與也在職員休息室的其他成員進行有關學生的交談；這些交談的相對優先性需要被考慮——更別提可能違反倫理原則。某些諮商師於學生在校時間處理文書工作，反之教師在學校日之外的時間處理大部分的文書工作。

當輔導人員努力去效率化花費在非輔導工作的時間時，和受到改變影響的人溝通和合作是成功執行改變的關鍵。透過溝通，可以幫助其他人瞭解原本的問題、改變的理由，以及改變的構想。當活動被取消或從輔導與諮商方案中轉移到其他方案時，諮商師必須與其他人合作以確保計畫完整，以及那些負責的人具備完成它們所需的知識和技巧。

增加新活動

促進方案活動的第三個策略是增加新的活動。如前所述，必須發展新活動來關照高度優先但低度完成的輔導與諮商方案結果與目標。重要的是新增活動被認可為重要的而且被妥善執行來合理地確保其成功。在增加新活動時，你非常有可能移除某些傳統活動；因此，其他人會密切關注新活動的價值。執行新活動的諮商師因而必須具有確保高品質活動的技巧。如同其他每件事，謹慎計畫以確保更多成功的實行。

一組持續被視為高中所必需的新活動是小團體諮商。當 Ripley 與 Goodnough（2001）擔任高中諮商師時，「提供 [他們] 發現在計畫與實施團體諮商時的成功策略」（p. 62）。他們學習到，成功地「在高中實施團體諮商取決於支持性的學校政策與人員、完整計畫以及倡導方案的開創」（p. 65）。它不會因願望而自然發生。他們實施一個促進計畫、獲得必要的支持，並且增加一組高度有益學生的新活動。

　　愈來愈多的研究證實，學校諮商師的小團體諮商介入能有效協助學生的問題（Whiston & Quinby, 2009）。在其學校諮商結果研究的文獻回顧中，Whiston與Quinby（2009）也發現，學校諮商介入對管教議題、問題解決以及協助學生促進學業成就具有效果的證據。學校諮商結果研究與評鑑中心的研究摘要 8.2（Carey & Harrington, 2010）報告了在兩個州的高中，

　　　學校諮商被顯示與一系列重要學生成果有關，包括增加數學能力程度、增加閱讀能力程度、降低留級比率、降低懲戒比率、增加出席率、參加 ACT 考試的學生比率較高和較高的 ACT 平均分數。（p. 3）

這份摘要也支持其他研究，「指出以生涯發展為焦點的介入對於產生正向學業成效似乎特別重要」（p. 3）。目前對於協助學生為大學和生涯做更好準備的重視是一項全國性的優先項目。諮商文獻已支持學校諮商介入對例如約會和性暴力（Hillenbrand-Gunn, Heppner, Mauch, & Park, 2010）、中輟預防（White & Kelly, 2010）以及青少年憂鬱（Dixon, Scheidegger, & McWhirter, 2009）等全國性優先議題的效能。

　　如同諮商師協助其他承接新責任的人去發展成功完成任務所需的能力，諮商師也需要在承擔新挑戰時努力成為具有高度效能者。例如，假如中學和高中諮商師正要開始實施班級輔導活動，他們需要更加提升他們的教導技巧。在諾斯賽德獨立學區方案中，高中學生從每年平均六位諮商師，以及中學學生從八位諮商師所領導的輔導課程受益。甚至在規定每班學生每週接受一次輔導課程的小學，每學年只有三十六週。很清楚地，那些少量課程需要被有技巧地傳達，不僅是為了學生的緣故要最佳地確保達成目標，也是為了向教師們示範以學生為中心的教學（輔導）。協助學校諮商師發展實施全方位輔導與諮商方案所需能力的方法將在第 9 章討論。同時，當學校諮商師增加小團體諮商至其介入清單時，已有專業性建立的標準來協助他們提升效能，例如團體工作專業者協會發展的《最佳操作指南》（*Best Practice Guidelines*）（Thomas & Pender, 2008）。

　　新活動需要完整的計畫以使學生達成期望的目標與結果。完整的計畫包括

清楚地陳述目標、設計一個有效和有效率的程序以協助學生達成目標、運用相關的素材去支持此程序、與其他參與者合作，以及管理實施活動的後勤支援。

在第 5 章，我們描述概念流程圖來定義輔導與諮商方案活動的主題、目的、能力、成果與目標。在設計你的方案時，你已經指出每一個年級的適當結果。在計畫每一項活動時，你需要指明學生在活動後可達成的目標。此處為一個例子：

主　　題：做明智的決定。

目　　的：學生將會運用系統性決策程序。

能　　力：六年級學生將應用強調產生選項和瞭解決定策略的八步驟決策程序。

學生成果：六年級學生將會描述他們最常使用的三種選擇策略之優勢與劣勢。

活動目標：在介紹決策策略的輔導課程末尾，課堂中每一位學生將會正確地描述十三種選擇策略中的十種。（Gelatt, 1972）

在每一個增強的明確性之階層存在著更多潛在的次項目。例如在做明智決定主題中，除了先前所引述的目的，更多目的是可能的，例如「學生將會使用以情緒為基礎的決策程序」。在「學生將會運用系統性決策程序」之目的內，除了已經設定的能力尚有更多能力項目，如「六年級學生將會應用強調個人價值在決策中的角色的八步驟決策程序」或「七年級學生將會應用強調蒐集事實的八步驟決策程序」。在前述能力項目中，有更多關於六年級學生的成果，例如「六年級學生將會在眾多決策情境中產生至少三個選項」或「六年級學生將會在八年級選修課程時應用八步驟決策程序」。再者，在設定的成果中，除了「六年級學生將會正確地描述十三種策略中的十種」，尚有其他目標例如「辨識他們最常使用的三項策略」或「描述運用『願望』策略的優勢與劣勢」。活動的全部內容單元之目標應當從一開始就被重點描述。

如同第 3 章所述，在輔導與諮商方案的不同遞送系統要素中的活動通常具有不同類型的目標。在輔導課程組成要素，一群學生達到合於其發展的認知進

步。在個別學生規畫組成要素，個別學生擬定實施計畫朝向已經辨別的目標發展。藉由回應式服務，具有特定問題或需求的學生需要努力去處理那些問題或滿足那些需求。在系統支持組成要素中的活動是聚焦在透過向其他人諮詢相關議題來間接協助學生。一系列與相同成果有關的活動目標之範例如下。

成果：七年級學生將會管理他們的情緒以使學習更有利。

活動目標範例：

- 輔導課程。全體七年級學生將會比較和對照七年級生中不同的情緒表現。
- 個別學生規畫。每一位七年級學生將會分析他或她最常出現的負面情緒因素，並計畫因應那些因素的方法。
- 回應式服務。被教師辨識為情緒退縮的八到十位七年級男生將會在諮商團體中表達他們的感受。
- 系統支持。為了辨識無法管理情緒以使學習更有利的學生，全體七年級教師將會評估他們所表現的情緒。

除了呈現四項方案組成要素間的關聯性，以不同方式陳述的目標清楚地導出不同類型的活動。

一項活動也可能協助學生或其他人達成一項以上的目標。例如，為七年級男生回應式服務活動目標所發展的團體諮商會談中，一項伴隨的目標可能是男生將會辨識可以標示他們感受的字彙。

在陳述你的目標並辨識適當的活動類型（組成要素）後，它有助於確認與學校任務和目標的連結，前提是你可以將你的活動與諮商目標連結至學區、州或地區建立的教學學習標準（例如，大學與生涯準備度標準、州或地區採用的課程標準）。

計畫新活動的下一個步驟是決定達成目標的最佳程序，包括辨識有用與相關的素材。所選取的程序需要將它寫下，如前所述，不僅可以確保計畫時的精確性，也可以使得與活動有關的全體諮商師多少可以照表操作。當寫下程序後，重複使用或修改活動便較為容易。

假如你是在多校（multischool）的基礎上操作，系統性地運用相同模式可以

催化成功構想與策略的分享。我們的意見是所有主動積極的輔導與諮商方案活動——換句話說，輔導課程、個別學生規畫會談、諮商和諮詢會談——能夠且應當被計畫。活動計畫與第 7 章所述的輔導與諮商方案促進計畫不同。促進計畫重點陳述諮商師將會如何完成改變其活動。此處所描述的活動計畫討論諮商師（或其他執行活動的人）將會在實行一項活動時做什麼事。書面計畫的項目如下：

- 方案組成要素。
- 標題（它連結到其他方案活動，例如，單元標題和會談編號）。
- 年級。
- 團體規模（例如，個別、小型、班級規模或大團體）。
- 時間（一年中的活動舉辦時間）。
- 主題、目的、能力與成果。
- 相關學業學習標準。
- 活動目標。
- 主要概念。
- 扼要程序。
- 建議方法。
- 需要與可用的資源。
- 評鑑策略。

某些學校和學區已發現對不同方案組成要素有效的不同模式；而其他學校和學區則運用相同模式。附錄 L 提供不同模式的範例。除了為特定活動所做的計畫外，諾斯賽德獨立學區諮商師發現，持有一張摘要單元課程、個別學生規畫系列活動、回應重複的學生議題之不同策略，以及在主要系統支持活動中，其他人員和諮商師所做的不同活動或工作的一覽表是有幫助的。

誰來發展新活動取決於是否你正改變學區方案或某一學校的方案。在諾斯賽德獨立學區方案中，所欲實施的全區性活動是由方案發展領導者所建立，且由所有執行活動的諮商師審閱。方法中的彈性可以由個別人員決定，但建議何者有效是有益處的。某些活動在個別校園中建立且和其他學校人員分享。牽涉其他人員例如教師或行政主管的活動，應當以合作的方式建立。

在決定目標後，需要選擇相關素材：方案應決定素材；素材不應當決定方案。然而，有品質的素材不僅協助學生且能夠擴大諮商師對主題的瞭解。在小學層級，現存各式商業素材可支援輔導課程，甚至就某個程度可應用在個別學生規畫與回應式服務組成要素。在中學層級，商業素材較少見，雖然其供應量正在增加。這些素材可能需要依區域性發展，使活動適當地依你的社區脈絡而實施。在任何情況中，輔導與諮商方案領導者和諮商師需要實際評估預算資源的多寡，且需要依照方案優先次序來計畫支出。新的素材需要在充裕的時間內訂購。

無論是全區或單一學校的工作，新活動最好（盡可能）在學期開始前設計。一旦學期開始，就很難有充分的時間去完整計畫新活動以確保執行品質。對活動的最後修正和後勤管理計畫可能需要在知曉學年現況後才完成。有待決定的後勤管理包括需要使用何種設施、學生將如何被接觸，以及活動的時間架構和維護所需的設備與素材。再次，影響其他人員的決定，例如如何接觸學生和最佳時間架構，應當與其他人員或其代表共同達成。你的指導、計畫與諮詢委員會在此處將有所助益。

擴大現行活動

許多現行活動與你的方案目標一致且符合期望的設計。促進方案的第四個策略是擴大這些活動或為這些活動增加內容。除了為現存的業務擴展資源，這些活動可以透過促進品質、增加目標以及連結相關活動而擴大。

秉持對全方位輔導與諮商方案清楚陳述的發展性重點，許多學校已經延長各級諮商師運用在班級輔導活動上的時間。在小學方案中，小團體諮商服務已經被擴展，相對於中學方案，此類活動屬於新增服務。擴展活動可能比新增活動更容易達成，因為其他人員與學生已經熟悉履行這個角色的諮商師。

在此脈絡中，提升現行活動的品質意味著確保活動目標是以學生為焦點，而非以系統為焦點。一個例子即是將重點從提供資訊去協助學生做選擇，轉移到預先選課。提升品質可能也與移除活動或效率化有關。例如，假如諮商師參與測驗實施已經被效率化，諮商師擴大具協助其他人員適當使用測驗結果的努

力可能是政治敏銳的（politically astute）。假如諮商師正在轉移建立可能留級學生名單的工作，他們可以就此為遭遇困難或落後的學生提供專門的諮商。假如諮商師卸除管教學生的角色，他們可以代之以為那些學生父母開設親職技巧工作坊。

其他擴展現行活動的方式是透過為一組活動增加目標，例如，藉由同時採取數個步驟協助學生來提升活動效能。當輔導與諮商學習標準與學業學習標準吻合時，這些活動將更為豐厚。學業標準的例子包括地區、州與全國採用的課程標準（例如，Common Core State Standards Initiative, 2010）、大學準備度標準（例如，American Collage Testing, 2006），以及各州採用的大學與生涯準備度標準（例如，Texas Higher Education Coordinating Board, 2009）。我們提供一些運用德州輔導方案內容（Texas Education Agency, 2004）、德州基要知識與技巧（Texas Education Agency, n.d.）與《德州大學與生涯準備度標準》（Texas Higher Education Coordinating Board, 2009），藉由豐富活動目標使活動豐厚的例子。

輔導內容：

期望結果：十年級學生將會接受他們所做的決定之責任。（Texas Education Agency, 2004）

代數 1：解釋與做決定、預測，以及從函數關係中做關鍵性判斷。（Texas Education Agency, n.d.）

大學與生涯準備度標準：瞭解與遵循行為的倫理準則。（Texas Higher Education Coordinating Board, 2009）

目標：學生會列舉五個在二十四小時內他們所做的好決定，以及五個在同一時間內所做的不好決定。

旨在協助學生達成目標的輔導課程可能包括：

- 辨識個人所做的選擇和每一個選擇的結果。
- 思考他們的個人倫理準則如何構成一個好或壞的決定。
- 依據他們個人的倫理標準，做出有關於他們選擇是好或是壞的判斷。

此外，諮商師需要檢視他們所做的事來確保其活動適合學生發展階段，且提供充分的挑戰。假如你的學校方案尚未依據不同年級被清楚陳述，便可能發生諮商師為學生所選定的目標重疊（或落差）的現象。我們曾見到某些例子：來自同一系統的所有層級諮商師出席一項令人印象深刻的工作坊，且在返校後將其觀點或素材納入他們的方案。其後的結果是——且可能是——使得學生在小學、中學和高中接觸相同的素材。接觸相同的素材可能不壞，但只有在應用上增加其難度以符合學生的發展程度時才是這樣。

增加方案目標的另一項方法是增加協助學生達成成果的成員人數。例如，假如某一年級的教師在諮商師帶領的課程前協助執行初步活動或其後的延續活動，學生的進展將更為豐富。另一個例子是，教師能夠將輔導內容注入他們一般的課程中。要在實施輔導與諮商方案時擴大教師的角色，通常需要諮商師協助教師去發展活動。

許多輔導與諮商方案如同未經照料的花園般成長。其中一個結果是某些活動具有關聯性但其關聯性卻未正式建立。學生將可以藉由連結這些活動獲得較佳協助。例如，相較於協助學生之教育發展的較傳統活動，近期有較多協助學生生涯發展的活動產生。我們曾經發現在某些輔導與諮商方案中的這些活動並未被諮商師、因此也未被學生看作是彼此相關的；然而顯然個人的生涯和教育發展有更多連結，其發展將更為豐富。連結生涯興趣與性向評量或伴隨教育計畫參訪生涯中心，可協助學生學習教育與工作的連結。協助九年級學生重新發展他們在八年級時所做的四年高中計畫，需要中學和高中諮商師的協調合作。藉由共同計畫從一個學校升上另一個學校的兩種活動次序，並且克服通過暫定四年計畫的後勤管理障礙，活動的影響將被提升。

提升專業學校諮商師的角色

改變諮商師在新設計之方案中所執行的活動，隱含著改變諮商師角色的意義。確保諮商師以合乎其訓練和專長的方式被運用的第一個具體方法，在每一所學校建立諮商師適當的職務說明。其次是協助諮商師辨識可能從他們的活

動中獲益的學生人數。第三個方式是運用方法協助諮商師管理其時間。第四則
是協助諮商師管理他們的服務量。

釐清職務說明

在方案促進過程的較早階段，我們建議你發展一般性的職務說明以概述適
當的專業學校諮商師角色與責任（第 5 章）。現階段宜具體說明每位諮商師在
方案中的職務說明。此職務說明，源自具有相同職銜的全體學校諮商師的角色
之一般性職務說明，釐清對個別諮商師的期望、他們被賦予的服務量、工作場
合、特別任務、特定年度目標，以及任何其他相關情況（Henderson & Gysbers,
1998），例如六年級諮商師的職務說明可能是指派他們在第一次成績評量期間
負責每週的輔導課程單元，以促進學生轉銜到中學；八年級諮商師的課程任務
可能在春季最為繁重，以期協助學生轉銜到高中。七年級諮商師年度職務說明
可能包括期望更多小團體諮商，因為它不是處在轉銜年度。

我們建議每一位諮商師的職務說明是在每學年期初由諮商師和其評鑑者共
同訂定。此一歷程提供一種途徑，以運用個別成員帶給全方位方案的不同技能，
且協助他們瞭解每一位負責的工作。它使得學校行政主管與諮商部門負責人去
確保所有全方位輔導與諮商方案所期待的面向被分派執行，且那些責任將透過
方案實施程序被整合（Henderson & Gysbers, 1998）。

瞭解潛能

角色陳述與職務說明釐清諮商師所做的工作。諮商師與其督導需要瞭解他
們能為多少案主（包括學生、教師、父母）做多少事。提供的服務數量是此方
案量化設計的一項函數，即依據理想的方案平衡與諮商師—學生比例所設定的
方案參數。

理想的方案平衡設定諮商師在一個月或一個星期可以為各種方案活動付出
的時間。密蘇里州全方位輔導與諮商方案（Gysbers, Stanley, Kosteck-Bunch,
Magnuson, & Starr, 2008, pp. 94-96）建議的四項方案組成要素之理想運用時間比

表 8.5　理想的方案平衡──密蘇里州全方位輔導方案

內容	小學	中學	高中
輔導課程	35-40	35-40	15-25
個別學生規畫	5-10	15-25	25-35
回應式服務	30-40	30-40	25-35
系統支持	10-15	10-15	15-20
非輔導	0	0	0

註：取自 *Missouri Comprehensive Guidance Program: A Manual for Program Development,
Implementation, Evaluation, and Enhancement* (pp. 94-96), by N. C. Gysbers, J. B. Stan-
ley, L. Kosteck-Bunch, C. S. Magnuson, & M. F. Starr, 2008, Warrensburg, MO: Missouri
Center for Career Education, University of Central Missouri.

例呈現於表 8.5。

　　我們建議每一個當地系統（學區或學校）在建議範圍內採用自己的理想百
分比。在建議範圍內，某一學校可能，例如，選擇表 8.5 所呈現的平衡性。此為
我們使用在我們其餘例子上的範圍。

　　為了轉換這些百分比到實際運用在輔導與諮商方案活動的時間，你需要決
定一項活動所分配的平均時間，並將在學日除以該數值，以計算每日安排活動
（課程）時段之數量，使用 100%的學生在學日〔為諮商師的午餐時間扣減一個
或半個每日活動（課程）時段是實際的做法〕。將該數值乘以 5 來計算每星期
（五天）的活動（課程）時段數量。為了確定每週的活動（課程）時段的數量，
依據理想的設計平衡，需要分配至單項方案要素，將活動（課程）時段的總數
乘以該要素的百分比。圖 8.2 呈現每回合實際運算過程的範例。

　　假如所有的設想是正確的，你的轉換計算告訴你，從諮商師的參照架構，
一位諮商師在五個在學日可以提供何種活動的數量（100%的學生運用時間）。
並非所有的活動都占用一節課時間或活動（課程）時段。假如一位諮商師不只
為一所學校服務，為每所學校所做的設計，需要適用於分配給該校的時間（每
週的天數）。這麼做多少會過度簡化輔導與諮商方案的實際複雜性，然而它讓
你瞭解假使所有的變項都在你的掌握中，平衡方案將是什麼樣子。也要記得，
對建議的方案平衡做任何改變，將改變為任何類型的活動所規畫的時間。在方
案中，不同諮商師的職務說明可能需要他們對方案負責的部分具有不同設計。

例如，相較於全方位方案諮商師，危機諮商師可能花費較大的時間百分比在回應式服務（不同方案平衡性的影響在附錄 G 內呈現）。

為了瞭解有多少學生能從活動獲益，運用諮商師－學生比例。再次，一些設想需要被建立以確定受影響學生的人數，例如在一堂輔導活動課堂中的平均學生人數以及在教師諮詢中的教師－學生平均比例。關於學生在活動中的組合的一些假想也需要被應用。圖 8.3、圖 8.4 與圖 8.5 的例子中，設定輔導課程以班級大小的團體實施、個別學生規畫活動是以一對一方式實施、回應式服務則以一對一和小團體平均各半的方式實施，以及系統支持主要是運用在諮商師－教師諮詢。圖 8.3 顯示小學學生能夠獲得的方案組要素平衡與服務層級上的比例之影響；圖 8.4 顯示中學學生所接受者；以及圖 8.5 顯示高中學生所獲。其使用比例是一般的 1：300。為顯示不同比例對潛在的服務層級之影響，在附錄 G 當中使用最小值建議（1：100）以及一個不幸的典型比例（1：500）的例子。附錄 G 提供一份空白工作單供你計算你自己的潛能。雖然數學運算有些費力，我們強烈建議你進行此項操作，因為它對於瞭解你的方案之詳細情況至關重要。它協助你和其他人對你的工作保有務實的期望。

小學方案的潛能

在韓德森公立學校的例子中，每一個小學班級將可受益於每週至少兩節輔導課程（參見圖 8.3）。假使接受個別服務，每位兒童可以從諮商師獲得每年二十五分鐘的個別學生規畫協助。當然，假如兒童接受團體輔導，每位兒童可以從更多時間獲益。假如將半數時間運用在團體諮商以及半數時間在個別諮商、父母諮詢或轉介的設想是正確的，在任一時間，32%的兒童將從回應式服務獲益。一項關於個案或團體使用的平均活動（課程）時段的額外設想可以估計，在一年中接受此方案組成要素服務的人次占學生的總百分比。一位諮商師可以在每週平均花費十五分鐘做個別教師諮詢，或在稍多於兩週的時間以完整的三十分鐘與個別教師進行諮詢。以另外一種方式來看，每天有四十二分鐘運用在對學生的非直接服務，例如方案計畫、公關工作或專業發展活動。

平均課堂規模：1：25　　　平均教師─學生比例：1：20
一學年 36 週

輔導課程　40%（70）＝28 個活動（課程）時段／週
　300 位被諮商者／每班 25 位學生＝12 班
　28 個時段／12 班＝2.3＋個活動／班／週
　83＋節輔導課程／年／班

個別學生規畫　10%（70）＝7 個活動（課程）時段／週
　7 個時段×36 週＝252 個時段／年
　252 個時段×30 分鐘／時段＝7,560 分鐘／年
　7,560 分鐘／300 位被諮商者＝25＋分鐘／學生／年

回應式服務　40%（70）＝28 個活動（課程）時段／週
　14 個團體時段（平均為 6）＝84 位學生
　14 個個人時段　　　　　　＝14 位學生
　當週服務學生總數　　　　＝98（98 是服務量的 32＋%）

系統支持　10%（70）＝7 個活動（課程）時段／週
　300 位學生／每位教師負責 20 位學生＝15 位教師
　7 個時段／15 位教師＝0.5 個時段／週／教師
　7 個時段／週×30 分鐘／時段＝210 分鐘／週
　210 分鐘／5 天＝42 分鐘／天

圖8.3　小學服務層級：方案平衡與 1：300 諮商師─學生比例的影響

中學方案的潛能

　　在一位諮商師的服務量中，每班中學學生可以每週上一堂輔導課（參見圖 8.4）。每年學生可以獲得四十八分鐘的一對一個別學生規畫服務，但再次，假如以團體方式進行這些輔導活動，每位學生可以獲得更多接觸諮商師的時間。依據先前陳述的設想，每週有 27% 的被諮商者可以接受回應式服務。中學的小團體諮商持續一個成績評量期（在韓德森公立學校為六週）並非罕見。因此，在我們的例子中，432 位學生（七十二個學生在六週的成績評量期）可以從一年中的小團體獲益。換句話說，所有的兒童能參加至少一個團體以及 132 個兒童能參加兩個團體。一位諮商師每週可以花費十一分鐘做個別教師諮詢，或在近

平均課堂規模：1：25　　　平均教師—學生比例：1：20
一學年 36 週

輔導課程　35%（45）＝ 16 個活動（課程）時段／週
　300 位被諮商者／每班 25 位學生＝ 12 班
　16 個時段／ 12 班＝ 1.3 ＋個活動／班／週
　42 ＋節輔導課程／年／班

個別學生規畫　20%（45）＝ 9 個活動（課程）時段／週
　9 個時段× 36 週＝ 324 個時段／年
　324 個時段× 45 分鐘／時段＝ 14,580 分鐘／年
　14,580 分鐘／ 300 位被諮商者＝ 48 ＋分鐘／學生／年

回應式服務　35%（45）＝ 16 個活動（課程）時段／週
　8 個團體時段（平均為 9）＝ 72 位學生
　8 個個人時段　　　　　　＝ 8 位學生
　當週服務學生總數　　　　＝ 80（80 是服務量的 27 ＋%）

系統支持　10%（45）＝ 4 個活動（課程）時段／週
　300 位學生／每位教師負責 20 位學生＝ 15 位教師
　4 個時段／ 15 教師＝ 0.25 ＋個時段／週／教師
　4 個時段／週× 45 分鐘／時段＝ 180 分鐘／週
　180 分鐘／ 5 天＝ 36 分鐘／天

圖 8.4　中學服務層級：方案平衡與 1：300 諮商師—學生比例的影響

三週的時間中花費完整四十五分鐘與所有的教師進行諮詢。因為系統支持組成要素包含教師諮詢以外的活動，考量如何運用此時間的另一種方式是知道每天有三十六分鐘可用。

高中方案的潛能

依據高中課堂的時間長度〔活動（課程）時段〕與方案所調整的平衡性，學生獲得較少的輔導課程：一週少於一次或一年僅有二十次（參見圖 8.5）。高中諮商師可能為其服務量中的每個班級花費大約兩週來實施一項活動。然而，每年七十二分鐘可為每位學生實施個別學生規畫活動。理想上，這些活動是一

平均課堂規模：1：25　　平均教師—學生比例：1：20
一學年 36 週

輔導課程　20%（35）＝ 7 個活動（課程）時段／週
　　300 位被諮商者／每班 25 位學生＝ 12 班
　　7 個時段／ 12 班＝ 58 個活動／班／週
　　20 ＋節輔導課程／年／班

個別學生規畫　30%（35）＝ 11 個活動（課程）時段／週
　　11 個時段× 36 週＝ 396 個時段／年
　　396 個時段× 55 分鐘／時段＝ 21,780 分鐘／年
　　21,780 分鐘／ 300 位被諮商者＝ 72 ＋分鐘／學生／年

回應式服務　35%（35）＝ 12 個活動（課程）時段／週
　　6 個團體時段（平均為 10）＝ 60 位學生
　　6 個個人時段　　　　　　＝ <u>　6</u> 位學生
　　當週服務學生總數　　　　＝ 66（66 是服務量的 22%）

系統支持　15%（35）＝ 5 個活動（課程）時段／週
　　300 位學生／每位教師負責 20 位學生＝ 15 位教師
　　5 個時段／ 15 教師＝ 0.33 個時段／週／教師
　　5 個時段／週× 55 分鐘／時段＝ 275 分鐘／週
　　275 分鐘／ 5 天＝ 55 分鐘／天

圖 8.5　高中服務層級：方案平衡與 1：300 諮商師—學生比例的影響

對一和團體輔導的混合。基於半數的活動（課程）時段被運用在團體諮商以及半數運用在個別諮商或其他回應式服務工作的假設，在任一週的時間，有 22% 的學生接受諮商。如同在中學的方案，為高中生舉行的小團體諮商系列通常規畫為六週活動。因此，在一年中，360 位學生可以獲得此經驗。十八分鐘可用以諮詢每位被分派的教師，或以一整節課的時間進行諮詢，且花費將近三個星期的系統支持時間。將教師依照部門或共同輔導的學生分組可以更有效地運用這個時間。從另外一個觀點來看，一天可有五十五分鐘對學生提供其他間接服務。

管理時間

因為在輔導與諮商方案中諮商師的時間是最有價值的資源，諮商師和任何其他對輔導與諮商有興趣的人尤其需要瞭解時間的可能性與限制。發展量化設計（第 5 章）是努力確保傳遞我們所要的方案之第一步。透過結合實際時間與實際諮商師─學生比例所設定的參數，我們能夠瞭解哪些學生服務層級是可能的。瞭解該潛能的一項主要方式是透過時間管理。事實上，時間管理策略必須被用來確保最善用諮商師的資源。當我們相信假如某些事情──特別是新的事情──並未被計畫，它不會被完成，同樣地，我們相信，假使一項活動未被特別安排，它不會被執行。

設定服務對象、內容範圍、活動類型的優先順序以及投入方案促進的目標，諮商師便擁有計畫最有效運用時間的基礎。此計畫將反映在一系列的行事曆上：年度、每季或每月、每週以及每日。

年度行事曆是在學年開始前發展而成，且是輔導人員用來預計方案在未來數月如何展開的方法。這需要對有多少時間運用在學校方案中的主要活動（在本章下一節討論）實事求是。圖 8.6 呈現描述年度方案計畫的行事曆格式，此格式顯然僅提供活動與時間的綜覽，兩者皆須在其他格式陳述其細節。然而除了作為一項有效的時間管理工具，此行事曆以簡單且圖像式的方式將輔導與諮商方案顯現於他人眼前。它使人對整體方案一目瞭然，包括完成活動所需的時間。傳統上，其他人只能看見他們所經驗的一小部分方案。

在學校工作中，事情從未完全如計畫般實施。活動時間多於或少於預期；其他優先項目浮現。此行事曆必須在學年中依據需求定期重新研議、調整和填寫。定期可能意味每月、每季或在每個成績評量期初，任何最適合你的情境之方式。在此期間，正在實施對進展的評量，且做出下一階段活動的完整計畫。

諮詢師為了管理自己的時間，並確保他們遵循全方位輔導與諮商方案的準則和他們的個別職務說明，諮商師也建立每週計畫表，其中詳述該週主要活動並預留回應未預期事件的充分空間。依照方案的一致性與被服務學生，每週日程表可以設定和使用在較長的時間區間。小學學校諮商師通常能夠建立某些模

輔導部門行事曆：_____ 學　　　　校：_____				
	輔導課程	個別學生規畫	回應式服務	系統支持
8 月				
9 月				
10 月				
11 月				
12 月				
1 月				
2 月				
3 月				
4 月				
5 月				
6 月				
7 月				

圖 8.6　年度行事曆：方案活動／組成要素／月份

式，它（未預期事件除外）可以維持一年。中學與高中學校諮商師通常可能建立單月或單一成績評量期的模式。為了與教師或與學校的輔導計畫表相容，班級輔導計畫表通常被設定來提供每週時間表的基礎。無論固定或輪替，小團體在設定時間聚會且被標記在計畫表上。定期個案的預約時間也被設定。人員配置與其他定期或主要活動也在其上註記。小學、中學與高中的每週計畫表格式分別呈現在圖 8.7、圖 8.8 與圖 8.9 中。

　　為了確保達成期望方案的平衡，每週計畫表被設計來反映該平衡。在韓德森公立學校的範例中（參見圖 8.2），理想的方案平衡產出各級學校方案組成要素每週明確的活動（課程）時段數如下：

小學

輔導課程	28	30 分鐘的活動（課程）時段
個別學生規畫	7	30 分鐘的活動（課程）時段
回應式服務	28	30 分鐘的活動（課程）時段
系統支持	7	30 分鐘的活動（課程）時段

中學

輔導課程	16	45 分鐘的活動（課程）時段
個別學生規畫	9	45 分鐘的活動（課程）時段
回應式服務	16	45 分鐘的活動（課程）時段
系統支持	4	45 分鐘的活動（課程）時段

高中

輔導課程	7	55 分鐘的活動（課程）時段
個別學生規畫	11	55 分鐘的活動（課程）時段
回應式服務	12	55 分鐘的活動（課程）時段
系統支持	5	55 分鐘的活動（課程）時段

　　圖 8.7、圖 8.8 與圖 8.9 包含反映這些平衡的各級學校每週計畫表。預期的方案平衡以及每週計畫表可以預定學校諮商師在學生在學日的時間安排。計畫表可以設定安排在上學時間前後的活動；然而，大多數諮商師預留時間來做自發的回應式服務（反應式服務）或未預期的系統支持活動，例如教師會談。

　　每週計畫表是建立在下列經驗的基礎上：回應式服務通常發生在一週內的特定時間（週一上午、週五下午）以及足夠「安靜」可以舉行成員會議的時間（週四下午）。 輔導課程計畫表是由諮商師和將要前去其班級授課的原有教師共同完成，且通常在實際設定前優先安排。雖然計畫表是使用學校的課程時間增量來做規畫，該時間增量可被諮商師依照他們的實際工作做不同的分割。例如，高中諮商師可能不會使用完整一小時來做一項回應式服務活動，而是在可用的時間實施兩項三十分鐘的活動，或三項二十分鐘的活動。因為每週計畫表

星期一	
7:00 am _____	11:20 am 個別學生規畫-3
7:15 am _____	11:50 am 輔導課程-3
7:30 am _____	12:20 pm 輔導課程-4
7:50 am 回應式服務-1	12:50 pm 輔導課程-5
8:20 am 回應式服務-2	1:20 pm 回應式服務-4
8:50 am 回應式服務-3	1:50 pm 回應式服務-5
9:20 am 輔導課程-1	2:20 pm 回應式服務-6
9:50 am 輔導課程-2	2:50 pm _____
10:20 am 個別學生規畫-1	
10:50 am 個別學生規畫-2	

星期二	
7:00 am _____	11:20 am 輔導課程-8
7:15 am _____	11:50 am 系統支持-2
7:30 am _____	12:20 pm 回應式服務-10
7:50 am 回應式服務-7	12:50 pm 輔導課程-9
8:20 am 系統支持-1	1:20 pm 輔導課程-10
8:50 am 個別學生規畫-4	1:50 pm 輔導課程-11
9:20 am 回應式服務-8	2:20 pm 回應式服務-11
9:50 am 回應式服務-9	2:50 pm _____
10:20 am 輔導課程-6	
10:50 am 輔導課程-7	

星期三	
7:00 am _____	11:20 am 回應式服務-15
7:15 am _____	11:50 am 個別學生規畫-5
7:30 am _____	12:20 pm 系統支持-4
7:50 am 回應式服務-12	12:50 pm 輔導課程-15
8:20 am 輔導課程-12	1:20 pm 輔導課程-16
8:50 am 輔導課程-13	1:50 pm 輔導課程-17
9:20 am 輔導課程-14	2:20 pm 回應式服務-16
9:50 am 系統支持-3	2:50 pm _____
10:20 am 回應式服務-13	
10:50 am 回應式服務-14	

星期四	
7:00 am _____	11:20 am 輔導課程-20
7:15 am _____	11:50 am 回應式服務-19
7:30 am _____	12:20 pm 回應式服務-20
7:50 am 回應式服務-17	12:50 pm 輔導課程-21
8:20 am 輔導課程-18	1:20 pm 輔導課程-22
8:50 am 系統支持-5	1:50 pm 輔導課程-23
9:20 am 系統支持-6	2:20 pm 回應式服務-21
9:50 am 回應式服務-18	2:50 pm _____
10:20 am 個別學生規畫-6	
10:50 am 輔導課程-19	

星期五	
7:00 am _____	11:20 am 回應式服務-25
7:15 am _____	11:50 am 輔導課程-26
7:30 am _____	12:20 pm 輔導課程-27
7:50 am 回應式服務-22	12:50 pm 輔導課程-28
8:20 am 回應式服務-23	1:20 pm 回應式服務-26
8:50 am 回應式服務-24	1:50 pm 回應式服務-27
9:20 am 輔導課程-24	2:20 pm 回應式服務-28
9:50 am 輔導課程-25	2:50 pm _____
10:20 am 系統支持-7	
10:50 am 個別學生規畫-7	

圖 8.7 小學諮商師週計畫表格式

註:輔導課程＝40%;個別學生規畫＝10%;回應式服務＝40%;系統支持＝10%。

星期一		
8:00 am	2:20 pm	輔導課程-3
8:15 am	2:45 pm	系統支持-1
8:30 am	3:30 pm	
8:45 am 回應式服務-1	3:45 pm	
9:30 am 回應式服務-2	4:00 pm	
10:15 am 輔導課程-1	4:15 pm	
11:00 am 輔導課程-2		
11:45 am 個別學生規畫-1		
12:30 pm 回應式服務-3		
1:15 pm 個別學生規畫-2		

星期二		
8:00 am	2:20 pm	個別學生規畫-4
8:15 am	2:45 pm	輔導課程-6
8:30 am	3:30 pm	
8:45 am 回應式服務-4	3:45 pm	
9:30 am 輔導課程-4	4:00 pm	
10:15 am 個別學生規畫-3	4:15 pm	
11:00 am 回應式服務-5		
11:45 am 輔導課程-5		
12:30 pm 系統支持-2		
1:15 pm 回應式服務-6		

星期三		
8:00 am	2:20 pm	回應式服務-8
8:15 am	2:45 pm	回應式服務-9
8:30 am	3:30 pm	
8:45 am 輔導課程-7	3:45 pm	
9:30 am 回應式服務-7	4:00 pm	
10:15 am 輔導課程-8	4:15 pm	
11:00 am 系統支持-3		
11:45 am 系統支持-4		
12:30 pm 輔導課程-9		
1:15 pm 輔導課程-10		

星期四		
8:00 am	2:20 pm	個別學生規畫-7
8:15 am	2:45 pm	輔導課程-13
8:30 am	3:30 pm	
8:45 am 回應式服務-10	3:45 pm	
9:30 am 輔導課程-11	4:00 pm	
10:15 am 個別學生規畫-5	4:15 pm	
11:00 am 輔導課程-12		
11:45 am 回應式服務-11		
12:30 pm 回應式服務-12		
1:15 pm 個別學生規畫-6		

星期五		
8:00 am	2:20 pm	輔導課程-16
8:15 am	2:45 pm	回應式服務-16
8:30 am	3:30 pm	
8:45 am 輔導課程-14	3:45 pm	
9:30 am 回應式服務-13	4:00 pm	
10:15 am 個別學生規畫-8	4:15 pm	
11:00 am 回應式服務-14		
11:45 am 輔導課程-15		
12:30 pm 個別學生規畫-9		
1:15 pm 回應式服務-15		

圖 8.8　中學諮商師週計畫表格式

註：輔導課程＝ 35%；個別學生規畫＝ 20%；回應式服務＝ 35%；系統支持＝ 15%。

星期一		
8:00 am _____	3:45 pm _____	
8:15 am _____	4:00 pm _____	
8:30 am _____	4:15 pm _____	
8:45 am 回應式服務-1		
9:45 am 回應式服務-2		
10:45 am 輔導課程-1		
11:45 am 個別學生規畫-1		
12:45 pm 回應式服務-3		
1:45 pm 個別學生規畫-2		
2:45 pm 個別學生規畫-3		

星期二		
8:00 am _____	3:45 pm _____	
8:15 am _____	4:00 pm _____	
8:30 am _____	4:15 pm _____	
8:45 am 回應式服務-4		
9:45 am 個別學生規畫-4		
10:45 am 系統支持-1		
11:45 am 輔導課程-2		
12:45 pm 個別學生規畫-5		
1:45 pm 系統支持-2		
2:45 pm 回應式服務-5		

星期三		
8:00 am _____	3:45 pm _____	
8:15 am _____	4:00 pm _____	
8:30 am _____	4:15 pm _____	
8:45 am 個別學生規畫-6		
9:45 am 輔導課程-3		
10:45 am 回應式服務-6		
11:45 am 回應式服務-7		
12:45 pm 輔導課程-4		
1:45 pm 個別學生規畫-7		
2:45 pm 系統支持-3		

星期四		
8:00 am _____	3:45 pm _____	
8:15 am _____	4:00 pm _____	
8:30 am _____	4:15 pm _____	
8:45 am 輔導課程-5		
9:45 am 個別學生規畫-8		
10:45 am 個別學生規畫-9		
11:45 am 回應式服務-8		
12:45 pm 系統支持-4		
1:45 pm 系統支持-5		
2:45 pm 輔導課程-6		

星期五		
8:00 am _____	3:45 pm _____	
8:15 am _____	4:00 pm _____	
8:30 am _____	4:15 pm _____	
8:45 am 個別學生規畫-10		
9:45 am 個別學生規畫-11		
10:45 am 回應式服務-9		
11:45 am 回應式服務-10		
12:45 pm 回應式服務-11		
1:45 pm 輔導課程-7		
2:45 pm 回應式服務-12		

圖 8.9 高中諮商師週計畫表格式

註：輔導課程＝20%；個別學生規畫＝30%；回應式服務＝35%；系統支持＝15%。

反映理想的方案平衡，該平衡必須以平衡的方案維持至年底。假如發生某些事而影響每週計畫表，諮商師知道隨後——且理想上，非常快——他們需要彌補損失的時間。例如，假如某位學生發生實際的危機且諮商師取消當日的班級輔導活動，錯過的課程需要在下週補上。透過計畫和製作行事曆，學校諮商師與其行政主管為運用學校諮商師的能力資源而負責。

諮商師應當在每日的開始和結束時計畫和檢視當日的細節，並預期次日工作。特定的安排事項需要留意。許多諮商師為了計畫和記錄的目的，將輔導課程的主題或團體諮商會談列在他們的計畫表與行事曆。每日的計畫表最終必須反映當日實際發生的事。假使有需要，諮商師和他們的輔導與諮商方案人員主管，便可以分析他們時間的用途。計畫表與行事曆是計畫和記錄或監測時間使用的工具。這不僅協助諮商師評估他們現在和今年所做的事，也有助於未來的實際計畫。

依據定義，諮商是一項回應式服務，因此非計畫中的事件確實會發生。某些未預期事件影響諮商師的每日計畫，例如遭遇困擾的學生的父母前來造訪。諸如學生或教職員死亡或學校失火等較大危機的影響可能持續數週甚至數月。對危機的傳統回應是拋下一切，並且對它做反應直到獲得某些解決為止。視危機的性質和其與學校的關聯性，這樣的方式可能仍然需要發生；然而透過密集的方案計畫，其他優先事項也顯得同樣重要。危機的定義需要清楚；對偶發性的造訪者之處理策略需要被發展；需要朝平衡的方向前進。同時，在維持基本方案的焦點時，計畫表需要有足夠的彈性來做調整。

傳統危機導向的反應性輔導與諮商模式有一個不幸的副產品：諮商師以及輔導與諮商方案無需為其所做或未做的事負責的觀念。當諮商師感到無力、覺得自己無法管理他們自身的專業性結局時，他們可能覺得挫折且容易耗竭。計畫可使個人管理其工作，並滿足他們對學生、學校系統以及自己的承諾。計畫可以協助諮商師瞭解他們對時間運用的決定與其他決策者所做決策相符。諮商師可以被賦予責任且有其責任。

管理學生服務量

在地方性的輔導與諮商方案中，提供學生服務的優先性和參照指標被建立。這些優先順序不僅為提供方案活動以及學生從中所受的益處而設定，它們也為各種服務層級區分不同類型的學生。因此，諮商師不僅為其時間和特定結果的學生成就負責，也為提供高優先學生案主服務而負責。諮商師管理其服務量意味他們有意地依據這些建立的優先順序提供學生服務。它也表示諮商師的運作符合專業、法律與倫理標準。

專業學校諮商師的服務量是由在系統內分派給他們的學生所構成。依據《學校諮商師倫理標準》（ASCA, 2010），「專業學校諮商師的主要責任在於學生」（標準A.1.a）。如同先前章節所述，學校諮商師服務的其他對象包括學生家長、教師、行政主管、其他專業人員和社區人士。此倫理標準指導學校諮商師去瞭解學生具有最優先性。學生群體中具有一些次團體，就在這些次團體中，諮商師依循的下一個優先性被設立。在一個發展性輔導與諮商方案中，對學生對象的第一優先是關注全體學生且聚焦於其發展需求。依照定義，這意味諮商師協助其服務量中的所有學生去達成他們的發展任務，且進展到下一個發展層次。

在方案促進的設計階段，優先順序被設定去引導諮商師回應學生的預防性、矯正性或危機處遇的需求。每位諮商師需要瞭解這些優先順序並且相對地分配他或她的資源（能力與時間）。在管理他們的服務量時，諮商師需要依據對學生的服務優先順序花費所指定的適當時間比例。通常，需要預防性處遇的學生是學校諮商師的第二優先；他們可以從以學校為基礎的諮商獲得相當益處。通常，為矯正性或危機處遇需求學生所提供的服務，是為了將學生轉介至以社區為基礎的服務或其他專業人員所做的父母諮詢。

除了一些為方案而設立的標準，服務量管理需要為學生的利益遵循相關法律標準。學校諮商師能力認證標準、州法或學區政策所訂定的職務說明，以及聯邦法律中的紀錄保持與個人資料維護均已設定法律標準（Family Educational Rights and Privacy Act, 1997）。其他必須遵循的法規包括父母權益、未成年人

的有限權益、兒童虐待通報、預警責任以及 HIV 陽性案主的權益。雖然未成年人的權益可能受限，例外情況仍需瞭解。例如，在德州未成年人無須父母許可即可合法同意進行自殺預防諮商；性、身體或情緒虐待諮商；或物質依賴或成癮諮商。

為了適當管理他們的服務量，美國學校諮商師協會（ASCA, 2010）和美國諮商學會（American Counseling Association, 2005）的倫理標準提供適當管理服務量的原則。兩組標準皆涉及服務對象、關係、服務和專業能力。它們處理關於與其他專業人員工作、實施團體諮商、發展和依循處遇計畫，以及檔案與紀錄等議題。

專業學校諮商師必須管理他們的學生服務量以提供適當的服務給適當的學生人數。他們也必須遵循與學生和與學校諮商師所提供服務有關的專業、法律和倫理標準。

發展學校方案計畫

假如你已經依照我們所建議的程序，此時系統中的每一所學校已經研究它的現行方案設計，且已發展了學校方案的期望設計。可供使用以及所需的人事、財務和政治資源已經加以辨識。從傳統方案轉型至全方位方案的計畫已經被發展，且其實施正在起步。改變方案活動的方案促進目標已被設定；換言之，新活動已被預設，增強先前所做活動的方式正在進行中，且轉移非輔導任務和效率化諮商師參與邊緣性活動的計畫也已具備。職務說明已經書寫好，以確保輔導與諮商方案人員，包括諮商師與職員、助理、教師和校長等其他人員，皆能扮演適當的角色。

某些諮商師與行政主管擔心綜合發展性輔導方案在執行上過於複雜且耗時。然而依據我們的經驗，一旦方案設計完成，它提供一項有效率和有效的架構來管理每位學校諮商師的工作。諮商師的多重及各式職責被澄清且區分優先順序。它們可被提供服務者與服務對象所瞭解。諮商師發現他們對工作和上班時間更具自主性，也更能夠為實施內容負責。同時，持續累積的證據反映「愈嚴密組

織的方案愈能夠為學生帶來正向成果」（Carey & Harrington, 2010, p. 3）。學校方案計畫反映現行方案資源對方案新設計的實際應用。關於何種學生能力需要優先達成、透過每一個方案組成要素執行的活動，以及方案資源如何應用等決策被形成。此計畫包括輔導人員的年度職務說明。方案活動的細節充分闡明以清楚顯示方案現行成果及其方式——亦即，誰做什麼、要花多久時間、使用何種素材、活動在何種場地舉辦等。一本或數本詳細手冊或資料櫃的某處，可能容納每一個活動會期的計畫，因此新任諮商師可以參與方案且執行，而不至於錯失任何環節。

因此，學校方案計畫是關於計畫在學校全方位輔導與諮商方案中實現什麼的一項非常具體的描述：每一年級將教授多少輔導課程、由誰來教，以及主題為何；每一年級將進行何種個別學生規畫活動、如何組織、成果為何，以及它們與過去和未來的計畫活動如何相關；以及提供給哪一年級多少兒童、何種主題的小團體諮商服務。親職教育與員工諮詢計畫也包含在內。此外，執行計畫活動的時間架構被建立，且安排在接下來的學年。此計畫的摘要呈現於年度行事曆（參見圖 8.6）。

此計畫也包含相關的學區以及學校定義、規則和規章。澄清何者構成危機以及諮商師和其他成員如何回應危機是有所助益的。校長對於輔導與諮商的規定需要明確而正式，例如，所有指導活動必須符合每週至少四十五分鐘、對於有困難的學生的諮詢程序必須被制定等等。

■ 監測方案實施

至今，所有參與人員已進入全方位輔導與諮商方案的實施。如同計畫與設計方案般困難，更為困難的是維持改變和促進的動力以使方案不至於回復到原來的傳統形式。監測所設定目標之進展與整體促進方案之實施的系統被發展且使用。成員持續受到鼓勵去嘗試新活動，且在其工作中獲得增強。最後，方案調整是依據監測改變的結果而實施。

監測促進計畫

假使你已經使用我們所建議的輔導與諮商方案促進計畫的過程與模式，輔導與諮商方案領導者、學校校長和諮商師已擁有監測所訂定目標之進展的工具。在規畫達成其目標的程序時，諮商師已經列舉他們需要進行的活動且建立執行的時間架構。根據學區的規模，輔導與諮商方案領導者可以依據諮商師的時間架構來監測他們的工作——「備忘錄」系統將有幫助——或可以依照公告的計畫表產生每月、每季或每學期的諮商師工作報告。假如有諮商師主任，他們適於監測諮商師的進展且由學區方案領導者監測他們的進展。

監測工作無須沉重以對；大多數人員將會努力達成使命且將對其成就感到驕傲。事實上，監測工作提供輔導與諮商方案領導者支持和強化其工作的機會。此外，假如成員需要方案領導者所能提供的資源，領導者將會曉得他們的需要。假如基於某些原因，無法克服的障礙妨礙成員的工作，或周詳計畫的活動並未產生預期的結果，方案領導者將會曉得他們的挫折且能夠鼓勵他們持續為促進而努力。改變包含冒險犯難。

監測整體方案實施

學區已經建立期望方案的原則或規範和實施方法。必須採用方法來監測學校（和學區）之改變方案的內容與形貌，這些方法提供方案領導者關於何人已經或尚未朝向期望的促進目標工作，以及在現有情況下何者可行何者不可行——換言之，在輔導部門外，需要改變什麼以符合新設定政策所陳述的全方位、平衡和學生導向。

為了監測方案的改變內容，輔導與諮商方案領導者可以使用第 10 章所描述的某些方法，例如整合學生成果的資訊或採用無干擾評量，例如諮商師為其方案訂購的新素材予以分類。為監測方案的改變形貌，輔導與諮商方案領導者可以持續要求諮商師透過計畫表或工作日誌報告他們的時間運用。我們建議輔導與諮商方案領導者使用相同的時間計算方法，因為持續一段時間後，它們將提

供方案改變的圖像式資訊。這項證據本身證實為諮商師的獎勵。要記得，成功
孵育成功！

提供鼓勵與增強

　　維持方案的困難，一部分來自於與嘗試改變成員的工作行為模式有關的問
題。做一次新的事情相對容易，特別是假使它受到高度矚目。某些成員可能從
事一次新活動但在結束後抽身，因而妨礙此促進過程。因此，在方案內設置評
估增強的需求的方法，以及提供此種增強的方法，有其重要性。

　　因為增強的需求會不斷發生，至少一部分的成員發展方案應被設計來提供
增強。常態性的技巧建立與討論課程極為重要。假使系統的規模足以實施，或
在地區、全州或全國的專業發展會議中，鼓勵系統中的諮商師在小型會議形式
中與他人分享其成功的新活動，可以提供技巧建立的機會。

　　成員會議可作為確保同一學校諮商師實施統一的輔導與諮商方案的媒介
（Henderson & Gysbers, 1998）。透過每週定期會議，諮商師討論他們近期完成
的活動，且對來年可行的任何促進提供建議。他們為下週的活動計畫做定案，
並開始或持續規畫近期的大型活動。他們監測方案實施是否與年度計畫一致，
並確保朝向他們的促進目標進展。

　　成員會議也可作為學校諮商師建構部門團隊的媒介，且團隊工作不僅可提
升方案活動的整合，也透過提供專業「確認與同事關係」的機會為諮商師賦權
（Henderson & Gysbers, 1998, p. 74）。成員會議也提供諮商師與其同儕分享輔
導與諮商議題的機會。Glickman 與 Jones（1986）提到，專業性對話是創建成功
學校的關鍵因素之一，且「當督導為個別人員提供會面和討論的時間、焦點和
架構等元素時，對話將實質發生」（p. 90）。因此，諮商師的成員會議對持續
鼓勵必要的改變以及確保基本的資訊交流是重要的媒介。

　　較不正式地，生日派對、自備菜餚餐會以及其他社交活動是提供增強與形
成校際團隊的有效方法。當規畫此類活動時，考慮每學年較不適合舉辦的時間。
例如，1 月底和 2 月初通常需要特別的活動來使整個季節生輝。年中會議可以地
區性方式舉辦且通常出席踴躍。

進行方案調整

當方案展開後，自然會有需要進行方案調整的時間。要記得此種調整是一些微調；它們不是作為起初方案促進部分所需的重大調整。如同第 11 章所述，那些重大調整需要經過完整的評鑑。現今方案中的任何改變均需要先經過審慎思考。當有些活動清楚地無法奏效時，某些需要的改變將會很明顯。其他改變的需要在表面上並不明顯，卻將在系統性評鑑後顯示出來。勿輕率做重大改變是一項原則。某些活動需要時間去扎根，因此不會在初期表現亮眼。例如，從個別輔導轉換到團體輔導，在一開始時可能不會被習慣個別性關注的學生視為恰當之舉，然而當更多學生透過團體接受更多輔導時，這些正向的效果將會影響其評價。

監測和調整方案是形成性評量的結果。此刻，當你微調方案時可以預期所做的最常見改變可能包括時間表的調整、活動計畫表的調整、活動的替換或調整、資源的替代，以及不同年級學生能力發展優先性的改變。重大調整是總結性評量的結果且導致方案修正。諾斯賽德獨立學區的修正過程與結果的範例將在第 11 章中討論。

▪■ 關注多元性

方案發展過程的此階段——實施期望的方案設計——提供機會去關注在學區和學校的學生與社區中發現的多元性所反映的需求與期望，以及主題和議題。從轉移和效率化諮商師在非輔導活動上的參與所重新獲得的時間，可以導向增加或擴大某些活動以填補針對學生跨文化能力、文化認同發展等服務的落差。現今，專業期刊和出版物描述協助學生擁有更多多元文化能力的活動（例如，Orbé-Austin, 2010; Roaten & Schmidt, 2009）。持續性的研究正在澄清來自不同文化背景學生間的相似性和差異（例如，Burnham & Lomax, 2009）。

當資源擴大時，受聘的專業學校諮商師可以協助教職員的平衡性，以反映

學生族群的人口統計。方案促進可以針對提升學校的文化回應性而設計。在目標設定過程中,每一所學校的輔導方案人員可以被鼓勵去倡導關注其社區獨特文化的策略。當每一所學校辨識其人口統計與相關議題後,每一位成員較能夠為全體學生接觸服務的平等性與公平性而努力。具體目標可以設定去為低度協助的學生對象(通常是學校的少數族群學生)提供更好服務。

輔導與諮商方案領導者的角色與責任

在方案實施階段中,輔導與諮商方案領導者的責任轉移到協助諮商師達成恰當的方案平衡,並且為效能與績效責任管理其時間。監測其方案與表現是透過持續運用目標設定與規畫歷程而達成。必要的是有人審核計畫並鼓勵其實施,以及有人協助諮商師評估其目標達成的程度。績效責任對成功的持續執行是一項關鍵。Hersey、Blanchard與Johnson(2001)亦指出,「管理的兩項基本原則——評量並監測你的期望……。簡言之,檢查你所期望之事」(p. 411)。

在學區中完成期望的改變也需要計畫性地且在資源發展中持續工作。Hersey等人(2001)對協助人們改變其工作行為提出一些相關的看法。其中一項是辨識「立即性成功可以達成且有助於增強方案執行之處」(p. 408)。另一項「是去發現無需困難技巧而容易執行,且只會輕微干擾組織中的平常角色之改變」(p. 408)。接下來「一個相關的想法是去發現」在領導者、諮商師和服務對象間「具有高度接受可能性的改變」(p. 409)。

每年擁有新的重點來協助諮商師聚焦於方案設計的落差可能是有益的。如前所述,你依照優先順序完成活動的增加和減少。輔導與諮商方案領導者記錄其順序。當活動被移出後,學區發布某些新增或促進的輔導與諮商活動的要求是有益的。這些要求有助於澄清諮商師並非單純放棄某些工作,而是他們被要求為其他更適當的輔導活動負起責任。在我們曾合作的數個學區中,諮商師取消親職教育工作,通常因為父母不容易參加學校的集會。輔導與諮商方案領導者已重複表示諮商師協助父母學習親職技巧的責任,並鼓勵小學、中學和高中諮商師在其社區中依照社區的需求共同合作,達成該任務。此一做法已經增進

了親職工作和當地社區的同事關係。

在學區改變總計畫中需要經費的項目（例如比例的提高）需要時間去達成。不僅方案領導者持續尋求這些資源的促進，設計者與決策者通常也需要被提醒，他們無法擁有超過資源所能承擔的。要記得，諮商師與學生的比例必須適當才能實施期望的方案，或方案需要在比例的參數內做設計；在期望的比例設定前，期望方案無法完整地實施。

新增和促進的活動通常需要新設的操作性政策或管理辦法。廣泛分享的活動可能需要為其先前由單一部門處理的工作、責任和時間期限書寫定義。例如，因為效率化而使全校教職員投入預先選課的工作時，系列活動需要小心地計畫。然而，額外的益處即是能夠在較短的時間架構中完成全部工作，因為人力能較廣泛地分享。

要為全部服務量澄清責任，且為辨識出的高優先服務量成員提供特殊服務，便需要領導者提供訓練，並發展系統去協助學校諮商師管理其服務量相關的責任。對學生議題和問題更新的敏銳度造成諮商師（以及其他專業人員）管理更多複雜的案例。相當具體地定義何者構成值得打斷諮商師例行工作的學生危機是重要的。適當介入的程序也應當清楚陳述。附錄 F 是一項發展於諾斯賽德獨立學區的規定，以澄清學區對不同人員協助學生管理個人危機應負之責任的立場。此扼要說明的程序提供不同人員平衡他們對學生和父母責任的指導原則，並建議合作程序。在德州和其他州，學區和學校被要求制定危機管理計畫，其中載明在學生自殺或其他影響全體——或一大部分——學生人口的重大災難時需要執行的事項。

輔導與諮商方案領導者在實施階段的另一項挑戰是持續為方案和達成協議的設計建構支持。總會有少數人員——諮商師、行政主管、教師和其他人——不瞭解或不支持改變的方案。在許多學區，有些新校長、諮商師和其他關鍵成員需要接受關於方案及其優先性的教育。在學區層級，這需要學區輔導與諮商方案領導者直接推動；在學校層級由學校方案領導者和諮商師在學區支持下執行。最後，成員領導者持續協助成員瞭解並回應個別學生和家庭所呈現的整體多元性，以及由全美和地方所提供的議題與機會。

成功的關鍵

在將近四十年發展與管理全方位輔導方案的經驗後，我們已辨別一些成功的方案實施關鍵。擁有合適的系統去支持這些策略可催化持續的促進，並維持已經在方案中獲得的基礎。許多這些關鍵已經在本章中陳述，其他會在隨後的章節描述。它們是：

1. 每年發展年度方案計畫。
2. 發展每週計畫表。
3. 發展、實施並評估輔導方案促進目標。
4. 為輔導方案及其人員提供領導與督導。
5. 為本年度確立每位專業學校諮商師的工作。
6. 協助學校諮商師發展、實施並評估年度專業發展目標。
7. 主持每週學校輔導方案人員會議。
8. 主持例行的學區輔導方案人員會議。
9. 使專業學校諮商師及其行政主管為達成輔導方案產生的學生結果而負責、依循輔導方案實施標準、評鑑學校諮商師表現的品質，並努力實施方案促進。

你的進度檢核

此刻，你正在實施一項不斷促進的方案，邁向你所期望的方案。假如你正依照我們的建議，你正在促進你的方案活動，並支持專業學校諮商師的系統工作。

促進方案活動

你已經：

- 將現行方案活動與四項方案組成要素中的各項接合。
- 開始轉移或效率化那些已知花費專業學校諮商師過多時間的非輔導工作。
- 藉由：(a)新增高優先活動（例如，小團體諮商、提升學生的跨文化能力）；以及(b)擴大現有活動，開始在方案活動中做需要的改變以運用學校諮商師的專長能力。
- 計算每一個方案組成要素中可能的活動數目，以及可以從不同組成要素活動和服務受益的學生人數。

系統性地工作

你正在：

- 計畫、設計、實施、評鑑和提升活動。
- 有意地設計或再設計活動。
- 藉由運用行事曆與計畫表來管理專業學校諮商師的時間。
- 依據已建立的優先順序及準則管理學生服務量。
- 監測方案促進與實施。
- 依據形成性評鑑做方案調整。
- 為進一步的方案促進發展資源。
- 為專業學校諮商師舉行方案相關的成員發展活動。
- 召集輔導部門人員會議和社交活動。

方案實施大約五年後，方案設計與架構應當在必要時重新思考和修訂。如同第 10 章和第 11 章所討論的，評鑑結果將會告訴重新設計者許多事。方案平衡性的經驗將會告訴你它是否合適。對學生、父母和學校教職員需求的持續評估將更有助於為方案要素的遞送區分優先順序。提升的學校諮商師角色可形成聚焦的成員發展方案，但其優先順序將會持續改變。如同本書自始至終所述，

助人的諮商師擁有其所需的能力是全方位輔導與諮商方案成功實施的關鍵；達成此目標的方法在下一章討論。

參考文獻

American College Testing. (2006). *College readiness standards for EXPLORE, PLAN and the ACT*. Iowa City, IA: Author.

American Counseling Association. (2005). *ACA code of ethics*. Alexandria, VA: Author. Retrieved from http://www.counseling.org/resources/CodeOfEthics/TP/Home/CT2.aspx

American School Counselor Association. (2010). *Ethical standards for school counselors*. Retrieved from http://asca2.timberlakepublishing.com//files/EthicalStandards2010.pdf

American School Counselor Association. (2011). *ASCA position statements*. Alexandria, VA: Author. Retrieved from http://www.schoolcounselor.org/files/PositionStatements.pdf

Anderson, K. (2002). A response to common themes in school counseling. *Professional School Counseling, 5*, 315–321.

Bemak, F., & Chung, R. C. (2008). New professional roles and advocacy strategies for school counselors: A multicultural/social justice perspective to move beyond the nice counselor syndrome. *Journal of Counseling & Development, 86*, 372–381.

Burnham, J. J., & Lomax, R. G. (2009). Examining race/ethnicity and fears of children and adolescents in the United States: Differences between White, African American, and Hispanic populations. *Journal of Counseling & Development, 87*, 387–393.

Carey, J. C., & Harrington, K. M. (2010). *The impact of school counseling on student educational outcomes in high schools: What can we learn about effectiveness from statewide evaluations of school counseling practice in Nebraska and Utah?* (Research Brief 8.2). Amherst, MA: Center for School Counseling Outcome Research and Evaluation.

Common Core State Standards Initiative. (2010). *Introduction to the common core standards*. Retrieved from http://www.corestandards.org/assets/ccssi-introduction.pdf

Dixon, A. L., Scheidegger, C., & McWhirter, J. J. (2009). The adolescent mattering experience: Gender variations in perceived mattering, anxiety, and depression. *Journal of Counseling & Development, 87*, 302–310.

Evans, B., & Ward, S. (2002). Solving the "time and information" dilemma through technology. In P. Henderson & N. Gysbers (Eds.), *Implementing comprehensive guidance programs: Critical leadership issues and successful responses* (pp. 55–64). Greensboro, NC: CAPS.

Family Educational Rights and Privacy Act, 34 C.F.R. § 99 (1997).

Gelatt, H. B. (1972). *Deciding*. New York, NY: College Entrance Examination Board.

Glickman, C. D., & Jones, J. W. (1986). Supervision: Creating the dialogue. *Educational Leadership, 44*, 90–91.

Gysbers, N. C., Lapan, R. T., & Roof, C. (2004). Nonguidance duties performed by school counselors: What are they? Why are they a problem? What can be done about them? *The Counseling Interviewer, 36*, 23–32.

Gysbers, N. C., Stanley, J. B., Kosteck-Bunch, L., Magnuson, C. S., & Starr, M. F. (2008). *Missouri comprehensive guidance program: A manual for program development, implementation, evaluation and enhancement*. Warrensburg: Missouri Center for Career

Education, University of Central Missouri.

Henderson, P., & Gysbers, N. C. (1998). *Leading and managing your school guidance and counseling program staff*. Alexandria, VA: American Counseling Association.

Hersey, P., Blanchard, K. H., & Johnson, D. E. (2001). *Management of organizational behavior: Leading human resources* (8th ed.). Upper Saddle River, NJ: Prentice-Hall.

Hillenbrand-Gunn, T. L., Heppner, M. J., Mauch, P. A., & Park, H.-J. (2010). The efficacy of a high school rape prevention intervention. *Journal of Counseling & Development, 88,* 43–51.

Madden, J. (2002). Displacing nonguidance tasks and initiating program improvement. In P. Henderson & N. Gysbers (Eds.), *Implementing comprehensive guidance programs: Critical leadership issues and successful responses* (pp. 55–64). Greensboro, NC: CAPS.

North Carolina Department of Public Instruction. (n.d.). *How North Carolina school counselors spend their time*. Retrieved from http://www.ncpublicschools.org/docs/curriculum/guidance/resources/programofstudy/schoolcounselor.pdf

Northside Independent School District. (1986). *Comprehensive guidance program framework*. San Antonio, TX: Author.

Orbé-Austin, R. (2010, April 1). Multicultural career counseling competence: 5 key tips for improving practice. *Career Convergence*. Retrieved from http://associationdatabase.com/aws/NCDA/pt/sd/news_article/28865/_PARENT/layout_details_cc/false

Petersen, J. (2002). Sharing responsibility for schoolwide testing programs. In P. Henderson & N. Gysbers (Eds.), *Implementing comprehensive guidance programs: Critical leadership issues and successful responses* (pp. 65–74). Greensboro, NC: CAPS.

Rehabilitative Services Rule, 34 C.F.R. § 300.344 (2008).

Ripley, V. V., & Goodnough, G. E. (2001). Planning and implementing group counseling in a high school. *Professional School Counseling, 5,* 62–65.

Roaten, G. K., & Schmidt, E. A. (2009). Using experiential activities with adolescents to promote respect for diversity. *Professional School Counseling, 12,* 309–314.

Texas Counseling Association. (2004). *The Texas evaluation model for professional school counselors* (2nd ed.). Austin, TX: Author.

Texas Education Agency. (2004). *A model comprehensive, developmental guidance and counseling program for Texas public schools: A guide for program development pre-K–12th grade*. Austin, TX: Author.

Texas Education Agency. (n.d.). *Texas essential knowledge and skills* (TEKS). Austin, TX: Author.

Texas Higher Education Coordinating Board. (2009). *Texas college readiness standards*. Austin: University of Texas at Austin. Retrieved from http://www.thecb.state.tx.us/index.cfm?objectid=EADF962E-0E3E-DA80-BAAD2496062F3CD8

Thomas, R. V., & Pender, D. A. (2008). *Association for Specialists in Group Work: Best practice guidelines 2007 revisions. Journal for Specialists in Group Work, 33,* 111–117. Retrieved from http://www.asgw.org/PDF/Best_Practices.pdf

Whiston, S. C., & Quinby, R. F. (2009). Review of school counseling outcome research. *Psychology in the Schools, 46,* 267–272.

White, S. W., & Kelly, F. D. (2010). The school counselor's role in school dropout prevention. *Journal of Counseling & Development, 88,* 227–235.

Chapter 9 確保學校諮商師之能力

王櫻芬　譯

┌─────────────────────────────────┐
　實施——確保學校諮商師的能力

◆ 實施諮商師表現管理系統。

◆ 支持專業發展。

◆ 處理能力不足的問題。

◆ 引導新任諮商師進入方案中並擔任適當的角色。

◆ 澄清學校層級輔導與諮商方案成員領導者的角色。
└─────────────────────────────────┘

　　在過去,學校諮商專業在於強調輔導的過程(技巧與技術),例如,諮商、諮詢和協調。而強調輔導的內涵,如做決定、問題解決和溝通,直到最近都仍是次要的。目前,美國學校諮商師協會(ASCA, 2005)的《ASCA 全國模式:學校諮商方案架構》建議與學生的學業、生涯和個人/社會發展有關的內容。此外,對輔導與諮商方案的概念化和實施而言,全方位、發展性的取向是相對較新的。自這項專業產生以來,學校諮商師一直都為自己的角色下定義,同時,也被他人定義他們的角色。從歷史沿革和市場活動反映出,學校諮商師的訓練在全美各地一直不一致(也可能持續保持如此)。因此,為了成功提升今日的輔導與諮商方案,不僅必須確保諮商師的角色和責任清楚地被加以定義(如同在之前的章節中所討論的),也必須有一個系統就緒,以確保學校諮商師在執行他們被期待的角色時具備所需能力。

　　在本章,我們討論表現管理系統之各個面向。為了達成其理想能力,專業

學校諮商師應該從合宜的督導中獲益，也應該被有意義地評鑑。他們的專業成長與發展應該受到鼓勵。在此討論支援工作人員發展的脈絡背景資源，包括諮商師職前教育經驗的考量、輔導與諮商方案的定義，以及支援教育和訓練的可運用資源。雖然，思考這項議題並不令人愉悅，輔導方案領導者仍必須在處理能力表現不足的問題上有所準備。引導新任諮商師進入此領域，提供重要的機會使他們得以有一個好的開始。「關注多元性」這一節，強調了確保學校諮商師持續增進多元文化能力的方法。本章涵蓋了學校和學區輔導與諮商方案，以及方案領導者變化中的角色的相關討論。

■ 實施諮商師表現管理系統

　　從過去以來，學區（許多州的法律也是）要求，針對專業工作人員建立和證照資格相互關聯的職務說明。學區指派某人為學校諮商師和其他工作人員，擔負行政、督導和其他領導的功能。此舉提供一個管道去評鑑表現，並提供工作人員專業發展活動。相較於作為各自獨立的事件，當這些活動彼此連結或整合於一個系統中時，它們對於學校諮商師而言會變得更有意義（Somody, Henderson, Cook, & Zambrano, 2008）。如同《諮商行政督導的新手冊》（Henderson, 2009）中所描述的，完整的表現管理系統是基於專業上適切的表現準則，同時，有四組活動協助諮商師聚焦於符合這些準則的要求。表 9.1 提供一個學校諮商師表現管理系統各類別活動的圖像式概述（Henderson & Gysbers, 1998）。必須說清楚的是，個人服務量與品質的責任，是屬於此人的。這些被指派的行政主管和督導，我們統稱為輔導與諮商方案領導者（Henderson & Gysbers），他們藉著提供以客觀蒐集到的資料為基礎的回饋，將個人表現與表現準則進行比較和對照，來協助下屬。他們同時藉著提供回饋和協助達成目標，培育被督導者的專業素養。

　　這些活動類別之所以被組合在一起，不僅是因為它們依賴同一組的表現準則，也因為每一類活動是基於先前一類活動發展而成的。工作定義，建立了對個別學校諮商師在準則應用上的期待。提供督導以協助學校諮商師，持續提升

表 9.1　諮商師表現管理系統

工作定義	督導	表現評鑑	專業發展
組成要素			
職位任務	臨床的	自我評鑑	專業素養評鑑
職務說明	發展性的	行政評鑑	目標設定和行動計畫
	行政的	目標達成評鑑	在職教育和訓練
表格			
個別職務說明	觀察	自我評鑑	專業發展計畫
評鑑準備會議工作表	行動計畫	表現評鑑	目標陳述與行動計畫
	辦公室管理（如：行事曆、簽到表、電話紀錄）	方案和表現目標	諮商師人員發展計畫

他們的表現。表現評鑑（performance evaluation），是和個人的職務說明直接地緊密連結，而評鑑性判斷是植基於督導活動中所蒐集的資料。專業發展目標，是依照學校諮商師在督導和評鑑活動中收到的回饋而建立。這四類活動中的每一類，都在本節進行簡短的描述。

準則

　　一般公認的專業準則，提供諮商師表現管理系統的基礎。這些準則提出了詳細的說明，澄清對學校諮商師工作的期待，並提供指引。我們要指出四類的專業準則：表現、倫理、法律與其他專業。法律準則是必須遵守的。倫理準則是學校諮商師的案主、行政主管和同事有權期待的。其他專業準則是告知學校諮商師，在特殊的領域執業時需遵循的指引。

表現準則

　　表現準則描述了學校諮商師表現的領域範圍。如同第 5 章中所解釋的，領域範圍是在能力聲明中加以澄清，並透過表現指標（performance indicators）或

描述，進一步詳細說明。這些指標由學區清楚地陳述於評鑑標準中，這些標準是被地區的或州的教育當局所採用作為評鑑學校諮商師之用。這些表現準則在表現評鑑中的應用，將在本章稍後的部分進行討論。

在 ASCA（2005）全國模式中，適用於學校諮商師的十三項表現準則描述如下：

準則一：方案組織。

準則二：將學校輔導課程遞送給所有的學生。

準則三：個別學生規畫。

準則四：回應式服務。

準則五：系統支持。

準則六：學校諮商師和行政主管間的協議。

準則七：指導會議。

準則八：資料運用。

準則九：學生監督。

準則十：時間和行事曆的使用。

準則十一：成果評鑑。

準則十二：方案稽核。

準則十三：注入性主題（infusing themes）（即領導、倡導、合作與組
　　　　　成團隊、組織的改變）（p. 63）

最近，ASCA（n.d.）出版了《學校諮商師專業知能》（*School Counselor Competencies*），其中詳述了「令人讚賞地表現出學校諮商師的各種職責所需的技巧、知識和態度」（Development of the Competencies, para. 3）。

全國專業教學標準委員會（National Board for Professional Teaching Standards, 2004）指出下列學校諮商師的表現準則。在該委員會的定義中，教師涵蓋了所有的教育人員。他們確認適用於所有教育人員的五項核心主張，以及適用於學校諮商師的十一項領域標準。這五項核心主張為：

1. 教師奉獻自己於學生以及他們的學習。

2. 教師熟悉他們所教的科目，也瞭解如何教導學生這些科目。

3. 教師擔負著管理與監督學生學習的責任。

4. 教師有系統地思考他們的工作，並從經驗中學習。

5. 教師是學習社團的一分子。（pp. vi-vii）

有造詣的學校諮商師的十一項領域標準包括：

1. 學校諮商方案。

2. 學校諮商和學生能力。

3. 人類成長與發展。

4. 諮商理論和技術。

5. 平等、公平和多樣性。

6. 學校氣氛。

7. 與家庭和社區共同合作。

8. 資訊資源與技術。

9. 學生衡鑑。

10. 領導、倡導和專業認同。

11. 反思性實踐。（pp. 5-6）

倫理準則

倫理準則由專業學會所發展，提供專業的價值聲明，也提供專業人員行為的指引。學校諮商師遵循 ASCA（2010a）出版的《學校諮商師的倫理標準》，以及美國諮商學會（American Counseling Association [ACA], 2005）出版的《ACA 倫理準則》（*ACA Code of Ethics*）。前者詳見附錄 A。此外，全國教育學會（National Education Association, n.d.）出版了《教育專業倫理準則》（*Code of Ethics of the Education Profession*），其中描述了對所有教育人員，包括學校諮商師的準則。

當諮商專業及專業人員持續成熟發展時，倫理的討論變得更加有結構性。Ponton 與 Duba（2009）解釋，倫理準則「反映出諮商專業對自己與社會的契約關係中，所固有的責任之理解」（p. 119），而準則的改變則是「反映出此專業對於專業角色的改變，或諮商師所服務之社會的改變之理解」（p. 119）。除了準則本身以外，對於指導執業者面對兩難情境的基本原則，也愈來愈受到重視，運用一個合理健全的倫理決定歷程（ethical decision-making process）之重要性，也是被建議的。

法律準則

法律準則表現於被聯邦、州和當地政府組織通過的、司法權凌駕於學區之上的法律，以及行政組織為實施法律而發展的相關條例中。與學校諮商師相關的法律準則之範例，包括學校諮商師證照和證照的更新；工作角色與責任；親權；在不管親權的情況下，未成年者可能同意接受諮商；兒童虐待和忽視的回應；轉介至社區層級服務；關於紀錄與筆記的規範；以及針對特殊學生族群的特殊考量（例如，受到物質濫用影響者、特殊教育學生、移民家庭中的學生和高危險群學生）。

其他專業準則

其他專業準則是由專業組織所發表的聲明；例如，由專家組成的諮商學會提供在該專業中執業者適用的準則。學校諮商師必須知道並應用由專業團體所發表、和他們的工作職責相關的專業準則。某些特別有關聯的，是那些和團體工作、生涯發展、線上溝通和衡鑑相關的準則。另外，在 21 世紀，跨文化工作準則也是重要的。

最後一項將在本章「關注多元性」這節中進行討論。團體工作專業者學會（Association for Specialists in Group Work, ASGW）已經制定了《團體工作者訓練的專業準則》（*Professional Standards for the Training of Group Workers*）（ASGW, 2000），以及《最佳實務指導方針》（*Best Practice Guidlines*）（ASGW, 2007）以指引諮商團體的有效實施。此外，全國合格諮商師委員會（National Board for Certified Counselors, 2001）已經將指導方針發表於《倫理議

題：網路諮商實務》（*Ethics: The Practice of Internet Counseling*）中。

諮商衡鑑學會（Association for Assessment in Counseling, 1998）和美國學校諮商師協會（ASCA）共同合作一項《學校諮商師之衡鑑與評鑑能力》（*Competencies in Assessment and Evaluation for School Counselors*）的聲明。其中描述了在這個測驗具高利害關係（high-stakes testing）的時代中，所有學校諮商師都應具備的九項能力。學校諮商師：

1. 具備選擇衡鑑策略的技巧。

2. 能夠辨識、使用並評鑑最常被使用的衡鑑工具。

3. 具備實施衡鑑工具的技術以及瞭解計分的方法。

4. 具備解釋和報告衡鑑結果的技巧。

5. 具備將衡鑑結果運用在做決定的技巧。

6. 具備產出、解釋並呈現和衡鑑結果有關之統計資料的技巧。

7. 具備執行並解釋學校諮商方案和諮商相關介入策略的評鑑技巧。

8. 具備改編和運用問卷、調查及其他衡鑑方法的技巧，以達成當地的需要。

9. 瞭解如何參與具專業反應性的衡鑑與評鑑實務工作。

諮商衡鑑學會（Association for Assessment in Counseling, 2003）也於《標準化測驗使用者的責任》（*Responsibilities of Users of Standardized Tests*）中發表了一項具知識性的政策聲明。

美國心理學會（American Psychological Association, 2005）出版了《教育測驗實務的公平性準則》（*Code of Fair Testing Practices in Education*），為專業工作者在提供及使用「對所有受測者──無論其年齡、性別、殘疾、人種、種族、原國籍（national origin）、宗教信仰、性取向、語言背景或其他個人特質──都一律公平的測驗」（p. 2）時的指引。該指引描述「四項重要的領域：發展並選擇適當的測驗、測驗的實施與計分、測驗結果的報告與解釋、為受測者做說明」（p. 3）。全國教育測量會議（National Council on Measurement in Education, 1995）也發表了《教育測量的專業責任準則》（*Code of Professional Responsibilities in Educational Measurement*），該準則

適用於在教育歷程中進行的任何形式的衡鑑，包括正式與非正式

的、傳統與非傳統的技術，用以蒐集在任何階段進行教育決定所需之資料。這些技術包括、但不限於在學校、學區、州、全國和國際層級的大規模衡鑑；標準化測驗；觀察性評量；教師進行的衡鑑；衡鑑支援素材；以及其他運用於教育或為了教育目的之成就、性向、興趣和人格測量。（para. 3）

定義學校諮商師的工作

在第 5 章中，我們敘述了一般性的職務說明之價值，職務說明描繪出在學校諮商師執行工作時所履行的角色和表現的能力。它們引導了所有擁有相同職稱之職位的個人。在第 8 章，我們敘述了個別職務說明，此聲明可用來區辨每一名諮商師與其他諮商師不同的獨特工作責任。每一項個別職務說明，在全方位輔導與諮商方案的脈絡背景中，以及在學校諮商師工作的個別學校環境背景中都是獨特的。

工作定義是對諮商師全年度表現的期待之基本陳述，進而成為其餘表現管理系統活動的基礎。透過權衡輕重的過程，工作定義澄清了對於諮商師在執行其工作的每一個向度（每一種角色）有多少的期待（Henderson & Gysbers, 1998）。它描述了諮商師在這一年當中，如何運用他們的能力。在工作定義的基礎上，他們的輔導與諮商方案領導者將提醒他們相關的表現準則，即對其品質期待之描述。

為了準備個人表現評鑑而蒐集的資料，是和諮商師的職務內容有關的。方案領導者的督導活動，以可以突顯諮商師工作優先順序的方式進行。在學年一開始，每一名學校諮商師和其評鑑者共同開會。在這場會議中，他們對於每一名諮商師的工作內容細節達成共識、對分派到每一項角色的比重也有一致的看法、討論評鑑者如何知道表現的品質、討論諮商師或他們的方案人員領導者在執行工作時可能受到的限制，同時，再度確認本年度學校諮商師的方案促進與專業發展目標。

提供適當的督導

專業督導，是協助他人成長與發展最有效的方法。督導的另一項目標，是藉由製造督導與諮商師之間有意義的對話，加強諮商師對其專業責任的想法與承諾（Glickman, Gordon, & Ross-Gordon, 1995），也藉以影響被督導者的工作表現（Bernard & Goodyear, 1992）。為了因應 21 世紀學校諮商師面臨的挑戰與機會，Paisley 與 McMahon（2001）指出，學校諮商師必須持續更新並提升其專業能力。他們也指明，「然而，僅是建立技巧是不夠的。學校諮商師必須同時參與持續性的……督導，以提升他們的專業發展」（p. 111）。確實，若缺乏督導，有一些證據顯示諮商師的技巧水準會降低（Wiley & Ray, 1986，引自 Borders, 1989）。

「有關執業中的學校諮商師之督導的現存文獻顯示，有大量的資訊是關於督導的缺乏，以及更多督導的需求」（Somody et al., 2008, p. 22）。然而，有愈來愈多的研究指出，督導對於專業學校諮商師是有益的。Leach 與 Stoltenberg（1997）發現，有意義的督導可以提升諮商師的自我效能。Rutter（2006）報告說，團體督導有助於諮商師的「信任與安全、向他人學習、自我覺察、社會支持和專業認同」等感受（p. 164）。Lambie（2007）理解到「臨床督導能夠協助他們的……被督導者提升自我發展（ego development），因而促進他們的認知及社會情緒因應能力，同時更能具備必要的特質以因應職業上的壓力」（p. 82）。Lambie 估計有 39%的諮商師經歷耗竭的狀況。瞭解到耗竭將「導致服務品質的降低」（p. 82），Lambie 也聲明「專業學校諮商師督導，或許可作為職業支持的一種有效形式，可藉以對抗耗竭」（p. 86）。在他針對接受督導的學校諮商師所進行的研究中，他發現「當職業支持水準提高時，情緒性耗竭和去個人化（depersonalization）會降低，且個人的成就感會提高，因而降低了耗竭的程度」（p. 86）。

支持有效督導的歷程包括：(1)觀察諮商師的行為（例如，執行一項活動、一項獨立的工作行為）；(2)將行為和已制定的表現、倫理或專業準則相互比較或對照；(3)評估行為和準則相符的程度；(4)建立目標以提供相關的回饋；(5)採

取最有助於諮商師成長的方式去傳達回饋；以及(6)針對表現的進步，設定目標（Henderson, 2009; Somody et al., 2008）。透過這個歷程，督導和諮商師雙方都被迫將優點與缺點加以具體化。根據我們的經驗，當專業諮商師得到協助，明確地知道他們如何獲得進步時，他們會迫切地想要進步。

如同 Barret 與 Schmidt（1986）所建議的，我們已經發現在學校中運用三種類型的督導是有用的：臨床的、發展性的和行政的。每一種類型是針對學校諮商師專業素養的不同向度，在實施時也採取不同的策略。這些都已詳述於《領導與管理你的學校輔導與諮商方案人員》（*Leading and Managing Your School Guidance and Counseling Program Staff*）（Henderson & Gysbers, 1998），在此僅簡短地進行概述。

臨床督導

臨床督導（clinical supervision）聚焦於諮商師提供的直接服務，以及諮商師獨特的專業技巧，如輔導、諮商、諮詢與轉介。觀察諮商師運用這些技巧，並針對觀察到的內容提供明確的回饋，是臨床督導的要素。在此建議一項五步驟歷程模式：

1. 觀察前會議。
2. 進行觀察。
3. 分析資料。
4. 觀察後會議。
5. 會議後分析。

Aubrey（引自 Boyd, 1978, p. 306）將技巧定義為「在特定範圍效果內，可操作、可評量且可預期的行為」。諮商師的專業技巧（我們採用能力這個詞）可以被加以描繪，以便能適合此種觀察形式。許多諮商師教育方案和學區已經列出它們對於所教育和僱用的學校諮商師能力的期待。能力列表提供了觀察的基礎。為了詳加闡述，於附錄 M 提供諾斯賽德獨立學區基於此目的所採用的描述。要讓督導有效，具學校諮商師證照的督導（如諮商師主任、中央辦公室的輔導行政主管或督導，或被指派對其同儕具督導責任的諮商師）應該執行臨床督導。「觀察，實際上是：(1)做紀錄；然後(2)進行評斷的行為」（Glickman et al., 1995, p. 237）。表格能夠協助督導記錄是否出現特定的重要行為。表格也提供觀察者和被觀察者間溝通的工具。諾斯賽德獨立學區使用的表格範例參見附錄 N。

　　無論如何詳細地描述能力，或者如何精製觀察表格，提供督導者訓練是必需的，使得他們能具備對個人表現的品質進行專業且適當的判斷以及提供執業者有意義的回饋時所需的背景。觀察後會議包括兩個部分：「首先敘述觀察到的內容為何，接著，闡釋這些內容的意義」（Glickman et al., 1995, p. 238）。這類回饋必須在觀察發生後四十八小時內提供，因此雙方對於事件都還有相當正確的記憶。

　　很難建議臨床督導和諮商師應該有的理想接觸次數。如果諮商師並不因為這樣的觀察和相關的回饋會議而備受威脅，那麼愈多次愈好，因為專業人員的確重視這類可幫助他們提升能力的回饋。臨床督導等同於家教式協助；它是一對一的、直接的且聚焦於能力的。諮商師工作中所需的每一項功能——包括指導、輔導、諮商、諮詢及轉介——都能從臨床督導中獲益。我們建議每年至少實施兩次觀察。要記住的是，對於諮商能力的觀察與回饋，未必能提供諮商師有關如何提升其諮詢能力的想法。

發展性督導

　　發展性督導（developmental supervision）聚焦於學校諮商師的知識基礎，包括他們對理論和個案的瞭解、他們對方案和服務量的管理能力，以及他們對於工作、學校、學區和專業的承諾。督導的目的是為了導引諮商師的專業認知性和情感性成長與發展。

　　傳統的專業發展活動，如參與在職教育、出席會議和參與專業學會可支援發展性督導。另一項用於發展性督導的策略，是協助學校諮商師執行與其目標相關的計畫，以及測量其目標達成水準。藉由個別會議和在諮商師團隊中的分享，可達成監督他們目標達成狀況的功用。有些目標則適合書面報告。

　　第三種發展性督導的策略是正式的、經過計畫的個案諮詢。這項策略協助諮商師在案主概念化上的成長（Biggs, 1988），同時，協助他們學習不只去客觀地看待自己的經驗，也從其他人的個案獲得學習。提供諮商師愈多的個案範

例，諮商師就更能辨認案主行為的模式，也能更適切地回應（Etringer, Hillerbrand, & Claiborn, 1995）。

　　第四種發展性督導策略，是提供顧問導師給缺乏經驗或能力較弱的學校諮商師。顧問導師將自己的經驗與專業知識和其他諮商師分享，所採取的方式包括教導他們、鼓勵他們和幫助他們（Tentoni, 1995）。擔任顧問導師也是一種發展性督導策略。顧問導師藉由清楚說明他們的學識而學習（VanZandt & Perry, 1992）。諮商文獻也提及顧問導師有接受訓練的需要，方能有效地扮演好該角色（Peace, 1995）。

行政督導

　　如同我們在此所下的定義，行政督導（administrative supervision）針對傳統領域，包括諮商師專業判斷的正確性、他們的心理健康、對自己的職務內容和方案的忠誠度、工作習慣、對於規則與準則的遵循，以及與同事和案主關係之有效性（Henderson, 2009; Henderson & Gysbers, 1998）。針對學校諮商師專業判斷的適切性、他們的心理健康以及他們與他人的關係所進行的觀察與評估，需要謹慎且完整的資料蒐集，而且在準則應用上是模糊不清的。對於工作習慣以及遵循專業、倫理與法律準則的觀察與評估，則是較為具體的。大多數行政督導工作發生於日常的且自發性的督導中，是以日常工作時間內所進行的偶發性觀察為依據（Henderson, 2009）。

　　行政督導仰賴數項策略，以滿足範圍廣泛的議題。行政督導者和被督導者舉行個別的會議；有時候這些會議牽涉到面質或諮商。當困難的個案出現時，他們也會自發地和被督導者交換意見。和整個部門團隊進行工作人員會議，也是另一項廣泛被使用的行政督導策略（Henderson, 2009）。

專業素養的衡鑑與適切地反應

　　協助學校諮商師持續地提升表現所做的所有努力，都是建基於對其專業素養水準所進行的衡鑑，這是一項學校諮商師和方案工作人員領導者共同承擔的挑戰。這些衡鑑由雙方共同執行。諮商師有著主觀的觀點和大量的資料。方案

領導者則有客觀的觀點和選擇性的資料。衡鑑總是逐步發展的：諮商師經歷每一項工作相關的表現，督導觀察這些表現，再由諮商師接受回饋，這些都促成對他們的專業素養之衡鑑（Henderson, 2009; Henderson & Gysbers, 1998）。

專業素養衡鑑的目的在於找出諮商師專業發展中或許並不需要的領域，以及有助於提升諮商師面對案主之效能的領域。衡鑑專業素養水準，可支援具意圖性的督導活動。諮商師專業素養水準之衡鑑指出，哪一種督導的反應方式最能夠激勵被督導者的發展（Somody et al., 2008）。

形成雙方都能理解的專業素養之操作性定義，是致力於有效專業發展之首要條件。我們發現，將專業素養定義為兩個概念之組合是有幫助的，其一為學校諮商師所具備的、可用來執行為了履行其工作所需角色的能力，其二為他們的專業認同與承諾。如同本書所提的模式中的定義，角色和能力包括輔導、諮商、諮詢、協調、衡鑑和方案管理。它們也包括學校諮商師對於案主和工作的承諾，亦即在方案內諮商師特定的職責，以及對其職場（學校和學區）與專業的承諾。這些向度都各自涵蓋許多面向。個人的專業素養程度因情境而異；因此，如何將各種情境的樣本加以聚集而形成模式，是學校諮商師和他們的評量者都須面對的挑戰之一。

在選擇最適當的反應方式時，督導盡量容許被督導者維持本身的自主性（ACA, 2005, D.2.C.）。他們所選擇的反應係應用最適切的指導程度（從「不指導」到「控制」），並仰賴對被督導者最有意義的權力基礎（專家、資訊提供、參照、獎賞、法定、連結、強制）。督導也採用賦權策略，以及最能夠協助被督導者保持動機並尋求成長的督導功能（顧問導師、諮詢、訓練、教導、諮商、評判）（Henderson, 2009）。

公平地評鑑工作人員

當諮商師的評鑑是整體表現管理系統的一部分時，評鑑的執行將是最公平的。這個系統的多樣活動，能提供有意義的資料，作為和那些被清楚地描述的表現準則比較判斷之基礎。第 10 章中，將廣泛地討論一項諮商師評鑑方法；在此我們包括一些簡短的討論，讓你瞭解到這項評鑑方法和系統中其他部分的關

聯性。

　　和整體表現管理系統的其他部分——工作定義、督導和專業發展——一樣，表現評鑑是建立在對學校諮商師抱持的期待的基礎上，這些期待被闡明於工作定義和特定職務說明中，另外，評鑑也建基於針對表現品質所制定的準則。必須記住的是，職務說明是根據期待的全方位輔導與諮商方案而定。然後，方案、職務說明和表現評鑑所採用的程序，三者之間必須要有一致性。

　　基於職務說明而建立的三類活動之目的，是相互關聯的，然而也有各自獨立的目標。督導的目標，是運用系統的資源（即督導者），協助學校諮商師在學區中得以發揮其專業潛能。專業發展的目標，則是運用學區與個人資源，鼓勵學校諮商師在專業能力與認同上持續成長。評鑑的目標，是從學區的觀點，評估學校諮商師的能力與承諾水準，評斷他們在被分派的工作上的表現專業程度。

　　理論上，督導和專業發展應該以不批判的態度進行，但是，事實上它們也提供一些資訊，以支持在評鑑中做出的評斷。例如，若諮商師被他們的臨床督導觀察到持續提供不實的資訊給學生，或持續將自己的價值觀投射至學生的決定上，臨床督導有責任將這樣的資訊提供給評鑑者。這樣的關係，相反時亦可行。如果評鑑者認為諮商師面對學生時不夠權威，臨床督導可以向評鑑者解釋不批判（nonjudgmental）的專業基本原理。

　　督導和專業成長亦提供策略，協助諮商師修正透過評鑑而辨識出的缺點。若評鑑者發現諮商師在面對一群兒童時缺乏效能，那麼，臨床督導能夠觀察該諮商師在團體中工作的狀況，並提供技術上的協助。在發展性督導中，諮商師和督導或許都同意，諮商師的專業發展目標是去提升指導性方法的運用。透過為專業發展所提供的策略，諮商師可能參與有效教導技巧的工作坊。因此，評鑑可說是整體表現管理系統的中心。

■ 支持專業發展

　　儘管專業發展主要是個別學校諮商師之責任，學區與學校層級輔導與諮商

方案的工作人員領導者，也應該對個人表現的品質擔負部分的績效責任。除了協助澄清工作和表現期待，並提供具數據依據的回饋（data-based feedback）之外，他們也培養個人的專業認同發展與動機，並盡力賦權使他們達到理想的專業成熟狀態（Henderson, 2009; Henderson & Gysbers, 1998）。

學區能夠且應該提供許多的資源，但是學區的需求和工作小組中個別成員的需求之間應該取得平衡。從學區的觀點來看，提供專業發展機會的目的，是提供合乎成本效益的在職教育與訓練，以符合大多數諮商師的需求，也關係到學區和學校層級輔導與諮商方案的優先需求。從學校諮商師的觀點來看，參與專業發展機會的目的，在於提升他們認為重要的領域中的專業及個人能力。如前所述，專業發展的目標，是運用學區與個人的資源，鼓勵工作人員在專業認同與能力上持續成長。

此處的挑戰在於提供何種機制，以協助學區和學區的諮商師，找出需要加強的特定能力——知識、技巧和態度。我們建議發展出一項鼓勵專業發展的歷程，該歷程始於藉由輔導與諮商方案領導者的協助，使諮商師確認自己的能力，再將這些能力和完成理想的學區全方位輔導與諮商方案所須具備的能力做比較。根據以上兩種訊息資源，可發展出學區諮商師工作人員發展的整體計畫，此計畫指出各個學校諮商師次族群應提升的能力，並描述這些能力將如何被達到。

個人的責任

加強專業認同發展

ACA 未來願景的第一項原則是「對諮商師而言，分享共同的專業認同是重要的」（ACA, 2009, para. 3）。對個別諮商師而言，其專業素養的基礎，是諮商師專業認同的強度與深度。「達成專業認同，通常被認為是成為成熟專業人員的重要部分」（Hansen, 2010, p. 102）。你的專業認同是關於：在專業工作中，你是誰和你是怎麼樣的人。那是你的資產，你有責任使其持續發展。專業認同的發展橫跨你的整個專業生涯，始於諮商師職前訓練。它將持續發展，只要你繼續強化並深化它。成熟的專業認同，是建基於新知識、經驗和思考的螺

旋狀學習之結果。

你的專業認同也建基於，其他人對於在專業工作中你是誰和你是怎麼樣的人的觀感之上。Ponton 與 Duba（2009）認為「在共同與個別地回答『作為諮商師，我是一個怎麼樣的人？』這個問題前，諮商師首先必須問『我們被這個創造了這項專業的社會要求成為什麼樣的人？』」（p. 118）。他們下結論說「無論諮商師在何種專業領域執業，他們被要求提供專業意見，以處理個人的需求、長處和認同，與其所處的團體或社會之間的平衡問題」（Ponton & Duba, 2009, p. 118）。

目前的研究指出一些專業認同的組成要素。Gibson、Dollarhide 與 Moss（2010）認為，使一名受訓的諮商師朝向專業諮商師認同發展的「轉換性任務」，是對諮商有一個定義、為專業成長負責和對專業諮商社群的認同。在思考工作中的諮商師一系列顯著的專業認同時，Henderson、Cook、Libby 與 Zambrano（2006）得知，學校諮商師專業認同的核心是依據下列幾項要素而被定義：他們對工作和學生的承諾、達成適當的角色、追求漸增能力、和其他諮商師有密切的聯繫。因此，對保持堅定的專業認同的諮商師而言，至少有四項專業認同的因素是持續不斷發展的，包括將案主置於優先地位、瞭解並執行適切的角色、持續地盡力提供最理想的服務，以及成為專業組織的成員。

將案主置於優先地位。ASCA（2010a）的《學校諮商師的倫理標準》以及《ACA 倫理準則》（ACA, 2005）很清楚地指出，專業學校諮商師有責任將其學生案主視為他們的主要焦點（Henderson, 2009）。這點經常是具有挑戰性的，因為在系統中（即學校）工作時，許多其他的人與程序，將對諮商師的時間或才能施加壓力。面臨相互衝突的要求時，合乎倫理的學校諮商師會將注意力集中在學生身上。諮商最為優先的目標，是在案主發現自己的路徑時賦權，並隨著他們前進。同樣必須留心的是，為了使諮商有效，案主必須主動參與，甚至去引導諮商歷程。

專業學校諮商師尊重學生的需求、社會與環境脈絡、世界觀和目標。和學生共同工作時，他們對於學生是怎麼樣的個體以及學生的情境等是不予批判的。專業學校諮商師不假定什麼是適合學生的，他們也不會投射自己的需求，或強加自己的價值觀於諮商關係中。

瞭解並執行適切的角色。堅定的學校諮商師專業認同，是植基於個人對自己要達成的正確角色有清楚認識。直到最近，諮商專業對於諮商——無關其專業領域的諮商師能力——做了定義：「諮商是一種專業關係，它賦權多樣化的個人、家庭和群體，使其達成心理健康、福祉、教育和生涯目標。」（ACA, 2010, consensus definition）

學校諮商師建立這些關係，並運用必要的技巧，協助學生維持或重新獲得他們的心理健康和福祉，同時，設定並朝著學生的教育與生涯目標達成進展。專業諮商是不同於學校諮商師採用的其他技巧組合，例如引導、建議、教導和講述。無論使用何種技巧組合，專業學校諮商師總是使自己的工作，和已制定的專業倫理與表現準則能夠相互一致。

學校諮商師有時候會面對角色混淆的挑戰。專業學校諮商師要留心自己的專業領域為何——即學校諮商——以及他們的角色與學校中其他教育專家（如教師和行政主管）之間的相似與相異處。他們也清楚學校諮商和諮商機構或私人執業場所的諮商有何相似與相異之處。他們能夠清晰地陳述自己適切的角色。有著堅定專業認同的學校諮商師，感覺是被召喚來和兒童與青少年工作的，並有勇氣去倡導對案主有益的事。事實上，Ponton 與 Duba（2009）指出，「缺乏使命的概念（notion of vocation）時，專業認同的問題是無法被適切地陳述的」（p. 118）。

持續地盡力提供最理想的服務。專業學校諮商師追求更高的能力，以提供服務給學生和與這些學生有關的成人。他們尋求繼續教育和發展的機會。他們審慎思考和案主工作的狀況、諮詢其他諮商師，也欣然接受由督導和同儕所提供的有關其工作品質的回饋。他們持續努力去提供經過審慎計畫、設計、實施、評鑑和提升的方案，以服務所有學生之發展需求，並在適當的狀況下提供回應式服務，給被其問題或情境妨礙了健康發展的學生。他們以平衡且具意圖性（balanced and intentional）的方式提供服務。

成為專業組織的成員。認知到專業會持續進展，藉著和專業變化齊步，專業諮商師得以維持堅定且具發展性的專業認同。他們也對於諮商專業及學校諮商專業的進展有所貢獻。和地區、州、全國與國際性專業諮商組織密切聯繫的良好途徑，是成為隸屬 ACA 和 ASCA 之專業團體中的成員。不幸地，在 2005

年，僅有 11%的在職學校諮商師是 ASCA 的會員（Bauman, 2008）。諮詢個人所處專業環境中的諮商師顧問導師和領導者，也能夠協助你淬鍊專業認同。彼此的對話協助所有相關的專業人員，澄清他們的角色與信念。專業學校諮商師瞭解，堅定的專業認同將支持他們的動機，以持續提升其專業發展水準，也瞭解其專業發展會支持他們逐漸提升的專業素養。

發展個人的專業發展計畫

Paisley 與 McMahon（2001）認為，持續的專業發展對於學校諮商中重要的方案與專業素養是必要的。作為臨床、發展性與行政督導，以及具數據依據的表現評鑑之結果，諮商師與其方案人員領導者將會辨識出需要加以提升的特定能力。諮商師的專業發展計畫，是在「其長程的專業與個人目標」以及「全方位輔導與諮商方案」二者之脈絡背景中發展而成。

有些專業發展標的與目前被定義的《專業學校諮商師之角色》（*Role of the Professional School Counselor*）（ASCA, 2009b）有關。學校諮商師被期待要具備能力，以提供結構化的課程、協調的系統性活動、個別與團體諮商、教師和其他教育人員之諮詢、其他學校支援性服務或社區資源之轉介、同儕協助、資訊傳播、保密的關係、方案的管理與運作、專業發展、資料使用、計畫訂定、行事曆安排和時間管理。此外，在教育信託組織（Education Trust, 2003）的學校諮商轉型（Transforming School Counseling）倡議行動中，以及如同在 ASCA（2005）全國模式中所反映的，為了移除影響學生成功達成成就的阻礙，需要在倡導、領導、團隊組織、合作、諮商、諮詢和資料使用等方面的技巧。

現代科技也對學校諮商造成影響。Kenny 與 McEachern（2004, p. 200）提到，「諮商領域的確受到現代科技進步的影響。使用電話和其他電信設備（亦即傳真、電子郵件、網路、行動電話）是愈來愈普遍的提供諮商的方法」。這些溝通方式需要不同的能力，或者以不同的方式應用傳統能力。它們也引發一些新的倫理兩難。

Bowers（2002）、B. Evans 與 Ward（2002）以及 Van Horn 與 Myrick（2001）指出一些不同的方法，使學校諮商師能夠運用電腦科技，讓工作更有效率，並協助學生成功。他們提及運用像是電子郵件、網站、電子報和線上期

刊等工具，去擷取或傳播資訊；透過視訊會議和線上學校進行遠距學習；藉由電腦化的資料庫和電子的（電話與網路）註冊系統，協助學生發展個人計畫；藉由網站和輔導資訊系統，進行大學和生涯探索；運用電腦作為諮商工具；建立關係網路；以及訓練與督導。

在發展他們的專業發展計畫時，諮商師應該清楚地敘述其長期計畫，他們的方案領導者也應鼓勵他們去確認可協助他們達成較大目標的中程與當前目標。「特定的工作表現提升標的」與「專業—個人目標」這兩組資料，都提供了諮商師在發展專業發展計畫時所需的資訊。諮商師被鼓勵去發展這類的計畫，以五年、兩年或甚至一年為週期。然而，以學區而言，如果你瞭解諮商師的立即需求以及期望能獲得或提升的能力為何，那麼你將會有相當多的資料可供運用。

在一項被正式定義的表現管理系統中，學校諮商師與他們的工作人員領導者，共同合作撰寫專業發展計畫，並將計畫提交給輔導行政主管。在其他文獻中描述了完成上述任務的方法與程序（Henderson, 2009; Henderson & Gysbers, 1998）。一個為了這項目的而使用的表格呈現於圖 9.1。有了這樣的表格，諮商師和他們的學校層級工作人員領導者，對標的能力領域（如有效地實施團體諮商）達成一致的看法。他們也討論適切的目標，若達成這些目標，將提高諮商師的效能，例如能夠：(a)清楚地陳述諮商師行為的理論基礎；(b)運用多樣化的回應技術；以及(c)促進學生的行為計畫之發展。接著，諮商師要辨識出他們計畫去執行以達成目標的任務或活動。這個計畫包括時間架構，以及提供給輔導與諮商方案人員領導者的、關於達成目標的潛在證據之聲明（表格的下半部分是關於諮商師計畫完成程度之評鑑——當任務完成後，可提供哪些和該成就有關的文件，以及該任務被完成的程度如何。這些將在年度末，由諮商師和工作人員領導者加以檢視，作為在第 10 章中描述的評鑑系統的一部分）。收到諮商師的計畫後，工作人員領導者與行政主管瞭解了工作成員的期待。接下來，他們必須鼓勵諮商師尋求教育機會。

評估諮商師能力發展需求

知道諮商師的期望為何，僅是工作人員發展計畫中需求評估的一部分。評估諮商師的表現提升需求也是必需的，這些表現是在執行學校層級或學區期望

諮商師專業成長計畫	學校：＿＿＿＿＿＿＿＿＿＿
	姓名：＿＿＿＿＿＿＿＿＿＿
	校長／諮商師主任簽章：＿＿＿＿
	日期：＿＿＿＿＿＿＿＿＿＿

每一項能力領域使用個別的表格

計畫 （在＿＿＿＿＿＿之前完成）	**評鑑** （在＿＿＿＿＿＿之前完成）

標的能力領域：
目標：

任務／ 活動描述	時間架構	達成的證據	實際完成 的日期	達成的確認	完成的程度 （1-5）

成就的整體評鑑： 　1　　　2　　　3　　　4　　　5
　　　　　　　　（未達成）　　　　　（完全達成）

諮商師簽章：＿＿＿＿＿＿＿＿＿＿
校長／諮商師主任：＿＿＿＿＿＿＿＿
日期：＿＿＿＿＿＿＿＿＿＿

圖 9.1 諮商師專業成長計畫表

的全方位方案時所需的能力與承諾。評估諮商師的能力以便發現他們已擁有的能力，以及仍有待加強的能力，這點是重要的。

　　用以評估學生所覺察的需求的方法學，同樣可用在評估諮商師的能力，僅需改變題項。這些被採用的題項，是根據表現準則所產生，而這些表現被認為是組織與實施全方位輔導與諮商方案時不可或缺的。為了支援表現管理系統中的督導與評鑑要素所辨識出的能力及其指標與描述，提供了這些細項。運用從諮商師表現評鑑、問卷或其他衡鑑技術而聚集合併的資料，資料被蒐集並製作成表格。許多這類的衡鑑，不僅詢問諮商師他們有多麼需要獲得某種能力，也問到他們覺得獲得該能力有多麼重要。

　　從系統的觀點，輔導與諮商方案人員領導者對於每一項能力的重要性也有

其看法，在規畫工作人員發展計畫時，應該要加以考慮。假如在比較和對照現行方案與理想方案時，發現二者之間有差距，而該差距似乎是因為現行方案中未能運用某些能力，但理想方案中卻需要這些能力，學區輔導與諮商方案領導者將會理解，這些能力對於工作人員發展的重要性；然而，諮商師可能尚未察覺到這個部分。例如，如果比起目前已實施的方案，理想方案要求更多的團體諮商，從學區的觀點，加強團體諮商技巧將會被優先考慮。

在諮商工作人員中，不僅不同類別的諮商師期望獲得不同的專業能力，不同類別的諮商師也需要去獲得不同的能力。新任諮商師和有經驗的諮商師有著不同的需求。某些有經驗的諮商師比其他諮商師更有能力，他們需要的可能是進階的訓練，而其他人所需要的或許是矯正性的訓練。方案促進過程本身，將會決定一些工作人員發展的需求。輔導與諮商方案人員領導者的優先訓練需求，或許不同於一般諮商師。如果你有同儕領導者的核心小組，他們可能有不同的專業發展需求。

工作人員發展與方案促進過程之連結

當學校諮商師持續進行方案促進過程時，他們學習到各種的新概念。他們學習全方位輔導與諮商方案、自己在方案中的角色，以及執行方案的一些程序。呈現為了評估現行輔導與諮商方案的設計所蒐集之資料，能夠提供有關方案及其面向的洞察；而改寫方案，使其以學區基本架構之樣式來呈現，也能提供相同的洞察。無論你決定選用現有的有效實務工作之範例，或是嘗試符合理想方案的創新活動，諮商師都能夠學習到全方位輔導與諮商方案的操作細節。

作為評估其任職學校之方案設計的第一個步驟，如果諮商師將他們的活動記錄在工作日誌中，將能學到方案中自己負責的部分，同時，在合併他們的資料和其他人的資料時，能夠詳加注意。如此可協助他們進一步內化方案的概念，也提供對於自己的工作習慣之洞察。這樣的資訊和職務說明中所陳述的角色期待互相比較時，能夠提供諮商師有關如何補充其專業能力的想法。同時，瞭解輔導部門其他工作人員的職務內容，可以協助所有工作人員瞭解行政指揮系統（chain of command），以及輔導與諮商方案領導者與其他輔助專業人員的責任。

Paisley 與 McMahon（2001）指出，學校諮商師的機會之一是「決定適合的角色和方案聚焦的領域」（p. 110）。諮商師必須學習與規畫有關的程序，例如目標設定、安排優先順序和行動計畫。諮商師也需要學習方案計畫與個人計畫。透過投入方案促進過程，像是進行需求評估、評估現行方案，以及建立理想方案的架構等活動，他們學習方案計畫。他們學習與其他經費提供者共同合作，以適切地塑造方案，也學習設定適當的界線，將他們的角色聚焦於最能協助學生發展的狀態。藉由設定目標與發展行動計畫，以達成這些目標，諮商師學習到個人的計畫。

建立一項有著清楚優先順序的全方位輔導與諮商方案的主要優點之一，是此方案對諮商師來說將變成可管理的。諮商師所工作的學年將成為有計畫的一年，而非僅是自然發生的一系列工作日。並不是每一天的每一分鐘都能被計畫好，事實上，只要有回應學生和他人危機情境如此重要的責任存在，那是永遠不可能發生的。然而，方案中主要的事件是可以計畫的，使諮商師能夠感受到成就感。能夠掌控方案的主要部分以及他們的工作，能賦權於諮商師、促進其專業尊嚴，且因此有助於重新恢復他們對於專業的承諾。

在此所關注的是一項強調方案管理重要性的研究：Fitch 與 Marshall（2004）發現，比較肯塔基州高成就與低成就的學校，其學校諮商師在「方案管理、評鑑與研究上的時間分配，顯示出很大的差距」（p. 175）。高成就學校的諮商師「花費較多的時間在和專業準則相關的任務」（p. 176），以及「在高成就的學校中學校諮商師的協調活動（coordination activities）是更為普遍的」（p. 176）。他們的結論指出，方案管理與評鑑導致更系統性且持續提升的方案。將方案和專業準則加以連結，使方案聚焦於有意義的結果，同時，透過協調全校性的活動與方案，諮商師可以影響整個學校。

諮商師──尤其是那些不習慣於將方案視為是擁有任何資源者──必須學習有效運用資源的程序，包括編列預算、仔細選擇素材和時間管理。在方案促進的過程，諮商師必須學習運用堅持與政治的技巧；他們需要感到被賦權。

一旦為學校和學區建立了理想的全方位方案設計，同時釐清了理想方案以及實際狀況間的差距之後，盡可能產生更多想法以修補這樣的差距，不僅可提供大量的想法，更能使諮商師的創造活力得以湧現。腦力激盪，讓「我可以如

何做改變？」的思考程序開始進行。

　　在方案促進的過程，如果使用了特別計畫以提升方案改變的歷程，有些諮商師或許需要發展和這些特別的工作相關的能力。他們需要學習自在地冒險，也必須學習與他們所參與的特定計畫相關的能力。例如，你若是正在嘗試著撰寫課程，有關課程發展的在職訓練是很重要的，所欲發展的課程之特定內容領域的訓練也同樣重要。如果有一些學校正在嘗試大團體的輔導活動，與大團體工作的能力將是必要的。若是你購買了可能供整個學區使用的素材，諮商師需要接受有效使用這些素材的訓練。

　　一旦完成了現行方案和理想方案之間的差異分析，並建立了方案改變的基本方向，學區內諮商師的訓練需求就可以預期了。近來，針對教—學歷程、動機和學生投入狀況已有相當多的瞭解（Mental Health in Schools, 2011）。如果諮商師要有效地傳授輔導課程，並維持他們身為教師的諮詢者之可信度，那麼他們就需要補充上述主題的新資料。他們也能從聚焦於指導方法（如任務分析、課程設計和有效教學實務）的工作人員發展活動中獲益。此外，新的方案設計也需要諮商師更新下列能力：能勝任跨文化工作；輔導與諮商團體工作；以有效方法與父母和教師進行諮詢；短期家庭介入技術；將生涯發展活動（如做決定、計畫和問題解決）融入方案中；以及因應高危險群學生的需求（如輟學和可能輟學者、物質濫用者和物質濫用者的孩子、缺乏動機的學習者和在學業方面持續失敗者，以及憂鬱的青少年和威脅要自殺或企圖自殺者）。提高學校氣氛的全校性努力，也重新獲得注意（Center for Social and Emotional Education, n. d.; National School Climate Center, n.d.）。學校諮商師和行政主管都覺察到的另一項需求是習得時間管理技巧。再者，諮商師必須精巧地調整他們的倡導及公共溝通技巧。

　　當輔導與諮商方案轉變為要求更適切地運用諮商師的教育與訓練時，諮商師的專業感受（sense of professionalism）必須被加強。關於倫理準則（ACA, 2005; ASCA, 2010a; National Education Association, n.d.）和倫理議題的工作坊或研究講習，應該能夠促進這種感受。諮商師也應被鼓勵去加入專業諮商學會，同時參與學會的工作。在可能的狀況下，取得證照或登記註冊也應被鼓勵，這樣的成就應獲得公開表揚。

　　從一開始，輔導與諮商方案工作人員領導者和其他同儕領導者，能從學習領導特性與領導風格而受益。以領導者的身分參與方案時，個人所獲得的益處是自我瞭解與自我實現的提升。有關情境領導（situational leadership）、團隊建立、權力的運用、任務與關係取向兩者間必要的平衡，以及在團體中和領導者—跟隨者情境中所扮演的角色等方面的學習，對領導者亦是有益的（Hersey, Blanchard, & Johnson, 2001）。隨著方案與工作人員領導者角色的逐漸發展，他們將學習許多新的能力（Henderson, 2009; Henderson & Gysbers, 1998）。如果你是輔導與諮商方案的領導者，或者，你的角色是不需要具備特定行政或督導證照之方案行政主管，你也將會獲益，因為大多數的素材並不包含於輔導職前教育中。

工作人員發展資源

　　確保學校諮商師能力的系統性努力，是建基於知識和適切地運用可利用的資源。相關資源如下：合格學校諮商師接受的職前訓練；輔導與諮商方案的清楚定義，其中對於學校諮商師職位列出具體的期待；以及可用於協助專業發展工作的人事、財務與政治支持之資源。

諮商師的職前教育

　　對於個人將在學校進行諮商的準備程度授予認證，是州政府教育部門的功能。對於認證的要求因州而異，在一個州裡面，高等教育機構在培育它們的學生使其符合要求的方式也有所差異。學校諮商師培育的全國性準則，是由諮商與相關教育方案認可評議委員會（Council for Accreditation of Counseling and Related Educational Programs [CACREP], 2009）所制定。這些準則描述了所有諮商師無論其專業領域為何都必須接受的課程，這些課程涵蓋的領域包括專業導向與倫理實務、社會與文化的多樣性、人類成長與發展、生涯發展、助人關係、團體工作、衡鑑，以及研究與方案評鑑導向（pp. 10-14）。此外，準備於學校中執行諮商工作的學生，應該經驗的課程包括學校諮商基礎；諮商、預防與介入；多樣性與倡導；衡鑑研究與評鑑；學業發展；合作與諮詢；以及領導（pp.

40-46）。

知道了接受你所在地區諮商師訓練課程後可獲得哪些能力，能夠提供你基本資訊，以瞭解接受這些課程的畢業生進入諮商工作時會具備的技巧與知識能力。熟識這些課程中的教授，也提供你一些想法，瞭解他們的學生所接觸到的是何種態度與信念。確保諮商師能力的方案即建基於這樣的基礎。

輔導與諮商方案定義

在設計你的全方位輔導與諮商方案時，你已經寫下了一般性的職務說明，陳述對執行方案的工作人員之基本期待。我們採用的諾斯賽德獨立學區（Northside Independent School District, 1997）之範例，詳細地描述了期待，即學校諮商師應該：

- 教導輔導課程。
- 藉著發展學生的教育與生涯計畫，指引團體或個別學生。
- 針對有問題或有關切議題的小團體和個別學生進行諮商。
- 和教師與父母進行諮詢。
- 將學生或他們的父母轉介至其他專家或特殊方案。
- 協調其他人的工作（例如，教師執行以往由學校諮商師所進行的任務，以及社區志工參與全方位輔導與諮商方案）。
- 與學校教職員合作，設計並實施輔導與諮商方案。
- 計畫、管理並評鑑學校的輔導與諮商方案。
- 追求持續性的專業發展。

因此，在採用此職務說明的系統中，諮商師被期待要具備能夠有效地教導、指引、諮商、諮詢、轉介、協調與合作的能力。進一步地描繪這些能力，即相關的技巧、知識、態度與信念，並非本書的主題；然而，就我們的目的而言，重要的是你能覺察到，只有在你和你的學區已辨識出執行全方位輔導與諮商方案所需具備的能力時，方能確保諮商師的能力。

辨識可用的資源

當你為了確保諮商師能力而努力時，你需要考慮可利用的資源。學校、學

區和社區有著人事、財務和政治資源，可用於確保諮商師的能力。問題是：如何能夠以最有效和最有效率的方式運用這些資源？

人事資源。在職位上的有效表現，是在此職位者和學區共同的責任。應徵諮商師職位者有責任適切地闡明自己，因此，未來的雇主能夠評估求職者是否適合該職位。僱用者有責任清楚且明確地定義這些職缺；而諮商師有專業責任要能勝任學區的期待，也就是說，其教育領域符合該州所規定的認證之最低標準，以及其專業領域所定義的倫理與其他相關準則。

每一個學校和學區聘任行政主管，負責輔導部門工作人員的表現。這類行政主管的職稱很多樣化，職權和責任的程度也各有不同。行政主管可能有校長、督學、諮商師主任、輔導與諮商主任、協調者或督導這樣的職稱。每一項角色的達成都代表著確保學校諮商師的能力，而這些角色必須明確定義。這些可能涉入的行政主管的人數，以及他們於輔導與諮商上的能力程度，是隨著學區的大小以及學區對於全方位輔導與諮商方案概念的承諾而有所差異。與這些涉入的行政主管之生涯路徑相關的機會因素，也可能影響此局面。例如，相較於沒有諮商經驗者，之前曾是有效的學校諮商師的校長可能提供不同方式的行政方向與督導，而這樣的方向與督導之品質，可能因校長作為學校諮商師的經驗而有所差異。

某些社區與地理區域有諮商師可能可以運用的資源。例如，CACREP 已經認證了 600 所以上的諮商師訓練機構。許多學區都很靠近這些機構，而有接近諮商教育者的機會。其他學校諮商師、專業諮商學會領導者、心理健康諮商師、諮商心理學家、精神科醫師、訓練諮詢者、工商業的人力資源專家和其他專家或許都是可加以運用的。然而，為了能夠適切地運用這些專家以進行專業發展，他們的專業領域需要被調查與登錄。我們建議你蒐集這樣的專家名單，並確認他們的專業領域、他們呈現何種主題的工作坊、他們的專業執照與證書，和他們的收費。

其他資源還包括在地區、州、全國和國際層級可供利用的專業諮商學會。學校與學區在「鼓勵並支持重視專業組織的職場文化」（Bauman, 2008, p. 173）上扮演著關鍵性的角色。有一些證據顯示，擁有學會的會員資格可促成「較高的教育水準、較多的工作時數、較高的收入……[以及] 較高的工作滿意度」

（Bauman, 2008, p. 165）。

財務資源。輔導與諮商方案可運用的財務資源，應該提供諮商工作人員的專業發展。學區提供在職訓練和出席專業研討會及會議的經費與機會。區域辦公室和州政府的教育部門也提供教育與訓練機會給學校諮商師。較大的學校系統與中等的學區通常透過專業圖書館，提供專業期刊訂閱、書籍和訓練錄影帶。

政治資源。在這個教育改革的時代，愈來愈支持提升專業教育者的能力與績效責任。許多州的改革企圖包括：以強制性的在職教育形式，重新強調專業成長；為重新認證而提出專業更新要求和生涯階梯。即使這些企圖中並未直接提及諮商師，這些提升整體工作人員能力的行動，能夠被特地用來協助諮商師。例如，於 1955 年，德州強制執行一項專業發展與評價系統（Professional Development and Appraisal System）（Texas Education Code, 2011）為教師和行政主管提供訓練者的訓練、訓練素材和規定時數（hourly requirements），讓他們接受督導與評鑑模式之訓練。諮商師與諮商督導並沒有包括在此強制案中；然而，諮商行政主管則包含在內。因此，注意諮商師是否也被提供機會以學習有效教導、諮商和督導，則成為諮商行政主管的責任。

發展學區工作人員發展總計畫

瞭解工作人員對能力發展的期望與需求是第一個步驟。下一個步驟是發展一項計畫以有效且有效率地符合這些需求。這項計畫包括了確認工作人員發展可運用的策略與資源、發展學校或學區將提供的工作人員發展活動之時間架構，並思考如何評鑑所使用的策略之有效性。圖 9.2 呈現了一個格式，可用以撰寫學校或學區工作人員發展計畫。

策略

工作人員發展可運用多種的執行方式，包括演講、閱讀素材、視聽素材、示範、經過規畫的學習活動（programmed learning）、討論、模擬和直接經驗。每一種方法都有其優缺點。決定採用哪些方法，取決於期待的工作人員學習成果。演講通常協助聽講者對於觀念或實務工作產生理解，然而，直接的經驗，

工作人員類別	工作人員結果	策略	時間架構	資源			評鑑方法
				專長	場所／設備	花費	

圖 9.2 工作人員發展計畫格式

如實習或見習，可協助參與者將內容加以內化。

演講或活動取向的學習形式，是進行在職教育的有效方式。演講可以是激勵性或教育性的。可以邀請諮詢者到學區，或鼓勵工作人員參與當地、地區性、州和全國層級舉辦的專業成長研討會。熟練的諮商師應該被鼓勵在這樣的研討會中進行口頭報告，因為組織並呈現口頭報告內容，能協助他們精進他們的實務工作與想法。

閱讀素材包括專業的教科書與期刊。個人尋求在特定領域的成長可以使用參考書目（bibliographies）。有一些最近經常被使用的資源包括 Guillot-Miller 與 Partin（2003）所發表的「學校諮商中的法律與倫理議題之網路資源」，以及由 Holcomb-McCoy 與 Lee（2005）負責編輯的《專業學校諮商》（*Professional School Counseling*）的一期特刊——「都市場域中的專業學校諮商」，這是在都市環境中工作的所有諮商師都必讀的。

如果目標是為了使一群人去思考特定的主題（像剛才提及的特刊），可以分配閱讀素材，並形成小組討論閱讀內容。藉著如圖 9.3 所示之諾斯賽德獨立學區採用的討論議程，可使討論內容聚焦。閱讀專業期刊是一種符合經濟效益、容易取得以及在專業上很理想的工作人員發展的工具，卻是工作人員發展的規畫者經常未能充分利用的。在這樣的閱讀是被鼓勵的情況下，後續討論以協助閱讀者深思所讀到的理念，卻是很少舉行的，雖然它們應該要被舉行。

其他專業討論的工具還包括小組會議與短期研習（retreats）。個案諮詢——

高中諮商師工作人員會議
團體諮商計畫討論議程

1. **團體的功能／價值／限制**。
2. **諮商是什麼**，以及不是什麼？
3. 個人的**理論模式**。
4. 團體諮商中運用的**專業歷程與技術**。
5. 團體能夠成功所需的「**氣氛**」。
6. 形成你的團體。
7. **團體歷程**。

　　規範：

　　組織：

　　結構：

8. **領導者的角色／責任**。

圖 9.3 團體諮商計畫討論議程

註：取自 Northside Independent School District, San Antonio, TX。

尤其是由專家諮詢者所帶領的——也可以提供有意義的學習機會。作為臨床督導的一部分所舉辦的回饋會議（feedback conferences），也能夠提供諮商師學習的經驗。藉著觀察熟練的諮商師在實際工作環境中示範其技巧，新手諮商師能夠學到很多。

可利用的資源

在辨識出可能可以利用來協助工作人員發展的資源之後，很重要的是，明確具體瞭解可運用人員之專長。接著，就可運用的專業和工作人員的優先需求做配對。有一些諮詢者在學校系統內是可供運用的；其他專家將需要費用。因此，必須考慮輔導部門的預算。一旦辨識出工作人員的優先需求，也決定了他們可用以尋求專業發展的方法，就可能推斷出要適切地使用這些資源將需要多少經費。理想上，每一名工作人員在一年的期間內，都有專業成長的機會。因此，在分配資源時必須記住這個原則。同時，設法讓個人能夠分享他們獲得的概念與資訊，也是一種擴展資源的方法。例如，若一個學區僅有一名諮商師能參與一場州或全國的專業研討會，這位諮商師可以在工作人員會議時進行相關

的報告。

在實施工作人員發展計畫時，更進一步的重要考量是：可利用的場所與設施之運用規畫。要確定已考量到各種活動要在何處舉辦、可容納的座位數量為何，以及氣氛是否能助長討論。如果計畫中包含著設備的使用，須確定所需的設備已在場，同時是在可用的狀況。這些或許是顯而易見的，但是實在太常發生「因為對於主題感到興奮，而遺忘了會議後勤工作」的狀況。

時間架構

關於何時舉行工作人員發展活動，應仔細考量。有些作者有很好的理由，建議盡可能避免傍晚或晚上的時段。建議可在上課時段舉行，然而代價很高，因為占用了工作人員和學生接觸的時間。週六和假日可能是較適合的時段，特別是你所在的州對於證書或執照之要求包括了繼續教育時數的累計。

我們建議工作人員發展活動要分散在整個方案促進過程中。這類活動經常是愉悅的，也能作為提振士氣的方法。工作人員發展活動必須在事前有完善規畫，讓所有相關人員都能參與。再者，即使主要的方案發展工作終止，工作人員發展也不應該就此停止。專業成長應該要繼續，以作為維持持續的個人專業發展與方案促進的方法。

評鑑

每一個工作人員發展活動都應該接受評鑑，如此方能判斷其有效性。評鑑活動影響的方法包括問卷、成就測驗、觀察和演示。無論採取何種方法，都必須符合人員發展活動所尋求的成果。例如，新行為的觀察這樣的評鑑策略，比起用於評鑑演講的成果，更適用於評鑑體驗性人員發展活動。

整體的人員發展計畫之有效性，也必須接受評鑑。以原先所用的需求評估工具，再度評估工作人員的能力，可以提供工作人員成長的資訊。而持續監控工作人員透過專業發展計畫而表達的需求，也能夠提供有關專業成長活動有效性的評鑑資料。

處理能力不足的問題

　　如同所有的專業，在諮商專業中的某些人不是做了錯誤的生涯選擇，就是尚未發展出充分的專業潛能。簡言之，有一些身為學校諮商師、輔導與諮商方案領導者或輔導行政主管者，他們無法勝任其職位或者其工作要求。利用如我們所建議的被具體描述的表現準則，和一個已就緒的、可協助工作人員提升專業能力的系統，有可能解聘那些表現水準不利於學生成長與發展的人員。大多數的州有正當程序規則（due process rules）保護個人免於被任意解聘或指派他職，然而，大多數的系統制定了程序，協助那些不在正確的生涯路徑上的人離職。協助不適任的諮商師尋求其他工作是很重要的，不僅是為了我們所服務的學生，也是為了整體的專業（Henderson, 2009）。

　　解聘牽涉到和行政主管、人事部門與學校系統的律師等重要角色相關的法律程序。重新指派到不同學校任職，有時候能夠協助諮商師重獲其專業承諾。在許多例子中，澄清和方案以及表現促進過程相關的期待，能夠使個人瞭解他們是處在一個不恰當的職位中。這樣的自我決定顯然是最完美的，但是，它仍然需要行政主管涉入。

　　在任何狀況下，輔導與諮商方案工作人員領導者的角色，是根據全方位輔導與諮商方案、職務說明和相關表現準則所建構的具體行為標準，提出評鑑的意見。假如這些受損的工作人員（impaired workers）（Henderson, 2009）曾被告知相關的標準，也已經提供了工作人員發展機會去習得他需要的能力，那麼鼓勵他們離開這個專業領域，在專業上是恰當的。

引導新任諮商師進入方案中並擔任適當的角色

　　一旦職務說明撰寫完成，且辨認出可供利用的資源，就可以開始系統性的方法，進行工作人員發展。確保學校諮商師能力的首要任務，是讓適當的人擔

任適當的角色。發現並聘用適當的人選，必須由輔導與諮商方案領導者和訓練出大多數諮商師的大學校院共同合作，招募技巧最為熟練的畢業生應徵有空缺的職務，並選擇最具才能與技巧的應徵者任職這些職位。協助學校諮商師達成適當的角色，需要方案領導者把他們安置至適切的職務，並針對其新的任務提供指引。

合作

大多數大學校院的諮商師教育學系，會試圖和其所在區域中最有可能聘用其畢業生的學區發展合作關係。這類關係是由尋求關於其訓練方案各面向之建議的教授們所建立。許多諮商師教育學系已成立正式的諮詢委員會，由來自鄰近地區的諮商師和輔導與諮商方案領導者所組成。此外，諮商教育者（counselor educators）透過專業討論以及參與地區或州的諮商師專業學會而尋求建議。實務工作者經常被邀請到諮商教育課堂上進行口頭報告，使接受職前訓練的學生和教授們自己，得以瞭解學校諮商師實際上的工作內涵。

實地經驗（field experiences）提供諮商教育者和當地學區之間有意義的合作的主要機會。實地經驗是受訓諮商師（counselors-in-training）職前教育的一個重要面向。事實上，2009 年 CACREP 的諮商師教育方案之認證標準，要求 100 小時接受督導的實習經驗（practicum experiences），以及額外 600 小時的受督導的全職實習經驗（internship experiences）。督導必須由至少具備碩士學位的合格學校諮商師所提供。讓這些經驗有效，是大學院校教師和學校或學區工作人員共同承擔的責任。為了確保課業（包括現場實務工作）能夠成功完成，教授必須清楚陳述受訓諮商師應該具備的經驗。要求他們進行個別諮商並撰寫個案研究、和有問題的學生進行團體諮商，以及教授發展性輔導課程，確保受訓諮商師將擁有這些經驗。同時，負責督導受訓諮商師的學校諮商師必須清楚陳述，就他們所知，在學校輔導與諮商方案設計上，哪些經驗是有價值的。圖 9.4 提供一項諾斯賽德獨立學區採用的實習學生與實習諮商師指引之範例，協助受訓諮商師思考他們可以受益於哪些經驗，而學習成為此學區內有效的學校諮商師。類似這樣的指引與學生的相關經驗，幫助受訓諮商師形成對方案的概念，

為了確保你對於學區全方位輔導方案的每一組成要素都是有經驗的，請思考以下內容，將其視為要包含在你的實地經驗中的活動。

輔導課程要素

• 發展性團體輔導（運用輔導技術而引導—教授輔導內容）

個別學生規畫要素

• 協助學生團體應用：

　1. 透過課程要素而習得的技巧。

　2. 測驗結果資訊。

　3. 生涯資訊與經驗。

• 協助團體或個人發展教育計畫。

回應式服務要素

• 個別諮商。

• 小團體諮商。

• 對有議題的學生之父母進行諮詢。

• 對有議題的學生之教師進行諮詢。

• 將學生轉介到特殊服務或方案。

系統支持要素

• 輔導方案計畫。

• 解釋團體標準化測驗結果。

• 提供教師在職服務（providing teacher in-service）。

• 參與 CHILD 的歷程（參與學生個別學習與行為需求之焦點解決工作人員會議後，闡釋所得資訊）。

請閱讀德州教育局（Texas Education Agency, 2004）出版之《德州公立學校的全方位、發展性輔導方案》（第四版）；諾斯賽德獨立學區（Northside Independent School District, 2002a）出版的《全方位輔導方案架構》；德州諮商學會（Texas Counseling Association, 2004）出版的《德州專業學校諮商師評鑑模式》（第二版）；以及諾斯賽德獨立學區（Northside Independent School District, 2002b）出版的《提升諮商師表現之指引》。

圖 9.4 實習學生和實習諮商師指引

並瞭解他們正在學習的技巧和技術以及他們將要應用這些技巧的方案之間的關係。對於大部分的受訓諮商師而言，這是他們首次得以探索這個關係的機會。

招募

　　和受訓諮商師進行互動是一種招募應徵者的方式。招募的目的在於找到一群優質的應徵者。這群應徵者愈優秀，被選上的應徵者成為傑出諮商師的可能性愈高。招募的基礎在於有一項高品質的方案，同時，讓大家知道這個方案。向學區的教師們清楚解釋這個輔導與諮商方案，讓已經是合格諮商師的教師和正計畫尋求進階訓練者，有機會思考成為學校諮商工作人員一分子的優點。針對被轉介的學生之教師提供有品質的回饋，並在他們面臨和學生或家長的問題時，有效地提供諮詢，也經常是招募的手段。如果你的學校或學區聘用有經驗的諮商師，在專業的研討會和工作坊呈現高品質的方案，也是有效的招募活動。更進一步地，學區的學校諮商師在地區、州和全國專業組織愈活躍，方案就愈加引人注目；若是學校諮商師的領導品質與其責任感令人印象深刻，其他人將會想要成為這個學區全方位輔導與諮商方案中的一員。

甄選

　　在吸引到優秀的應徵者之後，接下來的挑戰就是選擇其中最好的作為學校諮商師職位的候選人。如前所述，學校諮商師的職務必須詳細清楚地定義，方能將應徵者的資格與職位的期待相互配對。諮商師職位所需的能力已經由學區所定義，然而，每一所學校或許有其特定要求，那也是必須詳加說明的。這些要求可能包括需要具備某些人格特質，以及在各種輔導與諮商方案的功能中特定的偏好。其目的是為了使整個學校或學區的工作人員在特質與能力方面是平衡的。例如，平衡的工作人員可能包括形成概念者與籌備工作專家、領導者與追隨者、喜歡團體工作者與喜歡諮詢工作者等。或許也包括和整體學生組成類似的種族與人種方面的平衡，以及男性與女性的平衡。

　　工作人員甄選的歷程包括面試應徵者、考慮熟悉應徵者工作狀況的人之推薦，以及檢視他們的經驗與成就。潛在諮商師的面試不僅應由人事部門來執行，也應由未來將監督此工作人員工作的督導或行政主管來進行。在應徵學校諮商

師的情境下，這意味著是學校的校長以及學區的輔導與諮商方案領導者。有些系統也讓現職諮商工作人員有效地涉入面試過程。雖然，由一個大群體進行有效的面試，在策劃安排上是困難的，有些學校讓所有的諮商師和應徵者共同參與團體討論。其他學校由個別的諮商師進行面談的不同部分，例如，由一名諮商師帶領應徵者參觀學校，而另一名諮商師則針對輔導中心進行說明。現職工作小組規模的大小以及接受面試的候選人人數，都直接影響所採取的面試方式。

面試應該提供有助於自我表達的氣氛。面試問題應能導引應徵者在合理的時間範圍內，就與職位相關的部分盡可能地描述自己。面試所問的問題與職務要求之間，應該要有直接的關聯。關於面試作為甄選工具之價值（或缺乏價值），已經有很多書面討論，然而，這是一種允許候選人有機會提出自我報告、說明自己的經驗與能力足以勝任這個職位的方法。面試也使雇主有機會對於候選人的人格與專業素養產生洞察。

在徵求曾經與候選人共同工作的其他專業人員的推薦時，行政主管或督導應該詢問應徵者在學區學校諮商師角色上相關經驗品質的具體問題，例如，應徵者作為一名教師其效能如何？應徵者與家長之間關係的品質為何？應鼓勵推薦函提供者提出具體的例證以支持其意見。此外，檢視過去的表現評鑑中所註記的應徵者之優缺點，可提供關於他們作為學校諮商師成敗與否的洞察。我們相信，對一名諮商師而言，從作為一名有效能的教師開始成為有效能的學校諮商師是絕對必要的。如果學校諮商師要執行一項包含教室輔導在內的、有品質的發展性輔導與諮商方案，那麼，他們應是來自於排名最優秀的教師中。因為執行全方位輔導與諮商方案時，成為團隊中一分子的能力也是必要的，在這一點上，個人過去關係之指標是重要的。輔導與諮商方案及其工作人員是一個學校的重心，因此，潛在的諮商師必須證明他們是最優秀的雇員。而從過去表現的評估可以發現這類特質的證據。

適當的職位安排

一項發展完善的甄選程序，提供獲選擔任學校諮商師職缺的候選人之必要資訊。將工作人員安排在可充分運用其優點，同時藉由他人的優點使其缺點降

到最低程度的職位上，是絕對有必要的。如前所示，在安排個人至特定的職務時，必須考量其能力與個人特質的優點與缺點。一個工作小組的化學組成，儘管很難被定義，但它和可運用及所需的能力，是同等重要而須加以考量的。例如，一個工作小組中，若已有數名非常堅定自信者，相較於加入一位尋求領導職位者，一名追隨者的參與將更有助於工作小組的平衡。將你的學校所期待的方案之清楚定義謹記在心，可以更好地判斷何人將是某職缺的最適合人選。

在一個學校系統內，重新配置小組人員以最理想地運用他們的才能是相當可能的。如果你有機會將個別工作成員從一個工作環境轉換到另一個工作環境，關於在特定工作環境所需的能力和人格特質之相同清晰程度是必需的。轉職的機會能夠在學區內自然發生，例如當成長的學區提供新的職位，或者當諮商師退休或離職時。

導向

為了協助新任諮商師適切地達成他們的角色，也繼續投入他們的新專業認同，對工作本身的要求以及工作環境的背景進行導向（orientation）是必要的。所謂導向，我們意指盡可能提供新任諮商師有關全方位輔導與諮商方案政策和運作的充分資訊。新任諮商師於他們的受訓課程中學到有關諮商師角色的資訊，以及於應徵工作和甄選過程中瞭解到有關工作環境的資訊。然而，一旦被安排職務後，他們需要更多關於他們的角色以及在方案中適當運用其能力的詳細資訊。如果新任諮商師曾是一名教師，很重要的是記住諮商師和教師的角色與身分認同是不同的；從一個角色到另一角色的轉換，不是自動發生的。截至目前，新任諮商師或許僅知道輔導與諮商方案的概括性定義，現在他們必須瞭解，在其任職的學校中該方案如何實際運作。定義全方位方案四項組成要素的特定活動必須被傳達。新任諮商師也需要被告知其任職學校的結構、校長的優先工作事項，以及組織的關係。

一名現職工作小組中的成員應被指派去協助新任職者學習他們必須瞭解的事實，使他們在發展新的角色與認同時能較為輕鬆。協助新任諮商師運用他們獨特的能力，是學校輔導部門領導者應扮演的角色。這個角色可能包括協助新

任諮商師，將其觀點從教室的觀點擴展到學校的觀點；作為其他工作人員的諮詢者以及作為為學生發聲者；將輔導與諮商方案的概念付諸實行；同時，學習學校中非正式的權力結構。

導向應該從督導與行政主管主持的正式會議開始。其餘議題最好是透過新任諮商師與一名諮商師同事持續的對話來進行，這名同事可能是、也可能不是學校督導者。在一些方案中，一個指派的導師系統已經被有效地運用。在任何情境下，都有許多新任諮商師需要瞭解的訊息，他們進入新職務時愈能有系統地導引，這個轉換階段將能愈順利。

關注多元性

我們社會的多元性、在我們學校就讀的學生，以及學校諮商師的專業和倫理準則都指出學校諮商師應是跨文化地稱職的（cross-culturally competent）。和其他諮商環境不同，學校諮商師需和所有學生工作，除了由各個涉及方案設計的代表性團體建立的輔導方案優先順序外，致力於不因其他因素對學生有所歧視。在目前的世代中，只是不批判並不夠。學校諮商師要符合 21 世紀的挑戰之關鍵在於「成為一個具文化反應性的諮商師（culturally responsive counselor）」（Paisley & McMahon, 2001, p. 112）。

要與所有的學生工作帶來一些讓人氣餒的挑戰，因為諮商師自己可能並不具代表性或是有足夠的知識，而能夠瞭解他們學校所呈現的多元性之每一面向。學校諮商師必須學習以負責的和敏感的方式回應呈現廣泛差異的一群個體。除此之外，「將多元文化因素整合進諮商歷程中是一個極度複雜的挑戰」（Coleman, 2004, p. 62）是被承認的。但是，學校諮商師對這些挑戰一定要有所回應。它的基本原則是

> 學校諮商師的多元文化自我效能（multicultural self-efficacy）[，]……被定義為 [他們的] 自覺自己在實行和執行與在幼兒園 [前] 至高中學校就讀的學生之平等，以及和種族與文化多元性需求相關的任務的

能力（亦即，對自己能力的信念）。平等（Equity）……指的是考量學
生的獨特情境和經驗之後，對所有學生的公平和公正對待。（Holcomb-
McCoy, Harris, Hines, & Johnston, 2008, p. 167）

Holcomb-McCoy 等人（2008）建議「假如學校諮商師相信他們有能力為平等努
力並能與多元族群的學生一起工作，這樣他們會依此信念而作為」（p. 172）。
多元文化自我效能愈高，表示他們較能「執行……與增進少數族群學生學業成
就有關的任務、增進……少數族群父母之投入，並擁護來自多元文化和種族背
景的學生之權益」（Holcomb-McCoy et al., 2008; p. 176）。研究人員已經指出多
元文化自我效能的六項因素：

- 多元文化概念之知識。
- 運用數據和瞭解系統改變。
- 發展多元文化的關係。
- 多元文化諮商覺察。
- 多元文化衡鑑。
- 將種族和文化知識運用至實務工作中。（Holcomb-McCoy et al., 2008）

準則和定義

在學校諮商師努力去進一步發展他們的文化回應能力時，一定要接受倫理
準則和已建立的多元文化能力的指引。本章將描述幫助學校諮商師持續發展他
們的專業能力的結構性方式。在每一個所描述的方式中──工作責任、督導、
專業發展、工作表現評鑑──諮商師與其領導者對諮商師跨文化效能的提升之
覺察和承諾，皆會促進諮商師在這個重要領域的發展。

倫理準則

和這個討論相關的、指引專業學校諮商師實務工作之倫理準則，在它們的
指令中說明得很清楚。ASCA（2010a）《學校諮商師的倫理標準》之前言說
明：

　　每個人都有權利受到尊重以及被有尊嚴地對待，並應可接受全方位學校諮商方案。全方位學校諮商方案為所有背景的學生進行倡議並認可多元群體者，包括種族／族群認同、年齡、經濟情況、有功能／障礙、語言、移民情況、性傾向、性別、性別認同／展現、家庭型態、宗教／靈性認同，以及外貌長相等。

在「對學生的責任」（A.1.）一節中，它說明：

專業學校諮商師：

a. 對應被有尊嚴地對待及被尊重為獨特個體的這群學生，負有首要的責任。

b. 尊重學生的價值、信念和文化背景，不將諮商師個人的價值觀強加於學生或其家庭之上。

　　ACA（2005）倫理準則之前言中開宗明義，諮商師「認可多元性並接納跨文化的方式，以支持在自己的社會和文化脈絡中的個人價值、尊嚴、潛能和獨特性」。在「A 節：諮商關係」之引言中，它說明「諮商師積極地企圖瞭解他們所服務的案主之多元文化背景。諮商師同時探索他們自己的文化認同，以及這些認同如何影響他們對諮商歷程的價值觀和信念」。

　　在 A.4.b.節「個人需求和價值觀」中，它說明：

b. 個人價值觀。諮商師覺察他們自己的價值觀、態度、信念和行為……並尊重案主、受訓者和研究參與者之多元性。

　　在「C 節：專業責任，C.5.不抱持歧視」中，它說明：

a. 諮商師不容許或從事基於年齡、文化、殘障、種族、人種、宗教／靈性、性別認同、性傾向、婚姻狀況／伴侶關係、語言偏好、社經地位或是任何法律禁止的緣由之歧視。

多元文化諮商準則

多元文化諮商能力的專業準則是於 1992 年首先由 Sue、Arredondo 與 McDavis 提出，稱為多元文化諮商能力和標準（Multicultural Counseling Competencies and Standards），而目前被稱作多元文化諮商能力（Arredondo et al., 1996；見附錄 H）。這些準則描繪出在多元文化方面稱職的諮商師所需的態度和信念、知識與技巧：

1. 諮商師對自身文化價值與偏見的覺察。
2. 諮商師對案主世界觀的覺察。
3. 文化適宜的介入策略。

多元文化諮商與發展學會藉著支持「解釋性聲明」（explanatory statements）而持續精進多元文化諮商能力，「解釋性聲明」目前已發表於《多元文化諮商能力的操作型定義》（*Operationalization of the Multicaltural Counseling Competencies*）（Arredondo et al., 1996; Sue et al., 1992）。解釋性聲明提供諮商師達成每一項能力所需符合的標準。這些準則在諮商領域已逐漸被認可，也被一些團體採用使其諮商專業性與會員資格能夠和這些準則相符；例如，ASGW（1998）已採用這些準則引導團體工作者。全國生涯發展學會（National Career Development Association, 2009）已經公布了「多元文化生涯諮商與發展之底線能力」。

ASCA 已發表的立場聲明中，關於多元性的議題同樣建議這些準則，例如《專業學校諮商師與文化多元性》（*The Professional School Counselor and Cultural Diversity*）（ASCA, 2009a）；《專業學校諮商師與特殊需求學生》（*The Professional School Counselor and Students with Special Needs*）（ASCA, 2010b）；《專業學校諮商師與性別平等》（*The Professional School Counselor and Gender Equity*）（ASCA, 2008）；以及《專業學校諮商師與 LGBTQ（女同性戀、男同性戀、雙性戀、跨性別及酷兒）青少年》（*The Professional School Counselor and LGBTQ Youth*）（ASCA, 2007）。

定義

用許多稱呼——多元性（diversity）、多元文化（multicultural）與跨文化（cross-cultural）——描述相似的或相關的概念，對有些人而言是很容易混淆的，也需要一些澄清。關於這些定義的意見交流在我們社會中正持續進行。多元文化主義（multiculturalism）和多元性經常可交替使用，兩者之間的差異是模糊不清的。Vontress 與 Jackson（2004）同意這些概念沒有被嚴謹地運用：

> 在文獻中與我們的社會中，這些語詞經常表達相同的意義。當我們想要提到治療性相遇（therapeutic encounters）時，我們抗拒去使用這些語詞。替代性地，我們使用跨文化諮商這個詞，去表達「在一個助人的配對（helping dyad）或團體，其中至少有一人視自己是有文化上差異的」這樣一個概念。（p. 76）

Coleman（2004）指出，多元文化能力的目的是「專注於在與人種、種族或文化上的少數族群共同工作時，必須統整在心理健康專業實務中的能力」（p. 58）。Sue 等人（1992）清楚地陳述，這些能力旨在協助諮商師與來自我們社會中「四個 [少數人種／種族] 族群案主共同工作，這四個族群是：非裔美國人、美國印第安人、亞裔美國人和西班牙／拉丁美洲人」（p. 477）。

在「多元文化因素（如：人種、種族或文化）[以及] 多元性因素（如：生理或智力能力、性取向或年齡）」（Coleman, 2004, p. 57）兩者之間已經產生了一些區別。從字典中的定義，多元的（diverse）意指「不同的」，並涉及考慮可描述個體間潛在差異的所有變項。定義了多元文化意義的多元文化諮商與發展學會（Association for Multicultural Counseling and Development）指出，個人認同的向度（Arredondo & Glauner, 1992）描述了會助長個人獨特性（即和他人相似與相異之處）的個人面向。下列變項被引用為例證：年齡、文化、種族、性別、語言、生理與心理的健康狀況、人種、性取向、社會階級、教育背景、地理位置、嗜好或娛樂活動、健康照顧實務（health care practices）與信念、宗教與靈性、從軍經驗、關係狀態、工作經驗和歷史背景。這類的清單仍在繼續

增加中。可以這麼說，每個人都是由無數的要素所組成，在和兒童共同工作時，學校諮商師不僅和個別兒童呈現出來的所有面向共同工作，在提供兒童的父母與教師諮詢時，也需要和他們的這些面向工作。

我們使用跨文化這個詞，意指當一個人從自己的個人文化基礎（Arredondo et al., 1996）跨越到另一人的文化基礎，而共同合作從事手邊的工作。在這樣的概念中，文化包含了所有被引述的變項。而跨文化效能（cross-cultural effectiveness）是指跨越文化的努力，導致成功的工作效果。對學校諮商師與其學生而言，工作包括了學校輔導與諮商工作的所有要素（例如，關係的建立、問題解決、持續的正向成長與發展）。

雖然發展跨文化能力的目的，是為了指引諮商師和各種種族、人種與文化團體的成員共同工作，這些能力在與有著其他多元性因素的學生共同工作時，也是有用的。如前所述，這些能力本身是關於諮商師與不同文化的人工作時的信念與態度、知識和技巧。他們引導諮商師得以自我覺察、覺察到關係中的其他成員，並採取適合案主的介入策略與技術（見附錄 H）。

諮商師與案主之相似性與相異性

諮商師發現自己和案主的共通性，藉以建立諮商關係，是成功諮商的基礎。對於差異的覺察也是同等重要的，其目的也是為了盡可能成為對每一名案主都是有效能的諮商師。建基於共通性並將彼此差異的影響降到最低，最可能導致成功的輔導與諮商介入。

相似性

根據經驗以及研究，我們普遍認為案主偏好那些他們覺得與自己有共通點的諮商師。根據 Vontress 與 Jackson（2004, p. 76）的看法，「知覺是一個重要的關係因素。相較於與自己不相似的人，人們通常與那些他們覺得和自己相似者，建立更好的關係」。Esters 與 Ledoux（2001）總結如下，

　　現有的文獻指出，如果能夠選擇，大多數的人偏好與和他們有相

似處的諮商師進入諮商情境中。這顯示出相似與相異的議題，是瞭解
諮商關係內涵時不可缺少的部分。（p. 168）

現今的文獻指出，這樣的偏好或許超越了「容易辨識的生理特徵」（Esters
& Ledoux, 2001, p. 169）。Esters 與 Ledoux（2001）摘要以前有關案主對於諮
商師特質的偏好之研究，指出「這些研究所衍生的一般性結論支持這樣的假設，
即各種不同種族與人種的參與者，偏好具有與他們類似特質的諮商師，然而，
相似性未必僅根據種族或人種而予以定義」（p. 166）。他們的研究是以高危險
群的高中生為對象，要求他們將八種重要的諮商師特質加以排序。對諮商師特
質的偏好，從最高到最低依序排列如下：「相同的態度與價值觀、相同的背景
與社經地位、相同的性別、相同的人種、不同的性別、不同的背景與社經地位、
不同的人種、不同的態度與價值觀。」（p. 168）「這些特質中排序最高的是那
些象徵著相似性的特質，而排序最低的則是象徵著相異性的特質」（p. 169）。
Esters 與 Ledoux 解釋道：

> 畢竟，根據大多數的文化定義，和學生有共同的態度與價值觀以
> 及相似的背景與社經地位的學校諮商師，和學生共享更多的文化，因
> 此，他們與學生之間的相似性，相較於與學生僅是相同人種一員的學
> 校諮商師是更高的。對於試圖與和自己不同人種或性別的個別或一群
> 學生建立諮商關係的學校諮商師而言，這樣的發現應該是令人鼓舞的。
> （p. 169）

相異性

根據 Constantine 等人（2001），

> 有效的多元文化諮商建基於此前提，即雖然人們有共通的或普遍
> 的經驗（例如，基本的生物性功能或生命歷程），他們也有基於文化
> 團體成員（如人種或性別）上的重要差異。（pp. 13-14）

有一項前提是：

> 在治療關係中，諮商師能夠有效地與案主溝通及互動的能力，涉及諮商師專注於相似性與相異性的能力（Miville et al., 1999）。因此，學校諮商師對不同文化的學生和自己可能是相似的與相異的這方面的覺察，對於與這些學生建立成功的同盟關係可能是很重要的（Fuertes et al., 2000）。（Constantine et al., 2001, p. 14）

一些諮商師會定期接觸到的、一再發生的例子已經被研究過，並產生關於諮商師有效的跨文化工作的重要提示。第一項例子來自 Constantine 與 Yeh（2001）的研究，該研究論證東西方文化的差異，以及在西方文化中，個人被鼓勵將自己定義為獨立個體（independent individuals）的程度，或者在東亞與非洲社會中，將自己定義為和他人互相依賴（interdependent）的程度。研究的結果使他們注意到：

> 很重要的是注意到學校諮商師的某些行為（例如，提供具體的意見與建議、提供方向與架構，以及在人際方面是堅定自信的）是與更為獨立的自我構念相關的（Lee, 1996; Leon, Wagner, & Tata, 1995）。因此，當這樣的行為或價值觀在諮商實務工作中被展現時，對於擁有較為相互依賴自我構念的、不同文化的學齡兒童，在社會、情緒和學業的發展可能是不利的。所以，有較高獨立自我構念的學校諮商師，可能不當地鼓勵互相依賴學生：(a)與家庭的分離和個體化；(b)不考慮重要他人感受的情緒表達；以及(c)在人際關係中堅定自信。（pp. 205-206）

有關情緒表達的文化差異，Constantine 與 Gainor（2001）提醒學校諮商師：

> 對於學生情緒狀態表達的可能文化差異有所瞭解，是很重要的。

學校諮商師若未覺察到不同文化在感受表達或調節上的差異，可能錯誤地闡釋一些有色人種學生的行為，甚至將其病理化。結果，這些學生可能覺得他們的心理健康議題未能以文化敏感的方式被理解或處理。（p. 135）

專業發展目標

專業學校諮商師也瞭解到，就像諮商的其他每一個面向，他們的多元文化能力成長是持續進行的，而且，對於在多元族群漸增的多元化社會中工作的諮商師而言，是一直在進行中的工作。專業學校諮商師使用很多策略，以持續發展他們的能力。就我們的看法，如同本章所描述的，只有當諮商師被自己建立的專業發展目標所驅使，這些策略才能最有成效地被運用。學校諮商師欲提升其多元文化能力之潛藏目標，與多元文化諮商與發展學會提出的三十一項多元文化諮商能力有關（Arredondo et al., 1996; Sue et al., 1992）。由於有相當多的目標可能和確保專業學校諮商師在提供多元族群服務方面的工作效能一直有所進展是有關的，他們或許應該在他們專業生涯中的每一年，皆有一項多元文化能力發展目標。

這可從自我覺察開始。Constantine 等人（2001）指出：

多元文化知識和覺察之發展，特別是學校諮商師自己對各種文化議題之自我覺察，似乎對他們下列的能力而言是重要的：(a)與學生工作時，能考慮潛在重要的文化變項；和(b)有效地滿足文化多元學生之心理健康需求。（p. 17）

Constantine 等人總結：「下列想法是合理：學校諮商師仍能夠感興趣並欣賞文化多元性，即使在涉及文化多元學生的人際情境中未必感到自在。」（p. 17）Constantine 與 Gainor（2001）進行一個研究「以更深入瞭解學校諮商師的情緒智商、同理心和自陳的多元文化諮商覺察之關聯」（p. 132）。他們發現「具較高情緒智商的學校諮商師，自陳較高的多元文化諮商知識」（p. 135），並做出

以下結論：「具情緒智商的學校諮商師，顯然擁有人際優勢，使得他們較能理解或是熟悉文化多元者在相關議題上的經驗」（p. 135）。他們同時指出一個有關過度同理的有趣觀點。他們發現具較高個人壓力分數（焦慮和不自在）的學校諮商師，認為自己有較低的多元文化諮商知識。他們總結說：

> 當學校諮商師在同理文化多元學生所遭遇之困境時，變得過度焦慮或是不安，他們在諮商情境可能會較不熟練，因為他們的焦慮可能妨礙他們有效地運用他們的多元文化諮商知識。（p. 135）

Constantine 與 Gainor 還寫道：

> 這些發現的一個可能意涵是，學校諮商師可能希望找到方法，提高他們的多元文化諮商覺察，這樣他們才更能瞭解自己和他人身為文化團體一員可能對諮商關係的影響。（p. 136）

也有學校諮商師對於提升他們的多元文化能力是全然抗拒或對某些方面有所抗拒。覺察自己的文化價值觀和偏見是很重要的起點，但是覺察只是開始。它應該要導向「建設性的挑戰自己」（constructive confrontation with oneself）（Arredondo, Tovar-Blank, & Parham, 2008, p. 265）。除了一些心胸狹窄或是害怕處理多元文化議題的學校諮商師之外，Arredondo 等人（2008）探索諮商師抗拒的其他向度：「外國人恐懼症（xenophobia）、未受檢視的特權，和假性理智[主義]（pseudointellectual [ism]）……（依賴科學性解釋）。」（p. 265）除了自我挑戰之外，Watt 等人（2009）說明經由受訓諮商師和執業諮商師進行「艱難的對話」（difficult dialogues）（p. 86），而深化多元文化能力（例如：探索享有特權之身分）。

發展適當的跨文化介入之目標，可能導致學校諮商師技術的改變。Holcomb-McCoy（2004）提到：

> 當學校諮商師與許多少數種族的學生工作時，他們可能需要改變

他們的覺知、學習對多元族群的有效諮商和諮詢方式、具備對其他文化和種族歧視表現的知識，以及擔任催化社會改變的角色。（p. 182）

Holcomb-McCoy（2004）指出她「相信在學校諮商實務中具重要性的」多元文化能力領域，並提供多元文化能力檢核表以「指引專業學校諮商師的多元文化發展和訓練」（p. 178）。這個檢核表指出九類多元文化能力：

1. 多元文化諮商。
2. 多元文化諮詢。
3. 瞭解種族歧視和學生的抗拒。
4. 瞭解種族認同發展。
5. 多元文化衡鑑。
6. 多元文化家族諮商。
7. 社會倡導。
8. 發展學校—家庭—社區的夥伴關係。
9. 瞭解人際互動。

除了使用這個檢核表「作為專業發展 [目標設定和] 活動之指引」（p. 181），Holcomb-McCoy 建議「學校諮商師可以藉由向不同文化的人，徵詢對他們的實務工作之回饋和瞭解多元文化議題，以提升多元文化諮商能力」（p. 181）。

就像 Esters 與 Ledoux（2001）的發現，當諮商師能「在和學生間確實具有相似性的狀況下，在學生面前呈現自己天生和他們相似之處」（p. 169），會較受學生喜愛。這並不是說學校諮商師應該假裝他們自己的態度和價值觀，或是誤導學生去相信諮商師有和他們相似的背景和社經地位。

　　另一方面，企圖和不管是態度、價值觀、背景和社經地位都與他們不同的學生建立關係的諮商師，應該覺察到藉由有意識地揭露這些不同，可能會讓學生疏遠他們，並危及一份穩固的、信任的諮商關係之形成。似乎當學校諮商師表現出自己和學生是較為相似的，只要這些相似性是真的，就較會被學生喜愛。（Esters & Ledoux, 2001, p. 169）

　　Green 與 Keys（2001）激勵學校諮商師和全方位的、發展性的輔導方案，考慮將他們的方案奠基於「脈絡中的發展」（development-in-context）（p. 86）模式。這樣的模式要求考慮學生生活的脈絡。他們說明：「發展出對脈絡中的自我（self-in-context）的覺察，是對所有學生都重要的方案重心和方案成效」（p. 93）。當然，深入瞭解學生生活的脈絡、他們的社區脈絡對其發展的影響，以及它和學校情境的可能歧異，是學校諮商師需成長的領域。

　　目前有漸增的期待，要求專業學校諮商師結合他們深化的多元文化能力與倡導技巧，以幫助學校更有效能地面對來自不同於傳統學校文化的學生。Portman（2009）建議學校諮商師擔任文化調解者，並指出十項實行這項角色的功能，例如：蒐集和檢視於該校註冊的學生之背景資料、逐漸覺察該校資金提供者之文化背景、和他人談論文化多元性、尋求提升文化能力、幫助文化多元學生提高技巧以催化關係的建立，以及創造一個支持文化多元的學校和社區氛圍。

　　數名作者已經指出經由專業發展提升學校諮商師倡導技巧的必要性。Holcomb-McCoy 等人（2008）建議「使用數據並……瞭解系統性改變」（p. 176）。Toporek、Lewis 與 Crethar（2009）描述經由應用「ACA 倡導能力」以促進系統性改變的方法（Ratts, Toporek, & Lewis, 2010）。M. P. Evans、Zambrano、Cook、Moyer 與 Duffey（2011）建議提高學校諮商師在多元文化倡導上的領導角色之策略。

澄清學校層級輔導與諮商方案成員領導者的角色

　　為了強化我們協助諮商師提升其工作表現的方法，同時，對輔導與諮商方案的期待做更清楚的定義，因此，需要變動學校輔導部門主管之角色。已有各種職稱被用來稱呼這個職位，例如：諮商師主任（head counselor）、輔導部門主席（guidance department chair）、輔導協調者（guidance coordinator）和輔導主任（director of guidance）。我們使用輔導與諮商方案工作人員領導者（guidance and counseling program staff leader）這個詞，強調和區分他們擔負的兩個明顯責任領域（Henderson & Gysbers, 1998）。傳統上，學校輔導與諮商方案領導

者會擔任輔導人員和行政人員之間，以及輔導部門和教務部門之間的聯絡人。在一些狀況下，他們被期待去執行分派給輔導部門的、類似行政性質的任務，例如：規畫施測預定計畫表或是總進度表（master schedule）。

在一個正在將其輔導與諮商方案改變成我們提議的全方位輔導與諮商方案，而且正奮力運用它擁有的所有資源去提升諮商師效能的學校中，輔導與諮商方案領導者之職務內容是必須改變的。首先，指派某些工作同仁擔任學校輔導與諮商方案領導者是重要的。其次，針對交付此人的額外責任，必須以書面方式適切地陳述於職務說明中。一份方案成員領導者職務說明之範例呈現於圖 6.3（第 6 章）中。它說明對這些領導者的期待，除了服務自己的案主和代表自己部門的固有責任之外，還需要他們在自己學校的方案發展中發揮領導者的角色，並督導諮商人員。它也澄清學校輔導與諮商方案領導者履行這些期待的權力，是由校長和學區輔導與諮商方案領導者（那些被選定為該校和中央辦公室領導者的人）所授權的。

學校校長和中央辦公室輔導與諮商方案領導者一定要和學校領導者共同工作，協助他們落實自己的責任。Lieberman（2004）有系統地研究諮商文獻和行政文獻。他指出「有效能的學校之特色為，工作同仁對學校輔導目標和目的及他們自己的特定角色具高度的共識」（p. 554）。他描述領導密度（leadership density）之概念為：「總領導（overall leadership）來自擁有多樣專長和觀點的不同工作同仁，全都為了學校的利益而有所作為。」（p. 554）在他的研究中，他發現「校長和諮商師對諮商師角色的看法，在統計上有顯著的分歧」（p. 556）。具效能的學校領導者「主動學習學校教職員的適當角色和功能，所以他們可以指導和鼓勵每一分子，以更適合且更具生產力的方式，朝向首要的和共同的學校目標前進」（p. 555）。他總結說，瞭解各個教職員適合扮演的角色，是學校領導者的義務。同時，教育學校領導者各個教職員擁有的、可協助達成學校使命的專長和觀點，也是教職員團體領導者（leaders of a staff group）的責任。

學校輔導與諮商方案領導者的最新挑戰，是提供定期的、特別安排的督導給同校的諮商師。一般的工作同仁需要被告知學校輔導與諮商方案領導者的職權。輔導與諮商方案領導者應該被提供相關的技巧發展，以提升他們適當地執

行臨床的、發展性的和行政的督導角色時需要的能力。

　　本章所提議的表現管理系統模式，以及於第 7 章中討論的、清楚定義個別輔導同仁的角色和責任的系統，都要求專業學校諮商師和他們的輔導與諮商方案領導者間須建立夥伴關係。後者的人員管理責任（staff management responsibilities）包括協商年度職務說明之細節；建立團隊以執行一個協調的、全方位的方案；協助新進諮商師熟悉諮商實務工作和已建立的輔導與諮商方案；提供督導；以及工作表現評鑑。這些活動的完成時間表應該被清楚說明，如圖 9.5 的範例。

　　專業化訓練對於輔導與諮商方案領導者是有益的，這樣的訓練能幫助他們更好地執行他們剛被澄清的角色。從何處開始在職訓練，取決於相關的個人和他們被認定的角色。我們建議從行動計畫開始，因為這是他們和諮商師一起工作以及領導學校輔導與諮商方案之重新設計和實施之責任的根本。輔導與諮商方案領導者和他們的同儕領導者可能也需要具備激勵同仁、進行觀察、提供建設性的批評、冒險、授權、堅定自信和管理壓力之能力。他們可能需要協助，以發展有效鼓勵他人所需的技巧和態度。他們可能需要學習，和設定共同目標以及有效監控計畫執行有關的領導者角色。毫無疑問地，他們需要教育和訓練，以支持他們妥善使用他們的權力基礎（power bases）。已有七項權力基礎被辨識出：法定、資訊提供、強制、專家、參照、獎賞和連結（Henderson, 2009）。假如你的學區組織架構採用團隊合作的方式，其中校長和輔導與諮商方案領導者共同擔負對諮商師的責任，校長需要被知會，以確保他們瞭解最新設計的全方位輔導與諮商方案。因此，學區工作人員發展計畫應該包括校長。

　　並沒有很多大學提供學校諮商師督導訓練課程，因此，學區或是學校系統輔導與諮商方案領導者可能需要提供學校部門主席（building department heads）所需的技巧發展經驗。諮商師教育和督導學會（Association for Counselor Education and Supervision, 1989）已經採用一套諮商督導準則。這些準則描述「十一項有效督導的個人特質、知識和能力之核心領域」（p. 8）。這些包括：

1. 有效能的諮商師。

2. 個人特質和特徵。

3. 倫理、法律和規則向度。

8 月
在職訓練
訂定職務說明
訂定年度輔導方案行事曆
方案和表現促進之目標設定和行動計畫
行政督導
9 月
臨床督導
行政督導
10 月
臨床督導
行政督導
11 月
臨床督導
行政督導
12 月
形成性工作表現評鑑
臨床督導
行政督導
1 月
目標完成進度檢核
臨床督導
行政督導
2 月
臨床督導
行政督導
3 月
臨床督導
行政督導
4 月
臨床督導
行政督導
5 月
總結性工作表現評鑑
評估方案和表現促進之目標達成狀況
行政督導
6 月
專業發展目標設定和行動計畫
行政督導
在職訓練

圖 9.5 輔導方案領導者活動：建議的時間架構

4. 督導關係。

5. 督導方法和技術。

6. 諮商師發展歷程。

7. 個案概念化和管理。

8. 衡鑑和評鑑。

9. 口頭和書面報告與紀錄。

10. 評鑑諮商表現。

11. 諮商和諮商督導之研究。

伴隨這些準則的還有《諮商督導倫理指導方針》（*Ethical Guidelines for Counseling Supervisors*）（Association for Counselor Education and Supervision, 1993）。這些指引說明：

1. 案主福祉和權利。

2. 督導角色。

3. 方案行政管理角色。

除了為諮商督導建立這些準則（Dye & Borders, 1990），諮商師教育和督導學會還支持訓練諮商督導課程指引之發展（Borders et al., 1991）。一份協助諾斯賽德獨立學區的新任輔導與諮商方案工作人員領導者之大綱，可於《領導與管理你的學校輔導與諮商方案人員》（Henderson & Gysbers, 1998）中取得。其他支持此類訓練的資源，包括兩本由諮商師教育和督導學會發展的手冊，一本是關於諮商督導（Borders & Brown, 2005），一本是關於行政督導（Henderson, 2009）。

另一方面，輔導與諮商方案領導者本身需要被督導。學校輔導與諮商方案領導者之行政督導，由學校校長擔任。臨床和發展性督導，則由中央辦公室的輔導與諮商方案領導者擔任。臨床督導可以包括觀察輔導與諮商方案領導者，和諮商師進行觀察後會議（post-observation conference），以及提供並示範給予回饋的技術。發展性督導可以包括設定和該名輔導與諮商方案領導者之方案領導責任相關的目標〔例如：針對十二年級學生，實行團體輔導活動，以協助他們瞭解相較於高中畢業要求，自己目前的狀態，並開始進行一項高中畢業後的計畫（post-high school plan）〕，以及與工作人員督導責任相關的目標（例如：

貫徹一項明確的團隊建立策略）。

學區輔導與諮商方案工作人員領導者的角色與責任

確保學校諮商師的能力，是所有輔導與諮商方案領導者的首要責任。沒有足以勝任的工作人員，最佳設計的方案也是沒有意義的。我們已經提到有效能的輔導與諮商方案領導者扮演許多角色，以確保這樣的狀況不會發生。在諮商教育人員發展他們的方案時，領導者和這些職前訓練機構的工作人員協同合作。招募符合資格的申請人可聚集一群有能力的人，在工作職位出缺時填補職缺。除了協助選擇最適合該工作的人，方案領導者有責任盡力使新進諮商師的才能與其職位相互符合，以運用他們的能力，使學生和方案獲得最大的利益。

一旦學校諮商師被聘用，領導者要協助他們瞭解全方位輔導與諮商方案的設計和目標，確保他們熟悉他們將服務的學校。輔導與諮商方案領導者和校園行政管理人員的角色，一定要清楚地列出，而且要設計一個具效能和效率的表現管理系統。學區輔導與諮商方案領導者的角色和學校領導者相似，並需支持整個系統的方案和表現促進的任務。系統領導者的主要角色，是訓練和督導學校領導者。就像我們說過的，督導、評鑑和專業發展的資源，應該集中於協助學校諮商師達成他們最理想的專業能力和承諾。在一些能力不足的狀況下，輔導行政管理人員一定要能清楚說明專業和方案準則，所以這些無法勝任者能尋找機會，使自己的特殊技巧能做較好的運用。澄清角色期待，在確保學校諮商師的能力方面是很重要的。

一個成功的輔導與諮商方案領導者，必須維持可幫助方案達成任務所需的視野；必須維護整體專業的基本原則；必須與工作人員和方案服務對象保持聯繫；一定要能面對改變；必須選擇有能之人作為下屬，信任他們會妥善地執行他們的角色，並能在他們做不到時幫助他們。方案負責人必須發展適合的和恰當的工作表現指標，使得問題可能可以及時被處理，而改善的機會才能浮現。此外，有方案和表現標準準備就緒，學區就能評鑑它的輔導與諮商方案和學校諮商人員。這部分細節將於第 10 章中討論。

通常，並非直到方案發展過程中的實施階段，學區才會瞭解學區層級的輔導方案領導有擴展之需求。等到這時候，需要一個具輔導專長的領導者是相當明顯的。作為一個新任學區輔導方案領導者，須面臨一些挑戰（Krueger, 2002; Larivee, 2002）。學習新的角色和責任、比過去更常遇到且必須和較多的人員工作、發展自己的領導風格以及推動改變，這些只是這個新職位中涉及的一些挑戰而已。Larivee（2002）摘要她自己在轉換歷程中的一些學習：

> 我自己的熱忱並不真的具感染性。我已經學到不管我具有何種資歷，我仍然需要贏得我的位階。我已經被提醒改變是一個緩慢的……歷程。……我必須對於自己的目標非常具有熱情……。做出行政上的決定，有時會超出我感到自在的範圍。這個職位的專業同儕團體並不像其他職位那麼隨處可得。（p. 40）

結語

確保學校諮商師具備完成他們的角色任務所需的能力和投入，需要持續性的注意。不只是因為個人需持續發展專業，也因其工作的情境不斷在變化。諮商師會隨著每一個新案主和新活動，在專業上不斷成熟。幫助個人整理這些新經驗，將其融入既有的能力系統，可提升他們的發展並降低專業衰竭的機會。專業的進展、資源的改變、新的有效人員發展形式已被發現。當學生呈現新的挑戰，以及當經由評估瞭解方案的優點和缺點時，方案的優先順序隨之改變。持續的方案促進仰賴人員能力的持續提升。

你的進度檢核

當你啟動方案促進過程時，確保你的學校或學區之學校諮商師的能力之努

力就開始了。它們在方案實施的過程中要一直持續。假如你已經遵循我們的建議，你應該已經定義了專業學校諮商師的角色，以符合已建立的工作表現標準，並發展了能支持具意義性的、持續專業成長和發展的系統。

定義角色

你已經：

● 為學校諮商師描繪出適當的專業認同。

● 明確指出可產生有意義的、有效的輔導、諮商、諮詢、協調、評估和方案管理的能力。

● 澄清學校輔導與諮商方案領導者之角色。

建立標準

你已經：

● 採用能力、倫理、法律和專業表現之準則。

● 澄清每個人的職務說明，以此建立對他們的期待。

● 支持學校諮商師持續的跨文化能力提升。

發展系統

你已經：

● 實施系統性的方式去管理學校諮商師的表現，連結職務說明、督導、工作評估和專業發展之目標設定。

● 澄清個人和學校或學區之責任。

● 訓練學校輔導與諮商方案領導者，為學校諮商師提供臨床的、發展性的和行政的督導。

● 定義有效的督導歷程，包括評估專業水準和選擇適合各諮商師之督導反應風格之方法。

- 為學校諮商師建立一個系統，以支持個別專業發展，並以基於個人需求和學校或學區輔導與諮商方案之需求所定的具體標準為目標。
- 發展一個總計畫以持續成員發展和辨認可以實施此計畫的資源。
- 實施一個系統的、合法的且適當的方式去召募、篩選、安置和導向學校諮商師。
- 定義一個可處理無法勝任的學校諮商師之歷程。

 參考文獻

American Counseling Association. (2005). *ACA code of ethics.* Alexandria, VA: Author.

American Counseling Association. (2009). *20/20 statement of principles advances the profession* [Press release] Retrieved from http://www.counseling.org/PressRoom/Press Releases.aspx?AGuid=4d87a0ce-65c0-4074-89dc-2761cfbbe2ec

American Counseling Association. (2010). *ACA milestones.* Retrieved from http://www.counseling.org/AboutUs/OurHistory/TP/Milestones/CT2.aspx

American Psychological Association. (2005). *Code of fair testing practices in education.* Washington, DC: Author.

American School Counselor Association. (2005). *The ASCA National Model: A framework for school counseling programs* (2nd ed.). Alexandria, VA: Author.

American School Counselor Association. (2007). *The professional school counselor and LGBTQ youth.* Retrieved from http://asca2.timberlakepublishing.com//files/PS_LGBTQ.pdf

American School Counselor Association. (2008). *The professional school counselor and gender equity.* Retrieved from http://asca2.timberlakepublishing.com//files/PS_Gender%20Equity.pdf

American School Counselor Association. (2009a). *The professional school counselor and cultural diversity.* Retrieved from http://asca2.timberlakepublishing.com//files/Cultural Diversity.pdf

American School Counselor Association. (2009b). *The role of the professional school counselor.* Retrieved from http://www.schoolcounselor.org/content.asp?pl=325&sl=133&contentid=240

American School Counselor Association. (2010a). *Ethical standards for school counselors.* Retrieved from http://www.schoolcounselor.org/files/EthicalStandards2010.pdf

American School Counselor Association. (2010b). *The professional school counselor and students with special needs.* Retrieved from http://asca2.timberlakepublishing.com//files/SpecialNeeds.pdf

American School Counselor Association (n.d.). *School counselor competencies.* Retrieved from http://www.schoolcounselor.org/files/SCCompetencies.pdf

Arredondo, P., & Glauner, T. (1992). *Personal dimensions of identity model.* Boston, MA: Empowerment Workshops. Retrieved from http://counseling.org/Files/FD.ashx?guid=8a0eb81f-6139-4f38-a139-a8152c9dde3a

Arredondo, P., Toporek, R., Brown, S., Jones, J., Locke, D. C., Sanchez, J., & Stadler, H. (1996). Operationalization of the Multicultural Counseling Competencies. *Journal of Multicultural Counseling and Development, 24,* 42–78.

Arredondo, P., Tovar-Blank, Z. G., & Parham, T. A. (2008). Challenges and promises of becoming a culturally competent counselor in a sociopolitical era of change and empowerment. *Journal of Counseling & Development, 86*, 261–268.

Association for Assessment in Counseling. (1998). *Competencies in assessment and evaluation for school counselors.* Retrieved from http://www.theaaceonline.com/competency.pdf

Association for Assessment in Counseling. (2003). *Responsibilities of users of standardized tests* (3rd ed.). Retrieved from http://www.theaaceonline.com/rust.pdf

Association for Counselor Education and Supervision. (1989, Spring). ACES adopts standards for counseling supervisors. *ACES Spectrum, 7*–10.

Association for Counselor Education and Supervision. (1995). Ethical guidelines for counseling supervisors. *Counselor Education and Supervision, 34*(3), 270–278.

Association for Specialists in Group Work. (1998). *Principles for diversity-competent group workers.* Retrieved from http://www.asgw.org/diversity.htm

Association for Specialists in Group Work. (2000). *Professional standards for the training of group workers.* Retrieved from http://www.asgw.org/training_standards.htm

Association for Specialists in Group Work. (2007). *Best practice guidelines 2007 revision.* Retrieved from http://www.asgw.org/pdf/Best_Practices.pdf

Barret, R. L., & Schmidt, J. (1986). School counselor certification and supervision: Overlooked professional issues. *Counselor Education and Supervision, 26*, 50–55.

Bauman, S. (2008). To join or not to join: School counselors as a case study in professional membership. *Journal of Counseling & Development, 86*, 164–177.

Bernard, J. M., & Goodyear, R. K. (1992). *Fundamentals of clinical supervision.* Boston: Allyn & Bacon.

Biggs, D. A. (1988). The case presentation approach in clinical supervision. *Counselor Education and Supervision, 27*, 240–248.

Borders, L. D. (1989). A pragmatic agenda for developmental supervision research. *Counselor Education and Supervision, 29*, 16–24.

Borders, L. D., Bernard, J. M., Dye, H. A., Fong, M. L., Henderson, P., & Nance, D. W. (1991). Curriculum guide for training counseling supervisors: Rationale, development, and implementation. *Counselor Education and Supervision, 31*, 58–80.

Borders, L. D., & Brown, L. (2005). *The new handbook of counseling supervision.* Alexandria, VA: American Counseling Association.

Bowers, J. (2002). Using technology to support comprehensive guidance program operations. In P. Henderson & N. Gysbers (Eds.), *Implementing comprehensive school guidance programs: Critical leadership issues and successful responses* (pp. 115–120). Greensboro, NC: CAPS.

Boyd, J. (Ed.). (1978). *Counselor supervision: Approaches, preparation, and practices.* Muncie, IN: Accelerated Development.

Center for Social and Emotional Education. (n.d.). *School Climate Research Summary.* Retrieved from http://nscc.csee.net/effective/school_climate_research_summary.pdf

Coleman, H. L. K. (2004). Multicultural counseling competencies in a pluralistic society. *Journal of Mental Health Counseling, 26*, 56–66.

Constantine, M. G., Arorash, T. J., Barakett, M. D., Blackmon, S. M., Donnelly, P. C., & Edles, P. A. (2001). School counselors' universal-diverse orientation and aspects of their multicultural counseling competence. *Professional School Counseling, 5*, 13–18.

Constantine, M. G., & Gainor, K. A. (2001). Emotional intelligence and empathy: Their relation to multicultural counseling knowledge and awareness. *Professional School Counseling, 5*, 131–137.

Constantine, M. G., & Yeh, C. J. (2001). Multicultural training, self-construals, and multicultural competence of school counselors. *Professional School Counseling, 4*, 202–207.

Council for Accreditation of Counseling and Related Educational Programs. (2009). *2009 standards*. Retrieved from http://www.cacrep.org/doc/2009%20Standards%20with %20cover.pdf

Dye, H. A., & Borders, L. D. (1990). Counseling supervisors: Standards for preparation and practice. *Journal of Counseling & Development, 69*, 27–32.

Education Trust. (2003). *Transforming school counselor preparation*. Retrieved from http://www.edtrust.org/dc/tsc

Esters, I., & Ledoux, C. (2001). At-risk high school students' preferences for counselor characteristics. *Professional School Counseling, 4*, 165–170.

Etringer, B. D., Hillerbrand, E., & Claiborn, C. D. (1995). The transition from novice to expert school counselor. *Counselor Education and Supervision, 35*, 4–17.

Evans, B., & Ward, S. (2002). Solving the "time and information" dilemma through technology. In P. Henderson & N. Gysbers (Eds.), *Implementing comprehensive school guidance programs: Critical leadership issues and successful responses* (pp. 121–135). Greensboro, NC: CAPS.

Evans, M. P., Zambrano, E., Cook, K., Moyer, M., & Duffey, T. (2011). Enhancing school counselor leadership in multicultural advocacy. *Journal of Professional Counseling: Practice, Theory, and Research, 38*, 52–67.

Fitch, T. J., & Marshall, J. L. (2004). What counselors do in high-achieving schools: A study on the role of the school counselor. *Professional School Counseling, 7*, 172–177.

Gibson, D. M., Dollarhide, C. T., & Moss, J. M. (2010). Professional identity development: A grounded theory of transformational tasks of new counselors. *Counselor Education and Supervision, 50*, 21–37.

Glickman, C. D., Gordon, S. P., & Ross-Gordon, J. M. (1995). *Supervision of instruction: A developmental approach* (3rd ed.). Boston: Allyn & Bacon.

Green, A., & Keys, S. G. (2001). Expanding the developmental school counseling paradigm: Meeting the needs of the 21st century student. *Professional School Counseling, 5*, 84–95.

Guillot-Miller, L., & Partin, P. W. (2003). Web-based resources for legal and ethical issues in school counseling. *Professional School Counseling, 7*, 52–57.

Hansen, J. T. (2010). Consequences of the postmodernist vision: Diversity as the guidance value for the counseling profession. *Journal of Counseling & Development, 88*, 101–107.

Henderson, P. (2009). *The new handbook of administrative supervision in counseling*. Alexandria, VA: Association for Counselor Education and Supervision.

Henderson, P., Cook, K., Libby, M., & Zambrano, E. (2006). "Today I feel like a professional school counsellor!": Developing a strong professional school counsellor identity through career experiences. *Guidance & Counselling, 21*, 128–142.

Henderson, P., & Gysbers, N. C. (1998). *Leading and managing your school guidance and counseling program staff*. Alexandria, VA: American Counseling Association.

Hersey, P., Blanchard, K. L., & Johnson, D. E. (2001). *Management of organizational behavior: Leading human resources* (8th ed.). Upper Saddle River, NJ: Prentice-Hall.

Holcomb-McCoy, C. (2004). Assessing the multicultural competence of school counselors: A checklist. *Professional School Counseling, 7*, 178–186.

Holcomb-McCoy, C., Harris, P., Hines, E. M., & Johnston, G. (2008). School counselors' multicultural self-efficacy: A preliminary investigation. *Professional School Counseling, 11*, 166–178.

Holcomb-McCoy, C., & Lee, C. C. (Eds.). (2005). Professional school counseling in urban settings [Special issue]. *Professional School Counseling, 8*(3).

Kenny, M. C., & McEachern, A. G. (2004). Telephone counseling: Are offices becoming obsolete? *Journal of Counseling & Development, 82*, 199–202.

Krueger, D. (2002). A leader's 3 r's: Reading, reflecting, and relationships. In P. Henderson & N. Gysbers (Eds.), *Implementing comprehensive school guidance programs: Critical leadership issues and successful responses* (pp. 43–49). Greensboro, NC: CAPS.

Lambie, G. W. (2007). The contribution of development level to burnout in school counselors: Implications for professional school counseling. *Journal of Counseling & Development, 85,* 82–88.

Larivee, G. (2002). Establishing a new position: District director of guidance. In P. Henderson & N. Gysbers (Eds.), *Implementing comprehensive school guidance programs: Critical leadership issues and successful responses* (pp. 35–41). Greensboro, NC: CAPS.

Leach, M. M., & Stoltenberg, C. D. (1997). Self-efficacy and counselor development: Testing the integrated developmental model. *Counselor Education and Supervision, 37,* 115–125.

Lieberman, A. (2004). Confusion regarding school counselor functions: School leadership impacts role clarity. *Education, 124,* 552–557.

Mental Health in Schools Program and Policy Analysis. (2011). School engagement, disengagement, learning supports, & school climate [Special issue]. *Addressing Barriers to Learning, 16*(1).

National Board for Certified Counselors. (2001). *The practice of Internet counseling.* Retrieved from http://www.nbcc.org/assets/ethics/internetcounseling.pdf

National Board for Professional Teaching Standards. (2004). *School counseling standards.* Retrieved from http://www.nbpts.org/pdf/userfiles/File/ecya_sc_standards.pdf

National Career Development Association. (2009). *Minimum competencies for multicultural career counseling and development.* Retrieved from http://associationdatabase.com/aws/NCDA/asset_manager/get_file/26627

National Council on Measurement in Education. (1995). *Code of professional responsibilities in educational measurement.* Retrieved from http://www.natd.org/Code_of_Professional_Responsibilities.html

National Education Association. (n.d.). *Code of ethics of the education profession.* Retrieved from http://www.nea.org/home/30442.htm

National School Climate Center. (n.d.). *National school climate standards.* Retrieved from http://www.schoolclimate.org/climate/standards.php

Northside Independent School District. (1997). *Guide to counselor performance improvement through job definition, professionalism assessment, supervision, performance evaluation, and professional development goal-setting.* San Antonio, TX: Author.

Northside Independent School District. (2002). *Comprehensive guidance program framework.* San Antonio, TX: Author.

Paisley, P. O., & McMahon, G. (2001). School counseling for the 21st century: Challenges and opportunities. *Professional School Counseling, 5,* 106–115.

Peace, S. D. (1995). Addressing school counselor induction issues: A developmental counselor mentor model. *Elementary School Guidance and Counseling, 29,* 177–190.

Ponton, R. F., & Duba, J. D. (2009). The *ACA Code of Ethics:* Articulating counseling's professional covenant. *Journal of Counseling & Development, 87,* 117–121.

Portman, T. A. A. (2009). Faces of the future: School counselors as cultural mediators. *Journal of Counseling & Development, 87,* 21–27.

Ratts, M. J., Toporek, R. L., & Lewis, J. A. (2010). *ACA Advocacy Competencies: A social justice framework.* Alexandra, VA: American Counseling Association.

Rutter, M. E. (2006). Group supervision with practising school counsellors. *Guidance and Counselling, 21,* 160–167.

Somody, C., Henderson, P., Cook, K., & Zambrano, E. (2008). A working system of school counselor supervision. *Professional School Counseling, 12,* 22–33.

Sue, D. W., Arredondo, P., & McDavis, R. J. (1992). Multicultural counseling competencies and standards: A call to the profession. *Journal of Counseling & Development, 70,* 477–486.

Tentoni, S. C. (1995). The mentoring of counseling students: A concept in search of a par-

adigm. *Counselor Education and Supervision, 35,* 32–42.

Texas Education Code. (2011). *Recommended appraisal process and performance criteria* (§§21.351, 21.356). Retrieved from http://www.statutes.legis.state.tx.us/Docs/ED/htm/ED.21.htm#21.351

Toporek, R. L., Lewis, J. A., & Crethar, H. C. (2009). Promoting systemic change through the ACA Advocacy Competencies. *Journal of Counseling & Development, 87,* 260–268.

Van Horn, S. M., & Myrick, R. D. (2001). Computer technology and the 21st century school counselor. *Professional School Counseling, 5,* 124–130.

VanZandt, C. E., & Perry, N. S. (1992). Helping the rookie school counselor: A mentoring project. *The School Counselor, 39,* 158–163.

Vontress, C. E., & Jackson, M. L. (2004). Reactions to the Multicultural Counseling Competencies debate. *Journal of Mental Health Counseling, 26,* 74–80.

Watt, S. K., Curtis, G. C., Drummond, J., Kellogg, A. H., Lozano, A., Nicoli, G. T., & Rosas, M. (2009). Privileged identity exploration: Examining counselor trainees' reactions to difficult dialogues. *Counselor Education and Supervision, 49,* 86–105.

Part **4** 評鑑

Chapter 10 評鑑全方位輔導與諮商方案：人員與成果

吳芝儀　譯

評鑑——評鑑方案、其人員與成果

◆ 評鑑學校諮商師的工作表現。

◆ 執行方案評鑑。

◆ 執行成果評鑑。

◆ 評鑑輔導與諮商介入。

　　一旦學校輔導與諮商方案促進過程的規畫和設計階段已經告一段落，並劍及履及地付諸實踐行動，就可接著討論下一個階段：評鑑。在討論評鑑過程之前，首先必須加以界定。依據 Dimmitt（2010）的說法：

　　　　評鑑是以有系統和有計畫的方式，來蒐集和分析關於方案或介入服務的資訊，以做成決定。……評鑑的目標在於使資訊得以應用於對接下來要採取的行動做出較佳的判斷和決定。（p. 45）

為了確保輔導與諮商方案的績效責任，需要採取三類系統性的評鑑。第一類是人員評鑑（personnel evaluation），是學區用來評鑑學校諮商師，以及其他協助諮商師執行輔導與諮商方案的人員。第二類是方案評鑑（program evaluation），或稱為方案稽核（program audit），依據一系列建立完善的方案評鑑標準，來檢視學區輔導與諮商方案的實施情形。第三類稱為成果評鑑（results evaluation），

包括兩種類型。第一種類型處理整體輔導與諮商方案對於學生成功表現之影響；第二類檢視特定的輔導與諮商介入服務，是否能為標的學生行為帶來預期的改變結果。

不過，由於許多學區受到聯邦政府法令的約束，將學生成功（student success）和標的學生行為（targeted student behaviors）二詞，狹隘地詮釋為學生的學業成就（academic achievement），且經常以成就測驗分數來加以衡量。雖然成就測驗分數是有用的指標，但更重要的是以「學生成果之全人取向」（a whole person approach to student outcomes）為焦點的廣泛判準（Center for Mental Health in Schools at UCLA, 2011, p. 15）。

尚須謹記在心的是，雖然整體方案評鑑相當重要且勢在必行，但不應僅只是仰賴學區內的學校諮商師來實施。如同 Dimmitt（2010）所言：

> 充分的方案評鑑經常必須仰賴教育當局聘請之外部評鑑人員，來提供每一學校之教育方案與成果的重要資訊（Curcio, Mathai, & Roberts, 2003; Schmidt, 2003），因為充分的方案評鑑如果由內部人員實施是相當耗時費事的。（p. 50）

每一類型的評鑑都相當重要，不分軒輊。不過，三者相互影響的關係更為關鍵。我們可以下列公式來表達三者的關聯性。人員評鑑＋方案評鑑＝成果評鑑。方案的人員必須執行方案的所有工作，方案的每一項元素必須完整到位且發揮功能，始能達成期望的成果。

本章詳細討論這三類評鑑模式，詳加說明其實施程序和工具運用，以及所涉及的不同類型資料。始於人員評鑑，強調自我評鑑、行政評鑑和目標達成度評量。接著探討方案評鑑，關注方案評鑑過程中運用的工具和程序。然後，在進行成果評鑑一節，則提供評鑑輔導與諮商介入的方式，並探討與介入評鑑相關的議題。

評鑑學校諮商師的工作表現

　　如同第 9 章所討論，全方位學校輔導與諮商方案的實施和管理最為核心關鍵的部分，即是諮商師工作表現管理系統（counselor performance management system）。此一系統的主要目的，在於協助學校諮商師臻就且維持其專業潛能。此一系統包括協助個人界定其工作任務、提供專業督導、進行適當的工作表現評鑑，以及為其專業發展設定可達成的目標（Henderson & Gysbers, 1998）。本節專注於討論學校諮商師的工作表現評鑑。

　　評鑑學校諮商師工作表現的目的，是改善方案為學生提供的服務，和所產生的影響，且讓學校諮商師、學校輔導主管和學校行政人員之間擁有良好的溝通；對於學校諮商師的輔導效能亦提供了總結性的評鑑。對於學區而言，評鑑界定了對於諮商師工作表現標準的期待，提供了系統性的工具來評量其工作表現是否達成期待標準。有效且適切執行的工作表現評鑑，有助於促進學校諮商師持續提升其專業表現（Bunch, 2002）。

　　諮商師工作表現改善系統，有三項重要元素，即：(a)自我評鑑；(b)行政評鑑；和(c)目標達成度評量（Northside Independent School District, 1997）。自我評鑑和行政評鑑二者，聚焦於諮商師的工作表現知能（job performance competencies），對於諮商師在工作上應用專業技能的精熟度和熱忱度，呈現出具實證資料支持的專業判斷。目標達成度評量，則聚焦於個人的方案執行力和提升專業化的努力。

　　適切的工作表現評鑑，會運用許多資料來源做出綜合評斷。每位學校諮商師的典型作為與實例，則在一整年度中持續蒐集和記錄。這些行為組型，則會拿來和明確指陳的專業化標準做一比較。專業化標準是由專業學會為學校諮商師的工作表現和倫理判斷所制定出來，呼應相關法律和學區政策與執行程序。

自我評鑑和行政評鑑

　　我們強烈建議，所有諮商師都必須接受年度評鑑。通常，留職察看中的諮商師、合約最後一年的諮商師，以及因工作表現不佳而未延長合約者，應該要更頻繁接受評鑑。

　　學校諮商師工作表現的評鑑委員，應該要接受充分的訓練，以瞭解學校諮商師的工作任務和專業角色，且運用適當的方法蒐集有效的資料，始能善盡評鑑職責（Synatschk, 2002）。對於小學諮商師而言，行政評鑑委員通常會是小學校長；如學校諮商師同時服務於數所學校，行政中心輔導主管往往會擔任行政評鑑工作，或指派主任評鑑委員，指揮其他評鑑委員蒐集相關資料，並主持評鑑會議。

　　行政中心輔導主管則須提供資料，或協助主任評鑑委員做出評鑑的判斷。當諮商師的工作表現未達到合約要求，當諮商師的整體表現不佳或非常卓越時，或者當評鑑委員各持不同意見，或與諮商師的自我評鑑有顯著差異時，學區輔導方案主管通常也會被要求參與個別諮商師的評鑑。學區輔導方案主管也會基於評鑑過程中任何一方——諮商師、行政主管或校長——的要求，而擔任第二順位之評鑑人員。

　　自我評鑑和工作表現評鑑過程包括六個步驟：資料蒐集、資料分析、撰寫評鑑報告初稿、評鑑會議、會議後分析，以及完成評鑑報告等。此一過程中，學校諮商師和評鑑委員分別完成前三個步驟；第四個步驟則一起開會研討他們對於諮商師工作表現的評鑑結果。然後，評鑑委員接著進行第五和第六步驟，取得必要的簽名，分送報告副本。

　　評鑑報告的格式必須符合對於諮商師執行輔導方案工作表現的期待，且與每位學校諮商師的職務說明有所關聯，以支持諮商師展現出最佳的專業效能。邀請諮商師和行政人員組成一個團隊來發展評鑑工具和程序，應有助於建立完善的工作表現評鑑系統（Henderson, 2009）。諾斯賽德獨立學區（Northside Independent School District, 2002）和德州諮商學會（Texas Counseling Association, 2004）建議了一個用以權衡學校諮商師的不同角色的系統。設計良好且適當的

工作表現評鑑表格，始能提供有意義的評鑑判斷。圖 10.1 是一份由諾斯賽德獨立學區（Northside Independent School District, 1987）所設計的評鑑表格。密蘇里州初等與中等教育部（Missouri Department of Elementary and Secondary Education, 2000）也有類似的模式。

茲將自我和工作表現評鑑的過程，詳細說明如下：

1. 資料蒐集。雖然評鑑的性質是用以判斷優劣，但欲對專業工作表現做出合理且有效的判斷必須仰賴資料的支持。評鑑委員必須透過督導系統蒐集有用的資料。在臨床督導過程中，觀察和回饋會議也會產生一些相關的資料。在發展性督導中，方案和工作表現改善的努力，也會產生資料。在行政督導中，資料蒐集包括諮商師能否依據方案實施標準、專業標準來行事，以及人際關係、工作習慣、對工作和專業的熱誠投入，和良好適切的專業判斷等。輔導方案主管必須留意接受督導的學校諮商師，記錄其各方面工作表現。在將這些紀錄納入正式或總結性評鑑之前，必須適時協助諮商師改善其工作表現上的缺失。

2. 資料分析。每一新年度之初的工作會議中，必須明確訂定何時、何處和如何蒐集評鑑資料。然後，學校諮商師和評鑑委員一起衡量，如何將所蒐集到的資料與專業標準做一比較、對照（Henderson, 2009; Henderson & Gysbers, 1998）。這些資料蒐集方式，應在學年一開始的工作任務研討會議上就要明定。

3. 撰寫評鑑報告初稿。評鑑委員所撰寫的評鑑報告，須納入由學校諮商師自己撰寫的自我評鑑，使評鑑委員得以對學校諮商師的整體專業品質做出初步的評斷。主任評鑑委員亦須在完成初稿之前，諮詢學區輔導行政主管的意見，以對諮商師工作表現做出總結性判斷和整體評定。

在圖 10.1 的表格中，評鑑的六項領域包括：教學技能；輔導技能；諮商、諮詢和轉介技能；實施系統支持；建立專業關係；以及善盡專業責任等，均須逐一加以審慎衡量。藉由描述特定的行為實例，來具體指陳工作表現的優勢和劣勢（附錄 M 和附錄 N 提供了行為描述和觀察實例）。最後，並須將改善建議納入諮商師專業發展計畫中。

我們建議要做整體性的評定。亦即，評鑑委員對於每項領域的評定，皆反

姓名 _____

學校 _____

評鑑期間：從 _____ 到 _____ 完成評鑑日期：_____

評量項目：（每項至多 5 分）　　　　　評分　　　等級

1. 輔導課程的實施： 　　　　　　　　　_____　　_____
2. 個別學生規畫系統的實施： 　　　　　_____　　_____
3. 回應式服務的實施： 　　　　　　　　_____　　_____
4. 系統支持的實施： 　　　　　　　　　_____　　_____
5. 專業關係之效能： 　　　　　　　　　_____　　_____
6. 專業責任的達成： 　　　　　　　　　_____　　_____

　　　　　　　　　　　　　　　總分　_____

整體工作表現的評量效標　　　　　　**整體工作表現**

1. 非常卓越：總分至少 27 分以上，　　　非常卓越　☐
　　每項評分均不低於 3 分。
2. 超出期待：總分至少 21 分以上，　　　超出期待　☐
　　每項評分均不低於 3 分。
3. 令人滿意：總分至少 16 分以上，　　　令人滿意　☐
　　每項評分均不低於 2 分。
4. 低於期待：總分至少 14 分以上，　　　低於期待　☐
　　每項評分均不低於 2 分。
5. 極不滿意：其他情形。　　　　　　　　極不滿意　☐

評鑑委員簽名：_____　　職　稱：_____
單位主管簽名：_____　　職　稱：_____
受評人員簽名：_____　　評鑑日期：_____

諮商師工作表現評鑑表

1. 藉助有效的**教學技能**（Instructional Skills），來實施**輔導課程**（Guidance Curriculum），包括
　　a. 適切的任務分析。
　　b. 有效的教學單元設計。
　　c. 學生主動參與學習歷程。
　　d. 教學主題符合學生的優先需求和學區教育目標。

非常卓越　　　超出期待　　　令人滿意　　　低於期待　　　極不滿意
　☐ 5　　　　　☐ 4　　　　　☐ 3　　　　　☐ 2　　　　　☐ 1

評語：_____
_____
_____

圖 10.1　諮商師工作表現評鑑格式

2. 藉由有效地運用**輔導技能**（Guidance Skills），實施**個別學生規畫系統**（Individual Student Planning System）。包括
  a. 謹慎規畫個別輔導單元。
  b. 呈現正確且無偏見的資訊。
  c. 學生對於個別化教育與生涯規畫之投入。
  d. 準確並適當的解釋測驗結果。
  e. 個別規畫活動的選擇符合學生的優先需求和學區教育目標。

非常卓越	超出期待	令人滿意	低於期待	極不滿意
☐ 5	☐ 4	☐ 3	☐ 2	☐ 1

評語：＿＿＿＿＿＿＿＿＿＿＿＿＿＿＿＿＿＿＿＿＿＿＿＿＿
＿＿＿＿＿＿＿＿＿＿＿＿＿＿＿＿＿＿＿＿＿＿＿＿＿＿＿＿＿
＿＿＿＿＿＿＿＿＿＿＿＿＿＿＿＿＿＿＿＿＿＿＿＿＿＿＿＿＿

3. 藉由有效地運用**諮商、諮詢和轉介技能**（Counseling, Consultation, and Referral Skills），實施**回應式服務**（Responsive Services）。包括
  a. 適切地辨認出必須要解決的問題／議題。
  b. 諮商、諮詢和／或轉介策略的選擇，適合學生所面臨的問題和情況。
  c. 諮商、諮詢和／或轉介策略的運用，適合學生所面臨的問題和情況。
  d. 進行妥善規畫且目標導向的諮商單元。
  e. 團體和個別諮商技術的運用，適合學生的需求和能力。
  f. 當事人能主動參與諮商、諮詢和／或轉介的過程。
  g. 適時的追蹤輔導。
  h. 所提供的服務符合學生的優先需求和學區教育目標。

非常卓越	超出期待	令人滿意	低於期待	極不滿意
☐ 5	☐ 4	☐ 3	☐ 2	☐ 1

評語：＿＿＿＿＿＿＿＿＿＿＿＿＿＿＿＿＿＿＿＿＿＿＿＿＿
＿＿＿＿＿＿＿＿＿＿＿＿＿＿＿＿＿＿＿＿＿＿＿＿＿＿＿＿＿
＿＿＿＿＿＿＿＿＿＿＿＿＿＿＿＿＿＿＿＿＿＿＿＿＿＿＿＿＿

4. 藉由**提供**對於其他教育方案和輔導方案的有效**支持**，實施**系統支持**（System Support）。包括
  a. 提供全方位且平衡的輔導方案。
  b. 選擇符合學生優先需求與學校或學區教育目標的方案活動。
  c. 從學生參與方案活動的成果中，蒐集有意義的資訊。
  d. 依據已確立的運作程序、政策和優先順序來執行方案。
  e. 除了善盡指派的責任之外，亦對機構運作有所貢獻。
  f. 與學校行政人員協同合作，以爭取對輔導方案之支持。

圖 10.1 諮商師工作表現評鑑格式（續）

g. 實施有助於強化學校輔導方案之方案。

h. 關注與學校輔導方案相關的想法或議題。

i. 支持學校行政政策和教育目標。

j. 支持學區政策和教育目標。

非常卓越	超出期待	令人滿意	低於期待	極不滿意
☐ 5	☐ 4	☐ 3	☐ 2	☐ 1

評語：_____

_____

_____

5. 藉由與相關人員的協同合作，建立有效的**專業關係**（Professional Relationships）。包括

a. 學生。

b. 教職員工。

c. 家長。

d. 其他諮商師。

e. 行政人員。

f. 其他服務於學校或學區的專業人員。

g. 社區代表。

非常卓越	超出期待	令人滿意	低於期待	極不滿意
☐ 5	☐ 4	☐ 3	☐ 2	☐ 1

評語：_____

_____

_____

6. 善盡**專業責任**（Professional Responsibility），藉由

a. 追求專業發展。

b. 依據倫理和法律守則定時撰寫紀錄。

c. 維持專業的工作習慣。

d. 依據專業倫理標準進行實務工作。

e. 展現適當的個人特質。

f. 展現有效的基本技能（例如溝通、做決定、問題解決、教育等技能）。

非常卓越	超出期待	令人滿意	低於期待	極不滿意
☐ 5	☐ 4	☐ 3	☐ 2	☐ 1

評語：_____

_____

_____

圖 10.1 諮商師工作表現評鑑格式（續）

7. 其他評語：

_____

_____

_____

_____

圖 10.1 諮商師工作表現評鑑格式（續）

註：取自 *Guide to Counselor Performance Improvement Through Supervision, Evaluation, and Professional Development*, by Northside Independent School District, 1987, San Antonio, TX: Author.

映出對於學校諮商師運用特定技能執行各項任務時，其工作表現的總結性判斷。例如：「在大多數情況下，諮商師以＿＿＿＿＿＿的方式展現其技能。」如果獲得非常卓越的評價，諮商師在每項指標上的工作表現均須一致地卓越、精熟、令人讚賞。如果獲得**超出期待**的評價，諮商師在每項指標上的工作表現，均可觀察到相當高的水準。評鑑委員對於這兩項評定，顯示出學校諮商師不只是完成了指派的必要職責，同時還做了許多自主決定的任務。

專業學校諮商師的工作表現應該要求高標準。能獲得令人滿意的評價，在各項指標上至少都要符合期待的標準，大多時候表現良好。而低於期待的評價，則是在大多時候的工作表現不佳，各項指標上都有必須改進的空間。至於**極不滿意**則是未執行應該執行的任務，或執行任務的方式令人無法接受。具備精熟輔導工作技能的諮商師，均被期待至少令人滿意的工作表現，低於或高於此一標準者，均必須有文件資料作為紀錄和佐證。目前，各州教育部門、學校諮商師協會都致力於明確訂定諮商師的工作任務，且能有效區分上述五種評定等級。

整體的工作表現評定，反映出每一項技能領域的評定的總合，以及評定等級的考量。整體評定等級的效標均經過審慎的研究，務求其適當且明確。

4. **召開評鑑會議**。學校諮商師和評鑑委員將評鑑報告初稿帶到評鑑會議中，促進彼此雙向的討論。主任評鑑委員訂定召開評鑑會議的日期後，必須公告周知，並在會議中提供評鑑報告初稿和相關資料。會議中逐一討論諮商師的優勢和劣勢，以及行政評鑑和諮商師自我評鑑兩份報告之間的歧異。由於評鑑的目的是幫助每位諮商師發揮其專業潛能，提供改善工作表現的

建議，雙方愈能在評鑑過程中協同合作，愈能增進其公平合理性（Bunch, 2002）。

5. 進行會議後分析。主任評鑑委員在提交正式的評鑑報告之前，除了審慎考量學校諮商師本身對其工作表現的自我評鑑之外，尚須諮詢學校輔導主任和其他行政人員的意見或建議，並蒐集更多相關資料來平衡雙方的歧見。

6. 完成評鑑報告。主任評鑑委員必須向學區提交一份正式的諮商師工作表現評鑑報告。在取得諮商師的簽署之前，必須先交由學校輔導行政主管檢視且簽署。諮商師的簽署，指明此份評鑑報告已由雙方討論過，但不必然達成共識。如有必要，學校諮商師和主任評鑑委員均有權在正式評鑑報告之外，另行附加由雙方簽署的說明，但也不表示彼此都同意所敘明事項。

目標達成度評量

方案促進計畫和專業發展計畫，是用以持續改進全方位輔導方案的有力工具。此類評鑑的目的，是評量諮商師對於改善學校和學區輔導方案的貢獻程度，以及致力於提升專業知識、技能和熱忱投入的程度。此判斷評量諮商師如何努力達成其在輔導方案主管、輔導主任和校長領導下，為自己設定的目標；同時也反映出諮商師努力投入方案所產出的效能。

此類評鑑的資料，大多來自於發展性督導的內涵。這也是一種總結性評鑑，評斷諮商師為了達成學年初所設定的目標而執行其行動計畫的努力程度。參見圖 7.5 的輔導方案促進計畫表，以及圖 9.1 諮商師專業成長計畫表。諮商師工作表現報告將在每一年度結束時提交給輔導主任，同時也會記載評鑑委員對於工作表現和目標達成度的評量（Henderson & Gysbers, 1998）。文件紀錄還包括方案評鑑中所蒐集的學生參與活動成果資料，以及臨床督導中所蒐集的技能改善資料。

執行方案評鑑

當輔導與諮商於 1900 年代初期逐漸萌芽時，領導者也曾經面臨有關輔導方案該包含哪些活動和服務之決定。Proctor（1930）指出

> 輔導領域的迫切需求之一，是如何比較中等教育體系所提供的輔導活動。於是，我們必須衡量輔導方案之實施該符合哪些標準要求。（p. 58）

現今，我們應該明白「輔導方案之實施該符合哪些標準要求」（Proctor, 1930, p. 58）。基於 Gysbers 與 Henderson（2006）、Myrick（2003）、Johnson、Johnson 與 Downs（2006），以及美國學校諮商師協會（ASCA, 2005）等眾學者的努力，我們明白輔導與諮商的活動與服務共同構成完整的輔導與諮商方案，因此我們得以建立一系列的方案評鑑工具和程序。接下來，我們就要來探討方案評鑑的工具、程序和所蒐集的資料。

方案評鑑工具

大多數方案評鑑工具包含了從全方位輔導與諮商方案所取得的一系列標準，用以判斷方案的規模、性質和結構，並做出優劣之比較。那麼，究竟該有多少項標準才足以判斷方案的適切性和功能呢？標準答案就是，只要足以判斷全方位輔導與諮商方案之功能發揮，能使全體學生、家長、教師和社區獲得最大的效益即是。一旦用以作為方案評鑑的標準可以一一指陳出來，下一步就是為每一項標準擬定細部的效標，具體地描述該標準的每一個重要層面，以使評鑑者能充分判斷方案的執行是否能達成每一項標準。接著，通常會以 5 點或 6 點量表來為每一項效標蒐集量化的資料。

採用、調整或建立工具

現今無論是 ASCA（2005）的全國模式或各州的全方位輔導與諮商方案模式，都已開發出許多可資運用的方案評鑑工具，不妨直接採用。如果無法直接採用，亦可將現成的工具加以調整，使之符合各地的獨特情況。最後，如果還是行不通的話，也可以自行設計一份適合當地情況的工具。以下提供一些實例，希望有助於你尋找最適合的工具。

美國學校諮商師協會方案稽核。ASCA（2005）發展了一項用以作為方案評鑑的工具，稱為「方案稽核」（Program Audit）。包含十七項標準，每一項下各自羅列出數項指陳重要層面的效標，運用 4 點量表來指出符合特定效標的程度（不符合、進行中、已完成、未完成），以及另一個不適用（non applicable）的類別。方案稽核主要目的是為了改善方案，用來作為方案的自我評量。圖 10.2 即羅列出 ASCA 方案稽核所採用的標準和效標。

猶他州。猶他州發展了一項方案評鑑工具，包括從該州輔導與諮商模式所擷取的十二項標準（詳見圖 10.3）。每一項標準是以 0 至 4 的 5 點量表來評定，每一點所指涉的表現狀態都有非常具體的描述，使評鑑者得以按圖索驥。0 是指無證據顯示方案進行中或發展中；4 是指方案的發展和實施可作為全州的楷模。

密蘇里州。在密蘇里州，學校諮商師可能運用內部改善檢核表（Internal Improvement Review, IIR）來判斷密蘇里全方位輔導方案在個別學校和學區的實施程度。IIR 使用五項方案標準作為基本的評量元素，各項標準均有詳細的描述，且依據 1 點（極少／毫無實施）至 4 點（完全實施）來進行評分。該州建議由學校諮商師和行政人員一起合作來完成 IIR。你可以上網 http://www.mcce.org，在 eLearhing Center 點選 Evaluation: Program+Personnel=Results 下載 IIR。

輔導方案稽核標準（Standards for a Guidance Program Audit）。附錄 O 包含八項用以稽核輔導與諮商方案之標準，每一項標準之下的描述都具體指陳出達成該項標準的情形。稽核者即努力從實務現場和文件資料中尋找證據，以判斷標準達成的程度。

理論基礎

1. 信念和哲學。
2. 學校諮商方案之宗旨。

效標範例

2.1 具備有關學校諮商方案宗旨的書面陳述。

2.2 宗旨的陳述是以學生為主要對象。

2.3 宗旨的陳述是針對每一個學生。

2.4 具體指陳應該學習的內容或核心能力。

2.5 與政府、學區和學校的願景、目的和宗旨有關聯。

2.6 具體指陳出期待所有學生展現之長程成果。

2.7 宗旨的書面陳述已向行政人員、諮商師、顧問委員會、學校管理委員會報告，且獲得認可。

3. 範疇和目標。
4. ASCA 全國標準／知能。

遞送系統

5. 輔導課程。
6. 個別學生規畫。
7. 回應式服務。
8. 系統支持。

管理系統

9. 學校諮商師／行政人員協議。

10. 顧問委員會。

11. 資料運用和學生監控。

12. 資料運用和教平落差。

13. 行動計畫。

14. 時間／行事曆之運用。

15. 成果報告。

16. 諮商師表現標準。

17. 方案稽核

圖 10.2 美國學校諮商師協會方案稽核：標準及其中一項標準之效標

註：取自 *The ASCA National Model: A Framework for School Counseling Programs* (2nd ed., pp. 131-141), by the American School Counselor Association, 2005, Alexandria, VA: Author.

標準 I：**委員會採納且決議通過**。學區教育委員會決議通過CCGP，並持續與委員會溝通方案的目標，報告由資料支持的成果。

標準 II：**全方位諮商與輔導之訓練**。輔導團隊成員定期參與學區教育當局所舉辦的全方位學校輔導在職訓練。

標準 III：**結構性內涵**。結構性內涵和政策支持CCGP，包括充分的資源和行政支持，以提供輔導設備、器材、執行人員及學校促進程序。

標準 IV：**時間分配**。諮商師至少須有 80%的時間投入於對學生之直接服務，包括均衡之個別規畫、輔導課程和回應式服務，並有資料支持學生之直接服務成果。

標準 V：**學校內溝通**。包括與行政系統和教學系統之溝通、協調和合作，視CCGP 為 K-12 教育體系之核心概念。

標準 VI：**方案領導和管理**。具有能確保有效率之方案管理的結構和程序，包括諮詢與指導委員會。有證據顯示諮商師是方案的領導者，且CCGP是學校促進小組中的重要一環。

標準 VII：**資料和方案效能**。方案運用現有的學校資料，包括正式的學生／家長／教師需求評估，每三年完成資料的蒐集和分析，且提出年度報告，以呈現方案之效能。

標準 VIII：**回應式服務**。透過教育導向與方案推動策略，與現有學校方案整合，且與家庭、學校和社區資源協同合作，以提供符合所有學生立即性關注和需求的服務。

標準 IX：**輔導課程**。方案必須提供與猶他州 CCGP 內容標準一致的發展性和循序漸進的輔導課程，並依據學校需求評估結果排定課程內容之優先順序。

標準 X：**生涯探索與發展**。方案必須提供學生在生涯發展上的協助，包括覺察和探索、求職技巧，以及高中畢業後的安置機會。

標準 XI：**SEOP 歷程**。方案應該要為每一位學生建立「學生教育職業計畫」（Student Education Occupation Planning, SEOP），該計畫應與教育當局政策和 CCGP、中等學校認證（R277-413）及應用科技教育（R277-911）目標相一致。

標準 XII：**每一位學生**。所有方案內涵的設計，都必須以體認且回應每一位學生的需求為目的。

圖 10.3 猶他州全方位諮商與輔導方案（CCGP）成就表現檢核標準

註：取自 *Comprehensive Counseling and Guidance Program Performance Review*, by the Utah State Office of Education, 2008, Salt Lake City, UT.

方案評鑑程序

自我評鑑

　　學區辦理方案評鑑的頻率，取決於所欲達成的目的。對於自我評鑑而言，ASCA（2005）建議一旦方案設計完成時，即應著手辦理評鑑作業，其後則每年一次。無論相隔多久時間，自我評鑑的歷程有助於學校諮商師判斷其計畫周詳的方案是否能具體執行。方案評鑑之成果，可明白方案過程中的進展情形，促使學校諮商師得以和行政主管密切合作，建立目標，確保方案之計畫得以逐步付諸實行。

外部評鑑

　　有時，方案評鑑會委託學區外部的人員來擔任評鑑工作。教育當局或學校行政主管可能由於對方案執行感到不滿意，而希望聘請外部評鑑人員來指正缺失。或者，為了尋求外部資金來支持方案推動，或基於方案的認證程序，也必須委由外部評鑑人員來執行。

　　Curcio、Mathai 與 Roberts（2003）提到一個情況，由於受到來自家長的指責，學區教育局長必須聘請外部評鑑人員來檢核該學區的輔導與諮商方案。評鑑人員以學校諮商師、行政主管、校長、家長和學生為對象，發展了一套調查問卷和訪談大綱。他們將評鑑結果歸納為二十七項重要發現，並一一提出改善方案之具體建議。

　　在猶他州，方案評鑑的目的是為了提供經費補助。諮商師必須先依據「全方位輔導方案成就表現檢核」（Comprehensive Counseling and Guidance Program Performance Review）（Utah State Office of Education, 2008）來進行方案之自我評鑑。檢核之結果，以及蒐集到的其他相關資訊，必須向一個由其他學區之學校諮商師和行政主管組成的評鑑團隊報告。為了獲得州政府教育當局認可且取得經費補助，方案必須符合所有標準。如果不符合標準，學校必須在六個月內尋求改善，六個月後須接受再度評鑑。

方案評鑑中的資料類型

方案評鑑中所運用的資料類型之一，是藉由方案評鑑工具所蒐集的資料。使用 5 點或 6 點量表來評量每一項標準之下的效標，將這些資料加以計量後，得到平均數和標準差，用以進行年度之比較，以瞭解隨時間演進之趨勢。

第二類資料稱之為「歷程資料」（process data）。歷程資料描述學校為哪些學生提供了哪些輔導與諮商服務。例如，全校所有 150 位十年級學生都有機會接受個別服務，檢視其個人計畫。歷程資料提供評鑑者一些文件紀錄，以瞭解學校為團體或個人提供了哪些輔導與諮商活動和服務。

方案評鑑中常使用到的第三類資料是「知覺資料」（perception data）。知覺資料顯示，學生、家長、教師和行政主管對於輔導與諮商之活動和服務，及學校諮商師之工作，有何想法或感覺。調查問卷和訪談是典型上用以蒐集知覺資料的工具。

這三類資料加以結合，可提供學校輔導與諮商方案之完整圖像。優勢領域和亟需改善的弱勢領域在這些資料中逐一現形，為方案的改善帶來發展空間。

執行成果評鑑

學校成果評鑑之演進

今日，成果評鑑已成為專業對話的熱門話題（Dimmitt, 2010; Gysbers & Henderson, 2006; Gysbers & Lapan, 2009; Johnson et al., 2006; Stone & Dahir, 2007; Whiston & Quinby, 2009）。依據全方位輔導與諮商方案之架構來工作的學校諮商師，日益被要求必須證明其工作能有益於學生的成功，特別是提升學生的學業成就。學校諮商師不只被要求要說明做了什麼，而且要舉證他們所做的努力能為學生的生活帶來什麼改變。

為何成果評鑑如此重要？Dimmitt（2010）指出，「當我們評鑑輔導方案與

介入、發現我們的工作如何使學生受益、力求擴展效能和效益，及與同儕和社區分享成果時，諮商師即能獲得重視和法律上的正當性」（p. 44）。

重視成果評鑑不盡然是一個新現象，諮商專業一直非常關注如何評量諮商工作之效能。自從 1900 年代在學校中倡導輔導與諮商開始，成果評鑑之需求始終受到相當的關注。在 1920 年代以前，諮商專業即致力於在學校中建立輔導與諮商的架構，不過直到 1920 年代，對於輔導與諮商成果的關注才逐漸在文獻中有所陳述和討論。Payne（1924）即指出：

> 我們該用什麼方法檢核輔導的成果呢？對於特定的團體而言，他們受到適當的輔導、不當的輔導，或僅僅只是有益的經驗？我們必須找出一些適當的方法來檢驗我們的工作成果。如果我們不做，其他團體就會取而代之，使我們的工作蒙受災難。（p. 63）

其後，文獻中有相當多篇章闡述了成果評鑑之必要性。直到 1930 年，學生接受輔導與諮商的成果終於被一一指陳出來。Christy、Stewart 與 Rosecrance（1930）、Hinderman（1930）和 Rosecrance（1930）列舉出下列學生成果：

- 較少學生中途輟學。
- 獲得獎學金的標準提升了。
- 學生品行更好。
- 學校生活品質更佳。
- 較少學生學科不及格。
- 青少年對於未來更有願景。
- 畢業後銜接職場和大學教育的調適更佳。
- 較少行為常規的問題。
- 較少缺席。
- 對於學科的選擇更為明智。
- 學習習慣更好。

與學生成果報告同時受重視的，還有關於評鑑設計議題的討論。在一篇 1940 年代出版的論文中，Froehlich（1949, p. 2）依據下列各項評鑑設計，探討且分

類了 173 份研究報告：

1. 外部效標，「你做了這事嗎？」法。
2. 追蹤，「然後發生了什麼事？」法。
3. 當事人意見，「你認為呢？」法。
4. 專家意見，「請提供資訊」法。
5. 特定技術，一點一滴法。
6. 組內改變，前後測法。
7. 組間改變，有何差異法。

　　因此，有關科學本位研究設計在成果評鑑上之運用，文獻上已有廣泛的探討（Froehlich, 1949; Neidt, 1965; Travers, 1949）。同時，也有諸多研究論文，運用實驗組和控制組的實驗法，探討輔導與諮商方案對於學生發展之影響。Kefauver 與 Hand（1941）、Rothney 與 Roens（1950）、Rothney（1958）和 Wellman 與 Moore（1975）等人的研究均有卓著之貢獻。

成果評鑑之成果

　　Kefauver 與 Hand（1941）、Rothney 與 Roens（1950）、Rothney（1958）和 Wellman 與 Moore（1975）等人運用實驗組和控制組的研究，證實了輔導與諮商方案對於兒童和青少年的學業、生涯和個人／社會發展，帶來相當正面的影響。Borders 與 Drury（1992）在一篇有關學校諮商的廣泛文獻探討中，發現輔導方案之介入確實對於學生的教育和個人發展有深遠影響，且有助於學生在班級中的成功。Gerler（1985）分析小學諮商的研究，亦證實輔導方案之介入有益於學生生活的情意、行為和人際面向，且提升了學生的學業成就。Lee（1993）的研究也顯示由小學學校諮商師所帶領的班級輔導課程單元，顯著影響了學生在數學科的學業成就。St. Clair（1989）對中學諮商師的研究，也有類似的發現。Evans 與 Burck（1992）針對六十七個研究進行後設分析，確認生涯教育介入（生涯輔導）有助於提升學生的學業成就。上述研究成果，在在證實

輔導與諮商之介入，對於提升學生的學業成就具有高度的價值。

　　Lapan、Gysbers 與 Sun（1997）在一項於密蘇里州高中進行的研究中，發現來自充分實施輔導方案之高中的學生，更傾向於自陳在學科上有較佳的成績、教育經驗使其為未來做了更好的準備、學校為其提供了更充分的生涯和升學資訊，且學校氣氛較為積極正向。在猶他州，Nelson 與 Gardner（1998）也發現充分實施輔導方案學校的學生，對於整體教育經驗的評等較佳、選讀更高階的數學和科學課程、大學入學（ACT）測驗分數較高。Sexton、Whiston、Bleuer 與 Walz（1997, p. 125）對於學校諮商的成果研究報告，歸納出下列數點結論：

● 成果研究大多顯示學校諮商具有相當正面的效能。
● 研究結果顯示，個別規畫介入，對於學生生涯規畫之發展甚具效益。回應式服務活動如社會技能訓練、家庭支持方案和同儕諮商等，則獲得部分支持。
● 諮詢活動亦是相當有效的學校諮商活動之一。

　　21 世紀初，由於「有教無類法案」（No Child Left Behind Act）的通過，學生的學業成就成為學校中的最大關注（McGannon, Carey & Dimmitt, 2005）。這時完成的研究報告，其實仍與 1980 年代和 1990 年代的研究獲得相當近似的結論。例如，Lapan、Gysbers 與 Petroski（2001）的研究發現，來自於密蘇里州 184 所不同規模中學的 4,868 位中學教師，認定其學校所實施的輔導方案相當完善，22,601 位七年級學生自陳其獲得較佳的成績、學校較關心他們、他們與教師的關係較佳、對於學校教育較感到滿意，且在學校較感到安全。Sink 與 Stroh（2003）則以一所提供完善全方位學校諮商方案的小學三、四年級學生，來與另一所完全沒有諮商方案的學校學生做比較，發現前者在愛荷華基本能力測驗—M式（Iowa Tests of Basic Skills-Form M）和華盛頓學生學習評量（Washington Assessment of Student Learning）二者的測驗分數，顯著高於後者。Brigman 與 Campbell（2003）以準實驗、前後測研究設計，探討參與學生成功技能（Student Success Skills）輔導課程的學生，在認知、社會和自我管理技能方面的表現。輔導方案係由學校諮商師為五、六、八和九年級學生所帶領的團體單元，實驗組

學生在佛州全方位評量測驗（Florida Comprehensive Assessment Test）的閱讀和數學成績，顯著高於控制組。

各州對於全方位輔導與諮商方案影響效能的研究，有三項特別值得探討，分別於密蘇里州、猶他州和華頓盛州所進行。

Lapan、Gysbers 與 Kayson（2006）發現當密蘇里州的學校諮商師所服務的學校，更完整且充分地執行其輔導與諮商方案時，他們更能對所有學生的成功——包括學業成就——做出較大貢獻。尤其是，他們發現這些學校的十年級學生在密蘇里州評量方案（Missouri Assessment Program）的數學成績及十一年級學生的傳播藝術成績，都顯著優於其他學校學生；學生的出席率更高、較少發生行為常規問題，且較少退學的案例。

Nelson、Fox、Haslam 與 Gardner（2007）為猶他州的全方位學校輔導與諮商方案進行第四度研究，獲得四項重要發現：

- 全方位輔導與諮商提升了學生選讀標的課程的比率，較多學生選讀較高程度的英語、科學、數學和科技課程。
- 將自己選讀的課程方案描述為「一般性」的學生百分比，在過去參與評鑑的這九年間快速下降。
- 來自高度實施全方位輔導與諮商方案學校的學生，較之低度實施的學校學生，獲得更高水準的學業成就，對於教育和生涯規畫做出更明確的決定。相同的結果，早在 1997 年猶他州的評鑑中出現，始終如一。
- 研究顯示，無論城鄉差距，諮商師—學生比例較為適當的學校，更能有效實施全方位輔導與諮商方案。（p. 2）

華盛頓州由 Sink、Akos、Turnbull 與 Mvududu（2008）所完成的研究，比較實施全方位學校諮商方案（comprehensive school counseling program, CSCP）至少五年的學校，和未執行類似方案的學校，發現：

當比較 CSCP 和非 CSCP 二類學校時，發現高度實施 CSCP 學校

的六年級學生在 ITBS [Iowa Test of Basic Skills] 的語文、數學和總成績，顯著優於非 CSCP 學校學生；七年級學生在 WASL [Washington Assessment of Student Learning] 的閱讀和數學成績，亦顯著優於非 CSCP 學校學生。此外，高度實施 CSCP 學校學生的整體表現，亦優於低度實施 CSCP 學校學生。（pp. 49-50）

因此，這份實徵研究報告的結論，提供了「充分的證據顯示長期實施 CSCP 及中學學生教育發展之間的重要關聯性」（p. 51）。

一份由學校諮商成果研究和評鑑中心（Center for School Counseling Outcome Research and Evaluation）所發表的研究摘要，顯示學校諮商對於內布拉斯加和猶他兩州高中學生教育成就的影響（Carey & Harrington, 2010a, 2010b）。重要發現包括下列數項：

- 高中學校諮商對於學生學業成就的貢獻，包括增進數學和閱讀的精熟水準、降低退學和行為常規問題發生率、提升出席率及畢業率。
- 依據美國學校諮商師協會（ASCA）全國模式來實施的學校諮商方案，對於學生的整體成果具有正向效果。
- 在內布拉斯加州，較佳的諮商師—學生比例，有助於改善學生的出席率。在猶他州，較佳的諮商師—學生比例除與提升出席率有關之外，尚可降低行為常規問題的發生率。
- 內布拉斯加和猶他兩州的研究成果顯示，以生涯發展為焦點的方案成果，對於提升學生的學業成就至關重要。

基於上述研究發現，Carey 與 Harrington（2010a, 2010b）的結論是

如果高中希望能改善其教育成果，學校領導者就應該聘任足夠的諮商師，來滿足學生和家長的需求，支持諮商師妥善建立以服務全校學生為目標的方案，並實施更有效的介入。（p. 4）

Whiston、Tai、Rahardja 與 Eder（2011）採用後設分析法，來檢視學校諮商師不同介入服務的效果。雖然他們的結論認為有必要進行更多研究，但仍部分

支持學校諮商的效能：

> 一般而言，學校諮商介入對學生具有正向的效能。進而言之，我
> 們發現，無論是小學、中學或高中，介入的正向效能都相當顯著。學
> 校諮商師的影響，增進了學生解決問題的能力，且減少行為常規問題；
> 雖然我們尚無法明確辨認出究竟是哪一種方案或取向，有益於產生這
> 些正向成果。因此，當致力於為學校諮商介入發展實徵的支持時，也
> 有賴更進一步的研究來推敲是什麼有效、對什麼學生有效，以及在什
> 麼情況下有效。（p. 48）

截至目前為止，關於全方位輔導與諮商方案以及學校諮商師工作的效能，
究竟有何具體成果呢？如前所述，這些方案的效能獲得大量實徵證據支持，且
證據仍不斷增加中。所有成果都顯示，一個充分實施的全方位學校輔導與諮商
方案，確實有助於提升學生的學業成就，以及其個人／社會和生涯發展。

評鑑輔導與諮商介入

本節的重點在於如何評鑑用以改變學生行為的輔導與諮商介入。首先，要
討論的是如何發展一項介入評鑑計畫。其次，會呈現幾種評鑑介入服務的方式，
討論必須要審慎考慮的重點。我們建議可運用由學校諮商證據本位實務小組
（National Panel for School Counseling Evidence-Based Practice）（Carey, Di-
mmitt, Hatch, Lapan, & Whiston, 2008）所發展的「成果研究編碼表」（Outcome
Research Coding Protocol）。在這最後一節描述了介入評鑑的現況並以幾個總結
性思考作結。

發展介入評鑑計畫

從事輔導與諮商介入，是否能產生可測量的結果？答案是肯定的。那麼，

既然現有文獻皆支持輔導與諮商方案之效能，就無須再進行評鑑了嗎？當然不是。Gerler（1992）指出「雖然大量的證據相當明確，但與其他地方的資料比起來，當地的資料更足以說服督學和校長們 [以及學區教育局]」（p. 500）。基於此，我們的工作就是要建立一項計畫來進行地區性的介入評鑑。那麼，成果評鑑計畫應該包含哪些任務呢？下節即說明這些任務。

界定學生的成果

當你開始為學區發展一項介入成果評鑑計畫時，必須先行檢視學區的教育宗旨和學校促進計畫，瞭解對學區而言，最優先、最重要的學生成果為何？這些文件經常聚焦於改善學生學業成就的目標、建立安全的學習環境、避免學生的不良行為，及確保學生畢業後能順利銜接職場或接受更高教育。由於全方位學校輔導與諮商介入對於上述目標的達成具有相當顯著的貢獻，我們相信參與輔導與諮商介入的學生，亦可獲致與此目標一致的學生成果，因此可作為成果評鑑的重點之一。

不同類型資料之運用

有三類資料必須在發展介入成果評鑑計畫時納入考慮：歷程資料、知覺資料和成果資料（ASCA, 2005）。

歷程資料（process data）。歷程資料是整體方案評鑑和介入評鑑都會運用到的，其描述輔導與諮商介入的實施和對象，證明這些介入服務真的有執行。

知覺資料（perception data）。除了方案評鑑會用到知覺資料之外，介入評鑑一樣適用。知覺資料顯示學生、家長、教師、行政主管或其他各類人員，對於輔導與諮商介入、或諮商師工作的想法或感覺。

成果資料（results data）。輔導與諮商的介入究竟為學生帶來什麼影響？成果資料包括知識測驗，或學生出席率、行為常規轉介率、學年平均成績及成就測驗分數等變數的改善。學生參與輔導與諮商介入之後，在上述資料上的轉變，就可作為成果資料。

選擇進行介入評鑑的方式

本節提供兩種方式來進行輔導與諮商介入的成果評鑑。第一個例子稱為 IDEAS!，係由 Lapan（2005）所發展，並由 Gysbers 與 Lapan（2009）加以闡述。第二個例子是由 Stone 與 Dahir（2007）所發展的 MEASURE。

IDEAS! IDEAS!是學校諮商師和其他專業人員可用以進行介入評鑑的方式。評鑑過程的開展包括五個步驟：界定（identifying, I）問題，然後描述（described, D）該問題，運用現存的（existing, E）學校資料來提供資訊，回答問題。接著，分析（analyzed, A）資料，運用基礎統計、質性資料分析技術和各種軟體程式來分析資料。最後，摘述（summarized, S）資料分析的成果來改善諮商工作，並將全方位輔導與諮商介入的影響和重要性公告周知。

依據 Lapan（2005）的說法，IDEAS! 的首要步驟是界定一項關鍵性的問題。全方位學校促進計畫（Comprehensive School Improvement Plan）是個很好的起點，因為它涵蓋了關鍵性的問題和學區或學校主管所期待的重要結果。此外，當為學生和教師提供服務時，諮商師也會明白個別或群體學生所面臨的特定問題，或是教師們在班級中必須處理的學生問題。

Lapan（2005）所建議的第二步驟：是透徹地描述該項問題。他認為必須依據四個層面來描述問題：學生、介入、測量和場域。該項問題牽涉到哪些學生？所欲評鑑的介入服務與學生所面臨的問題有直接關係嗎？測量工具的運用適當嗎？實施介入服務的場域為何？

接下來，Lapan（2005）建議要妥善運用現存的學校資料。他指出，大多數學區和學校都有可取得的學生成就、表現和行為等資料。某些學校也會定期蒐集學生在班級中的行為資料。Excel 工作單可用來蒐集和組織這些資訊。

一旦運用 Excel 組織資料後，接著就可進行資料分析。Lapan（2005）建議要精熟五項基本統計概念——平均數、標準差、百分比、相關分析和 t 考驗。下一步就可將這些分析結果彙整起來，用 PowerPoint 做簡報，或邀請參與介入的學生進行質性的評鑑訪談。運用訪談資料可輔助量化資料的結果，增加個人化的面向。

然後，諮商師要摘述研究發現，包括下列數項重點：

1. 提供讀者關於關鍵性問題的清晰描述。

2. 簡要說明並強調你為該項問題做了些什麼。

3. 以幾個圖表清楚說明你的發現。

4. 最後，依據你所有的資訊，指出未來如何處理該項問題的計畫，以有助於幫助所有學生，且改善全方位方案。（Gysbers & Lapan, 2009, p. 176）

　　Lapan（2005）建議的最後一步驟，是運用成果資料向行政主管和政策制定者倡導對於全方位學校輔導與諮商方案的支持。只要場合和時機適當，就要向行政主管和政策制定者做簡報，Lapan 強調這是「運用評鑑成果來教育重要他人有關你在協助所有學生成功中所扮演的角色，這將使所有學生受益，且有助於改善全方位方案」（Gysbers & Lapan, 2009, p. 177）。

　　MEASURE。依據 Stone 與 Dahir（2007）的主張，「MEASURE 是包含六步驟的績效責任過程，幫助學校諮商師展現其介入服務如何影響學生——學校報告卡（school report card）上所呈現的重要資料，是績效責任運動的一環」（p. 23）。MEASURE 包括宗旨（mission）、元素（elements）、分析（analyze）、利害關係人（stakeholders）、聯合（unite）、成果（results）和教育（educate）。

　　第一步驟是行動宗旨。目標是將全方位輔導與諮商方案連結到學校的教育宗旨，與學校整體促進計畫所標榜的成果。第二步驟元素，包括界定和檢視整體學校促進計畫中至為關鍵的資料，並分解這些資料。

　　下一步驟是分析資料，包括判斷可能影響學生成就的阻礙。這些學校或學區資料可依據幾個因素加以區分，包括性別、種族、宗派、社經地位，和教師或諮商師所指派的因素等。

　　第三和第四步驟是利害關係人─聯合。目標是涵蓋學校內部和外部的所有利害關係人，找出可能影響學生成就的阻礙。這些資料可提供利害關係人對於介入服務焦點的洞察、發展時間表和承擔責任。

　　第五步驟是成果。「每一個人努力的成果，是否能顯示諮商介入策略有助於學生的關鍵性資料朝著正向發展？」（Stone & Dahir, 2007, p. 27）。如果答

案是否定的，接下來的任務就是判斷此一介入策略為什麼不能獲得所期待的成果。Stone 與 Dahir（2007）以再分析（reanalyze）和再聚焦（refocus）來描述此一過程。

第六步驟是教育。該是將介入成果公告周知的時候了。Stone 與 Dahir（2007）建議運用報告卡來顯示輔導與諮商介入成果與學校教育宗旨、整體學校促進計畫和學生成功均是一致的。

幾項考慮重點

「學校諮商師不必精熟統計技術來進行有意義的資料分析」（ASCA, 2005, p. 51）。這個敘述雖是真的，但學校諮商師仍必須精熟一些基礎統計概念，以有效地分析和詮釋成果資料。此外，學校諮商師必須明白如何適當地分解資料，將資料輸入 Excel 工作單，進行適當的分析，建立圖表來呈現這些資料。

基礎統計。Lapan（2005）曾建議學校諮商師至少必須精熟五種基礎統計概念，包括平均數、標準差、百分比、相關分析和 *t* 考驗。具備這些基礎概念，諮商師就能分析從其採用的介入服務所蒐集到的資料。

分解資料。資料分解是分析的一項重要步驟，讓我們能夠明白看到是否有些學生並沒有做得很好。ASCA（2005, p. 50）曾建議可用以分解資料的項目：

- 性別。
- 民族。
- 社經地位（使用免費和優惠午餐）。
- 職業。
- 家中使用的語言。
- 特殊教育。
- 年級。
- 教師。

使用工作單。組織和分析成果資料的重要工具之一是 Excel 工作單。工作單可用來輸入成果資料，進行各種統計程序。此外，還可建立各種圖和表，來

呈現成果資料和成就測驗分數，如 SAT 或 ACT 之間的關係。

仍有某些類型的評鑑資訊並不容易放進工作單分析，有賴你來做出有意義的分析。例如，諮商師對於輔導與諮商活動或對於學生行為的主觀性陳述，量化之後可能就失去了意義。不過，這些主觀性資料的分析在詮釋介入成果時則是相當重要的。此外，樣本數較小的活動或學生數，可能無法透過電腦分析，必須以手工來計算。此時，宜藉由再三檢核來將可能的失誤降到最低。

使用 PowerPoint 簡報。PowerPoint 簡報適合以直接了當的語言來呈現學生參與介入服務後的成果資料。運用長條圖和圓餅圖來呈現成果是非常有效的方式。不啻是「一張圖可抵得過千言萬語」。

B. Stanley、M. Maras 與 M. Dowdy（personal communication, May 3, 2010）建議 PowerPoint 簡報盡可能包括下列各點：

- 標題和聯絡資訊。
- 議題綱要。
- 介入服務綱要。
- 成果圖示。
- 應用綱要。
- 建議綱要。

報告卡。運用報告卡的實例之一，是由加州教育部和洛杉磯縣教育局（Los Angeles County Office of Education, 2010）所發展的「支持性人事績效責任報告卡」（Support Personnel Accountability Report Card）。這是「持續改善文件之一，為學校諮商方案和學生支持團隊提供機會，展示其獲致有益學生成果的溝通和決心」（p. 1）。報告卡通常就是在一頁紙片上書寫六類資訊：校長的話、學生支持人事團隊、學校氣氛和安全、學生成果、社區夥伴和資源，以及內容。在支持性人事績效責任報告卡網站上（http://www.lacoe.edu/sparc/）說明，報告卡可被視為方案的履歷表，向廣泛大眾提供與方案最有關聯的資料。

非預期的副作用

當成果評鑑漸次開展，必須對可能的非預期副作用保持警覺（Johnson, 1991）。有時，輔導與諮商介入的效果，是最初實施時所無法預見的。不過，

成果評鑑的過程應該要能敏感覺察到這些效果，使其能立即因應處理，或是能有所解釋。

非預期的成果可能是正向的，也可能是負向的。一方面，透過輔導課程獲得的學生成果，可能要花費學生或教師較多時間；另一方面，輔導與諮商方案最有價值的成果，可能並未在原始設計中清楚陳述。例如，學生出席率的改善，或輟學率降低等。

成果研究編碼表。無論是應用 IDEAS! 或 MEASURE 或其他方法來評鑑輔導與諮商介入的影響，都可留意由 National Panel 所開發的「成果研究編碼表」。Carey 等人（2008）指出這項工具是「藉由為有效能的輔導與諮商實務建立研究基礎，來幫助改善學校諮商實務」（p. 197）。為了達成這項使命，National Panel 發展的這份成果研究編碼表包含七大範疇：測量、比較組、成果變項之統計分析、實施之確實度、重複實施、折衷效度，以及效果的持續性。「每一個範疇之內，研究數據被加以分類，來為介入是否帶來學生成果的重大改變，呈現強而有力的證據、令人信服的證據或薄弱的證據」（p. 198）。基於此一重要性，我們將在圖 10.4 呈現完整的編碼表。

介入評鑑的狀態

過去數十年來，有兩項重要的發展趨勢，促使學校諮商師積極參與介入評鑑。其一是全方位學校諮商方案的發展；其二是個人電腦和軟體的普及，提供學校諮商師所有可用以評鑑介入成果的工具。

為什麼評鑑學校諮商方案甚為重要呢？我們深信方案結構具有共通的語言、審慎規畫、協同合作且循序漸進，可使學校諮商方案在教育體系中鞏固其核心地位，使學校諮商師穩定且專注於工作上。評鑑並非學校諮商師的額外職責，而是其工作任務之一環。

雖然現今幾乎所有學校諮商師都有能力評鑑其工作對學生之效益，但尚未全面落實。為什麼呢？首先，某些學校諮商師仍然害怕評鑑，避之唯恐不及。對於評鑑的恐懼，經常來自於諮商師自覺缺乏從事評鑑的能力，但亦必須為其工作承擔績效責任。他們腦中常浮現這樣的想法：「我不能做評鑑，因為我不

範疇 1：測量（Measurement）
　　原則：使用有效且可信的工具，評量學生學業、生涯，和／或個人／社會發展之重要成果。
範疇 2：比較組（Comparison Groups）
　　原則：納入充分控制的比較組，可以使組間差異呈現介入之效果。
範疇 3：成果變項之統計分析（Statistical Analyses of Outcome Variables）
　　原則：統計分析記錄第一類型錯誤率和介入效力。
範疇 4：實施之確實度（Implementation Fidelity）
　　原則：無論何種情況，都要確實實施介入服務，不受實施者所汙染。
範疇 5：重複實施（Replication）
　　原則：相同的介入服務要在勢均力敵的族群身上獨立實行，以產生齊鼓相當的結果。
範疇 6：折衷效度（Ecological Validity）
　　原則：某一所公立學校能有效實施的介入服務，應在所有學生群體上產生一致的效能，或是在學生次群體之間有明顯的差異。成果類推的限制應予闡明。
範疇 7：效果的持續性（Persistence of Effect）
　　原則：介入成果應在成果評量上顯現出持續性的效果。

圖 10.4　成果研究編碼表

註：取自"Report of the National Panel for Evidence-Based School Counseling: Outcome Research Coding Protocol and Evaluation of Student Success Skills and Second Step," by J. C. Carey, C. Dimmitt, T. A. Hatch, R. T. Lapan, and S. C. Whitson, 2008, *Professional School Counseling*, *11*, pp. 205-206. Copyright 2008 by the American School Counselor Association.

知道該怎麼做，而且，我實在太忙了。」

　　美國多數州的輔導與諮商督導都會與學校諮商師協會合作，提供學校諮商師從事介入評鑑的訓練。例如密蘇里州，諮商師教育者與密蘇里州學校諮商師協會密切合作，發展一項介入評鑑訓練模式，稱為「方案成果本位評鑑」（Program Results-Based Evaluation），為學校諮商師舉辦訓練工作坊。此外，此一模式也用於所有新任學校諮商師的督導方案中（Gysbers, Lapan, & Stanley, 2006）。

結語

全方位輔導與諮商方案是學生中心方案，必須有效運用資料來改善方案。因此，在方案的計畫、設計、實施階段所採取的輔導與諮商介入服務，以及隨著時間演進的方案架構和內容等，均必須依據適切的評鑑原則和程序來建構和實施，使其能接受評鑑。藉由評量輔導與諮商介入之效能，以及輔導與諮商工作人員的工作表現，來展現績效責任，可確保學生、家長、教師、行政人員和普羅大眾均可持續從高品質的輔導與諮商方案中受惠。

請謹記在心的是，介入評鑑和整體方案評鑑的主要目標，在於改善該特定介入服務，以及為學生、家長、教師、學校與社區提供的整體方案。評鑑過程中蒐集到的資料，可提供很好的回饋意見，有助於改善輔導與諮商方案中的介入服務和整體方案的品質。這是方案改變過程之下一階段——提升階段——之主題，我們將於第 11 章中進一步探討。

你的進度檢核

現在，你已明白如何評鑑學區的全方位輔導與諮商方案、人員和成果，且學會如何評鑑學校諮商師的工作表現，包括：

● 學校諮商師自我評鑑和行政評鑑。

● 學校諮商師目標的評量。

你已學會如何進行方案評鑑，包括：

● 如何發展和應用方案評鑑工具。

● 如何進行方案評鑑。

你也學會如何進行輔導與諮商介入之評鑑，包括：

● 如何建立介入評鑑計畫。

● 如何界定學生成果。

- 如何應用不同類型的資料，包括歷程、知覺和成果資料。

- 如何應用諸如 IDEAS! 和 MEASURE 來進行介入評鑑。

- 如何運用基礎統計、分解資料、工作單和 PowerPoint 簡報。

- 明白可能發生的非預期副作用。

- 明白成果研究編碼表之作用。

 參考文獻

American School Counselor Association. (2005). *The ASCA National Model: A framework for school counseling programs* (2nd ed.). Alexandria, VA: Author.

Borders, L. D., & Drury, S. M. (1992). Comprehensive school counseling programs: A review for policy makers and practitioners. *Journal of Counseling & Development, 70,* 487–498.

Brigman, G., & Campbell, C. (2003). Helping students improve academic achievement and school success behavior. *Professional School Counseling, 7,* 91–98.

Bunch, L. K. (2002). Ensuring professionally relevant supervision and professional development: A state-level experience. In P. Henderson & N. Gysbers (Eds.), *Implementing comprehensive guidance programs: Critical leadership issues and successful responses* (pp. 193–198). Greensboro, NC: CAPS.

Carey, J. C., Dimmitt, C., Hatch, T. A., Lapan, R. T., & Whiston, S. C. (2008). Report of the National Panel for Evidence-Based School Counseling: Outcome research coding protocol and evaluation of student success skills and second step. *Professional School Counseling, 11,* 197–206.

Carey, J. C., & Harrington, K. M. (2010a). *Nebraska school counseling evaluation report.* Amherst, MA: Center for School Counseling Outcome Research and Evaluation.

Carey, J. C., & Harrington, K. M. (2010b). *Utah school counseling evaluation report.* Amherst, MA: Center for School Counseling Outcome Research and Evaluation.

Center for Mental Health in Schools at UCLA. (2011). *A Center Policy Brief: About short-term outcome indicators for school use and the need for an expanded policy framework.* Los Angeles, CA: Author.

Christy, E. B., Stewart, F. J., & Rosecrance, F. C. (1930). Guidance in the senior high school. *The Vocational Guidance Magazine, 9,* 51–57.

Curcio, C. C., Mathai, C., & Roberts, J. (2003). Evaluation of a school district's secondary counseling program. *Professional School Counseling, 6,* 296–303.

Dimmitt, C. (2010). Evaluation in school counseling: Current practices and future possibilities. *Counseling Outcome Research and Evaluation, 1,* 44–56.

Evans, J. H., & Burck, H. D. (1992). The effects of career education interventions on academic achievement: A meta-analysis. *Journal of Counseling & Development, 71,* 63–68.

Froehlich, C. D. (1949). *Evaluating guidance procedures: A review of the literature.* Washington, DC: Federal Security Agency, Office of Education.

Gerler, E. R. (1985). Elementary school counseling research and the classroom learning environment. *Elementary School Guidance and Counseling, 20,* 39–48.

Gerler, E. R. (1992). What we know about school counseling: A reaction to Borders and Drury. *Journal of Counseling & Development, 70,* 499–501.

Gysbers, N. C., & Henderson, P. (2006). *Developing & managing your school guidance and counseling program* (4th ed.). Alexandria, VA: American Counseling Association.

Gysbers, N. C., & Lapan, R. T. (2009). *Strengths-based career development for school guidance and counseling programs.* Ann Arbor, MI: Counseling Outfitters.

Gysbers, N. C. (2010). *Remembering the past, shaping the future: A history of school counseling.* Alexandria, VA: American School Counseling Association.

Gysbers, N. C., Lapan, R. T., & Stanley, B. (2006). No fear results evaluation: The Missouri story. *ASCA School Counselor, 43,* 35–37.

Henderson, P. (2009). *The new handbook of administrative supervision in counseling.* New York, NY: Routledge.

Henderson, P., & Gysbers, N. C. (1998). *Leading and managing your school guidance program staff.* Alexandria, VA: American Counseling Association.

Hinderman, R. A. (1930). Evaluating and improving guidance services. *Nations' Schools, 5,* 47–52.

Johnson, C. D. (1991). Assessing results. In S. K. Johnson & E. A. Whitfield (Eds.), *Evaluating guidance programs: A practitioner's guide* (pp. 43–55). Iowa City, IA: American College Testing Program.

Johnson, S., Johnson, C., & Downs, L. (2006). *Building a results-based student support program.* Boston, MA: Lahaska Press.

Kefauver, G. N., & Hand, H. C. (1941). *Appraising guidance in secondary schools.* New York, NY: Macmillan.

Lapan, R. T. (2005, December). *Training school counselors to do results-based evaluation.* Presented at a pre-conference workshop for the Association for Career and Technical Education, Kansas City, Missouri.

Lapan, R. T., Gysbers, N. C., & Kayson, M. (2006). *How implementing comprehensive guidance programs improves academic achievement for all Missouri students.* Jefferson City: Missouri Department of Elementary and Secondary Education.

Lapan, R. T., Gysbers, N. C., & Petroski, G. (2001). Helping 7th graders be safe and academically successful: A statewide study of the impact of comprehensive guidance programs. *Journal of Counseling & Development, 75,* 292–302.

Lapan, R. T., Gysbers, N. C., & Sun, Y. (1997). The impact of more fully implemented guidance programs on the school experiences of high school students: A statewide evaluation study. *Journal of Counseling & Development, 75,* 292–302.

Lee, R. S. (1993). Effects of classroom guidance on student achievement. *Elementary Guidance and Counseling, 27,* 163–171.

Los Angeles County Office of Education. (2010). *SPARC 2010 rationale, requirements, rubric and application.* Los Angeles, CA: Author.

McGannon, W., Carey, J., & Dimmitt, C. (2005). *The current status of school counseling outcome research* (Research Monograph No. 2). Amherst: University of Massachusetts, School of Education, Center for School Counseling Outcome Research.

Missouri Department of Elementary and Secondary Education. (2000). *Guidelines for performance-based professional school counselor evaluation.* Jefferson City, MO: Author.

Myrick, R. D. (2003). *Developmental guidance and counseling: A practical approach* (4th ed.). Minneapolis, MN: Educational Media Corporation.

Neidt, C. O. (1965). *Relation of guidance practices to student behavioral outcomes* (OE-5-99-222). Washington, DC: U.S. Department of Health, Education, and Welfare.

Nelson, D. E., Fox, D. G., Haslam, M., & Gardner, J. (2007). *An evaluation of Utah's comprehensive counseling and guidance program: The fourth major study of Utah's statewide program.* Salt Lake City, UT: Institute for Behavioral Research in Creativity

Nelson, D. E., & Gardner, J. L. (1998). *An evaluation of the comprehensive guidance program in Utah public schools.* Salt Lake City: Utah State Office of Education.

No Child Left Behind Act of 2001, Pub. L. No. 107–110, 115 Stat. 1434 (2002).

Northside Independent School District. (1987). *Guide to counselor performance improvement through supervision, evaluation, and professional development.* San Antonio, TX: Author.

Northside Independent School District. (1997). *Guide to counselor performance improvement through supervision, evaluation, and professional development.* San Antonio, TX: Author.

Northside Independent School District. (2002). *Guide to counselor performance improvement through job definition, professionalism assessment, supervision, performance evaluation, and goal setting for professional development.* San Antonio, TX: Author.

Payne, A. F. (1924). Problems in vocational guidance. *National Vocational Guidance Association Bulletin, 2,* 61–63.

Proctor, W. M. (1930). Evaluating guidance activities in high schools. *The Vocational Guidance Magazine, 9,* 58–66.

Rosecrance, F. C. (1930). Organizing guidance for the larger school system. *The Vocational Guidance Magazine, 9,* 243–249.

Rothney, J. W. M. (1958). *Guidance practices and results.* New York, NY: Harper.

Rothney, J. W. M., & Roens, B. A. (1950). *Guidance of American youth: An experimental study.* Cambridge, MA: Harvard University Press.

Sink, C. A., Akos, P., Turnbull, R. J., Mvududu, N. (2008). An investigation of comprehensive school counseling programs and academic achievement in Washington State Middle Schools. *Professional School Counseling, 12,* 43–53.

Sink, C. A., & Stroh, H. R. (2003). Raising achievement test scores of early elementary school students through comprehensive school counseling programs. *Professional School Counseling, 6,* 350–364.

Sexton, T. L., Whiston, S. C., Bleuer, J. C., & Walz, G. R. (1997). *Integrating outcome research into counseling practice and training.* Alexandria, VA: American Counseling Association.

St. Clair, K. L. (1989). Middle school counseling research: A resource for school counselors. *Elementary School Guidance Counseling, 23,* 219–226.

Stone, C. B., & Dahir, C. A. (2007). *School counselor accountability: A MEASURE of student success* (2nd ed.). Upper Saddle River, NJ: Pearson Education.

Synatschk, K. O. (2002). Ensuring professionally relevant supervision and professional development: A district-level experience. In P. Henderson & N. Gysbers (Eds.), *Implementing comprehensive guidance programs: Critical leadership issues and successful responses* (pp. 199–206). Greensboro, NC: CAPS.

Texas Counseling Association. (2004). *Texas evaluation model for professional school counselors* (2nd ed.). Austin, TX: Author.

Travers, R. M. W. (1949). A critical review of techniques for evaluating guidance. *Educational and Psychological Measurement, 9,* 211–225.

Utah State Office of Education. (2008). *Comprehensive counseling and guidance program performance review: Connecting program improvement and student learning.* Salt Lake City, UT: Author.

Wellman, F. E., & Moore, E. J. (1975). *Pupil personnel services: A handbook for program development and evaluation.* Washington, DC: U.S. Department of Health, Education, and Welfare.

Whiston, S. C., & Quinby, R. F. (2009). Review of school counseling outcome research. *Psychology in the Schools, 46,* 267–272.

Whiston, S. C., Tai, W. L., Rahardja, D., & Eder, K. (2011). School counseling outcomes: A meta-analytic examination of interventions. *Journal of Counseling & Development, 89,* 37–55.

Part 5 提升

提升全方位輔導與諮商方案

吳芝儀　譯

提升——重新設計你的全方位輔導與諮商方案

◆ 決心投入重新設計的歷程。

◆ 蒐集資料啟動重新設計的歷程。

◆ 基於需求和評鑑資料，做出重新設計的決定。

◆ 實施嶄新的設計。

◆ 瞭解重新設計之後的新活力。

　　本書第 2 章舉例諮商師工作任務的時間表，建議當諮商師致力於蒐集方案、人員和成果評鑑資料數年之後，必須停下來重新思考整個方案。這時應該審慎思考重新設計這個方案，納入過去實施歷程中適時進行的小幅修正。同時，隨著時間飛逝，學生的需求、學校和社區的情況可能已有所改變，或與當初設計方案時截然不同。我們將此一重新設計的歷程，稱為方案提升（program enhancement）。

　　重新設計不僅奠基於從持續評鑑工作所獲得的資料，也來自你對於方案運作情形的觀察，以及學生、教師和行政人員對於方案的觀察。此外，也必須考量學區最新的現實狀況。定期重新設計方案，可確保其與學生、學校和社區的緊密連結；調整方案的內容、當事人和介入的優先順序；以及重新調配學校諮商師時間心力運用的優先順序。

　　重新設計的歷程，並不改變第 3 章所描述的方案基本架構。所要改變的是

方案的內容（學生核心能力標準）、標準的描述和假定、介入服務，以及學校諮商師時間心力之運用。方案與人員的優先順序也可能隨之改變。

　　本章中，我們首先要強調決心投入重新設計歷程之必要性。我們討論方案應該要重新設計的頻率、由誰來進行，以及採取什麼步驟。然後，我們聚焦於探討重新設計歷程的起始點，如何運用必要的資料來啟動此一歷程。其次，我們關注如何依據這些蒐集到的資料，來做出重新設計的決定。最後，我們會談到實施此一嶄新設計時的注意事項，以及如何為方案和人員注入新的生命力。重新設計的歷程，必須遵循和原初設計全方位輔導與諮商方案時相同的步驟。我們參考德州諾斯賽德獨立學區的實例，來闡述學區如何經歷這個重新設計——提升方案的歷程。

決心投入重新設計的歷程

　　當思考重新設計全方位輔導與諮商方案時，你必須回答三個問題：方案應該多經常重新設計？有誰應該參與其中？應該採取什麼步驟？

方案應該多經常重新設計？

　　你應該還記得第 2 章提供了一個維持十年的時間表，始於第一年的計畫，結束於第九和第十年的提升。第四至八年則聚焦於人員、方案和成果評鑑，因此一旦方案開始運作，評鑑即持續進行。最後，這十年週期僅是方便舉例。你所服務的學區可能會有更短暫的時間表。

　　所以，方案應該多經常重新設計呢？我們以定期（periodic）來指涉時間間隔必須夠長，以從事持續性的評鑑歷程（人員、方案和成果），而改變則是必要且持續不斷的。不過，應該要等到已累積了充分的評鑑資料且確定有必要做大幅改變時，才啟動方案重新設計（提升）階段，可能是第九至十年或更短時間，取決於學區檢核方案的時間表。當推動新的教育改革、當新的學生學業目標或行為目標躍上檯面，或基於其他理由，學校和學區會改變其優先順序。作

為學區整體教育方案之一環,輔導與諮商方案必須定期評量其優先順序,以與較大的教育體系、學區整體學校促進計畫相一致。

有誰應該參與其中?

和最初設計方案一樣,重新設計以提升輔導與諮商方案有賴相同的關注和周延性。重要的改變有賴積極的努力。有時,快速的修正和簡單的解決方法,會干擾方案的設計。大多數諮商師只是增加一些新的介入或投入更多時間,而不會去仔細考慮應該要替換掉哪些介入策略。重新設計方案則應採取與初次設計方案時相同的步驟。

如同最初設計全方位輔導與諮商方案時一樣,有三個群體會參與此一歷程中:指導委員會、學校—社區諮詢委員會,以及工作團隊。指導委員會包括所有支持和實施方案的人,如代表輔導團隊的學校諮商師、學區層級管理方案的行政主管,以及使用輔導方案和為方案提供資源的人員。學校的代表包括校長和教師。指導委員會主導方案重新設計的歷程,針對方案的內容、結構和優先順序,提供改善意見。這些改善意見將提交給學區的教育政策制定者。

如第 2 章所述,學校—社區諮詢委員會包括了方案的消費者:學生、家長、教師和社區成員。委員會的成員可能是學生會代表、家長會代表、教師會代表、學校指導委員會代表,和工商業社群或心理健康專業社群的代表。他們從各自代表之族群的觀點,來關注方案的理論基礎、必須處理的優先順序,以及發展方向。

工作團隊則須盡可能涵蓋較多的學校諮商師,協助分析方案評鑑資料、呈現方案成果,並指出較大學校和社區情境的發展趨勢。他們確認學生群體持續性或新出現的需求,最後則將這些資料和資訊向指導委員會報告。

應該採取什麼步驟?

重新設計—提升歷程的步驟,如同最初設計和發展方案一樣:組織、計畫、設計、計畫轉銜,以及實施。表 11.1 提供重新設計歷程的概覽。

表 11.1 方案重新設計的歷程

組織（Getting Organized）

- 檢視與輔導諮商方案和學區有關的外部資源、學校人員、成果和方案評鑑資料。
- 確定決心投入重新設計。
- 召集輔導與諮商領導團隊
- 確認重新設計之需求。
- 發展重新設計計畫。
- 形成輔導與諮商指導委員會、學校—社區諮詢委員會。
- 發展學生需求評估策略。
- 蒐集有關方案促進需求之資料。

計畫（Planning）

- 回顧方案發展和實施的歷史。
- 再確認堅守全方位方案模式的決心。
- 評估學生和其他當事人的需求。
- 討論新的背景資訊。
- 修正結構性內涵：理論基礎、假定、定義。
- 分析評鑑資料。

重新設計（Redesigning）

- 修正質性設計：學生成果之優先順序、案主服務之平衡、方案內涵之操作標準、學生核心能力之優先順序。
- 修正量化設計：方案平衡、比例。

計畫轉型（Planning Transition）

- 蒐集對於重新設計之方案草案的意見。
- 蒐集與重新設計之方案面向有關的額外資料。
- 重寫全方位輔導與諮商方案之架構。
- 列出對於方案促進的最後建議。
- 向學區回報方案發展歷程並蒐集評論意見。

實施重新設計之方案（Implementing the Redesigned Program）

- 再回到設計——計畫轉銜（第 6 章）和實施——進行轉換（第 7 章），設定系列工作任務和計畫。

　　當指導委員會邁進方案的重新設計階段時，成員必須考慮所有方案評鑑中蒐集到的資料、當前的現實情況，以及重新設計的可能性。這些考量將促成重新設計的決定，例如調整優先順序、重新分派資源。提供給指導委員會的評鑑資料，包括諮商師時間心力之運用、方案的均衡、所採用的介入服務、所服務

的學生次群體，以及所欲達成的內容成果。同時必須提供與方案其他元素有關的資訊：結構性組成要素（第3章），及適當的資源和經費來源。

目前的現實情況可藉由三類評鑑資料（方案、人員和成果）來加以界定。當學校諮商師致力於堅守原先方案所設定的優先順序時，蒐集到的評鑑資料指出與原先設計之理想情況符合或不符合，我們即稱為現實（reality）。符合就顯示原初設計與學校的現實（需求、目標、時間分派）一致。不符合則意指原初設計已不可行。指導委員會可能會針對回應式服務內涵，建議諮商介入議題的優先順序，但評鑑資料則顯示過去數年來學校諮商師花費大部分時間於某一項從不被關注的特定領域。以德州諾斯賽德獨立學區為例，評鑑資料發現與種族和民族緊張關係有關的問題，以及教職員缺乏跨文化工作效能的問題，最為突顯。

蒐集資料啟動重新設計的歷程

現在當你決定投入於重新設計全方位輔導與諮商方案，且明白有誰會參與其中和必須採取的行動步驟，下一步就是啟動此一重新設計歷程。其中一項任務，就是蒐集和分析內部和外部資料，包括學生需求資料、學校目標、社區相關資料，以及專業學校諮商發展趨勢等。另一項任務是蒐集和分析人員、方案和方案介入資料。你可能需要蒐集和分析與學校諮商師工作表現、當事人、方案內涵標準以及學生必備新知識和技能等有關的質性資料。最後，你還必須蒐集和分析量化資料，包括方案的平衡、諮商師—學生比例，和所服務的學生人數等。

內部和外部資料

學生需求資料

對於學生求助需求的重新評估，必須定期進行，以確認新的需求，並建議

處理需求之優先順序。某些學區中，重新評估學生需求之後，發現學校必須更關注多元文化的議題。其他學區則發現學生需要更多協助，以因應周遭的暴力行為，且發展更佳的生氣和衝突管理技能。其他學生的主要需求包括感覺到師生關係疏離、需要更多協助來發展教育和生涯發展計畫。此外，某些學區的學生則需要協助，始得以設定具有挑戰性的目標。

學校目標

當學校董事會、督學、學校校長和其他資深行政主管更換時，其教育哲學和教育政策都會出現變化。當社區和學校消費者改變時，教育的優先順序也會有所改變。學區的教育宗旨也可能會受到政治人物所掣肘，教育經費不足也會使學區發展受到阻礙。隨著法令的變遷及教育者對於教育思維的差異，學區教育目標和行動也會跟著調整。例如，這幾年愈加重視學業成就，會使標準跟著變動。學區整體促進計畫使之更理解社區的需求，重新設計學校體系來回應社區的需求和目標。

學校改變的歷程，不僅只是氣氛的改變，更是優先順序的改變。學校本位的決定，即是一個實例，讓更多人可以表達他們認為重要的事項。此外，學區也愈來愈重視蒐集和分析需求的資料，並依據這些研究所得的硬資料來做出有效的決定。這些資料釐清了學生學會的、正在學習的和必須學習的內容，同樣能支持輔導與諮商方案建立其優先順序。學校負有績效責任，報告其學生的學習表現和進步情形。學生對於行為規範的遵守與否，會出現在其行為常規報告、出席率和缺席率上。參與學校活動的比率，也顯示出學生對於學校的隸屬感或疏離感。

課程重整，伴隨著標準的發展和實施，因此必須尋求能幫助個別學生增進學業成就的方式。此一焦點意味著學生必須要為自身的學習負責任，於是更重視方案實施歷程必須要透過文件檔案（portfolio）策略，支持學生的目標設定、自我管理和自我追蹤。隨著社會愈來愈多元，衝突管理、品格教育和自我負責等更受重視。另一項趨勢是家長和工商企業對於學校的參與日益增加，更支持教育體系的功能，應幫助學生學習到未來成人生活所需要具備的能力內涵。

社區背景資料

社區隨時間演進，範圍愈大或愈小。人們搬進搬出，社區人口的平均年齡可能發生變化，或人口類型也會改變。隨著工商企業創立、成長和衰退，改變了勞工市場的結構。所有的變化都會衝擊到服務該社區的學區。輔導與諮商方案服務學區中的所有學生，並為有個人、社會、教育和生涯等需求的學生提供特別的服務。

因此，在重新設計輔導與諮商方案之時，你必須要調查所有相關聯的社區變項，以確認人口學背景、社經地位、流動率、家長平均教育水準、家庭結構、移民型態等等之變化情形。學生人口的成長和衰退、教職員年齡、學校上課日和放假日等也是環境事件，會影響到輔導與諮商方案。當蒐集和研究這些資料時，即可瞭解其對於當下方案實施和未來方案發展的影響。

專業學校諮商趨勢

今日的專業學校諮商趨勢，包括更理解新的或更多的當事人群體、學生和社區需求的不同內容和因應技術、組織和管理輔導與諮商方案來服務學生的更理想方式，以及促進學校諮商師專業發展的有力方法。新的當事人群體包括不同的學生次群體。人們愈來愈體認到，小學年紀的學童可從輔導與諮商獲益良多。在我們這個愈益多元化的社會中，學校諮商師更常要協助面臨多元性之偏好的青少年。特殊教育服務的擴展，也幫助學校發展對於多樣化障礙的敏感度。學校也努力要幫助家長成為學校的教育夥伴，積極參與其子女之學習。雖然學校諮商師總是為家長架設橋梁，增進其對學校的參與度，新近的家長權利法案亦促使學校的大門更加開放。

正如美國學校諮商師協會（ASCA, 2005）所勾勒的全國模式所示，嶄新的輔導與諮商內容包括：幫助學生發展與維持對其學業成就的高度期待。同時，也愈加關注如何增進學生的生涯發展。幫助學生設定目標、發展達成目標的計畫，以及監控致力達成目標的進步情形，有賴諮商師敏銳覺察且回應不同族群學生需求的跨文化敏感度。

組織完善的輔導與諮商方案，代表學校諮商專業的成功，即使仍有許多學

校仍然致力於落實全方位輔導與諮商方案之中。ASCA（2005）的全國模式對於全方位輔導與諮商方案提供了一個專業共識，即是，全方位輔導與諮商方案是組織學校諮商師工作任務和幫助學生達成個人／社會、教育和生涯發展目標，最為有力的方法。學校教育對於幫助個別學生成功學習的強調，有賴更個別化的輔導與諮商服務，因此教師和社區志工都是方案中的重要一員。而學校本位決策則容許學校更大的彈性，來回應當地社區和學生的需求。

當輔導與諮商專業化的標準愈加明確時，專業督導（professional super-vision）也會持續發展。學校諮商師專業發展的領導，已日益成為學校諮商專業內部的一項專門領域（Henderson, 2009）。擁有外部經費來源支持的專門領域還包括物質濫用預防諮商師（substance abuse prevention counselors）、特殊教育諮商師（special education counselors）和雙語諮商師（bilingual counselors）。此外，運用半專業輔導人員（paraprofessional guidance staff）來扮演適當的角色，如親職教育執行者（parent education coordinators）、測驗方案專家（testing pro-gram specialists）、資料處理幹事（data-processing clerks）和生涯中心技術士（career center technicians）等，均有助於輔導與諮商方案的實施更具系統性和更有效率。其他相關專門領域如學校社工（school social work）和學校心理學（school psychology）的專業人員，也愈多受聘於學校中來輔助專業學校諮商師在回應式服務方面的工作（Fuston & Hargens, 2002）。

重新設計的可能性，也受到廣泛的關注和討論。這些資料論述了教育內和教育之外影響重新設計的一些趨勢，例如，全國高中校長學會（National Asso-ciation of Secondary School Principals', 2004, 2006）的兩份報告《破除等級 II：領導高中改革》（*Breaking Ranks II: Strategies for Leading High School Reform*）和《破除中學等級：領導中學改革》（*Breaking Ranks in the Middle: Strategies for Leading Middle Level Reform*）。《學院和工作準備度的發展性觀點》（*A Devel-opmental Perspective on College and Workplace Readiness*）（Lippman, Atienza, Ri-vers, & Keith, 2008），以及由物質濫用與心理健康服務署的心理健康服務中心（Substance Abuse and Mental Health Services Administration, Center for Mental Health Services, 2007）所出版的《心理健康的提倡和預防》（*Promotion and Pre-vention in Mental Health*）則描述了全國性的趨勢。許多州都已更新修正其全方

位輔導與諮商實施手冊,對於各州的發展趨勢和關注議題,提供相當有價值的資源。

人員、方案和介入資料

除了蒐集需求資料和確認地區性和全國性趨勢之外,蒐集人員、方案和介入資料,也相當重要,對方案重新設計的方向甚為關鍵。

人員資料

學校輔導與諮商人員的整體優勢和劣勢,可從學校諮商師工作表現評鑑中,蒐集個別的優劣勢再加以彙整判斷。學校諮商師工作表現評鑑表與方案愈趨一致,則據此做成之結論愈具效力。如第 10 章所討論,工作表現評鑑資料說明了學校諮商師是否在輔導課程、個別學生規畫、回應式服務和系統支持等方面,具有高度的知能。哪一方面的工作表現較具優勢?或劣勢?例如,學校諮商師可能具有充分知能來提供回應式服務,但較缺乏提供輔導課程的知能。因此,方案決策者就會明白,當他們提供諮商和諮詢服務時之表現較佳,但在輔導教學方面則較無效能。

如果學校輔導與諮商工作人員數量較多,學區整體的工作表現就會有相當大的差異。小學諮商師可能在輔導課程方面表現較佳,高中諮商師則在個別學生規畫方面是強項。當然,學校內部也會有所差異,某些中學諮商師擅長小團體諮商,某些則力求均衡。

方案資料

如第 10 章所述,有許多不同方式可資評鑑學校實施全方位輔導與諮商方案符合各方案內涵之標準的程度。每項方案內涵之標準說明了方案介入服務所指陳輔導內容的優先順序、學校諮商師所扮演的角色,以及諮商師所採取的介入措施等。學校諮商師應該要定期依據這些標準來評鑑所實施的方案,蒐集各項資料來引導重新設計的歷程。

要求學校諮商師比較其年度介入計畫和實際執行情形的研究,也有助於他

們明白學生的新需求和新趨勢。方案促進目標達成度的評量，提供重新設計歷程中可採納的兩類重要資訊。第一類是學校之間和學校內部的改善需求，第二類是有關增加、調整或替換掉介入服務的可行性。例如，擴充回應式服務中的小團體諮商，通常是學區的最優先考量。年度報告可以說明每一所學校辦理的小團體諮商方案數、探討的主題、服務的學生數，以及團體目標的達成度，都是非常有用的資訊。

當學區為方案的服務內容設定了優先順序時，諮商師的介入服務就應該要處理最為優先的考量。例如，諾斯賽德獨立學區實施的全方位輔導與諮商方案內容，最優先的是設定目標、衝突管理，以及物質濫用教育和預防。學校諮商師所做的年度報告，即可讓學區明白有多少的學校人員參與設定目標的訓練，且將之應用於教學之中。此一參與數量和程度可讓學區決策者瞭解到方案所設定的標準是否得以達成。評量學校諮商師是否適當地發揮其角色功能的方法之一，如同原始方案設計者的構想，是研究他們投入於從事介入服務以滿足不同學生需求的時間。

方案介入資料

維持方案的品質，有賴於對方案介入服務及其成果的持續評鑑。每一項輔導與諮商方案的介入服務，都會以實際上幫助學生學習的效能來加以評量。此外，每一個輔導與諮商課程單元應以協助學生個別規畫為目標，所提供的諮商或諮詢應有助於回應學生的需求或家長的關注，因此，學校諮商師必須評鑑各項介入服務對於學生和家長的影響，以及介入服務本身的品質和效能。換句話說，在實施每一項介入服務時，就必須加以評鑑，如第 10 章所述。

持續性的方案介入評鑑，使得介入服務得以適時監控和調整。如果實施成效不如預期，可即時增加能確保學生達成預期目標的額外介入服務。例如，如果諮商學生時，發現學生不能完成與個人目標有關的行動計畫，就必須提供額外的協助。許多輔導與諮商方案介入是年度事件——每年進行一次。因此，介入服務的執行並不如以往有效率或利落，即應盡早決定次年該如何更有效率地進行（否則，一年後就將細節忘得一乾二淨了）。

需求資料的質性設計

　　與輔導與諮商方案的質性設計有關的需求資訊，會從評鑑資料的分析中浮現出來，包括分析學校諮商師工作表現之品質、確認需要服務的當事人、檢驗方案內涵之標準，以及確認學生必須具備的新知識和技能。

學校諮商師工作表現

　　即使方案實施相當完善，學生的需求仍會日新月異。許多學區的學校諮商師必須竭盡所能服務大量需要協助的學生，但同時還要處理非常繁雜的非輔導任務和文書工作。諮詢委員會建議應聘任更多諮商師，使每位諮商師可服務較少的學生數。更充分地運用支持性人員——教學助理和文書助理、其他半專業人員——以及運用志工擔任顧問導師（mentors）來協助學生，都可使輔導與諮商工作更符合期待。

　　學校諮商師本身也必須確認其改善工作表現之需求。如果你遵循我們在第9章所提供的建議，設定了年度工作表現改善目標，並定期監控，此時就可以作為重新設計方案的參考。與學校諮商師對於專業發展需求有關的三類決定，如下所述：

1. 與工作表現之評鑑有關的領域。
2. 其他教職員具備充分知能來承擔其職責的領域。
3. 全方位輔導與諮商方案設計的全新面向。

　　例如，蒐集到的學校諮商師工作表現評鑑資料，顯示目前的專業發展需求可能包括提升團體諮商知能——處理團體歷程的技能，或是透過小團體來處理一再發生議題的知能。新任諮商師可能也會需要與轉介來源合作的資訊和技能；高中諮商師可能需要更多有關現代教學科技的訓練，例如將合作學習策略運用於教學活動中。雖然大多數學校諮商師在教師諮詢方面都有良好表現，但部分則未必；也有許多諮商師在與家長工作或扮演倡導者角色時，仍感到不安。

　　在重新設計方案時，輔導與諮商方案團隊必須討論當教師對於現代教學方法具備較高知能、有能力提供更多輔導課程時，學生是否可獲得更多協助。因

此，學校工作人員的在職訓練需求，在重新設計方案時亦須加以考量。此外，學校諮商師工作表現評鑑歷程本身也需要不斷尋求改善，以協助諮商師努力改善其工作表現。例如，諾斯賽德獨立學區發現工作表現標準愈是清楚明定，諮商師的基本工作表現角色愈是具體定義，其職務說明就會愈清晰（Henderson & Gysbers, 1998）。學區也要能指出表現評鑑表上的缺失，如果這份表單無法為評鑑結果做出清楚明確的結論，就很難蒐集到有助於改善方案的資料。

服務的當事人

教育人員和相關社區成員愈來愈能體認到大多數學生的教育需求。這些落在常態分布曲線中間區段的學生，並不需要高度特殊化的教育服務，也不必接受深入的心理健康處遇。但這些學生可能不會覺察到自我價值感、感覺不到學校的關注、缺乏緊密連結；他們可能需要協助來面對成長過程中種種典型的挑戰；他們可能無法在課堂上全神貫注，或者遭遇到問題以致無法專心致力於學業學習。許多學生感到壓力重重，某些學生曾受虐待。這些學生都希望且需要有機會來討論他們的問題，且慎重處理。與此同時，學校也發現愈來愈多具有特殊需求的學生，包括身處危機邊緣、長期不良行為、無家可歸或參與幫派等。

教師也尋求協助，以處理班級中的特定難題。他們需要更多諮詢服務，來討論班級中面臨難題的個別學生、學校政策或個人難題。他們也希望能理解輔導與諮商方案——其實務、運作、倫理議題，以及標準化測驗的運用和結果解釋。同時，家長也需要學習更好的親職技巧，以及幫助他們發展親職技巧的方法，因此學校必須尋找有效方法來增進家長參與學校的機會。

方案內涵標準

實施全方位輔導與諮商方案的邊際效益之一，是學校諮商師不只能夠增進學生、教師、家長對於方案服務方式的認知瞭解，也能擁有共通用語來溝通方案的內容。四類方案內涵非常易於瞭解，因此徵詢他們關於每一類內涵活動價值的意見，可提供有用的資訊以支持重新設計之努力。

明白你所服務之消費者對於每一種活動的相對重視程度，有助於你在四類方案內涵之間設定優先順序。例如，假使方案消費者對於回應式服務的重視程

度顯然高於輔導課程，那麼就必須以回應式服務作為優先；反之亦然。如果個別學生規畫活動被視為比回應式服務更為重要，當然你要投入最多時間心力於此。

如果你遵循本書所呈現的持續性方案促進模式，你會發現學校與學區的輔導與諮商方案改善目標必須每年更新，取決於年度評鑑的結果。個別學校的特定目標彙集起來，亦可提供有關新方案潛在優先順序的趨勢資料。年度方案改善目標，當然也反映出最初方案設計歷程所建議的改善要求，同時也反映出學區和學校各層級最新呈現的優先考量。例如，在諾斯賽德獨立學區，依據評鑑結果所調整的新的優先順序，包括設定目標、衝突管理、生涯發展、品格發展和跨文化效能；而因應這些需求的介入服務包括小團體諮商、家長參與和親職教育，以及教職員諮詢。當重新設計方案時，必須納入的嶄新議題還包括：協助教師教學輔導課程、行為管理、提升學習動機、使用標準化測驗，以及回應學生的特殊需求。

學校—社區諮詢委員會，或其他由家長和學生代表組成的諮詢委員會，也指出他們希望的改變，使指導委員會可以審慎考量這些消費者的意見。諮詢委員會的成員通常會希望學校提供更多輔導課程，以及更多對於個別學生教育和生涯計畫的協助。可能因為這些活動常是一年舉辦一次的事件，學生、家長和社區成員很難指認出在個別學生規畫內涵中有什麼活動。學校諮商師有責任幫助學生和家長，將小學生涯日、中學有關工作類群的教學活動和高中生涯中心本位活動連結起來，透過八和十年級生涯評量、十和十一年級大學入學測驗，幫助學生設定生涯目標和建立生涯與教育計畫。

輔導與諮商方案的消費者也一致地期待諮商師能為學生提供更多個別或團體諮商。家長希望獲得更多諮詢的機會，來協助處理孩子所面臨的難題。愈來愈多學校需要危機介入（crisis intervention）。重新思考回應式服務內涵的優先順序，且向學生、家長、教師和其他人解釋，甚為緊要。藉由轉介、與專業服務提供者協同合作，或其他更有效的策略，學校諮商師可找到擴展回應式服務的方式。

當教育持續改革的努力，愈加多元的學生進入學校，教師就必須獲得充分的培訓來支持此一轉變；學校諮商師也必須在學習風格、學習動機、班級經營、

學生行為問題和社會技能等方面，持續進修專業知能。由於標準化測驗是確保學校績效責任的重要工具之一，且傳統上與輔導與諮商領域有所關聯，學校諮商師有責任協助其他教育同儕維持平衡觀點來實施和運用測驗結果。測驗實施上的平衡，意指所有教職人員都必須為這個方案分擔責任。測驗結果運用上的平衡，意指幫助教職員瞭解個別測驗結果的限制，以及應用多元化資訊來源來對學生做出綜合判斷的重要性。

新知識和技能

學生需求評估資料提供與學生的新需求有關的重要資訊，是指導委員會在準備重新設計方案之前應該要考慮的。如同最初的方案設計（第 6 章），辨認學生需求的最佳方式就是詢問學生本身，以及學校諮商師、教師、家長等。一旦答案重複出現時，就顯示其重要性。由諾斯賽德獨立學區所界定的學生技能發展需求，包括下列各項：

- 個人管理技能。
- 生涯技能。
- 生活技能。
- 目標設定技能。
- 自信心發展。
- 學習付出。
- 問題解決技能。
- 視教育為投資未來。

此外，諾斯賽德獨立學區的教師、家長和行政人員也體認到學生需要更多資源，來協助他們面對成長的挑戰，以及樂於學習。這些需求包括：

- 連結感。
- 對學校社區的歸屬感。
- 有人能傾聽他們的心聲。
- 支持系統。
- 倡導。

這些需求都納入了諾斯賽德獨立學區輔導與諮商方案的重新設計。

需求資料的量化設計

與量化設計有關的三類需求資料──方案平衡、諮商師─學生比例，和學生實際接受方案服務的人次──來自於對學生需求和理由的調查分析。例如，如果方案實施經年之後，發現在四種內涵之間失去平衡，則可能需要重新調整。如果諮商師─學生比例導致當事人經常抱怨無法與諮商師有充足的時間談話，則師生比例可能不足以因應需求。如果真正從輔導服務中受益的學生數和百分比非常低，則此一方案的量化設計即有調整之必要。

重新設計方案時必須要蒐集齊全的三類資料包括：實際的方案平衡、實際的諮商師─學生比例，以及方案所服務的實際學生和案主數量。學校方案與原始設計的一致性，可以分別加以判斷。如果學校方案與原始設計相當接近，介入服務平衡的整體影響效應和諮商師服務案主數量的比例，即可從這些相關資料中推論出來。

方案平衡

諾斯賽德獨立學區各學校的學校諮商師每年定期蒐集的資料，包括他們投入於四類方案內涵與介入服務的時間。這些資料用於比較學區內不同學校間實施方案的品質，並與原初設計的方案目標相比較，瞭解其是否一致。

如果多數學校實施了相當平衡的方案，但少數則未必，則這少數學校必須詳加研究，以瞭解其失去平衡的原因。如果學校間的差異源自於不同的學生需求，必須審慎因應。如果差異是肇因於對學區方案缺乏瞭解或無法堅持，則必須對方案的領導方式多加注意。

如果大多數學校都偏離了最初設計的方案，那麼就必須重新檢驗這項設計。也許原初設計的方案有瑕疵，或實施歷程中遭遇到阻礙，都是必須要解決的問題。

例如，諾斯賽德獨立學區的指導委員會在仔細分析資料並做結論之後，提出重新設計方案上的一些建議：

- 對於小學的考量

輔導課程：降低每位諮商師服務的班級數。

個別學生規畫：降低預期的百分比。

回應式服務：增加預期的百分比。

系統支持：分派其他人員來從事非直接服務活動。

- 對於中學的考量

輔導課程：降低預期的百分比。

個別學生規畫：無。

回應式服務：增加預期的百分比（每個評分週期兩節輔導課程，是 16%）。

系統支持：由其他部門負責提供非直接服務。

- 對於高中的考量

輔導課程：降低預期的百分比。

個別學生規畫：無。

回應式服務：增加預期的百分比。

系統支持：由行政或其他部門負責行政業務。

- 一般考量：建議提供每個學校一個須符合的百分比範圍。

諮商師─學生比例

評鑑諮商師─學生比例的充足與否，且與其他學校的數據相比較，必須在方案重新設計之前完成。應用第 8 章的數學模式，結合實際實施方案時的平衡資訊，可以預估學生服務數量和品質的差異。

服務的學生量

重新設計歷程中必須審慎考量的決定之一，是在「發展性輔導與諮商方案」和「回應學生問題和關注的方案」之間做出選擇。此一選擇取決於對於學生需求的敏感度、擴展學生接受教育的機會，以及如何運用這些機會來幫助學生。在諾斯賽德獨立學區，原初設計的輔導與諮商方案以發展性輔導內涵作為最優先重點，小學以實施輔導課程為主，中學和高中則以個別學生規畫為優先。

▪▪■ 基於需求和評鑑資料，做出重新設計的決定

在方案重新設計（方案提升）階段，評鑑資料的蒐集已完成，需求資料已更新，接下來的任務就是做出重新設計和提升方案的決定。如先前所述，在方案評鑑之後隨即展開方案提升歷程，且開啟方案之重新設計，二者具高度關聯性。此一歷程是螺旋式的（spiral），而非循環式（circular）。當重新設計歷程開展之後，隨之出現的將是一個嶄新且更具效能的輔導與諮商方案。

隨著重新設計歷程的進展，必須結合評鑑資料中有關新需求和新趨勢的結論，來判斷方案是否仍然要維持先前的設計模式來運作，或者需要有所調整。如果方案運作缺乏效能，則須判斷優先順序是否仍然維持不變，或者應該力求改善，代之以更必要且具可行性的優先重點。這些決定都將使新的輔導與諮商方案建立新的標準。

全方位輔導與諮商方案的每一項要素（如第3章所述）均須加以審慎考量，重新決定透過方案所要發展的學生標準和核心能力、結構內涵（理論基礎、假定、定義、教育政策）、方案遞送內涵（質性設計），和資源分配（量化設計）。

學生標準和核心能力之重新決定

此時，可能會出現新的方式來界定全方位輔導與諮商方案的基本內容。因此，對於重新設計方案的首要建議是學生學習標準的再確認或再修正。這些改變可能涵蓋學習範疇和核心能力等。

結構內涵之重新設計

當重新設計方案的基本內容（學生學習標準）之後，下一步驟就是方案結構內涵的修正：方案理論基礎的說明、方案的基本假定、方案的名詞定義，以

及學區教育政策等。

理論基礎

來自於評鑑的資料,和來自於更新需求的資訊,可對如何修正方案的理論基礎提供一些想法。一方面,新資訊可能顯露出大量學生感覺到疏離:學生暴力行為和物質濫用問題持續擴張、家庭組織結構愈加多元複雜,以及不穩定的經濟現況導致學生無法專注求學。另一方面,新資訊可能清楚闡明學校將持續面臨社會對於提升學生學業標準的高度期待。無論在何種情況下,學校有責任協助每一位學生在學校中獲得成功。這些有時相互牴觸的目標,會使學校低估輔導與諮商協助學生決定生涯目標與解決自身問題的價值。

新資訊也可能指出,當教師面對愈加多元的學生族群,有必要接受諮詢,以提升其與家長工作的技能。家長權利運動也促使更多家長積極參與學校,努力協助或介入其子女的教育。教育決策的轉變,有賴學校諮商師具備知識、技能和領導權,來經營適當的方案,增進專業成長。體認到此類社區、學校和學生需求,是重新設計方案歷程中的關鍵。

假定

你可能發現相較於最初設計方案之時,現在已更明白方案運作背後的基本假定。如先前所述,除非受到挑戰,否則基本假定很難加以辨識。不過,這關乎方案的基本價值。例如,諾斯賽德獨立學區的重新設計工作,包括再確認下列假定:

- 學生是方案的主要當事人。
- 所有諮商師都必須恪遵專業倫理標準。
- 無論學生帶著什麼樣的問題或議題,每一個學生都應受到相同的非批判性的接待和協助。
- 最佳的方案,是有意圖地分派資源來處理方案最優先的重點。
- 具備不同教師資格的教職員,必須適當承擔工作任務,以使其訓練和知能適材適用。
- 學校諮商師視家長為合作夥伴,以協助學生之個人、社會、教育和生涯

發展。

定義

這個時候，你已經擁有了實施輔導與諮商方案的豐富經驗，你會更樂意去思辨方案的基本宗旨。學校—社區諮詢委員會和指導委員會基於各自的經驗，對於由誰扮演方案的結構性角色、或是除了學生之外還有誰是方案的服務對象，以及實施方案的真正意義何在，各有其觀點。進而言之，為了承擔方案的績效責任，你必須充分瞭解哪些是足以支持方案的資源。如果學校中所有學生都要接受深度的輔導與諮商協助，那麼就必須有更多教職人員參與方案中。如果個別化的協助是學生所需要的，那麼就必須有更多人員來提供服務。如果有大量特殊需求且亟需高度關懷的學生，就必須找到額外的服務提供者來共同協助。基於這些可預見的改變，方案實施的觸角就必須向外伸展，涵蓋所有教師來提供輔導課程，所有專業教職員來提供個別學生規畫協助，以及社區心理健康專業人員和校內相關專業人員來提供回應式服務。於是，方案名詞的定義也必須加以修正。

學區輔導與諮商政策

如果你遵循我們對於方案發展的建議，學區應該已建立了支持輔導與諮商方案的政策。這項政策說明係奠基於先前所認可的理論基礎、基本假定、名詞定義和方案內容。一旦指導委員會好不容易才針對這些方案說明達成共識，無論是理論基礎、基本假定、名詞定義或方案內容的修正，都必須經過學區最高教育行政機關和主管的核准，始能推動新的政策。

一旦新的政策說明核定通過之後，接下來就會傳送到學區主管、校長和學校諮商師，以及任何有興趣瞭解新政策者手中。這是絕佳機會可以幫助其他人內化方案重新設計所帶來的改變，亦可激發更多人表達對於這些重要優先順序的看法。

質性重新設計之決定

　　質性重新設計的決定是有關學校諮商師知能、所服務當事人、方案介入服務和學生成果等的優先順序之決定。我們建議你首先要詢問質性的設計問題。在你面對你所擁有資源有限的現實之前，很重要的是你必須知道你想要什麼。我們最後的建議總是包括需要更多額外的資源。

學校諮商師知能

　　在歷經數年的方案實施經驗之後，學校─社區諮詢委員會和指導委員會至少須將兩類學校諮商師技能列為優先考量。其一是方案中要運用到的技能，其二是透過專業發展提升需求的技能。在諾斯賽德獨立學區，指導委員會希望學校諮商師能管理其方案，同時也重視個別和小團體諮商專業技術，而代表學生向其他成人提供諮詢服務則是第四優先。這些優先考量即成為學校諮商師對於自身在學校中所扮演適切角色的認知。

　　藉由分析優先考量和評鑑資料之間的差異性，即可指認出諮商師的專業發展需求，意即，學校諮商師表現不佳但卻是被高度重視之知能者，就是迫切亟需專業發展的領域。某些學校諮商師需要進一步修練其方案管理技能，某些則必須進修小團體諮商技能。

　　聚焦於學校諮商師知能的討論，應能提供新方法來協助他們改善工作表現。例如，評鑑學校諮商師工作表現品質的工具（工作表現評量表）可能需要微調，以提供更有效的回饋。增進工作表現的活動（職務說明、專業督導）可能需要進一步釐清、提升或提供更多資源。許多學區的學校諮商師專業領導權仍不甚明確，或由不具備學校諮商專業的人員來擔任主任等領導角色，因此有必要全面改善學校諮商師的領導體系（Henderson & Gysbers, 1998）。

所服務的當事人

　　評鑑資料對於輔導與諮商方案實際服務了哪些當事人，提供了一些洞察，瞭解到究竟是學生、成人或系統支持任務占用了學校諮商師最多時間心力。每

一年級接受服務的學生百分比，接受發展性、預防性或矯正性介入服務的百分比，以及為不同需求學生提供服務的百分比，都是有用的評鑑資料。有關學生需求的新資訊，也會對學生接受服務需求的優先順序帶來新的建議。以致有必要改變或重新設定學校或學區的輔導與諮商方案目標。

在諾斯賽德獨立學區方案的重新設計上，服務小學生和服務成人的比率維持平衡：學校諮商師須投入 65%的時間在學生身上，35%的時間則服務成人。其中，提供學生發展性服務的時間降低了 10%，增加的時間則重新分配於處理學生預防性和矯正性的需求。這樣的建議顯示學區愈加瞭解和重視學校諮商師服務面臨難題學生的專業技能。

所提供的方案介入服務

質性設計的核心概念是為每一項方案內涵設定最少的標準和操作定義。定義方案內涵所使用的語言並未改變，但介入服務和每一方案中的優先考量則有所不同。例如，你可能需要基於對每個年級學生而言是最需要和最適切者，或依據學生需求的轉變，重新安排每一輔導課程單元的優先順序。當學生學業成就表現受到重視，協助學生擬定生涯發展和教育計畫的重要性，即會使得個別學生規畫系統中的介入服務有所調整。與學生學業標準相關聯的學校諮商師角色須加以明定，以促進學校諮商師對於整體教育體系之支持度。

家長於每一項方案內涵中的角色（詳見第 3 章），亦須加以釐清。現今我們愈加體認到家長對於子女接受學校教育的權利，以及積極參與且增進子女在學校成功機會之需求。在輔導課程和個別學生規畫介入服務中，詳述家長的責任和參與機會，使學校和諮商師更能確保家長擁有能積極參與發展性輔導活動的必要資訊。釐清家長對於學生接受回應式服務的同意權，以及如何能獲取孩子接受此類服務的資訊，將是重要的。尤其是對於某些並不希望子女在學校中接受此類服務的家長而言，邀請家長參與系統支持內涵，例如參與倡導活動和顧問委員會，讓家長更能投入於方案的發展和服務遞送系統之中。

在諾斯賽德獨立學區中，影響最為深遠的改變，是擴展對於教師角色的定義，使之能提供發展性輔導與諮商介入服務。此一擴展性的定義，是由於體認到如果我們真心希望協助所有學生獲得輔導課程中所涵蓋的重要生活技能且精

熟基本核心能力，每一位教育工作者都必須貢獻心力於此一目標。如果我們真心希望幫助每一位個別學生建立教育和生涯目標與計畫，且具備有效方法來實踐計畫、達成目標，那麼每一位教育工作者都必須為學生提供正確且無偏見的資訊，成為個別學生規畫內涵之重要支柱。

學生成果

有系統地評估學生的需求，會使得輔導與諮商方案內容出現新的優先考量。評鑑資料釐清了學生和其他人對於輔導與諮商方案效益的想法，因此，一些新的學生標準可能會被加進方案內容中，例如跨文化效能。對於現有方案內容實施效能的評鑑資料，也可能增加或減弱某些內容的重要性。例如，我們愈加明白以提升學生自我肯定發展作為目標本身是不足的，而是必須結合學生生活的其他面向，諸如結交朋友、負責任行動，或自我表達和溝通等，始能增進學生對於自己的能力的信心。

量化重新設計之決定

奠基於質性設計的決定，對於方案資源的重新分配也必須加以調整，以符合質性設計之修正。量化設計攸關四類方案內涵之間資源分配的平衡，以及學校諮商師如何分配其時間表。如第 8 章所述，諮商師—學生比例影響了究竟有多少學生實際接受了方案的服務，故方案內涵間的平衡至關重要。

方案之平衡

最初方案的實施歷程中所蒐集到的評鑑資料，不啻是現實檢驗。質性設計中的新重點也會使你重新思考新的方案平衡。諾斯賽德獨立學區的重新設計歷程中，學校諮商師的專業技能受到更大的肯定，因此如何確保更多學生可以獲得專業協助，成為決策者最優先的考量。

例如，比較諾斯賽德獨立學區方案的原始設計和重新設計，即可輕易看到優先順序的轉變。在三個教育階段，學校諮商師投入於輔導課程的時間都顯著減少，高中減少了 15% 至 20%，中學則減少了一半（從 30% 降到 15% 至

20%）。小學諮商師提供個別學生規畫活動的時間亦顯著減少（從 25% 降到 5%
至 10%）；中學小幅減少，而高中則維持一樣。三個教育階段學校諮商師提供
回應式服務的時間均顯著增加（從 25% 增加到 40% 至 45%）。系統支持的時間
則相當一致。此外，指導委員會更明確指陳，學校諮商師的時間不應該浪費在
與輔導無關的活動上，例如不宜從事學校經營的事務性或文書性工作。

諮商師—學生比例

諮商師—學生比例在諾斯賽德獨立學區更是顯著降低，從 1：550 降低到平
均 1：400。評鑑研究的正向成果，更增強了低師生比的價值，使方案內涵更為
平衡。學區仍然希望實施發展性本位的輔導與諮商方案，但使每一位諮商師負
責較少的學生，以提升方案的總體效能。

諾斯賽德獨立學區指導委員會的理想目標是一位諮商師服務 350 位學生（師
生比 1：350）。專家建議必須調整的師生比如下：

- 輔導部門主任：中學和高中以師生比 1：250 為目標。
- 高中的主任諮商師：不分派服務量，以承擔其領導角色任務（Henderson & Gysbers, 1998）。
- 物質濫用諮商師：實際服務量為 1：100。
- 特殊教育諮商師：1：250 為宜。

服務學生數量

隨著新的方案平衡、較少的服務量，以及對於每一項方案內涵的深度理解，
諾斯賽德獨立學區勾勒出每一項方案內涵所應服務的學生數量，使指導委員會
能對方案活動建立最低標準。例如，依據方案的平衡和諮商師的服務量，小學
生每一學期必須參加十二單元由諮商師所帶領的輔導課程；中學生每一學年至
少要參加八單元由諮商師所主持的輔導課程；高中生則是每一學年參加六單元。
同時，每位學校諮商師所負責的學生數中，必須有 25% 的比例能從接受回應式
服務中受益。

實施嶄新的設計

實施重新設計的方案包括具體指陳出新的發展方向，以及改善策略之規畫和實施。這些步驟均與第 6 章和第 7 章所揭示的相同。這套重新設計的方案仍然必須獲得學區政策制定者、教育當局和最高行政主管的批准，然後撰寫新的方案手冊，並分送學校諮商師、校長和其他方案行政人員，接著則辦理系列在職進修，使所有相關人員能熟悉這套新的方案。

當你已明確界定出方案原始設計和重新設計之間的差異，你必須說明實施新的方案所帶來的改變、建立實施計畫來達成改善目標、爭取新的資源挹注和聘任新的諮商師來實施這套方案。新的方案促進目標，必須要依學區和學校來分別建立。當有新的教職員加入方案時，必須針對角色任務辦理教育和訓練，幫助他們精熟這些改變，致力提升其新的角色任務所要求的知能。此外，還必須針對新的內容，開發新的素材；採取新的倡導行動來協助教職員、家長和其他社區成員明白新的優先重點，以及會對他們帶來衝擊的改變。在重新設計歷程中，學區指導委員會和學校—社區諮詢委員會可能將持續提出改變的建議，用以計畫、實施、監控和評鑑方案、人員與成果。密切關注這些改變。

瞭解重新設計之後的新活力

蒐集齊備了第 10 章所談到的三類評鑑資料，以及與學生、學校和社區之改變有關的嶄新資訊，即可點燃重新設計方案的火花。為方案帶來新的學生標準、新的優先考量和新的影響範圍。附錄 P 摘述了諾斯賽德獨立學區所做的改變。這些改變幾乎遍及方案的每一項要素：內容、諮商師技能之運用、方案提供者之界定、方案活動和規模，以及衡量績效責任之標準。此一幫助學校諮商師展現其最佳效能的整個體系，詳見《領導與管理你的學校輔導方案人員》（Henderson & Gysbers, 1998）。

　　諾斯賽德獨立學區重新設計方案的直接附加效益，是重新激發方案的生命力。實施歷程的重新思考、重新規畫和重新準備，使得個別學校諮商師再度積極熱忱地投入於追求專業成長。由於輔導方案責任也擴展到全體教職員，以更有效促進學生發展，因此教師也必須投入某些新的行動，例如將輔導課程和全校性的品格發展方案加以整合。個別學生規畫內涵則擴展為學生指導方案，幫助學生設定和達成其教育和生涯目標。回應式服務內涵則更具系統性地整合和運用資源，以建立安全和健康的校園，並建立標準化程序來界定每一位教職員在全校性危機管理中的角色。

　　在重新設計方案且施行一段時間之後，一些學區以其他方式強化其方案。在密蘇里州聖約瑟夫學區，他們發現了「藉由協同合作策略來擴展學校學習的方式」（Fuston & Hargens, 2002, p. 211），讓學校諮商師可以更有效地執行其工作任務。他們聘用退休諮商師來代課請假的諮商師，使各項方案內涵均不會暫停；同時透過電腦來輔助輔導方案的施行。生涯教育的推動則有賴教師和社區成員的協同合作。該學區也聘任社工師來處理學生和家庭的社會工作需求，且與社區機構協同合作來提供團體諮商。在猶他州的戴維斯（Davis）學區，輔導方案宗旨和學區教育宗旨緊密連結，在中等教育階段實施相當成功的全方位輔導與諮商方案，促使小學階段也開始聘任小學諮商師來實施方案（Davis, 2002）。

　　簡而言之，當全方位輔導與諮商方案實施一段時日之後，進行重新設計，促使方案得以持續改善，且為方案、學校諮商師和全體教職員注入嶄新的活力，以活化後之熱忱全神貫注於擴展學生的服務。

■ 你的進度檢核

　　方案提升或重新設計階段，與最初發展和實施方案遵循同樣的歷程。閱讀本章之後，你會明白：

- 方案應該重新設計的頻率。
- 有哪些人應該參與方案的重新設計。

● 應該採取哪些必要的步驟。

　　藉由蒐集需求和評鑑資料，你知道如何展開重新設計的歷程。你必須奠基於需求和評鑑資料，來做出重新設計的決定。你也知道如何實施此一經過提升或重新設計的方案；瞭解到重新設計後之後會激發嶄新的活力。

 參考文獻

American School Counselor Association. (2005). *The ASCA National Model: A framework for school counseling programs* (2nd ed.). Alexandria, VA: Author.

Davis, D. (2002). Revising and enhancing Davis School District's comprehensive guidance program: Working together works. In P. Henderson & N. Gysbers (Eds.), *Implementing comprehensive school guidance programs: Critical leadership issues and successful responses* (pp. 219–228). Greensboro, NC: CAPS.

Fuston, J., & Hargens, M. (2002). Extending the program's resources. In P. Henderson & N. Gysbers (Eds.), *Implementing comprehensive school guidance programs: Critical leadership issues and successful responses* (pp. 211–217). Greensboro, NC: CAPS.

Henderson, P. G. (2009). *The new handbook of administrative supervision in counseling.* New York, NY: Routledge.

Henderson, P., & Gysbers, N. C. (1998). *Leading and managing your school guidance program staff.* Alexandria, VA: American Counseling Association.

Lippman, L., Atienza, A., Rivers, A., & Keith, J. (2008). *A developmental perspective on college and workplace readiness.* Washington, DC: Child Trends.

National Association of Secondary School Principals. (2004). *Breaking ranks II: Strategies for leading high school reform.* Reston, VA: Author.

National Association of Secondary School Principals. (2006). *Breaking ranks in the middle: Strategies for leading middle level reform.* Reston, VA: Author.

Substance Abuse and Mental Health Services Administration, Center for Mental Health Services. (2007). *Promotion and prevention in mental health: Strengthening parenting and enhancing child resilience* (DHHS Publication No. CMHS-SVP-0175). Rockville, MD: Author.

附錄

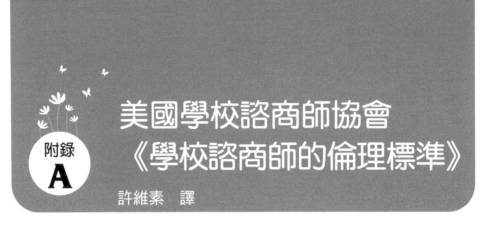

許維素　譯

（1984 年通過；1992、1998、2004 與 2010 年修正）

前言

　　美國學校諮商師協會（American School Counselor Association, ASCA）為一個專業組織；學會成員是合格且擁有學校諮商證照者，並具備特定協助處理學生的學業、個人或社會，以及生涯發展等需求的資格與技能。學會成員亦有學校諮商方案之主管／督導者以及諮商師教育者。這些倫理標準是學校諮商師的倫理責任。學校諮商方案之主管／督導者應當知曉這些倫理標準，並能支持實務工作者維護這些倫理標準。學校諮商師教育者亦應當知曉這些倫理標準，並於教授這些倫理標準的同時，也支持攻讀學校諮商學位的學生們維護這些倫理標準。

　　專業學校諮商師是倡議者、領導者、合作者與諮詢者，需將學校輔導方案與學校任務連結，並認同以下專業責任的原則，而創造平等取得教育機會以及營造獲得成功的良機：

- 每個人都有權利受到尊重及有尊嚴的對待，並能接受全方位學校諮商方案。全方位學校諮商方案為所有背景的學生進行倡議並認可多元群體，其包括種族／族群認同、年齡、經濟情況、有功能／身障、語言、移民情況、性傾向、性別、性別認同／展現、家庭型態、宗教／靈性認同，以及外貌長相等。

- 每個人都有權利得到朝向自我引導與自我發展所需的資訊與支持，並在所屬的團體認同內獲得肯定；為達此，應對過去未曾受到適當教育服務

的學生（如：有色人種的學生、處於低社經情況的學生、身障學生，以及非主流語言背景的學生），提供特殊照護。

- 每個人都有權利充分瞭解教育選擇的重要性與意義，並且完全知曉這些選擇將會如何影響個人未來的機會。
- 每個人都有隱私的權利，因而也有權利期待學校諮商師／學生之間的關係應遵守學校場域保密性之所有法律、政治與倫理標準。
- 每個人都有權利在學校諮商師協助創造的學校環境中感到安全，而能免於虐待、霸凌、忽視、騷擾或其他形式的暴力。

為維護學會成員之誠正、領導力及專業主義的高標準，在這份文件中，ASCA 詳細說明了倫理行為的原則。發展《學校諮商師的倫理標準》的意圖，即欲澄清學校諮商師、學校諮商方案的督導者／主管，以及學校諮商師教育者所共同持有的倫理責任之本質。這份文件之目的為：

- 作為所有專業學校諮商師、學校諮商方案的督導者／主管，以及學校諮商師教育者之倫理實務工作的指引，無論其層級、區域、服務的對象或在此專業學會的會員身分為何。
- 提供學校諮商師對於學生、家長／監護人、同事與專業夥伴、學校、社區及諮商專業等職責內涵，以及其相關自我考評與同儕評鑑向度。
- 告知所有利害關係人，包括：學生、家長／監護人、教師、行政人員、社區成員及法院，何謂學校諮商專業之最佳倫理實務、價值與合理行為。

A.1. 對學生的責任

專業學校諮商師：

a. 對於學生——這群應待以尊嚴並被尊重為獨特個體者——負有最主要的責任。

b. 關心每位學生於教育、學業、生涯、個人與社會的需求，並鼓勵每位學生能充分發展之。

c. 尊重學生的價值、信念及文化背景，而不將學校諮商師個人的價值觀強加於學生或其家庭之上。

d. 瞭解與學生有關的法律、規範與政策，並致力保護及告知學生所擁有的相關權利。

e. 促進個別學生的福祉，並與之合作發展達成成功的行動計畫。

f. 考量個別學生看重的支持網絡及其與學生的關聯程度。

g. 能瞭解與學生之間適當的專業距離為何；同時，也應瞭解，無論學生的年齡為何，與學生的任何性關係或愛情關係，都是被禁止的，都是嚴重違背倫理的，不管其於實務上是否違法。

h. 在與先前的學生或其家人進入某種關係之前，都應先考量可能產生的潛在傷害。

A.2. 保密性

專業學校諮商師：

a. 應告知個別學生其接受諮商的程序所可能包含的目的、目標、技術與規則為何。揭露（disclosure）是以合於學生發展階段的態度，來考量保密性的限制。「知情同意」需要學生這方具有理解保密限制的能力，因此要從某一發展階段的學生那裡獲得知情同意，可能會是困難的。專業人員應能覺知，即使做了所有努力以獲得學生的知情同意，但非總能達成；而且，於必要時，專業人員將需代表學生這方做出接受諮商的決定。

b. 會以適當的方式解釋保密的限制，除了口頭告知個別學生之外，也會藉由班級輔導課程、學生手冊、學校諮商宣導冊子、學校網站，以及學生、學校與社區溝通管道之口耳相傳或其他方法來完成。

c. 認識學校場域中保密的複雜本質，並在脈絡中考量每一個個案。確保訊息持續保密，除非因法律強制要求，或需預防對學生造成嚴重、可預見的傷害時，才會透露保密訊息。然而，對學校裡每位未成年人來說，所謂嚴重、可預見的傷害都是不同的，其受學生發展與年齡階段、情境、親權以及傷害的性質而有所決定。對於保密例外之正當性有所疑問時，學校諮商師應諮詢適當的專業人員。

d. 認識到保密責任最主要的負責對象是學生，但也應瞭解家長／監護人擁

有作為孩子生活中引導性發言者的法律及固有的權利,特別是在表述個人價值觀點(value-laden)的相關議題上,能平衡保密責任。同時也需要因著瞭解學生做選擇的倫理權利、學生表示贊同或答應的能力,以及親人或家庭保護學生並代表其做決定的法定權力與責任,而考量如何平衡保密的責任。

e. 在盡可能促進學生的自治與獨立的同時,採用最為適當及最小侵入之打破保密的方式。需考量學生發展年齡與需要打破保密的情境;同時,有些學生也適合直接參與打破保密之方式與時機的討論。

f. 在美國缺乏明確立法禁止揭露的情形下,依據與學生的關係,會考量倫理責任而提供訊息予特定的第三方,是因第三方乃處於眾所皆知可傳染且致命之疾病感染高度風險中時。揭露的執行,必須處於下述所有情況時才得以進行之:

● 學生指認出伴侶,或該伴侶是可高度識別時。

● 學校諮商師建議學生告知伴侶,並應避免進一步的高風險行為時。

● 學生拒絕時。

● 學校諮商師告知學生通知該伴侶的意圖時。

● 學校諮商師以書面文件向學區的法律代表尋求關於告知該伴侶之合法性的法律諮詢時。

g. 當釋出的保密訊息具有可能傷害學生或諮商關係的潛在性時,需向法院要求不強制揭露。

h. 關於保護學生紀錄的保密性和釋出私人資料,需要遵照明定的聯邦法律、州法律和學校政策,包括家庭教育權與隱私權法案(Family Education Rights and Privacy Act, FERPA)中的法規。對於學生資訊的電子化儲存和傳遞,則等同傳統學生紀錄一樣予以小心處理。由於認知到電子通訊中保密的脆弱性,僅能以無法辨認出學生身分的方式,來進行以電子方式傳遞敏感的訊息。重要訊息,如對有自殺意念之歷史的學生,則必須親自與學校聯繫,如以致電的方式來傳達。

A.3. 學業、生涯／大專院校／中學後升學與工作管道，以及個人／社會諮商計畫

專業學校諮商師：

a. 提供學生類似 ASCA 全國模式的全方位學校諮商方案，強調與所有學生共同工作，以發展學生個人／社會、學業與生涯目標。

b. 透過資料的運用，協助拉近成就差距與機會差距，以確保公平地給予所有學生於學業、生涯、中學後升學與工作管道，以及個人／社會等層面之機會。

c. 提供與倡議個別學生的生涯覺察、探索和中學後計畫，以確保學生在離開中學教育時，能懂得行使從各種選擇中進行選擇的權利。

A.4. 雙重關係

專業學校諮商師：

a. 對於可能會損害其客觀性及增加對學生傷害風險的雙重關係（如諮商某人的家人，或親近朋友或同事的孩子），都應避免之。若雙重關係無法避免時，學校諮商師有責任採取行動，藉由使用各種防護措施來消除或減低傷害學生的可能性；其可運用的方式如知情同意、諮詢、督導與文件說明等。

b. 隨時隨地都與學生維持適當的專業距離。

c. 避免透過通訊媒介，如社交網站，而與學生產生雙重關係。

d. 對於與學校人員的雙重關係可能會破壞學校諮商師／學生關係整合性者，亦應避免之。

A.5. 適當的轉介

專業學校諮商師：

a. 於必要或適當時，需轉介予校外資源，以提供學生和／或家庭所需的支持。適當的轉介可能需要將適用的資源告知家長／監護人與學生，同時要轉換形成使服務受到最少干擾的合適計畫。學生亦隨時保有終止諮商關係的權利。

b. 在學校諮商師的教育與能力範圍內，協助教育所有學生預防個人或社會的擔憂發生；當諮商需求超過該位學校諮商師的教育與訓練時，需進行必要的轉介。每個嘗試的行動，都意在為不適合於或困難於學校情境處理的臨床治療主題（例如：飲食疾患、性創傷、藥物依賴與其他成癮等需要持續的醫療期與醫療協助者），尋求適當的專業資源。

c. 當試圖要和其他多位同時分派給學生的服務人員發展合作關係時，需請學生和／或家長／監護人簽署一份資訊釋出證明書。

d. 當明顯得知學生不再需要諮商協助，或必須轉介以更能滿足學生需求時，需發展出一個結束諮商的合宜方法。

A.6. 團體工作

專業學校諮商師：

a. 事先甄選合適的團體成員，並且時時覺察團體意向和焦點，以及這些意向與焦點和參與者的需求和個人目標之關聯性和適切性。學校諮商師必須採取合理保護成員的預防措施，以使成員不因團體內互動而有身體或心理的傷害。

b. 認知到最佳實務是，必須將學生參與小團體的事實告知家長／監護人。

c. 於團體情境中建立清楚的期待，並清楚說明於團體諮商中無法絕對保證保密性。需認知到，由於學校未成年人的發展與年齡階段，對未成年人保密性的本質基本上是薄弱的，因而某些主題並不適合於學校情境中進

行團體工作。

d. 對團體成員提供必要的追蹤，並提出適當的團體過程文件紀錄。

e. 發展專業勝任能力，並且持續接受有關團體催化及其他特定團體主題的合宜教育、訓練與督導。

f. 促進聚焦於解決之道（solution-focused）與短期取向的團體工作，以處理各種學業、生涯、大專院校及個人／社會議題。

A.7. 對自己或他人的危險

專業學校諮商師：

a. 當學生會對自己或他人造成危險時，須告知家長／監護人和／或適當的權威人士。此必須在詳細考慮並向其他諮商專業人員諮詢後，方可進行。

b. 因看重家長具有代表危機中孩子採取行動之需求，須向家長報告關於危機之評估。學生有時候會為避開進一步的監督和／或通知家長，而有所欺瞞，專業學校諮商師絕不否定其傷害的危險性。

c. 若在沒有對學生提供合宜或必備的支持下，揭露此學生對自己或他人造成危險之相關資訊，則須瞭解可能會面對的法律與倫理責任為何。

A.8. 學生紀錄

專業學校諮商師：

a. 依據法律、規範、機構程序及保密指導方針的要求，須保存及維護提供學生專業服務的相關必備紀錄。

b. 將個別學生個案紀錄或個人單獨紀錄（sole-possession records），與學生的教育紀錄分開保存，以能遵守州立法律。

c. 認識到學生個人單獨紀錄之限制，並瞭解這些紀錄是紀錄者的記憶輔助工具，且不具特權溝通性（privileged communication）而被傳喚使用。當這些紀錄經口頭或書面形式而被他人取得或分享時，或當這些紀錄包含了專業意見或個人觀察以外的訊息時，將可能會成為教育紀錄。

d. 建立合理的時限，銷毀學生的個人單獨紀錄或個案紀錄。時限的建議原則包括：當學生轉至下一學習層級、或轉至其他學校或畢業時，可用碎紙機銷毀個人單獨紀錄。然而在銷毀一些可能會為法庭所需的個人單獨紀錄（例如虐待兒童、自殺、性騷擾或暴力等紀錄）之前，需先仔細斟酌考量。

e. 瞭解及遵守家庭教育權與隱私權法案（FERPA, 1974）；此法案守護學生紀錄，並確保家長對於與他人分享孩子的教育紀錄訊息，擁有分享內容與方式的發言權。

A.9. 評鑑、衡鑑與解釋

專業學校諮商師：

a. 遵守所有的專業標準來選取、實施與解釋衡鑑測驗；同時，只在學校諮商師受過訓練、具勝任能力和所屬實務範圍內，運用衡鑑測驗。

b. 當運用評鑑或衡鑑的相關工具，以及電子化方案時，須考量保密性議題。

c. 在進行衡鑑前，須先考量接受衡鑑之學生的發展年齡、語言技能與能力階段。

d. 使用學生能理解的語言，為衡鑑／評鑑測驗的本質、目的、結果與可能的潛在影響，提供相關解釋。

e. 對於衡鑑結果與解釋的使用，須進行監控，並須採取合理的步驟，以防止他人誤用相關訊息。

f. 對非常模團體之群體運用衡鑑技術、進行評估和解釋其表現時，須相當謹慎，因為測驗工具乃是依常模團體標準化而成。

g. 透過績效評量（accountability measures），對衡鑑相關方案於影響學生學業、生涯，與個人／社會發展之有效性，需特別檢視關於拉近成就、機會與才能差距之努力。

A.10. 科技

專業學校諮商師：

a. 需促進各種適當科技應用的效益，並澄清其限制。專業學校諮商師會鼓勵以下科技之應用：(1)適合學生個別需求；(2)學生能瞭解如何運用；以及(3)該應用能提供後續的諮商協助。

b. 倡議每位學生應平等獲得科技的權利，尤其是於成長過程被虐待的學生。

c. 藉由運用電腦、傳真機、電話、語音信箱、答錄機，以及其他電子或電腦科技產品，來儲存或傳送學生訊息與教育紀錄時，應評估適當與合理的方式，以維護其保密性。

d. 瞭解 FERPA 之意涵，並瞭解此法案對分享學生電子化紀錄之影響。

e. 考量網路霸凌對於學生教育歷程的干擾程度；並且於具研究基礎的實務與最佳實務基礎上，針對此一普遍且具潛在危險的問題，進行輔導課程與介入方案。

A.11. 學生同儕支持方案

專業學校諮商師：

a. 當與同儕協助者（peer-helper）進行工作或執行學生協助方案（student-assistance programs）時，乃肩負獨特的責任；同時，在學校諮商師的指導下，需保護參與同儕方案（peer-to-peer programs）學生的福祉。

b. 對於學校諮商方案中擔任同儕支持以提供學生服務的參與者，負有給予適當訓練與督導的終極責任。

B. 對於家長／監護人的責任

B.1. 親權與責任

專業學校諮商師：

a. 尊重家長／監護人對其孩子的權利與責任，合宜地致力與家長／監護人建立合作關係，以促進學生的最大發展。

b. 於協助那些經歷妨礙學生效能與福祉之家庭困難的家長／監護人時，須遵守法律、地方性的指導方針，以及實務的倫理標準。

c. 需敏覺於不同家庭間的多元性；並且須認知到所有家長／監護人，包括監禁中者或監外服刑者，皆因其角色的內在效力與法律依據，而對孩子福祉負有特定權利與責任。

d. 須將學校情境中所提供之諮商服務的本質告知家長。

e. 關於學生訊息的揭露，須遵守 FERPA 法案規定。

f. 適當地努力與家長／監護人建立合作關係，以提供學生最佳服務。

B.2. 家長／監護人與保密性

專業學校諮商師：

a. 告知家長／監護人有關學校諮商師的角色，包含諮商師與學生間諮商關係的保密本質。

b. 認識到在學校情境中與未成年人工作時，需要學校諮商師與學生的家長／監護人於可能的程度上有所合作。

c. 在能保護被諮商學生之最佳利益的合理程度上，尊重家長／監護人的保密性。

d. 在合宜且符合對學生的倫理責任之下，以客觀和關懷的方式，提供監護人正確、全面和相關的訊息。

e. 合理努力地尊重家長／監護人對學生相關訊息的期望，除非法院指令明確禁止家長（其中一位或兩位）涉入之。在離婚或分居的個案中，學校諮商師須真誠努力地使父母雙方皆獲告知，並將焦點持續維持於學生身上；同時也應避免在離婚訴訟程序中，偏向支持父母雙方中的任一位。

■ C. 對於同事與專業夥伴的責任

C.1. 專業關係

專業學校諮商師、學校諮商方案主管／駐地督導，以及學校諮商師教育者：

a. 與教職員、工作人員和行政系統建立與維護專業關係，以促進最佳效果的諮商方案的產生。
b. 以專業尊重、禮貌善意和公平公正的態度來對待同僚。
c. 辨認出那些可成為支持學生成功之有力同盟的教師、工作人員與行政人員，其於個人／社會發展技能上為高功能者。學校諮商師需努力與所有教職員和工作人員發展關係，以使學生受益。
d. 認識並運用可能會轉介學生前往之專業人員、組織與資源。

C.2. 與其他專業人員分享訊息

專業學校諮商師：

a. 對於保密性、公共與私人訊息之區別，以及工作人員諮詢之適當的指導方針，應不斷增進覺察力並遵守之。
b. 於專業人員進行合宜適當的評鑑、與學生商議及協助學生時，提供其所需的正確、客觀、簡明與有意義的資料。
c. 當學生接受其他諮商師或其他心理健康專業服務時，應取得家長同意書，並且應與其他心理健康專業人員發展清楚的協議，以避免學生及家長／

監護人有所混淆與衝突。

d. 對於「訊息釋出」的程序和分享訊息的親權有所瞭解;並且,試圖與其他專業人員建立合作協力的關係,以使學生受益。

e. 確認同盟夥伴的有力角色,並且辨識於個人／社會發展技能上具高功能以及能支持處於壓力之學生的教職員與行政單位;同時,需謹慎過濾這些同盟「需要獲知」的保密訊息,以使學生獲益。向其他學校諮商專業夥伴諮詢,將有助於決定「需要獲知」訊息的質量。當涉及分享保密訊息時,最主要的焦點與責任總是置於學生身上。

f. 須保存個別學生的適當紀錄內容;同時,於必要時,也須發展出如何轉移紀錄予其他專業學校諮商師的計畫。此一文件轉移需維護保密性,同時,文件轉移的目的在於幫助該紀錄所涉及的學生及其需求的滿足。

C.3. 學校諮商師角色之相關合作與教育

學校諮商師、學校諮商方案督導／主管,以及學校諮商師教育者:

a. 與每位學生分享學校諮商方案關於「確保資料導向的學業、生涯／大專院校以及個人／社會成功能力」之角色,並說明與所有利害關係人可能產出的特定成果／指標。

b. 中介安排各項校內與校外的服務,以協助確保每位學生獲得學校諮商方案之助益,以及發展於學業、生涯／大專院校與個人／社會上的特定能力。

▪■ D. 對於學校、社區與家庭的責任

D.1. 對於學校的責任

專業學校諮商師:

a. 對抗任何會對學生教育方案造成的侵害,以支持與保護學生的最佳利益。

b. 在實踐學生與學校諮商師之間的保密原則時，配合學校政策，將潛在可能迫害或損害學校任務、人事與資產的情況，告知適當的高層行政人員。

c. 擁有豐富的知識，以能支持學校任務，並且，同時能將方案與學校任務有所連結。

d. 說明並提升學校諮商師的角色，並成為學生的倡議者，以滿足所服務對象的需求。學校諮商師需要將可能會限制或削減方案與服務效能的系統性狀況，告知適當的高層行政人員。

e. 關於職位的僱用，僅接受具有教育、訓練、督導經驗、州與國家的專業證書及適當專業經驗，而符合資格者。

f. 對於專業學校諮商之職位，向行政長官倡議僅僱用符合資格的、受過適當訓練的及具有勝任能力的人。

g. 協助發展：(1)合適於學校與社區課程與環境的各種條件；(2)符合學生發展需求的教育程序與方案；(3)對全方位、發展性、以標準為本位的學校諮商方案及其服務與人事，進行系統化評鑑的歷程；以及(4)能夠導引執行全方位、發展性的學校諮商方案與服務的資料導向評鑑歷程。

D.2. 對於社區的責任

專業學校諮商師：

a. 與社區機構、組織和個人所進行的合作，乃基於考量學生的最佳利益，而無關乎私人的獎賞與報酬。

b. 藉由為學生之成功而與社區資源合作的方式，延伸學校諮商師的影響力，並增進遞送全方位學校諮商方案給所有學生的機會。

c. 透過社區資源，促進所有學生的平等。

d. 需謹慎不利用身為學校諮商師的專業角色，圖利於校外可能涉及的任何類型私人治療或諮詢實務。

■ E. 對於自我的責任

E.1. 專業知能

專業學校諮商師：

a. 於個人專業知能的界限中有效能地運作，並接受自身行動結果之相關責任。

b. 監控個人情緒健康、生理健康和實務福祉，以確保最佳的效能。於需要時，尋求生理或心理健康的轉介，以確保隨時具有專業知能。

c. 監控個人的責任，並認識到需維護專業人員在關於「信任」此一重要位置的高標準。學校諮商師於工作內和工作外皆必須維護該高標準，並且避免任何會導致不適當專業服務或減損專業服務對學校社區成員之助益的相關活動。諮商師的專業與個人成長，於整個諮商師的生涯中是持續不斷的。

d. 努力於個人的主動進取學習，能即時瞭解當前的研究，並於倡議、團隊化與合作、文化勝任諮商與學校諮商方案之協調、科技的知識與運用、領導力，以及使用資料進行公平衡鑑等方面，保持著自身的專業知能。

e. 確保擁有各種定期的機會，是能參與並促進自己、其他教育者和學校諮商師的專業發展的，如掌握每年的繼續教育機會，以及包括參與專業學校諮商會議、閱讀《專業學校諮商》之期刊文章、為教育工作人員辦理相關工作坊，以催化討論關於學校諮商師職位所提供的獨特服務之相關議題。

f. 藉由定期參與倫理決策的提報討論，提升個人之自我覺察、專業效能與倫理實務。當倫理或專業問題浮現於實務工作中時，有效能的學校諮商師會尋求督導。

g. 維護目前於專業學會中的會員身分，以確保倫理和最佳實務之運作。

E.2. 多元文化與社會正義倡議與領導力

專業學校諮商師：

a. 監控及擴展個人的多元文化與社會正義之倡議意識、知識與技能。藉由確保個人的信念或價值不強加於學生或其他利害關係人，學校諮商師致力於促進具示範性的文化知能。

b. 發展相關知能於瞭解偏見、權力與各種形式的壓迫，是如何影響自身、學生和所有的利害關係人；其包括：健常能力歧視、年齡歧視、階級歧視、家族歧視、性別歧視、異性戀歧視、移民歧視、語言歧視、種族歧視、宗教歧視與性徵歧視等。

c. 獲得教育、諮詢與訓練經驗，以促進與多元群體工作時的覺察、知識、技能及效能；多元群體包括各種種族身分、年齡、經濟情況、特殊需求、「英語為第二語言」或「英語學習」、移民情況、性傾向、性別、性別認同與展現、家庭型態、宗教或靈性認同，以及外貌長相者。

d. 認可每位學生與所有利害關係人的多樣文化與語言認同。為每位學生與所有利害關係人倡議公平的學校體系與學校諮商方案政策與實務，包括使用譯員，以及於雙語／多語言的學校諮商方案素材上，呈現出學校社區中各個家庭所使用的每種語言；同時，為障礙學生倡議合宜的無障礙設施及其方便取得性。

e. 於所有溝通形式中，使用具包容性及文化承擔性的語言。

f. 提供家庭定期的工作坊及書面／數位資訊，以增進理解、合作的雙向溝通，以及家庭與學校之間相互接納的氛圍，進而促進學生的成就。

g. 於校內擔任倡議者與領導者，以創造以平等為基礎的學校諮商方案，協助拉近學生在成就、機會與才能等層面的差距，降低因該差距而造成的學生追求教育目標的阻礙。

■ ■ ■ F. 對於專業的責任

F.1. 專業主義

專業學校諮商師：

a. 為維護於美國學校諮商師協會中的會員身分，應接受處理倫理侵犯的政策與程序。

b. 表現的言行舉止，乃以提升個人的倫理實務及此專業為目的。

c. 執行和實施適當的研究，並以符合「可被接受的教育與心理研究實務」的方式，發表研究發現。當於研究過程或方案計畫中使用資料時，學校諮商師會倡議保護個別學生的身分。

d. 在進行任何研究程序之前，先尋求機構與家長／監護人之同意，並維護研究紀錄的安全性。

e. 遵守此專業的倫理標準、其他政府政策聲明，包括 ASCA 的立場聲明、角色聲明、ASCA 全國模式，以及聯邦、州與地方政府建立的相關法規；當前述各項相互衝突時，需負責地進行改變。

f. 清楚區分「私人」的聲明和行動，以及「代表學校諮商專業」所做的聲明和行動。

g. 不利用其專業位置，來為其私人實務招募或得到案主與受詢者，或者尋求收受不正當的個人獲得、不公平的利益、不適當的關係或不勞而獲的商品或服務。

F.2. 對於專業的貢獻

專業學校諮商師：

a. 主動積極地參與專業學會，並分享最佳實務，包括對於每年「提供每位學生可測量的學業、生涯／大專院校與個人／社會能力」之資料導向學

校諮商方案的成果，進行衡鑑、實施與評估。

b. 提供新手專業人員支持、諮詢與顧問導師（mentor）。

c. 有責任閱讀及信守 ASCA 倫理標準，並且遵守適當的法律與規範。

F.3. 為攻讀學校諮商學位而處於兼職與全職實習經驗的學生，進行督導

專業學校諮商師：

a. 為學校諮商實習生提供支持，使其擁有合適的學業、生涯、大專院校管道，以及個人／社會諮商經驗。

b. 確保攻讀學校諮商學位的學生擁有發展、實施及評鑑一個資料導向的學校諮商方案模式（如 ASCA 全國模式）之經驗。

c. 確保於學校諮商兼職與全職實習中，具有特定的、可測量的服務遞送、基礎、管理與績效系統之內涵。

d. 確保攻讀學校諮商學位的學生，於學校諮商兼職與全職實習經驗期間，維持著適當的責任安全保證（liability insurance）。

e. 確保學校諮商師教育者會至學校現場訪視每位兼職與全職實習學生，並且最好在學校諮商實習生與駐地督導者皆在場時，進行訪視。

F.4. 與其他專業人員進行關於學校諮商師與學校諮商方案的合作與教育

學校諮商師與學校諮商方案主管／督導者，會與下列人士合作，包括特殊教育者、學校護理人員、學校社會工作師、學校心理師、大專院校之諮商師／行政官員、物理治療師、知能治療師以及語言病理學家等，以能為學生與所有其他利害關係人倡議最佳效果的服務。

G. 標準的維護

專業學校諮商師被期待須隨時維護倫理行為。

G.1. 當對於同事的倫理行為存有嚴重懷疑時，以下程序或可作為指引

1. 學校諮商師應保密地向另一專業同事諮詢，討論某個申訴事件的本質，看看此位專業同事是否認為該情形為一倫理侵犯事件。
2. 當可行時，此學校諮商師應與有該疑義行為的同事直接商談之，討論該申訴事件，並且尋求解決之道。
3. 學校諮商師應對所有採取的步驟保持文件紀錄。
4. 若未能於個人層面獲得解決辦法，學校諮商師應利用已建立於校內、學區、州立的學校諮商學會，以及 ASCA 之倫理委員會等各個管道，來協助解決。
5. 若該事件仍未解決，應進行審查轉介並採取適當的行動，同時依下列順序送至倫理委員會：
   - 州立學校諮商師協會。
   - 美國學校諮商師協會（ASCA）。
6. ASCA 倫理委員會需負責：
   - 與會員進行關於倫理標準的教育與諮詢。
   - 定期審查準則，並為修改準則提出建議。
   - 接收與處理疑問，以澄清此類標準如何應用與實施。

   疑問必須以書面方式提交予 ASCA 倫理委員會主席。
   - 需處理觸犯學校諮商師 ASCA 倫理標準之聲稱侵犯的申訴事件。若為全國層級之事件，申訴事件應以書面方式提交予 ASCA 倫理委員會（ASCA Ethics Committee, c/o the Executive Director, American School Counselor As-

sociation, 1101 King St., Suite 625, Alexandria, VA 22314）。

G.2. 當學校諮商師被迫於無法表現出專業倫理的情境下工作，或被迫遵循無法表現專業倫理的政策時，學校諮商師需負責地透過正確管道進行嘗試改變與糾正之。

G.3. 當學校諮商師遭遇任何倫理困境時，學校諮商方案主管／督導者以及學校諮商師教育者，應運用倫理決策模式以協助處理，如「學校倫理問題解決之道」（**Solutions to Ethical Problems in Schools, STEPS**）（**Stone, 2001**）：

1. 在情緒上和理智上一起定義該問題。
2. 應用 ASCA 倫理標準與法律。
3. 考量學生之年齡時程與發展階段。
4. 考量情境、親權與未成年人的權利。
5. 應用道德原則。
6. 決定「你」可能採取的行動做法與其後果。
7. 對所選擇出來的行動進行評鑑。
8. 諮詢。
9. 實踐該行動流程。

註：取自 *Ethical Standards for School Counselors*. Copyright 2010 by the American School Counselor Association, Alexandria, VA.

附錄 B 實施年度「時間—任務」分析的指導方針與範例格式

許維素　譯

這項「時間—任務」分析（time-task analysis）的目標，是希望針對學校諮商師於實行全方位輔導與諮商方案所需之時間分配，形成一個具代表性的範例樣本。同時，這項資料將會用來判斷學校是否適當地分配時間於實施該校全方位輔導與諮商方案的各項組成要素。若與內部促進審查（Internal Improvement Review）機制結合使用該資料，將能對校內實施全方位輔導與諮商方案的實際程度，提供充分完整的資訊。「時間—任務」分析，是持續於全學年裡定期實施的。密蘇里州「時間／任務委員會」發展了實施「時間—任務」分析的電子版本格式，可直接於網站上取得：http://www.mcce.org。

此州立委員會所建立實施年度「時間—任務」分析的指導方針，說明如下。

I. 以「方案組成要素」進行時間與任務的分類

A.**輔導與諮商課程**：透過班級呈現方式及大團體活動形式所提供給全體學生及家長的輔導與諮商課程內容，乃以輔導與諮商標準為基礎；其進行的方式如：生涯日、大學博覽會及家長工作坊。請記得，輔導與諮商課程乃提供直接服務予每位學生及家長，因此，實施班級宣導與家長宣導、其他大團體活動以及課程計畫等所費的時間，需記錄為「輔導與諮商課程」之類別。

B.**個別學生規畫**：個別學生規畫的重點，是要協助每位學生發展「個人學習計畫」（Personal Plans of Study），以使學生能計畫、監控與管理其

學業、生涯與個人／社會的發展。進行個別學生規畫之工作，可以個別學生、學生小團體、學生─家長會議和工作坊的形式來完成。請記得，個別學生規畫提供直接服務予每位學生，因此，運用「個人學習計畫」與學生及其家長直接工作，以及為此工作做準備所花費的時間，皆需記錄為「個別學生規畫」之類別。以下為執行個別學生規畫的活動範例：

1. 運用合適的學生資料，包含測驗資料（即 Explore、Plan、PSAT、ACT等測驗）、生涯和教育資訊，來與個別學生和學生小團體會面，如：

   a. 新生註冊。

2. 與學生個別進行檢討與修改個人學習計畫；或在小團體中進行之，如：

   a. 對選修課程提供建議並討論如何選擇。

   b. 基於特定的需求，修改課程計畫表。

3. 與學生和家長進行個人學習計畫會議，包括：

   a. 高中後計畫。

   b. 留校（retention）會議。

4. 為個別學生規畫之相關活動做準備。

C. **回應式服務**：回應式服務包括個別諮商、小團體諮商、諮詢，以及關於特殊學生行為工作坊等各項服務之準備及提供，同時乃與老師、行政人員、家長、其他專業的學校工作人員，以及轉介單位一起合作工作。請記得，每位學生皆可獲得回應式服務，但不是所有的學生都需要每一項服務。以下為回應式服務所進行之活動範例：

1. 個別諮商：與學生定期安排個別諮商會談。

2. 小團體諮商：定期安排小團體諮商會談；此活動重點為小團體諮商，而非輔導與諮商課程或個別學生規畫。

3. 諮詢：與教師、行政人員、家長、其他專業的學校工作人員，或社區單位之人員，就個別學生的行為進行會議及個案研討。

4. 轉介：此轉介過程包含的活動如：

   a. 轉介之書面作業。

   b. 與家長和其他專業的工作人員，進行初次諮詢及持續性的後續諮詢。

   c. 與轉介單位進行初次接觸及持續性的後續接觸。

  d. 復學過程的相關活動。

  e. 學生「再適應歷程」的持續監控。

  f. 回應式服務項目的準備工作。

D. **系統支持**：系統支持包含足以支持實施全方位輔導與諮商方案及相關服務提供的各項活動，也包含支持學校內與學區內其他教育方案的活動。系統支持包含的活動如：

1. 輔導與諮商方案評鑑活動。

2. 學校與社區委員會。

3. 方案倡議活動，包含向學校工作人員、家長和社區進行相關宣導與說明。

4. 專業發展活動。

5. 公平分擔（fair-share）職責——所有活動的責任分屬於每位學校教職員，包含學校諮商師；其活動如：全校性測驗的進行、整體課程表的諮詢、校車與操場之職責、班級或社團的贊助，以及賣票或取票等等事宜。

E. **非輔導與諮商活動**：若學校諮商師需負責一些非輔導與諮商的職責，那麼密蘇里州全方位輔導與諮商方案便無法充分被實施。非輔導與諮商職責，是指不歸屬於該學區之全方位輔導與諮商方案職責範圍，同時也非屬於前述學校諮商師已經負擔的公平分擔職責範疇之工作。這些非輔導與諮商活動所占用掉的時間，將使學校諮商師無法充分施行全方位輔導與諮商方案。是以，密蘇里州全方位輔導與諮商方案並不支持將非輔導與諮商活動歸為學校諮商師的職責。這些活動可歸類如：

1. 監督之責任，如：

  a. 協調與監控學校集會。

  b. 校園穿堂、餐廳與操場、上下校車，以及廁所的看管監督。

  c. 監控學校整體功能及體育活動的進行。

  d. 代課的執行。

2. 文書工作，如：

  a. 賣午餐餐券。

b. 收取與寄發進步報告書與記過通知書。

c. 可由文書人員來進行的書面作業，例如關於「504 節計畫」（504 plans）、學生協助團隊，以及其他特殊方案之書面作業。

d. 維護永久性的文書紀錄與處理成績單。

e. 監控出席情形。

f. 計算平均成績、班級排名與榮譽榜；或為特殊方案蒐集資料，如「密蘇里學者學習營」（Missouri Scholars Academy）、「約瑟鮑德溫學習營」（Joseph Baldwin Academy）、「特殊才能認定方案」（Talent Identification Program）等方案。

g. 完成更改學生課程表的相關書面作業。

3. 行政之職責：

a. 發展與更新學生手冊。

b. 發展與更新課程指導手冊。

c. 發展整體課程表。

d. 代理某日校長職位。

e. 執行行政紀律。

4. 全校測驗方案之協調：全校測驗方案的整體協調與行政事宜，是行政單位的責任；但是，若學校其他人員亦參與了全校測驗的行政或監考事宜，那麼學校諮商師也應基於公平分擔的原則而加入之。以下的步驟可協助學校諮商師決定如何對測驗施測過程所花費的時間予以歸類：

a. 瞭解一位教師平均花多少時間於施測過程。

b. 計算你花多少時間於同樣的施測過程。

c. 學校諮商師所費之時間，若等同於教師平均參與的時間，應歸為「系統支持」一類；若其超過教師平均參與時間者，則應視為「非輔導與諮商」一類。

II. 實施「時間—任務」分析

A. 同一學區內所有學校諮商師，會在每學期中選擇共同的五天時間，一起實施「時間—任務」調查。這五天乃分散於全學期，並應能反映出該月中代表性的日期；即其能反映屬於前述四項方案組成要素中的各種輔導與諮商方案活動，也包括當時可能存有的任何非輔導與諮商活動。

B. 由於每間學校的上課日是以分鐘數的最小單位來組成的，因此這項「時間—任務」分析調查結果亦需以「分鐘」為單位來加以記錄之。此附錄中所列出的調查範例表，是以十五分鐘為間隔單位來記錄活動所花費的時間。請注意，此調查表亦能記錄上學前及放學後所實施的輔導與諮商方案活動。此表格的電子格式範例版本可自 http://www.mcce.org 網站取得。

C. 特殊考量：以下活動不納入「時間—任務」分析中：

1. 免責之午餐時間。

2. 私人休假。

3. 醫師約診。

學校諮商師時間與任務分析表：以十五分鐘為單位

時間	輔導與諮商課程	個別學生規畫	回應式服務	系統支持	非輔導與諮商活動
上午 07:00-07:15					
上午 07:15-07:30					
上午 07:30-07:45					
上午 07:45-08:00					
上午 08:00-08:15					
上午 08:15-08:30					
上午 08:30-08:45					
上午 08:45-09:00					
上午 09:00-09:15					
上午 09:15-09:30					
上午 09:30-09:45					
上午 09:45-10:00					
上午 10:00-10:15					
上午 10:15-10:30					
上午 10:30-10:45					
上午 10:45-11:00					
上午 11:00-11:15					
上午 11:15-11:30					
上午 11:30-11:45					
下午 11:45-12:00					
下午 12:00-12:15					
下午 12:15-12:30					
下午 12:30-12:45					
下午 12:45-01:00					
下午 01:00-01:15					
下午 01:15-01:30					
下午 01:30-01:45					
下午 01:45-02:00					
下午 02:00-02:15					
下午 02:15-02:30					

時間	輔導與 諮商課程	個別 學生規畫	回應式 服務	系統支持	非輔導與 諮商活動
下午 02:30-02:45					
下午 02:45-03:00					
下午 03:00-03:15					
下午 03:15-03:30					
下午 03:30-03:45					
下午 03:45-04:00					
時段次數值： 每日百分比：	0	0	0	0	0
總時段次數值：		0	總百分比＝ 100%		
學校諮商師：				日期：	

學校諮商師時間與任務分析表範例：以十五分鐘為單位

時間	輔導與諮商課程	個別學生規畫	回應式服務	系統支持	非輔導與諮商活動
上午 07:00-07:15					
上午 07:15-07:30					
上午 07:30-07:45					
上午 07:45-08:00					
上午 08:00-08:15	15				
上午 08:15-08:30	15				
上午 08:30-08:45	15				
上午 08:45-09:00	15				
上午 09:00-09:15					
上午 09:15-09:30		15			
上午 09:30-09:45		15			
上午 09:45-10:00		15			
上午 10:00-10:15		15			
上午 10:15-10:30		15			
上午 10:30-10:45		15			
上午 10:45-11:00		15			
上午 11:00-11:15		15			
上午 11:15-11:30					
上午 11:30-11:45			15		
下午 11:45-12:00			15		
下午 12:00-12:15			15		
下午 12:15-12:30	15				
下午 12:30-12:45	15				
下午 12:45-01:00	15				
下午 01:00-01:15		15			
下午 01:15-01:30		15			
下午 01:30-01:45		15			
下午 01:45-02:00				15	
下午 02:00-02:15				15	
下午 02:15-02:30				15	

時間	輔導與諮商課程	個別學生規畫	回應式服務	系統支持	非輔導與諮商活動
下午 02:30-02:45					15
下午 02:45-03:00					15
下午 03:00-03:15				15	
下午 03:15-03:30				15	
下午 03:30-03:45				15	
下午 03:45-04:00				15	
時段次數值： 每日百分比：	7 23.33%	11 36.67%	3 10.00%	7 23.33%	2 6.67%
總時段次數值：		30	總百分比＝100%		
學校諮商師：				日期：	

時間分配表
小學層級

1. 目前學區的時間分配比例

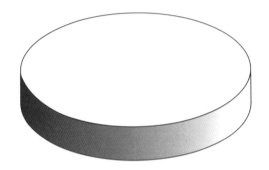

輔導課程	_____ %
個別規畫	_____ %
回應式服務	_____ %
系統支持	_____ %
非輔導	_____ %

2. 本州建議的時間分配比例

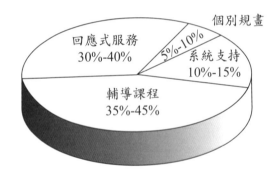

輔導課程	35%-45%
個別規畫	5%-10%
回應式服務	30%-40%
系統支持	10%-15%
非輔導	0%

3. 學區期望的時間分配比例

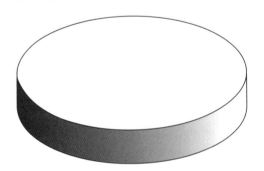

輔導課程	_____ %
個別規畫	_____ %
回應式服務	_____ %
系統支持	_____ %
非輔導	_____ %

時間分配表
中學層級

1. 目前學區的時間分配比例

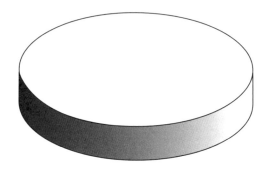

輔導課程	_____ %
個別規畫	_____ %
回應式服務	_____ %
系統支持	_____ %
非輔導	_____ %

2. 本州建議的時間分配比例

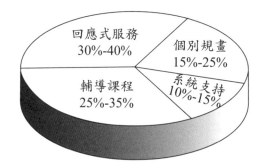

輔導課程	25%-35%
個別規畫	15%-25%
回應式服務	30%-40%
系統支持	10%-15%
非輔導	0%

3 學區期望的時間分配比例

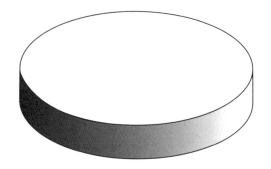

輔導課程	_____ %
個別規畫	_____ %
回應式服務	_____ %
系統支持	_____ %
非輔導	_____ %

時間分配表
高中層級

1. 目前學區的時間分配比例

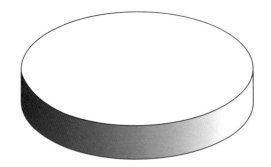

輔導課程	_____ %
個別規畫	_____ %
回應式服務	_____ %
系統支持	_____ %
非輔導	_____ %

2. 本州建議的時間分配比例

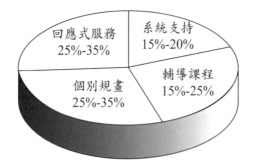

輔導課程	15%-25%
個別規畫	25%-35%
回應式服務	25%-35%
系統支持	15%-20%
非輔導	0%

3. 學區期望的時間分配比例

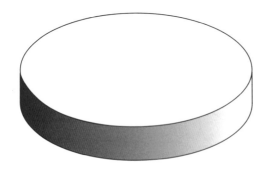

輔導課程	_____ %
個別規畫	_____ %
回應式服務	_____ %
系統支持	_____ %
非輔導	_____ %

註：取自 *Missouri Comprehensive Guidance Program: A Manual for Program Development, Implementation, Evaluation, and Enhancement*, by N. C. Gysbers, L. Kosteck-Bunch, C. S. Magnuson, & M. Starr, 2012. Copyright by the Department of Elementary and Secondary Education, Jefferson, City MO.

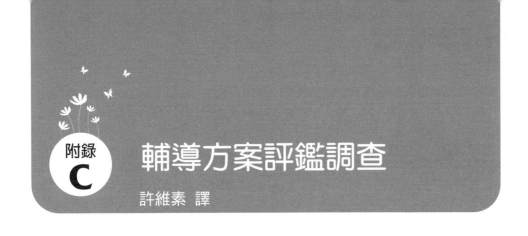

附錄 **C** 輔導方案評鑑調查

許維素 譯

1. 學校諮商師的樣貌——從高中／高職學生的觀點

說明：請在下列三項資料中，各圈出一個符合你的選項：

● 年級：　9　10　11　12

● 性別：　女　男

● 種族：　美國原住民　亞洲人　黑人　西班牙人　白人

你與學校諮商師會面的方式：於以下方式中，學校諮商師與你各會面了幾次？

	從寒假至今	於整學年中
於學校諮商師的班級輔導	＿＿＿＿＿	＿＿＿＿＿
與學校諮商師的小團體會談	＿＿＿＿＿	＿＿＿＿＿
與學校諮商師的一對一會談	＿＿＿＿＿	＿＿＿＿＿
學生、家長、學校諮商師的共同會議	＿＿＿＿＿	＿＿＿＿＿
學生、教師、學校諮商師的共同會議	＿＿＿＿＿	＿＿＿＿＿
與學校諮商師及校外相關人士的共同會議	＿＿＿＿＿	＿＿＿＿＿

學校諮商師提供的服務或討論的主題	學校諮商師與你會面，是否為了……			若有前述事宜，其是否對你有所幫助？				
	是	不確定	否	非常有幫助	滿有幫助	有點幫助	幫助很少	不太有幫助
1. 幫助你管理情緒？								
2. 提供引導，讓你能做出好決定？								
3. 引導你，好讓你為自己的教育計畫負起責任？								
4. 協助你設定目標與設定計畫？								
5. 幫助你接受你的決定所產生的結果？								
6. 幫助你產生改變與維持改變？								
7. 協助你瞭解別人的行為？								
8. 幫助你負起行為的責任？								
9. 幫助你因應同儕關係？								
10. 設定具挑戰性的教育目標？								
11. 協助你設立個人的目標？								
12. 提供你關於教育計畫的有用資訊？								
13. 協助你選擇符合你教育計畫的特定高中課程？								
14. 協助你做出計畫，以能達成你的短期、中期與長期目標？								
15. 在興趣、技能、價值、教育與職業之間進行連結？								
16. 對你的生涯和／或職業計畫提供協助？								
17. 討論時間管理的重要性？								
18. 談論同儕壓力的主題？								
19. 討論關於健康的議題？								
20. 幫助你處理行為問題？								
21. 提供協助於解釋你的測驗結果？								

學校諮商師提供的服務或討論的主題	學校諮商師與你會面,是否為了……			若有前述事宜,其是否對你有所幫助?				
	是	不確定	否	非常有幫助	滿有幫助	有點幫助	幫助很少	不太有幫助
22. 幫助你處理失落和／或悲傷的感受?								
23. 給予你社區機構和／或資源的相關資訊?								
24. 在你面對學業困難時提供幫助?								
25. 只是傾聽你說話?								
26. 幫助你處理壓力?								
27. 協調你的父母與校方人員之間的會議?								
28. 幫助你處理藥物和／或酒精問題?								
29. 對於你個人的私人議題提供引導?								

你的總結想法:

· 對你最**有效果**及**助益**的是哪一項服務或討論主題?＿＿＿＿＿＿＿＿
＿＿＿＿＿＿＿＿＿＿＿＿＿＿＿＿＿＿＿＿＿＿＿＿＿＿＿＿＿＿＿＿＿＿
＿＿＿＿＿＿＿＿＿＿＿＿＿＿＿＿＿＿＿＿＿＿＿＿＿＿＿＿＿＿＿＿＿＿

你的總結想法:

· 整體來說,高中輔導方案是否符合你個人的需求?
　是　不確定　否
　為什麼?＿＿＿＿＿＿＿＿＿＿＿＿＿＿＿＿＿＿＿＿＿＿＿＿＿＿＿＿＿
＿＿＿＿＿＿＿＿＿＿＿＿＿＿＿＿＿＿＿＿＿＿＿＿＿＿＿＿＿＿＿＿＿＿
＿＿＿＿＿＿＿＿＿＿＿＿＿＿＿＿＿＿＿＿＿＿＿＿＿＿＿＿＿＿＿＿＿＿

2. 學校諮商師的樣貌——從高中／高職學校諮商師的觀點

與學生接觸：在整學期的過程中，在全體學生裡，你以下列方式與其進行會面的比例大約有多少（請以最接近之 5% 的倍數來作答）？同時，以個別學生來計算，你以下列方式與其進行會面的平均次數大約有多少（請寫至小數點第一位，X.X 次，來作答）？

	占學生全體 的比例	每位學生 的次數
與學生進行班級輔導	_____	_____
與學生進行小團體會談	_____	_____
與學生進行一對一會談	_____	_____
學生、家長、學校諮商師的共同會議	_____	_____
學生、教師、學校諮商師的共同會議	_____	_____
與學生及校外相關人士的共同會議	_____	_____

提供的服務或討論的主題	對於你被分派負責的學生，你與他們見面是為了……						是否對學生有幫助？				
	6	5	4	3	2	1	非常有幫助	滿有幫助	有點幫助	幫助很少	不太有幫助
1. 幫助他們管理情緒？											
2. 提供引導，讓他們能做出好決定？											
3. 引導他們，好讓他們為自己的教育計畫負起責任？											
4. 協助他們設定目標與設定計畫？											
5. 幫助他們接受自己的決定所產生的結果？											
6. 幫助他們產生改變與維持改變？											
7. 協助他們瞭解別人的行為？											

6 = 全部／幾乎全部，5 = 大部分，4 = 很多，3 = 一些／不只幾個，2 = 很少，1 = 沒有／幾乎沒有

提供的服務或討論的主題	對於你被分派負責的學生，你與他們見面是為了……						是否對學生們有幫助？				
	6	5	4	3	2	1	非常有幫助	滿有幫助	有點幫助	幫助很少	不太有幫助
8. 幫助他們負起行為的責任？											
9. 幫助他們因應同儕的關係？											
10. 設定具挑戰性的教育目標？											
11. 協助他們設立個人的目標？											
12. 提供他們關於教育計畫的有用資訊？											
13. 協助他們選擇符合自己教育計畫的特定高中課程？											
14. 協助他們做出計畫，以能達成他們的短期、中期與長期目標？											
15. 在興趣、技能、價值、教育與職業之間進行連結？											
16. 對他們的生涯和／或職業計畫提供協助？											
17. 討論時間管理的重要性？											
18. 談論同儕壓力的主題？											
19. 討論關於健康的議題？											
20. 幫助他們處理行為問題？											
21. 提供協助於解釋他們的測驗結果？											
22. 幫助他們處理失落和／或悲傷的感受？											
23. 給予他們社區機構和／或資源的相關資訊？											
24. 在他們面對學業困難時提供幫助？											
25. 只是傾聽他們說話？											
26. 幫助他們處理壓力？											

6 ＝全部／幾乎全部，5 ＝大部分，4 ＝很多，3 ＝一些／不只幾個，2 ＝很少，1 ＝沒有／幾乎沒有

提供的服務或討論的主題	對於你被分派負責的學生，你與他們見面是為了……						是否對學生們有幫助？				
	6	5	4	3	2	1	非常有幫助	滿有幫助	有點幫助	幫助很少	不太有幫助
27. 協調他們的父母與校方人員之間的會議？											
28. 幫助他們處理藥物和／或酒精問題？											
29. 對於他們個人的私人議題提供引導？											

6 ＝全部／幾乎全部，5 ＝大部分，4 ＝很多，3 ＝一些／不只幾個，2 ＝很少，1 ＝沒有／幾乎沒有

你的總結想法：
• 你覺得對學生最有效果及助益的是哪一項服務或討論主題？＿＿＿＿＿＿＿
＿＿＿＿＿＿＿＿＿＿＿＿＿＿＿＿＿＿＿＿＿＿＿＿＿＿＿＿＿＿＿＿＿＿
＿＿＿＿＿＿＿＿＿＿＿＿＿＿＿＿＿＿＿＿＿＿＿＿＿＿＿＿＿＿＿＿＿＿

你的總結想法：
• 整體來說，高中輔導方案是否符合你個人的需求？
　是　不確定　否
　為什麼？＿＿＿＿＿＿＿＿＿＿＿＿＿＿＿＿＿＿＿＿＿＿＿＿＿＿＿＿＿
＿＿＿＿＿＿＿＿＿＿＿＿＿＿＿＿＿＿＿＿＿＿＿＿＿＿＿＿＿＿＿＿＿＿
＿＿＿＿＿＿＿＿＿＿＿＿＿＿＿＿＿＿＿＿＿＿＿＿＿＿＿＿＿＿＿＿＿＿

3. 學校諮商師的樣貌——從高中／高職教師的觀點

背景資訊：

學校名稱：＿＿＿＿＿＿＿＿＿＿＿

你在此校的服務年資（包含今年）：＿＿＿＿＿＿＿＿＿＿＿

你於哪幾個年級進行教學：　9　10　11　12

你教授的科目領域（請勾選出所有符合的選項）：

＿＿＿＿＿英語　　＿＿＿＿＿算術　　＿＿＿＿＿自然科學　　＿＿＿＿＿社會科學

＿＿＿＿＿國際語言　　＿＿＿＿＿生涯／科技教育　　＿＿＿＿＿藝術

＿＿＿＿＿特殊教育　　＿＿＿＿＿其他：＿＿＿＿＿＿＿＿＿＿＿

特殊角色：你的學校是否有一位諮商師是被清楚指派為以下角色？（請圈選一個符合的選項）

特殊教育諮商師：　　　　　　　　是　不確定　否

物質濫用與預防教育諮商師：　是　不確定　否

運用此登錄表，圈選你對下列敘述的觀察結果。

發生與否：

Y＝是，有發生；U＝不確定是否發生；N＝否，從未發生

助益性（若該敘述有發生，其是否對學生有幫助？）：

＋＋為非常有幫助，＋為有些幫助，－為不太有幫助，－－為毫無幫助

	發生與否			助益性			
學校諮商師（運用輔導課程）……							
1. 協助學生的個人發展。	Y	U	N	＋＋	＋	－	－－
2. 協助學生的社會發展。	Y	U	N	＋＋	＋	－	－－
3. 協助學生的生涯發展。	Y	U	N	＋＋	＋	－	－－
4. 協助學生的教育發展。	Y	U	N	＋＋	＋	－	－－
5. 幫助學生在學校裡能與其他人有效地合作。	Y	U	N	＋＋	＋	－	－－
6. 是學校社群團隊中不可或缺的一分子。	Y	U	N	＋＋	＋	－	－－
7. 在學校教職員中擁有良好的人際關係。	Y	U	N	＋＋	＋	－	－－
8. 擁有適當的物理工具與空間設備。	Y	U	N	＋＋	＋	－	－－

	發生與否			助益性			
9. 在進行輔導課程時，會與其他教師進行諮詢及合作。	Y	U	N	++	+	−	−−
10. 在進行輔導課程時，會提供教師相關訓練。	Y	U	N	++	+	−	−−
11. 直接教授輔導課程。	Y	U	N	++	+	−	−−
學校諮商師（運用個別學生規畫系統）……							
1. 執行團體輔導。	Y	U	N	++	+	−	−−
2. 能確保正確且有意義地解釋測驗結果及其他考評結果。	Y	U	N	++	+	−	−−
3. 與其他負責提供生涯資訊和教育資訊的人員進行諮詢。	Y	U	N	++	+	−	−−
4. 會與教師合作於發展個別學生規畫系統之活動與程序（例如事前註冊與測驗的進行）。	Y	U	N	++	+	−	−−
5. 舉辦新生說明會。	Y	U	N	++	+	−	−−
6. 發布特殊測驗（如：PSAT、SAT、ASVAB 等測驗）之相關訊息。	Y	U	N	++	+	−	−−
學校諮商師（運用回應式服務）……							
1. 實施團體諮商。	Y	U	N	++	+	−	−−
2. 事先計畫一些介入行動，以面對一些預期問題復發之事件，或處理學生因其發展階段而會面臨的情況。	Y	U	N	++	+	−	−−
3. 依需要而與精神健康專業者合作工作。	Y	U	N	++	+	−	−−
4. 依需要而維持適當的文件資料與紀錄。	Y	U	N	++	+	−	−−
5. 提供教師一些程序資訊，讓其轉介學生至輔導室。	Y	U	N	++	+	−	−−
6. 對個別學生進行諮商。	Y	U	N	++	+	−	−−
學校諮商師（提供系統支持性服務予其他方案）……							
1. 為了更佳地整合輔導方案目標與學區目標，不斷地持續努力。	Y	U	N	++	+	−	−−
2. 提供協助，告知學校社群關於方案的任務、目的和可獲得的服務。	Y	U	N	++	+	−	−−
3. 勝任且適當地執行輔導方案。	Y	U	N	++	+	−	−−
4. 展現了專業素養。	Y	U	N	++	+	−	−−

	發生與否			助益性			
5. 透過發展教育與生涯計畫，引導學生個人或學生群體成長發展。	Y	U	N	＋＋	＋	－	－－
6. 與家長進行諮詢，以提升他們與子女間的關係。	Y	U	N	＋＋	＋	－	－－
7. 與教師進行諮詢，以促進他們與學生的工作。	Y	U	N	＋＋	＋	－	－－
8. 與社區人員共同合作，以彙集資源給學生。	Y	U	N	＋＋	＋	－	－－
9. 運用有效的轉介過程，協助學生和他人善用特殊的方案和服務。	Y	U	N	＋＋	＋	－	－－
10. 參與標準化的測驗方案。	Y	U	N	＋＋	＋	－	－－
11. 向學生解釋測驗結果與其他考評結果。	Y	U	N	＋＋	＋	－	－－
12. 堅守符合倫理的、合法的、專業的標準。	Y	U	N	＋＋	＋	－	－－
13. 能與校園和學區的工作人員合作。	Y	U	N	＋＋	＋	－	－－

一個最終的想法：

• 如果你可做出一項改變來使學校輔導計畫產生最大的改善，那會是什麼？

_____

_____

教育委員會之轉介政策及學生輔導與諮商方案範本

許維素　譯

學生輔導與諮商轉介

　　＿＿＿＿＿＿＿＿＿＿（此處寫上學區名稱）十分關注學區內學生的安全與健康發展。學區的服務雖不能滿足所有的學生需求，但會協助學生及其家庭尋求外界的幫助，特別是當學生的生命或健康處於危機狀態時。學區工作人員必須依照以下程序，轉介學生接受進一步的衡鑑。

定義

1. 轉介協調者（referral coordinator）：學區內具備自殺危機衡鑑之特定訓練的人士，負責接收和回應在此程序中所收到的每個通報。
2. 自殺行為（suicidal behavior）：這個語詞包含了有關自殺症狀的各種行為。
3. 自殺意念（suicidal ideation）：關於執行自殺的想法和構想。
4. 自殺企圖（suicidal intent）：執行自殺意念的特定計畫和動機。
5. 自殺警訊（suicide warning signs）：特定個體展現關於自殺危機的外顯指標。

鑑定出需要轉介的學生

一般來說，自殺行為是歷經一段時日發展而成，這讓我們在學生真正企圖自殺之前，有機會能辨識出逐漸陷入自殺危機的學生。藥物與酒精使用以及心理健康議題，常與自殺或嘗試自殺之行為有關。由於心理健康專業的工作在於治療，因而學區工作人員應致力於辨識出確切的危機因素，並轉介學生給心理健康專業工作者，以接受進一步的衡鑑。

所有在職責中會固定與學生進行日常接觸的學區工作人員，每年都會接受以下幾項主題的訓練：

1. 酒精或藥物濫用的症狀。
2. 心理健康問題的症狀。
3. 自殺行為的辨識，包括自殺危機因素、自殺警訊，以及熟悉心理健康專業人士所進行的衡鑑過程。

進行通報

此學區的轉介協調者為：

〔職稱（例如：高中學校諮商師）〕

〔地址〕

〔電話〕

所有有關藥物或酒精使用、疑似心理健康議題或自殺行為的通報，都必須以書面的方式提交給轉介協調者。在學生健康或生命受到急迫威脅的緊急情況下，可於盡快完成書面資料的同時，先以口頭方式進行轉介。一旦接獲通報，轉介協調者便會：

1. 對該位學生進行評鑑。
2. 將學生具有違反學區政策的藥物或酒精使用行為，向學校行政主管（building administrator）通報。
3. 將轉介事宜與衡鑑結果告知家長／監護人。

4. 將衡鑑結果告知學校行政主管。

5. 在情況許可或經要求下，提供校外相關服務的資訊，並與低價或免費的服務系統合作。轉介協調者會保存一份綜合清單，其中內容包括：學生及家長／監護人能取得的心理健康服務提供者、藥物和酒精諮商與治療提供者，以及其他合適的公共與私人服務等的最新聯絡資訊。

6. 在家長／監護人的要求下，將學生轉介至家長／監護人所選擇的校外服務單位。

7. 對學區工作人員提供對此學生行使相關職責所需得知的資訊，以與轉介的工作人員共同進行後續追蹤工作。

轉介協調者不會建議家長／監護人或學生應該使用哪一項服務，也不會承諾或暗示學區會為這類服務承擔任何財務責任。

當學生被辨識有自殺企圖時

如果辨識出學生存有自殺企圖，工作人員會將此告知轉介協調者與學校行政主管，也會在轉介協調者到達之前，陪同於學生身邊。下列行動應由轉介協調者、學校行政主管負責，或者由另一位工作人員（沒有轉介協調者或學校行政主管在場時）來完成：

1. 不讓學生離開學校。若學生試圖離開，則通知警方。

2. 告知家長／監護人。

3. 若經判讀，認為能順利安全地要求學生交出各項自殺工具，則請學生交出，如藥丸或武器等。

4. 若學生持有武器或藥物，則向警方通報。

5. 將學生帶至指定的安全區域。

保密性

學校諮商師與學生、學區人員能建立信任關係，乃為必要之舉；然而，學校諮商師不被允許向學生承諾絕對的保密性。學校諮商師有時可能會被要求需

向家長／監護人透露訊息、進行虐待或忽視兒童事件之通報、向學區人員傳達必要訊息使其能更佳地服務學生，或適度向督導者進行報告等。

＊＊＊＊＊＊＊

註：在此鼓勵讀者瀏覽相關政策和／或表格，以獲得此行政領域的相關資訊。

實施日期：

修訂日期：

密蘇里州學校促進方案準則：6.9

（學區區域範圍）＿＿＿＿＿＿＿＿＿

■ 學生輔導與諮商

定義

1. 諮商師（counselor）：根據此政策目的，諮商師乃指初等與中等教育部（Department of Elementary and Secondary Education, DESE）所定義的學校諮商師。

2. 輔導諮詢委員會（Guidance Advisory Committee, GAC）：此委員會組成人員包括每年級至少一位學校諮商師、一位校長、多位教師，以及委員會監事所指定的其他人士等。

概述

＿＿＿＿＿＿＿＿＿（學區名稱）的全方位輔導方案因能滿足學生之個人／社會、學業與生涯發展等需求，而給予各年級所有學生十分重要的助益性。研究指出，充分實施全方位輔導方案，乃對學生成就有正面影響，同時，還能潛在地促進學生出席率、減少訓導性轉介，以及改進密蘇里州衡鑑方案（Missouri Assessment Program, MAP）的成績。為了支持學區促進學生成就的努力，教育

委員會要求在堅守密蘇里州全方位輔導方案的所有標準下，此一全方位輔導方案應被全然地實施。此一全方位輔導方案應實施於學生的各相關層面，並應被視為每所學校教育方案不可或缺的一部分。全方位輔導方案的目標，會與學區的全方位學校促進計畫（Comprehensive School Improvement Plan, CSIP）以及學生表現資料密切結合。此全方位輔導方案應在學區人員、學生、外部組織和機構的支持下，由合格的學校諮商師來進行實施。

輔導課程

學校諮商師會設計出書面的輔導課程並加以實施，以促進學生的學業、生涯與個人／社會的發展。教育委員會會提供資源，支持實施幼兒園至十二年級的輔導課程活動。輔導課程將經過系統性的審查和修訂。輔導課程的修改依據，乃以至少每三年蒐集與更新一次的學生資料、學校資料，以及需求評估資料等為基礎。

個別學生規畫

個別學生規畫會幫助所有學生規畫、監控與管理自己的學業成就、個人／社會和生涯發展。學生個別規畫的基礎，將會在小學時期便經由輔導活動來建立之。輔導方案的個別學生規畫組成要素，建立於此基礎之上，並會在學生中學開始為未來作規畫時給予協助，並會繼續支持學生於個別規畫的努力，直到學生畢業為止。一位學生四到六年的個人學習計畫（Personal Plan of Study, PPS）最晚不應超過八年級才開始進行，並會至少包含以下內容：評鑑與建議活動、與家長／監護人合作，以及長期與短期教育生涯目標的確認。個人學習計畫會每年進行審查，並基於需要而予以修訂。

回應式服務

回應式服務是指學區為回應某一特定學生的立即需求與擔憂，或者為回應

某些學生群體被確定出來的需求與擔憂，所採取的轉介措施和其他行動。全方位輔導方案之回應式服務組成要素的效用，是在學生之個人環境、關注、擔憂或問題具有干擾性或威脅性，而影響到學業、生涯或個人／社會發展時，與這些學生進行工作。回應式服務會藉由個別諮商、小團體諮商，以及諮詢和轉介的方式來實施。

轉介的進行，應符合教育委員會的政策和學區的程序而予以執行。在輔導諮詢委員會的協助下，監督管理者會發展出明確程序，以讓工作人員足以執行，並能鑑定出可能超出一般學校諮商師所提供的協助範疇而需尋求轉介的學生。在執行職責中會與學生有固定日常接觸的所有工作人員，每年都會接受執行這些程序的相關訓練。

若有全國流行疾病事件或其他緊急情況，學校諮商相關人員亦會協助學生處理個人與情緒議題。於學區之緊急回應介入計畫（emergency response intervention plan, ERIP）中，對於如學校長期關閉的事件，也說明了如何繼續提供諮商支持的方式。

系統支持

教育委員會視系統支持為充分施行全方位輔導方案的關鍵要素。全方位輔導方案的系統支持，包含足以支持此方案的相關行政與管理活動。教育委員會指導行政部門如何實施支持輔導方案的活動，例如：方案管理、公平分擔職責、專業發展、工作人員—社區關係、諮詢、委員會參與、社區外展服務，以及研究與發展。

方案目標

學區會在下列領域致力於達成方案的目標：

◼ 1. 個人／社會發展

● 藉由強調引導學生認識與瞭解日常生活中人際關係的想法、感覺與行動

的知識,而協助學生對於身為一個個體的自我,以及身為一個多元化的區域與國際社區的一分子,能有所瞭解。

- 提供學生一個堅實的基礎,讓學生得以使用尊重個別差異與群體差異的方式,來與他人互動。
- 幫助學生學習施行維護身心安全的措施,並促進學生擁有為自己倡導的能力。

■ **2. 學業發展**

- 藉由聚焦於自我管理、讀書與考試的技能,引導學生懂得應用達成教育成就所需之技能。
- 當學生轉換年級或學校時,教導學生相關技能以幫助他們。
- 聚焦於發展及監控個人教育計畫,將學生發展有意義於個人學習計畫所需的理解、知識與技能,予以實踐之。

■ **3. 生涯發展**

- 促使學生懂得應用生涯探索與規畫技能於其一生之生涯目標的達成。
- 教育學生學會如何獲取工作世界及中學畢業後有關訓練與教育等相關資訊的場所與方法。
- 提供學生機會,以學習就業準備(employment readiness)及獲得在職成功(on-the-job success)的相關技能,包括責任感、可靠度、準時、廉正、自我管理與努力等。

保密性

學校諮商師與學生、學區人員能建立信任關係,乃為必要之舉;然而,學校諮商師不被允許向學生承諾絕對的保密性。學校諮商師有時可能會被要求需向家長/監護人透露訊息、進行虐待或忽視兒童事件之通報、向學區人員傳達必要訊息使其能更佳地服務學生,或適度向督導者進行報告。

在向學生解釋保密限制時,需以合於學生發展階段的態度小心進行之。除

了以口頭方式告知個別學生之外，還可藉由多種方法告知學生保密限制，包含班級課程、學生手冊、學區網站和輔導諮商手冊等方式。

　　學區諮商師有責任維護學生紀錄的保密性，僅在遵照聯邦法律、各州法律和教育委員會政策時才釋出資訊。對於資訊的電子化傳遞和儲存，必須維持與傳統紙本紀錄一樣的保密程度；需以保護學生身分的方式，小心地傳遞敏感的訊息。

輔導諮詢委員會與評鑑

　　輔導諮詢委員會將系統性地審核學區的全方位輔導方案，包含幼兒園至十二年級之輔導課程。透過一個全方位評鑑計畫的發展與應用，全方位輔導方案會受到系統化的評鑑。此全方位的評鑑計畫將依據密蘇里州學校促進計畫（MSIP）表現標準和其他相關標準，包含（但不限於）出席、成績與行為的影響，來初步衡鑑全方位輔導方案之成效。

＊＊＊＊＊＊＊

　　註：在此鼓勵讀者核對此段落開頭之索引（譯註：本書並未附原文件中的索引，若需核對請查閱原文件），以瞭解其他相關政策；讀者亦可瀏覽相關行政程序和／或表格，以獲得有關資訊。

　　通過日期：

　　修訂日期：

　　Cross Refs：EBCA，危機介入計畫

　　　　　　　IL，衡鑑方案

　　密蘇里州學校促進方案準則：6.9, 7.7, 8.8

　　（學區區域範圍）＿＿＿＿＿＿＿

註：取自 Missouri School Boards' Association sample policies JHD-AP-1A (11/10) and JHD-C.1 E. (11/10). Copright © 2010 by the Missouri School Boards' Association.

高中學校諮商師（high school counselor）

首要功能：身為輔導部門工作人員的一分子，高中學校諮商師負責：提供全方位輔導與諮商方案給九到十二年級的學生，並對於被分派負責的學生（約450人）提供能滿足其特殊需求的特定服務；與教師、工作人員、家長進行諮詢，提升他們幫助學生於教育、生涯、個人與社會發展的效能；以及對其他高中教育方案提供支持。

主要工作職責：(1)教授高中輔導課程；(2)透過教育與生涯計畫的發展，對學生個人或學生群體進行引導；(3)透過教育與生涯計畫的發展，提供學生小團體諮商與個別諮商；(4)就學生問題，提供小團體諮商與個別諮商；(5)與教師、工作人員、家長進行諮詢，包括提供其所負責青少年的特定資訊，以及如何因應青少年發展需求的訊息；(6)將帶著問題的學生或家長，轉介至特定專業工作者或特殊方案服務中；(7)參與、協調或實施任何促進學校有效運作的活動；(8)規畫與評鑑學校輔導方案；以及(9)持續追求專業成長。

工作關鍵責任的說明：

(1) 教授高中輔導課程：在班級情境中實施發展性輔導課程。此課程的規畫與實施，乃會同教學部門、導師相關系統或學生自習制度而行；或者，此課程也會與學校行政單位共同策劃修訂。學校諮商師會與教師進行諮詢或成為教師的資源提供者，並促使輔導課程內容融入正規教育課程之

中。

(2) 透過教育與生涯計畫的發展，對學生個人或學生群體進行引導：為新生辦理新生說明會的活動，如午餐研討會（brown bag lunch sessions）多參與為即將入學之九年級生舉辦的說明會方案；引導九年級與十年級學生更新他們的「高中四年計畫」（High School 4-Year Plans）；引導十一年級與十二年級學生評估他們的現況，並為達成高中畢業的目標進行規畫；引導十二年級學生發展與採取適當的步驟，以朝向其高中後教育或生涯計畫邁進；分別幫助九、十、十一年級學生規畫／協調進入十、十一、十二年級的事前註冊事宜；與中學學校諮商師合作，完成八年級學生進入九年級的事前註冊事宜；協助新到學區之學生於註冊時的選課事宜；向學生、家長與教師解釋標準化測驗結果的訊息，如：「德州學業技能衡鑑」（Texas Assessment of Academic Skills, TAAS），以及「計畫」（PLAN）——一個行動前（pre-ACT）的生涯輔導工具；引導學生團體與個別學生懂得應用上述測驗結果資訊於其教育與生涯計畫中；向學生團體解釋大學入學測驗或生涯衡鑑的結果；透過實施或督導生涯教育活動，例如運用生涯中心說明會、「發現」（DISCOVER）系統及其他生涯中心的資源，引導每位學生發展暫時性的生涯／職業計畫；提供一個機制，系統化與有效地散播資訊，使得個別學生或家長在發展教育或生涯計畫時，能獲得最新的、正確的所需資訊。

(3) 對帶著問題的學生進行小團體與個別諮商：實施結構化的、目標導向的諮商會談，系統性地回應個別學生或學生群體的特定需求——高中層級學生一再出現的主題包括：學業失利、出席與行為問題、同儕問題、家庭議題、兒童虐待、物質濫用、自殺威脅與企圖，以及性行為議題等。

(4) 與教師、工作人員、家長進行諮詢，提供關於其所負責青少年的特定資訊，以及如何因應青少年發展需求的訊息：參與學校教職員會議與活動；以整體教職員或以各部門為一單位，提供教職員在職訓練方案；實施／促進與教師、學生或家長的會議；實施或提供親職與教育方案的機會；為親職通訊寫文章；協助家庭處理關於學校的議題。

(5) 將帶著問題的學生或家長轉介至特定專業工作者或特殊方案服務中：與

學區內及社區的特定專業工作人士進行諮詢和協調，如：學校護理人員、行政人員與心理學家，以及社區導向的心理學家、服務機構與醫師等。

(6) 參與、協調或實施任何促進學校有效運作的活動：與行政單位合作計畫與施行事前註冊與學校預備日（PREP days）的活動；向教職員工解釋團體測驗的結果；在校長欲提升該校教育的目標上，盡一份心力；與教學人員合作施行「建議班級安置之指導方針」（Placement Recommendation Guidelines）；與各個教學單位建立有效的聯繫；在編排工作進度計畫表的過程中，提供行政單位一些意見和建議；於學校系統做決策時，為個別學生或學生群體進行倡議；依照學區政策，督導學生更改個人課程計畫表；與其他學校工作人員合作，將有特殊需求的學生安置於適當的方案中，如其他正規教育、特殊教育，以及生涯與技職教育機會等；與負責學區測驗方案（如：TAAS、PLAN）的行政單位協調、合作，以進行全校性的活動；督導特殊團體測驗的行政事宜〔如：PSAT、SAT、ACT、AP；軍職適性測驗（Armed Services Vocational Aptitude Battery, AS-VAB）等〕；與行政單位進行合作，也為教師倡議系統提供督導。

(7) 規畫與評鑑學校輔導方案：與輔導部門其他工作成員共同合作，藉由清楚陳述方案目標的需求、排定輔導部門的行事曆，以及完成高中年度輔導方案計畫（Annual Guidance Program Plan—High School）等工作，來設計該校的輔導方案；於執行相關策略的同時，亦進行策略評鑑；以及完成年度的高中輔導方案評鑑報告（Guidance Program Evaluation Report — High School）。

(8) 持續追求專業成長：參加學區所贊助的教職員工專業發展課程；參與相關學會，如：諾斯賽德諮商學會（Northside Counseling Association）、南德州諮商學會（South Texas Counseling Association）、德州諮商學會（Texas Counseling Association）、美國諮商學會（American Counseling Association）；閱讀專業期刊；參加由專業組織所贊助舉辦的相關工作坊及研討會，如：二十區（Region 20）、德州教育局（Texas Education Agency）等單位的活動；以及修習碩士畢業後的相關課程。

　組織關係：接受學校諮商師主任、校長與輔導部門主任的督導；與其他學

校諮商師和輔導部門人員合作工作；以及與其他學校或學區人員合作工作。

　　表現標準：高中諮商師的表現被視為「令人滿意」之時，在於：(1)當學校諮商師主任、校長與輔導部門主任同意，且學校諮商師的知能程度能同樣反映於「諾斯賽德獨立學區諮商師評鑑表」（Northside Independent School District Counselor Evaluation Form）當中；以及(2)當高中年度輔導方案計畫的評鑑，顯示出全面性的效能時。

■ 輔導部門主任（director of guidance）

　　受管轄於：負責學生事務的副校長。

　　教育與證照的要求：獲取經認證之學校諮商方案碩士學位，以及德州教育局所核發中小學行政人員的合格證書。

　　至少具有五年於學校諮商工作的成功經驗。

　　負責督導：1.全方位輔導方案。

　　工作表現的陳述

I. 教學管理

1. 對學校諮商師致力於提供符合所有學生需求的輔導方案，進行監督。
2. 能與學校諮商師、校長和其他學區行政人員合作，共同計畫、設計、實施與評鑑輔導方案。
3. 與發展學校與學區方案任務、清楚表達方案遠景的其他相關人士，進行合作。
4. 運用輔導內容的知識及方案發展歷程，催化學校諮商師能提供適合學生的輔導與諮商經驗。
5. 與校長合作，以創造出更為有效的校園輔導方案。
6. 瞭解學區課程與教學的實施策略，以及輔導部門支持教學的方式。
7. 促進當前科技於輔導方案的運用。

8. 鼓勵與支持能符合學生特定需求的創新策略發展與施行。

9. 能有效能地將輔導工作人員納入評鑑和選擇素材的過程中，以滿足特定學生需求與達成方案目標。

II. 學校／組織氣氛

10. 對教職員工懷有高期待和高關注的態度，並與他們溝通這項觀點。

11. 有效地與教職員工、社區、媒體和學校委員會進行關於學區、任務、政策與方案事宜的溝通，特別是其與輔導方案及諮商工作人員有關時。

12. 與其他學區工作人員合作，發展有關各部門單位職責的長短期計畫。

13. 促進輔導部門工作成員之間的同儕關係、團隊工作，以及共同決策參與歷程。

14. 對於與學校諮商師、行政人員、家長和／或社區之間發生衝突時的相關解決技能，提供示範。

15. 適當地回應可能損害教育環境，或威脅學生、工作人員的安全與福祉的情況。

16. 遵守及促進學校諮商相關倫理準則（Codes of Ethics）的遵循，並適當地詮釋倫理準則。

III. 學校／組織促進

17. 聚焦於輔導部門的運作，以方案與學區的任務為前進方向，並達成其所訂定之目標與目的。

18. 計畫與實施關於部門運作的需求評估。

19. 能將有關輔導與諮商有效策略的相關研究結果，應用於促進全體學區與學校方案之上。

20. 發展可執行的政策和程序，以能發揮部門的效能。

21. 系統性地監控輔導方案的施行。

22. 運用相關的評鑑結果來決定目標達成的程度，並提供方案持續改進的基礎

資訊。

23. 執行與幫助他人善用學生衡鑑資料，而能適當地依據衡鑑結果，進行解釋、報告及行動。

24. 積極支持他人對工作的努力，以達成學區和學校的目標。

IV. 人事管理

25. 管理學校諮商師之招募、選擇、工作定向與任務分派等學區方案。

26. 管理學校諮商師評鑑的學區方案。

27. 管理輔導部門任務解說的準備與修訂。

28. 維護學校諮商師職位申請系統及其可信度；此系統不僅需顯示出學區的正面與專業作為，也需能促進此人員招募與選擇過程的改善。

29. 管理諾斯賽德獨立學區諮商師表現促進系統（Northside Independent School District Counselor Performance Improvement System），並與其他負有相關責任的行政人員進行合作。

30. 管理臨床督導，其為促進學校諮商師有效實施輔導方案的媒介之一。

31. 與學校諮商師的督導定期舉行會議，討論諮商工作表現的品質。

32. 管理相關系統，使學校諮商師能發展促進表現目標及發掘專業成長機會。

33. 在可取得資源的範圍內，提供學校諮商師輔導方案的資源與素材。

34. 取得諮詢師、專業者及其他資源的支援，以協助學校諮商師達成輔導方案目標。

35. 為學校諮商師提供提升效能的在職活動，需根據學區任務，並採納方案評鑑結果以及學校諮商師和其他人的建議。

V. 行政與財務／設備管理

36. 準備、建議與核銷輔導方案的經費預算。

37. 管理輔導方案各種所需素材與設備的選擇、評鑑與採購過程。

38. 提供建設性的建議，以確保相關政策與規章是支持教育環境的。

39. 能分析為執行出最佳輔導方案效果所需的相關器材與必要設備。

40. 運用資訊,對輔導方案進行必要的改變或調整。

41. 對所分配到的方案經費,展現負責任的財務控管行為。

42. 基於規定的要求和／或持有不斷改善輔導方案的期望,需對書面紀錄和報告進行整理與維護。

VI. 學生管理／關係

43. 對訓導管理系統有充分的瞭解,以能處理需關注的案主。

44. 確保輔導方案是有效支持教育環境的。

45. 支持學區與學校所施行的相關規定。

VII. 學校／組織—社區關係

46. 與學區外的人員合作,以透過輔導方案為學生增加可獲取的資源。

47. 適當地向一般大眾闡述學區的整體任務與目標,以及說明輔導部門的功能對其如何支持之。

48. 與家長和社區溝通學區的輔導方案,並徵詢他們對於相關議題的意見與建議。

49. 參與諾斯賽德家長—教師協會會議(Northside Council of PTAs)的活動,以促進學區能與更大範圍的社區之間建立關係與互相尊重。

50. 有效地與媒體溝通關於學區的教育哲學觀及輔導方案的資訊。

51. 在公眾面前針對學區任務進行溝通時,需展現出對於學區任務的認同。

VIII. 專業成長與發展

52. 積極尋求部屬、同儕和副校長所給予的評鑑性回饋資訊,並善用之,以能促進工作表現。

53. 藉由參與各種專業發展活動,跟上目前專業的最新發展。

54. 參與專業發展活動，以改進工作表現。

55. 以專業的、合倫理的、負責任的態度來履行職責，如依循德州教育局的教育者倫理準則（Texas Education Agency Code of Ethics for Educators）與美國諮商學會的倫理準則所界定的規範。

IX. 其他

56. 執行其他任務，承擔可能被交派的其他職責。

■ 生涯輔導中心技術師（career guidance center technician）

職務說明

生涯輔導中心技術師在學校諮商師主任的督導下，管理高中生涯中心並施行部分的生涯輔導方案。

工作職責

1. 蒐集與組織職業相關資料，以提供生涯中心相關資源素材。
2. 以班級團體的形式，對所有年級學生講授部分生涯輔導課程。
3. 協助學校教師與諮商師尋找及運用生涯資訊與素材。
4. 分發關於工作機會、生涯、職業方案、學校、大學、獎學金、贊助與貸款、軍隊與其他方案的資料，並負責這些資料的檔案整理、編目與維護工作。
5. 操作視聽設備、電腦化生涯資訊系統與個人電腦，並教導學生如何操作。
6. 針對生涯輔導講授者方案，進行協調。
7. 協助學生完成自填式生涯興趣測驗和其他衡鑑的填寫與計分活動。
8. 向教師與家長進行生涯中心簡報介紹，以鼓勵他們和學生善用生涯中心資

源。

9. 維護生涯中心的器材與設備，並安排器材與設備的使用時間表。

10. 負責一些記帳和其他一般性的秘書工作。

11. 在學校諮商師主任的指派下，協助輔導部門。

資格的最低標準

高中畢業並符合下列資格的其中一項：

- 商學院的結業證書。
- 至少合格修完一學期的大學學業，同時至少修習一門商業課程。
- 曾在商學院註冊，或在可接受的課程方案中完成相關訓練，而能精熟於所需的工作任務。
- 在商學院中曾成功修完兩門課程。
- 顯示出幾種技術性的勝任能力，包括打字、謄寫、建檔程序和辦公室紀錄管理等。

■ 高中註冊登錄人員（high school registrar）

職務說明

在學校諮商師主任的督導下，高中註冊登錄人員負責維護學生固定性的紀錄，並從紀錄中形成相關資訊。

工作職責

1. 為學區內的新生及轉學生進行登記／註冊。

2. 完成各項新生紀錄表。

3. 輸入學業成就紀錄的資料。

4. 維護學生的學業成就紀錄。

5. 維護在校生與退學學生的檔案資料。

6. 協調學生的退學事宜。

7. 根據書面要求，為在校或已離校的學生寄發相關謄本文件。

8. 索取新生／轉學生的相關謄本文件。

9. 追蹤每位學生的畢業進度，與學校諮商師就特殊個案進行諮詢。

10. 計算第六學期與第七學期的學期排名與平均成績。

11. 依規定的時程，整理出目前無用的紀錄，以縮微膠片儲存之，或者予以銷毀。

12. 維護辦公設備與負責用品補給。

13. 執行辦公室所需要的打字和通信聯繫等工作。

14. 需依據家庭教育權與隱私權法案（Family Educational and Privacy Rights Act, FERPA），判斷如何從固定性紀錄中提供訊息。

15. 訓練與督導在辦公室擔任助理的學生。

16. 與學校諮商師或行政人員針對重要資訊進行溝通。

17. 在學校諮商師主任的指派下，執行其他職責。

資格的最低標準

高中畢業並符合下列資格的其中一項：

● 商學院的結業證書。

● 具有勝任的辦事員／秘書技能。

● 曾擔任教育性質工作之秘書，且至少擁有三年工作經驗。

● 至少合格修完一學期的大學學業，同時修習至少一門商業課程。

● 成功顯示出必備的技術性能力及辦公室紀錄的管理能力。

註：取自 Northside Independent School District, San Antonio, TX.

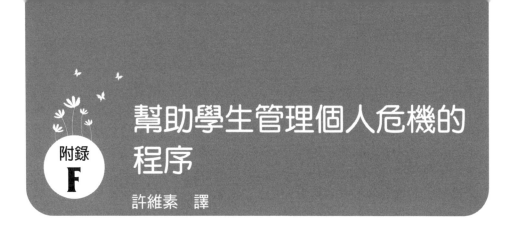

附錄 **F**

幫助學生管理個人危機的程序

許維素　譯

主旨：幫助學生管理個人危機的程序

致：所有人員

　　以下程序發展於過去幾年，目前被積極宣導，以能提供指引，好讓工作人員在協助面臨個人危機的學生時，能執行完善的專業判斷。特殊通報的要求，如疑似虐待兒童的事件，這些程序也可應用於其中。

定義

　　處於個人危機之中的學生，是指該學生處於讓自己或他人在健康、安全和／或福祉受到危害的危險之中。例如，處於這類危機中的學生可能是：

- 威脅要自殺、蹺家，或欲從事其他危及自己或他人之事者。
- 重病、急性或慢性憂鬱、哀傷或懷孕者，或者懷疑自己處於上述情形者。
- 使用非法物質，和／或濫用毒品或其他藥物者。
- 涉及（或認真考慮要參與）犯罪活動（如竊盜、縱火、毀損財物）者。

假設與考量

　　保密性的限制的存在。學生必須被告知：有些事情是不能維持於保密狀態的。學校諮商師、護理人員、行政人員和其他人，必須透過遵守以下倫理標準，

尊重學生的權益,以及對家長／監護人和其他權威人士的責任,並加以平衡拿捏之:

> 當學生的情況指出對學生自己或他人具有明顯、迫近的危險時,需將此情況告知家長／監護人或適當的權威人士。這必須在經過仔細審慎的考量,以及在可能的情況下,先向其他專業人員進行諮詢之後,才予以執行。(ASCA Code of Ethics, 2004)

學校專業人員必須小心,不自行假定親權的角色應該為何。在上述的限制之內,學生享有保密性的權利;當超越過這些限制時,家長就有權利知道驟然造成學生危機的問題,以能適當地負起責任,幫助學生解決問題。

必須幫助學生感覺到,學校專業人員關切他們的健康、安全與福祉,並會在特定的界線內幫助他們解決問題。同時,也必須幫助學生理解:他們的家長對於他們的健康、安全與福祉,負有首要的責任,因此,需告知家長危機的所在和學生企圖的計畫。

因此,於管理個人危機情況時,關於學生與專業人員的互動中一個重要的目標,是及時告知學生家長／監護人此一危機問題。在大部分的個案中,較佳的做法是讓學生能自己告知家長,專業人員則再確認學生確實已如此做。

家長／監護人對於在學期間之學生負有責任。基於在學過程的目的,對於已達 18 歲或已合法結婚的學生,仍需告知對學生負有責任的成人(如:家長、監護人或配偶等),不得排除之。

及時性的意義,乃與危機情況有關;所謂的「時間架構」(time frame)是依情勢而定的。家長或監護人必須被及時告知,以能行使身為家長的職責來幫助學生。時間架構的考量,也應包含專業人員能夠有足夠時間提供家長或監護人適當的諮詢。

及時與否的判斷,並非以專斷的時間架構(例如:二十四小時、四十八小時)而為,而較是視情勢而定的。例如:一位女學生考慮要在一兩天內終止懷孕的情況,顯示出非常短的時間架構範圍;一位小學學童在 2 月時計畫要在夏天蹺家的情況,顯示出較長的時間架構範圍,而可能較有充足的時間來解決問

題。

　　註：在一些反常的、不尋常的情況中，法規、委員會政策和／或完善的專業判斷要求：除了告知家長／監護人之外，還需要告知公務機構或其他對學生負有責任的專業人員（如：社會服務部門、當地的執法機構、緩刑犯觀護員、私人治療師），甚至是告知這些專業人員，而非先告知家長／監護人。在做這類的決定時，能與校長進行諮詢，總會是明智之舉。

程序

　　通常涉及幫助學生解決個人危機情況的工作人員包括：學校諮商師、護理人員與助理／副校長，不過，教師及其他工作人員也需瞭解相關程序與資源。對此類個案的專業管理，最後負責者則為該校校長。

　　以下條列出的程序，乃仰賴一個前提：參與其中的專業人員，乃基於當下可獲得的訊息以及對目前情況所進行的專業判斷，而決定下列程序之執行。

1. 在學生訴說或暗示一個當下的或逼近的危機時，以謹慎、同情與高度敏感的態度傾聽之。

2. 在回應學生時，解釋保密性的限制，包括：明顯或迫近的危險之所在、告知家長的目的，以及諮詢與轉介的可能性等。

3. 蒐集資料，以做出對此個案的專業判定（如：危機情況的真實性、危險的程度、目前情況的緊急性）。

4. 發展行動計畫。這個步驟可能需要：

   a. 就此個案及相關行動計畫，適當地與其他專業人員進行諮詢。

   b. 將學生轉介給具有其他專門知能的專業人員，或者轉介給能夠取得或連結社區機構資源服務的專業人員（如：處理心理問題的諮商師、處理醫療問題的護理人員、處理法律問題的行政機構等），以能提供幫助。

   c. 告知校長目前的情況。

5. 實施此計畫。

6. 與學生進行諮詢，並確保家長已被告知。

7. 監督學生於問題解決上的進展狀況。

8. 在問題得到顯著的解決之後,仍與學生、家長和／或其他專業人員進行追蹤。

■ 領導／職責

　　自受困擾學生得到訊息的第一位專業人員,必須負起領導之責,決定如何因應目前狀況,包括決定需納入哪些其他專業人員參與問題的處理、如何參與,以及需參與至何種程度。在與學生的談話中,很重要的是,需辨識出學生已經與哪些人分享了這個訊息／問題,以盡可能地保護學生隱私與保密的權利。僅在「必須獲知」此一基礎的考量上,相關人士才會被告知此問題及其相關細節。

　　當超過一位專業人員收到訊息／參與了此學生解決問題的工作時,就必須以團隊取向的工作方式進行。專業人員應共同決定最佳的行動計畫,其向度包括:時間架構、家長告知、行動採取和負責人員。在建立幫助學生管理危機的計畫時,應該考量的細節如:學生的年齡、家庭情況、危險的程度和情況的緊急性。危機相關管理總部(Relevant Central Office)人員——例如:輔導主任、心理服務主任、健康服務協調者——則負責提供諮詢的服務。如果與此個案工作的專業人員無法在行動計畫上獲得一致的共識,則應遵從校長的決定。

註:取自 Northside Independent School District, San Antonio, TX.

方案實施中方案平衡與比例的影響

許維素　譯

方案實施中方案平衡的影響

理想方案平衡（可調整的）

	小學（%）	中學（%）	高中（%）
輔導課程	20	15	10
個別學生規畫	20	30	40
回應式服務	50	45	40
系統支持	10	10	10
非輔導	0	0	0

活動（課程）時段／方案組成要素／週

小學

活動（課程）時段＝ 30 分鐘

上課日＝ 7 小時

活動（課程）時段／日＝ 14

活動（課程）時段／週＝ 70

輔導課程	$20\% \times 70 = 14$
個別學生規畫	$20\% \times 70 = 14$
回應式服務	$50\% \times 70 = 35$
系統支持	$10\% \times 70 = 7$

中學

　活動（課程）時段＝ 45 分鐘

　上課日＝ 7 小時

　活動（課程）時段／日＝ 9

　活動（課程）時段／週＝ 45

　　輔導課程　　　　　　　　　15%×45 ＝　7

　　個別學生規畫　　　　　　　30%×45 ＝ 14

　　回應式服務　　　　　　　　45%×45 ＝ 20

　　系統支持　　　　　　　　　10%×45 ＝　4

高中

　活動（課程）時段＝ 55 分鐘

　上課日＝ 7 小時

　活動（課程）時段／日＝ 7

　活動（課程）時段／週＝ 35

　　輔導課程　　　　　　　　　10%×35 ＝　4

　　個別學生規畫　　　　　　　40%×35 ＝ 14

　　回應式服務　　　　　　　　40%×35 ＝ 14

　　系統支持　　　　　　　　　10%×35 ＝　3

方案實施服務層級比例的影響／方案平衡與諮商師—學生比例，1：100

理想的方案平衡

	小學（%）	中學（%）	高中（%）
輔導課程	40	35	20
個別學生規畫	10	20	30
回應式服務	40	35	35
系統支持	10	10	15
非輔導	0	0	0

小學

平均班級大小：1：25　　　　　　平均教師─學生比例：1：20

每學年 36 週

輔導課程　　　　　　　　　　　40%×70 ＝ 28 個活動（課程）時段／
　　　　　　　　　　　　　　　　　　　　　　 週

　100 位案主／ 25 位學生（每班）　 ＝ 4 班

　28 個時段／ 4 班　　　　　　　 ＝ 7 個時段／班／週

　252 堂輔導課程（每年每班）

個別學生規畫　　　　　　　　　10%×70 ＝ 7 個活動（課程）時段／週

　7 個時段×36 週　　　　　　　 ＝ 252 個時段（每年）

　252 個時段×30 分鐘（每個時段）　 ＝ 7,560 分鐘（每年）

　7,560 分鐘／ 100 位案主　　　 ＝ 75 分鐘（每學生每年）

回應式服務　　　　　　　　　　40%×70 ＝ 28 個活動（課程）時段／
　　　　　　　　　　　　　　　　　　　　　　 週

　進行團體（平均 6 人）14 個時段　 ＝ 84 位學生

　進行個人 14 個時段　　　　　　 ＝ 14 位學生

　一次服務的學生總數　　　　　　 ＝ 98
　　　　　　　　　　　　　　　　　（98 乃為服務量的 98%）

系統支持　　　　　　　　　　　10%×70 ＝ 7 個活動（課程）時段／週

　100 位學生／ 20 位學生（每位教師）　 ＝ 5 位教師

　7 個時段／ 5 位教師　　　　　　 ＝ 1.4 個時段
　　　　　　　　　　　　　　　　　（每週每位教師）

　7 個時段（每週）×　　　　　　 ＝ 210 分鐘（每週）
　30 分鐘（每個時段）

　210 分鐘／ 5 日　　　　　　　 ＝ 42 分鐘（每日）

小學諮商師工作狀態的可能性：

　每週 7 堂輔導課程

　每位學生每年 75 分鐘

　在任何學年時段，都有 98% 的案主得到回應式服務

　每位教師每週 42 分鐘

　提供學生每日共 42 分鐘的非直接性服務

中學

| 平均班級大小：1：25 | 平均教師—學生比例：1：20 |

每學年 36 週

輔導課程　　　　　　　　　　　35%×45 ＝ 16 個活動（課程）時段／
　　　　　　　　　　　　　　　　　　　　　週

　100 位案主／25 位學生（每班）　　＝ 4 班
　16 個時段／4 班　　　　　　　　　＝ 4 個時段／班／週
　144 堂輔導課程（每年每班）

個別學生規畫　　　　　　　　　　20%×45 ＝ 9 個活動（課程）時段／週
　9 個時段×36 週　　　　　　　　　＝ 324 個時段（每年）
　324 個時段×45 分鐘（每個時段）　＝ 14,580 分鐘（每年）
　14,580 分鐘／100 位案主　　　　　＝ 145 分鐘（每學生每年）

回應式服務　　　　　　　　　　　35%×45 ＝ 16 個活動（課程）時段／
　　　　　　　　　　　　　　　　　　　　　週

　進行團體（平均 9 人）8 個時段　　＝ 72 位學生
　進行個人 8 個時段　　　　　　　　＝ ＿8 位學生
　一次服務的學生總數　　　　　　　＝ 80
　　　　　　　　　　　　　　　　　（80 乃為服務量的 80%）

系統支持　　　　　　　　　　　　10%×45 ＝ 4 個活動（課程）時段／週
　100 位學生／20 位學生（每位教師）＝ 5 位教師
　4 個時段／5 位教師　　　　　　　＝ 4/5 個時段
　　　　　　　　　　　　　　　　　（每週每位教師）

　4 個時段（每週）×　　　　　　　＝ 180 分鐘（每週）
　45 分鐘（每個時段）
　180 分鐘／5 日　　　　　　　　　＝ 36 分鐘（每日）

中學諮商師工作狀態的可能性：
　每週 4 堂輔導課程
　每位學生每年 145 分鐘
　在任何學年時段，都有 80% 的案主得到回應式服務
　每位教師每週 36 分鐘
　提供學生每日共 36 分鐘的非直接服務

高中

平均班級大小：1：25	平均教師―學生比例：1：20

每學年 36 週

輔導課程　　　　　　　　　　　　20%×35 ＝ 7 個活動（課程）時段／週

　　100 位案主／25 位學生（每班）　　　　 ＝ 4 班

　　7 個時段／4 班　　　　　　　　　　　 ＝ 1.75 個時段／班／週

　　63 堂輔導課程（每年每班）

個別學生規畫　　　　　　　　　　30%×35 ＝ 11 個活動（課程）時段／
　　　　　　　　　　　　　　　　　　　　　　週

　　11 個時段×36 週　　　　　　　　　　 ＝ 396 個時段（每年）

　　396 個時段×55 分鐘（每個時段）　　　 ＝ 21,780 分鐘（每年）

　　21,780 分鐘／100 位案主　　　　　　　 ＝ 217 分鐘（每學生每年）

回應式服務　　　　　　　　　　　35%×35 ＝ 12 個活動（課程）時段／
　　　　　　　　　　　　　　　　　　　　　　週

　　進行團體（平均 10 人）6 個時段　　　　 ＝ 60 位學生

　　進行個人 6 個時段　　　　　　　　　　 ＝ <u>　6 位學生</u>

　　一次服務的學生總數　　　　　　　　　 ＝ 66

　　　　　　　　　　　　　　　　　　　　　　（66 乃為服務量的 66%）

系統支持　　　　　　　　　　　　15%×35 ＝ 5 個活動（課程）時段／週

　　100 位學生／20 位學生（每位教師）　　 ＝ 5 位教師

　　5 個時段／5 位教師　　　　　　　　　　 ＝ 1 個時段
　　　　　　　　　　　　　　　　　　　　　　（每週每位教師）

　　5 個時段（每週）×　　　　　　　　　　 ＝ 275 分鐘（每週）
　　55 分鐘（每個時段）

　　275 分鐘／5 日　　　　　　　　　　　　 ＝ 55 分鐘（每日）

高中諮商師工作狀態的可能性：

　　每週多於 1 堂輔導課程

　　每位學生每年 217 分鐘

　　在任何學年時段，都有 66%的案主得到回應式服務

　　每位教師每週 55 分鐘

　　提供學生每日共 55 分鐘的非直接服務

服務層級／方案平衡與諮商師—學生比例，1：500

理想的方案平衡

	小學（%）	中學（%）	高中（%）
輔導課程	40	35	20
個別學生規畫	10	20	30
回應式服務	40	35	35
系統支持	10	10	15
非輔導	0	0	0

小學

平均班級大小：1：25　　　　　　平均教師—學生比例：1：20
每學年 36 週

輔導課程　　　　　　　　　40%×70 ＝ 28 個活動（課程）時段／
　　　　　　　　　　　　　　　　　　週

　500 位案主／25 位學生（每班）　＝ 20 班
　28 個時段／20 班　　　　　　　＝ 1.4 個時段／班／週
　50＋堂輔導課程（每年每班）

個別學生規畫　　　　　　　10%×70 ＝ 7 個活動（課程）時段／週
　7 個時段×36 週　　　　　　　　＝ 252 個時段（每年）
　252 個時段×30 分鐘（每個時段）＝ 7,560 分鐘（每年）
　7,560 分鐘／500 位案主　　　　＝ 15 分鐘（每學生每年）

回應式服務　　　　　　　　40%×70 ＝ 28 個活動（課程）時段／
　　　　　　　　　　　　　　　　　　週

　進行團體（平均 6 人）14 個時段　＝ 84 位學生
　進行個人 14 個時段　　　　　　　＝ 14 位學生
　一次服務的學生總數　　　　　　　＝ 98
　　　　　　　　　　　　　　　　（98 乃為服務量的 19.6%）

系統支持   10%×70 ＝ 7 個活動（課程）時段／週

     500 位學生／20 位學生（每位教師）   ＝ 25 位教師

     7 個時段／25 位教師   ＝ 1/4 個時段

                                      （每週每位教師）

     7 個時段（每週）×   ＝ 210 分鐘（每週）

     30 分鐘（每個時段）

     210 分鐘／5 日   ＝ 42 分鐘（每日）

小學諮商師工作狀態的可能性：

     每週 1 堂多的輔導課程

     每位學生每年 15 分鐘

     在任何學年時段，都有 19.6%的案主得到回應式服務

     每位教師每週 8 分鐘，或大約 4 週予每位教師一個活動（課程）時段的時間

     提供學生每日共 42 分鐘的非直接服務

中學

平均班級大小：1：25   平均教師—學生比例：1：20

每學年 36 週

輔導課程   35%×45 ＝ 16 個活動（課程）時段／
                                       週

     500 位案主／25 位學生（每班）   ＝ 20 班

     16 個時段／20 班   ＝ 0.8 個時段／班／週

     28＋堂輔導課程（每年每班）

個別學生規畫   20%×45 ＝ 9 個活動（課程）時段／週

     9 個時段×36 週   ＝ 324 個時段（每年）

     324 個時段×45 分鐘（每個時段）   ＝ 14,580 分鐘（每年）

     14,580 分鐘／500 位案主   ＝ 29＋分鐘（每學生每年）

回應式服務   35%×45 ＝ 16 個活動（課程）時段／
                                       週

     進行團體（平均 9 人）8 個時段   ＝ 72 位學生

     進行個人 8 個時段   ＝   8 位學生

     一次服務的學生總數   ＝ 80

                                      （80 乃為服務量的 16%）

系統支持　　　　　　　　　　　　10%×45＝4 個活動（課程）時段／週

　　500 位學生／20 位學生（每位教師）　　＝ 25 位教師

　　4 個時段／25 位教師　　　　　　　　＝ 0.16 個時段

　　　　　　　　　　　　　　　　　　　　（每週每位教師）

　　4 個時段（每週）×　　　　　　　　 ＝ 180 分鐘（每週）

　　45 分鐘（每個時段）

　　180 分鐘／5 日　　　　　　　　　　＝ 36 分鐘（每日）

中學諮商師工作狀態的可能性：

　　每週不到 1 堂輔導課程

　　每位學生每年 29 分鐘

　　在任何學年時段，都有 16% 的案主得到回應式服務

　　每位教師每週 7 分鐘，或 6 週諮詢每位教師一個活動（課程）時段的時間

　　提供學生每日共 36 分鐘的非直接服務

高中

平均班級大小：1：25　　　　　　　平均教師—學生比例：1：20

每學年 36 週

輔導課程　　　　　　　　　　　　20%×35＝7 個活動（課程）時段／週

　　500 位案主／25 位學生（每班）　　　＝ 20 班

　　7 個時段／20 班　　　　　　　　　　＝ 0.35 個時段／班／週

　　12＋堂輔導課程（每年每班）

個別學生規畫　　　　　　　　　　30%×35＝11 個活動（課程）時段／週

　　11 個時段×36 週　　　　　　　　　 ＝ 396 個時段（每年）

　　396 個時段×55 分鐘（每個時段）　　＝ 21,780 分鐘（每年）

　　21,780 分鐘／500 位案主　　　　　　＝ 43＋分鐘（每學生每年）

回應式服務　　　　　　　　　　　35%×35＝12 個活動（課程）時段／週

　　進行團體（平均 10 人）6 個時段　　　＝ 60 位學生

　　進行個人 6 個時段　　　　　　　　　＝ 　6 位學生

　　一次服務的學生總數　　　　　　　　＝ 66

　　　　　　　　　　　　　　　　　　　（66 乃為服務量的 13%）

系統支持 　　　　　　　　　　　15%×35 ＝ 5 個活動（課程）時段／週

　500 位學生／20 位學生（每位教師）　　　＝ 25 位教師

　5 個時段／25 位教師　　　　　　　　　　＝ 0.2 個時段

　　　　　　　　　　　　　　　　　　　　　（每週每位教師）

　5 個時段（每週）×　　　　　　　　　　　＝ 275 分鐘（每週）
　55 分鐘（每個時段）

　275 分鐘／5 日　　　　　　　　　　　　　＝ 55 分鐘（每日）

高中諮商師工作狀態的可能性：

　每週不到 1 堂輔導課程，或大約 3 週對每班實施一個活動（課程）時段

　每位學生每年 43 分鐘

　在任何學年時段，都有 13%的案主得到回應式服務

　每位教師每週 11 分鐘，或 5 週諮詢每位教師一個活動（課程）時段的時間

　提供學生每日共 55 分鐘的非直接服務

■ 服務層級／方案平衡與諮商師—學生比例，1：（你的情況）

理想的方案平衡

層級：＿＿＿＿＿＿＿＿＿＿＿＿

輔導課程　　　　　　　　　＿＿＿＿＿＿%活動（課程）時段／週

個別學生規畫　　　　　　　＿＿＿＿＿＿%活動（課程）時段／週

回應式服務　　　　　　　　＿＿＿＿＿＿%活動（課程）時段／週

系統支持　　　　　　　　　＿＿＿＿＿＿%活動（課程）時段／週

非輔導　　　　　　　　　　＿＿＿＿＿＿%活動（課程）時段／週

平均班級大小：1：＿＿＿＿＿＿＿

平均教師—學生比例：1：＿＿＿＿＿＿

每學年＿＿＿＿＿＿週

每個活動（課程）時段＿＿＿＿＿＿分鐘

每週＿＿＿＿＿＿個活動（課程）時段

輔導課程 　　　　____％×____　＝____個活動（課程）
　　　　　　　　　　　　　　　　　　　　時段／週

　　　____位案主／____位學生（每班）　＝____班
　　　____個時段／____班　　　　　　＝____個時段／班／週
　　　____個時段×____週（每年）　　＝____堂輔導課程
　　　　　　　　　　　　　　　　　　　　（每年每班）

個別學生規畫 　　　____％×____　＝____個活動（課程）
　　　　　　　　　　　　　　　　　　　　時段／週

　　　____個時段×____週　　　　　　＝____個時段（每年）
　　　____個時段×____分鐘（每個時段）＝____分鐘（每年）
　　　____分鐘／____位案主　　　　　＝____分鐘
　　　　　　　　　　　　　　　　　　　　（每學生每年）

回應式服務 　　　　____％×____　＝____個活動（課程）
　　　　　　　　　　　　　　　　　　　　時段／週

　進行團體（平均____人）×____
　個時段　　　　　　　　　　　　　　　＝____位學生
　進行個人____個時段　　　　　　　　　＝____位學生
　一次服務的學生總數　　　　　　　　　＝____
　　　　　　　　　　　　　　　　　　　　（____乃為服務量的
　　　　　　　　　　　　　　　　　　　　____％）

系統支持 　　　　　____％×____　＝____個活動（課程）
　　　　　　　　　　　　　　　　　　　　時段／週

　　　____位學生／____位學生（每位教師）＝____位教師
　　　____個時段／____位教師　　　　＝____個時段
　　　　　　　　　　　　　　　　　　　　（每週每位教師）

　　　____個時段（每週）×　　　　　＝____分鐘（每週）
　　　____分鐘（每個時段）
　　　____分鐘／5日　　　　　　　　＝____分鐘（每日）

你的學校諮商師工作狀態的可能性：
　每週____堂輔導課程
　每位學生每年____分鐘
　在任何學年時段，都有____％的案主得到回應式服務
　每位教師每週____分鐘，或____週予每位教師一個活動（課程）時段的時間
　提供學生每日共____分鐘的非直接服務

附錄 H

多元文化諮商能力

許維素　譯

I. 諮商師對自身文化價值與偏見的覺察

A. 態度與信念

1. 文化精熟（culturally skilled）的諮商師，即是從對文化毫無察覺，轉變為能敏覺自身的文化傳承，並能看重及尊重差異性者。

2. 文化精熟的諮商師，能夠覺察自身文化背景、經驗、態度、價值和偏見等，如何影響著心理的過程。

3. 文化精熟的諮商師能認識自身能力與專長的限制。

4. 文化精熟的諮商師能自在面對存在他們和案主之間的人種、民族、文化、信念等差異。

B. 知識

1. 文化精熟的諮商師擁有特定知識，能瞭解自身種族和文化傳承，及其在個人與專業上如何影響自己對「常態─變態」的定義和諮商的過程。

2. 文化精熟的諮商師擁有相關知識與理解，能夠瞭解壓迫、種族主義、歧視和成見等，如何在個人和工作上影響自己；這也將使他們能夠辨認自身於種族主義的態度、信念和感覺。雖然此一標準適用於所有群體，但對白人諮商師來說，此標準或許表示著：他們能夠瞭解自己如何直接或間接地受惠自個人、體制與文化的種族主義（白人認同發展

模式）。

3. 文化精熟的諮商師擁有關於自身如何對他人產生社會影響的知識；包括以下的知識：理解溝通風格的差異、瞭解自身溝通風格可能如何牴觸或促進他們與少數族群案主的諮商過程，以及能夠預期自身溝通風格可能對他人所產生的影響。

C. 技能

1. 文化精熟的諮商師會獲取教育、諮詢與訓練的相關經驗，以促進他們與不同於自身之文化群體一起工作時的理解力和效能。由於他們能認知到自身能力的限制，而能：(a)尋求諮詢；(b)接受進一步的訓練或教育；(c)將案主轉介給更符合資格的個人或相關資源；或者(d)進行組合前述幾個選項的行動。

2. 文化精熟的諮商師會持續追尋對於自己身為一個種族和文化生命體的瞭解，並積極尋求一個非種族主義者的認同。

II. 諮商師對案主世界觀的覺察

A. 態度與信念

1. 文化精熟的諮商師能覺察到，自己對其他種族與民族群體的負面情緒反應中，那些已被證明可能會在諮商中對案主不利的部分。他們也願意以一種不論斷的方式，對照自己與不同於自身文化之案主所各自擁有的信念和態度。

2. 文化精熟的諮商師能覺察到，自己對其他種族和少數民族群體可能持有的刻板印象及先入為主的想法。

B. 知識

1. 文化精熟的諮商師對於與他們一起工作的特定群體，擁有特定的知識與資訊。他們對不同於自身文化的案主之生活經驗、文化傳統與歷史

背景，能有所覺知。這項特定的勝任能力，乃與文獻上可查得的「少數族群認同發展模式」，具有強烈的關聯性。

2. 文化精熟的諮商師能瞭解種族、文化、民族等可能如何影響人格的形成、職業的選擇、心理疾患的顯現、尋求協助的行為，以及諮商取向的合適性。

3. 文化精熟的諮商師瞭解並具有相關知識，能明白可能衝擊種族與少數民族群體生活的社會政治影響所在。移民的議題、貧窮、種族主義、成見和無力感等所留下的重大傷痕，都可能影響到諮商過程。

■ C. 技能

1. 文化精熟的諮商師應熟悉相關研究和最新發現，以瞭解各個種族與民族族群的心理健康與心理疾患。他們應積極尋求能促進自己知識、理解與跨文化技能的教育經驗。

2. 文化精熟的諮商師會變得在諮商情境外，積極與少數族群有連結（如社區活動、社會與政治工作、慶典、友誼關係以及鄰近區域群體活動等），因而其對少數族群的觀點，不會僅限於來自學術或助人活動的經驗。

III. 文化適切的介入策略

■ A. 態度與信念

1. 文化精熟的諮商師尊重案主宗教和／或靈性的信念與價值（包括對事情的歸因與禁忌），因為這些信念與價值乃影響其世界觀、心理功能，以及對生命苦痛的表達。

2. 文化精熟的諮商師會尊重在地的助人實務作為，並尊重少數族群社區固有的助人網絡。

3. 文化精熟的諮商師重視雙語的價值，不會視他種語言為進行諮商的阻礙（單一語言主義者可能會被提告）。

■ **B. 知識**

1. 文化精熟的諮商師對於諮商與治療的一般特性（文化侷限性、階級侷限性、單一語言），以及這些特性可能會如何與各種少數族群的文化價值相衝突，乃具有清楚明確的知識與瞭解。

2. 文化精熟的諮商師能覺察到，那些妨礙少數族群運用心理健康服務之體制阻力。

3. 文化精熟的諮商師具有相關知識，能瞭解衡鑑工具的潛在偏見，並在執行衡鑑工具的程序及解釋其發現時，能同時考量到案主的文化和語言特性。

4. 文化精熟的諮商師，對於少數族群之家庭結構、階級體制、價值與信念，擁有相關知識。對於社區的特性、社區與家庭中的資源，也具有豐富的知識。

5. 文化精熟的諮商師應覺察到，社會與社區階級中的差別待遇措施，可能會如何影響到所服務群體之心理福祉。

■ **C. 技能**

1. 文化精熟的諮商師能進行多種語言和非語言的助人回應。他們能正確且適當地發送與接收語言和非語言訊息。他們不會限於僅用一種方法或取向從事助人工作，反而是能認知到，各種助人風格和取向皆可能具有文化侷限性。當他們能意識到自身助人風格具有限制性與不合宜的可能性時，他們方能預見和改善自身助人風格的可能負面影響。

2. 文化精熟的諮商師能夠考量案主的立場，來運用體制的介入技術。他們能幫助案主判定所謂的「問題」是否源於他人的種族主義或偏見（健康妄想症的概念），而使案主不會不適當地將問題個人化。

3. 文化精熟的諮商師不會反對在治療與自身文化不同的案主時，適時合宜地向傳統的治療者、宗教和靈性的領導者和實務工作者尋求諮詢。

4. 文化精熟的諮商師需負責以案主所要求的語言，來與案主進行互動，並在無法勝任時進行適當的轉介。若諮商師的語言技能不適配於案主

的語言時，將產生嚴重的問題。當有這樣的情況時，諮商師應：(a)尋
求具備文化知識與適當專業背景的翻譯人員；以及(b)轉介給知識豐富
且能勝任的雙語諮商師。

5. 文化精熟的諮商師具有運用傳統衡鑑與測驗工具的訓練與專長。他們
不只瞭解這些工具技術性層面的限制，也意識到文化性層面的侷限；
這也使得他們能在考量不同背景案主的福祉下，運用測驗工具。

6. 文化精熟的諮商師應參與及致力於消弭具有成見、偏愛與歧視的實務
工作。他們應認知到，進行評鑑與提供介入的社會政治脈絡為何，並
發展出對壓迫、性別主義、菁英主義與種族主義等議題的高敏感度。

7. 文化精熟的諮商師需負責教育案主關於心理介入的過程，如目標、期
望、法律權利，同時也會進行諮商師背景的說明。

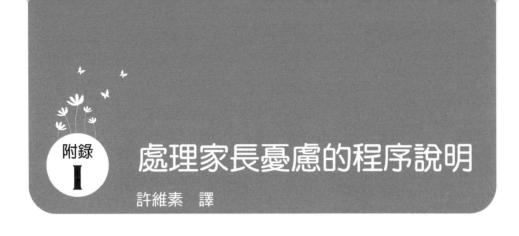

處理家長憂慮的程序說明

許維素　譯

行政的規則

主旨：如何回應對於發展性輔導方案表達憂慮的家長

致：小學校長、小學諮商師

　　有些家長表達了對班級輔導方案內容的關注或擔憂。這些家長大多在聽聞輔導課的實際目標與所用素材之後，對於孩子參與這些課程便會變得比較自在放心；但有些家長則不見得會如此。

　　學區的立場是，雖然家長可能會選擇同意或不同意他們的孩子參與諮商活動，但是輔導課程中的講授與指導部分，都是基礎教育方案的一環。各州所明定的「基本要素」以及學區所確立的教學目標，皆會透過基本輔導方案而予以教導之。學生不應只在家長要求之下，就被排除在輔導課之外，正如同他們不會被排除於數學課或體育課之外一樣。除了教育的考量之外，學生於課堂內督導管理的相關後勤支援，也是很重要的事。

　　當發生前述事件，需遵循以下所述程序：

　　第一、當家長表達對於班級輔導方案內容的憂慮時，學校諮商師應與家長會面，並且：(1)傾聽家長的特定擔心；以及(2)說明學生所在年級的方案內涵、教學的目標和所使用的素材。如果需要的話，校長或輔導主任也可出席第一次的資訊分享會議。

第二、如果家長仍然對孩子參與輔導方案感到不安，家長必須將其特定擔心之事，以書面方式提交給校長。校長可與家長進行第二次的會議，以能分享或蒐集更多資訊。如果家長要求將孩子免除於輔導課之外，則須告知家長關於督導學生的管理問題。

第三、如果家長繼續要求孩子免除於輔導課之外，此要求會與學校諮商師和校長所蒐集到的資訊，一起提交給輔導部門主任。

第四、輔導主任將與家長會面，並且，在與負責學生事務的副校長進行諮詢之後，會對此事件做出決定。

日期：

出自：

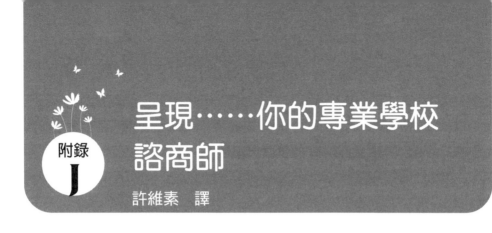

附錄 J

呈現……你的專業學校諮商師

許維素 譯

對全體學生極為重要的環節

- 學業發展。
- 生涯發展。
- 個人／社會發展。

什麼是輔導與諮商？

全方位輔導方案是學校所屬學區整體教育方案不可或缺的一部分。此方案的設計主旨是發展性的,並且是在家長／監護人、教師、行政人員和社區的積極支持下,含括一系列由專業學校諮商師予以組織與實施的活動。

作為一個發展性的方案,全方位輔導方案透過促進學生的學業、個人／社會與生涯發展,以及協助創造學校裡正向、安全的學習氛圍,來滿足每位學生的需求。同時,此方案也協助學生面對與解決可能妨礙其健康化發展的議題與問題。全方位輔導方案透過以下四項方案組成要素來予以落實:

- 輔導課程。
- 個別學生規畫。
- 回應式服務。

● 系統支持。

專業學校諮商師在做什麼？

專業學校諮商師透過四項交互關聯的方案組成要素之落實，花費 100%的時間於提供所有學生預防性與回應性的活動與服務。

輔導課程

專業學校諮商師在與教師密切合作之下，進入教室，呈現如下主題的輔導課程：

● 自我覺察。
● 正向的心理健康。
● 社會技能。
● 衝突調解／問題解決。
● 讀書習慣。
● 酒精／藥物濫用的預防。
● 教育與生涯計畫。

個別學生規畫

在與家長密切合作之下，專業學校諮商師提供有效用的教育與生涯計畫服務，幫助所有學生於中學時期開始發展個人學習計畫：

● 圍繞著個人看重的教育與生涯目標組織而成。
● 促進相關附加課程活動與社區活動的參與。
● 對中學畢業後的抉擇選項，提供「無接縫式轉銜」（seamless transition）的服務。

回應式服務

專業學校諮商師透過以下方式協助有特殊需求的學生（包括那些遭逢阻礙而未能達到學業成功的學生）：

- 個別諮商。
- 小團體諮商。
- 與家長、教師、行政人員與社區機構的諮詢和合作。
- 學校本位（school-based）的轉介。
- 社區本位（community-based）的轉介。

系統支持

專業學校諮商師透過下列活動，管理輔導方案並支持其他校內方案：

- 輔導方案的評鑑。
- 學校促進的參與。
- 諮詢與合作。
- 專業發展。
- 社區外展服務。
- 公平分擔職責。

■ 家長可以如何幫忙？

學生若要做出明智的選擇並能在學校達到成功之境，家長對於輔導與諮商方案活動的積極支持，會是很重要的環節。家長協助孩子的方式，可以包括鼓勵孩子在學校盡力而為，同時也可持續投入於孩子在各學校層級的教育經驗。

家長可以在任何時間致電給孩子的專業學校諮商師，進一步安排電話會議或到校訪視，以與專業學校諮商師討論所需要協助的擔憂、想法、資訊。

■ 誰是專業的諮商師？

專業學校諮商師工作於小學、中學／國中、高中和／或中學畢業後之各教育層級。他們擁有密蘇里州所認可之學校諮商師職前教育課程的學校諮商碩士學位或更高層級，並由密蘇里州初等與中等教育部（Missouri Department of Elementary and Secondary Education）認證為合格的專業學校諮商師。學校諮商師是具有於學業、生涯與個人／社會發展，以及心理健康等特殊訓練的專業教育者。他們的職前教育課程包括：

- 人類成長與發展。
- 社會與文化多元性。
- 衡鑑。
- 生涯發展與計畫。
- 助人關係。
- 團體工作。
- 輔導方案的發展、實施、評鑑與提升。
- 專業關係。
- 法律與倫理標準。
- 專業定向、認同與福祉。

欲得知更多關於你居住所在地的學校輔導與諮商方案資訊，可聯繫：

Missouri Department of Elementary and Secondary Education（密蘇里州初等與中等教育部）

Division of Career Education Guidance and Placement Section

PO Box 480

Jefferson City, MO 65102-0480

(573) 751-7966

http://dese.mo.gov/divcareered/guidance_placement_index.htm

Missouri Center for Career Education（密蘇里生涯教育中心）

http://www.mcce.org

Missouri School Counselor Association（密蘇里學校諮商師協會）

3340 American Avenue, Suite F

Jefferson City, MO 65109

(573) 632-6722 或 (800) 763-6722

Fax: (573) 632-6724 或 (800) 264-6722

http://www.moschoolcounselor.org

初等與中等教育部在其方案和活動中，不會因種族、膚色、原始國籍、性別、身心障礙或年齡差異，而有所歧視。關於該部之方案相關問題，可寄信至 Jefferson State Office Building, Title IX Coordinator, 5th Floor, 205 Jefferson Street, Jefferson City, MO 65102-0480；電話：573-751-4212。

學校輔導與諮商方案
的設計、實施與評鑑

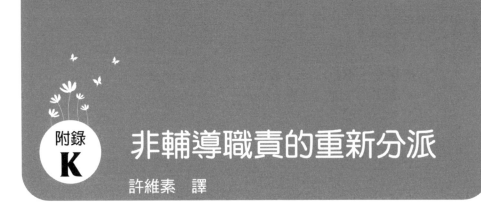

許維素　譯

非輔導職責的重新分派

　　專業學校諮商師的時間與任務分析，可顯示專業學校諮商師目前所有實地執行的活動。在這些活動中，有些屬於非輔導性質，理應不成為理想的學區輔導方案之一部分。這些非輔導性質的活動，有少數是所有學校工作人員（包括專業學校諮商師）需輪流負責實行的；這些活動為專業學校諮商師公平分擔之職責項目，可包含於系統支持的工作中。分派給專業學校諮商師的非輔導性質活動，需被重新分派，好讓專業學校諮商師能將時間充分貢獻於實施學區的全方位輔導方案之上。

　　許多學區的經費限制，可能會妨礙隨時立即重新分派非輔導性質活動的責任。然而，為了確保此一重新分派的轉換真的能落實在充分實施全方位輔導方案之上，這項轉換需要被系統性地執行之。於呈給教育委員會的整體實施計畫當中，能發展出一個書面的非輔導活動替代計畫，乃為相當重要之舉。代表密蘇里州行政人員與專業學校諮商師的州立專門任務小組，為了考量非輔導性質活動的重新分派，乃產出以下想法。他們界定了非輔導性質活動的責任，除了將其分為四個類別之外，也同時列出各種處理重新分派的可能做法。

I. 監督職責

A. 協調與監控學校集會

● 此為行政工作，不視為輔導方案責任的一部分。

◨ B. 校園穿堂、餐廳、上下校車，以及廁所的看管監督

- 這些責任可平均分配給所有工作人員。
- 可將部分職責分配給教師，作為他們固定工作行程的一部分。
- 義工可協助處理部分任務。

◨ C. 監控學校整體功能及體育活動的進行

- 這些責任由工作人員共同分攤。
- 相關後援會成員可協助工作人員進行部分的體育活動。
- 可額外付費給學校工作人員以負擔監控的職責。

◨ D. 代課的執行

- 專業學校諮商師並非代理教師。然而，在「非經常性」的前提下，專業學校諮商師可於代課時實施輔導學習活動，尤其在已預先知道教師會缺席時。

▪▪ ◼ II. 文書職責

◨ A. 賣午餐餐券
- 辦公室的支援人員或自助餐廳的工作人員應做此事。

◨ B. 收取與寄發進步報告書與記過通知書
- 分類、填裝與郵寄是文書性／秘書性的工作。可臨時僱請一位人員處理這些分類、填裝與郵寄事宜。
- 與學生進行有關進步報告的會議，是屬於學校工作人員的角色功能，可包括、但不應僅限於專業學校諮商師。

◨ C. 維護永久性文書紀錄以及處理成績單
- 登錄成績與張貼測驗標籤，是一種文書責任。若全職人員沒有時間處理

這些工作，可僱請兼職人員協助之。

▣ D. 監控出席情形

● 負責日常出席，並非輔導方案的工作。然而，由專業學校諮商師與那些具有長期出席問題的學生進行會談，則是適宜的。

● 可用電腦套裝軟體發展出一種有效率且有效用的方式，來監控出席情形。

▣ E. 計算平均成績（GPAs）、班級排名或榮譽榜

● 可運用電腦套裝軟體有效率且有效用地執行這些任務。

▣ F. 發展與更新學生手冊

● 這是校長或助理校長應負責執行的行政工作。

▣ G. 發展與更新課程指導手冊

● 教務主任（教學工作人員）有責任發展課程說明與課程指導手冊。

▣ H. 完成有關學生課程表更改的書面作業

● 有關更改課程表、平衡班級負擔，以及處理學生課程卡的書面作業，是一種文書的工作。如果全職的文書助理沒有時間處理，則應在學年工作的尖峰時期，僱請兼職的文書／秘書助理來協助之。有一系列的電腦軟體可協助這些書面作業的處理（包括更改課程表），可加以購買以能促進這些重要工作的完成。

III. 特殊方案與服務

▣ A. 贊助班級社團與特殊方案

● 贊助這些活動的舉辦，是學校工作人員的工作，通常是基於個人自發意願的。專業學校諮商師不應被期待為這些方案承擔任何多於其他工作人

員的責任。

● 一些如「密蘇里學者學習營」等方案的執行，應為行政人員或學校人事委員會的責任。

■ B. 協調與執行學校測驗方案的行政事宜，包括個別測驗

● 學校測驗方案的整體協調與行政工作，乃為行政責任。

● 可僱請退休教師處理這項工作職責。

● 學校人員可一起合作，完成學校測驗方案的協調與行政工作。

● 專業學校諮商師所提供之協助，在於向教師、行政人員、家長／監護人和社區解釋測驗資料。然而，他們不應負責學校測驗方案的協調與行政事項。

● 專業學校諮商師在與學生工作時，以及在幫忙他們監控與管理學業、個人／社會與生涯發展時，會運用測驗資料。

● 學校心理學家與學校心理檢測者等專業人員，都有資格實施個別測驗。

■ C. 完成與管理「個別教育（方案）」（IEP），並達成其他特殊教育的要求

● 對於具有特殊需求之學生，專業學校諮商師不應主責個案管理員的工作。

● 專業學校諮商師可成為團隊的一員，而參與個別教育方案診斷層面的工作。然而，他們不應負責個別教育方案或個別化職業教育計畫（Individualized Vocational Education Plan）之發展、實施與監控，除非他們受到特殊教育或職業教育的基金資助。

● 於合適時，專業學校諮商師可參與學校教職員的活動與會議，但是不應負責協調或主持學校教職員活動與會議，或個別教育方案的會議。

■ D. 完成與管理 504 計畫，並達成 504 計畫的其他要求。

■ IV. 行政職責

▣ A. 發展整體課程表

● 這是一種行政的工作。行政人員可向專業學校諮商師尋求相關意見和建議，但是規畫與發展整體課程表，乃為行政人員的責任。

▣ B. 代理某日校長職位

● 專業學校諮商師不應填補代理校長的角色。可僱請退休的學校行政人員短暫代理校長職務。

● 這項責任可分派給具有合格行政人員證書的教師。

● 可請求學區的監督管理者或其他高層單位的行政人員，代理該日的校長職位。

▣ C. 執行行政紀律

● 管理紀律以及為學生的行為後果進行衡鑑，乃是一種行政效能，而非輔導效能。然而，專業學校諮商師與具有長期紀律問題的學生進行會談，則是適宜的。

▣ D. 課程表更改之行政管理

● 想要或需要修改課程表的學生，被鼓勵先與專業學校諮商師討論之；但是更改課程表的相關過程，應透過行政管道加以處理。此處理過程，大部分在本質上是一種文書作業。為顧及學生的需求，考慮班級大小的合適度以及是否配有足夠的教職人員，乃是行政人員的職責。

註：取自 *Missouri Comprehensive Guidance Program: A Manual for Program Development, Implementation, Evaluation, and Enhancement* by N. C. Gysbers, L. Kostek-Bunch, C. S. Magnuson, and M. F. Starr, 2002, Columbia, MO: Instructional Materials Laboratory.

活動計畫格式範本

許維素　譯

輔導課程組成要素
課程計畫

年級：＿＿＿＿＿＿＿＿＿＿＿　　課程主題：＿＿＿＿＿＿＿＿＿

學生需求的層級：　發展性的　　團體人數：＿＿＿＿＿＿

輔導課程涉及範圍：

　　內容領域：

　　目標：

　　能力指標：

教學課程涉及範圍：

學習層級：　覺察　　　技能發展　　　　應用

　　領域：　認知的　　情意的／態度的　　社會的／互動　　行為的

預期結果／活動目標：　學生將會……

方法／資源：

　　＿＿＿＿＿科技　　　　　＿＿＿＿＿實作　　　　　＿＿＿＿＿書籍閱讀

　　＿＿＿＿＿網際網路　　　＿＿＿＿＿角色扮演　　　＿＿＿＿＿學習單

　　＿＿＿＿＿示範　　　　　＿＿＿＿＿邀請講員　　　＿＿＿＿＿歌曲／吟誦

　　＿＿＿＿＿討論　　　　　＿＿＿＿＿團體工作　　　＿＿＿＿＿腦力激盪

　　＿＿＿＿＿繪畫／藝術品　＿＿＿＿＿演講　　　　　＿＿＿＿＿其他：＿＿＿＿

教學素材：

程序計畫：

　　聚焦於：

　　直接教導／講授：

　　確認理解程度：

　　引導練習：

評鑑／衡鑑：

　　　　＿＿＿＿＿口頭作答　　　　＿＿＿＿＿觀察

　　　　＿＿＿＿＿課程參與　　　　＿＿＿＿＿學習單／書面作答

　　　　＿＿＿＿＿學生回應　　　　＿＿＿＿＿藝術作品／繪圖

　　　　＿＿＿＿＿回家作業　　　　＿＿＿＿＿其他：＿＿＿＿＿＿

獨立實作：

個別學生規畫組成要素
輔導活動計畫

年級：＿＿＿＿＿＿＿＿＿＿＿＿　　　　活動主題：＿＿＿＿＿＿＿＿＿＿＿

學生需求的層級：　　發展性的　　矯正性的　　團體人數：＿＿＿＿＿＿

輔導課程涉及範圍：

　　　內容領域：

　　　目標：

　　　能力指標：

教學課程涉及範圍：

學習層級：　　覺察　　　　技能發展　　　　　　應用

　　　領域：　　認知的　　情意的／態度的　　社會的／互動　　行為的

預期結果／活動目標：　　學生將會……

方法／資源：

＿＿＿＿＿科技	＿＿＿＿＿實作	＿＿＿＿＿書籍閱讀
＿＿＿＿＿網際網路	＿＿＿＿＿角色扮演	＿＿＿＿＿學習單
＿＿＿＿＿示範	＿＿＿＿＿邀請講員	＿＿＿＿＿歌曲／吟誦
＿＿＿＿＿討論	＿＿＿＿＿團體工作	＿＿＿＿＿腦力激盪
＿＿＿＿＿繪畫／藝術品	＿＿＿＿＿演講	＿＿＿＿＿其他：＿＿＿＿＿

教學素材：

程序計畫：

　　　討論／聚焦於：

　　　個人的應用：

結束活動：

評鑑／衡鑑：

_____口頭作答　　　　_____觀察

_____課程參與　　　　_____學習單／書面作答

_____學生回應　　　　_____藝術作品／繪圖

_____回家作業　　　　_____其他：_____

回應式服務組成要素
諮商會談計畫

主題：＿＿＿＿＿＿＿＿＿＿＿　　　團體大小：＿＿＿＿＿＿＿＿＿＿＿

學生需求的層級：　發展性的　　預防性的　　矯正性的　　危機

輔導方案課程涉及範圍：

　　　內容領域：

　　　目標：

　　　能力指標：

教學課程涉及範圍：

學習層級：　覺察　　　技能發展　　　　　應用

　　　領域：　認知的　　情意的／態度的　　社會的／互動　　行為的

預期結果／活動目標：　學生將會……

方法／資源：

　　＿＿＿＿＿科技　　　　　＿＿＿＿＿實作　　　　　＿＿＿＿＿書籍閱讀

　　＿＿＿＿＿網際網路　　　＿＿＿＿＿角色扮演　　　＿＿＿＿＿學習單

　　＿＿＿＿＿示範　　　　　＿＿＿＿＿邀請講員　　　＿＿＿＿＿歌曲

　　＿＿＿＿＿討論　　　　　＿＿＿＿＿團體工作　　　＿＿＿＿＿腦力激盪

　　＿＿＿＿＿繪畫／藝術品　＿＿＿＿＿演講　　　　　＿＿＿＿＿其他：＿＿＿＿＿＿

素材：

資源：

程序計畫：

　　　開場／聚焦於：

題材／活動／取向：

結束：

回家作業：

後續追蹤計畫：

系統支持組成要素
諮詢活動計畫

主題：＿＿＿＿＿＿　　年級：＿＿＿＿＿＿　　學生身分：＿＿＿＿＿＿

成人與學生的關係：＿＿＿＿＿＿＿＿＿＿＿＿＿＿＿＿＿＿＿＿＿＿＿

學生需求的層級：　發展性的　　預防性的　　矯正性的　　危機

輔導課程涉及範圍：

　　內容領域：

　　目標：

　　能力指標：

教學課程涉及範圍：

學習層級：　覺察　　　技能發展　　　　應用

　　領域：　認知的　　情意的／態度的　　社會的／互動　　行為的

諮詢目的／預期結果／活動目標：　受詢者將會……

相關資訊／需要的素材：

　　學生的背景資訊：

　　相關表格：

　　可取得的資源：

　　紀錄：

　　機構政策／程序：

程序計畫：

　　問題陳述：

　　目標陳述：

問題闡述：

確認理解程度：

選擇：

將採取的下一步：

後續追蹤計畫：

評鑑／衡鑑：

_____觀察　　　　_____參與　　　　　　_____書面回應

_____學生反應　　_____其他：_____

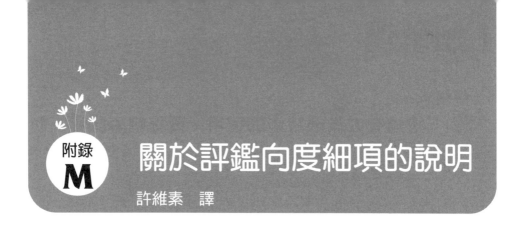

　　以下關於評鑑向度細項的說明，是提供學校諮商師、學校諮商師的督導及行政人員，用以提升關於輔導與諮商性質的溝通，並能作為完善判斷學校諮商師專業精熟程度的評鑑具體細節。這些評鑑向度細項的特定項目，大體上是由諾斯賽德地區（Northside）的學校諮商師所提出的；其中有些項目，則為重申與擴增一些輔導與諮商文獻的內容。這些項目能協助學校中的新手諮商師、經驗豐富的諮商師、非輔導訓練背景的行政人員，以及輔導訓練背景的行政人員，對於我們學校諮商師應具有的技能與知識的期待，能夠形成相似的界定。

　　特別是，對於如何評鑑學校諮商師各方面表現的指標，這些項目提供了更具體的建議與說明。若這些項目被編排在同一份文件當中，其文件格式可如下表：

向度細項	表現指標	說明
1. 透過有效教學技能的運用，實施輔導課程	a. 適當的任務分析	1. 選擇期末的目標 2. 詳述學習的增加量 3. 除去非必要的部分 4. 於適當難度的層級進行教學 5. 選取學習順序 6. 解釋不常見或用法特殊的詞彙
	b. 課程設計的有效運用……等等……。	1. 有聚焦的焦點 2. 解釋

　　這個清單並非包含所有項目，而各個項目間也不必然為互相獨立排斥。此清單的用途，並不是一種「確認清單」，其主要目的在使學校諮商師的角色能更加明確。

1. 透過有效教學技能的運用，實施輔導課程，包括：

a. 適當的任務分析

1. 選擇期末的目標。
2. 詳述學習的增加量。
3. 除去非必要的部分。
4. 於適當難度的層次上進行教學。
5. 選取學習順序。
6. 解釋不常見或用法特殊的詞彙。

b. 課程設計的有效運用

1. 有聚焦的焦點。
2. 解釋。
3. 理解程度的確認。
4. 監控與調整。
5. 示範。
6. 引導練習。
7. 結束活動。
8. 獨立實作。
9. 延伸補充。
10. 訂正修改。
11. 評鑑。

c. 學生於學習過程中的積極參與

1. 活動多樣化。
2. 於適當的團體形式中與學生互動。

3. 引發學生的參與。

4. 延伸學生的回應／貢獻。

5. 給予「等待時間」。

6. 引起及維持學生的注意。

7. 給予清楚的指示。

8. 管理學生行為。

9. 運用有效的教學實作策略。

10. 運用策略激發學生學習。

11. 維護支持性的環境。

12. 預備好課程所需的教學素材與設備，並能適時加以運用。

■ d. 針對符合特定與高優先性之學生需求及學區目標，選擇合宜主題

1. 於適當的難度層級實施教學。

2. 正式及非正式地評估學生需求。

3. 遵循學區輔導的範疇、順序與課程之相關規定。

2. 透過輔導技能的有效運用，實施個別規畫系統，包括：

■ a. 仔細規畫活動

1. 執行適當的任務分析。

2. 有效地使用課程設計，擴大引導練習（guided practice）的運用。

3. 引導練習的活動。

4. 各種輔導技術的運用。

5. 準備好教學素材、視聽教具與設備，以供運用。

6. 理解／應用各個職業選擇理論。

■ b. 呈現正確、相關、無偏誤的資訊

　　1. 不犯顯著的錯誤。

　　2. 呈現資訊，使學生能消化／內化之。

　　　　a. 運用適合學生的語彙。

　　　　b. 清楚解釋內容。

　　　　c. 呈現適當的資訊量。

　　3. 強調重點。

　　4. 澄清學生的誤解。

　　5. 運用正確的語言。

　　6. 對於教育與生涯資訊系統，進行辨識、選取、組織，並使其易於取得；讓學生容易取得這些資訊的資源。

　　7. 有效運用教學素材。

　　8. 對於一系列教育與生涯的各種替代選擇及其特定價值，擁有豐富的知識。

■ c. 參與學生的個人化教育與生涯計畫

　　1. 幫助學生建立目標及運用規畫的技能。

　　2. 知道學生的能力、成就、興趣與目標。

　　3. 需要時，能有效運用諮詢技能。

　　4. 鼓勵家長投入參與學生此一計畫中。

　　5. 對學生的教育生涯志向與資訊需求，正確地進行評估。

　　6. 形成合宜的建議，並適當地予以提出。

　　7. 實施活動時的團體人數，需考量其能確保有助於有效性與效率性的達成。

■ d. 正確且適當地解釋測驗結果

　　1. 及時提供一合適的資訊給學生、家長及學校人員。

　　2. 確保每個人都知道如何閱讀所關注的報告內容，以及如何運用這些

報告的資料。

3. 致力於防範對測驗結果資料的過度解釋或其他不當運用。

4. 在呈現測驗結果的解釋時,需注意個別測驗資訊之保密性及隱私性的特性。

5. (涉及範圍:以上的 2b 項目是關於資訊的正確性。)

6. 於考評工具與資料的運用中,理解／應用必要的基本統計概念。

7. 理解／應用測量與評鑑的基本概念與原則。

8. 適當處理考評資料,以能合宜地運用於輔導與諮商之中。

9. 於諮商與輔導過程中,有效運用考評資料。

■ e. 針對符合特定與高優先性之學生需求及學區目標,選擇合宜的個別計畫活動

1. 對學生於計畫協助的需求,進行正式及非正式的評估。

2. 對先前學生實際教育與生涯進展的後續追蹤研究中所得出的資料,能呈現足以反映該資料意涵的「需求鑑定」資料。

3. 提供有關欲完成之重要任務及日期的相關資訊。

4. 遵守學區輔導方案架構(District Guidance Program Framework)之時間架構與優先性。

3. 透過諮商、諮詢與轉介技能之有效運用,實施回應式服務,包括:

■ a. 對於待解決的問題／議題,能適當鑑定之

1. 運用有效的初談程序,以適當地識別出問題／議題所在。

2. 於諮商中,協助學生定義他們的問題。

3. 於諮詢中,與受詢者一起合作以定義問題。

4. 於轉介中,能理解及闡述轉介的準則。

■ b. 針對學生問題及情況，選擇合宜的諮商、諮詢或轉介之介入

　　1. 認識自己的個人／專業限制，並安排適當的服務量。

　　2. 以一種勝任與專業的態度，來接受轉介工作。

　　3. 對於資訊提供的要求，予以適當回應。

■ c. 有效地運用諮商、諮詢或轉介技能

諮商：

　　1. 運用各種技術與程序。

　　2. 對於自己的理論基礎與原則，能有意識地覺察，並能一致地應用之。

　　3. 對於學生，不予以任何論斷。

　　4. 理解存在於諮商關係或團體中的個人行為動力。

諮詢：

　　1. 具有足以分享的專業知能。

　　2. 分享資訊。

　　3. 在形成問題說明時，盡可能蒐集必要的資訊，以能有效果且有效率
　　　 地進行諮詢。

　　4. 於進行目標設定時，能理解受詢者的責任與目標。

　　5. 針對各種選擇、替代選項、資源或策略，提出建議，以建立可信度。

　　6. 與受詢者協調，以使受詢者能發展與實施行動的行為計畫。

轉介：（過程：問題詳述、轉介需求的評估、資源鑑定、轉介及後續追
蹤）

　　1. 對於轉介資源具有豐富的知識。

　　2. 找尋到轉介資源。

　　3. 對於轉介資源進行適當的瞭解探究。

　　4. 於助人過程中適時進行轉介。

　　5. 能解釋轉介的必要性及轉介的過程。

　　6. 提供案主至少三個轉介機構或方向的選項。

■ d. 實施規畫良好及目標導向的會談

　1. 會談是有效果的：目標被建立與達成。

　2. 會談是有效率的：目標為會談的焦點；然而，對於團體／個別需求的多樣性具備敏感度，也是必要的。

　3. 準備好足以運用的相關資料、設備與輔助工具。

■ e. 運用的團體和個別技術，是合於主題，以及學生需求與能力的

　1. 針對接受諮商者所呈現的問題，就個別或團體諮商，識別何者具有最高的促進性。

　2. 當判斷團體諮商較個別諮商更為有效，或與個別諮商一樣有效時，則選用團體諮商。

　3. 基於主題、目的及成員組成，形成特定的團體架構。

　4. 能表現出關於發展性任務、因應行為或不同年齡層級的工作知識，以及能適當運用合於案主年齡層級的團體技術。

■ f. 於過程中，積極催化接受諮商者／受詢者／被轉介者能投入參與

諮商：

　1. 諮商能導致學生真正去執行解決問題的行動。

　2. 堅持「學生導向」（student-oriented）的會談。

　3. 讓學生能自由地述說問題。

　4. 協助學生探索各種影響所在。

　5. 協助學生設定目標。

　6. 協助學生針對問題解決，建立一個具體的行為計畫。

　7. 確保所發展的行為計畫，具有一定程度的具體明確性。

　8. 避免給予過早的建議或者表面化的再保證。

　9. 有效地傾聽。

諮詢：

　1. 諮詢能導致受詢者真正去執行解決問題的行動。

2. 鼓勵受詢者提出個人意見。

3. 促進多位參與諮詢者之間的溝通。

4. 避免給予過早的、表面化的建議或再保證。

5. 以一種建設性的態度，處理有關衝突的表達。

6. 對於他人表達的意見表示感謝。

7. 促進協商與合作的精神。

8. 有效地傾聽。

轉介：

1. 展現關於轉介的專業性的技能，而使需要轉介的人感到安心。

2. 協助引導案主前往轉介資源。

3. 開啟轉介資源與被轉介者之間的接觸。

■ g. 及時進行後續追蹤

1. 對於學生和其他案主於問題解決行動計畫的實施，追蹤其進展情形。

2. 與轉介資源進行溝通。

3. 確保參與其中的相關人士為合宜者，且彼此之間會進行溝通。

4. 準備／維護適合案主的相關文件、表格、紀錄等等。

5. 對於轉介機構為案主所建議的後續追蹤活動，予以落實。

■ h. 針對符合特定與高優先性之學生需求及學區目標，提供相關服務

1. 實施正式與非正式的需求評估。

2. 依據學生、家長、工作人員與行政機構的意見，判定需求與優先排序。

3. 對於需要加以注意的情況有所認知。

4. 對於建立在輔導方案架構及其他學區備忘錄中的優先重點，能有所注意。

4. 藉由有效地為輔導方案獲取支持，並透過對其他方案提供有效的支持，而實施系統支持，例如：

a. 提供一個全方位的、具平衡性的輔導方案

1. 運用有效的規畫計畫技能：

   a. 正確評估方案需求與優先重點。

   b. 建立實際的方案目標。

   c. 運用評鑑結果於方案促進上。

   d. 規畫方案與活動。

   e. 提供替代的計畫。

   f. 決定合適且可行的時程表。

   g. 規畫年度的綜覽概要。

   h. 撰寫方案計畫。

2. 運用有效的組織化技能：

   a. 建立有意義的目標。

   b. 將各活動的進行順序與流程，予以有意義的設計。

   c. 設定時間進度表並遵循之。

   d. 使用方案行事曆的運作方式。

   e. 提供一個具平衡性及全方位的合適方案。

3. 有效運用資源：

   a. 資源即包括：素材、人、錢、設備、設施等。

   b. 選取與創造完善的素材與資料。

   c. 有效地管理設備、設施與經費。

   d. 對於設備，能適當維護／運用。

   e. 適當地／有效地分派任務或委派責任。

   f. 考量可取得的人力資源之才能與優勢。

   g. 若無合宜的答案，則尋求協助。

　　　　h. 適時運用行政資源及求助於其他工作人員。

　　　　i. 運用可取得的資源。

　　　　j. 提供相關資源的資料與資訊給學生、工作人員、家長。

　　　　k. 判定可取得的／所需的個人與自然資源。

　　4. 有效地評鑑方案：

　　　　a. 系統性地評鑑整體方案的有效性。

　　　　b. 運用評鑑結果以改進方案。

■ **b. 針對符合特定與高優先性之學生需求及學校、學區目標，選擇合宜的方案活動**

　　1. 以學生與社區的需求，作為學校方案的基礎。

　　2. 以學區的架構，作為學校方案的基礎。

■ **c. 針對學生從方案活動中獲得有意義的效益，進行證據蒐集**

　　1. 評鑑活動的有效性。

　　2. 評鑑學生在輔導與諮商活動當中成長的量與質。

　　3. 提供一個完整系統，以評鑑方案與活動。

　　4. 計畫、實施與取得系統性的評鑑工具。

　　5. 運用評鑑工具的結果，再次評估方案之目標、目的與策略。

　　6. 一致化地評鑑方案的活動。

■ **d. 在已經建立的程序、政策與優先性之內運行工作**

　　1. 遵守上級給予的規則、指令，並且遵循指導說明中的字面條文及其意涵。

　　2. 依照學區指導方針執行活動。

■ **e. 除被分派到的職責外，也對促進組織的解決方案有所參與貢獻**

　　1. 以團隊一分子的身分工作，努力解決組織的問題。

　　2. 接受「幫助他人學習其職責」的相關責任，並於進行時，不會取代

其角色。

■ f. 與學校行政人員合作工作，以獲得他們對輔導方案的支持

　1. 與行政系統合作，共同發展學校輔導方案之目標與目的。

　2. 在關心或擔憂的事情上，尋求行政人員的支持。

■ g. 執行足以闡述何謂學校輔導方案的各項方案活動

　1. 有效解說關於輔導方案的哲學觀、優先重點與實務措施，使其清晰易懂。

　2. 備有一份學校的公關計畫，以幫助家長、學生和工作人員理解輔導方案及其各種活動。

　3. 運用各種策略與家長進行溝通，如：通訊、專欄、親職教育會談、校園開放參觀日等。

■ h. 對於有關輔導方案的見解／擔憂的表達，有所關注

　1. 以開放的心態傾聽之。

　2. 禮貌地接受建議。

　3. 面對家長或社區代表時，不會表現無謂的防衛；反而會致力於理解他們的擔憂。

　4. 在面對社區贊助者獲得錯誤訊息或表現不信任的情勢中，仍能維持專業的客觀公正性。

■ i. 支持學校行政的政策與目標

　1. 所建立之目的，乃為促進學校行政目標的達成。

　2. 遵守上級給予的規則、指令，並遵循指導說明中的字面條文及其意涵。

　3. 支持行政的指令。

　4. 在符合學校的目標下，與學校行政合作。

■ j. 支持學區的政策及目標

1. 支持行政的指令、學校委員會的目標,以及組織的政策。

2. 遵守輔導方案的架構。

3. 與學區之行政系統合作,努力於輔導方案的促進。

5. 與下列人士有所互動往來,而建立有效的專業關係

■ a. 學生

1. 對於學生之角色與責任,展現出知識、興趣與理解。

2. 為學生適當且有效地進行倡議。

3. 有效地與學生直接溝通,並且進行關於學生事宜的溝通。

4. 展現敏感度、同理心,並且接受與學生互動往來的必要性。

5. 鼓勵學生對他人的權利、財務與選擇有所尊重。

6. 主要的專業承諾乃是針對學生群體,但也與其他人保持開放的溝通。

7. 是學生的倡導者,並為學生/行政人員/教職員/家長之間的聯絡人。

8. 瞭解學生的背景。

9. 鼓勵學生為自己的行為、選擇與人際關係承擔責任。

■ b. 工作人員

1. 對於教師與其他工作成員之角色與職責,展現相關知識、興趣與理解。

2. 以團隊成員的身分,與工作人員合作協力。

3. 與工作人員能有效直接溝通,並且能進行關於工作人員事宜的溝通。

4. 展現敏感度、同理心,並且接受與工作人員互動往來的必要性。

5. 以團隊成員——教育者、諮詢師——的身分運作工作。

6. 尊重工作人員的專業判斷。

7. 尋求及尊重他人的意見。

8. 開放接納教師的評論與建議。

9. 鼓勵教師針對學生的個別需求調整其方案。

■ c. 家長

1. 對於家長的角色、責任與情況，展現出知識、興趣與理解。

2. 與家長合作進行問題解決。

3. 有效地與家長溝通，並且進行關於家長事宜的溝通。

4. 展現敏感度、同理心，以及接受與家長互動往來的必要性。

5. 鼓勵家長實行有效的教養技能。

6. 針對學生的進展以及學生的困難和成功的部分，有效地與家長進行溝通。

■ d. 其他諮商師

1. 在具有超過一位學校諮商師的校園中：以一個團隊成員的身分來運作工作；以團隊合作的方式落實學校輔導方案目標的發展及實施。

2. 因對於提供學生更好的服務及促使方案更好的發展有所關注，而與其他校園的學校諮商師進行合作。

■ e. 行政人員

1. 對於行政人員之角色與職責，展現出知識、興趣與理解。

2. 以一個團隊成員的身分，來與行政人員合作工作。

3. 與行政人員有效直接溝通，以及進行關於行政人員事宜的溝通。

4. 對於學校與學區行政人員不同的角色／職責，能適當理解並合宜回應。

5. 展現敏感度、同理心，以及接受與行政人員互動往來的必要性。

6. 適當地扮演學童的倡導者角色。

■ f. 學區中其他專業工作者

1. 對於其他專業工作者之角色與職責,展現出知識與理解。

2. 與其他專業工作者有效直接溝通,並且進行關於其事宜的溝通。

3. 與其他專業工作者維持正向的工作關係。

4. 展現敏感度。

5. 當對學生或其他案主有助益／必要時,尋求專業工作者的協助。

6. 當對學生或其他案主有助益／必要時,啟動溝通。

7. 不過度依賴其他專業工作者。

■ g. 社區代表

1. 有效地與轉介機構人員進行溝通。

2. 與親師會及其他資助者群體,維持正向的工作關係。

3. 對社區機構代表之角色與職責有所理解與興趣。

4. 展現敏感度、溫暖與開放性,以促進互動往來。

5. 與經常運用的轉介資源單位建立和諧的關係。

6. 將所有學校與輔導方案之相關資訊告知社區。

■ 6. 履行專業責任,藉由:

■ a. 尋求專業發展

1. 具有成為一位有效學校諮商師的適當知識:

a. 理解、應用並能闡述自己的理論架構。

b. 理解學校與學區的組織與運作。

c. 對於所服務之年齡團體的發展特質擁有豐富的知識。

d. 具有以下基本知識:

　　—輔導內容與理論。

　　—方案模式。

一學校系統組織與運作。

e. 能闡述自己關於輔導與諮商、心理學及人類動力的理論架構。

f. 能理解與應用心理學理論、測量與評鑑,以及諮商與輔導之團體與個別技術的基本概念。

g. 具有內在一致的輔導與諮商取向。

2. 對於專業發展,有所規畫與投入:

a. 監控與評鑑自己的專業表現。

b. 執行自己的「專業成長計畫」。

c. 善用能提升技能與獲得相關新知的機會。

d. 已然發展出個人的、專業的成長計畫,並一直在落實執行中。

e. 參加專業的工作坊、會議與課程。

f. 參與一個或數個專業組織。

g. 投資個人的時間於專業發展中。

h. 於挑選方案時具有選擇性。

i. 積極參與學區提供的在職訓練。

j. 為自己的專業成長承擔責任。

k. 尋求提升技能與獲得新知的機會。

l. 與新近的研究與實務保持接觸。

m. 結合各種來源的資訊,以解決問題/進行革新。

n. 對於問題,嘗試十分創新、有創造力的解決方法。

o. 開放於新學習/願意學習。

3. 對於諮商及教育專業,展現專業承諾:

a. 投入個人資源於專業發展中,包括時間與金錢。

b. 自願服務於委員會,或在獲得其他領導機會時,會接受之。

c. 接受專業學會中的領導角色。

d. 分享、連結、服務。

e. 鼓勵他人採用新的想法。

f. 對身為諮商專業的一員引以為榮。

g. 理解自己及其他層級之學校諮商師的角色/責任。

h. 應用研究知識與技能，推動輔導與諮商領域。

■ b. 維護紀錄，使其符合倫理與法律的指導方針

1. 維護有系統的、正確的、合法的及合於倫理的紀錄。

2. 在符合倫理與法律的指導方針下，向他人解釋紀錄。

3. 以一種系統化的、一致性的方式維護紀錄。

4. 正確且開放地溝通與解釋。

5. 監控所有關於紀錄的程序。

6. 適當地授權。

7. 有效地督導兼職專業工作人員。

8. 確保安全性、保密性與合法性。

9. 對於何謂適當的程序，具有豐富的知識。

10. 維護與保管適當的、具區分性的紀錄。

11. 為諮詢、轉介以及其他輔導與諮商活動或事件，建立文字檔案。

12. 用及時且有效率的方式，完成文書作業。

■ c. 保持專業的工作習慣

1. 以組織化、及時且可靠的方式行使責任。

2. 遵守學區的出席標準。

3. 考量到他人的時間。

4. 完成規定要求的表格與報告。

5. 參加／參與規定要求的工作人員會議。

6. 在沒上班的時期，仍行使專業判斷。

7. 最大效益化地規畫及運用時間。

8. 遵守已制定的學區工作時數。

9. 任務導向。

10. 維持正向學習與成長的氛圍。

11. 留意細節。

▣ d. 依據專業倫理標準來執行實務工作

1. 奉行美國學校諮商師協會和美國諮商學會的倫理標準。

2. 履行由輔導方案架構及其他學區指導方針所定義的學校諮商師角色。

3. 遵守學區政策及法律的指導方針。

4. 避免不當洩漏具保密性的資訊。

5. 不強加個人的價值判斷於學生、學生家庭或學校工作人員身上。

6. 展現出對學生性別、種族或能力的公平無私。

7. 能覺察自己個人的／情緒的及專業的限制。

8. 於已制定的界限內,維護保密性。

▣ e. 展現適當的個人特質

1. 展現出有益於有效輔導與諮商的態度:

正向的	有毅力的	可親近的／有時間互動的
和藹可親的	真誠的	支持性高的
能鼓舞人的	心胸開放的	接受改變的
接納的	未來導向的	願意分享資訊與意見
實際的	熱忱的	有彈性的
合作的	樂觀的	有遠見的
有助益性的	為人勇敢的	

2. 展現出有益於有效輔導與諮商的特質:

a. 採取主動的。

b. 關懷的、親切的、溫暖的。

c. 具有幽默感。

d. 展現耐心的。

e. 能敏覺他人;具有同理心。

f. 善用智能與創造力。

3. 抱持有益於有效輔導與諮商的價值觀:

a. 展現出自我接納、自我理解與自信心。

b. 對每個個人的價值、尊嚴與獨特性，抱持正向的關懷。

c. 對他人於改變、成長以及接受自身行動責任的能力，展現出信任。

d. 展現誠實與忠誠。

e. 看重自己作為他人模範的角色。

f. 展現關於學習與學校教育價值的信念。

g. 尊重個別差異。

h. 拒絕強加教條化的行為於個人身上。

i. 承諾在不破壞諮商關係的保密性，而與教師、家長、行政人員以及其他轉介資源進行適當溝通時，主要負責的對象是「學生」。

4. 具有高專業標準：

a. 接受有益的批評。

b. 適應特殊情況。

c. 忍受不確定性。

d. 於問題情境中維持客觀性／專業的超脫。

e. 在表達時，看起來是有見識的、有自信的。

f. 於學生、工作人員與家長面前，建立專業形象。

g. 表現被期待的社交行為、裝扮及禮貌舉止。

h. 維持沉穩與情緒的穩定性。

i. 力求卓越。

j. 具有成就動機。

k. 維護好的身體健康狀態。

l. 為學生提供一個良好的道德榜樣。

m.適當地處理上級的決定。

n. 認識自己於學校的領導角色，並且接受自己在學校裡的領導責任。

■ f. 展現基本技能的有效運用性，例如：溝通、問題解決、決策、教育

1. 運用溝通技能：

a. 積極傾聽。

b. 與人建立互動往來的關係。

c. 對於他人表達的訊息表示關注。

d. 運用適當的語彙。

e. 維護一個支持性的環境。

f. 專業化的言談與書寫。

g. 適當地同時兼用語言與非語言的溝通行為。

h. 使用合宜的關注行為（attending behaviors）。

i. 運用開放式的問句與提示。

j. 反映溝通者的感覺。

k. 正確地覆述溝通者的訊息內容。

l. 有效運用解釋之技能。

m.以有意義的方式，回應語言和非語言層面的溝通。

2. 問題解決：

a. 正確地診斷問題。

b. 提出適當的處遇方法。

c. 公正地著手處理問題。

d. 為問題解決之道，思考各種選擇。

e. 預想各種選擇的後果。

f. 處理有異議的個人與團體。

3. 決策：

a. 瞭解做出一個決定其背後的需求。

b. 探索各種替代性選項。

c. 正確預測每個選擇的可能結果。

d. 理解自己對於每個選項的個人價值所在。

e. 判定每個選項所伴隨的代價／風險。

f. 應用各種做決策的策略。

g. 為如何做出決定，規畫一個計畫。

h. 評鑑各決定的結果。

4. 教育的技能：

a. 有效地傳授資訊。

b. 強化學生因應生命各狀況的能力。

c. 容許「等待時間」的存在。

d. 對於適合實施各項活動的物理環境，予以維護。

e. 完善準備教學素材、教具與設備，以供各種活動使用。

f. 將輔導與諮商時間，予以最大化的運用。

g. 管理學生的行為，例如：

　—詳細說明期望。

　—運用足以預防、修正與阻止各種不專心、不適當與破壞性行為之技巧。

　—一致且公平地應用規則。

　—有效運用增強技術。

h. 運用有效的策略，使學生產生動機，並願意對輔導與諮商活動有所回應。

i. 展現出團體動力的工作知識，例如：

　—內容與過程的影響變數。

　—團體發展的典型階段。

　—各種領導風格及其有效應用。

　—能促進高健康度之團體的各種條件。

註：取自 *Guide to Counselor Performance Improvement*, by Northside Independent School District, 1987, San Antonio, TX.

附錄 N 諮商、諮詢與轉介技能之觀察表

許維素　譯

觀察諮商師諮商技能一覽表

諮商師：_____　觀察日期：_____

學　校：_____　觀　　察：從_____至_____

一般資訊（主題、篩選標準等）

年級：_____　學生學號／編號：_____

會談次別：_____

團體目標：_____

團體之目的：_____

案主描述：_____

	是否觀察到？ （圈選）		指標／評語
I. 方案計畫與預備之結果			
a. 為達效率與效果，選取合適的團體／個別需求	Yes	No	
b. 運用適當的程序，進行團體成員之篩選	Yes	No	
c. 清楚說明每次團體之目的與策略	Yes	No	
d. 對於資訊提供的要求，予以適當回應	Yes	No	
e. 每次團體的時間長度是合於計畫的	Yes	No	
f. 準備好活動素材與器材等，以供使用	Yes	No	
g. 建立有益於諮商的環境	Yes	No	
h. 選取的策略，以學生為中心且合於學生年齡層級與問題者	Yes	No	

	是否觀察到？ （圈選）		指標／評語
i. 所提供的服務，係符合高優先性之學生 　需求與學區的目標	Yes	No	
評語：			
II. 諮商過程			
a. 會給予團體進行聚焦的焦點	Yes	No	
b. 將團體維持於致力達成任務的狀態	Yes	No	
c. 催化學生對問題的定義與目標的設定	Yes	No	
d. 溫和鼓勵每位成員的參與	Yes	No	
e. 提供學生互動的機會	Yes	No	
f. 促進參與者之間的溝通	Yes	No	
g. 有效地傾聽	Yes	No	
h. 避免給予過早或表面化的建議或再保證	Yes	No	
i. 以一種建設性的態度，處理敵意的表達	Yes	No	
j. 確認理解程度	Yes	No	
k. 催化「引導性練習」（在適當的情況 　下）	Yes	No	
l. 清楚說明後續追蹤計畫	Yes	No	
m.說明獨立練習／「挑戰」	Yes	No	
評語：			
III. 個人的／專業的			
a. 維護保密性	Yes	No	
b. 非支配性的領導	Yes	No	
c. 清楚、簡明地進行解說	Yes	No	
d. 真誠而不「虛偽」	Yes	No	
e. 適當地打斷破壞性的互動	Yes	No	
f. 以一種建設性的態度，揭露自己的感受 　與信念	Yes	No	
g. 容許他人表達意見	Yes	No	
h. 以尊重的態度對待個人	Yes	No	
i. 對於團體中的每個人都予以認可	Yes	No	
j. 運用適當的語彙	Yes	No	

	是否觀察到？ （圈選）		指標／評語
k. 應用完善的理論基礎	Yes	No	
l. 運作於學校諮商服務的實際限制之內	Yes	No	
評語：			
總結性評語與建議： 回饋會議的日期：＿＿＿＿＿＿　　時　間：＿＿＿＿＿＿ 觀　察　員：＿＿＿＿＿＿　　諮商師：＿＿＿＿＿＿ （簽名僅為會議建立文字檔案之目的。）			

■ 觀察諮商師諮詢技能一覽表

諮商師：＿＿＿＿＿＿＿＿＿　　觀察日期：＿＿＿＿＿＿＿

學　校：＿＿＿＿＿＿＿＿＿　　觀　察：從＿＿＿＿至＿＿＿＿

一般資訊（脈絡、參與者、目的等）

　學生年級：＿＿＿＿＿＿＿＿＿＿＿＿＿＿＿＿＿＿＿＿

　會談的參與者：＿＿＿＿＿＿＿＿＿＿＿＿＿＿＿＿＿＿

　主題：＿＿＿＿＿＿＿＿＿＿＿＿＿＿＿＿＿＿＿＿＿＿

	是否觀察到？ （圈選）		指標／評語
I. 計畫與預備			
a. 以尊重的態度對待每一個人	Yes	No	
b. 使會談之目的清晰可懂	Yes	No	
c. 為會議做好準備（如：備有相關資訊、 　瞭解學生背景、聚焦於問題／議題）	Yes	No	
d. 準備好適當的文件資料、表格、紀錄等	Yes	No	
e. 具備社區資源與轉介資源的知識	Yes	No	
f. 展現對於學區政策的知識	Yes	No	
g. 已確定諮詢乃為適當的介入	Yes	No	
評語：			

	是否觀察到？ （圈選）		指標／評語
II. 諮詢的過程			
a. 運用有效的初談程序，以適當地識別出 　 問題／議題所在	Yes	No	
b. 與受詢者一起合作以定義問題與設定目 　 標	Yes	No	
c. 協調出關於特定行動的一個行為計畫	Yes	No	
d. 有效地傾聽	Yes	No	
e. 促進參與者之間的溝通	Yes	No	
f. 為問題之解決，提供各種選擇的建議	Yes	No	
g. 避免給予過早或表面化的建議或再保證	Yes	No	
h. 以一種建設性的態度，處理衝突的表達	Yes	No	
i. 有效率且有效地實施會談	Yes	No	
j. 說明後續追蹤計畫	Yes	No	
k. 精確地對會議結論做出總結	Yes	No	
評語：			
III. 個人的／專業的			
a. 維護保密性	Yes	No	
b. 真誠而不「虛偽」	Yes	No	
c. 對於他人表達的意見表示感謝	Yes	No	
d. 對每個人觀點的多樣化予以認可	Yes	No	
e. 促進妥協與合作的精神	Yes	No	
f. 建立專業的可信度	Yes	No	
g. 應用完善的理論基礎	Yes	No	
評語：			

總結性評語與建議：

回饋會議的日期：＿＿＿＿＿＿＿＿　時　間：＿＿＿＿＿＿＿＿

觀　察　員：＿＿＿＿＿＿＿　諮商師：＿＿＿＿＿＿＿

（簽名僅為會議建立文字檔案之目的。）

觀察諮商師轉介技能一覽表

諮商師：＿＿＿＿＿＿＿＿＿＿＿　觀察日期：＿＿＿＿＿＿＿＿

學　校：＿＿＿＿＿＿＿＿＿＿＿　觀　　察：從＿＿＿＿至＿＿＿＿

一般資訊（脈絡、參與者、目的等）

學生年級：＿＿＿＿＿＿＿＿＿＿＿＿＿＿＿＿＿＿＿＿＿＿＿＿

會談的參與者：＿＿＿＿＿＿＿＿＿＿＿＿＿＿＿＿＿＿＿＿＿＿

主題：＿＿＿＿＿＿＿＿＿＿＿＿＿＿＿＿＿＿＿＿＿＿＿＿＿＿

	是否觀察到？（圈選）		指標／評語
I. 計畫與預備			
a. 精確地概述研討會議結論	Yes	No	
b. 理解與闡述轉介的理由	Yes	No	
c. 為會議做好準備（如：備有相關資訊、瞭解學生背景、聚焦於問題／議題）	Yes	No	
d. 準備好適當的文件資料、表格、紀錄等	Yes	No	
e. 具備社區資源與轉介資源的知識	Yes	No	
f. 展現對於學區政策的知識	Yes	No	
g. 已確定轉介為適當的介入	Yes	No	
評語：			
II. 轉介會議			
a. 運用有效的初談程序，適當地識別出問題／議題所在	Yes	No	
b. 清楚定義問題	Yes	No	
c. 清楚表達轉介的理念	Yes	No	
d. 系統地列出轉介過程的行動步驟	Yes	No	
e. 有效地傾聽	Yes	No	
f. 提供案主至少三個轉介的選擇（若轉介至非學區內的方案／專業工作者時）	Yes	No	

	是否觀察到？ （圈選）		指標／評語
g. 幫助接受轉介者能對轉介資源可提供的 　服務，持有實際的期待	Yes	No	
h. 幫助接受轉介者理解他們自身的責任， 　並為行動做計畫	Yes	No	
i. 說明已有的後續追蹤／協調計畫	Yes	No	
j. 對會議結論做出總結	Yes	No	
評語：			
III. 個人的／專業的			
a. 促進保密性	Yes	No	
b. 真誠而不「虛偽」	Yes	No	
c. 認可案主的感受與想法	Yes	No	
d. 促進合作與問題解決的精神	Yes	No	
e. 建立專業的可信度	Yes	No	
f. 協助接受轉介者能對轉介感到安心	Yes	No	
評語：			
總結性評語與建議： 回饋會議的日期：＿＿＿＿＿＿　時　　間：＿＿＿＿＿＿＿ 觀　察　員：＿＿＿＿＿＿　諮商師：＿＿＿＿＿＿＿ （簽名僅為會議建立文字檔案之目的。）			

註：取自 Northside Independent School District, San Antonio, TX.

附錄 O

輔導方案稽核標準

許維素　譯

稽核輔導方案所依據的八項標準

1. 學區能證明其提供所有學生機會，讓他們得以獲得知識、技能、價值觀與態度，而能於日後過著自給自足或所謂自我負責的生活。

2. 學區能證明該學區學生獲有一般的、及時的資訊，而讓他們能做出明智的決定。

3. 學區能提供以下證明：關於阻礙學生於教育、個人、社會和／或生涯發展的問題，每一位學生都得到了協助以克服之。

4. 學區能證明其教育者所組成之團隊，是在一個支持性的學習環境中提供學生輔導。

5. 學區能證明其輔導方案的實施，乃能反映出是依據學生需求而進行的資源分配。

6. 學區能證明其輔導方案工作人員受到任用的角色，乃能反映他們的訓練與知能，同時也能證明工作人員確實獲得相關的發展機會。

7. 學區能證明其輔導方案具有發展上的連續性、結構上的全方位，於設計上具有適當的方案平衡，同時是整體教育方案中不可或缺的一部分。

8. 學區能證明其輔導方案乃持續接受審查，而且每年都會予以更新。

標準 1

學區能證明其提供所有學生機會，讓他們得以獲得知識、技能、價值觀與態度，而能於日後過著自給自足或所謂自我負責的生活。

符合這項標準的學區乃能界定出，所有學生所學習的特定內容，是以一種系統性、連續性的方式在進行。該學習內容的目標，與學區基本任務中所界定的目標緊密連結，並且，是基於個體之個人、社會、生涯與教育發展的人類發展理論而定。該學習內容也進一步界定出特定的範圍與系列，以作為輔導課程的課程綱要。欲落實全方位輔導方案之輔導課程組成要素，需要包含教學課程與單元之設計，以能幫助學生真的獲得該範圍與系列中所條列的能力。

稽核者希望見到以下情形

- 在合於人類發展的輔導課程中，教導每位學生特定的知識與技能，使其日後能過著自給自足或所謂自我負責的生活。
- 從小學、中學至高中，輔導課程都能被詳盡介紹之。
- 對於有助各年級層級學生獲得能力與產生成果的向度，能建立優先順序。
- 具有充足的課程素材與資料，以能支持這些傳授必備知識與技能的教學活動。
- 在班級輔導計畫中納入年度時程表。
- 置於特殊教育及其他特殊方案中的學生，也得到輔導課程的指導說明。

文件資料

- 輔導課程指引。
- 輔導課程之範圍與系列。
- 教師及學校諮商師的單元計畫和課程計畫。
- 輔導方案的年度整體行事曆。
- 課程素材與資料。

標準 2

　　學區能證明該學區學生獲有一般的、及時的資訊，而讓他們能做出明智的決定。

　　符合這項標準的學區在學生制定計畫和實施計畫以達成教育與生涯目標時，具備一個適當的系統來引導每位學生。再者，學生和學生家長在理解和監控學生的成長和發展，並且經深思熟慮要做出決定時，會獲得相關的協助。全方位輔導方案的個別學生規畫組成要素之發揮，需要於固定時間及發展上的適當時間，提供學生與學生家長正確的、無偏誤的資訊，並透過該資訊的運用來引導他們。這項組成要素包含的活動有衡鑑、建議與安置協助。

稽核者希望見到以下情形

- 個別規畫系統是適當的，能協助所有學生和家長理解與監控學生的成長與發展、問題解決，並經深思熟慮做出決定。此系統包括衡鑑、建議與安置活動；這些活動安排於特定時機，以符合學生發展上的需求，並有效地協助學生規畫、監控與採取後續步驟，來實施計畫。
- 特定的活動為一些個別與團體輔導活動，這些活動設計之目的為：幫助學生處理教育與生涯計畫、協助學生進行學校層級的轉換，以及輔助學生及家長對標準化測驗結果採取有效的運用等事項。
- 系統性地、有效率地散播資訊。送印的書面資訊是正確的、完整的，以及吸引人的。

文件資料

- 個別規畫系統之指引。
- 輔導會談計畫。
- 生涯輔導中心活動時程表，以及訊息資源的參考書目。
- 測驗結果，以及能說明如何有效運用這些結果的備忘錄／資料。

- 提供能夠反映出有對學生和家長進行直接服務的標準化表格。
- 於學校定向說明會中分發的文件資料包括：對測驗資料的解釋、課程內容與選課程序、升級與畢業要求、中學畢業後的教育與生涯選擇、財務援助資訊，以及大學測驗資訊、要求與程序等等主題。
- 於個別教育方案（IEP）與治療計畫中，能反映出已將特殊教育學生納入符合此標準的活動中。

■ 標準 3

　　學區能提供以下證明：關於阻礙學生於教育、個人、社會和／或生涯發展的問題，每一位學生都得到了協助以克服之。

　　符合這項標準的學區提供各種服務，以回應學生、學生家庭以及教師的特殊需求和／或問題。在這些服務中，諮商師／社工師具有特殊訓練，能提供個別及小團體諮商、危機諮商及回應、教師和家長詢諮、轉介、個別衡鑑等服務。全方位輔導方案的回應式服務組成要素包括：預期學生之週期性需求而規畫的預防性與矯正性介入，以及當非預期的需求出現時可予以回應的預防性與矯正性介入。

　　雖然並非每位學生都會在特定時期產生回應式服務的需求，但是，這些回應式服務仍必須讓每位學生皆可以得到且容易取得使用。需確保每位學生都能平等獲得回應式服務組成要素，此乃需要輔導工作人員努力於外展服務，並接受學生的多元背景與經驗。

稽核者希望見到以下情形

- 對於健康發展受到問題干擾的學生，提供各種回應式服務，包括：個別與小團體諮商、危機諮商、教師與家長諮詢、學生衡鑑與轉介。預防性與矯正性的介入，為可取得的服務。各項服務是基於對學生需求的預期而規畫的，但是，在非預期的需求出現時，亦能加以回應。
- 對於帶著個人問題的學生，學校諮商師已預備好可給予立即服務。

- 致力與學生、教師與家長有所接觸，以確保各項服務能開放提供給每位需要服務的人。此外，設有一個適當的程序，能系統性地辨識出處於危機中的學生，並能執行量身設計的各項策略，以降低危機層級。
- 教師與行政人員支持團隊能理解與支持諮商師的角色功能。
- 具有適當的跨部門與跨機構的聯合活動，並能促進服務的提供。轉介程序是有效的、清楚的。
- 確保紀錄維護系統之保密性。
- 諮商工作人員能適當反映出社區的多元性。

文件資料

- 提供相關紀錄，足以證明對每位學生皆提供了公平對待的服務，無論其種族、民族、社經地位、能力／成就階級、性別的背景為何。
- 以多種語言提供重要的文件；並於需要時能有翻譯人員的加入，作為可取得與可提供的支持。
- 危機管理計畫。
- 諮商會談計畫與備忘錄。
- 諮詢會談計畫與備忘錄。
- 關於進展的報告，以及如何運用這些進展報告的相關證據。
- 轉介之文件表格。
- 活動的年度／月／週時程表。
- 提供小團體諮商的時程表。
- 邀請與說明的信函；傳單。
- 家長同意書。
- 轉介資源清單。
- 個案備忘錄。
- 多種語言的及種族多元性的教職員指導方針。
- 諮商師名冊。

標準 4

　　學區能證明其教育者所組成之團隊，是在一個支持性的學習環境中提供學生輔導。

　　符合這項標準的學區知道全方位輔導方案是以團隊取向為特色。雖然領有專業合格證書的諮商師／社工師會有所領導並作為方案的核心人物，但實際上，要引導學生獲得教育的成功，需要所有學校工作人員共同合作才行。輔導工作人員乃與家長、社區心理健康服務提供者相互合作工作。

　　為使輔導方案有效，學習環境必須為支持性的；在這一支持性的學習環境中，各種關係必須具有相互尊重、信任與開放溝通的特性。輔導方案的案主感到受歡迎、安全，並確信其權利受到保障。輔導方案工作人員則在倫理、法律以及專業標準之內運作。

稽核者希望見到以下情形

- 方案之服務提供，為諮商師、行政人員、教師、家長與學生之間共同合作努力的成果。
- 學校氣氛乃促進正向的個人內在關係及人際關係；亦即，這些關係具有相互尊重、信任、互助、合作以及開放溝通的特點。
- 為了提升學生在教育上的成功，學校諮商師與家長（包括親師會成員，以及接受諮商者的家長）具有夥伴關係；學校諮商師作為教育團隊的一分子，與教師具有夥伴關係；學校諮商師作為專業工作者團隊的一分子，與其他學校本位的專業工作者具有夥伴關係；學校諮商師作為社區心理健康團隊的一分子，與社區心理健康工作者具有夥伴關係。
- 具備適當的溝通機制（例如：學校教職員會議、個案諮詢、在職服務訓練），以促進這些關係。
- 學校諮商師擁有機會並能把握機會，向工作人員、家長及整個社區解說輔導方案。

- 學校諮商師與其他於輔導方案脈絡中工作的人，都遵守美國諮商學會、美國學校諮商師協會及其他相關的倫理標準 —— 倫理標準是為維護學生與家庭關於隱私、保密性、尊重及對其完整性之信任等權利。
- 輔導方案之目標與目的，受到學區與學校行政人員、教師與家長之理解及支持。
- 當學生與家長在諮商室及接受諮商服務時，覺得是受邀請的、受歡迎的及安全的。

文件資料

- 工作人員會議的時程表與議程。
- 在職訓練之議程。
- 諮商師會議、通訊，以及親師會會議、通訊等等。
- 倫理標準是每位工作成員都可立即取得的資訊。
- 畢業生後續追蹤資訊。
- 關於校園氣氛的研究或結果。
- 學校輔導委員會的哲學觀聲明／目標與目的。
- 具特殊貢獻學生的獎勵過程。
- 自然協助者（natural helpers）方案計畫。
- 關於服務提供的書面資訊。
- 支持家長參與及努力的相關文件資料。

標準 5

　　學區能證明其輔導方案的實施，乃能反映出是依據學生需求而進行的資源分配。

　　符合這項標準的學區乃投入了足夠的資源，並將資源導向於滿足特定的、具輔導高優先性的學生需求，同時，亦制定了明確的方案實施計畫，以最有效率與有效地符合這些需求作為工作的焦點。所謂學生需求的定義，可能是從學

生的知覺而來，或是從專業工作人員、社區與其他公共政策組織的觀點所界定。對於所服務社區的人口統計資料學資料，應有所考量。該學區乃清楚解說了方案的任務，而聚焦於資源分配的工作；相關資源包括：輔導方案工作人員、行政的支持、規則與條例、接近學生的機會，以及經費、設施、設備、相關素材與資料。

稽核者希望見到以下情形

- 輔導方案架構／計畫乃以健全的理念為基礎；亦即，固定進行學生與社區的需求評估，進而指引方案服務的優先順序。學校方案乃基於全體學生之人口統計資料特性（例如：人種、民族、社經地位、家長的教育程度、勞動市場）的正確資訊，而予以架構／計畫。
- 方案乃以令人信服的理論觀點為基礎，特別是關於學生（人類）成長與發展，以及可貢獻於成長與發展的學校本位輔導與諮商方案等。
- 方案之任務——其定義、目標與目的，以及組織的型態——是被清楚陳述的，並且與學區的整體任務有關。
- 方案實施計畫，清楚緊密地關聯於所採用的方案任務及所制定的優先順序；而方案實施計畫的組織方式，亦能達成該方案任務及優先順序的效率性及有效性。
- 實際的方案實施能反映出原方案之實施計畫。
- 撥出的資源是充足的，讓方案工作人員能負責協助學生獲得高優先順序的成效。資源包括：工作人員的分配；充分接近學生的機會；經費款項；適當的設施、設備、素材與資料；以及適當的規則與程序。

文件資料

- 需求評估的結果。
- 學校的人口統計資料報告。
- 方案理論基礎（哲學觀）的綱要陳述（Gysbers 模式中的假定）。
- 提供方案基礎原則的委員會政策。
- 學區的行動策略計畫。

- 校園輔導方案任務的陳述。
- 書面的學區與校園計畫。
- 所採用的操作手冊／架構。
- 主要活動的行事曆（已計畫的與已完成的）。
- 方案活動的行事曆與紀錄簿。
- 學生比例之指導方針的制定。
- 分項列述的學區與學校輔導方案預算。
- 諮商辦公室與教室的設施標準、紀錄與儲存區、可使用的教室等等。
- 設備及資料的目錄清單。
- 書面化的程序與規則。

■■■ 標準 6

　　學區能證明其輔導方案工作人員受到任用的角色，乃能反映他們的訓練與知能，同時也能證明工作人員確實獲得相關的發展機會。

　　符合這項標準的學區界定了各工作成員於提供全方位輔導方案時所扮演的適當角色。學校諮商師／社工師是輔導方案的核心工作人員，因此，他們的工作性質即是學生可從其專業技能（即：輔導、諮商、諮詢、協調、轉介、衡鑑）中獲得最大的利益。其他輔導方案工作人員的角色也有充分說明，並符合他們的訓練。各種工作成員之間的關係被清楚界定。輔導方案工作人員的表現，透過相關的、公平的表現促進系統（包括督導機會、表現評估、專業發展）而能有所滋長。

稽核者希望見到以下情形

- 學校諮商師不僅能領導輔導方案，並能於方案中運用他們的特殊技能——輔導、諮商、諮詢、協調與轉介，以及個案管理與衡鑑——至少達 80% 的工作時間。而他們在非輔導性質任務的參與，則保持在最小的限度內。
- 在遵循專業標準之下，呈現著足以證明專業性的證據，包括年度專業發

展計畫的發展與實施。

- 輔導方案中,其他專業與副專業工作人員的角色,是被清楚描述的,同時,他們也在工作中一直運用著他們的特殊技能。亦即,教師執行教學、諮詢、建議;行政人員執行引導、諮詢、建議;註冊登錄人員維護紀錄;生涯輔導中心技術師進行資源服務的工作;資料登錄人員執行資料登錄的工作。

- 工作人員的工作型態乃有所界定,而工作分派則是基於「以學生為中心」的理念在執行。

- 設有合適的「學校諮商師適切性(counselor-appropriate)表現促進系統」,以能提升學區輔導方案之有效提供。此系統包括督導與表現評估,並由已受訓練的諮商師督導/評估者負責施行。臨床督導也可能由同儕督導/顧問導師/教練等來提供之。

- 提供定期的工作人員發展活動,並於必要時,根據學校諮商師與方案優先順序的需求,提供具主題性的工作人員發展活動。

- 對於新到任的學校諮商師,提供專業的就職活動。

文件資料

- 專業證照。
- 相關人員工作型態/組織圖。
- 於方案定義中,清楚描述工作成員之角色與責任。
- 對於特定職位,提供職務說明。
- 工作人員的專業發展計畫。
- 臨床督導的預定時程表。
- 方案促進目標。
- 表現評鑑表。
- 工作人員發展計畫。
- 關於工作人員發展之議程及其他資料。
- 新就任諮商師的說明會議程。
- 專業圖書資源的目錄清單。

標準 7

　　學區能證明其輔導方案具有發展上的連續性、結構上的全方位，於設計上具有適當的方案平衡，同時是整體教育方案中不可或缺的一部分。

　　符合這項標準的學區提供了合宜的發展性活動，亦即，這些活動乃基於前述人類發展理論，並且經適當排序，而確保學生能發展出必備的知識與技能。輔導課程與個別學生規畫組成要素，是發展性方案的基礎；然而，回應式服務組成要素活動，則以學生已獲得／尚未獲得的知識與技能之察覺作為基礎。

　　全方位輔導方案的一個特性是，方案活動乃基於四項輔導課程「遞送系統組成要素」組織而成：即，輔導課程、個別學生規畫、回應式服務與系統支持。在這些組成要素之間以及各組成要素之內，都制定出優先順序，指導著輔導方案工作人員如何適當運用時間與技能，以及如何辨識出需要執行的內容。輔導方案除了原有的定位之外，亦需與其他教育方案進行整合，以更加確認學生已經獲得並且應用了所需的知識與技能。

稽核者希望見到以下情形

- 設計方案的目的，在於提供學生有關發展方面的適當知識與技能基礎，以便日後在社會上能過著自給自足、自我負責的生活。此一基礎乃透過輔導課程與個別學生規畫組成要素遞送給學生。
- 方案的理論基礎、方案背後的假定及方案的定義，體現出方案的基礎。
- 方案活動的組織方式，乃基於確保四項遞送系統組成要素（輔導課程、個別學生規畫、回應式服務與系統支持）的實施，以及每項組成要素內優先順序的落實。
- 制定出能指導方案平衡的優先順序；亦即，提供資源適當分配的基準。
- 約 50%至 70%的活動，乃涉及與學生的直接接觸。一個可參考的平衡可能為：

	學校諮商師時間的百分比（%）		
	小學	中學	高中
輔導課程	35-45	25-35	15-25
個別學生規畫	5-10	15-25	25-35
回應式服務	30-40	30-40	25-35
系統支持	10-15	10-15	15-20
非輔導	0	0	0

- 所有工作人員皆參與，共同幫助學生達成輔導方案目標。
- 輔導方案與其他教育方案是相整合的，但同時又各具有單一個別方案的完整性。
- 使教學目標為輔導部門所支持；建立支持的方法，諸如：向教師、行政人員與學校委員會成員，解釋標準化測驗結果及其他學生表現資料等。
- 設有溝通機制，以確保共同目標及計畫之整合與理解——例如：輔導主任定期與教學主管會面；輔導主任定期與相關行政人員會面。學校諮商師則被分派作為與各部門聯繫的聯絡人。

文件資料

- 課程的範圍與次序。
- 輔導方案架構／手冊，包括以年級／學校層級等要素而排定的優先順序。
- 方案平衡表。
- 諮商師的行事曆與紀錄簿。
- 工作人員對於輔導方案目標與目的之熟悉度。
- 課程融入之銜接性文件資料。
- 工作人員角色與職責之陳述。
- 相關聯於學校目標與促進計畫之輔導方案促進目標與計畫。
- 工作人員會議時程表。

標準 8

學區能證明其輔導方案乃持續接受審查，而且每年都會予以更新。

符合這項標準的學區設有適當的系統，以評估全方位輔導方案的效能與效率。方案的評鑑，乃依已被採用的實施標準（例如本書中的稽核標準）進行之。評鑑實施的目的，是為了判斷方案的改變是否確實造成方案的促進。最後，對於學生在方案教導中所獲得的知識與技能，亦進行衡鑑。此評鑑結果，乃作為重新設計方案、由此改進方案，以及提供工作人員發展之用。此外，能與適當的聽眾分享結果報告，以確定這些聽眾瞭解全方位輔導方案的績效。

稽核者希望見到以下情形

- 具有適當的計畫、設計與評鑑全方位輔導方案的年度歷程。除適當安排這些活動的時間外，亦具有相關機制，以確保重新規畫方案時，能將這些評鑑資料納入考量。
- 執行關於方案實施效能的評鑑，亦對學生從優先順序中所獲得的相關成果進行評鑑。
- 此一過程能於學校設計與實施方案方面，給予輔導工作人員一定程度的自主性。諮詢委員會對於輔導方案促進的努力，乃貢獻了有意義的見解。

文件資料

- 學生從方案中所獲得之成果的年度書面評鑑資料。
- 計畫表格與評鑑報告。
- 年度／月／週行事曆。
- 對實際執行的方案實施及事前規畫的方案實施，進行異同的比較，並提供書面資料。
- 基於評鑑結果的發現，執行方案促進計畫。
- 預算支出。

- 學校諮商師時間績效表。
- 關於方案活動成效的資料。
- 諮詢委員會名冊、會議通知／議程、會議紀錄。

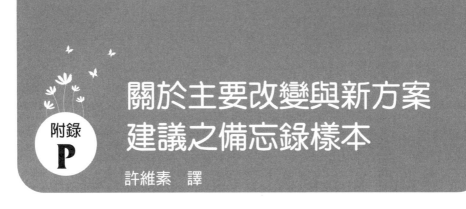

附錄 P

關於主要改變與新方案
建議之備忘錄樣本

許維素　譯

致：諮商師與校長

寄件人：輔導主任

回覆：全方位輔導方案架構之主要改變與新建議

日期：

案主之優先順序

- 諮商師服務的對象，最高優先順序是具有預防或介入服務需求的學生。

諮商師技能運用之優先順序

- 諮商。
- 輔導方案管理。
- 諮詢。

輔導為全校性責任

- 諮商師、其他工作成員及家長之間的團隊工作與合作，需要被強調之。
- 條列出行政人員與教師的角色。
- 為所有學生執行學生諮詢方案，以擴展個別規畫系統。
- 學校諮商師需為整體輔導方案品質負起責任，包括諮詢、支持與督導。

清楚描述家長的權利與責任

- 條列出各項角色。

- 澄清家長參與之責任。

輔導方案

- 所建議之平衡,是以一段範圍來呈現的,以能為學校本位決定權保留空間。
- 確認教師於輔導課程中的角色。
- 於個別規畫系統中強調銜接活動。
- 強調諮商師的時間應運用於回應式服務。
- 每年基於學生與社區需求之衡鑑,各學校會為回應式服務設定其主題之優先順序。
- 以一連續向度的方式,條列出諮商師的回應式服務,如:辨識、考評、預防與介入、後續追蹤。
- 建立新的優先順序,以能有時間去支持其他方案。
- 界定出特殊的輔導方案要素,使之更能與基本方案相協調。

預測服務程度

- 指明每項組成要素之活動其最少的數量或可能的數量。
- 於特定的方案平衡與一定程度的比例下,指出可能接受諮商師服務之學生數目。

提升表現促進系統

- 與方案組成要素有關之角色。
- 角色、能力、指標、標號被定義為系統之基礎。
- 詳述專業諮商師的角色與責任。
- 對新手諮商師提供督導系統之建議。
- 實施系統化的工作人員發展系統。

為輔導部門內副專業人員建立工作說明

- 非輔導任務占用過多諮商師時間(依然如此)。

- 建議：分擔學校測驗協調者的職責；504 協調者為行政人員；於三個層級中，持續尋求技術性助理的增加。

方案管理支持

- 建立理想的諮商師—學生比例為 1：350；建議減低中學及「磁鐵學校」（magnet school）內學校諮商師主任的比例。
- 小學：輔導教室；彈性的時程表；文書性工作的時間。

國家圖書館出版品預行編目（CIP）資料

學校輔導與諮商方案的設計、實施與評鑑／ Norman C.
Gysbers, Patricia Henderson 著；許維素等譯.
--初版. -- 臺北市：心理, 2015.07
面；　公分. --（輔導諮商系列；21115）
譯自：Developing & managing your school guidance &
counseling program, 5th ed.

ISBN 978-986-191-661-3（平裝）

1.教育輔導　2.諮商

527.4　　　　　　　　　　　　　　104010351

輔導諮商系列 21115

學校輔導與諮商方案的設計、實施與評鑑

作　　者：Norman C. Gysbers、Patricia Henderson
譯　　者：許維素、杜淑芬、王櫻芬、羅家玲、陳珍德、林繼偉、楊淑娥、
　　　　　吳芝儀
責任編輯：李　晶
總　編　輯：林敬堯
發　行　人：洪有義
出　版　者：心理出版社股份有限公司
地　　址：231 新北市新店區光明街 288 號 7 樓
電　　話：(02) 29150566
傳　　真：(02) 29152928
郵撥帳號：19293172 心理出版社股份有限公司
網　　址：http://www.psy.com.tw
電子信箱：psychoco@ms15.hinet.net
駐美代表：Lisa Wu（lisawu99@optonline.net）
排　版　者：龍虎電腦排版股份有限公司
印　刷　者：龍虎電腦排版股份有限公司
初版一刷：2015 年 7 月
初版二刷：2018 年 3 月
Ｉ Ｓ Ｂ Ｎ：978-986-191-661-3
定　　價：新台幣 750 元